天津近代历史人物传

中卷

天津市档案馆 / 编

李 晶 万新平 / 主 编

荣 华 于学蕴 / 副主编

天津出版传媒集团

天津人民出版社

李霁野

李霁野(1904—1997),安徽霍丘人。李霁野出生于一个"地无寸土,夜无存粮的破落户"家庭,虽然家庭条件不好,但父亲很重视李霁野的教育。在李霁野8岁时,父亲把他送到一家私塾读书。李霁野读书认真,私塾期间他就读了很多古典小说。辛亥革命之后,私塾改制,李霁野转到明强小学读书。

1919年,李霁野小学毕业,考入公费的阜阳第三师范学校。在这所学校里,李霁野开始接触并接受共产主义思想,并结识了陈素白、李何林、韦丛芜等志同道合的朋友。他阅读了《共产党宣言》《少年中国》,以及有副刊《学灯》的《时事新报》和有副刊《觉悟》的《民国日报》等报刊。在校期间,李霁野开始写作并和同学合办了两期《新淮潮》。1921年,赞成"新文化"、倾向共产主义的李霁野被保守派学生排挤,退学回家。1922年春,李霁野想转去安庆继续读书,但因师范学校是公费,学生有地区的限制,转学未成。但是他一直坚持读书并与韦丛芜合编《微光周刊》。后来,李霁野还在《皖报》上合编《微光副刊》。其间,李霁野开始发表作品,发表短诗若干首。

1923年春,李霁野在朋友的劝说下到北京读书,在自修英文半年后转入崇实中学读书。为了赚取学费和生活费,他经常编译短文换取稿酬。1924年,李霁野利用假期翻译了俄国安特列夫的《往星中》,并得到鲁迅的指教。鲁迅在日记中曾记载道:"第二天,即看《往星中》。"李霁野由此得以结识鲁迅。

五四运动前后,俄罗斯文学翻译与其他欧洲国家文学翻译相比,形成了异军突起之势。在中国翻译界出现一个声势浩大的、崭新的俄罗斯文学翻译局面。鲁迅曾把译介俄罗斯文学喻为"普罗米修士为人类盗火,给起义的奴隶私运军火"。李霁野在鲁迅翻译思想的指引下,把目光集中在正处于"专制与革命对抗"的俄国和处于"抵抗压迫,求自由解放"的东欧诸国的文学,他想通过引进同样处在被压迫、被奴役地位的"斯拉夫民族"觉醒反抗的呼声,来振作"国民精神",唤起沉睡中的国人。

1925年,鲁迅建议成立未名社,用以印行6个社员的译作。在未名社存在期间,一共印了二十多本书和《莽原》半月刊、《未名》半月刊两种期刊。1925年秋,李霁野从崇实中学毕业,在鲁迅的帮助下进入燕京大学读书。次年他开始翻译《文学与革命》一书。1927年,为了办好未名社,李霁野在燕京大学办理了休学。但是在未名社的工作属于义务帮忙没有薪水,为了生计他开始在孔德学校教课。1928年,李霁野翻译的《文学与革命》得以出版。当年4月,未名社遭到查封,李霁野和他的一个朋友被捕关了50天。为了纪念这次被捕的经历,李霁野翻译了《不幸的一群》,由未名社印行。1930年夏,李霁野译完了《被侮辱与被损害的人》,并用稿费清偿了大部分债务。

1930年秋天,李霁野受聘于天津河北省立女子师范学院英语系任教授兼主任,直到1937年全民族抗战爆发才不得不停止工作。这段时间,李霁野边教边学,同时还坚持翻译工作。1934年,李霁野翻译完成《简·爱》,经鲁迅介绍给郑振铎,作为《世界文库》的单行本印行。自此之后,这本书经过修改,重印多次并广受好评。次年,李霁野又利用一个暑假翻译了《我的家庭》,于1936年出版。其间,李霁野拥有了自己的家庭。1938年秋,他应邀去北平辅仁大学任教。这时候,他还是坚持边教书边译书。《战争与和平》断断续续历时四年半译完,分期寄给中华文化教育基金委员会九龙办事处,可惜在日军进占香港时书稿损毁了。之后的几年里,由于日本的入侵,李霁野的工作和生活受到了影响,辗转到过几个地方,但是他始终没有放弃自己钟爱的翻译事业。1943年5月,经曹禺介绍,李霁野到四川北碚夏坝复旦大学教课,后又到四川江津县白沙镇国立女子师范学院英语系任教。这段时间,李霁野翻译了《虎皮武士》《四季随笔》《化身博士》,并以五言、七言绝句翻译了《鲁拜集》。李霁野在女师院作过6次课外演讲,后来集印为《给少男少女》。这段时间,李霁野一直孤身在外漂泊,直到日本投降后的1946年,才与离别三年半的妻儿团聚,并看望了二十年未见面的父亲。9月下旬,李霁野应许寿裳邀约经上海拜谒了鲁迅墓,并于10月初到台湾省编译馆任职编纂工作。次年1月,他翻译的《四季随笔》由编译馆印行出版。后来李霁野转到台湾大学外语系任教,并翻译完《在斯大林格勒战壕中》这部作品。

1949年4月底,李霁野从台湾经由香港返回天津工作,并在北京参加了全国第一次文代会。9月,李霁野到南开大学外文系任教,并于1951年担任系主任。除教书及行政工作外,李霁野的兼职工作较多,参加了大量的社会活动。1953年10月,民进天津分会选派李霁野等人为代表参加第三届赴朝慰问团,慰问朝鲜军民和中国人民志愿军。1956年,我国进行社会主义改造的公私合营之际,李霁野欣然撰文,讴歌党的方针、政策,在《天津日报》上发表了题为《朝着胜利的道路前进》的文章。就在这一年,李霁野加入中国共产党。1956年,李霁野还参加文化代表团访问意大利、瑞士和法国,写了《意大利访问记》。其间,他还翻译了《难忘的一九一九》《山灵湖》,印行了《海河集》《回忆鲁迅先生》。1977年至1980年间,耄耋之年的李霁野又翻译了一百多首莎士比亚、勃朗宁、济慈、雪莱等英国诗人的抒情诗,并于1984年结为《妙曲集》,由四川人民出版社出版。1982年,李霁野改任南开大学外文系名誉系主任,1995年退职休养。

李霁野把他的翻译理念贯彻到自己的教学、创作、研究工作中。南开大学外文系成立以来,为国家培养了大批外语人才,这与李霁野历来的主张不无关系。他认为,要使学生掌握好外语,应该加强听、说、写、读、译的全面训练。学外语的人听不懂、不会说外语是"哑巴外语";学外语不读原著,就不能很好地了解该国的国情、民族的生活习惯,也不利于提高文化修养。从1956年复系(以前外文系曾停办一个较短时期)后,英语专业的学生由原来每年招收30多名增至每年100余人。这是南开大学外文系历史上又一辉煌时期,也是李霁野主持外文系系务以来辛勤操劳的成果。李霁野任外文系主任期间,1960年设置了俄语专业教研室,并于当年开始招生;1961年外文系英语专业开始招收英国文学研究生;1972年建成日语专业教研室并开始招收培养日语本科生。改革开放以后,在筹划培养硕士、博士研究生,聘请外国专家等工作中,李霁野无不付出心血。他于1993年获天津市最高文艺奖"鲁迅文艺奖"大奖,并把该项奖金全部捐赠给南开大学,设立了"李霁野奖学金",用于奖励优秀学生。

作为鲁迅的学生和战友,李霁野一生致力于宣传、发扬鲁迅精神。作为鲁迅研究专家,他的著作《鲁迅精神》《纪念鲁迅先生》《鲁迅先生与未名社》,对于鲁迅研究有着重要的史料价值。

李霁野曾任天津市第一届文联副主席、第二届文联主席和第三届文联名誉主席,中国作家协会名誉副主席,天津市作协副主席,政协全国委员会第二至第六届委员、常委,中国民主促进会中央委员、参议委员会常委、天津市委员会副主任,天津市政协第一、第二届副主席,天津市第一至第六届人大代表,天津市文化局副局长、局长,天津市图书馆名誉馆长等职务。

其作品有《李霁野文集》存世。俄文译著有:安德列夫的《往星中》(1926年)、《黑假面人》(1926年),陀思妥耶夫斯基的《被侮辱与被损害的人》(1934年),阿克萨科夫的《我的家庭》(1936年),涅克拉索夫的《史达林格勒》(1949年,后改名《在斯大林格勒战壕中》),维什涅夫斯基的《难忘的一九一九》(1951年)、《卫国英雄故事集》(1944年),托洛茨基的《文学与革命》(1928年)，等等。英美文学译著主要有：英国作家夏洛蒂·勃朗特的《简·爱》(1934年)，此书一出版就受到广大读者的喜爱，1935年被列入《世界文库》。此外，还翻译了如《虎皮武士》《四季随笔》《化身博士》《鲁拜集》《妙意曲》等外国著作、小说和诗歌。

1997年5月4日，李霁野在天津逝世，终年93岁。

参考文献：

上海鲁迅纪念馆编：《李霁野纪念集》，上海文艺出版社，2004年。

王之望、闫立飞主编：《天津文学史》，天津人民出版社，2011年。

郝岚等：《世界文学与20世纪天津》，中国社会科学出版社，2011年。

李霁野：《李霁野文集》，百花文艺出版社，2004年。

（冯智强）

李 建 勋

李建勋（1884—1976），字湘宸，直隶清丰县人。李建勋于1884年
4月11日（清光绪十年三月十六日）出生于一个贫苦农民家庭，14岁考
取秀才。戊戌变法时期，他以第一名的成绩考进大名中学堂。他刻苦
攻读，四年学业两年就完成。1905年又被选入直隶高等学堂学习，后
来转入北洋大学堂师范班学习。

1908年，李建勋从北洋大学堂毕业，由直隶提学使司派往日本广
岛高等师范学校留学，专攻理化。1911年辛亥革命爆发，李建勋未完
成学业回国参加革命。回国后，他深入各地乡镇进行革命宣传，并因
宣传兴办团练是救国之道，遭清朝官吏疑忌，曾下令通缉。不久，中华
民国建立，李建勋准备再次东渡，完成学业，由于双亲的苦苦相留，便
决定就地教书一年，给家里留点积蓄。后再赴日本留学，1915年完成
学业回国。

回国后，李建勋任直隶省视学。1917年，由严修推荐公费去美国
留学，入哥伦比亚大学师范学院，主攻教育行政、教育统计和学务调
查。他于1918年、1919年先后获教育学学士和文学硕士学位。1920
年下半年，在美国调查各类学校、各级和各种类型的教育行政组织。

1921年李建勋回国，任北京高等师范学校（北京师范大学前身）教
育学科教授兼教育研究科主任。同年10月，出任该校校长，同年又当
选为中华教育改进社董事。在任北京高师校长期间，他向北京政府教
育部召开的学制会议提出"请改全国国立高等师范为师范大学案"，在
提案中就目的、教材、教法、训练及成例各项进行论证并顺利通过。

1922年11月公布的《学制系统改革案》确立了师范大学在教育系统中的地位。北京高等师范学校首先改为北京师范大学,这是中国近代教育史上的一件大事,李建勋功不可没。

当时的教育部曾接受北京各院校的提议,将各国退还的庚子赔款分给各院校以补助教育经费之不足。北京师范大学学生得以不交学费,并由学校供给伙食,但需款较多。因庚子赔款分配不公,李建勋曾联合该校教授多人,在北京《晨报》上发表文章据理力争,经费虽得以解决,但得罪了当局。不久,教育部部长汤尔和派人到学校查账。据说,当时有一种陋规,即学校经费存款的利息可归校长私有。来人首先查看学校经费利息是怎样处理的。而李建勋早已将学校经费利息交给总务处,作为补助学生伙食之用。来人见无弊可查,只好不辞而别。

1923年,李建勋辞校长职,与中华教育改进社代表郭秉文等一起作为中国政府代表,参加在美国旧金山召开的世界教育会议。会后他再入美国哥伦比亚大学进修,于1925年秋获哲学博士学位,其论文《美国民治下的省教育行政》是中国留学生以科学方法分析研究教育行政问题的第一部专著。时值军阀混战,学费来源濒于断绝,他于国外勤工俭学,艰苦度日。同年,教育部又派他为考察欧美教育专员。李建勋取道欧洲回国后,于1925年至1929年间,先后任国立东南大学、清华大学及北京大学教授。

1930年后,李建勋担任中国教育学会北平分会(包括天津)的领导工作,并任北平师范大学(抗日战争时期改称西北师范学院)教育系教授、系主任及师范研究所(后改称教育研究所)主任,直至1946年。1931年,李建勋在北平师范大学又兼任教育学院院长、研究院院务委员会委员、研究院教育科学门(相当于"系")主任。1932年研究院改为研究所,李建勋任主任导师。是年,他和燕京大学教育系主任周学章率领教育系师生在天津进行调查,最后写出《天津市小学教育之研究》,成为教育调查报告的典型文献,受到国内外教育研究学者的推崇。同年5月,李建勋被任命为北平师范大学校长,固辞不就。1933年2月,应聘任北平市社会局义务教育委员会委员。1935年,北平师大教育系成立"小学教育通讯研究处",李建勋亲自主持,聘请全国小学教育界知名人士多人为导师,负责解答全国小学教育界提出的问题。1936年,李建勋应邀担任商务印书馆"大学丛书委员会"委员。

1937年七七事变爆发后,学校内迁,这项工作中辍。1938年后,西北联大师范学院、西北师范学院又渐次恢复。1941年由李建勋作序的《小学教育实际问题》编成,并于1948年正式出版。《第二次中国教育年鉴》曾有"国立西北师范学院办理小学教育通讯研究有相当成绩"之赞誉。1943年,西北师院与兰州教育当局合办社会教育实验区、国民教育实验区等,李建勋参与其事。

1945年抗战胜利后,内迁的各高等院校纷纷复校复员,国民党当局却不准北平师范大学复校,不准西北师范学院师生复员(1937年七七事变后,北平师范大学奉令内迁,最后落户于甘肃兰州,更名为西北师范学院)。北平师大校友总会(设在西北师院内)和西北师院学生"复校委员会"共同发起复校复员运动,并共推李建勋、易价(校长室秘书)二位教授为代表,携带由北平师大校友总会14位理监事联名《上蒋主席书》赴重庆请愿。经过与有关方面多次艰苦谈判,终于复校名为北平师范学院,一年后复名北平师范大学。但这场斗争得罪了国民党,教育部部长朱家骅指示北平师范学院院长不准任用李建勋为教育系主任。他遂受到排挤和歧视,成了"游击教授"。一学期在北平师大教书,一学期在兰州西北师范学院讲课。1947年,教育部任命李建勋为国立西北师范学院院长,仍辞不就。1948年,他应邀至四川大学讲学,继又去川东教育学院授课。

1950年,李建勋应平原省主席晁哲甫邀请,为桑梓服务,欣然就任平原省文化委员,主管教育工作,并担任平原师范学院教授,并提交入党申请书。1953年平原省撤销,李建勋遂改任华北行政委员会文教委员会委员。1954年又任天津师范学院副院长,主持全校的教学工作。他深入基层,了解实际,发现问题及时解决,不断总结经验及时推广,切实抓紧落实教学计划和各项规章制度。他关心师生生活,注意调动教职工积极性。他的办学思想和培养目标明确,结合中国与学院实际,借鉴苏联经验,全面推进教学改革。他还主动将位于北京德胜门的自家一处宅院交给学校作为驻京招待所。1958年他被错划为"右派",不久退休,后任全国政协文史委专员。他原计划写《中国教育发展史》,资料已经准备好,不幸在"文化大革命"中又遭冲击,所有资料卡片付之一炬。

李建勋笃实正直,待人忠厚,每遇事多主持正义,只求事理之是非曲直,不计个人之利害得失。他在教育园地辛勤耕耘了一生,深受人们的尊敬。他一生著作甚丰,主要有:《美国民治下的省教育行政》(英文版)、《天津市小学教育之研究》(与周学章合著)、《战时与战后教育》(与许椿生合著)、《师范学校教育行政教材教法研究》(与韩遂愚合著)、《师范学校教育行政课本》(与常道直、韩遂愚合著)。

1976年2月8日,李建勋因病与世长辞,终年92岁。

参考文献:

《河北大学史》编纂委员会编:《河北大学史》,河北大学出版社,2001年。

中共天津市河西区委宣传部、天津市河西区档案馆编:《天津河西历史文化名人传略》,线装书局,2013年。

王杰:《近代著名教育家李建勋》,载刘开基主编:《天津河西历史文化》,中国戏剧出版社,2011年。

张建虹:《近代著名教育家李建勋》,载刘开基主编:《天津河西老学校》,中国文史出版社,2008年。

(张绍祖)

李 金 顺

　　李金顺(1896—1953),天津武清人,生于1896年9月1日(清光绪
二十二年七月二十四日)。其父李文发原在大城县的一个昆曲戏班伴
奏,后返回故里务农。李金顺童年时就挑起了生活重担,12岁时,其父
积劳成疾,日子难以支撑,其母无奈之下带着女儿李金顺到天津赵家
窑一家妓院做佣人,勉强维持生活。

　　当年的赵家窑,经常有鼓曲艺人"串巷子",少年李金顺耳濡目染,
无意中听会不少曲段,经常随口哼唱。母亲为女儿前途着想,经人介
绍,让她拜师河北梆子艺人魏联升(艺名小元元红)学唱河北梆子,后
又拜鼓曲艺人葛春兆为师,改学京韵大鼓。仅用了半年多时间,李金
顺就学会了当时风靡一时的刘(宝全)派和张(小轩)派京韵大鼓《大西
厢》《闹江州》《游武庙》等曲目,在侯家后河沿义顺茶馆登台演唱。

　　民国初年,评剧创始人之一成兆才率领庆春平腔梆子班从冀东进
入天津演"蹦蹦戏"(评剧前身,俗称"落子")。16岁的李金顺爱上了这
一新兴的戏曲艺术,毅然拜南孙班的名角孙凤鸣为师,由学唱大鼓改
行学了"蹦蹦戏"。两年后她在南市群英戏院登台亮相,成为评剧第一
代女艺人。

　　李金顺入行后,从表演入手,对"落子"的习惯演法进行改造。她
虔诚地向京剧、梆子艺人学习,借鉴了许多规范的表演程式,带头规范
"落子"演员重唱轻做的演法。一招一式从剧情和人物出发,做出戏来
既优美大方,又符合人物的行为逻辑,从而提高了评剧的艺术品味。
她以自己的舞台实践取得的成绩,带动了在天津演"落子"的艺人群

体,一时间,"落子"女演员纷纷向她看齐,"落子"舞台面貌焕然一新。

李金顺的嗓音天赋出众,又有学唱河北梆子时练就的高亢嗓音基础,她唱出的声音又宽又亮,腔调圆润动听,具有震撼力与爆发力。她把曾经学过的大鼓、梆子的一些旋律,巧妙地融入自己演唱的旋律里,使"落子"声腔变得细腻传情、清新流畅,而且丰富多彩。新颖独特的个性特征令观众耳目一新。另一方面,她嗓音天赋优越,有激昂,有压抑,通过刚柔相济的声腔处理,把剧中人物的喜、怒、哀、乐、悲、恐、惊等不同情绪,准确表达,把人物的内心活动刻画得具形具象。茶楼里每当李金顺有大段唱时,观众就停止喝茶,举着杯静下心来聆听,等她唱完一段后才继续饮茶。有人在报纸上著文,赞叹李金顺的唱有让观众"停杯凉茶之功"。

1916年,营口一家戏院执意邀李金顺去营口演出,遂成立以李金顺为领衔主演的天津元顺剧社,剧社成立后先后三闯关东。

1916年,社会阅历有限的李金顺第一次出关赴东北献艺。当时"落子"在营口很盛行,群众基础深厚,听惯了传统老味"落子"的当地观众,没等李金顺把头一段唱完,就纷纷退场。原定半个月的演出契约,只演了三天就不得不草草收场。

李金顺回津后并没有气馁,她认真总结经验教训,虚心向早年唱莲花落的艺人学习,对戏剧中的唱词一字一句地推敲。她革新呆板唱腔为巧妙唱法;唱词与念白采用北京字音,行腔加强了抑扬顿挫、轻重缓急;她创造了清音起唱、先字后音、先轻后重、唱中夹白及对口唱等演唱方法,丰富了"落子"的表现力。她要求乐器伴奏在她张嘴唱时把声音低下来,以突出旋律韵味,使字音清晰。功夫不负有心人,李金顺用了几年时间完善了她自成一格的唱腔体系,并在原有的板胡、笛子等"四大件"乐器伴奏基础上,增添了笙、笛、箫吹奏乐器和琵琶、三弦等弹拨乐器,以及二胡等弦乐器,乐队形成了规模,改进了伴奏效果。

1925年,她带领元顺剧社再闯关东,在安东一带演出,受到观众异乎寻常的热烈欢迎,连续演出3个多月,观众争睹,一票难求。李金顺清新的演唱风格得到当地观众的认可,成为关里关外"落子"坤伶纷纷效仿的榜样,观众的欣赏口味在她的引领下,发生了急剧变化。

李金顺从东北返回天津,声名更是空前高涨。邀请她去外地演戏的戏园经纪人令她应接不暇。

李金顺在"落子"传统的基础上,表演和声腔同步革新,1920年前后,她以其独特的演唱风格在评剧领域自成一派,称之为"李派"。其后崛起的评戏刘(翠霞)派、爱(莲君)派、白(玉霜)派,都是在李金顺演唱技巧的基础上,加以改进而后形成的。其他坤伶如花玉兰、筱桂花、喜彩莲、筱麻红、六岁红、鲜灵霞等,艺术上也都深受李金顺的影响。

1928年,李金顺带领元顺剧社第三次闯关东,此时正是她演艺生涯的鼎盛时期。首站仍是营口,然后次第转移至安东、沈阳、长春、哈尔滨,演到哪里红到哪里。尤其在哈尔滨,当时的戏院实行京剧、评戏"两下锅",每晚的大轴均由李金顺演出评剧,有时也合演新戏,她新排了一出《包公巧断白菜案》,李金顺演旦角,著名京剧艺人赵松樵陪她演小生,剧中的配角也是由当地的著名艺人扮演。

元顺剧社在关东演出期间,正是日本侵略者策划发动侵华战争的前夕,全国人民反日情绪高涨。在波澜壮阔的爱国热潮中,哈尔滨市的曹欣悦教授编写了一出宣扬爱国抗日的时装戏《爱国娇》,亲自到戏社征求李金顺意见。李金顺读了剧本,深为戏中闵德华的爱国情怀所感动,双方达成了合作意向。在李金顺的带动下,用了一个星期的时间,就把《爱国娇》排练出来。为了使这出戏更好地体现出时代风貌,她用自己的包银请人制作了立体布景,添置了西装、旗袍、皮鞋等服饰。为了角色的需要,李金顺带头将长发剪成了短发,真实再现了当时女大学生的形象,增强了演出效果。该剧在同乐戏院上演,极大地激发了群众的爱国情绪,演出天天爆满。报刊载文盛赞李金顺为爱国艺人。继《爱国娇》之后,以李金顺为主演的元顺社,又连续排练了《满洲里》《枪毙驼龙》《黑猫告状》等一批根据社会现实编写的时装戏,同样取得良好的演出效果。

李金顺虽然在事业上建树甚丰,个人生活却十分坎坷。她在东北演出期间,被逼婚嫁给东北财阀张景南之子张冠英,饱受欺凌,息影舞台达13年之久。直到日本投降后,李金顺才与张离异,恢复人身自由,回到天津重返舞台。

新中国成立之初,天津市文化事业管理局邀请李金顺专事评剧教学工作。她于1953年冬旧疾发作,在天津病逝,终年57岁。

参考文献:

胡沙:《评剧简史》,中国戏剧出版社,1982年。

息国玲:《评剧名家演唱艺术》,中国广播电视出版社,1988年。

中国戏曲志编辑委员会编:《中国戏曲志·天津卷》,文化艺术出版社,1990年。

陈钧:《评剧音乐史》,中国戏剧出版社,1997年。

甄光俊:《早期评剧与四大坤伶在天津》,《天津文史》,2004年第4期,内部印行。

（甄光俊）

李 金 藻

　　李金藻（1871—1948），字芹香、琴湘，以字行，别号择庐，天津人。祖籍浙江余姚，出身于世代书香之家，在兄弟中排行第十。

　　李金藻少年入私塾，18岁入县学。1900年庚子事变后，先后在天津乔氏蒙养学堂、民立第一小学堂及天津师范讲习所任教习。1903年，由直隶省学务处督办严修推荐赴日入弘文学院师范科就读。回国后任直隶省学务处省视学及总务课副课长等职。1908年，李金藻奉直隶提学使派遣，以北洋会员名义参加在美国召开的万国渔业会，并游历欧美，重点考察水产教育，为筹建直隶水产学堂做准备。1910年9月，孙凤藻创建直隶水产讲习所，李金藻被聘为名誉董事。同年，李金藻被南洋劝业会聘为专门研究员，并赴汉、沪、苏、杭各地调查学务。1912年，出任直隶巡按使公署教育科主任，与严修等人接办北洋女医院及附属北洋女医学校。学校由官办转为官商合办，医院改名天津女医局，学校改名天津女医局附设天津公立看护女学校。①

　　1915年冬，严修次子严智怡从美国巴拿马博览会归来，携印第安人用品及风俗影片多种，准备开设天津博物院，恰与李金藻和在商品陈列所任技士的华石斧不谋而合。随后他们便在商品陈列所设立筹备处，以民办公助方式搜集自然物品1400余件、古器物2300余件。

　　1917年，李金藻再次赴日考察，归国后任职于直隶社会教育办事

---

①张绍祖：《天津近代著名教育家李琴湘》，载中共天津市河西区委宣传部、天津市河西区档案馆编：《天津河西历史文化名人传略》，线装书局，2013年，第172页。

处。1918年,第一次世界大战结束后,德国战败,李金藻奉派接收位于天津梁家园的德华中学,改为大营门中学校,并出任校长。[1]五四运动期间,该校学生印发传单,呼吁中国已经到了最危急的时候,提倡国货,抵制日货,积极参加五四爱国运动。

1919年,严修、张伯苓创建南开大学,李金藻任南开大学校董事会董事。1920年被聘为铁路扶轮教育会顾问、教育部编审员。1921年,李金藻出任江西省教育厅厅长,一度出任江西省副省长。年底,李金藻创作《天津过年歌》,对天津年俗进行了意趣盎然的描绘,读来朗朗上口、回味无穷。1925年辞职回津。李金藻的白话诗《过年叹》写于1926年除夕,既是控诉,又是实录,一反他空灵、浪漫的风格,反映了军阀统治下天津人民的悲苦生活。[2]李金藻创作的诗歌注重格调和音韵,诗境空明澄澈、意境深远。1929年,李金藻出任河北省教育厅义务教育委员,后任教育厅主任秘书兼广智馆馆长、省政府秘书。同年,继任天津城南诗社社长,其成员多为教育界、文化界人士,与天津梦碧词社和冷风诗社有密切关系。1935年改任河北省第一图书馆馆长、天津市教育局局长。1936年任河北省政府委员兼教育厅厅长。1937年七七事变后,李金藻曾赴河南郾城为流亡学生筹办临时中学。

1947年夏,李金藻和崇化董事会创建天津私立崇化初级中学,校址在天津东门内文学东箭道。李金藻为董事长,王斗瞻等为董事,郭蔼春为校长,龚作家为教导主任。学校校训"弘毅","弘"乃宽广,"毅"乃坚忍,体现了崇化精神。初建时该校有3个班,142名学生,22名教职员。

李金藻晚年致力于学校教育、社会教育、戏曲改良工作,著有《择庐诗稿》《诗缘》《重阳诗史》《择庐联稿》《五雀六燕集》《天津乡贤赞》

---

①张绍祖编著:《津门校史百汇》,天津人民出版社,1994年,第56页。

②李琴湘:《过年叹》,载天津鲁藜研究会编:《天津现当代诗选》,青海人民出版社,2010年。

《天津过年歌》等存世。

1948年,李金藻去世,终年77岁。

参考文献:

邵华:《天津近代教育家李琴湘》,载刘开基主编:《天津河西老学校》,中国文史出版社,2008年。

（张绍祖）

李 景 林

李景林(1885—1931),字芳宸,号广古川,1885年3月28日(清光绪十一年二月十二日),出生于直隶枣强县一个农民家庭。少时行侠仗义,爱好剑术,曾受业于岳丈朱作哲门下。

1900年八国联军入侵北京的消息传来,正在枣强县立高等小学读书的李景林,投笔从戎入北洋新军当兵,后考入保定北洋陆军速成武备学堂第一期学习,毕业后进入北洋新军。"北洋三杰"中的冯国璋、段祺瑞与李景林有师生之谊。

1911年10月武昌起义爆发后,李景林随北洋新军南下镇压起义军,任敢死队队长,率队占领汉阳龟山,得到清廷赏赐黄马褂。

1912年中华民国成立,李景林应鲍贵卿之邀来到黑龙江,在许兰洲的部队任军官。1914年,许兰洲任黑龙江省陆军第一师师长,李景林升任参谋长。1917年,鲍贵卿任黑龙江督军和省长,李景林随许兰洲编入奉军,因作战有功,受到张作霖重用。1921年,李景林任奉军第七混成旅旅长。次年4月,在第一次直奉战争中,李景林任奉军第三梯队司令,率部在马厂旗开得胜。战后升任奉天陆军第一师长。1924年9月,第二次直奉战争爆发,李景林任奉军第二军军长,张宗昌为副军长。二人率部在热河打败直军,一路东进。由于冯玉祥倒戈反直,直军大败。李景林率军进占天津。

第二次直奉战争后,冯玉祥与张作霖合作,在北京成立了以段祺瑞为临时执政的临时政府。1925年1月17日,北京政府委任李景林为直隶军务督办。李景林通过武力赶走了直隶省省长杨以德,向张作霖要求自兼省长,6月30日被任命为直隶省省长。李景林督直后在省府各要害部门安插亲信,在直隶省会天津增捐加税,广敛财富,压榨地方盐商富户,筹集巨额军费。他动用警察扣押长芦纲总4人,强行收缴长芦盐务欠款53万元,强迫久大精盐公司出20万元换回在津售盐权。当时天津民间有一些顺口溜,如:"李景林坐天津卫,鸡狗都上税","会说枣强话,就把洋刀挎","沾着枣强边,大小做个官"等等,讽刺李"一人得道,鸡犬升天"。

1925年上海发生五卅惨案,天津成立了支援五卅运动各界联合会,掀起了反英反日运动。李景林调集军警阻止工人和学生的声援活动,并令全城严加戒备。8月11日,天津裕大纱厂爆发了"砸裕大事件",纱厂工会和李景林所派军警发生严重冲突。12日,李再派军警搜捕工会代表,镇压罢工工人。军警向游行的工人开枪,打死工人十余人,伤百余人,逮捕了工会代表和各界人士数百人,天津一时处于白色恐怖之中。

李景林虽然做了直隶督办兼省长,表面上受北京政府领导,但仍要受制于张作霖。张作霖很看重天津这座大城市,希望能从天津获得更多的经济利益。李景林任省长后,疲于应对奉天大帅府不间断的筹款要求和各项指令,加上李景林扩充队伍的想法不为张作霖认可,使李景林逐渐对张作霖产生不满。

1925年11月12日,张学良携张作霖的指令在天津召集军事会议,命令郭松龄、李景林部攻打冯玉祥国民军,郭、李二人当即表示反对。11月19日,郭派其弟郭大鸣和秘书密会冯玉祥共同反奉,建立密约,邀李景林一起建立反奉三角同盟。李景林从维护自己利益和地盘出发,也同意反奉。冯玉祥派参谋长熊斌和将领王乃模到天津国民饭店,参加郭松龄召集的紧急会议,李景林也派代表参加。郭松龄与冯玉祥密约,要求国民军保证李景林的地盘不被进攻。11月21日,郭松龄率部在滦州发出"讨奉通电",将犹豫和反对反奉的第五师师长赵恩臻、第七师师长高维岳、第十师师长齐恩铭、第十二师师长裴春生等30多人逮捕，押至李景林处关押。李景林虽也通电要求张作霖让位，但队伍驻守原地没动。此时，邓宝珊和徐永昌的国民第二、第三军进攻保定，然后向天津进军。冯玉祥所部张之江率兵进驻丰台至落堡一线，宋哲元部集结于多伦，摆出了攻取天津和热河的姿态。李景林认为这是国民军背信毁约，要夺取直隶和天津。他高度警觉，秘密与山东张宗昌联系，达成联合互保意向。11月30日，冯玉祥派熊斌、王乃模到天津，通知李景林去热河，让国民军第一军借道援郭。李景林派韩雨辰和黄郛去张家口疏通。冯玉祥"势在必行"和进军热河的态势，将李景林逼到了绝境。12月1日，李景林宣布与张宗昌组成"直鲁联军"，自任总司令，张任副总司令，并发表就职通电，宣称："职在守土，倘有扰害直隶和平者，唯率健儿保卫疆土。"3日，李景林将冯玉祥在津联络的熊斌、王乃模、陈琢如三位代表扣押，任命荣臻、胡毓坤为第一、第二军军长，在马厂、汉沟之线布防，迎击冯的部队。4日，李景林将关押的赵恩臻、高维岳、齐恩铭和裴春生4位师长和被扣士兵送回沈阳；查抄了郭松龄的天津办事处，扣押了郭松龄在天津购置的棉军衣等军需品；发出了讨冯通电，其中含有"只问赤不赤，不问敌不敌"语句。5日，冯玉祥命令国民军第一军北路张之江部出兵攻打杨村和天津；国民军第二军南路邓宝珊部从保定攻占马厂后进攻天津；国民军第三军孙岳部由陕西东进直隶，协同南北两路攻打天津。

李景林为守住地盘，在德国顾问的帮助下，构筑了非常坚固的阵地，同时日本人替他筹划作战，提供情报，使国民军3个旅对杨村、北仓、王庆坨久攻不下，损失严重。冯玉祥得知后大哭，下死令拔掉李景林这根钉子。10日，冯玉祥命李鸣钟率刘玉山、佟麟阁、石敬亭各旅和孙连仲骑兵师投入战斗。12日，国民军第一军发动攻击，李景林军拼死抵抗，战斗十分激烈。19日，冯玉祥又急调宋哲元率部增援，使进攻天津的兵力达到了4个混成旅、2个骑兵师和1个预备师。22日，国民军发动总攻,先后占领西堤头、北仓,将天津三面包围。24日,李景林军全线崩溃,李令全军突围后撤往山东集结,自己逃进天津日租界寻求保护。

在冯李交战中,日本调兵增援天津,日舰27艘开到塘沽外海巡弋。李逃进日租界后,日本驻屯军司令官小泉曾对李表达愿派800名士兵乔装李军模样助阵,李婉谢。12月25日晚,在日本人的帮助下,李景林乘日船"济通丸"赴大连,转往青岛,再赴济南张宗昌处,收拢散失的部队,以图东山再起。

国民军占领天津后,因内部矛盾放弃了对李景林部队的继续攻击,使李得到了喘息机会。与此同时,在英、日两国调解下,吴佩孚与张作霖组成"反赤"联盟。国民军处在内忧外患之中。12月27日,冯玉祥宣布辞职下野,1926年1月1日他再发下野通电,为国民军寻找退路。同日,张宗昌、李景林、靳云鹗在山东组成直鲁联军,沿津浦铁路向北进攻。2月9日,李景林、张宗昌发出讨伐冯玉祥电文,李景林部从德州出发,先后攻占了沧州、献县和青县。李景林亲临沧州火车站指挥部队。国民军前敌总指挥鹿钟麟调集韩复榘、刘汝明两部配合石友三部开始反击,夺回了沧州,将直鲁联军赶回了德州。张宗昌见李景林部损失过半,便以褚玉璞为前敌总司令,率军大举反攻。3月12日,日舰护送4艘奉舰驶入大沽口,攻击驻守的国民军,国民军被迫还击驱走日舰。16日,美、英、日等八国公使向段祺瑞政府抗议,发出最后通牒,国民军被迫解除了对大沽口的封锁。此时,奉军入关逼近天津,直鲁联军乘势反攻。3月21日,国民军下达总退却令,撤离了天津。24日,李景林、张宗昌和褚玉璞等进入天津,张学良也由唐山进入天津。李景林、张宗昌联名电请张作霖、吴佩孚来津,共商国是。李景林回到天津,深知自己实力损失殆尽,张作霖不会让自己回任,乃推荐褚玉璞为代理直隶督办。后李景林接受吴佩孚委任的"讨贼联军直军总司令"之职。此后,为补充实力和聚敛更多的钱款,李景林专门敲诈勒索天津的大商户,其中,轰动天津城的"宋则久案"即是一例。李景林以"赤化"罪名查封宋则久任总经理的天津国货售品所,逮捕10多名员工,并声称需4万元罚金方可赎出。宋则久遭到李景林勒索而负债累累,被迫辞去总经理职务。

当时,李景林与张作霖互怀戒心。1926年4月15日,国民军退出北京,撤至南口。张作霖任命李景林为攻击南口总司令。李景林率部向国民军开始进攻,连续几日被国民军击退,损失惨重。张宗昌、张学良则有意保存实力。李景林与孙传芳、靳云鹗、国民军四方面暗中穿梭联系,酝酿反奉同盟,达成驱张行动密约。阎锡山截获了靳云鹗与国民军的往来密电,通报给张作霖,李景林部军长荣臻也将李联靳之事密告了张学良。6月29日,张作霖命令张学良第三军将李景林部队包围缴械;令张宗昌之褚玉璞部将李景林驻杨村之赵杰部解除了武装。至此,李景林企图破灭,返回天津,通电下野。

李景林下野后寓居天津,伺机而动。1926年9月,为了对抗国民革命军北伐,李景林修书孙传芳,建议北洋政府各派实行大联合,遭到孙的拒绝。1927年3月,北伐军占领南京、上海,优势显见,李景林改投国民革命军,于4月经日本到达南京,被蒋介石任命为直鲁军招抚使。1928年4月,被任命为国民政府军事委员会委员。

此后,李景林居住在上海,专心推广武术。1928年3月,在张之江、李景林等人的奔走下,南京国术研究馆成立,李景林任副馆长。1929年11月,在杭州举办国术游艺大会,这是首次举办全国性的武坛盛会,来自全国16个省市的武术代表参加,李景林任大会评判委员会委员长。1930年,创建山东国术馆。李景林作为近代武术大师,广收门徒,大力普及推广武当剑法,对武术的发展和提高做出了贡献。

1931年11月13日,李景林因患痢疾不治,在济南病故,时年46岁。

参考文献:

李新等主编:《中华民国史·人物传》,中华书局,2011年。

尤文远、马永祥主编:《保定军校千名将领录》,方志出版社,2001年。

吴安宁主编:《乱世之侠客:民国武林往事》,华中师范大学出版社,2011年。

来新夏等:《北洋军阀史》,南开大学出版社,2000年。

（刘汝杰）

李魁元

李魁元(1868—1943),字少田,天津南郊西楼村人。李魁元以种菜为生,家境并不富裕。冬闲时,李魁元便推着独轮小车到市内兜揽推脚生意。

19世纪晚期,天津德国租界三义庄一带,德国营盘设立于此。该地距西楼村仅3华里,李魁元捷足先登,抢到了为德国营盘供给青菜、鸡蛋等食品的差事。后来他逐渐与营盘的伙食主管人员熟悉,取得了供货资格。因李魁元所售蔬菜、鸡蛋等货色整齐,售价较外间为高,获利极大。当时德国营盘驻有官兵千余人,每日由伙房剔出牛羊下水、头蹄、皮张及肥油等物甚多,以极微少的费用送给李魁元售卖,有时便以青菜等货折换。为此李魁元特在西楼开设了一家专卖牛羊杂碎的店铺,取名德利元,并从穆庄子请来回民师傅为其煮制。一时间生意兴隆,热销西楼一带。

1910年前后,李魁元与郝玉林二人在天津法租界马家口子附近租了一间门面房,初由郝玉林经营收买破烂生意,其所需货款由李魁元垫付,后拉来原在段立福脚行结识的管账人张浙洲合作,成立了天祥号。天祥号开业后,李魁元又极力向英、法各营盘发展,为此李在外兜揽生意,郝留号看柜,张担任管账,经营范围由原来仅供青菜、鸡蛋,扩展为全部主副食品原料,如牛羊肉、面粉、白糖、青菜、马料干草,一应俱全。李魁元做生意有其独到之处,与德、英、法三国营盘建立了供需关系。

由于李魁元善于经营,天祥号取得了英租界大商号火灾残货的处理权,天祥号也从此由收买破烂的小商号,升级为收买洋行仓库残货及代客拍卖家具用物的天祥叫卖行,租占了后来劝业场及天祥市场所占两处地皮为存货场。李魁元、郝玉林、张浙洲三人同为天祥叫卖行的三大股东,在法租界崭露头角。不久,天祥叫卖行取得了替魁昌销售无税酒的资格,生意非常火爆。

第一次世界大战爆发后,驻津德国军队奉令回国参战,德国营盘弃置的物品及物资非常多,急需拍卖处理,天祥叫卖行以极小的代价把这笔生意揽了下来。后来德国战败,租界交还中国,租界当局的德籍人员及经营银行和进出口贸易的德侨纷纷回国,凡是较为整齐的物品都由魁昌和天祥两家互相配合控制价格抢购到手,然后分批高价拍卖出去,从中获得巨利。天祥叫卖行在几年的时间内就成了天津拍卖业中资本雄厚的头号大行栈,李魁元、张浙洲等也以天祥股东的资格进入法租界的华商公会,活跃于中法官商之间。

1917年,李魁元将自己原有的20余亩菜园地拿出,另以天祥名义把南起墙子河沿、北迄浙江义园的20余亩菜园地也买到手,建起红色砖房800余间。李魁元把建在自己原有那块菜园地上的房产起名为福德里,后来收买的地方起名为天祥里,这两块地统称为谦德庄。谦德庄一带的市面逐渐繁荣起来,李魁元在天祥里北头兴建谦德庄大戏院,由其族叔李三经营,成为该地最大的娱乐场所。

李魁元得知高星桥欲修建劝业场的消息后,决定建设天祥市场,抢占法租界中心地区。李魁元请工程师绘成商场蓝图及场内结构图样,对外大事宣传,以招商预租的办法将建筑经费筹措到手。1925年,天祥市场开业,游人如织,李魁元等人的身价越来越高。

后来因为经营分歧,李魁元脱离了天祥市场,在丰领事路购买房舍一处,开办了元记叫卖行,开业后仍然位居行业首席,还兴办了元兴池澡堂及元兴旅馆等处产业。

1931年,天津惠中大饭店创办时,李魁元首先投入股款并推荐长子李景棠为经理,后因其子只知挥霍不能操持经营而被股东辞退,李魁元遂退出惠中饭店。为与惠中饭店竞争,李魁元于1938年在庆云里开办了巴黎饭店。后来李魁元又在法租界修建大楼,由天津书法家杜筱琴特题"世界大楼"四字匾额,于1941年开业。大楼雄踞闹市之中,一楼为舞池及餐厅,二楼至六楼为饭店,有大小房间400余间。

李魁元为法租界华商公会董事长。1942年,法租界成立伪新民会,李魁元由日本特务机关推荐出任法租界新民会会长。1943年,李魁元去世,终年75岁。

参考文献:

全国政协文史委编:《文史资料存稿选编》第22辑,中国文史出版社,2002年。

牛一兵、王宏主编:《天津小洋楼:名人故居完全档案》第4卷,天津教育出版社,2011年。

(高　鹏)

李勉之

　　李勉之(1898—1976)，字宝时，天津人。李勉之的父亲李希明，是20世纪初华北地区资本雄厚、颇有名气的实业家。他除与周学熙一起创办了启新洋灰公司并任总经理外，还在开滦矿务局、唐山华新纺纱厂、秦皇岛耀华玻璃公司等企业大量投资。李勉之从小随父亲在唐山长大，于1918年毕业于天津德华中学，1922年赴德国亚美机械厂进修实习。1923年，李勉之从德国亚美机械厂进修回国后，协助其父办理家业。

　　1928年，李勉之任唐山华新纺纱厂襄理。1932年1月，李希明去世，李勉之作为长子接替父亲的事业，相继投资启新洋灰公司、开滦煤矿、唐山华新纺织公司、耀华玻璃公司，以及中国银行、中兴煤矿公司、斋堂煤矿公司、江南水泥公司、河南卫辉纺织公司、北平三星铅笔厂、南京及天津砖窑等实业，担任唐山华新纺织公司常务董事和滦州矿地公司主任董事。

　　李希明生前在启新洋灰公司投入了大量的精力和股份，他去世后，李勉之做总稽核。1937年全民族抗战爆发后，李勉之兼任启新洋灰公司董事及上海铅笔厂董事长。

　　1936年，李勉之与王汰甄商议建厂生产自动式电话机和交换机，并将李家在西康路的一块地产拿出来做厂基。为了筹措建厂和购置设备资金，在启新股票价格大大低于市场票面价格的情况下，李勉之卖掉了大量股票，并通过禅臣洋行从外国订购了一些新式机器。1937

年新厂开工生产,正式定名为中天电机厂,因生产中国第一部自动式电话而享有盛名。

1937年七七事变后,华北沦陷,日军占领天津。受战乱影响,中天电机厂从未充分开工,且多次遭到停工停产打击。1941年,李勉之任该厂董事长。为保全技术力量,李勉之在王汰甄的建议下,多次忍痛抛售启新股票,以维持中天资金周转。中天在资金充裕时也曾买回一些股票归还给李勉之。但是由于连年战争,局势不稳定,市场混乱,中天始终资金周转不灵,李勉之手中所存启新股票也越来越少,只能艰难维持。抗战胜利后,国统区通货膨胀严重,物价飞涨,给予中天厂致命打击,至天津解放时,该厂已陷入停工状态。

新中国成立后,李勉之、李慎之兄妹出于极大的爱国热诚,投身祖国的建设事业。他积极响应市军管会动员工商业者复工、复业、复市的号召,在一些资本家不明缘由,分不清形势,趁机抽逃资金的情况下,李氏兄妹变卖了家中的股票,想方设法使中天电机厂成为全国首批恢复生产的企业之一,有力地支援了天津乃至全国的经济建设。抗美援朝时期,李氏兄妹分别以个人和私人企业的名义捐款达数十万元,购买飞机支援抗美援朝。李氏兄妹还热心社会公益事业,先后捐款逾百万元。1957年,为缓解天津学生上学难的状况,李氏兄妹牵头,联合部分工商业人士集资兴办了新华中学,第二年改名为新华业大。李勉之后来被誉为"爱国实业家""红色资本家"。

新中国成立后,李勉之被录用为国家干部,先后任公私合营中天电机厂经理、启新洋灰公司常务董事、天津市电机工业公司经理、天津市工商联常委、天津市人民代表。从50年代起,李勉之先后担任天津市和平区政协委员、常委及副主席、天津市政协委员、常委,全国政协委员,为天津市的经济建设、教育和统战工作均做出了突出的贡献。

1976年,李勉之在天津病逝,终年78岁。

参考文献:

周叔弢、李勉之:《启新洋灰公司的初期资本和资方的派系矛盾》,载全国政协文史委编:《文史资料选辑》(合订本)第18卷,中国文史出版社,2011年。

李家琨:《李勉之资助中天电机厂》,载天津市政协文史委编:《天津文史资料选辑》第43辑,天津人民出版社,1988年。

牛一兵、王宏主编:《天津小洋楼:名人故居完全档案》第1卷,天津教育出版社,2011年。

(张慕洋)

李岷琛

李岷琛(1837—1913)，字少东，四川安县人。1837年，李岷琛出生于四川安县安昌镇千字沟，自幼聪敏好学，善于诗文，深受塾师喜爱。1852年应童子试，一举夺魁，为县令所器重。1861年拔贡，朝考第一，分户部小京官中。1864年参加顺天乡试，中举人转为主事。1871年赴北京参加殿试，中进士，钦点翰林院庶吉士，散馆任编修。1876年奉旨担任贵州乡试主考，赴任途中又奉旨督学云南。时值陕西、山西等省连年大旱，民不聊生，哀鸿遍野，纷纷募赈于云南。李岷琛闻讯首捐廉俸二千两白银以救济灾民，云南巡抚将此事上奏朝廷，朝廷昭其德劭，授奖五品花翎衔。

1895年，德国驻华公使向清总理衙门提出照会，借口德国在中日甲午战争中"迫日还辽（辽东半岛）有功"，向清政府索取租界，要求享受与英、法等国同等特殊待遇。清政府饬令天津海关道盛宣怀、天津道李岷琛同驻津德国领事商谈划定租界事宜。经过商谈，10月30日，与德国领事司艮德签订《天津条约港租界协定》，允许德国在天津永久设立租界，划定濒临海河地段为德租界，租界范围基本相当于现在天津市河西区大营门街道和下瓦房街道，占地1034亩。

1897年，李岷琛接替盛宣怀任津海关道监督，兼任北洋大学堂（今天津大学）第二任督办（校长）。因忙于津海关道公务，李岷琛长期不到学堂视事，特设置总办一职代他主持学校政务，第一任总办为王修植。

北戴河本名叫北家河，明代为海运积储之地，不仅依山傍海、沙软潮平,而且海滩沙质比较好,坡度也比较平缓,是一个优良的天然海水浴场,适宜海水浴。1898年,清政府拟在北戴河划定避暑区,准许中外人士杂居。经北洋大臣委派津海关道李岷琛、候选道王修植、开平矿务局总办周学熙,会同津海关税务司杜维德等勘测,清政府正式划定北戴河以东至鸽子窝沿海向内3华里为避暑区。此后,国内外的巨商富贾、学者名流、军政要员纷纷云集这里,抢购土地、大兴土木、修建别墅。从19世纪末一直到1949年北戴河解放,北戴河共建起别墅719幢,其中外国人修建了483幢,这些风格迥异的别墅群成为北戴河一道独特的风景线。

1898年8月,李岷琛奉命与日本驻天津领事郑永昌签订《天津日本租界条款十四款》;11月4日,又签订《天津日本租界续立条款十三款》,划定海光寺地带1667亩为日本租界。稍后,调任江西督粮道员,署江西布政使。1901年,调任湖北按察使代布政使。在湖北任职期间,李岷琛见湖北与四川接壤之三峡无纤路,挽舟人非常劳苦,乃捐白银五千两,并集公款数万,派员凿通宜昌以上至四川的长江纤路,使两省船只上下通航。1907年暂代湖广总督数月。

李岷琛颇喜书法,袭承"馆阁体"楷书风格,横平竖直,一丝不苟。可惜存世不多,四川安县文化馆仅存有他的墨迹一件。

1909年秋,李岷琛积劳成疾,辞去官职。1911年由武昌迁居上海。1913年因病去世,终年76岁。

参考文献:

石纽山编著:《羌禹文化 辉煌北川》,四川省大禹研究会、中共北川羌族自治县县委宣传部、北川羌族自治县社会科学界联合会、北川羌族自治县文化广播影视新闻出版局,2013年内部印行。

吴志菲:《毛泽东创作〈浪淘沙·北戴河〉背后的故事》,《财经界》

2017年第7期。

四川省安县志编纂委员会编:《安县概况》,1987年内部印行。

左森主编:《回忆北洋大学》,天津大学出版社,1989年。

（郭登浩）

李润杰

李润杰(1917—1990),天津武清大桃园村人,本名李玉魁。他自小家境贫寒,幼年时曾跟随母亲沿街乞讨,学过评戏小生及吹打乐器。1931年,李玉魁离开家乡来到天津,在一家鞋铺当学徒。四年后,他被侵华日军抓到东北当劳工。后来他因砸伤了手指无法劳动,流落街头乞讨为生。在这个过程中,他慢慢学会了数来宝、相声、戏法,开始在鞍山、沈阳等地撂地演出。

李玉魁很有天分,虽然没有正式拜师学艺,但表演很能吸引人,一个人能演两三个小时的节目。在沈阳他遇到来自天津的戏法艺人刘金荣,两人合作演出,由李玉魁唱太平歌词、评戏、数来宝等,刘金荣变戏法,二人也合说相声。不久,李玉魁又与从天津来的相声艺人冯宝华、王福来、朱相臣、赵天寿等以及东北著名相声艺人白银耳、顾海泉等合作。在东北三省演出五年多后,他回到天津以演出相声为生,走遍了天津及附近的廊坊、杨村、小站、东沽等地。

在这期间,李润杰在塘沽的连塘庄遇见了评书艺人段荣华,被他的技艺所折服,每天演出后都要去听他说的《明英烈》。不久后,李润杰提出要拜段为师。段也看过他演出的单口相声、太平歌词等,认为他是可造之材,就收他为徒。拜师后,师父给他起了艺名“李润杰”。“润”字是评书艺人辈分的排字,“杰”字,因为他的身段、表演好,善于说《三侠五义》一类的短打书。一年半后他学成出师,开始独立演出,并结婚成家。他一开始撂地演出评书、单口相声,妻子负责收钱。他的相声虽然说得好,可是没有师父,杨少奎、班德贵等相声名家邀请他参加相声大会的演出,杨少奎就代师父收李润杰为师弟,他就成了焦少海的徒弟。

1949年1月15日天津解放。18日,李润杰就演唱了他自己写的欢迎解放军进城的太平歌词。他亲眼见到了解放军纪律严明,与国民党军队有着天壤之别。他编写新节目歌颂共产党、解放军,成为天津市演唱新节目的第一人。几天后,他组织周德山、于佑福、孙玉奎、郭全宝、康立本等,举办了相声大会。转年,他应邀赴西安演出,看到报纸上刊登了快板《二万五千里长征》,他马上背词,搬上了舞台。他积极参加各种公益性演出,如为皖北、苏北、河北、河南救灾演出等,他还与豫剧名家常香玉同台,为抗美援朝募捐演出。由于他做出了成绩,西北局主要领导习仲勋亲自给他颁发了奖章。而且,他被选为西安曲协副主任、抗美援朝委员会委员。

1952年,李润杰返回天津,加入了天津广播曲艺团,并参加了第二届中国人民赴朝慰问团。回国后,李润杰开始对传统数来宝、快板进行改革。他的改革非常全面,包括打板儿、唱词、表情、动作等各个方面。他汲取了相声、山东快书、西河大鼓、评书等艺术形式的精华,融入数来宝和快板,经过近三年的改革和实践,他创造了一个崭新的曲种——快板书。快板书被创造出来后,影响非常大,全国几乎所有的曲艺演出团体和部队文工团都派演员到天津,向李润杰学习快板书表演。

1956年,李润杰被评为"全国文化先进工作者",作为天津文艺界代表,参加了全国先进生产者代表大会,受到毛泽东、刘少奇、周恩来、朱德、邓小平等党和国家领导人的接见。回到天津后,他开始以极大的热情投入到快板书的创作中,写出了《隐身草》《铸剑》《火焰山》等,经他演唱后反响极为强烈。1958年,他应邀参加了中国文联组织的文艺界慰问团,赴福建炮击金门前线慰问解放军指战员。他在前线的最前沿,亲眼目睹了炮击金门的激烈场景,当即写下《金门宴》这个新作品,并表演给前线的战士们,反响十分强烈。其间,他还采访了参加这次炮击的炮手李金山，又创作了《英雄炮手李金山》和讴歌前线官兵的《赞三军》。回到天津后，天津人民广播电台录制了《金门宴》，由中央人民广播电台一天几次播放，响遍全国。1960年，他第二次赴福建前线体验生活并进行采访，又在前线创作了《夜袭金门岛》《智取大西礁》两段快板书。

1964年，中国作家协会组织访问团赴大庆油田访问，其中包括严文井、徐迟、张天翼等著名作家，李润杰是唯一的曲艺作家。他们采访了"铁人"王进喜和钻井队，采访结束后，作家们都创作了报告文学、采访纪实等，发表于《人民文学》等杂志。李润杰创作的快板书《立井架》，由他和徒弟对唱，通过中央人民广播电台向全国播放。1965年，李润杰随中央慰问团赴云南、贵州慰问铁道兵部队，并创作出《千锤百炼》。

李润杰为快板书艺术做出了很大的贡献。他的表演大气磅礴，极富感染力。他创作的作品有百余段，其中大部分几十年后仍能一字不动地演唱。他对快板书进行了理论总结，建立了一套完整的理论体系。同时，他的徒弟众多，是一位名副其实的曲艺教育家。因为贡献突出，李润杰被选为第三至第五届全国人大代表，曾任中国曲艺家协会常务理事、天津市曲艺家协会副主席、天津市曲艺团副团长等职。

1985年，李润杰因病告别舞台，此后他把主要精力用于作品整理上，出版了《李润杰快板书选集》。他还系统地总结了自己的艺术经验，出版了《快板书的创作和表演》《我的艺术生涯》等著作。1990年10月11日，李润杰逝于天津，终年83岁。

参考文献：

杨振关、马悦龄：《李润杰二三事》，载武清县政协文史委编：《武清文史资料选辑》第5辑，1992年内部印行。

中国曲艺志全国编辑委员会、《中国曲艺志·天津卷》编辑委员会编著：《中国曲艺志·天津卷》，中国ISBN中心，2009年。

（高玉琮　秦珂华）

李 士 伟

　　李士伟(1883—1927),字伯芝,河北永年人。李士伟幼年接受传统教育,1901年赴日本留学,入早稻田大学政治经济科学习,开始接触现代经济学理论。1906年毕业回国,入直隶总督兼北洋大臣袁世凯的幕下,先在督署内任秘书,后调任北洋师范学校学监、直隶全省学务处会办、直隶全省自治总局督理、直隶咨议局筹办处会办等职。

　　1906年,启新洋灰公司成立,周学熙任总理,袁世凯、周学熙、张镇芳、王锡彤、孙多森等均为公司股东,李士伟也是大股东之一,并长期担任公司董事之职。1908年,周学熙等在北京创办京师自来水公司,李士伟积极投资认股。袁世凯督直期间,井陉矿务局成立,李士伟被派任为督办。此外,李士伟还担任南洋工业促进会会员、合兴矿业公司总办、通伟工业公司董事,又兼矿工联事会董事、中国工业银行总裁等多职。李士伟自投入袁世凯幕下后,既参与政事,又投身北洋实业,逐渐成为北洋集团中的一个重要人物。

　　1911年,辛亥革命推翻了清王朝。1912年3月,袁世凯在北京就任临时大总统。李士伟最初任总统府筹议处政治科科员、财政部顾问等职,1913年任农商部矿政顾问,1914年任参政院参政。1914年5月,为顺应日方的投资要求,孙多森与王克敏、陆宗舆、曹汝霖、杨士琦等同日人中岛久万吉、仓知铁吉、尾琦敬义等,在北京发起组织中日实业股份有限公司,李士伟为发起人之一。1915年1月27日,李士伟拥袁称帝,被授为上大夫,政治地位不断上升。

　　1915年4月12日,袁世凯免去李士伟的参政院参政职,任命为中国银行总裁。李士伟上任后做的第一件事是提请取消中国银行归财政部直辖的规定。中国银行由财政部直辖,是1914年周自齐任财政总长时,在梁士诒纵容下,以财政部名义呈文提出,并经袁世凯批准同意的,把中国银行作为财政部的一个附属机构,从而使中国银行失去了应有的"超然独立的中央银行地位"。时任中国银行总裁的汤睿即因此提出辞职。李士伟就任中国银行总裁后,在周学熙支持下,终于将这一违反财政、银行分工管理原则的做法取消。在任期间,李士伟还着手对《中国银行则例》中的一些问题进行了修改,使之更切合当时的实际,并有利于中国银行的发展。他担任总裁后,非常注意制定各种条例与办法,使中行的各项工作逐步走向规范化,其中最主要的有两项:一项是对制定《兑换券条例》提出修改意见,另一项是制定《中国银行货币交换总所办事大纲》。

为统一币制,李士伟在国内各省大力推行中国银行发行的纸币,并与不少著名的地方银行签订了领用中国银行兑换券合同,这逐渐成为中国银行拓展业务的一项重要制度。此后,广西、贵州等省银行也相继与中国银行就领用兑换券事宜进行谈判。当时,各省金库多由中国银行接收,但各地银号、钱庄所发行的兑换券极不统一,形形色色,价值不一。有鉴于此,根据财政部在各地成立兑所以办理货币兑换的要求,中国银行下令各地扩大设立分行,增加设立支行、汇兑所。1915年6月1日,货币交换总所正式成立,北京、天津、保定、邢台、张家口五处分所也同时开张,分行由原来的37个增至70个。就中国银行自身来说,这一时期的盈利也有较大增加。

1915年4月20日,中日实业股份有限公司举行改选,新任中国银行总裁不到10天的李士伟当选为该公司总裁,仓知铁吉仍为副总裁,杨士琦改任顾问。

1915年7月,李士伟与周学熙、袁克文、梁士诒、孙多森、萨福懋、孟继笙、李湛阳、区昭仁、虞和德、张镇芳等人,共同发起组织通惠实业有限公司,于北京设总公司,上海、汉口设分公司。随后于山东烟台、河南新乡、天津、上海等地,相继创办通益精盐公司、通丰面粉厂、通孚堆栈,以及沪丰堆栈、协孚地产公司等企业。1915年10月,李士伟与周学熙联名发起组织华新纺织公司,由于李、周二人的官僚背景,该公司申请在直、鲁、豫三省享有专利30年,后因舆论反对,袁世凯宣布取消了该项特权。到1919年,华新公司先后建成华新津厂、华新青(岛)厂,以后又于河北唐山建成华新三厂,于河南卫辉建成华新四厂。四厂的陆续建成使北洋实业集团进入发展的鼎盛时期。

由于李士伟与袁世凯北洋集团有长久的渊源关系,又由于他被袁世凯提拔为中国银行总裁,袁对其有"知遇之恩",故1915年10月20日李士伟上书袁世凯,请速行君主立宪。他的上书不仅时间早,而且是一人具名,并盖有中国银行"关防"。袁世凯称帝后,很快就遭到全国各界的一致反对,护国战争继起,袁之统治摇摇欲坠,拥护袁称帝的一班人均遭外界和舆论的批判攻击。周学熙辞去财政总长之职。1916年4月17日,李士伟被袁世凯免去中国银行总裁职务,"另候任用"。

1919年,中国实业银行在天津成立,李士伟任董事兼协理。1921年5月14日,北京政府靳云鹏内阁第三次改组,李士伟被任命为财政总长,但北京各界群众团体以李士伟和新任交通总长张志谭为亲日派人物而极力反对。李士伟提出请假3个月,以后也始终未就任。1922年,中比合营耀华玻璃公司成立,李士伟为华方四董事之一,并出任总董,负责公司业务。1924年,周学熙为了应付北洋实业集团内部的矛盾和当时欧美资本主义国家经济危机对我国民族工业的影响,成立了"实业总汇处",作为控制所属各企业的枢纽。次年,"实业总汇处"改组为"实业协会",周学熙任会长,李士伟和王锡彤任副会长。

1927年1月,李士伟病逝于上海,时年44岁。

参考文献：

中国银行行史编辑委员会编著：《中国银行行史（1912—1949)》,中国金融出版社,1995年。

天津社会科学院历史研究所编：《天津历史资料》第11期,1981年内部印行。

（高　鹏）

李 叔 同

　　李叔同(1880—1942)，学名文涛，以字行，法名演音，号弘一，1880年10月23日(清光绪六年九月二十日)，出生于天津河东地藏庵前陆家胡同。先世移居津门，父名世珍，字筱楼，为清同治四年(1865)进士，曾任吏部主事，不久辞官经商，继承父业，在天津经营盐业和银钱业，家境颇为富有，有"桐达李家"之称。其父"晚耽禅悦"，笃信佛教，在天津设有义学，并创建备济社于河东，抚恤贫寒孤寡，施舍衣食棺木，被津人称作"粮店后街李善人"。李叔同在弟兄中排行第三，长兄文锦早丧，仲兄文熙长他12岁。

　　李叔同幼年聪慧，5岁即从母亲习诵名诗格言，六七岁时从仲兄受教《百孝图》《返性篇》《格言联璧》等文选，琅琅成诵。八九岁向天津无量庵僧人王孝廉学《大悲咒》《往生咒》等，不久也能背诵，又从乳母刘氏习诵《名贤集》，并从常云庄读《孝经》《毛诗》《千家诗》和唐诗等。10岁始读《孟子》《古文观止》《尔雅》《诗经》之类，学习《说文解字》，开始临摹篆帖。十四五岁读《史记》《汉书》精华数篇，写出"人生犹似西山日，富贵终如草上霜"的诗句。十六七从赵幼梅(元礼)学词，从唐敬严学篆及刻石。1895年李叔同考入辅仁书院，学习参加科考必备的制艺(八股文)之式，因思维敏捷和文笔流畅经常得奖。

　　1897年，李叔同尊奉母命与津门茶商之女俞氏成婚，并以童生资格进入县学。1898年9月，戊戌变法失败，李叔同因积极赞同康有为、梁启超的维新变法，认为"老大中华非变法无以图存"，曾私刻一印"南海康君是吾师"①,因而被传为康梁同党。为避祸,10月,他被迫偕眷奉母南下至上海,初赁居上海租界十邻里。稍后他加入许幻园、袁希濂等组织的"城南文社",研讨宋儒理学与诗赋。许十分钦佩他的文才,邀请他把家迁入城南草堂。李叔同遂常与当地名士许幻园、袁希濂、蔡小香、张小楼一起吟诗作赋,结下金兰之谊,号称"天涯五友"。

1901年秋,李叔同考入南洋公学经济特科班,学校课程着重于西学,聘请蔡元培为教授。进入南洋公学学习,使李叔同的思想产生了重要变化。他学到了许多新的知识,掌握了日文、英文等外语,开始直接、广泛地接触西方文化,了解西方近代社会和艺术思想更为便利和自由。1904年李叔同毕业后,与穆恕斋等在上海南市组设"沪学会",宣传讲究卫生、移风易俗、广开风气等,并提倡办学堂、培养人才,想以此使国家独立富强。在上海的几年,是李叔同一生中自认为最幸福的时候。他曾对弟子丰子恺说过:"我二十岁至二十六岁之间的五六年,是平生最幸福的时候,以后就是不断的悲哀与忧愁,一直到出家。"②

1905年,王太夫人在上海病逝,李叔同扶灵回津。在葬仪上,他坚决主张移风易俗,废除繁文缛节,另订新式丧礼。李叔同首先破"外丧不能进宅"的旧例,然后在天津《大公报》上刊登"哀启"一则,后附有带简谱的"哀歌"二首。追悼会上,改孝子跪地读祭文的旧例为致悼词,家人改披麻戴孝为穿黑色衣服,李叔同弹钢琴,唱悼歌。参加追悼会的有400多人,包括天津名流严范孙、赵幼梅,奥国工部局官员等。天津《大公报》称之为"文明丧礼",连续发表文章,记述会场盛况,可谓轰动一时。丧礼后不久,李叔同便自上海东渡日本留学。

李叔同到日本后便沉浸于文学艺术之中。他在东京独立编刊《音乐小杂志》,并收音乐、诗词、杂感、绘画。为配合国内乐歌运动,特在

①林子青:《弘一大师年谱与遗墨》,时代文艺出版社,2010年,第11页。
②丰子恺:《法味》,载夏丏尊、蔡冠洛等:《弘一大师永怀录》,时代文艺出版社,2009年,第81页。

《教育唱歌》栏发表乐歌新作《我的国》《隋堤柳》《春郊赛跑》,主题多"蹈励民气"。这是中国近代第一本音乐刊物,由东京三光堂印刷,然后寄回上海交由尤惜阴代办发行。1906年9月,李叔同考入东京上野美术专科学校,师从日本名画家黑田清辉学习西洋油画,成为该校第一代中国留学生之一。同年冬,李叔同在东京加入孙中山领导的同盟会。适日本新派剧、浪人戏时兴,留日学友曾延年(孝谷)正与新派剧名流藤泽浅二郎交游,遂与曾前往恳谈观摩,从中发现新派剧表演之潜在功能,认为可借鉴西方文明唤醒国人奋起,选择文艺一隅履行同盟会会员义务。后会同曾延年等在东京发起组织"春柳社"。1907年春,演出话剧《茶花女》,李叔同扮演女主角玛格丽特,受到日本戏剧界好评。后来又出演《黑奴吁天录》《新蝶梦》《血蓑衣》等,名噪一时。春柳社的艺术作风非常严肃,致力于探索中国新剧表演艺术。由于李叔同在中国艺术方面深厚的功底和造诣,使他对西方艺术也有着灵犀的觉解,很快就熟谙了西方绘画、音乐、话剧等艺术。

1911年3月,李叔同从日本学成归国,先在上海逗留一段时间后,于初夏时北上回到天津,并应聘在直隶高等工业学堂任图绘教员,尝试将西洋绘画应用于国内实用美术教学,培养工业品美术设计专门人才,这是中国近代实用美术教学之始。辛亥革命成功后,清王朝宣告覆亡。因时局不稳,金融市场一片混乱,"桐达李家"因票号倒闭几至破产,李叔同任教的学校也被迫停课。1912年初,李叔同南下上海在城东女学教授美术和音乐,此后再也没有返回天津。

1912年4月,李叔同加入南社,创作了《祖国歌》《大中华》等振奋人心的歌曲。1912年春,陈其美在上海创办《太平洋报》,李叔同与社友柳亚子、苏曼殊等同被聘为该报编辑。李叔同负责编广告与副刊《太平洋文艺》,并与柳亚子、朱少屏、曾延年等借上海太平洋报社发起成立"文美会",筹编《文美杂志》。8月,《太平洋报》因负债停办,李叔同应聘到杭州的浙江两级师范学校(次年改名浙江省立第一师范学校)担任图画和音乐教员,实践他早年确立的"以美淑世""经世致用"的教育救国理想。从此,李叔同卸下西装革履,改穿布衣布鞋,全力培养艺术教育人才。他在执教时,开设了钢琴、素描、油画、水彩、图案、西洋美术史等课,还开设了画室写生和野外写生课,并最早在中国使用人体模特进行教学。他率先比较系统地介绍了西方艺术各方面的知识,极大地开阔了学生的视野。1915年李叔同还曾兼任南京高等师范学校(后名东南大学)的图画教师,每月往来于宁杭之间,并在南京组织"宁社",借佛寺陈列古书、字画、金石。

这一时期是李叔同生命的辉煌时期,他在诗歌、音乐、美术、金石、书法方面,均达到了当时的最高境界,他传世的许多艺术珍品,大都创作于这个时期。他还培养了一批美术、音乐人才,丰子恺、刘质平、王平陵、李鸿梁等,均为其入室弟子。1918年,李叔同在杭州虎跑寺剃度为僧,正式皈依佛门。

事实上,李叔同出家并非一时兴起。李叔同生于笃佛之家,自幼受到佛教的影响,成年后又叹息自己"言属心声,乃多哀怨",其母逝世后,"益觉四大非我,身为苦本"。1915年开始,李叔同对宋元理学和道家书籍产生了兴趣,便信仰道教,从此越发多愁善感,产生了"众生无常"的思想。1916年冬,李叔同在日本杂志上看到"断食修养法",就于寒假去杭州虎跑大慈寺试验断食三星期。同时,受理学家马一浮的启发,舍道信佛。1918年1月,李叔同入虎跑寺拜老和尚了悟为在家弟子,取名演音,号弘一,受居士戒。回到学校后他便开始素食,带念珠,供佛像,读佛经。1918年8月正式削发出家,结束了他前半生文艺家的生涯。

李叔同出家后,抛却了爱好的文学艺术,唯独书法始终不舍。他认为:"夫耽乐书术,增长放逸,佛所深诫。然研习之者能尽其美,以是书写佛典,流传于世,令诸众生欢喜受持,自利利他,同趣佛道,非无益矣。"①出家后,他的追求不再是书法艺术,而是以书法写佛号、经文,广结佛缘。晚年,其书法更是炉火纯青。同时,他依然与文化界交往,赴各地云游、演讲,既讲经说法,也发表爱国言论。1927年北伐成功,杭州政局更迭,激进派主张"减佛驱僧,收回寺院"。李叔同迁居杭州吴山常寂光寺,即托堵申甫约集激进派若干人来寺会谈,婉言相劝,语语中的,是说遂罢。事后,他还写信给蔡元培等,提出对佛教的改革建议。1928年秋,李叔同自温州到上海,应约与丰子恺、李圆净商编《护生画集》。该书诗书画合一,以"人道主义为宗趣,以画说法",提倡护生,反对杀生。李叔同另撰题赞刊于卷首:"普愿众生,承斯功德,同发菩提,往生乐园。"次年4月,李叔同经福州云游杭州,在鼓山发现清初刻本《华严疏论纂要》,到杭州后加以整理翻印。翌年,李叔同再去浙江上虞白马湖,圈点《南山钞记》并致力于华严宗的研究。1931年,他在白马湖法界寺发愿专学南山律。1932年11月,李叔同重返厦门妙积寺。此后,他便游方于厦门、泉州各地讲律,亦在南普陀创办佛教养正院,并任教于此,培养青年佛徒。

1937年七七事变爆发,李叔同对日本侵略中国极为愤慨。他说:"吾人吃的是中华之粟,所饮的是温陵之水,身为佛子,于此时不能共纾国难于万一","自揣不如一支狗子"。他到处书写"念佛不忘救国,救国不忘念佛"送人,勉励佛徒对宗教和国家二者应有同样深的爱护热忱,并自题所居禅房曰"殉教堂"。1938年5月厦门沦陷后,有人劝他去大后方,他断然拒绝,仍在泉州、惠安、漳州等地讲经说法,或闭关潜息。

1942年10月13日,李叔同圆寂于福建泉州温陵养老院,终年62岁,他的墓在泉州清源山弥陀岩旁。1953年,他的弟子丰子恺、刘质

---

①李叔同:《李息翁临古法书·序》,载李叔同:《南闽梦影》,天津教育出版社,2007年,第189页。

平、吴梦非及敬仰者叶圣陶、章锡深等,集资为他在杭州虎跑山的后山上,建造了一座纪念塔。

李叔同在为僧的24年中,埋名遁世,潜心研究律学,编撰有《四分律比丘戒相表记》《戒本羯磨随讲别录》《五戒相经笺要》《华严集联三百首》《南山律宗传承史》等佛学著作十余种。在佛门宗下属净土兼律宗,对佛学律宗的贡献很大,为中国近代佛教律宗的代表人物,被佛门称为"重兴南山律宗第十一代祖师"。1980年,赵朴初为弘一大师李叔同百年诞辰所写献词,尤能概括他的一生,诗云:"深悲早现茶花女,胜愿终成苦行僧。无数奇珍供世眼,一轮明月耀天心。"

参考文献:

林子青:《弘一大师年谱与遗墨》,时代文艺出版社,2010年。

夏丏尊、蔡冠洛等:《弘一大师永怀录》,时代文艺出版社,2009年。

陈慧剑:《悲欣交集——弘一大师李叔同的前世今生》,陕西师范大学出版社,2005年。

郭凤岐编:《李叔同-弘一法师纪念集》,天津人民出版社,2000年。

(万亚萍)

李提摩太

李提摩太（1845—1919），全名李提摩太·理查德（Timothy Richard），字菩岳，出生于英国南威尔士的一个农场主家庭，先后就学于斯旺西师范学校和哈佛福德神学院。

李提摩太是英国浸礼会传教士，1869年11月17日离开英国，1870年2月抵达上海，随后赴山东烟台、济南、青州等地传教，成为浸礼会在中国北方的唯一代表。在传播基督教的同时，他还学习了佛教、伊斯兰教和儒家著作。1878年5月，与卫斯理会、中国内地会、美国长老会的传教士一同自天津启程，赴山西太原参与赈灾和传教活动。1880年9月，由山西赴北京途中路过天津，得到直隶总督李鸿章的召见。1882年到山东青州代理主持教堂事务，后又回到山西传教。

1885年，李提摩太向浸礼会申请休假，经天津、上海归国。1886年又返回中国，短暂在山西传教后，同年10月携全家来到天津，在天津机器局担任翻译。此间他仍在京津地区传教，撰写了题为《现代教育》的小册子，介绍西方最先进的7个国家的教育情况，并建议清政府每年拿出100万两白银作为教育改革的经费。他把这本小册子作为礼物送给李鸿章，并就中国教育问题与李鸿章进行了长谈。同年，他专程赴日本考察教育。回到中国后，仍来往于天津、山东两地传教。

1890年7月，李提摩太应李鸿章之邀回到天津，担任天津《时报》中文版的主笔。《时报》是天津出版的第一份报纸，分中、英文两版。该报的文章多由外国传教士中的"中国通"撰写，由天津印刷公司发行。该报译载中国的新闻、上谕，"以及其他一些任何中国报纸都无法与之相比的一般消息",被外国人誉为"远东最好的报纸"。

李提摩太主持该报后,对报纸的版面进行了大胆改革,设置"谕旨""钞报""论说""京津新闻""外省新闻""外国新闻"等栏目。这种编排方式为以后天津的各报所效仿。李提摩太任主笔伊始,就写了一篇呼吁中国必须改革的文章。接着,他使用"雍归逸士""金竺山农""明湖子"等笔名,撰写了一系列的文章。为配合清朝的维新变法,同年8月23日还增办一份周刊,"将《时报》所载之谕旨、钞报及论说、新闻,撮其切要者,汇订一编,曰《直报》"①。他的文章还以图表形式比较世界上不同的民族在人口、铁路、电信和商业领域所处的不同位置。这些图表惊醒了国人,使中国知识分子眼界大开,明白了中国与世界强国的巨大差距,从而增强了维新图强的动力。他还在报纸上多次发表论说,介绍日本明治维新成功的经验,得到中国各地有识之士的高度关注。湖广总督张之洞非常感兴趣,从武昌专门发来电报,请其将报纸直接邮寄给他。

李提摩太以大量的篇幅宣传清末洋务运动给中国带来的变化,如修铁路、开矿山、练海军等。同时在报纸上积极传播西方先进的自然科学知识,在启迪民智方面发挥了积极作用。他主张讲求西学要顾根本,"所谓根本实学者何?曰算学、曰地理学、曰格致学(物理)、曰化学,诸如此类,皆可谓根本之学"②。《时报》以大量的篇幅介绍世界天文、水利,以及气球、电话等新事物;强调男女平等,提倡女子读书;鼓吹清王朝加强与各国来往。当年,俄国皇太子尼古拉二世来到远东出席西伯利亚铁路的开工典礼,希望能够访问中国,引起清王朝惶恐不安。为消除这种心理,李提摩太连续在《时报》上发表文章,"介绍欧洲

①蒋原寰:《清季天津中文报刊录》,《天津市历史博物馆馆刊》,1986年12月创刊号。

②曹世瑛:《〈时报〉是天津第一份报纸》,载天津市政协文史委编:《天津报海钩沉》,天津人民出版社,2003年,第39—40页。

王室成员之间相互访问的情况,指出这种互访极为有利于和平和善意的达成,呼吁中国的皇室成员也以同样方式出国访问"①。1890年10月,英国浸礼会派出代表团访问中国并来到天津,会见了李提摩太,他重新恢复了与浸礼会的联系。

1891年6月《时报》停刊。虽然李提摩太主持《时报》仅一年,但其对中国知识界的影响却不可低估。1891年10月,上海教会委员会邀请李提摩太接替去世的威廉臣出任上海同文书会督办,为此,他离开天津移居上海。

到上海后,李提摩太将同文书会改为"广学会",旨在"从宗教的小圈子里走出去,去影响中国知识界的发展,影响中国政治的进程"②。李提摩太主持广学会达25年之久,出版了《万国公报》等十几种报刊、2000多种书籍和小册子,成为当时中国规模最大的出版机构之一。李提摩太还主持翻译了一批著名书籍,如《七国新学备要》《天下五大洲各大国》《百年一觉》《欧洲八大帝王传》《泰西新史揽要》《新政策》等20余种。这些著作对中国社会的影响很大,其中《泰西新史揽要》为英国人马恳西所著,由李提摩太和蔡尔康合译,介绍了19世纪欧美各国变法图强的历史,是戊戌变法时期光绪皇帝的主要参考书之一。

1894年中日甲午战争爆发后,由于《万国公报》登载战况,使该报销路大增。战争期间,李提摩太向李鸿章等人建议中英结盟,希望中国借助英国力量推行各项变革。他在提建议的同时"索酬银百万两",还表示结盟"不成不取",但清廷最终没有采纳。

1895年,李提摩太还亲赴北京,一面为广学会出版物打开销路,另一方面为《万国公报》撰写各国富强的文章,以影响维新派。著名史学

①[英]李提摩太(Timothy Richard):《亲历晚清四十五年——李提摩太在华回忆录》,李宪堂、侯林莉译,天津人民出版社,2005年,第197页。

②王仕琪:《英国传教士李提摩太与天津〈时报〉》,《人民政协报》,2013年2月21日。

家范文澜认为,"变法成为一个运动,《万国公报》是有力的推动者"①。康有为也曾专程拜访李提摩太,并请他帮助修改维新变法计划,中国维新派人士遂将李提摩太奉为精神领袖。康有为经常给他写信,陈述有关变法措施,梁启超、谭嗣同等曾登门求教,交换有关变法问题的意见。李提摩太还邀请梁启超担任中文秘书。针对维新派组织涣散、行动不一、宣传声势不够的状况,他建议维新派要广结社、立团体,加大变法宣传的力度。对于李提摩太的建议,维新派无不采纳。同时李提摩太利用传教士的特殊身份,游说于"后党"地方实力派及各国驻华公使之中,以减轻推行新政的阻力。他还积极促进维新派和"帝党"的结合,壮大推行新政的声势。他结识了光绪皇帝的老师翁同龢,并帮助起草维新计划,促使光绪皇帝坚定变法的决心。光绪皇帝在维新派的强烈要求和李提摩太的积极推动下,遂"毅然有改革之志矣"②。1898年6月11日,光绪皇帝发布"明定国是"诏书,正式宣布变法。不久,光绪皇帝聘请李提摩太担任私人顾问,帮助维新决策。其间,李提摩太不断告诫维新派不要操之过急,"特别要维新派朋友记住,有必要把变法的影响施加在慈禧太后身上"③。但是这些措施已经触动了以慈禧为首的保守派利益,维新变法必然遭到扼杀。李提摩太在变法失败后,积极营救维新派,他设法帮助康有为逃跑,并为营救光绪皇帝奔走于各国公使之间。

1900年春,李提摩太赴美国纽约出席世界基督教大会。返回中国后,正值义和团运动波及华北,他请英国政府告诫中国各省督抚保护在华英国人安全。1901年,他请求各国政府把一部分中国赔款拿出来,在山西等地设立大学。他认为庚子事变一个根本原因就是教育没有普及,如果教育普及,就可以减少类似这样的仇外事件。1902年,因

---

① 范文澜:《中国近代史》上册,人民出版社,1962年,第296页。
② 梁启超:《戊戌政变记》,中华书局,1954年,第2页。
③ 王崇武:《戊戌变法与英帝国主义》,《历史教学》,1953年第6期。

李提摩太协助处理山西教案有功,慈禧太后同意其开办山西大学堂,山西巡抚岑春煊聘其为山西大学堂西学书斋总理。清政府赐他头品顶戴,二等双龙宝星勋章,并诰封三代。之后他一直往来于太原、上海之间。

1916年5月,李提摩太辞去广学会总干事职务回国。1919年4月20日在伦敦去世。

参考文献:

中国史学会主编:中国近代史资料丛刊《戊戌变法》第4册,上海人民出版社,1957年。

范文澜:《中国近代史》(上册),人民出版社,1962年。

张伟良、姜向文、林全民:《试论李提摩太在戊戌变法中的作用和影响》,《清华大学学报(哲学社会科学版)》,1998年第3期。

梁启超:《戊戌政变记》,中华书局,1954年。

(曲振明)

李 铁 夫

　　李铁夫(1901—1937),原名韩伟鉴,化名金元镐、胡国明、韩国李、云岗等,朝鲜人,出生于朝鲜东北部咸镜南道的一个农民家庭。

　　李铁夫在家乡高小毕业后,于1914年到朝鲜汉城五星中学读书。在这所朝鲜爱国主义者创办的学校里,李铁夫在青年学生中积极开展活动,成为一名坚定的爱国者。1917年,从五星中学毕业后,李铁夫考入京城医学专门学校学医。1918年,第一次世界大战结束,俄国十月革命获得胜利。李铁夫秘密与朝鲜独立运动领导人取得联系,在学生中进行组织动员工作。

　　在反对日本统治的爱国学生运动中,李铁夫坚毅、果敢、有主见,表现出很强的组织才能。1919年3月1日,朝鲜爆发"三一"独立运动。在全国反日大示威的群众游行集会现场,作为朝鲜学生独立运动总指挥部的负责人之一,李铁夫慷慨激昂地宣读了代表们联合署名的《独立宣言》,遭到日本警察署的通缉。李铁夫于1919年4月离开朝鲜,经苏俄流亡中国上海,在"新大韩新闻社"当编辑。李铁夫在1920年离开上海,秘密到了日本东京,先后在京都帝国大学医科和早稻田大学政治经济科学习,研读了许多马列主义著作,思想上开始信仰共产主义。同年10月,他和留日的朝鲜学生金世渊①、河弼源、朴洛钟等组织了秘密团体——共产主义研究会。李铁夫毕业后重返朝鲜,以《东亚日报》《朝鲜日报》记者、编辑的身份为掩护,从事创建朝鲜共产党的活

――――――――――

　　①1928年任朝鲜共产党中央委员会秘书,1932年在敌人监狱里牺牲。

动,并加入朝鲜马列主义同盟。1926年春,朝鲜共产党第一次代表大会召开,李铁夫被选为中央委员。1928年2月,朝鲜共产党遭到严重破坏,李铁夫再次遭到通缉。经共产国际介绍,他再度流亡中国,继续从事革命工作。不久他在上海加入了中国共产党,后在华北地区从事党的地下活动。

1931年秋,李铁夫接受中共指派赴北平工作,出任党的外围组织——北平反帝国主义大同盟党团书记。1932年9月后,李铁夫相继担任中共河北省委宣传部部长、组织部部长。此时,革命陷入低潮,白色恐怖笼罩全国。1933年春,中共河北省委机关遭到破坏,李铁夫处于极度危险境地。5月18日,他在北平秘密出席反帝大同盟党团会议时,被国民党当局逮捕并被押往南京监狱。在狱中他未吐露党组织的秘密,经受住了种种考验。同年7月15日,经党组织和朝鲜同志营救,其获保释出狱。

随后,李铁夫来到天津,他先栖身在英租界海大道附近吴砚农家中,后来住在小白楼附近朱家胡同一个裁缝铺里。为了便于掩护和开展秘密斗争,组织上决定由张秀岩[①]同李铁夫扮作夫妻,从事地下工作。两人在工作中建立感情,于1933年底结婚。

1934年1月,经过党组织的严格审查,李铁夫恢复了党籍。

这个时期,受王明"左"倾路线的影响,北平、天津的党组织遭到严重破坏,很多地下党员被捕牺牲,李铁夫深感痛心。从1933年11月至1934年2月,李铁夫相继撰写了《"左"倾机会主义的反动性》《关于党内问题的几个意见》《关于目前整顿组织的几个意见》《关于官僚主义的严重性》《党内斗争和自我批评》《反帝运动不开展的原因是什么》以及《转变基础和反关门主义问题》等文章和意见书。他连续八次上书河北省委,要求改变斗争策略。他还把部分文章投到北方局机关刊物

---

①张秀岩(1895—1968),时任天津文化总同盟党团书记,公开身份为南开中学教员。

《火线》上。在1934年写给省委的一份意见书中,他批判当时"左"倾冒险主义和盲动主义的错误,尖锐地指出:"党现在仍是继续着立三时代的现象变相的行动委员会","埋伏着极大的危机"。认为今天需要整顿主观的力量,"先来争取真正布尔什维克化","把党从危机中救拔出来"。[①]他公开提出在白区党的工作不能蛮干,要利用合法形式,积蓄力量,请求省委及时纠正冒险主义和盲动主义。关于党在白区的工作方针,李铁夫指出,在革命力量尚未准备好的情况下,急于求成,盲目地实行"进攻路线",结果只会暴露自己,对党的危害极大。针对"左"倾冒险主义错误,他指出:"每个共产党员群众工作的出发点,必须具体地抓住群众当前的迫切要求",注重开展日常斗争。关于"北方落后论",他指出:中国是一个半殖民地半封建的大国,革命的发展是不平衡的,创建北方新苏区,"并不是今天决议了明天就能实现的那样容易的事",他认为对革命形势的主观夸大是造成机会主义的首要原因。关于斗争策略,李铁夫主张在敌强我弱的复杂形势下,党必须采取灵活的斗争策略,要"临时应变",有进有退,不能"千篇一律"地按"主观公式"去领导群众斗争。

在"左"倾路线盛行的20世纪30年代初,李铁夫的言论被定为"右倾取消主义",他所提出的政纲被认为"是在目前革命斗争阶段上右倾取消主义的标本",是"反国际和反党的路线",因此遭到严厉打击和批判。在临时中央代表的领导下,河北省委发动各地猛烈地开展了反"铁夫路线"的斗争。除开展批判斗争外,还撤销了李铁夫河北省委宣传部部长的职务,停止其组织活动,给李铁夫扣上"右倾取消主义""铁夫路线"的帽子,割断了他同组织的关系。张秀岩因为支持李铁夫的意见,也遭到同样的打击。

---

① 《中央致北方代表石心及河北省委的信(1934年3月30日)》,载中央档案馆编:《中共中央文件选集(一九三四——一九三五)》,中共中央党校出版社,1986年,第163—164页。

李铁夫、张秀岩虽然失掉了同党的联系,但仍然坚持地下革命斗争,继续为党工作。他们组织领导了中华民族武装自卫会和天津各界救国会等抗日救亡的群众团体。他在吉鸿昌举办的抗日武装力量培训班上讲课,还挤出生活费帮助办刊物,创办了《华北烽火》《天津妇女》《民众抗日救国报》等刊物,坚持到工人、学生、妇女中去做宣传员工作,领导群众参加了天津"一二·一八"抗日救国大示威。

1936年3月初,天津市委重建。同年春,刘少奇受中央委派来天津主持北方局工作,贯彻瓦窑堡会议精神,纠正"左"倾错误。同年夏天,刘少奇代表北方局充分肯定了李铁夫的见解和他在恶劣环境下所从事的党的工作,决定恢复李铁夫与党的联系,并任命他为河北省委委员兼任中共天津市委书记。①所谓的反"铁夫路线"的斗争基本得到纠正。

李铁夫主持天津市委工作后,充分利用好形势,发展党员和基层支部工作,帮助法商学院、南开大学筹建党支部,建立"民众救国会""工人救国会""农民救国会",天津学联也改为"学生救国会",并在此基础上成立了"天津各界救国会",把教育界、新闻界、银行业及民族工商业的一些知名人士都争取过来,天津的抗日救亡运动又活跃起来。由于李铁夫深入群众,工作抓得紧,天津党和"民先"(全称:中华民族解放先锋队)组织得到快速发展。到1936年底,党员由原来的不到10人发展到400余人,民先队员达700人。为加强全市的学生工作,市委专门成立了学生区委会。为了开展工人运动,除注意在一些工厂企业中建立基层组织外,还在工人较多的塘沽建立了党的区委组织。市委还组织广大群众有效地反对日货走私。

1937年春天,李铁夫作为中共河北省委委员和天津市委书记、白

---

①中央文献研究室编:《刘少奇年谱(1898—1969)》上卷,中央文献出版社,1996年,第151页。

区工作代表,赴延安参加党中央召开的党的白区工作代表会议。他在会上进行了两次发言,批判了"左"倾关门主义倾向,受到代表的高度评价。毛泽东同志对于李铁夫反对王明"左"倾错误路线给予了充分肯定。在这次会上,党中央彻底纠正了王明在白区工作中的"左"倾机会主义路线,明确了李铁夫的意见是正确的,并任命李铁夫为中共河北省委书记兼天津市委书记。由于当时李铁夫患上严重的肺病,党中央决定他暂时不去河北省委任职,留在陕甘宁西北局工作。

1937年7月10日,李铁夫因病去世,年仅36岁。党中央为他召开了追悼大会,《新中华报》刊登了他的传略,并将其安葬在延安的清凉山上。

1945年党的七大期间,党中央专门为李铁夫重新立碑并书写碑文:"朝鲜共产党创始人之一,朝鲜共产党中央委员,中共河北省委书记李铁夫同志之墓"。

参考文献:

周利成、王勇则编著:《外国人在旧天津》,天津人民出版社,2007年。

中共天津市委党史研究室编著:《中国共产党天津历史》第1卷,中共党史出版社,2005年。

中共天津市委党史资料征集委员会编著:《海河不会忘记》,天津教育出版社,1991年。

(孟　罡)

李 廷 玉

李廷玉(1869—1952),字实忱,又作世臣,天津人,出生于天津城西大觉庵村。李廷玉幼年丧父,由叔父李良辅抚养。7岁入学,20岁中秀才。1889年,在天津教育家林墨青的推荐下,入天津闸口教育馆任教。庚子之变,八国联军入侵天津,李廷玉投身于地方公益事业,他目睹朝政腐败,上书李鸿章《善后刍议八条》,受到李鸿章极大的重视,他从此投笔从戎,进入北洋武备学堂。

1905年,经铁良、袁世凯推荐,李廷玉进入保定将牟学堂炮科学习。毕业后颇受重用,历任近畿督练处咨议、河间秋操审判官、陆军部检察官、南京兵备处总办兼警察总办。辛亥革命时,协助清军张勋、铁良等驻守南京,升副都统,继而晋升都统并加大勇号。民国成立后,任乌里雅苏台将军署参议、察哈尔军务帮办。1913年会同李纯镇压二次革命,授陆军中将,任九江镇守使、赣南镇守使,襄办江西军务。1914年,任袁世凯模范团总参议。1915年,任推行帝制之筹安会参议。1917年,任李纯江苏督军公署总参议。1922年任江西省省长。1928年北伐军抵津前,李廷玉被推荐为天津绅商临时委员会委员长,维持市面治安。1935年任宋哲元冀察政务委员会委员。[1]后去职,寓居天津。

李廷玉热心天津地方事宜及公益事业。1920年,李廷玉召集同乡会,成立了"打曹会",被公推为会长,开始铲除为恶乡里的曹锟的大哥

---

[1]王俯民编著:《民国军人志》,中国广播电视出版社,1992年,第196页。

和四弟两人。李廷玉率领300名代表到府院请愿,要求罢免曹锐,并面见大总统徐世昌,揭发曹锐恶行。李廷玉组织80余人的代表队伍,从北京前往保定,向曹锟请愿,最终迫使曹锟代曹锐辞职。

自幼受中国传统文化教育的李廷玉,忧心传统文化之消失,他联合天津各界学者,倡导成立国学研究社,自任社长,该社设在当年的天津市立师范学校内。国学研究社因"三不收费"而闻名,即不收报名费,不收讲义费,长期听学不收学费。当时,天津著名教育家张伯苓等纷纷响应,主动担纲授课。课程有:《易经》《论语》《尚书》《大学》《中庸》《左传》《周礼》《庄子》、音韵、书法、文言虚字使用法等。每月出版《国学》一期,每周在天津《大中时报》发刊《国学周刊》一期,刊登讲师与学员的作品。①

国学研究社自创办之日起,开办费由李廷玉个人承担,运营费则由各发起人按月捐助,因此国学研究社长期面临着经费紧缺的问题。其间,李廷玉先后担任育才商职、含光女中、众成商职、福婴小学董事长职,他经常通过个人关系,向长芦盐纲公所谋求每年资助2000元。李廷玉的家族企业合丰公司首倡企业认捐,并主动认捐每年500元。1938年,受日本侵华的影响,国学研究社停办。

民国初年,天津西医盛行,由于看病价格偏高,多数底层民众不能负担。李廷玉与天津几位著名中医学家商量,希望重振中医,兼为底层贫困百姓提供一个义诊的机构。1937年5月,天津市第一个中医研究机构——国医学院正式成立。当时天津知名的中医,如施今墨、孔伯华、古今人、王静寨等,几乎都到国医学院参加义诊。国医学院汇集了京津名医30余位,采用中西医结合施治,义诊之余也对中医技艺进行研究推广。由于奉行义诊原则,每天到国医学院看病的人数近百,一个月接待的患者超3000名。1937年七七事变时,国医学院遭到日

①天津市文史研究馆编:《天津文史丛刊》第8期,1988年内部印行,第97—99页。

军轰炸,开业仅两个月便停办。

日本侵略军占领天津后,多次派人登门劝说李廷玉出面帮助日本人做事,李廷玉不堪其扰,遂带着一家老小"逃"出意租界,在英租界成都道购置房产。新中国成立后,其子女遵照李廷玉的嘱咐,将该楼捐献给国家。

李廷玉每天坚持写日记,对于自己亲历的事情,每天晚上都要亲自记录。报章刊登的一些新闻、事件,他认为重要的,也会让子孙帮他抄录下来。李廷玉的日记共有27本,年代跨度大约为50年。李廷玉一生著述较多,代表作有《庚戌辛亥要事记》《游蒙日记》《平赣日记》《实忱氏回忆录》等。其中,《游蒙日记》基于对蒙古的实地考察、真实记录,弥补了蒙古文文献的阙漏,为蒙古习惯法乃至蒙古法制史的研究提供了重要依据。[1]

晚年的李廷玉喜欢打八段锦,或与老友一聚,吟诗为乐。

1952年,李廷玉病逝,终年83岁。

参考文献:

张宪文、方庆秋、黄美真主编:《中华民国史大辞典》,江苏古籍出版社,2001年。

天津市西青区地方志编修委员会编著:《西青区志》,天津社会科学院出版社,2003年。

牛一兵、王宏主编:《天津小洋楼:名人故居完全档案》第4卷,天津教育出版社,2011年。

金彭育、金朝:《五大道》,天津人民出版社,2015年。

(张雅男)

---

[1]白·特木尔巴根辑注:《汉籍蒙古族民俗文献辑注》,民族出版社,2011年,第210页。

李文田

　　李文田（1894—1951），字灿轩，河南浚县人。自幼丧父，家境贫寒，由舅舅供养成人。李文田幼年在乡读私塾，后入县城中学。1916年毕业于北京清河陆军中学，次年8月考入保定陆军军官学校第六期步兵科，1919年9月毕业，分配在冯玉祥陆军第十六混成旅，先后任见习官、教官、参谋等职。随后李文田参加了直皖战争、第一次直奉战争、第二次直奉战争等。冯玉祥部改编为国民军后，李文田在张自忠部先后任团长、旅参谋长。南口大战失败，国民军主力部队撤至绥远、甘肃等省。1927年兵出潼关，挺进中原，李文田一度担任河南巩县兵工厂监督。

　　1929年，李文田任第二十师第十六旅旅长，参加了1930年中原大战。冯玉祥、阎锡山一方失败，李文田率部退入山西晋中地区，后在张学良改编的国民革命军东北边防军第三军任第一师第三旅旅长。1932年12月，东北边防军第三军改为国民革命军第二十九军，李文田任张自忠第三十八师第一一二旅旅长。1933年1月，日军向长城沿线大举进攻，张自忠、李文田率军在马兰峪一带防御，在前敌总指挥赵登禹的指挥下，第二十九军取得喜峰口保卫战大捷，李文田升任第三十八师副师长。1936年2月，国民政府授予李文田陆军少将衔，并兼任察哈尔省保安处长。6月，张自忠出任天津市市长，李文田率第三十八师进驻天津，兼任天津市公安局局长。他在任内对天津警政进行整顿与革新：一是加强内务外勤，整肃警风警纪；二是强调亲民作风，改善警察形象；三是扩编保安队伍，由原来的2000多人扩充到3000多人，按军事编制实行管理;四是侦办刑事民事案件;五是加强对普通警察队伍的训练,增配警用器具,提高作战能力。

1937年七七事变后,宋哲元发出自卫守土通电。此时天津市市长、第三十八师师长张自忠在北平,李文田代为负责天津军政事务。接到宋哲元通电后,李文田立即调整部署,命令分驻塘沽、汉沽、廊坊、小站、东大沽、马厂、韩家墅等处各部队向天津市区靠拢,听候命令。7月27日,李文田在天津河北寓所召集军警要员会议,决定趁日军兵力不足,主动发起攻击,时间确定为29日凌晨2时,公推李文田为天津各部队临时总指挥,并签署发布了由参会军警要员签名的宣言《喋血抗战,义无反顾》。29日凌晨2时,中国军队兵分三路突然出现在日军控制的据点前,向日军发起攻击。

在天津火车站,保安第六中队在总队长宁殿武的率领下由第二特区通过意租界北部,仅两小时便占领了车站。车站日军退守事务室,掘地面砖筑起工事,等待救援。独立第二十六旅团长朱春方下令炮击总站,收复总站和被日军占领的北宁铁路总局。独立第二十六旅第六七八团袭击了东局子机场,10余架敌机被烧毁。第六七八团一部和保安队由八里台直奔六里台,向海光寺日本驻屯军司令部兵营猛攻,日军凭借坚固工事负隅顽抗。

29日清晨,宋哲元密电军政部长何应钦,天津街区进入混战状态,请求援兵,但毫无结果。而日军增援部队已到,下午1时许,日军飞机对天津的保安队总部、北宁公园、天津市政府、警察总部、电话局及南开大学施行狂轰滥炸,中国军队伤亡惨重。

由于没有制空权,中国军队占领的一些据点和要害部门得而复失,战争形势出现逆转。中国军队浴血奋战15小时,援兵无望,李文田忍痛下令部队下午3时撤出市区,转赴静海、马厂休整。30日,天津沦陷。

1937年10月,第二十九军编为国民革命军第一集团军,李文田任第三十八师师长。

1938年2月,李文田随张自忠参加了临沂战役,经过3个小时激烈的白刃战,击垮日军板垣师团,为台儿庄大战胜利赢得了时间。10月,张自忠部扩编为第三十三集团军,张自忠任总司令兼五十九军军长,李文田为副军长,参加了随枣战役、枣宜会战。1940年5月,为防堵日军袭扰,总司令张自忠、副总司令兼参谋长李文田率部突进湖北黄龙垱、简家集地区,与日军激战,官兵死伤惨重,被日寇围困。李文田建议率残兵突围,张自忠坚辞不允,壮烈殉国。随后冯治安接任第三十三集团军总司令,李文田任副总司令,参加了襄河战役和宜昌保卫战。1943年5月,日军集结7个师团10余万人,企图撕开中国军队的防线,直捣重庆。第三十三集团军与海军密切配合,在长江两岸近百公里战线上摆开战场,经一个多月的艰苦拼杀,取得石牌保卫战的胜利,确保了陪都重庆的安全。1945年1月,李文田任第五战区第三十三集团军副总司令。

抗战胜利后,李文田任徐州绥靖公署第三绥靖区副司令长官,1948年9月被授予陆军中将军衔。1949年3月,任国民政府总统府参军处中将参军,寓居上海。

新中国成立后,李文田赋闲家中。1951年逝世,终年57岁。

参考文献:

李惠兰、明道广主编:《七七事变的前前后后》,天津人民出版社,1997年。

杨保森、任方明:《西北军将领录》,中国广播电视出版社,2004年。

李惠兰、王勇则、王振良:《抗日爱国将领李文田》,载河南省鹤壁市政协文史委编:《鹤壁文史资料》第12辑,2008年内部印行。

(井振武)

李 希 明

李希明(1870—1932),名士鉴,字希明,以字行。天津人,祖籍江苏昆山。李希明祖上于康熙年间来到天津,是天津著名的盐商之一。清朝中叶,李氏家族的各项事务由家族的三子李春城经营,其成为天津盐商的首富,多年连任长芦盐纲公所纲总,由于乐善好施,被时人称为"李善人"。李希明即李春城族侄。

清末,李春城长子李士铭及长孙李颂臣主持家族事务,并投资滦州矿务公司、启新洋灰公司、华新纺织公司、殖业银行等近代企业。李希明从路矿专业毕业后,进入开平矿务局。1900年初,周学熙恢复重建唐山细绵土厂,任命时任开平矿务局矿师的李希明为经理,负责建厂事宜。经津海关税务司德璀琳介绍,李希明聘请德国人昆德为技师。李希明了解到唐山细绵土厂之所以停产,是因为烧制水泥需用石灰石和黏土一同烧结,但是黏土却需要在广东香山雇人挖取,运输成本非常高。于是李希明和昆德在唐山当地选矿找土,就近解决了黏土问题。

正当准备复工的时候,八国联军占领了天津、北京,俄国军队占领了开平矿区。为了保护工厂,李希明在工厂大门挂上德国旗。[①]庚子事变中,开平矿务局督办张翼被捕,李希明求救于德璀琳,并将开平矿务局全权委托给德璀琳,后德璀琳与美国人胡佛(时在英属墨林公司

---

① 娄有昆:《启新洋灰公司历史概述》,载河北省政协文史委、唐山市政协文史委编:《河北文史资料》,1990年第2期,第13页。

工作,后任美国第31任总统)联手将开平矿务局盗卖给墨林公司。1902年8月直隶总督袁世凯接管天津,制定了一系列措施,如新建滦州煤矿与开平煤矿竞争,以及收回唐山细绵土厂,等等。

为了使滦州煤矿使用最先进的设备,李希明被派往德国进行采购。他到德国各地的矿井之中,实地考察不同地质构造所选用的采煤机械,最终与德国莱茵-威斯特伐里集团谈判,成功采购了全套采煤设备,在滦州煤矿安装以后,产量等各项指标均有很大提高,在竞争中一度处于有利位置。[①]

开平矿务局曾与唐山细绵土厂订立合同,如果一方不愿合办,可提前3个月通知对方。正当袁世凯、周学熙酝酿收回唐山细绵土厂的时候,开平矿务局的英方董事、经理纳森找到李希明,许以更高的职位和利益,企图获取合办合同,李希明不为所动,及时向周学熙报告,使袁世凯、周学熙获得了关键的证据和充分的理由。1906年5月,唐山细绵土厂最终得以收回,并扩建为启新洋灰公司。该公司建立时,得到袁世凯、周学熙和天津绅商的支持,主要股东有周学熙、袁世凯、李颂臣、李希明、卢木斋、陈一甫等,其中李颂臣名下7290股,李希明名下4860股,每股缴现洋50元。[②]启新公司开办伊始,周学熙任总经理,李希明为工厂厂长,昆德为技师。到1921年,李希明一直是启新洋灰公司董事兼工厂经理。1930年,李希明出任董事长,袁世凯的后人袁克桓出任总经理。在李希明的主持下,启新公司的经营规模和范围都有显著的扩大,1919年,水泥销售量占全国水泥销售总量的92%。[③]启新公司先后投资建立机器造砖厂、启新瓷厂,是为中国生产缸砖和卫

①姚抗:《周学熙传》,湖北人民出版社,2007年,第135页。
②《启新洋灰公司历史概述》,载河北省政协文史委、唐山市政协文史委编:《河北文史资料》,1990年第2期,第13页。
③周醉天、韩长凯:《中国水泥史话》,《水泥技术》,2011年第1期。

生洁具之始。[1]

李希明还担任开滦矿务局总局议董、华新纺织公司唐山工厂董事、直隶州矿地公司主任、垦殖公司主任、永平铁矿公司董事、斋堂煤矿公司总经理等职。[2]李希明的主要精力则放在启新洋灰公司上，他对工厂的事情，无论大小一概过问，即使重病在身，也不肯离开唐山，躺在床上还要指挥他的儿子努力工作。

1932年李希明因病在唐山去世，终年62岁。

参考文献：

张元龙主编：《百年贤达录》，百花文艺出版社，2005年。

姚抗：《周学熙传》，湖北人民出版社，2007年。

南开大学经济研究所、经济系编：《启新洋灰公司史料》，生活·读书·新知三联书店，1963年。

王燕谋编著：《中国水泥发展史》，中国建材工业出版社，2005年。

（周醉天）

---

[1]《启新洋灰公司历史概述》，载河北省政协文史委、唐山市政协文史委编：《河北文史资料》，1990年第2期，第13页。

[2]南开大学经济研究所、经济系编：《启新洋灰公司史料》，生活·读书·新知三联书店，1963年，第43页。

李 锡 九

李锡九(1873—1952),本名李永声,字立三[1],直隶省安平县人。1873年9月7日(清同治十二年七月十六日),李锡九出生于安平县任家庄的一个地主家庭,排行第五。

李锡九自幼聪明,博学擅文,中过秀才,做过廪生。1904年毕业于直隶农务学堂。1905年,李锡九考取公费留学日本,入经纬学校警察科学习警政,后来在东京自强学校应用化学科攻读理化专业。7月,孙中山从欧洲来到日本,李锡九经人介绍结识了孙中山,逐步接受资产阶级民主革命思想,并参加同盟会,追随孙中山从事反对清朝政府的革命活动。1907年,日本政府与清政府勾结,颁布了取缔中国留学生反清活动的相关规定。在同盟会的领导下,李锡九等留日学生展开积极斗争,最终抗议无效,李锡九愤然回国。

回国后,李锡九先是在保定担任直隶警务学堂学监。他积极传播孙中山的资产阶级民主革命思想,同时着手建立保定同盟会组织,发展同盟会会员。1911年辛亥革命爆发后,李锡九和同盟会在北方的一些同志积极奔走声援。中华民国建立后,李锡九当选为直隶省议员,1913年4月被选为国会众议院议员。他利用议会作为宣传革命的阵地,并向议会提出普及教育、改良农业、振兴实业、整顿吏治等一系列议案。1914年国会解散,李锡九回到保定,继续执教于直隶警务学堂。1917年7月,孙中山和廖仲恺等人举起"护法"旗帜,李锡九率先响应,

---

[1]后因与湖南李立三同名,更名锡九。

并南下"护法"。8月,李锡九参加了在广州召开的非常国会,并担任非常国会的护法委员。

1917年俄国十月革命后,马克思主义在中国得到广泛传播,李锡九较早地接触到马克思主义并着手进行研究。1919年五四运动后,天津学生爱国运动发展迅速,李锡九在天津建立马克思主义学说研究会,并在此期间结识了李大钊。1920年1月,天津反动当局先后逮捕了马千里、马骏、周恩来、于方舟等爱国学生20余人,李锡九、江浩等人积极参加了营救爱国学生的活动。

1922年,李锡九来到北京,由李大钊介绍加入中国共产党,成为中共早期党员之一,此后一直以中共秘密党员的身份开展工作。1923年6月12日至20日,中国共产党第三次全国代表大会通过《关于国民运动及国民党问题的议决案》,加速了国共合作的进程。李锡九以国共两党的双重身份致力于推动国共合作的发展。1923年6月13日,直系军阀曹锟逼走大总统黎元洪,参众两院和宪法会议均因不足法定人数不能开会。曹锟急于当选总统,采取了高价收买和胁迫议员出席等手段。对此,李锡九坚决予以抵制,并与王葆真等人在《晨报》公开刊登启事,声明拒绝参加贿选。6月20日,李锡九与一些议员联名发表了离京宣言。同时,李锡九还参与联名致书国会两院同人,充分揭露了曹锟贿选议员的丑恶行径。9月8日,李锡九等离京国会议员483人又联名通电,声明不承认离京期间北京国会做出的一切决议。

1923年12月,李锡九以国民党直隶省和天津市代表的公开身份南下参加国民党一大。会上,李锡九坚决站在国民党左派一边,驳斥了冯自由等人的反共言论,同国民党右派分子进行了坚决的斗争,为促成第一次国共合作做出了贡献。会后,李锡九等人回天津负责筹建国民党直隶省党部、天津市党部和中共天津地方党组织。1924年2月,根据中共三大和国民党一大的要求,李锡九等人在天津建立了国民党直隶省临时党部(同年4月改为正式党部)和天津市党部,李锡九任组织部部长。

4月27日，李锡九代表党组织出席了天津团地委召开的全体团员大会，会议决定天津团地委协助中共天津党组织全力筹备在"五一""五四""五五""五七"等纪念日，开展声势浩大的纪念游行活动。之后李锡九到保定，以共产党员、青年团员为骨干，建立了国民党保定市党部，又到河北安平、饶阳一带建立了国民党县党部。他变卖了田产，千方百计筹措资金，在家乡创办农民夜校和女校，为革命培养了骨干力量。

7月，中共天津地方执行委员会成立，选举于方舟为委员长，江浩为组织部主任，李锡九为宣传部主任。10月，在李锡九等人的积极活动下，直系将领冯玉祥与胡景翼、孙岳联合发动"北京政变"，随后冯玉祥、胡景翼、孙岳等联名电邀孙中山北上共商国是。李锡九全力组织天津各界人民欢迎孙中山北上、开展国民会议运动。年底，胡景翼邀李锡九到河南，担任自己的高等顾问兼河南货捐局局长，李锡九利用这一职务为党做了大量工作。

1925年2月，中共天津地方执行委员会召开特别会议，调整领导成员，李锡九和江浩负责教育宣传委员会的工作。1925年4月，李锡九辞去河南的任职回到天津。6月，为了从组织上加强党对天津工人运动和市民运动的领导，天津地委进行改组，原地委教育宣传委员会改为国民运动委员会，仍由李锡九、江浩负责。从这时起，李锡九的精力全部倾注于直隶和北方的国民革命运动之中。11月，中共中央、北方区委发动了"反奉倒段"的革命运动。冯玉祥率领的国民军响应中国共产党的号召，逼近天津，准备进攻驻守天津的奉系李景林部。为配合国民军的军事行动，在国民军第二军工作的中共秘密党员刘格平受中共河南党组织的派遣来到天津，在李锡九的协助下，组织天津工人暴动。国民军占领天津后，李锡九将五卅运动中被捕的共产党人营救出狱。这一时期，李锡九出任直隶纸捐处处长一职，他积极清除积弊,树立新风,对内安定民生,对外则不畏洋商、力争利权。

1925年11月,针对国民党右派召开的"西山会议",李锡九、江浩及国民党直隶省党部的左派对反动势力进行了坚决抵制。根据中共中央的要求,1926年3月12日,在孙中山逝世一周年之际,在李锡九、江浩、于方舟等人主持下,中共天津地委以国民党直隶省和天津市党部的名义,在南市大舞台举行为期5天的纪念活动,召开纪念大会,李大钊亲临天津,李锡九等人发表讲话,追念孙中山对国民革命的丰功伟绩,在天津掀起了反帝反封建军阀运动的一次高潮。

1926年3月22日,国民军第三军撤出天津,李锡九南下广州,在国民党中央党部和林伯渠、吴玉章等人一起工作,后又担任国民政府监察院首席常务委员。12月,随着北伐战争的胜利,全国革命重心转移到长江流域。为适应这种需要,国民党中央和广州国民政府决定迁都武汉。12月13日,国民党中央执行委员和国民政府委员临时联席会议在武汉召开,代行国民党中央和国民政府职权。1927年2月21日,国民党中央党部和国民政府在武汉正式办公,李锡九出任武汉国民政府监察院委员兼军事裁判所所长。

1927年四一二反革命政变后,李锡九和在武汉的国民党左派强烈谴责蒋介石的反共行径。7月15日,汪精卫发动反革命政变,武汉国民政府以清查共产党员的名义逮捕了李锡九,将其关押于武汉军警督察处,后因证据不足而释放。李锡九由汉口转道上海回到北京,在右安门内躬耕,以种菜务农掩人耳目。其间,他组织三民主义研究社,宣扬孙中山的新三民主义,揭露蒋介石的反动行径。1929年李锡九到上海,参与反蒋活动。1930年中原大战爆发,李锡九又参加反蒋联盟。他积极奔走于各反蒋实力派之间,多方联络倒蒋。1931年九一八事变后,李锡九一度南下香港、广州,希图联合粤桂地方实力派反蒋抗日。但计划未能实现,李锡九愤而北返。

1933年3月,日本侵略军占领承德后随即派兵进抵长城各口。在全国抗日热潮的推动下,李锡九积极为抗日奔走,并受聘为孙殿英部高级顾问,积极帮助策划该部的抗日事宜。他还通过孙殿英向北平何应钦保释了关押在北平监狱的共产党员韩麟符,并介绍其到孙殿英部担任政训处处长。李锡九还介绍共产党员宣侠父、孙金萱、王仲青等人到孙部任职,为改造这支部队做了大量工作。为对抗察哈尔抗日同盟军,蒋介石对孙殿英采取又拉又压的两面派手法,李锡九坚决劝阻孙殿英不要攻打抗日同盟军,同时拒绝了蒋介石让出沙城的要求。此后李锡九在冯治安部主持办理向内蒙古五原地区移民,建立"仰之(冯治安)新村",借以开展革命活动,发展党的组织。

一二·九运动爆发后,李锡九同一批进步教授和学联的负责人及中共北平地下组织共同谋划有关学运的一些重要活动。1936年2月,刘少奇率北方局领导机关移驻北平,李锡九为刘少奇担当铺保。1936年12月西安事变发生后,李锡九接受并拥护党的"逼蒋抗日"的指示,积极奔走于有关方面之间进行工作。他不顾年迈和路途艰难,于全民族抗战爆发前夕到达延安。李锡九致力于孙中山新三民主义的实行及为民族抗战多方奔走的革命活动,得到中共中央领导人的充分肯定。1937年七八月间,毛泽东在抗日军政大学做辩证法唯物论的演讲时,揭示共产党执行了真正的三民主义,而国民党除若干分子,如宋庆龄、何香凝、李锡九等人外,均抛弃了这个传统。

1937年7月全民族抗战爆发后,李锡九奉中共中央指示,再赴河北孙殿英部从事抗日民族统一战线工作。1938年,李锡九奉党的指示在豫西开辟敌后战场,筹办豫西教导大队,为开展抗日游击战做准备工作。其后李锡九还担任国民党西安行营、天水行营主任程潜的顾问,并一度被委任为河北省政府委员。

抗战胜利后,李锡九反对蒋介石发动内战,在国民党华北上层军政官员中进行统战工作,瓦解和争取国民党军队。他参与了策动高树勋的起义。北平和平解放前夕,李锡九又作为傅作义将军的秘密使者,赴西柏坡和中国共产党代表商谈和平解放事宜,为实现北平的和平解放做出了历史性的贡献。北平和平解放后,中共中央派李锡九去长沙做程潜的工作。

1949年9月,李锡九以正式代表身份出席中国人民政治协商会议第一届全体会议,并当选为中央人民政府委员。新中国成立后,他出任中央人民政府最高检察署委员,此外还担任了河北省人民委员会委员、副主席等职务。1949年底,在中国国民党中央革命委员会召开的会议上,他当选为民革中央委员,先后负责民革北京市分部和河北省分部的筹备工作,后又担任北京市分部主任委员和河北省分部的召集人。1950年朝鲜战争爆发后,李锡九积极主张出兵朝鲜,抗美援朝。

1952年3月10日,李锡九病逝于北京,终年80岁。

参考文献:

天津市政协文史委编:《天津文史资料选辑》第34辑,天津人民出版社,1986年。

廖盖隆主编:《中国共产党历史大辞典》(1921—2011)(总论·人物),中共中央党校出版社,2011年。

刘金田、李月兰:《李锡九传略》,中共中央文献研究室、中央档案馆编:《中共党史资料》,1994年第1期。

刘国新等主编:《中华人民共和国史长编》第7卷,天津人民出版社,2010年。

(孟 罡)

李 亚 溥

李亚溥(1902—?)，瑞士籍犹太人，本名利奥保禄(Marcel Leopold)，生于1902年8月19日，白俄贵族后裔。

第一次世界大战中，李亚溥应征入伍，后从军中潜逃。19世纪20年代初，由海参崴流浪至天津。李亚溥先在法商利喊洋行谋得差事，专门负责跑外兜售珠宝。招揽生意的同时，他逐渐涉足上层人物的社交活动，结交军阀做起军火生意，甚至给东北军购置军火，由此大发战争财。此后在太平洋德记钟表行和德秀斋钟表店的东家孙秀岩的资助下，他开办了利华洋行，经营钟表及珠宝生意。

1926年，英国汇丰银行在天津英租界中街建起大楼，李亚溥想方设法在此处租得办公地点，成立了利华洋行，业务日趋繁荣。李亚溥模仿西方珠宝交易方式，将珠宝名品的"客室交易"引入天津。在他的八角玻柜中，嵌有钻石的白金首饰，如胸针、手镯、手表、耳环、戒指等，应有尽有。当时，劝业场、天祥市场、泰康商场、大罗天等处的珠宝商，以及北京著名珠宝商"翡翠大王"铁宝廷、"钻石大王"杨敬熙等，都与李亚溥有密切的业务关系。

李亚溥的货源为法国巴黎，由巴黎著名珠宝制造商监制，专为中国妇女斜襟衣服设计的襟头夹，皆饰以钻石等宝石，形式多样，很受欢迎。他还将中国民族风格的图案输入法国珠宝市场。同时，李亚溥还以他的瑞士国籍做招牌专营钟表业务。

随着利华洋行实力渐趋雄厚，李亚溥开始经营金融业。1930年，他创办的利华储蓄人寿保险公司正式营业。这一人寿保险储蓄迎合市民心理,每月支付不多,又能零存整取,获益可观,因而业务很多。开办的第一年,收进的保险费就达7万元之多。他又在北京、唐山等地开设分公司,还用这笔钱开设了"利华放款银行"。

1936年,李亚溥把目光投向房地产。他投资英商仁记洋行坐落在英租界中街的土地,然后以地契及将来建成的大楼做抵押,向天主教崇德堂借款动工新建利华大楼。大楼由著名法国建筑工程师穆勒设计,共11层,于1939年落成。第一层临街部分为营业门面,主要由利华洋行占用。在当时,这座大楼是天津最高的建筑。1943年,李亚溥与华比银行买办魏采章等人,出资接办了意租界的回力球场,每晚还将一场球赛的收入"奉献"给"大东亚圣战",以求得日本人的庇护。

1947年4月,管理机关发现利华洋行暗自经营抵押放款及人寿保险,属于非法经营银行业务,勒令李亚溥停止兼营银行人寿保险等业务,并处以50万元罚款。[①]此后李亚溥开始悄悄向海外转移财产,曾把几十箱珍宝运往瑞士。李亚溥还串通日本人,将大批军需物质藏匿在利华仓库和利华洋行,等待时机,以牟取暴利。

1951年,李亚溥盗卖敌伪物资的罪行被职工群众揭发,天津市人民法院对其立案侦查。1952年12月3日,天津市人民法院依法对李亚溥做出"处有期徒刑二年半,执行期满后驱逐出中华人民共和国国境"的判决。[②]

1954年3月,李亚溥刑满后乘船去了香港。

参考文献:

天津市政协文史委编:《天津文史资料选辑》第27辑,天津人民出版社,1984年。

---

①《瑞士商人李亚溥非法经营银行业务》,《益世报》,1947年4月11日。
②周利成、王勇则编著:《外国人在旧天津》,天津人民出版社,2007年,第101页。

周利成、王勇则编著:《外国人在旧天津》,天津人民出版社,2007年。

（方　博）

李 映 庚

李映庚(1845—1916),回族,字啸溪,江苏沭阳人。弱冠之年中秀才,因家道中落,被迫辍学,前往江苏海州富家设帐教馆,借以谋生。1889年,李映庚中乙丑科进士。曾任直隶校士馆总办、营务处提调、水利局提调、宪政研究所编讲员。后调任卢龙迁安县知县,历任永平、正定、大名、保定、邢州、天津等地知府。

李映庚自幼聪慧,博学多才,对昆曲、京剧、声乐律吕尤为谙熟。沭阳城内民间喜爱昆曲者很多。清同治年间,李家在沭阳城马家巷家宅内兴办业余曲社,约请同里的昆曲爱好者进行曲叙,常年聚集20余人切磋弹唱。李映庚专唱昆曲,他嗓音浑厚,恪守北派唱法。京剧名家陈德霖、王瑶卿都向其请教过昆曲唱法。李映庚著有《昆曲谱》一书,并在北京创立过昆曲社,早年在近代诗文家王诩的怀文书院学习。

1903年,袁世凯奉慈禧太后的命令,在天津开办军乐传习所。时任正定知府的李映庚以其音乐才能为袁世凯赏识,被委兼任军乐传习所所长。传习所共举办3期,每期训练80人。李映庚也曾指导新军的乐队,在皇宫中用铜管乐演奏了法国革命歌曲《马赛曲》,气势雄壮、震撼人心,深得慈禧太后赏识。

1905年初,袁世凯根据练兵需要,命正定知府李映庚创作军乐。李映庚承命之后,"键户十日,先将歌词拟就"①,旋即呈送袁世凯。袁

①(清)李映庚:《〈军乐稿〉译注》,桑海波译谱,杨久盛注释,中央音乐学院出版社,2005年,第174页。

世凯派张一群协助修订词稿。后李映庚谱曲,交给乐工试唱、试奏,又将部分昆曲曲牌化简,运用昆曲的"同场"唱法,按拍形成进行曲的节奏,历时3个月,创作出军歌10余阕。

李映庚首次将昆腔曲牌运用到军乐中,以其特有的民族旋律让士兵吟唱,借以激励斗志、振奋军威,宣扬抵御外侮、励精图治的思想。1908年,李映庚在正定知府任上,对历年旧稿加以整理,编为4卷。至1909年春,4卷乐稿题名《军乐稿》,石印出版。①《军乐稿》成为中国近现代军事史上第一部军乐专著,李映庚成为中国近现代军乐的创始人。

李映庚曾在1911年任天津知府。民国初,李映庚入京任肃政史,职司监察。他铁面无私、不畏权贵,斥责贪官,毫不留情。1912年7月,李映庚在北京崇文门外花市清真寺参加了民族文化组织"回教俱进会"的成立活动。1915年,袁世凯决意复辟称帝,李映庚极力反对,认为帝制不符合中国的国情与潮流,他三次进谏,但袁世凯不听劝告。后来李映庚撰文登报,辞去官职,返回桑梓。

李映庚为官清廉。曾任山西省省长的金水与李映庚是莫逆之交,得知他回故乡后地无一垄、房无半间,生活极度艰苦,便馈赠数百银洋,让他以此安排晚年的生活,李映庚才买了几间草房,有了栖身之处。他曾被公推为沭阳县农会会长,制定《整治沭河方案》,但未及实施,即于1916年11月逝世,终年71岁。

参考文献:

光绪朝《遵化通志》,《中国地方志集成·河北省府县志》第22辑,上海书店出版社,2006年。

甘厚慈辑:《北洋公牍类纂正续编》,罗澍伟点校,天津古籍出版社,2013年。

(陈 克)

---

① 李映庚:《〈军乐稿〉译注》,桑海波译谱,杨久盛注释,中央音乐学院出版社,2005年,第2页。

李兆珍

李兆珍（1846—1927），本名廷忻，表字姬偲，学名邴，字星冶、新冶、星野，福建长乐人。父李尚薇，在乡塾执教，早年病逝，家境贫寒，依靠其母杨氏为人舂米、做女红等度日。少时，有志于学，白天砍柴夜间读书，十分勤奋。1862年夏，北上游学京城。他博览群书，造诣颇深，由姑丈黄谷臣推荐其在北京以授经为业，郑孝胥兄弟曾从其学习。居京数年后返回家乡。

李兆珍在家继续苦读，以第一名补为县学生员。1873年参加福建癸酉科乡试，中举人，后参加会试未中。1880年以一等知县分发直隶候补。1884年任天津漕船局委员办理海运，后直隶总督李鸿章奏保补缺，李兆珍以直隶州知州补用。在天津四书院奉委襄理校务，每卷必加点审，士子对其十分信服。其在津14年，广结福建籍文士，与林纾、严复志同道合，结为金兰之好。

1894年，李兆珍实补直隶望都县知县。望都县为九省要冲、中原大县，原来地广人众，但因县民在清军入关时大力抗清，未能蠲免赋税，相延200余年，致使民赋甚重，百姓多流亡异地，导致田亩荒芜。历任县官虽知原委，但不敢上报。李兆珍查实情况，直笔上书，请得减免粮银五成约6000两，又请准驿道车差津贴银3000两，在一定程度上减轻了民众负担，民困稍苏，颇有政绩，被誉为"李望都"，当地民众特置"尧山生佛"匾额悬挂在李宅大门之上，并建立生祠赞扬其德政。不久，李兆珍调署抚宁县。

1899年，李兆珍回任望都，因其政绩为直隶总督裕禄所重用，奏奖记大功两次,并奉旨嘉奖。后调任唐县处理县试罢考事件,又署理宣化县处理教案,并在义和团运动中,防止了英法意日四国联军进城扰民,颇受直隶总督袁世凯赏识,旋任清苑县知县。后袁世凯又委其为北洋海防支应局提调,调任磁州、滦州,任满后回津任行营营务处提调,处理各州县盗案,袁世凯曾称赞其精通法律。嗣后又代理天津府知府,委考验处坐办,筹建审判厅,兼任两厅四局总稽查。

1907年,实授河南汝宁府知府,他劝课农桑,倡设师范学堂,振兴教育,严察吏治,廉政肃贪,执法如山,深获民心,地方大治。1909年调任开封知府,1911年升汝南光浙分巡兵备道。辛亥革命后,出任豫南观察使。1914年任河南司法筹备处处长、内务司司长兼实业司司长。蒙海军总长兼南洋巡检使刘冠雄保荐,调北京升任审计院院长,授参政院参政。后外任安徽巡按使,被选为国会参议院议员,任安徽省省长、国务咨议、公府高等顾问等职。李兆珍宦海几十年,为官清廉、政绩显著。晚年,李兆珍寓居天津市日租界秋田里,自署"养寿老人"。

1919年7月,福建长乐县北乡陈塘港海堤被海啸冲毁,沿海百余村庄农田被淹没,颗粒无收。李兆珍在天津获知灾情后,十分着急,为了帮助灾民重建家园,他在天津街头卖字筹款,共得银元2.3万元,汇回长乐家乡赈灾,深得民众的赞颂。

李兆珍从小酷爱书法,日日定时练习,悉心临摹法帖。他青年时期,一度寄居北京"福建会馆",寻得王羲之《圣教序》字帖,便执笔临摹。此后三年,其书法浑厚古朴、清脱俊逸,深得袁世凯、徐世昌等人赏识。其草书作品有如行云流水、一泻千里。《中国美术家辞典》称其书法"洁净中而能恣肆,多有自得之趣"。

1927年6月19日,李兆珍病逝于天津寓所,终年81岁,后归葬福建长乐莲峰山。

参考文献:

徐友春主编:《民国人物大辞典》(上下),河北人民出版社,1991年。

林公武、黄国盛主编:《近现代福州名人》,福建人民出版社,1999年。

李乡浏:《李兆珍家世》,延边大学出版社,2002年。

（郭　辉）

李 震 瀛

李震瀛(1900—1937)，又名李宝森、李振瀛、李泊之，化名震因、振因、大汉，天津人。1900年8月[1]，李震瀛出生于天津一个贫寒的小职员家庭。李震瀛的父亲李永昌是一家银行的出纳员，全家靠父亲微薄的薪水度日。

1913年，13岁的李震瀛以优异的成绩考入天津南开中学。在校读书期间，李震瀛、周恩来交往甚密，二人热衷阅读《新青年》等进步书刊，并发表抨击时弊的杂文。其间，李震瀛还结识了天津直隶第一女子师范的学生郭隆真、刘清扬、邓颖超等人，与她们建立了真挚的革命友谊。

五四运动爆发后，天津学生联合会成立，李震瀛任干事，负责学联的组织联络工作。9月16日，天津学生联合会与天津女界爱国同志会组成革命团体觉悟社，李震瀛位列其中，化名"念八"。此后，李震瀛在天津学界更加活跃，他深入工厂宣传爱国主张，号召工人和学界共同开展反帝爱国斗争。在周恩来、李震瀛等人的领导组织下，觉悟社、天津学联等进步团体举行了声援山东人民惩办刽子手马良和庆祝"双十节"的活动，并取得胜利。

1920年下半年，李震瀛离开天津来到北京。8月，他以天津觉悟社代表的身份参加了由李大钊倡议，北京少年中国学会、曙光社、青年工读互助团、人道社和天津觉悟社5个团体在陶然亭举行的座谈会。

---

[1]一说李震瀛生于1896年。

随后李震瀛加入了北京大学马克思学说研究会,开始学习马克思主义理论。1921年初,李震瀛在天津参加了中国社会主义青年团,7月在北京加入中国共产党。

中共一大后,为适应开展工人运动的需要,刚入党不久的李震瀛即被派往上海参加劳动组合书记部的筹备工作。8月下旬,中国劳动组合书记部在上海正式成立,李震瀛任干事,并发表了由张国焘领衔、李震瀛等26人签名的《中国劳动组合书记部宣言》。李震瀛在劳动组合书记部机关报《劳动周刊》任主要编辑成员。从1921年8月创刊至1922年5月停刊,《劳动周刊》共出版了42期,最初的十几期都刊有李震瀛的文章。1921年9月,第一次中央扩大会议召开,李震瀛作为上海代表出席了这次会议,不久他在沪西小沙渡创办了上海第一所工人补习学校并任校长。学校分日、夜两班,由李震瀛、包惠僧、李启汉等轮流上课,讲授政治常识和劳动组合等问题,向工人传播马克思主义。

1921年11月,因陇海铁路工人罢工遭受挫折,12月初,中国劳动组合书记部委派李震瀛等前往河南洛阳,指导陇海铁路工人罢工。当时陇海铁路工人罢工已经结束,但有许多善后问题亟需处理。李震瀛深入工人中进行调查研究,他一方面启发工人联合起来,将陇海铁路工人俱乐部改组为工会,并加入中国劳动组合书记部,还在洛阳、郑州、开封等地建立了中共党组织;另一方面组织工人要求资方兑现罢工所提条件,最终使陇海路罢工取得了胜利。

为加强对京汉铁路工人运动的领导,1922年春,李震瀛抵达郑州,以京汉路的工作为主,兼管陇海路上的工运工作,并担任中共郑州支部书记。李震瀛以探亲访友的方式吸收多名工友加入京汉铁路工人俱乐部,领导成立了京汉铁路郑州工会并任秘书长,在京汉路沿线开展工人运动。经过艰苦的努力,不到半年时间便成立了16处京汉铁路分工会,为建立全路工人统一的工会组织做好了准备。1922年7月,李震瀛回沪出席中共二大。为筹备京汉铁路总工会,李震瀛先后主持召开了三次筹备会议,确定1923年2月1日在郑州正式举行总工会成立大会,但遭到直系军阀吴佩孚的制止。2月1日凌晨,郑州全城宣布戒严,禁止代表开会。京汉铁路工人代表130余人及来宾30余人,在李震瀛、项英等人的率领下,按原定计划召开总工会成立大会,并决定2月4日起举行全路总同盟大罢工。当晚京汉铁路中共党团组织召集各分会代表会议,李震瀛参加了会议,会议决定将原来筹备总工会的班子临时改为京汉路罢工委员会,李震瀛、张国焘等为罢工委员会委员,同时决定京汉铁路总工会办公地址由郑州迁至江岸。当天正式发表《京汉铁路总工会全体工人罢工宣言》。2月6日晚,李震瀛以京汉铁路总工会全权代表身份,就罢工事宜与直系军阀吴佩孚进行谈判,当场戳穿对方阴谋,第二天便发生了震惊中外的二七惨案,后李震瀛由江岸秘密前往郑州,途中不幸被捕,经党组织多方营救,不久被释放。

二七惨案后,各级工会遭到封禁,工人运动暂时处于低潮,党组织和党的活动也被迫转入地下。李震瀛根据党的指示从郑州返回上海,后被派到北方继续开展工人运动。1923年3月,李震瀛被派往东北开展党团工作和工人运动。到哈尔滨后,李震瀛担任进步报纸《晨光报》记者,以此身份为掩护开展革命活动,广泛接触各界人士和劳动群众,扩大反帝反封建宣传。7月,中国社会主义青年团哈尔滨支部成立。10月,中共哈尔滨组(也称中共哈尔滨独立组)建立,这是中国共产党在东北地区建立的第一个党组织。11月23日,李震瀛创办哈尔滨青年学院。李震瀛开展的这些活动引起了哈尔滨当局的警觉,1923年12月,李震瀛被迫转移到大连开展工作。

李震瀛来到大连后,很快结识了在大连泰东日报社做杂役工的关向应,并介绍其加入社会主义青年团。1924年1月12日,李震瀛返回上海,由于其工作成绩显著,再次被派往大连工作。经过李震瀛的艰苦努力,大连的工人组织得到了迅速发展,整个大连地区和南满铁路工人都建立了自己的工会组织,并成立了第一个全行业的工会组织——大连中华印刷职工联合会。李震瀛后返回天津,在中共天津地方委员会中负责铁路工人运动。1925年,他被调到上海从事工人运动,参与组织五卅运动。

北伐战争开始后,上海工人为配合北伐军的行动先后举行了三次武装起义。1926年9月8日,上海区委举行特别会议,会议决定李震瀛为上海市总工会三个领导成员之一,兼任码头工人运动委员会领导成员。10月,李震瀛又被指定参加中共上海区委主席团,在上海三次工人武装暴动中,李震瀛都是最主要的领导成员之一,对上海工人三次武装起义做出了历史性贡献。

1927年4月12日,蒋介石在上海发动四一二反革命政变,李震瀛被蒋介石当作首要共产分子悬赏缉捕,他被迫离开上海前往武汉。4月27日至5月9日,中共五大在武汉召开,李震瀛以中共上海组织代表的身份出席会议,被选为中央候补委员。6月,他当选为中华全国总工会执行委员,任中共湖北省委职工运动委员会书记。8月初,李震瀛出席八七会议。10月中旬,李震瀛随中国代表团赴苏联参加在莫斯科举行的十月革命10周年纪念活动,后前往德国、比利时出席了反对帝国主义大同盟理事会扩大会议。回国后,李震瀛担任中国工人代表团秘书,并出席赤色职工国际第四次代表大会,会后回到上海。为加强中共山东省委,中共中央派李震瀛任中共山东省委常委,分管工运兼巡视工作。1928年6月18日至7月11日,李震瀛出席在莫斯科举行的中共六大,回国后继续在中共山东省委从事工运工作。

1929年1月,李震瀛奉命调回上海,任中华全国总工会组织部部长,并在上海继续从事工人运动。8月,中共长江局成立,李震瀛任委员,负责工会工作。9月兼武汉市工委书记。11月,李震瀛出席全国第五次劳动代表大会并当选为执行委员会组织部部长。

1931年1月7日,中共六届四中全会在上海召开,李震瀛以全国总工会代表身份参加会议。在这次会议上,王明在共产国际代表米夫的支持下取得了中共中央领导权,李震瀛等人在会上公开反对王明上台。会后,李震瀛、罗章龙等人成立"中央非常委员会",继续反对王明,李震瀛任"中央非常委员会"组织部部长兼第二江苏省委书记。6月,李震瀛到香港进行分裂党的活动,遭到中共广东省委的抵制,后回到上海。7月,因与罗章龙等人非法成立第二党,中共中央决定开除李震瀛的党籍。1932年2月13日,"中央非常委员会"自行解散。不久李震瀛在上海遭国民党逮捕,并被关押在上海龙华监狱,经过多次审讯,他始终未暴露自己的身份,也没有叛党行为,最后被宣判无罪释放。

1932年6月,李震瀛回到天津,并发表了不再参加革命活动的声明,此后在敦庆隆绸缎庄当店员。

1937年,李震瀛病逝于天津,时年37岁。

参考文献:

中国革命博物馆党史研究室编:《党史研究资料》第5集,四川人民出版社,1985年。

廖盖隆主编:《中国共产党历史大辞典》(1921—2011)(总论·人物),中共中央党校出版社,2011年。

窦春芳:《李震瀛:不为人熟知的中共"二大"代表》,《党史博览》,2012年第7期。

中共中央党史研究室第一研究部编著:《中国共产党第一至第六次全国代表大会代表名录(增订本)》,中共党史出版社,2014年。

（孟　罡）

李烛尘

　　李烛尘(1882—1968),曾用名李华揩,字承竹,土家族,湖南永顺人,1882年9月16日(清光绪八年八月初五日)出生于湖南省永顺县茅坝村的一个小康之家,幼时在当地私塾读书。1900年,李烛尘参加乡试,成为清朝最后一批秀才。1905年,李烛尘受"废科举,兴新学"思想影响,走出大山,考入常德西路师范学堂。在学期间,他参加了湘江学会和林伯渠发起的新知学社。1909年李烛尘到北京、上海、天津等地游历,沿途的见闻使他对国家的内忧外患有了更为深切的感受,他开始寻求救国救民的新思想和富国强兵的新知识。

　　1912年,李烛尘东渡日本留学,次年考入东京高等工业学校(后称"东京工业大学")预科。1914年考取公费理化本科,学习电气化学。在学期间,李烛尘专心研究海水制盐及从空气中提取固态氮等化工技术,这为他此后的工作打下了良好的基础。

　　1918年7月,李烛尘学成归国。他绕道台湾、大连和朝鲜,沿途考察当地化学工业的实况,写成《盐与工业之关系》,发表在《盐政杂志》上。李烛尘提出的利用现代科学技术发展工业的思想受到主编景本白的青睐,随即将他推荐给著名实业家、久大精盐公司和永利制碱厂创办人范旭东。范旭东和李烛尘初次接触即颇为投机。受范旭东聘请,李烛尘加入久大精盐公司,任技师。

　　在久大精盐公司,李烛尘充分发挥了他的管理才能及专业知识。他多次对工厂的生产和管理提出切中要害的建议,经范旭东同意后付诸实施。李烛尘奔走于山东、上海、武汉和江淮流域各城市,委托一批代销商,组织精盐联营,并通过在报纸、街巷大做广告以宣传食用精盐对人体的好处。在他的努力下,久大精盐质量稳步提高,产量、销量逐年增加,利润十分可观。

1919年春,李烛尘受盐务署委派赴四川自流井、五通桥调查井盐资源,费时数月,掌握了大量资料。1921年,李烛尘又率考察团对今内蒙古伊克昭盟、青海以及宁夏等省区的天然碱产地进行考察,试图与当地政府合作,共同开采露天矿田,运到天津提炼纯碱。考察团带回了天然碱样品和现场拍摄的多幅照片,并提出了具体的开发方案。但终因当时军阀割据,交通不便,成本太高而作罢。这两次考察,让李烛尘深感盐碱工业技术艰深,非设立专门的研究机构不能成其事,他建议范旭东筹设专门的研究机构,进行开创性的研究。这与范旭东的想法不谋而合。1922年,在经济十分困难的情况下,范旭东拨巨款创办了中国化工领域第一家民营研究机构——黄海化学工业研究社。自此,"永利""久大""黄海"三位一体,组成近代化工界著名的"永久黄"团体。

1919年秋,李烛尘任久大老厂厂长,负责该厂的经营管理工作。1920年,李烛尘被范旭东委以重任,升任久大厂长。在久大,李烛尘扩建盐厂,生产各种副产品;他暂停分红,积聚资金开拓青岛永裕盐业,支持永利以盐制碱的事业。

李烛尘经过了久大的历练和长期考察,范旭东于是又让李烛尘协助管理永利制碱公司的工程建设。永利碱厂正常运营期间,李烛尘和侯德榜按年轮流担任厂长一职。李烛尘按照范旭东的意图,修建器材库房,制定出一系列的领料、存料和盘存的制度;在管理上废除封建工头制,招收大学毕业生负责生产管理;在华北首推8小时工作制;建立各科室联合办公制度,减少科室之间相互推诿的现象,提高了工作效率,大大加强了工厂的管理秩序。

李烛尘还负责久大和永利两家公司的福利统筹事务。在李烛尘的努力下，久大和永利联合创办了食堂、医院、职工宿舍、幼稚园、小学、工人读书班、妇女补习班、外语学习班等，以提高职工的文化素质，解除职工的后顾之忧，增强企业的凝聚力。李烛尘重视人才开发和利用。他每年到各地为"永久黄"团体招聘优秀毕业生，通过层层考核筛选的人才，还需在工厂实习半年，经厂方考察合格，才分配到合适的岗位上。在范旭东的支持下，李烛尘着手培养专门人才。1934年，李烛尘组织"永利碱厂特种艺徒班"简称（"艺徒班"），学制3年，由永利技术人员和黄海社的研究员共同承担教学任务。第一期录取了32名学员，不少学员日后成为永利的工程师，有的甚至晋升为总工程师。

1934年春，永利制碱公司改组为永利化学工业公司，李烛尘任副总经理。此后，范旭东与侯德榜将主要精力投入永利南京硫酸铵厂的建设，天津、塘沽地区的事务均交由李烛尘负责。李烛尘对公司运营情况谙熟于心，他对经营管理的全神贯注，确保了"永久黄"团体生产经营的顺利进行。

正当"永久黄"团体事业蒸蒸日上之时，1937年七七事变爆发，日本发动全面侵华战争，大片国土迅速沦陷。塘沽沦陷后，永利、久大两厂被迫停工。李烛尘根据范旭东的意见，指挥"永久黄"团体的技术人员，拆掉工厂里的关键设备，整理好上万张图纸。除了可搬动的物资、设备尽量内迁以防留存资敌外，李烛尘还特别注意技术力量的保护，他安排"永久黄"团体近千名技术人员和老工人撤至四川，为在华西建设新碱厂做准备。

此后，日本兴中公司的代表刀根，屡次和永利接洽，希望开展合作，但均被李烛尘严词拒绝。1937年12月8日，刀根拿着一份拟好的永利碱厂交由兴中公司接办的协议，要求李烛尘签字，面对此等卑劣行径，李烛尘怒斥道："世界上哪有强盗抢东西还要物主签字之理！"第二天，永利被三菱公司强行接管。李烛尘坚决不和敌人合作，化装离开天津，撤往内地。

1938年春,李烛尘任"永久黄"团体驻渝办事处主任,办理在川设厂的各项事务。接着,永利碱厂在四川老龙坝,久大盐厂在四川自流井张家坝重新建厂。在范旭东、李烛尘等爱国实业家的努力下,"永久黄"团体得以于民族危亡之际保存下来,它所生产的精盐、硫酸镁、碳酸钙、硼砂、氯化钾、硼酸等工业产品,为抗战时期的军需民用做出了重要贡献。

1943年,李烛尘参与组织了"中国经济事业促进会",还担任迁川工厂联合会、中国工业协进会常务理事。1945年9月17日,李烛尘应邀参加了毛泽东在重庆举行的招待会,聆听了毛泽东阐述和平建国的基本方针和共产党对民族工商业者的政策,深受鼓舞。他还应邀参加周恩来举行的座谈会,表示赞同和拥护中国共产党对民族工商业的政策。

1945年10月,范旭东病逝。11月,李烛尘回到天津,领导"永久黄"团体的重建。他被推举为永利化学工业公司副总经理、久大盐业公司总经理,继范旭东任国民参政会参政员。12月16日,李烛尘作为发起人之一组织民主建国会,并被推选为常务理事。1946年1月10日,李烛尘参加了旧政治协商会议。会议期间,他积极主张国共合作,消弭内战,和平民主建设新中国。他联合天津知名的民族企业家和一些大专院校经济学教授组织成立天津工业协会,他被推举担任理事长,每周三、五举行聚会,史称"三五俱乐部",并组织经济调查所,开办《工业杂志》。他经常与中共地下组织联系,争取他们的领导与帮助。他反对国民党政府"偏枯北方"的政策,要求放宽管制,促进工商交流。1948年下半年,在中国共产党的影响下,他带头反对国民党政府下令天津重要工商企业南迁的计划,除在天津工业协会和其他一切可以利用的场合大力宣传外,还多次在报纸上发表文章,公开反对南迁。1948年冬,李烛尘率领部分工商业人士南下南京,面见蒋介石,提出反对南迁的理由。后来国民党政府不得不放弃这个打算。李烛尘还对国民党其他危害民生的做法表示反对和抵制，为维护天津工商界的利益做了大量的工作。

1949年1月，天津解放后，他积极宣传党的政策，带领工商界恢复生产，支援前线。同年4月，刘少奇来天津对工商界做了重要讲话，鼓励工商界发展生产，繁荣经济，并与李烛尘进行了三次长谈，表扬了他对工商界所做的工作，鼓励他继续前进，还对久大、永利存在的具体困难，提出解决办法，给予很大支持。6月15日，李烛尘参加了在北平举行的新政治协商会议筹备会，参与起草建国大纲，谋划建国大业。9月21日，李烛尘作为主席团成员参加了中国人民政治协商会议。10月1日，李烛尘参加了开国大典。1950年8月28日，李烛尘以"永久黄"团体负责人的身份，代表公司和董事会向人民政府提出公私合营的要求。1952年和1954年，永利和久大公司先后获准实行公私合营，为全国工商界做出了表率。

李烛尘曾任中央人民政府委员，食品工业部、轻工业部、第一轻工业部等部部长，全国政协副主席，全国人大常委，民主建国会中央副主委、代主委，全国工商联副主任委员，华北行政委员会副主席，国家宪法起草委员会委员，中苏友好协会副会长，中国贸易促进会副主席等职。他为新中国经济的恢复，食品工业和轻工业的发展，做出了不可磨灭的贡献。

1968年10月7日，李烛尘病故于北京，终年86岁。

参考文献：

冯捷：《盐碱大王李烛尘》，解放军出版社，1996年。

晨钟：《立身高远频瞻望——记民族实业家、社会活动家李烛尘》，《中国工商》，1996年第10期。

谢心宁：《爱国民族实业家——李烛尘》，《吉首大学学报（社会科学版）》，1993年第1期。

陈歆文:《我国民族工商业家的楷模——李烛尘》,《纯碱工业》,2000年第2期。

安冠英:《工商楷模李烛尘》,载天津市政协文史委编:《近代天津十大实业家》,天津人民出版社,1999年。

(李健英　艾丁)

李 准

　　李准(1871—1936),原名继武,字直绳,又字志莱,号恒斋、默斋、别号任庵、平叔,四川邻水人,1871年3月26日(清同治十年二月初六日)生于今四川省邻水县太安乡太安里柑子铺李家坝。他出身显赫,自幼随父宦游,受到良好教育,多次参加科考未中,遂捐官进入仕途。

　　1895年,以同知任职广西,同年奉调湖北赈捐,因办事严谨干练,翌年为湖广总督张之洞专折奏保,请以知府留任。1897年,同时为四川、河北、湖北、安徽、江苏、江西、山东赈捐,因成绩显著赐加三品衔。1898年任广东官钱局提调。翌年,兼充广东海防善后局提调和厘金局总办,被李鸿章赞为"明敏诚笃,果敢有为"[①]。1900年,建惠安、肇安、韶安、广安水军10营,又以钦差赴南洋考察商务。1901年任广东巡防营统领兼巡各江水师。1903年,兼粤汉铁路工程局总办,同年冬因荡平西江巨匪,清政府特赏头品顶戴,赐"果勇巴图鲁"名号。1905年5月,升任广东水师提督,6月兼任闽粤、南澳镇总兵。1906年创办虎门陆军速成学堂。

　　李准任职闽粤期间,英国人多次窜入南海进行非法勘测活动。1907年,李准亲率船舰巡视西沙诸岛,升旗鸣炮,刻石竖碑,是为中国宣示对西沙群岛主权的重要活动。在西沙勘察期间,李准总计命名了伏波、甘泉、邻水、丰润、宁波、新会等15座岛屿,对有关地理水文情况进行了测量调查。其后,李准再巡西沙,凿井造屋,并协助定居渔民驯

　　[①]李准著,包述安整理:《任庵自订年谱》,2010年自印本,第21页。

养家畜，捕捞海产，还绘制了西沙各岛海图，上报军机处和陆军部存档。

1910年，李准率部镇压广州新军起义。1911年4月，又镇压了著名的黄花岗起义。革命党人对李准恨之入骨，多次实施暗杀，李皆侥幸逃过劫难。武昌起义爆发后，各省纷纷响应革命，李准见大势已去，乃率部反正，迎胡汉民为军政府都督，广东兵不血刃宣告独立。胡汉民仍留李准管水陆各军，然因对民军态度有分歧，李很快离任赴香港避居。

1912年，南北共和告成，袁世凯为临时大总统，李准被授予陆军中将，聘为高等军事顾问、军事处参议。1913年，加上将衔，授广东四川宣抚使，李辞而未就，同年陆续将亲属迁往天津居住。李准居津期间，除偶涉政治活动外，主要做了三件事：一是著述，二是编剧（李准自称编写新剧，其实为新编之旧剧），三是鬻字。

1933年，法国趁日本侵占东北之际，占领中国南沙群岛的9个小岛，遭到国民政府外交部强烈抗议，是为"南海九小岛事件"。李准闻知此事，亲自来到天津国闻周报社，与记者谈及此事，并出示其巡阅南海时所撰《巡海纪事》。《国闻周报》摘录刊出，名曰《李准巡海记》，成为中国维护南海主权的重要资料。

在思想上，李准是旧道德的坚定维护者，他大量编写"新剧"即与此有关。1919年和1920年，他为名伶金少梅编有《婴宁一笑缘》《玉琴缘》《画中缘》《棒打春桃》《文君当垆》《恩仇血》《拾金不昧》《吴越春秋》《骊姬祸》《嫌贫爱富》《金锁记》《妙峰山》《文姬归汉》《梅妃泪》《苦恨纵虎记》《活捉王魁》《玉女通年书》等剧，并为之排演旧编之《香妃恨》《秦晋配》。对此李准很是得意，在其自订年谱中称："余喜能将我心欲言者，借伶人之口表而出之。余提倡旧道德，改良社会之念益炽，故亦乐此忘疲而不觉也"，又"每日作篆作隶之外，仍以编新剧发抒自己意见，借挽末俗为事"。①其后李准又编有《毁名全节》《孝义传奇》《杀狗劝夫》《雌蝶悟》《煤山恨》《血指痕》《红裈记》《洛神》等剧本。1930年起,他又为奎德社编写了一批新剧,如《温少奶做媒》《荆怀影》《再生缘》《悔婚》《采茶无缘》《可怜的阿毛》等,又改编粤剧《红玫瑰》《龙将军》(易名《真假太子》)等为京剧。

悬格鬻字是李准晚年重要经济来源之一。李准于甲骨、金文、篆书、隶书、楷书均有造诣,尤长于篆隶,其字珠圆玉润而古意不失,暮年所书功力更深,为京津士人所重。天津《大公报》上时常可见李准之润格,他还应邀为该报题写刊头,至今仍为香港《大公报》沿用。李准卖字还有两项副产品,"年来以为人作书,如屏,如定轴中堂、斗方扇面,每苦不得恰如字数之文,乃自选金石文字及上古文,或格言、成语,以字数之多寡编列成书",定名《任庵临池誊稿》。他又"将此十余年来所见上古金石文字编写成书,按字典分部,名《古籀类编》,共十二卷"。②

他还利用闲暇捃拾旧闻编成《任庵闻见录》《粤中从政录》《广东革命史》等。李准另编有《任庵自订年谱》,手稿原存其女李如璧处,1988年7月捐赠给外交部。又有《清末遗闻》稿本,现藏南开大学图书馆。

1936年12月22日,李准病逝于天津,终年65岁。

参考文献:

李准:《李准巡海记》,《国闻周报》第10卷第33期,1933年。

徐友春主编:《民国人物大辞典》(增订版),河北人民出版社,2007年。

张广厦:《清末广东水师提督李准活动考略》,《兰台世界》,2013年3月(下旬)。

(杜　鱼)

---

① ② 李准著,包述安整理:《任庵自订年谱》,2010年自印本,第74、6、75、8页。

李 子 光

　　李子光(1902—1967)，蓟县人，本名贾一中。1919年，李子光从宝蓟中学毕业，先在陕西西北汽车公司担任职员，后入绥远官钱局当职员。1925年，李子光辞职回家乡，任小学教师。1926年，李子光再次来到绥远，任《西北实业日报》(后改为《中山日报》)校对和新闻编辑。此时正值国共合作时期，西北出现了半公开的国民党组织和秘密的共产党组织。同年7月，李子光加入中国共产党。

　　入党之后，李子光以报社为基地，开展党的工作。当时，北方党组织在李大钊领导下，派出大批党员干部来到西北地区，在冯玉祥国民军中进行统一战线工作。《中山日报》报社就是中共统一战线的阵地和联络点。李子光等中共党员一面办报宣传革命，一面承担了大量社会工作。他担任报社党支部书记职务，后又担负了宁夏共青团的工作。不久，李子光接受党组织的安排，在冯玉祥西北军中开展统一战线工作，担任党支部书记职务。1927年4月，蒋介石叛变革命，报社被关闭。党组织决定，党员分散隐蔽，李子光留在宁夏继续工作。不久，当局发觉李子光有共产党的嫌疑，明令将其驱逐出境。

　　李子光又接受党组织派遣，来到归绥市工作，组建特别支部(归顺直省委领导)。李子光任特别支部书记，以专馆教师的身份为掩护，开展恢复党组织的工作。1928年春，李子光乘车来到北平，向上级党组织汇报工作，不幸被捕。在国民党侦缉队、军警联合办事处、警备司令部、陆军监狱和法院等处辗转审讯，李子光机智应答，始终没有暴露自己的真实身份，最后因证据不足，拘押40天后释放出狱。1929年2月，由于叛徒出卖,李子光再次被捕。他坚贞不屈,顽强斗争。苦难的监狱生活摧残了他的躯体,同时也磨炼了他的意志。冬季,李子光出狱后四处寻找党组织,但顺直党组织大部分遭到破坏,李子光奔走数月未果。

1929年底,李子光回到蓟县老家西山北头,一面设法寻找党组织,一面凭借熟悉故土人情的有利条件,积极开展党的工作。他利用雇农回家歇冬的机会,走门串户,宣传革命,还联络一些对旧社会不满且有反抗精神的知识青年,建立马列主义读书小组,学习马列主义著作和鲁迅的文章。

1930年3月,经人辗转介绍,李子光找到中共京东特委。4月中旬,中共顺直省委召开蓟县、遵化、玉田、丰润党代表会议,决定发动农民暴动,开展武装斗争,创建苏维埃政权。京东特委领导错误地认为革命处于高潮时期,强行要求蓟县县委搞"飞行集会"。李子光从本县实际情况出发,认为离开群众切身利益,脱离群众觉悟程度,提出群众还难以理解的"创建苏维埃"的口号,是不切实际的,而让刚刚发展起来的几十名党员赤手空拳地去公开暴动,更不妥当。李子光与特委负责人进行了激烈争论。

1930年4月底,李子光在马列主义学习小组基础之上,经京东特委批准建立共产党小组,李子光任小组长。6月,党员人数增多,经京东特委批准建立特别支部,李子光任特别支部书记。特别支部党员利用亲戚、熟人、同学等各种关系,先后在段甲岭、穿芳峪、马圈头、门庄子、白马泉、瓦岔庄建立了党支部,在城内和潵溜建立了党小组,共有党员60余人。10月下旬,中共蓟县县委正式建立。由于当时的"左"倾思想盛行,京东特委领导安排雇工出身的农民党员刘云任县委书记,李子光任县委秘书。随即,京东特委领导无视敌强我弱的事实,强令县委组织党员在县城举行"飞行集会",国民党县党部指挥县政府警力全部出动,李子光被抄家,父亲贾毓书等家属和族人被牵连,李子光经上级党组织安排转移到迁安县。

李子光一到迁安,立即与当地党组织负责人一起,发展壮大迁安的党组织和群众组织,又在兴隆、青龙县建立了农民组织"民众会"。同时,在蓟县城内鲁班庙开办"一分利"文具店,作为地下党联络点,并逐渐恢复了几个基层党支部。1931年5月,迁(安)遵(化)蓟(县)中心县委建立,李子光任书记。6月,发起了大规模的反"旗地变民"斗争,国民党蓟县政府扣押遵化"民众会"的领袖李显荣。中心县委组织两万多农民,围攻县城。县政府被迫接受农民提出的取消"旗地变民"、取消一切苛捐杂税、释放李显荣等条件。

九一八事变之后,在李子光的倡议下,中心县委提出了"团结各阶层群众,开展抗日活动"的政治主张。中心县委提出的政治主张受到各界群众拥护,同时也促进了党的发展壮大。1932年9月14日,李子光等人在迁西小尹庄主持召开了县委扩大会议,做出了三项重要决定:一、广泛开展抗日宣传活动;二、派党员深入国民党军队,支持他们抗日;三、在国民党军队中吸收抗日骨干,相机拉出,建立自己的抗日武装。

1933年春,中心县委号召群众积极支持长城抗战,并委派县委成员韩东征、高继先等同志组建武装义勇军,配合国民党二十九军作战。二十九军撤走之后,顺直省委、京东特委强令中心县委发动武装暴动,创建红军。中心县委经过认真分析研究,拒绝接受省委、特委的错误指示。京东特委领导人郭涤生批评李子光主持的县委决议是反动决议,给中心县委扣上了"拥护日本帝国主义进攻""维持国民党统治"等一堆大帽子,并采取严厉手段,于10月解散了中心县委。

李子光和韩东征等人被切断与党的组织关系,先后来到金厂峪金矿,继续从事革命活动。1934年,矿上的天津资本家借口生产状况不好,不给工人发放工资。李子光发动工人包围矿局,展开斗争,吓跑了天津包矿的商人。随后,李子光又回到蓟县,一方面恢复基层党支部,一方面恢复县委。1935年9月,重新建立了中共蓟县临时县委,李子光任书记。1937年春,临时县委与京东特委取得联系,将临时县委改为中共蓟县县委,李子光任书记。

1937年七七事变之后,李子光组织策划在县内各地建立抗日救国会。1938年4月,县委召开扩大会议,成立了蓟县抗日救国总会,李子光任抗日救国总会武装部长。此后,李子光着重在县内11所完全小学和8个区民团中发展救国会会员,健全救国会机构,积极进行抗日武装暴动的准备工作。7月14日,李子光指挥三区救国会骨干力量,拿下邦均伪警察分局,建立抗日联军三区队,拉开了蓟县抗日武装暴动的序幕。第二天,李子光和刘卓群在二区龙山学校,召集全体师生、民团及各界人士,组建抗联十六总队,任政治部主任。7月底,李子光派王恕吾、王磊到下营、将军关一带,与八路军第四纵队取得联系,确定了攻打县城的各项事宜。随后,李子光带领抗联十六总队、十八总队、五总队等各路抗联队伍,配合八路军第四纵队主力攻克县城,建立蓟县抗日民主政府。

1938年8月2日,伪满洲秦焕章骑兵第五团一个连自东陵进入县内,"围剿"抗日联军。抗日联军共毙俘伪满洲军十几人,缴获子弹数箱。10月,李子光带领抗联十六总队、十八总队随八路军第四纵队到达了平西。之后,抗联十六总队、十八总队各一部编入八路军正规部队,一部分集中在清水一带参加整训。年底,李子光重返县内,任冀东地委委员兼蓟(县)遵(化)工委书记。李子光日夜奔忙,联络旧部,恢复组织,在县内盘山地区和遵化北部山区建立了许多堡垒村,恢复和开辟了许多小块抗日游击区。

1940年初,冀东区党分委和军分区决定建立盘山抗日根据地。4月,李子光与王少奇配合冀热察挺进军第十三支队副司令员包森,开创盘山抗日根据地,建立蓟(县)平(谷)密(云)联合县,任县委书记。随后,配合盘山八路军主力部队,有计划地开展巩固老区、开辟新区的斗争。10月,李子光任平(谷)兴(隆)密(云)联合县县委书记。

1942年4月,华北日军和日本关东军严密封锁县内北部山区,实行"三光"政策,集中兵力摧毁盘山、鲁家峪抗日根据地,实行集家并村。李子光领导群众反复多次拆毁"人圈"。9月,李子光任晋察冀第十三地委(冀东)西部地分委书记。李子光主持地分委决定,在山区允许老弱病残进入"人圈",把青壮年武装起来全民皆兵,广泛开展地雷战、麻雀战,保护山区根据地。在平原把公开身份的干部转移出去,组织可以隐蔽的干部打入自卫团等伪组织,对自卫团人员区别对待,不能一律视为汉奸,禁绝乱杀政策。

1943年7月,冀东地委改为冀热边特委,李子光任一地委书记。1945年1月,冀热边特委改为冀热辽区党委,李子光任十四地委书记,兼第十四军分区政委。1945年10月,热河省政府建立,李子光任副主席并主持日常工作。时值建设东北战略基地之际,延安、晋察冀、晋冀鲁豫、华东等八路军部队及大批干部日夜兼程过境,开赴东北各地。热河省肩负了安全保卫、支应粮草等繁重任务。

1949年8月1日,中共河北省委和河北省人民政府成立,李子光任省委常委、省委秘书长。此后,李子光便全身心投入医治战争创伤、恢复发展生产、安排人民生活的工作中。新中国成立后,李子光任热河省副省长兼农村工作部部长。1952年,农村合作化运动开始,李子光始终坚持从实际情况出发,实事求是,稳步推动合作化向前发展。1955年7月,热河省撤销后,李子光任河北省副省长。1958年,在"大跃进"运动高潮中,李子光指出,浮夸风是欺骗,危害党危害人民,提前进入共产主义不是实事求是。1963年8月,河北省遭受特大洪水灾害,年逾花甲的李子光拖着病弱的身体,奔走于东北和南方各省,吁请救援,并组织群众生产自救,帮助数百万人安全度过灾荒,重建了家园。

1967年3月1日,李子光逝世,终年65岁。1980年11月15日,河北省委将其骨灰安放在盘山烈士陵园。

参考文献:

中共蓟县县委党史资料征集委员会、盘山烈士陵园编著:《盘山英烈》,中共天津市委党史资料征集委员会,1991年内部印行。

(周　巍)

李 宗 义

　　李宗义（1913—1994），汉族，天津人，生于天津的一个普通职员家庭。李宗义天赋佳喉，自幼聪颖好学。11岁丧父，后因生活所迫退学，上小学时加入三义庄的"同志国剧社"京剧票房。14岁拜天津票界"三王"之一王庚生的弟弟王梦鸿为师，16岁后经常在河北正风国剧社、中南国剧社、简易戏院演出。1936年，李宗义拜王庚生为师，演唱功力日臻成熟。24岁时"下海"由票而伶。

　　李宗义没进过科班，因此渴望到北平深造。后经信义社刘得珍安排，邀北平的"四梁四柱"攒好班底，于1937年奔赴北平登台露演。李宗义一炮打响的戏是《四郎探母》。在这出戏中，他与李玉芝、李多奎、等名家联袂。他扮演的杨四郎，出场的第一个亮相便获得观众的"碰头彩"，艺惊四座。奚啸伯看后感叹道，这个演员今后是我的劲敌！接着，李宗义又与姜妙香、茹富慧、李多奎、马艳芬、梁慧超、哈宝山等人合演了《群英会》《借东风》《杨家将》《大探二》《苏武牧羊》等戏，得到北平观众的首肯，扎牢了根基。

　　李宗义没有接受过京剧科班教育，自然无门户之见和条条框框。他依据自身高亮的嗓音条件，在声腔上远宗谭鑫培、刘鸿声，近法余叔岩、马派诸家。他的嗓音刚劲雄浑，挺拔有力，行腔高低自如，在慷慨奔放的行腔中，不忽略对人物感情的细腻处理，有较强感染力，以擅演高庆奎高派老生戏为基础，亦有所创新和发展，形成了自己独特的艺术风格。1939年，李宗义拜鲍吉祥为师。他同剧团转演天津、武汉、上海、南京、芜湖、西安、济南、青岛等地，名震大江南北。

抗战胜利后,国民党挑起内战,田汉针对蒋介石的倒行逆施,编写了一部历史题材的新京剧《琵琶行》,借以针砭时弊,进步人士马彦祥对剧本做了许多改革性尝试。李宗义顶着丢掉饭碗的压力,毅然参加排演。他主动把排练场设在自己家里,历经两个月的努力,《琵琶行》于北平长安大戏院连演7天,场场爆满。田汉从上海发来贺电,多家报纸发表评论,肯定了京剧《琵琶行》的创新和现实主义,赞赏了李宗义的革新精神。1948年,田汉因《琵琶行》遭到通缉,马彦祥去了解放区,李宗义也因此受到牵连,断了生活来源,他只身一人离开北平到涿县、青岛、济南和其他一些中小县城演出。

新中国成立后,马彦祥任文化部戏曲改进局副局长。1950年,他与何海生推荐李宗义加入中国戏曲研究院京剧实验工作团第二团。李宗义成为当时国家剧院中唯一一位票友出身挑大梁的演员。李宗义演出的第一出新戏是《江汉渔歌》,与张云溪、张春华等人排演了《三打祝家庄》《大名府》《兵符记》《渡阴平》等剧目,与梁小鸾等名家合作重排了《琵琶行》,连演数场,反响热烈。

李宗义与云燕铭等名家携手演出《江汉渔歌》《三打祝家庄》等新编戏,亮相上海舞台。李宗义扮演的男主角渔民阮复成有长达108句的二黄唱段,他以精湛的功力、醇厚的韵味,受到上海观众的热烈赞扬。

1952年全国戏曲观摩演出,他主演新编故事剧《兵符记》,荣获了个人表演二等奖。1953年他参加抗美援朝演出活动达4个月之久。1955年秋,他随中国艺术团赴英、法、荷兰、比利时、瑞士、匈牙利、南斯拉夫、捷克斯洛伐克、苏联等国家演出。1956至1957年间,与李少春、袁世海等艺术家赴欧洲和南美洲的巴西、乌拉圭、阿根廷等十几个国家访问演出,受到热烈欢迎。

1958年至1960年,李宗义排演新戏《蝴蝶杯》《芦花计》《十三陵畅想曲》。后调入梅兰芳京剧团,随梅兰芳出访欧美各国。他与李慧芳、王泉奎合作演出的《大探二》在京津沪引起轰动。1960年他灌制《击鼓骂曹》《斩黄袍》等剧目的唱片。1964年李宗义进入北京京剧院二团，与李慧芳合演了现代京剧《洪湖赤卫队》《海港》等。

毛泽东对高派艺术情有独钟，多次观看了李宗义和李慧芳合演的《盗魂铃》。1975年毛泽东提议李宗义、李炳淑、李长春合录了《斩黄袍》《二进宫》《击鼓骂曹》《将相和》等剧。中央新闻纪录电影制片厂拍摄了《斩黄袍》等一批传统戏曲艺术片，为剧坛留下了珍贵的资料。

李宗义热爱家乡天津，1940年定居北平后，常回天津演出，曾在中国大戏院演出《四郎探母》《红鬃烈马》《一捧雪》《龙凤阁》《挑滑车》《四进士》《盗魂铃》《大探二》《姑嫂英雄》《失街亭》《龙凤呈祥》《借东风》《杨家将》《宝莲灯》《连营寨》《锁五龙》，反串《钓金龟》等剧目。

1980年天津市戏曲学校建校20周年纪念，李宗义到津为戏校祝贺演出。1981年，他在天津市第一工人文化宫演出《逍遥津》。1986年李宗义应天津人民广播电台邀请，偕全家参加"家乡情"6场演出，盛况空前。

1993年，李宗义虽已髦耋高龄，仍登台演出。1994年李宗义辞世，终年81岁。

参考文献：

朱书绅等主编:《369画报》,1939—1945年。

（许艳萍）

梁敦彦

梁敦彦（1856—1924），字崧生，广东顺德人。祖父梁振邦曾在香港行医，父梁文瑞在南洋经商。受家庭影响，梁敦彦少习英语，后考入香港中央书院。此时，清政府委派容闳在广东一带招考留美学生，15岁的梁敦彦应招考中，这得益于他的英文水平较好和西化家庭的支持。

1872年，梁敦彦作为清末中国首批30名留美幼童，随容闳及监督陈兰彬，由上海乘船到达美国康州哈特佛郡。几年后，梁敦彦升入当地的哈特福德中学。

1878年，梁敦彦考入耶鲁大学学法律。因监督陈兰彬对这些学生改服易发行为不满，加之1881年美国政府反对中国留学生入陆军及海军学校肄业，李鸿章以其背弃1868年两国条约，决定撤回全部留学生。1881年夏，留美学生被勒令回国。此时，梁敦彦尚差一年毕业。

梁敦彦等归国后，虽学有所长，却因未曾参加过科举考试，没有功名，无法立足。直到1882年，梁敦彦被李鸿章分配到天津北洋电报学堂教英文，月俸微薄，以至于后来因父亡回家奔丧，事毕一贫如洗，竟无返津路费。幸得偶遇学生胡某推荐，在两广总督张之洞总督府任职电报翻译员。时值中法越南战争，电务纷繁，梁敦彦于机密电文，详慎无误，品行严谨，张之洞极器重，后命其创办广东到广西、云南和湖南的三条电报线路。因办事得力，张之洞、李鸿章等于1886年会同保奏，以府经历选用，从此踏入仕途。1889年，张之洞返武汉任湖广总督时，梁敦彦跟随为亲信幕僚。1902年，梁敦彦升任汉阳海关道。

袁世凯任直隶总督兼北洋大臣后，梁敦彦于1902年11月接任天津海关道，再次来到阔别20年的天津。到天津后，他首先妥善处理了《辛丑条约》后八国联军占领期间遗留的一批问题。

其一是矿权。八国联军占领天津期间，直隶矿务督办张翼私自将开平矿产售与英商，清政府多次索还未果。梁敦彦到任后奉命筹办此事，往返磋商，最后决定在开平附近产煤最好的滦州自开一矿，予以抵制。清宣统初年，滦州煤矿出煤，逐渐取代了英商。临城煤矿初由华人私卖比利时商人，后经察觉，多方交涉，始定为中比合办。两国资本总额各占一半，前人一直未办妥，梁敦彦到任未及三月即敲定，受到袁世凯的赞赏。井陉煤矿初也由华人私卖与德人汉纳根开采，后经察觉，但汉纳根照旧开采。梁敦彦得知汉纳根投资很大，收回又无力自办，于是建议仿照"临城煤矿"办法，改为中德合办，以矿产为一半股本，妥善解决了井陉煤矿纠纷。梁敦彦认为开矿是利国利民之事，但应循序渐进，于是提议设立直隶勘矿总局，经袁世凯批准在津海关道衙门办公，商部极为赞许，令各省参照此办法，设各省矿政调查局。

其二是地权。天津被占期间，天津各租界领事任意在租界外占用官民土地，之后借口推广界案不肯交出。梁敦彦到任后，一面划定推广界界址，一面清查占地。经多次协商，各租界最终交还土地数千亩，有法租界侵占马家口一带，日租界侵占海光寺、三不管、南开一带，英租界侵占土墙子一带，意租界侵占贾家大桥一带等。

其三是路权。八国联军侵占北京后，京奉铁路沿线各车站均派外国军队驻防，修筑营房多处。《辛丑条约》签订后，驻兵退走而营房保存，时有外国军人借口巡视，往来居住。后经梁敦彦与各国领事及驻屯兵军官商议，除留丰台、山海关营房外，其余各站营房一概收回。

在民生方面，梁敦彦也颇有建树。比如为天津卫生局核定经费，他认为防疫不是常年必须，但要宽为筹备，因瘟疫流行势头凶猛，临时请示拨款必误时机。梁敦彦力排众议，宽定卫生经费，按月将经费拨发,存储备用。天津海关道署旁的大胡同为海河南北大马路往来要道,可是路面狭窄,百姓往来通行不便。梁敦彦主持拆除海关道署围墙,让出地基路,加宽马路,与桥南北马路衔接,并将路西余地招商承租,兴盖市场,未及一年此地就成为天津最著名的街市。

教育方面。梁敦彦在1904年至1907年间兼任北洋大学堂督办。其间他大力整顿校务,并鼓励学生赴美留学。自1906年起,每年选派北洋大学堂毕业生及中学教员赴美留学,至1910年,培养了大批人才。

同在1904年至1907年间,梁敦彦还兼任京奉铁路总办。此时列强为扩张势力,英、俄、日等国都想插手京张铁路的修筑。他认识到这条铁路将是北京通往内外蒙古的唯一要道,万不可让外国插手,建议袁世凯不用外人,不借外款,用京奉铁路利润修筑京张铁路,并极力举荐詹天佑来主持修筑,并以身担保。英国驻华大使及海关总税务司赫德多方阻挠,称中国断无自修铁路之人才,无法修成铁路。袁世凯最终采纳了梁敦彦的建议。詹天佑不负众望,排除万难,中国人自己修筑的第一条铁路终于筑成。

梁敦彦在任津海关道台期间,历兼直隶矿政调查局、北洋大学堂、北洋医学堂、京奉铁路、开平矿务、海河工程南段、巡警、卫生、洋务、厘捐等总局总办,前后近三年。因办事得力,赏加二品衔。

1907年,梁敦彦奉诏出任驻美、墨西哥及秘鲁公使,升任外务部右丞。因办理中外交涉案有功,赏给头品顶戴,又赐紫禁城骑马。[1]他利用赴美国接受耶鲁大学名誉法学博士学位的时机,与西点军校接洽,商定每年送两名中国留学生到西点军校深造。

1908年,美国国会通过法案,决定退回"庚子赔款"余额,梁敦彦支持用此款办教育的方案。经与美国公使柔克义谈判,除一部分退款用

---

①顺德政协办公室编:《顺德文史》第30期,2000年内部印行,第36页。

作送中国留美先修班外,还用此款开办了留美预备学校——"清华学堂"。

1909年,梁敦彦补授外务部尚书、会办大臣。1910年兼任税务大臣及弼德院顾问大臣。1911年任外务部大臣兼国务大臣,以特使身份出使美国和德国,协商与中国联盟之事。1911年辛亥革命爆发,梁敦彦留在欧洲,遍游西欧各国,考察各国政治、经济及文化。1913年他发起创建欧美同学会,任首任会长。

1914年6月至1916年6月,梁敦彦任徐世昌内阁交通总长,其间被授予一等嘉禾章。1917年参与张勋复辟,任议政大臣。之后,梁敦彦退出政坛,安居天津。1924年,梁敦彦病逝,终年68岁。

参考文献:

张绍祖、张建虹:《交通总长梁敦彦的传奇生涯》,《天津政协公报》,2007年第11期。

汤礼春:《举荐詹天佑的伯乐——梁敦彦》,《炎黄世界》,2012年第3期。

裴燕生:《清外务部尚书梁敦彦的幕友生涯及〈梁敦彦履历〉勘误》,《档案学通讯》,2008年第1期。

《天津历史资料》,1981年第11期。

(徐燕卿)

梁 寒 冰

梁寒冰（1909—1989），山西定襄人。早年先后就读于太原国民师范学校、北平师范大学。1931年底至1932年，先后参加北平的学生游行和群众示威游行。1933年加入中国共产党，历任北平临时工作委员会成员、共青团北平市委组织部部长、北平民族自卫会宣传部部长、中共北平市军委书记，参加组织领导了一二·九和"一二·一六"爱国学生运动。

抗日战争和解放战争期间，梁寒冰长期从事党的教育、军运、统战和城工等工作，曾任教于抗日军政大学、延安马列学院，此后任中央情报部第四室敌伪组副组长、晋绥军区调查局科长、晋绥公安局情报室副主任、雁门区党委国军部副部长、六地委城工部部长、太原工委副书记等职。

新中国成立后，梁寒冰先后任天津市军管会文教处副处长，天津市教育局局长，市委文教部部长，中共河北省委文教部部长，中共中央华北局宣传部副部长，中国社会科学院历史所党组书记、副所长等职。

从1950年起，梁寒冰在天津开始创办职工教育，采取的形式有两种，一种是脱产学习，另一种是业余学习。1952年8月至1963年3月，梁寒冰兼任天津师范学院院长及河北大学校长。1954年5月中国人民对外文化友好协会天津分会成立，负责对外文化交流工作，梁寒冰担任会长。

梁寒冰积极推动中国史学会恢复活动，当选为1980年重新建立的中国史学会常务理事兼秘书长。他组织领导《中国历史大辞典》的编纂与出版。1980年以后，他组织领导全国新方志的编纂工作，出版《新编地方志研究》论文集。1981年当选为中国地方志指导小组副组长、中国地方志协会会长。[①]

20世纪30年代，梁寒冰翻译出版过《唯物史观世界史》，撰有《殷周社会史》。新中国成立后，50年代主持出版《历史教学》杂志，编著《中国现代革命史教学提纲》《唯物论与唯心论》《解放战争大事记》等，发表论文数十篇。他长期坚持学习马克思主义理论，致力于马克思主义史学研究。1973年开始重新通读马列著作，并从马克思主义经典著作中选录有关历史的论述，分类编成《历史学理论辑要》。他还撰写了《中国社会发展史》《中国现代史大事记》等著作。

梁寒冰于1989年去世，终年80岁。

参考文献：

《河北大学史》编纂委员会编：《河北大学史》，河北大学出版社，2001年。

邵华：《天津教育名家梁寒冰》，载刘开基主编：《天津河西老学校》，中国文史出版社，2008年。

（张绍祖）

[①]吕志毅主编：《河北大学史》，河北大学出版社，2001年，第410页。

梁　崎

　　梁崎(1909—1996)，字砺平，别署漱湖、幽州野老、燕山樵者等，晚号聩叟，河北交河人，回族，1909年2月23日(清宣统元年二月初四日)生于交河县曹庄村的耕读世家。梁家不仅有琳琅满目的藏书，还收藏着历代名人书画真迹，家风严谨、家学渊源，为梁崎研习传统书画艺术提供了条件。

　　梁崎5岁时，从外曾祖父那里得到了《古今名人画稿》《十竹斋画谱》，这是他的艺术启蒙。6岁时，梁崎到父亲任教的私塾读书，临摹柳公权、欧阳询的字帖，并向安佩兰学习花鸟写意，奠定了他一生的美术基础。8岁时，梁崎临摹八大山人的《松鹿图》，画得惟妙惟肖。10岁时，梁崎随舅祖刘恩宠、刘恩溥学习指画，这是他涉足指画艺术的开端。

　　1923年，梁崎考入直隶第二中学学习。在校期间，他认真临摹周之冕、徐渭、八大山人、华岩、石涛、高其佩、扬州八家、吴昌硕等诸多名家的画作，同时临摹王铎、傅山、戴明说等名家的书法作品。经过一番努力，梁崎的书画技艺大有长进，受到前辈师长的赞赏和鼓励。从直隶第二中学毕业后，梁崎回到曹庄私塾教书，授课之余，梁崎勤奋创作，书画技艺日臻成熟。

　　1930年，梁崎加入北京"湖社"画会。金开藩创办的"湖社"画会，取其父金城的别号"藕湖渔隐"之"湖"字为画会之名，以此纪念故去的金城。因此，"湖社"画会成员大多以"湖"字为号，梁崎的别号为"漱湖"。自1931年至1936年，梁崎创作了大量的花鸟、山水、扇面等作品,其中一部分发表在《湖社月刊》上,署名梁琦(后改为崎)、梁松庵、梁凝云、梁劲予等。梁崎从元人名作入手,精研过历代名家名作,由摹古发展到创新,初步形成自己的艺术风格。不仅如此,梁崎的胜人之处在于养气功夫深厚,可谓气活笔、笔精形、形神气、甘守淡泊、与世无争,成为梁崎艺术修养的特征。

1936年,梁家迁居泊镇顺河街。自1937年始,由于战争的影响,梁崎辗转于山东、河南、江苏等地,虽然生活清苦,却一直坚守着自己的艺术理想。1939年,梁崎回到家乡,受聘于泊镇惠真小学,教授国文、图画等课程。

1945年,梁崎移居天津,在天津市中医师工会任秘书。1948年,梁崎任教于红桥区建德中学。

1954年,梁崎的作品《鹰》参加了天津市第一届国画展,获得了天津美术界的认可。1956年,梁崎加入天津国画研究会。1957年,梁崎在和平区业余学校授课,7年间培养了许多美术人才。1960年,梁崎调至天津市卫生学校,后又调至中医学院,任医学解剖和中草药绘图员。1964年至1965年,梁崎应邀在红桥区文化馆担任国画教师。

1970年,梁崎随天津中医学院调至河北省石家庄,他依然痴迷于书画艺术,并且将部分画作结集为《守砚庐闲窗琐记》。1973年,梁崎退休后回到天津。

1984年,梁崎被聘为天津市文史研究馆馆员。1985年,梁崎当选为红桥区政协委员、红桥区政协书画会会长,为公益事业义务作画百余幅。

1986年3月,民革中央、天津市民委在北京民族文化宫举办"梁崎书画展"。1988年,梁崎被天津画院聘为院外画师,还被刘海粟聘为"全国书画函授大学"特邀教授。

1991年,梁崎加入中国美术家协会。1995年梁崎获"天津市鲁迅文艺奖金特别奖"。

梁崎的画作,不论是花鸟还是山水,其代表作都超凡脱俗。而其指画以中指、无名指和小指交替点染,以指甲画线,更是技艺高超。而其指头题字则堪称一绝,遒劲有力、出神入化,颇有魏晋之风。梁崎晚年的书法铁画银钩、炉火纯青,人书俱老,老而愈妙,吴云心称其为"画隐"。

1996年4月10日,梁崎在天津去世,终年87岁。范曾题写挽联"斯人甘寂寞赢得崎文臻道,我辈复登临应知砺笔不平"。2010年,天津市红桥区人民政府在西沽公园建立了梁崎纪念馆。

梁崎有《梁崎书画集粹》《荣宝斋画谱·梁崎山水专辑》《荣宝斋画谱·梁崎花鸟专辑》《沽上双贤》等画集,有《山水论》《守砚庐画余随笔》《课窗絮语》等著作存世。

参考文献:

吴云心:《出新于法度之中——记梁崎的画》,《天津日报》,1983年2月28日。

王振德:《古逸雄奇 翰墨长馨》,《天津日报》,1990年6月15日。

侯军:《苦恋丹青——老画家梁崎的命运》,《天津日报》,1990年8月31日。

禾之:《山静水长——中国文人画大师梁崎》,载禾之主编:《泓艺》,天津人民美术出版社,2003年。

(管淑珍)

梁炎卿

梁炎卿(1852—1938),名国照,字怡轩,又字彦青,生于广东南海佛山侨商之家。他的父亲梁定荣创办了广德泰轮船公司,家中较有积蓄。梁炎卿18岁入读香港皇仁学院,专修商业和英语。20岁入职上海怡和洋行做练习生,24岁调入怡和洋行天津分公司任大写(即高级职员)。1890年,38岁的梁炎卿升任怡和洋行正买办,1892年兼任英商高林洋行买办。

天津怡和洋行创办于1867年,下设进口部、出口部、轮船部、机械部、木材部等部门,其中又以轮船部为主营。梁炎卿作为怡和洋行天津分行首席买办兼轮船部买办,负责管理各部华账房买办,监管洋行银钱账目往来,经办南起印度加尔各答、北至天津,包括新加坡、香港、广州、厦门、福州、上海、青岛、烟台、威海等口岸航线的经营、揽载及货物装卸、存送等业务。除了获取洋行的正常佣金外,梁炎卿更多的收入来自各种回扣补差。他利用提单、舱单、水脚单、货单等往来单据之间的换算漏洞谋取利差,克扣码头工人搬运费等,积累了数量可观的财富。

梁炎卿还充分借助同乡关系做大买办业务。陈子珍是英商仁记洋行的正买办,同时还在直隶省官银号兼职,梁炎卿任怡和洋行买办就是他做的担保。黄云溪与梁炎卿同时进入天津怡和洋行担任大写,俩人私交甚深。后黄云溪转聘到瑞记洋行,遂介绍内弟陈祝龄到梁炎卿手下任职。1909年怡和洋行成立出口部,梁炎卿又力荐陈祝龄任出口部买办。从此,梁炎卿借助陈祝龄的关系大发出口贸易之财。第一次世界大战期间,怡和洋行出口部经理毕德斯将国外供需情况及行情趋势指示给梁、陈,二人按照指示从华北收购了大量猪鬃、羊毛、棉花、大豆、油脂等土产,等到国外急需各洋行高价收购时,再按照市价抛出,在为洋行赚取超额利润的同时,梁、陈二人也积累了巨额财富。

梁炎卿从不做冒险的投资,他认为"力不到不为财",投资应限于自己的耳目所及,他所购买的股票主要集中在他所熟悉的企业。由于他笃信英国人,股票投资主要是大沽驳船公司、利顺德饭店、先农公司等英国企业。1923年,先农公司发售债票,梁家成为该公司债券的最大持有人。

梁炎卿最大的投资是在地产方面。他与洋行外国人关系密切,通过内部消息购买了英租界中心区的大片地产,随着英租界建设的完善,这些土地的价格上升了一二百倍。张家口地产是梁炎卿自主经营的,京张铁路开通后,车站附近地皮价格飞涨,梁炎卿大发其财。

梁炎卿富甲一方,任买办四十多年,他要求子女精通英语,熟知欧美的生活方式、交际礼仪和商业往来习惯,尽可能给予他们充分的高等教育。梁炎卿长子梁赉奎很小就赴美读书,毕业于康奈尔大学和马萨诸塞州立农学院。为谋得梁赉奎在仕途上的发展,梁炎卿大力结交唐绍仪。唐绍仪发起捐资兴建广东会馆时,一向对公益事业出资甚少的梁炎卿,一次捐银6000两。此后在唐绍仪的提携下,梁赉奎做了一任农林部次长。后来梁赉奎做官不力,梁炎卿失望之余,对子女的教育转为保全财产、平安发财。他的子女大多数投身进出口贸易和相关的经济行业。

1938年,梁炎卿去世,终年86岁。

参考文献:

孙大干编著:《天津经济史话》,天津社会科学院出版社,1989年。

文昊编:《民国的买办富豪》,中国文史出版社,2013年。

天津市政协文史委编:《天津的洋行与买办》,天津人民出版社,1987年。

刘克祥、吴太昌主编:《中国近代经济史(1927—1937)》(三),人民出版社,2012年。

(王 静)

林　枫

　　林枫(1906—1977),本名郑永孝,又名郑伯桥(伯樵、伯乔)、郑凌风、林硕石。林枫的祖籍在山东省海阳县,1906年9月30日(清光绪三十二年八月十三日)出生于黑龙江省望奎县郑长江屯一个人口众多、颇为殷实的农家。7岁起,林枫进私塾读书。1918年,林枫考入望奎县第一高等小学校高级班。1920年林枫毕业时,由于家中钱庄经营困难,手头拮据,便没有继续上学,在县邮政局工作了一段时间。

　　1923年,林枫到天津,进入南开中学新生考前实习班补习。1924年,考入南开中学。进入南开中学后,林枫学习勤奋,阅读大量课外书报,包括李大钊、鲁迅和郭沫若等人的著作,以及《向导》《新青年》等宣传马克思主义的报刊,逐渐了解了马克思主义,认为它是救国救民的真理。

　　在南开中学学习期间,林枫被选为校刊编辑,后来又当选为校学生会会长。1924年冬,林枫积极组织、带领南开中学进步同学参加欢迎孙中山北上的活动,其后又以学生会会长的身份,在南开中学组织宣传活动,讲解召开国民会议的重要意义,介绍孙中山《北上宣言》的内容。1925年五卅惨案发生后,林枫在中共党组织的领导下,向同学们报告五卅惨案的经过,控诉帝国主义和反动政府的罪行。他还通过学生会组织许多同学参加演讲、募捐和示威游行活动,并带领学生冲破军警的阻拦,向日本领事馆递交抗议书。此后,林枫接受中共党组织的安排,在南开中学创办平民夜校,既做校长,又兼教员。

　　1927年3月,林枫由中共南开中学支部书记范文澜介绍,加入了中国共产党,担任中共南开中学支部和中共天津市委的联系人。蒋介石发动四一二反革命政变后,中共天津市委决定将党的活动转入地下,党员隐蔽起来。林枫于5月初暂回望奎。他在家乡停留20多天,回到天津后,白色恐怖更加严重,他与党组织失去了联系。林枫奔走于平、津、沪、汉、江、浙等地,寻找党的组织。后经师友介绍,他暂到江苏省东海县海州中学任庶务,同时在青年学生中进行革命活动,冒着风险,带领一些教师、学生深入农村宣传抗日。9月,他从海州中学回到天津,继续寻找党组织。1929年,林枫考入北平大学工学院读书。1930年,林枫终于与党接上组织关系,担任了中共北平大学工学院支部书记。

1931年九一八事变发生后,全国各地掀起反对日本侵略、反对蒋介石不抵抗政策的斗争,各地学生纷纷前往南京请愿。11月底,中共河北省委和北平市委在北平发动反日斗争,组织"南下示威运动"。12月,北平各校爱国学生组成"北平各校学生南下示威团"。林枫以北平大学工学院代表的公开身份参与领导了这场斗争。北平学生与各地到达南京的学生举行联合大示威,遭到军警开枪镇压。南下示威团和各地学生在南京的爱国壮举,得到社会人士的同情和进步舆论的支持。

1932年,中共河北省委为了加强对群众性反日斗争的领导,任命林枫为河北省反帝国主义大同盟党团书记。6月1日,由林枫主持,在北平举行了河北省反帝大同盟第一次全省代表大会,交流各地斗争经验,研究斗争纲领、策略,建立了统一领导机关。7月,林枫代表河北省反帝大同盟,出席了在上海召开的反帝大同盟全国代表会议筹备会议。

1932年11月,中共河北省委决定重建北平市委,林枫担任北平市委组织部部长,后任北平市委书记兼组织部部长。1933年春,中共河北省委撤消北平市委后,任命林枫为河北省委巡视员。从1933年五六月至1936年春，在国民党反动当局残酷镇压下，大批共产党员、共青团员和革命群众被捕，有四五百人惨遭杀害，中共北平地下党组织遭到严重破坏，许多党员与党组织失去了联系。林枫这时的处境异常艰难，随时都有被捕遇害的危险。他克服各种困难，指挥幸存的党员隐蔽起来。为避开国民党特务的搜捕，林枫到江苏朋友家里暂住。1935年5月，因遭敌人破坏，中共河北省委陷于解体，林枫与党组织失去了联系。

1935年12月，一二·九运动爆发。林枫听到这一消息，马上赶回北平，与党组织取得联系。中共河北省委决定重建北平市委，林枫任市委书记。林枫到职后，集中主要精力领导北平学生的爱国运动，于16日组织大规模游行示威，反对冀察政务委员会的成立。游行队伍遭到北平当局的镇压，许多学生受伤。这次示威震撼了北平全城。

为了阻止全市各校继续罢课，国民党当局宣布提前放寒假，限学生在12月23日前一律离校，并利用提前放寒假的机会，引诱学生到南京"聆训"，向蒋介石"献剑致敬"。根据林枫与彭涛等人商定的意见，学联决定学生不参加南京"聆训"，由学联发出号召，成立南下扩大宣传团，深入河北农村，向广大农民群众宣传抗日救国的道理。宣传团受到群众热烈欢迎，却遭到反动势力的阻挠和破坏。

宣传团回到北平后，林枫与姚依林、黄敬等于1936年1月底在清华大学同学会举行会议，根据形势的发展和宣传团同志们的意愿，决定将南下宣传活动中涌现的大批积极分子进一步组织起来，成立一个抗日的、先进的、具有广泛群众性的青年组织。2月1日，在北平师范大学召开第一次抗日民族解放先锋队代表大会，通过了《斗争纲要》《组织系统》《规约》等文件，并发表成立宣言。"民先"很快发展成为全国革命青年的组织，实际上成为中国共产党领导全国爱国青年抗日的纽带。

国民党当局加紧了对学生运动的镇压与迫害。1936年2月1日，南京国民政府颁布《维持治安紧急办法令》，接着宣布解散北平学联，大批进步学生被捕。根据形势的变化，林枫向中共河北省委提出建议：把在一二·九运动中引起当局注意的同志转移到天津等地工作。河北省委接受了这一建议，从北平抽调一批干部到天津等地工作，以保存干部和充实天津市及华北五省的抗日工作力量。3月，林枫被调往天津，任中共天津市委书记。3月下旬，党组织派郭明秋赴津，和林枫假扮夫妻，组织市委机关，掩护林枫工作，两人于当年夏天在天津结婚。

1936年3月底，刘少奇受中共中央委派来到天津，任驻北方代表，主持北方局的工作。5月，林枫调任刘少奇的秘书，全力协助刘少奇贯彻党的抗日民族统一战线政策，纠正了河北省委工作中"左"的错误。他还代表刘少奇积极联系华北各界抗日救国联合会等爱国组织和新闻界爱国人士，通过报刊宣传党的主张，收到了很好的效果。西安事变发生后，中共中央北方局迁到北平。按照刘少奇的意见，林枫和平津的同志说服各方人士，使他们理解和拥护中共和平解决西安事变的主张，更加紧密地团结在中共抗日民族统一战线旗帜下。1937年7月28日，北平沦陷后，林枫接到通知，北方局已在太原办公，要他前往太原报到，并动员平津的党员、爱国青年学生和各界人士前去工作。8月7日，林枫带领有关同志离开北平。8月下旬，林枫到达太原，9月任山西工委副书记。林枫根据中共中央和刘少奇的指示，制定对阎锡山进行统战工作的策略方针，着力建立党的组织，发动群众参加抗日战争。

1937年10月，中共山西工委改为山西省委，林枫任副书记。11月8日太原失守，阎锡山及其第二战区司令长官部、山西省政府迁往临汾。中共中央北方局、中共山西省委和八路军驻晋办事处也转移到临汾。林枫经常骑自行车到各地调查研究、检查工作，调整和加强各地党委的领导班子，解决一些地方党委存在的问题。在山西战场连续做战的八路军急需补充兵源，周恩来亲自来到临汾，要求山西省委在最短时间内协助扩兵3000人。林枫为此前往运城召开河东特委扩大会议,做出扩兵的具体部署,仅用一个月时间,就超额完成任务。不久,林枫任中共中央北方局委员兼组织部部长,仍兼任中共山西省委副书记。

1938年2月,日军沿同蒲路南下,中共中央北方局和中共山西省委撤到晋西一带开展游击战。5月,为适应战争形势,中央决定成立晋西南区党委,林枫任书记。11月,八路军一一五师主力东进,中共中央北方局迁往晋东南和八路军总部一起行动。行前组建一一五师晋西支队,林枫兼政治委员。这时,阎锡山趁蒋介石准备发动反共高潮之机,成立反共机构,到八路军作战地区进行暗杀等破坏活动,造成山西政局逆转,使抗战进步力量与投降倒退分子在山西的斗争更为激烈。1939年9月中旬,林枫接到中央通知,专程前往延安汇报晋西南形势和当前亟待解决的问题。林枫向毛泽东汇报工作时请示:"如果顽固派打我们怎么办?"毛泽东说:"他打你,你就打他!"10月10日,由林枫、王若飞起草,经毛泽东修改后,《中国共产党山西省委员会关于坚持山西抗战克服目前危险倾向的宣言》在延安发表,公开提出"坚持山西抗战,反对妥协投降;坚持山西团结,反对内战分裂;力求山西进步,反对向后倒退"的政治主张。林枫从延安返回后,晋西南区党委根据中央指示,采取了"对顽固派不再让步,必要时不惜武装保卫革命利益"的方针。12月,阎锡山策划发动晋西事变,进攻中国共产党领导的抗日武装,镇压牺盟会和抗日民主政权。根据中共中央和毛泽东的指示,晋西南区党委对阎锡山的妥协投降和反共行为进行了坚决的斗争,打退了国民党顽固派的进攻,巩固了山西的抗战局面。

1940年1月25日,中共中央指示将晋西南、晋西北两区党委合并为晋西区党委,林枫任书记,统一领导晋西北地方工作和晋西南地下组织的活动。1942年2月,林枫前往延安参加整风学习,历时将近半年。其间他向中共中央汇报晋绥地区对敌斗争和根据地各项工作情况,得到了中共中央和毛泽东的充分肯定和赞扬。6月,林枫先后被任命为陕甘宁晋绥联防军副政治委员、陕甘宁晋绥财政经济委员会委员、一二〇师及晋西北军区副政委等职。5月20日,中共中央书记处发出《关于成立晋绥分局的通知》,决定在晋西北成立中央分局,管理晋西北区党委、晋西南工委、绥蒙工委等三个地区党组织的工作,以关向应为书记,林枫为副书记,关向应在病假中由林枫代理书记。10月24日至11月11日,晋西北第一届临时参议会召开,林枫代表中共中央晋绥分局作了《关于〈对巩固与建设晋西北的施政纲领〉的说明》的报告,并当选为晋西北临时参议会议长。1943年10月,林枫兼任晋绥军区政治委员。1945年4月23日至6月11日,中国共产党第七次全国代表大会在延安召开,林枫出席中共七大,当选为中央委员。

1945年8月日本投降后,林枫等人离开延安返回晋绥边区。8月26日,中共中央决定从延安和晋绥抽调1000多名干部,由林枫带领前往东北。到达沈阳后,林枫任中共中央东北局组织部部长,主要负责分配干部。东北局决定,将吉林省工委和省军区扩建成吉辽省委(又称东满分局)和东满军区,林枫兼任省委书记和军区政治委员。

1946年5月下旬,中共中央东北局迁往哈尔滨。8月7日至15日,林枫在哈尔滨主持召开东北各省联席会议,通过了《东北各省市民主政府共同施政纲领》,随即成立东北行政委员会,林枫任东北行政委员会主席。从1948年春季起,林枫担任中共中央东北局常委,专做政府工作。

1949年8月,第一次东北人民代表大会在沈阳举行,成立了东北人民政府,林枫当选东北人民政府副主席。1952年,林枫担任东北局第一书记和东北人民政府第一副主席,直到1954年调离东北。在这五年中,林枫殚精竭虑,辛勤擘划,团结同志,率领群众,克服各种艰难险阻,为东北人民的革命和建设事业做出了巨大贡献。

1954年4月27日,中共中央政治局扩大会议决定撤销大区一级党政机构。8月15日,东北行政委员会宣布撤销。林枫调往中央工作,任中共中央东北地区工作部部长、中共中央副秘书长、国务院第二办公室(文教办公室)主任,协助中央指导东北地区的工作,协助总理领导国务院文化、教育、卫生、新闻、广播等部门的工作。1959年4月、1965年1月相继当选第二、第三届全国人大常委会副委员长。1963年春,林枫调任中共中央高级党校校长、党委书记。

"文化大革命"中,林枫遭到残酷迫害,被关入秦城监狱。1977年9月29日,林枫病逝,终年71岁。中共十一届三中全会后,中共中央为林枫彻底平反,恢复名誉。

参考文献:

中共党史人物研究会编:《中共党史人物传》第42卷,陕西人民出版社,1989年。

(周　巍)

林 皋

林皋(1913—1945),本名陈明久,曾用名陈泽民、李克兴、李润山。1913年9月,林皋出生于河北省迁西县(原迁安)南观乡陈庄子村一个农民家庭。

1934年,迁安农民暴动失败后,党在迁安的活动重心西移至与陈庄子村一山之隔的西庄村附近。林皋结识了迁安党组织负责人魏春波。魏春波经常给林皋讲一些革命道理,使他萌发了政治觉悟,日益倾向革命。不久,他又认识了遵化县的高存、才永昌等共产党员,在他们的教育影响下,林皋的政治觉悟快速提高,于1935年加入中国共产党。

林皋入党后,党组织安排他到迁西县白塔寺民团做秘密工作。当时,日本正疯狂侵略华北,冀东被逐渐"蚕食",他到该民团后,向团丁宣传抗日救国,秘密发展党员。全民族抗战爆发后,1938年春,冀热边特委经常在迁西召开会议,筹划冀东抗日大暴动,林皋和其他同志经常以要账为掩护,保卫特委会议的安全召开。冀东抗日大暴动后,抗联队伍按照中共河北省委和八路军第四纵队党委的决定,撤到平西进行整训,林皋留在迁西腰带山一带坚持斗争。

1939年10月,林皋担任丰(润)滦(县)迁(安)联合县二区区长,为开展对敌斗争做了大量工作。敌人对他恨之入骨,到处搜捕他和他的家属,全家人四处逃难。年底,党组织又调他任遵化县二区区长。临行前,他找到逃难的妻子,当时7岁的独子正在发高烧,家中困难重重,亟须他照顾家庭。他把抗战救国置于首位,毅然离开妻儿,奔赴工作岗位。未料,这次离别竟成为他和妻子的永诀。

1940年和1941年,党组织先后两次派林皋赴平西晋察冀分局党校学习。1942年秋林皋返回冀东后,被分配到蓟(县)宝(坻)三(河)联合县二区任人民武装自卫队大队长,后又调任蓟(县)遵(化)兴(隆)联合县二区区委书记。当时正值日军向根据地发动第五次"治安强化运动",到处集家并村,挖沟筑堡,制造"无人区"。由于斗争环境异常严酷,为保存力量,二区地方工作人员已大部转移至深山区。林皋到任后,不顾敌人悬赏1000元缉拿他的危险,深入群众,紧紧依靠堡垒户,领导全区人民进行顽强斗争。在充满白色恐怖的日子里,他密切注视敌人动向,将汉奸、叛徒的活动情况,逐村逐人逐事一一记录下来,为开展锄奸工作提供了翔实可靠的依据。他英勇无畏、深入群众、深入实际的优良作风,为广大干部树立了榜样,受到县委的表扬。由于敌人频繁"扫荡"和"清乡",根据地干部损失甚多。为补充和壮大干部队伍,林皋在领导斗争中十分注意对干部的培养和考察工作,在他任二区区委书记一年多的时间里,培养了许多基层干部到区县工作或转送外地。在干部培养中,他不仅知人善任,而且有很高的警惕性。他曾和一个叫叶星的干部共事,在工作中察觉这个人举止轻浮、害怕艰苦、表里不一,政治上不大可靠,多次提醒同志们与之接触要谨慎。后来此人果然成为可耻的叛徒,由于林皋及时提醒,使其未能掌握党内重要机密,避免了由于叛徒出卖造成的严重后果。

1944年秋,林皋担任中共蓟遵兴联合县委代理书记。当时,国际国内政治形势发生重大变化,世界反法西斯战争即将迎来最后的胜利,日本侵略者正走向灭亡,八路军主力部队回师平原,逐步恢复被敌人蚕食的基本区。但敌人不甘心走向灭亡,因此纠集两万多日伪军,对迁安、遵化、玉田、蓟县进行疯狂"扫荡",妄图消灭八路军主力部队和中共地方工作人员及游击队。蓟遵兴联合县是敌人"扫荡"的重点地区。在残酷的斗争环境中,林皋领导全县军民进行艰苦斗争。由于环境的残酷,加上汉奸、叛徒的破坏,干部群众对敌人切齿痛恨,工作上经常出现一些过"左"的现象。林皋发现这一问题后,意识到这涉及党的重大政策问题,如果不及时解决,不利于抗战和地方党组织的发展。他严格把握政策,正确开展斗争,既妥善处理了有关问题,又教育了犯错误的干部,表现出较高的政策理论水平。

1945年4月24日夜,林皋带着县委秘书和文书在二区周官屯(现蓟州区马桥镇周官屯村)检查工作,突然被敌人包围。在烧掉重要文件后,林皋等人突围。战斗中身边的秘书和文书一人中弹牺牲,一人被俘。林皋被敌人包围,见突围无望,林皋用枪射向自己的胸膛后坠入河中,壮烈牺牲,年仅32岁。

林皋牺牲后,残暴的敌人将他枭首"示众"。林皋的战友冒着生命危险将林皋头颅取回,将其身首合葬在蓟州区三百户村北。

参考文献:

中共天津市委党史资料征集委员会编:《天津抗日英烈》,天津古籍出版社,1995年。

(马兆亭)

林墨青

林墨青(1862—1933),名兆翰,以字行,又字伯嚜,晚年号更生,天津人,生于1862年2月12日(清同治元年正月十四日)。父亲林逢春,字荣轩,经营盐业。林墨青自幼好学,博览群书。他18岁丧父,22岁丧母。他继承父业,先后供职于天津盐商晋德茂穆家、长源店杨家、吉恒丰店张家、永立昌店崔家、益德店王家、同德店严家等各处盐店,以供养庶母、幼弟。

1887年,林墨青以第一名的成绩考入天津县学为生员。他心系天下,认为中国之所以积贫积弱,泱泱大国在甲午战争中竟败于小小岛国日本,主要原因是民智未开、愚昧迷信。

1900年6月,八国联军入侵天津,烧杀抢掠,居民争相外逃远避。具有强烈民族感情的林墨青,坚持不肯离去,并拟自焚住宅,以明殉国之志。有一次外国兵窜入林宅,林墨青怒而抗争,竟横遭耳光之殴,更使他亲身感受到国弱的耻辱。

同年,严修以自家子侄做"试验",兴办起新学"冬寄学社"和"严氏小社",教育算学、理化、外语等西学,聘请林墨青主持此事。林墨青常常与严修、张伯苓议论兴学之事,"渐觉悟无普遍教育,决不足以抵抗列强"。他与严修等人商量,向富绅发起募捐,利用汇文书院地址,于1902年创办起天津民立第一两等小学堂,这是天津近代民办新式小学之始。接着,林墨青又与严修共同敦请富绅筹资,在问津书院地址设立民立第二两等小学堂。这两所民立小学堂的创立揭开了天津近代兴办新学的历史篇章。

1903年夏,在此前创办民立小学堂经验的基础上,受天津知府凌福彭、知县唐则瑊委托,林墨青与严修一起,选址西门里城隍庙,创立城隍庙官立两等小学堂,由此开天津近代官办小学堂之先河。

1904年,经直隶省学校司督办严修推荐,林墨青受任直隶学务处参议等职,负责推行近代新式教育,自此,林墨青以改革天津教育为职志,更加奋发努力。在创办城隍庙小学堂的过程中,林墨青等人得出了宝贵的经验:废庙办学是一举三得之事:一则可以撤除封建迷信的活动场所,二则能够提供传播科学文化的场所,三则可以利用各庙的地租之款项为办学费用。

林墨青顶住各方压力,冲破重重阻力,多方动员,百般劝导,甚至经常带领瓦工木匠,拆毁各庙的神龛和塑像。在严修的支持和林墨青的推动下,一个废庙兴学的热潮席卷天津,先是有河北大寺、行宫庙、慈惠寺、药王庙、直指庵、放生院、育德庵、玉皇庙、圣慈庵,以及陈家沟、葛沽村等地17处庙宇,纷纷被改建为男子小学校。接着,由于痛感妇女受教育之必要,林墨青又积极创办女子小学,在毗卢室、弥勒庵、准提庵、白衣庵、白寺、皇姑庵、堤头村、狮子林、草厂庵、无量庵、谢公祠等11处,办起官立女子小学,并担任这11处女子小学的总董。

废庙兴学为天津的近代教育开出一条生路,受到天津各方人士的称颂。严修在写给林墨青的信中由衷地赞道:"津庠半是旧祠庵,开创经营兴味酣",并自注云:"津市设学君实创始,最初十六处,皆君手规划,商借祠宇,用力尤多。"[①]

如果说废庙兴学、商借祠宇等只是初步解决了办学条件的话,那么更为艰巨的任务就是解决办学的师资问题。为此,林墨青于1908年东渡日本,特别考察了日本的师范教育。他发现,为了给中小学培

————————

　①刘炎臣:《一生热心兴学的林墨青》,载天津市政协文史委编:《天津文史资料选辑》第25辑,天津人民出版社,1983年,第67页。

养教师,日本普遍办起了师范学校,学制有3年的,也有4年的,分为文科、理科与技艺科,所学内容除日语、汉语以及数、理、化、史、地、生等基本知识外,还特别开设教育学与伦理学。并且大多数师范学校都附有中、小学及幼稚园作为自己的教学实践训练基地。日本的师范教育给林墨青以启发,他感到,中国虽然还不能像日本那样普遍办起较大规模的师范教育,但中国正在废科举、建新式学校,办一些简易师范,切实推进师范教育实是当务之急。因此,他先后创办了天津师范传习所、天津音乐体操传习所,在不长的一段时间里,就为天津小学教育培养出一批师资力量。

林墨青办学视野宽阔,强调动员全社会的力量,他主张官亦办、民亦办、私亦办、官民结合亦可以办、公私结合亦可以办。在他和天津有识之士的努力下,不数年内,天津兴学之风大盛,各类学校如雨后春笋般涌现,据《天津县新志》载,到1911年,天津已办起学校153所,其中包括小学堂89所,女学堂24所,中等学堂9所,大学和高等学堂4所,其他学堂27所。

当时不少人认为,全国各省的办学,首推直隶,而直隶省内称冠者,应数天津,具体到天津,则主其事者为严修,至于悉心规划、苦心经营、上上下下出力最多者,非林墨青莫属。时人称赞:天津学校多系林墨青亲手操持创立。

林墨青在天津兴学、改革教育,建树颇丰,大致经过了初试于家塾、发展于民立学堂、继之于官办学堂、发煌于社会教育这样一个过程。到1911年辛亥革命时,经严修与林墨青早年推荐而赴日本留学的第一批留学生也已学成归来,如陈甫哲、陈筱庄、胡玉孙、李琴湘、华芷龄、郑菊如、俞义臣、徐毓生、刘宝慈、刘宝和等人,他们都成为赓续天津新式教育的骨干。在此情形下,年近五十的林墨青便将更大的精力转向社会教育。他曾对人说:"我生平无他长,视人之事重,视己之事轻;人之事虽轻,我亦重之,已之事虽重,我亦轻之。"①正是这种忘我精神,使林墨青不仅痴心于学校教育事业的改革,也倾心于社会公益事业的发展,他不仅是一位学校教育事业的改革家,也是天津社会教育事业、公益事业的改革家。

为发展社会公益事业,林墨青无所顾忌,敢作敢为。为破除迷信,他不怕所谓"报应",拆庙毁神,他身先士卒,亲自动手,影响带动各方人士;为了动员妇女入学,他知难而进,多方劝喻。还在辛亥革命之前,为了使同胞姐妹及子孙后代不再受缠足之苦,他与严修、张伯苓发起组织了"天足会",号召已缠足者放足,告诫未缠足者不要缠足,甚至以生了男孩不再娶缠足女为媳的号召,借以阻止缠足。辛亥革命后,为了劝导男子剪掉清朝标志之一的发辫,他动员宣传人员,身怀利剪,分布于城乡各要冲街口,宣传剪发的意义及卫生益处,协助接受宣传者当场剪发。

在推行社会教育、开启民智方面,林墨青有一个突出的特点,便是十分重视宣传工作,使宣传与教育有机地结合为一体。在当时,天津有"天、西、地、甘"四大宣讲所之称,所指即是林墨青在天齐庙、西马路、地藏庵、甘露寺这四处所办的宣讲所。为了改良社会,林墨青等每晚都派人到宣讲所去宣讲。宣讲内容从报纸上的时事政治,到内容通俗健康的民间故事;从各种科学知识,到身边的好人好事,无所不包。还在各宣讲所设置阅报栏,供市民阅览,并在各宣讲所办起"半日小学""早晚班补习学校"等,专门收贫家子弟入学,不仅免费授课,而且代备书籍。各宣讲所还组织起武士会,供群众研讨、切磋习武强身之道。

1915年,天津成立社会教育办事处,年近六旬的林墨青办学热情

①严陈:《林墨青性格之一斑》,载天津市政协文史委编:《天津文史资料选辑》第25辑,天津人民出版社,1983年,第69页。

不减当年,受任该办事处的总董。在林墨青的领导下,办事处的工作红红火火,社会教育事业全面展开。在社会教育方面,他们不仅为穷苦百姓办起各种扫盲学校,为公务人员办起了"吏胥学校",为教师办起了"教员研究会",为盲人办起了"盲生词曲传习所",还组织起了"崇俭会(储蓄)""戏曲改良社""改良年画社""改良茶馆",甚至还为僧侣们办起了"僧道学校",等等。

从1915年到1929年,在15年的时间里,林墨青倾全力精心经办天津社会教育办事处的工作。其间,他还利用报纸宣传社会教育,以争取群众、影响舆论。在创办社会教育办事处之始,他就着手创办了《社会教育星期报》,成立了报社,组织起一批编辑、记者,他自任社长,而且一任就是二十多年。该报办报宗旨为:"培养旧有道德,增进普通知识,筹划平民生计,矫正不良风气",其内容严肃健康,凡社会教育范围以外事项,概不登载。

1929年,天津社会教育办事处因故撤销,《社会教育星期报》并未因此停刊,每周出版一期的该刊从第689期起,改为"广字第一号",即改由天津广智馆继续出版。天津广智馆是年近花甲的林墨青于1921年筹建的,当时他正在苦心经营天津社会教育办事处,其目的是普及科学文化知识,展示乡土特色,借以唤起民众爱国爱乡之情。1925年该馆正式成立,以博物馆之形式,展示照片、图表、模型和实物等,将天津土特产品、工农生产程序、科学常识、地方风俗等,一一介绍给观众,既教育人们继承优秀文化传统,又起到移风易俗的作用。为了保存传统文化,晚年的林墨青还与严修等人一起组织起了崇化学会、城南诗社、国文观摩社等,倡议征集诗文,借以弘扬国学。

1933年4月17日,林墨青逝世,终年71岁。乡人为纪念他对天津教育的贡献,共议勒碑《林君兴学碑记》于广智馆壁间。

参考文献：

舒新城编：《中国近代教育史资料》，人民教育出版社，1981年。

张大民主编：《天津近代教育史》，天津人民出版社，1993年。

赵宝琪、张凤民主编：《天津教育史》，天津人民出版社，2002年。

王惠来、张广君主编：《天津教育六百年》，中央文献出版社，2006年。

（刘文智）

凌 福 彭

凌福彭（1854—1930），曾用名凌福添，字仲桓，号润台，广东番禺县金鼎乡人。凌家是当地的名门望族，巨富之家。凌福彭的父亲凌朝赓乐善好施，1851年当地闹灾荒，凌朝赓捐出大量稻米，救活许多乡民，成为远近闻名的义士。凌福彭自幼勤学苦读，精词章，爱书画。他于1885年中乙酉科拔贡，历任户部主事、郎中。1893年考取军机章京。1895年中乙未科进士，留军机处任职，同榜者还有康有为等人。

1900年庚子事变爆发，凌福彭携家眷逃出北京，避居怀柔，10月回到北京，补授天津府知府。1902年8月，凌福彭随直隶总督、北洋大臣袁世凯前往天津八国联军都统衙门办理交接手续，收回天津管理权，并正式就任天津知府。

凌福彭上任后不久，在津进行了人口普查，开创了中国人口普查的先河。通过这次普查，统计出天津城市人口，中国人452,550人，外国人3725人，城郊村庄人口384,263人，合计840,538人。①

庚子事变后，袁世凯以天津为中心，在直隶积极推行新政改革措施。凌福彭成为天津地方新政改革的具体实施者。他筹办工艺学堂，成立商务公所，改革司法制度，推行地方自治等，使天津成为兴办新政的基地，深受袁世凯赏识。

1902年冬，袁世凯令凌福彭筹办北洋工艺学堂。凌福彭亲自选址，勘验地形，动迁民房，并亲临考场招录学生。1903年3月19日，北

---

①张华腾：《北洋集团崛起研究》，中华书局，2009年，第152页。

洋工艺学堂正式开学,校址位于草厂庵。学堂教务长为日本工学士藤井恒久,庶务长为赵元礼,教员有徐田、孙凤藻等人。当时,全国只有国立大学堂3所,高级学堂近10所,北洋工艺堂便是其一。

北洋工艺学堂创办之初,计划招收学生30名,要求考生年龄在15至22岁,通晓文理,有一定的英文基础,天资聪颖,身家清白,体质强健。学堂根据学生情况,因材施教,注重讲授理法和实验,一般3年毕业,毕业生能胜任教习、工师之职。工艺学堂为天津近代工业培养了大量技术人才。

1903年5月,袁世凯下令建立天津商务公所,以便联络商情,整顿和挽救天津市面,委派凌福彭"督办一切"。凌福彭为加强官、绅、商之间的沟通,针对天津当时市面情况,提出了推缓偿还旧欠款、倡行钱票、设立银行、规复匣卡旧章四项措施。推行未久,"津市已渐有转机"。1904年11月,经清政府商务部批准,天津商务公所改为"天津商务总会",成为天津最有实力的社会组织,在调解商家债务纠纷、平抑物价、振兴商业等方面发挥了重要作用。

凌福彭在天津推行新政的重要领域是改革狱政。1903年,凌福彭受袁世凯派遣,先后参观考察了日本东京、土谷等监狱,历时半年。回国后,凌福彭上书袁世凯,认为"内政之要,首在刑律。监狱一日不改,则律一日不能修"。他提出应该效法日本,改革狱制,建立罪犯习艺所。1904年6月,天津习艺所竣工,天津县监狱数百名罪犯移送至此,凌福彭兼习艺所首任总办,所内设皮毛、制衣、木器、地毯等7所作业工厂。天津习艺所在建设之初就采用了较为先进的制度,制定了从收所习艺到平日生活起居考核、生产劳作考核及所内狱政官吏看守等管理规则。据《天津罪犯习艺所章程》11条罗列的30项内容,对监房等设施进行了改良。天津习艺所的建立,使犯人不必再到边远的地方充军流放,而是在本地的监狱中服刑,在一定期限的强制劳动中悔过自新,开创了清王朝狱政改良之先河。1904年7月31日《大公报》评论道：“游情感知工艺，顽梗化为良善，野无游民，路不拾遗，皆以是为始基矣。”《教育杂志》刊文说：“中国数百年积弊，此其改良之起点乎！”①天津习艺所的创建，标志着中国监狱近代化的起步。

1903年，袁世凯为试行审判改革，在天津设立发审公所（后改为谳法研究所、审判研究所），由凌福彭主持，培养审判改革人才。1906年，清王朝试行司法改革，袁世凯即令凌福彭一面制定审判厅章程，一面筹办审判厅。同年10月拟成《天津府属试办审判厅章程》，并在《北洋法政学报》第10期上刊出。章程分4编146条，成为国内第一个地方性试办审判厅法规。同时还制定了《天津府属试办审判厅员弁职守》。1907年3月，天津率先在全国设立高等审判分厅和天津地方审判厅，同时又在城乡设立乡谳局4处，负责审理天津府县的民事、刑事案件。凌福彭又挑选了一批留日法政学生充任上述两厅及乡谳局的办事人员，使司法人员开始专业化。

1906年，袁世凯决定在天津试行地方自治。凌福彭等奉命筹设天津府自治局，作为天津城乡最高的地方自治领导机关。8月，天津府自治局正式成立。该局选派曾学习过法政的士绅为宣讲员，分赴天津府属城乡宣讲地方自治基础知识，每月编印《法政官话报》《自治讲义》，分发各属学习和张贴；在天津初级师范学堂设立地方自治研究所，令天津府属州县选派“举、贡生员或中学堂以上毕进者，家道殷实、勤于公益之绅商”，分批入所学习法政知识。凌福彭又从学员中选拔一些人组成考察团，赴日本进行为期4个月的实情考察，以增益见闻。同时，凌福彭主持成立由官、绅、商、学组成的天津县自治期成会，制定《试办天津县地方自治章程》，通过地方选举组成天津县议事会，议事会设董事会执行日常工作。天津试办自治初见成效，袁世凯遂令天津府各州县以天津县为模范，推行城乡自治。

①薛梅卿、从金鹏主编：《天津监狱史》，天津人民出版社，1988年，第19页。

1905年,凌福彭改署保定府知府,次年实授。1907年,凌福彭先后任护理天津道、代理津海关道、长芦盐运使等职。凌福彭在天津、保定任职期间所取得的成绩,深得袁世凯的赞许。1907年,在袁世凯的举荐下,凌福彭擢升顺天府尹。次年12月,任直隶布政使,再度主政天津。

袁世凯就任中华民国临时大总统后,凌福彭被委派续修东陵,任工程督修。1914年1月10日,袁世凯解散国会,并组织御用的中央政治会议来代行国会的职权。3月,中央政治会议召开"约法会议",凌福彭为约法会议议员、参政会参政。曾获授少卿、二等嘉禾章。

1915年7月,广东水灾,各县冲决基围,坍塌房屋,淹毙人畜,损害田禾,不可胜计。7月19日,北京政府派凌福彭、李翰芬等人携救灾款赴粤赈灾。他们到粤后,设救济公所,分赈灾区,并修筑各地基围,群众赞许他们的功德并在肇庆建祠纪念。8月23日,北京成立拥袁称帝的筹安会。凌福彭、蔡乃煌、李翰芬等在广州设立"集思广益社",以讨论国体为名,拥袁称帝。

凌福彭离开政界后先后隐居北京、广州。凌福彭精于词章,酷爱绘画,曾组织"北京画会",家中常有文人墨客往还。

1930年,凌福彭病逝于广州西关。

参考文献:

黄伟:《黄埔长洲深井村的名人望族凌朝赓、凌福彭与凌叔华》,载广州市黄埔区政协编:《黄埔文史》第10辑,2002年内部印行。

张华腾:《北洋集团崛起研究》,中华书局,2009年。

骆宝善、刘路生主编:《袁世凯全集》第16卷,河南大学出版社,2013年。

(由国庆)

刘 宝 慈

刘宝慈(1873—1941),字扫云,号竹生,又号竺笙、竺僧等,天津人,1873年6月1日(清同治十二年五月初七日)生于一个官宦之家。刘宝慈幼年先后随祖父、父亲到其任所居住、读书,20岁时入天津县学,21岁时参加甲午秋闱中举人。1901年,刘宝慈被聘为普通学堂[①]汉文教习。

1903年秋,经直隶省学校司督办严修推荐,刘宝慈等10余人东渡日本留学,入宏文学院速成师范科。在日期间,他一方面学习考察日本的教育,一方面学习一些自然科学知识。次年回国后,应保定北关学堂聘请,刘宝慈讲授地理学课程。

1905年,直隶总督袁世凯兴办学务,成立天津官立两等模范小学堂,经直隶提学使卢木斋举荐,刘宝慈被任命为该校堂长。该校成立于1906年3月5日,坐落在城内鼓楼西中营(神机库)。

刘宝慈甘愿致力于模范小学,绝意仕进,终身不渝。清末设立学部时,拟请他留署任事,他说:"为官吏不如为小学师之乐也。"1915年,直隶巡按使朱家宝请奖办学有功者,大总统袁世凯特奖其"为国育才"匾额,他虽勉为接受,但终未悬诸壁间显示于人。同年秋,袁世凯申令于北京设立模范小学,想请他执掌,但他不愿离开亲手创办的学校,坚辞不就。刘宝慈的学生赵天麟1915年任北洋大学校长时,特请他到

---

①普通学堂于1903年改为天津府官立中学堂,俗称铃铛阁中学。

北洋大学讲授国文,他未允所请,安然坚守在小学校的岗位上。[1]1916年4月,刘宝慈遵照省公署令将该校改称"直隶省模范小学校"。1917年3月,改称"直隶省立第一模范小学校"。

刘宝慈办学正如卢木斋先生在为其撰写的碑文中所道:"视校事如家事,视生徒如弟子,督课极严,爱护备至。"刘宝慈对学校的各项教务,如考取新生、安排课程、毕业考试等,事必躬亲、不辞劳苦。他留学日本归国后,带来了先进的教育方法,注重科学,讲求使用教学用具。

刘宝慈注重民族传统文化教育。一年级学文言文,教材包括唐宋八大家的散文、《论语》《孟子》中的一些篇章,每周还有两节读经课,读四书五经。进入民国后,学生作文仍然要用文言。刘宝慈认为"若要儿童有坚定的信仰,就应当追求传统的道德"。

刘宝慈对于国文课极为重视,要求高年级教师给同学增加诵读古文名篇等内容,并亲自抓高小班的作文。学生写好作文后,教师必须用红墨水批改,加点评注后,送给他一一复阅。他批改时非常仔细,时时写下眉批、旁批、总批等,并加盖刻有隶书"竺笙"二字椭圆形图章,改毕后将其中的上乘文章张贴在学生休息室,供大家观摩学习,对写出优秀文章的学生还会给予笔墨纸砚等奖励。

1916年,刘宝慈参与中华书局重新编辑出版《新式修身教科书》的工作。这套在新文化运动背景下诞生的修身教科书,由清末民初江西婺源人方钧编撰,刘宝慈、范源濂等人校订,内容既有敬师睦邻、祭祖守业的传统训导,也有卫生科学、国民道德、自由平等的新内容;既培育儿童的品性,使他们得自爱、自立、自助、自治的道理,了解自身所处的地位和应尽的责任,鼓励进取的志气,又体现出社会变革时期的文

①于昭熙:《回忆天津模范小学和刘宝慈校长》,载天津市政协文史委编:《天津文史资料选辑》第27辑,天津人民出版社,1984年,第143页。

化面貌,后来逐渐成为民国时期修身教育的经典之作。①

这一时期,刘宝慈在教学上革新了旧教材,采用全新的数、理、化、声、光、电等理科读本,借助于现代化教学手段向小学生传授丰富多彩的自然科学知识。1918年,刘宝慈再次东渡日本,将教学所需的仪器、标本、挂图购置齐全。归国后又去江浙一带继续考察,编写了《科学杂说》多篇,自编乐器理论"五音"教材,推广到各个学校。

遇有教师临时请假,刘宝慈常代为上课。他怕打乱教师的教学计划,就另讲自备教材,以讲授自然科学知识为主。他讲课时语言精练,善于利用手势,并运用挂图、标本、模型等激发同学的兴趣,效果甚好。为了工作与教学,他与时俱进,常常自学自然科学知识到深夜。他为天津广智馆制作的旋风、飓风、雷电、冰雹、地震等模型与挂图引起了学生的极大兴趣。

刘宝慈对于教师的挑选聘用慎重而严格,他复阅学生作业的过程即是对教师进行教学考核的过程。为提高教学质量,校长时刻注意罗致人才。如当年以教授音乐课而享名的张幼臣老师,刚从日本留学归来,即被他聘来讲课。

刘宝慈学识渊博,素擅词章、金石、舆地之学,河北省博物院期刊刊载他的文章《骨朵子》,对元代兵士所用的一种骨制武器进行考证。1921年春,天津社会教育办事处总董林墨青倡议征集诗文,以存国粹,他大力赞助,为之命名"存社",并与天津诸诗词名家分担主课任务,一时应者云起,诗事赖以复兴。

刘宝慈办学成绩斐然,官府屡次动议给他增加薪金,他总是坚辞不受。按照旧时学制,模范小学的教师每年可得一笔"慰劳金",其数额多寡依教龄长短计算,20年以上教龄者所得之数相当于两月的薪

①2011年,中华书局重新出版《新式修身教科书》,再度引起关注。原书的编校者中有两个天津人:刘宝慈与南开大学创办人之一范源濂。

额。刘宝慈的教龄为全校之冠,本应得最高额慰劳金,但他自奉俭约,始终不取。

1923年,刘宝慈实行校务分掌制,将校务分为教育、管训、成绩、体育、职业、图书、会计、书记、庶务等9系,各系设主任1人。学校有10个学级,各级设有学级主任。该校师资力量强,有教员18人,都是师范学校毕业。1928年该校改名为河北省立第一模范小学校。

1939年天津大水,刘宝慈全家移居校内,昼夜奔忙,愈加劳累。1941年8月14日,刘宝慈因突发脑溢血于天津逝世,终年68岁。为表彰刘宝慈的业绩,学校师生及各界人士为之建立了石碑、石像及"竹生亭"。

参考文献:

朱经畲:《回忆刘竺笙校长二三事》,载天津市政协文史委编:《天津文史资料选辑》第27辑,天津人民出版社,1984年。

王文光:《刘先生宝慈遗事琐记》,《南开春秋》,1988年第1期(总第2期)。

张绍祖编著:《津门校史百汇》,天津人民出版社,1994年。

(张绍祖)

刘 宝 全

刘宝全(1869—1942),本名刘毅民,直隶深州人。其父刘能是扎纸活、制冥衣的手艺人,会唱木板大鼓。刘宝全幼年时随其学弹三弦、唱木板大鼓,父子俩一起流落乡间卖艺演唱。

1879年,刘能将儿子送到天津的一家清吟班做乐童,学习弹琵琶、拉四胡、唱小曲。彼时流行于天津的小曲有两种,一种叫怀调,一种叫马头调。两种小曲刘宝全都会唱,尤以马头调最拿手。

1884年,刘宝全离开清吟班,再拜盲艺人王庆和、木板大鼓艺人胡十(金堂)为师,继续学唱,同时为盲艺人宋五(玉昆)担任伴奏。后拜天津名演员孙一清为师,一度学唱京剧,能演《上天台》《让成都》《打金枝》等几出王帽老生戏[1]。刘宝全在为木板大鼓艺人霍明亮伴奏时,借鉴京剧舞台上京胡伴奏技巧,对演员所唱每个字每句腔都按"工尺"做到"包""随""衬""补",既开拓了和谐悦耳的伴奏功能,又丰富了大鼓说唱的特色。

刘宝全操琴伴奏已经显示出超人技巧,而他自己的嗓音极佳,又不甘于长久为他人伴奏,因此一直刻意钻研大鼓演唱艺术。不久他放弃了伴奏,在天津北门西宝和轩茶馆唱起了大鼓。他初露锋芒,即对大鼓演唱做了一系列的改进。他创作了许多在起唱之前的"鼓套子",即前奏曲,继而伴奏乐器添加了四胡,改善了伴奏的音响效果。他的

---

[1]王帽老生戏,以老生戴王帽盔头而得名。戏中老生以唱功为主,身段较少,表演特点稳重、沉着。

嗓音天赋极佳,不仅仅是亢坠自如,行起腔来气贯长虹,而且音甜声脆,吐字清楚有力。他把说和唱相融合,形成"说中有唱、唱中有说、说即是唱、唱也是说"的独特风格,把大鼓艺术叙事抒情、刻画人物的表现功能推向新的境界。

在天津已经崭露头角、时年已经40开外的刘宝全,为了开创大鼓演唱的新路,毅然暂时息影舞台,住到了北京先农坛附近的石头胡同天和玉客栈,便于结交住在附近几条街的谭家、"老乡亲"孙菊仙、龚云甫等京剧名家,跟他们学习唱、念、做的韵味、神态。他每天早晨跟京剧演员一起喊嗓、调嗓,在专门为京剧演员开设的茶馆里虚心向京剧艺人讨教。两三年间,他对源于河北省河间府一带的木板大鼓进行改造,在唱法上认真吸收梆子腔、石韵书、马头调等戏曲、曲艺曲种的声韵,把京剧的某些特色唱技融入其中。他字斟句酌改编鼓词,设计腔调,校正字音,变使用天津、河北乡音为京音,使之成为一种独具风格的京腔京调新曲种。在刘宝全之前唱大鼓的艺人都没有表演身段,形式呆板。而刘宝全学过演戏,他把京剧的手、眼、身、法、步等身段、工架表演借鉴到大鼓演唱里,构成大鼓书表演、歌唱的全新风格。在北京献艺时,观众对他别具一格的大鼓演唱赞不绝口,顾曲者在报刊上著文称其为"京韵大鼓"。

刘宝全开创的演唱风格成为京韵大鼓的主流派,他自然而然地成为京津演艺界一致公认的"鼓界大王"。刘宝全首次去上海表演,"大世界"在剧场门前搭起"鼓王刘宝全"电灯牌楼。演出那天刘宝全唱《单刀会》,第一句"三国纷纷民不安"才收腔,立即得了个满堂彩。从此"鼓王"美誉叫响上海滩。

至20世纪30年代初,刘宝全的演唱艺术已经炉火纯青,也是他演艺生涯最为辉煌的黄金时期。他在天津泰康商场小梨园长期演出,文学家郑振铎聆听后大为赞赏。漫画家叶浅予也去听过,还画了速写像发表在上海出版的《十日》杂志上。那时刘宝全的嗓音登峰造极,而且用嗓得法,唱出的声腔高亢清越,音域宽广,特别适宜演唱刚毅果敢、性情豪爽的人物,代表性曲目是以"三国""水浒"故事为主的武段子,如《单刀会》《长坂坡》《战长沙》《白帝城》《赵云截江》《徐母骂曹》《闹江州》,这些段子都灌制过唱片存世。此外刘宝全演唱的《游武庙》《马鞍山》《丑末寅初》《春景》《大西厢》《百山图》等文段子也相当精彩,脍炙人口。

进入晚年,随着人生阅历的丰富,刘宝全对角色创作的体会也更深刻,钻研也更深入,唱出来的感情也更深厚。这时他又创作了文段子《双玉听琴》,叙述《红楼梦》里宝玉、妙玉的故事,而且唱出腔音仍能翻三个八度,足可见其基本功的坚实程度。他演唱的《大西厢》一改刀枪对阵的风格,吸取了京剧《四郎探母》里"叫小番"的"嘎调"唱法,运用在"崔莺莺"三字的唱腔上,把崔莺莺的儿女心肠和小红娘的聪明剔透刻画得惟妙惟肖,令人称绝。

刘宝全不仅精于唱大鼓、演京戏,而且擅长多种弹唱技艺,在北京、天津的演艺界有"十全老人"美称。还有人把他演奏琵琶、演唱石韵书和马头调赞为"三绝"。1932年,天津开滦矿务局的周大文给他灌制过一张马头调《白猿偷桃》唱片,刘宝全自己弹琵琶、自己唱,刘文友弹三弦,连德康拉四胡伴奏。这张唱片成为后人研究北方说唱艺术沿革的珍贵历史资料。

刘宝全是功成名就的大家,始终恪守职业道德,真诚敬业。他每次上园子演唱之前,必定先在家里认真"溜活",对每字每句的发音、唱腔仔细推敲,直到自己满意才去园子演唱。他对身边后学说:"观众来听一次不容易,我要对他们负责,要把每字每句的发音、唱腔都送到观众的耳朵里去,才不辜负观众对我们的期望。"

刘宝全桑梓之念甚重。他到外地演唱时,当地作艺的天津同行如果生意不好,没法维持生活,只要来找他,他总会慷慨接济,先给饭钱,再给路费,不使其流落他乡。他体恤同行、仗义疏财,在圈子里享有口碑。

1942年10月8日,刘宝全因病逝世,终年73岁。

参考文献:

梅兰芳:《鼓王刘宝全的艺术创造》,载中国戏剧家协会编:《梅兰芳文集》,中国戏剧出版社,1962年。

中国大百科全书总编辑委员会《戏曲曲艺》编辑委员会、中国大百科全书出版社编辑部编:《中国大百科全书·戏曲曲艺卷》,中国大百科全书出版社,1983年。

（甄光俊）

刘 秉 彝

刘秉彝(1872—1940),字德恒,回族,天津人,世居津城海河东岸于家柴厂,祖籍河北省沧县西赵河庄。其父刘元善以贩卖柴草为生,克勤克俭,身体力行。因出身贫困,刘元善深知穷苦人家的难处,故稍有积蓄,便乐于扶贫济困。这对刘秉彝影响很大。刘秉彝幼读私塾,聪敏好学,蒙读数年,终因生计所迫离开学堂。

1886年,刘秉彝年仅14岁就外出谋生,他来到天津西北角回族聚居区,投亲靠友,寻找工作,先后在回族人经营的致美斋糕点店、长元德蜡烛店、春德油铺等处学徒。刘秉彝十分好学,边学艺边学习文化知识,偶得《雷公药性赋》一书,如获至宝,手不释卷,遂立志学医。刘秉彝遍求中医典籍,勤奋攻读,日积月累,颇有心得。1890年,刘秉彝巧遇清廷太医院退职御医马步清,得其赏识收为弟子。刘秉彝走上了专业学医之路,听马大夫讲授医理、传授临床经验,并得到马大夫赠予的《医宗金鉴》《济阴纲目》《叶天士医案》《徐灵胎之十二种》等多种医书,马大夫还授其许多宫廷秘方。刘秉彝医术日精,学业大进。

1900年,刘秉彝在马大夫的悉心教授下,颇得真传,历经十年苦读,终于学有所成,取得行医资格,开始挂牌行医。刘秉彝专于中医内科,属清凉派,又擅长西医外科,专治外科疮疽,一身二任,跨界应诊,在当时的医界是不多见的。"刘行医以济世救人为宗旨,对贫苦患者减收或免收诊费,对无力购药者还无偿舍药,被时人誉为'仁义郎中'。"[①]

---

① 王者师:《中西制药厂及其创办人综述》,载天津市河北区政协文史委编:《天津河北文史》第5辑,1991年内部印行。

刘秉彝为一些社会名人、要人治愈了痼疾顽症。他把由富人处收取的医疗费,拿出一部分作为穷苦病人买药费用,自此声名大振。

1902年,刘秉彝了解到有一些患者对汤药的煎制和服用存在畏难心理,因此他针对一年四季、不同时节出现的常见病、多发病,以中草药为原料,考察药材药性,钻研医学医理,研制出多种中成药,便于患者携带和服用。刘秉彝还向有关部门提出销售药品的申请,取得了经营许可证,并在旧奥租界东浮桥大马路开设了中西大药房,先后投放市场的中成药有儿童保健药"保赤一粒金"、皮肤药膏"濯毒洗血净"、妇科药"坤中第一丸",以及神丹、宁坤丹、小儿金丹、济阴丸、宇宙安息香等。这些中成药服用方便、干净卫生,很受患者欢迎,很快就打开销路,闻名遐迩。

1906年,刘秉彝获悉丁子良创办天津医药研究会的消息后,十分高兴,深表赞同,踊跃参加,是最先报名的13位入会者之一。[①]刘秉彝还撰写了《医药研究会书后》一文,在《天津商报》上发表,支持医药研究会的工作。刘秉彝对丁子良所言"中西医学、互有短长",提倡中西医结合的主张深表赞赏。刘也认为"治中医必兼通西医,通西医而广中医,西为中用,中西融通"。中西结合,注重临床,科学行医,是医者仁心的具体表现。

1924年,河东李公楼村村民吴振宗等向天津回教联合会反映,该村没有礼拜寺,而刘秉彝在该村有一块空地,因此特请回教联合会与刘秉彝接洽,这块空地能否用来建筑礼拜寺。刘秉彝自幼受父亲刘元善乐善好施的言传身教,更何况是建筑伊斯兰教的礼拜寺,故将空地慨然相赠。"回族名中医刘秉彝主动献地,其子《平(评)报》社长刘霁岚出巨资,老骨科医生马桐春等众多乡老拿'乜帖',约于1927年建成,

---

① 《天津商报·社会要闻》第256号,1906年。

占地551.8平方米,建筑387.44平方米。"①建成后定名为复兴庄清真寺,方便了周边回族群众的宗教活动。

1933年,刘秉彝开设的中西大药房的经营状况日渐发达,产销两旺,一度曾更名为中西制药公司。原有的前店后厂、家庭作坊式的生产方式,已满足不了市场需求,于是刘秉彝又在旧意租界大马路购地建厂,以扩大生产,满足市场需求。

1937年,中西制药公司正式定名为中西制药厂。所谓中西制药,只是生产中成药,以中草药药材为原料,以中药西制的工艺,生产出西药的样式、形制,即把中药的汤剂,制成丸、散、膏、丹、饮片之类,既清洁卫生,又便于携带和服用,是中西制药厂的主打产品。从药房发展为药厂,刘秉彝倾注了毕生的精力。

1940年,刘秉彝因病去世,终年68岁。

参考文献:

吴丕清、马祥学主编:《河北回族家谱选编》,河北人民出版社,2006年。

（尹忠田）

---

①母撒·张毓荣:《复兴庄清真寺的沿革》,载天津市河东区政协文史委编:《天津河东文史资料》第4辑,1991年内部印行。

刘不同

　　刘不同(1906—1968)，字恒全，曾用名刘纯一，辽宁丹东人，出生于东沟县大孤山镇。1921年至1923年就读于大孤山培英小学。1925年，刘不同毕业于山东烟台益文商专，同年4月，结识国民党烟台市负责人崔唯吾，经崔介绍参加了国民党。旋又由丁维汾介绍，考入黄埔军校四期政治科，1926年冬毕业。

　　从黄埔军校毕业后，刘不同赴奉天任国民党党务特派员，后升为省党部委员，又改任指导委员。1929年3月，刘不同作为奉天代表出席国民党第三次全国代表大会，其间投靠陈立夫、陈果夫，加入国民党CC系组织。1929年8月，刘不同调任天津特别市党务整理委员兼肃反委员。1931年11月，刘不同作为天津代表参加国民党第四次全国代表大会。同年冬，他因抵制二陈派往天津的亲信陈一朗而被撤职。后听从张厉生的劝告，向二陈低头认错。他在津任职期间，曾多方斡旋，将一部分枪支弹药运回家乡，装备抗日救国军刘同先、邓铁梅等部。

　　1934年，刘不同重新被起用，赴河南任省党部委员兼国民党中央驻河南党务调查专员，并出席国民党第五次全国代表大会。1936年10月，他获知河南省主席刘峙侵吞大批款项准备运往上海，旋即电告山东省主席韩复榘在徐州堵截扣留。刘峙暴怒，派民政厅厅长李培基向刘不同发出通牒，令他立即离开河南，否则将于他不利。刘不同遂于1936年冬赴英国留学，在伦敦政治经济学院学习经济学和财政学。1939年回国后，登报声明退出CC系组织"青天白日团"，其后公开撰文攻击CC系。后在重庆接受"中统局"局长朱家骅、副局长徐恩曾任命，任"中统局"专员。1940年，刘不同结识了孔祥熙，被任命为财政部专门委员兼直接税署科长，同时担任重庆抗敌后援会副总干事。其间，他查办了一些税案，也试图把英国一些经济学说搬到中国来实行，孔祥熙并未采纳，他感到失意而另谋出路。1942年经谌小岑介绍给孙科，刘不同被聘为中山文化教育馆编审，任立法院立法委员，承担财政立法工作。他为了推行其财经主张，从1943年开始，担任复旦大学副教授兼上海法商学院万县分院教授。1945年，刘不同出席国民党第六次全国代表大会。抗日战争结束后，1946年春，刘不同回到南京，到1949年南京解放，他一直担任金陵大学教授、立法院立法委员。刘不同性格孤僻而率直，清高又傲气，为官比较清廉，因常提批评意见，被人称为"立法院大炮""刘大炮"。

1946年春，刘不同回到南京后，开始倡导"第三条路线"。1947年夏，刘不同在独立出版社的《民主与统一》周刊上发表《未来的世界和未来的中国》一文，既批评美国又批评苏联，希望中国步英国工党路线。同时与南京艺术学校教务长倪青原等联合南京各大学教授，组织了"南京教授联谊会"，各教授联合发表了一篇对时局的宣言，即"四七宣言"，内容是对蒋政权的尖锐揭露和抨击，对中共的土改政策和解放战争也进行了批评和指责。

1948年5月，国民党召开"国民大会"前夕，刘不同发表了"劝蒋介石不竞选总统，应即刻出国"的谈话，又发表"打击蒋介石、CC集团、政学系以及黄埔系"的英文谈话，亦诋毁"中共亦非民主的政团"，为美英及华侨报纸所转载。他公开向行政院院长翁文灏抗议逮捕进步青年和报人，并在香港《星岛日报》《大学评论》等报刊上发表论文《纵与囚》，指名斥责蒋介石。撰写《卖身投靠非知识分子的归宿》，劝告青年们不要跟共产党革命，也不要跟蒋介石反革命，继续鼓吹"第三条路线"。同年11月，他参加了"孙文主义同盟"，任常委兼宣传部、联络部部长。1949年5月,刘不同被国民党开除党籍,通缉严办。

南京解放后,1949年11月,经中共南京市委统战部介绍,刘不同到北京华北人民革命大学政治研究院一班学习。在京期间,他出席了第一届政协会议,同时遵照周恩来总理的指示加入民革。1950年毕业后,派往西北地区参加土改工作,后分配到西北大学任教授,兼任西安市政协委员。刘不同对经济学、财政学颇有研究。他著有《中国财政史》四编,共计30万字,此外还著有《兵役税论》《民生主义之租税制度》《财政学概要》《租税论丛》《租税原理》等书。

1958年,刘不同被错划为"极右分子"。1960年8月,调陕西财经学院图书馆资料室工作。1962年12月24日,摘掉"右派"帽子,恢复教授职务。"文化大革命"期间,刘不同遭受迫害。

1968年12月30日,刘不同因病去世,终年62岁。1979年有关部门为其平反昭雪,恢复名誉。

参考文献:

曹殿麟:《刘不同》,载庄河县政协文史委编:《庄河文史资料》第7辑,1991年内部印行。

庄河市史志办:《庄河抗日烽火》,1995年内部印行。

王鸿宾等主编:《东北人物大辞典》第2卷上册,辽宁古籍出版社,1996年。

（欧阳康）

刘翠霞

刘翠霞（1911—1941），天津武清人。幼年家贫，生活无着，被其父卖到大连，跟何丑子学唱梨花大鼓，后由姐丈赎回天津，送到"落子"馆的李金顺班学唱"落子"（评剧前身），开蒙老师是张柏龄。刘翠霞先学会了《王少安赶船》，又跟罗万盛学习《杜十娘》《开店》。有了一定基础之后，张柏龄、罗万盛二人合教其《雪玉冰霜》，这出戏成为刘翠霞迈入"落子"圈儿的敲门砖。

刘翠霞14岁时正式拜赵月楼为师，学会《德孝双全》《夜审周子琴》《吴家花园》《回杯记》等一批剧目，开始在华乐落子馆登台，为"金花玉班"的名角花莲舫、李金顺扮演配角。起初，刘翠霞在花莲舫、李金顺主演的戏里扮演丫鬟之类的配角，偶尔有三两句唱词。她的声音清脆动听，引起后台管事的注意，有时让她加唱一出垫场小戏。她懂得"艺多不压身"的道理，没事的时候，经常从帘缝偷看别人在台上演戏，把许多出戏里不同角色的唱、念、做、表牢牢记在心上。

刘翠霞16岁时开始演正戏，在法租界金华茶园演出《张彦赶船》《王少安赶船》等剧目。1930年前后，金花玉班解体。此时的刘翠霞已经羽翼丰满，具有了独立挑班的能力。鱼行商人陈静波慷慨出资，为刘翠霞添置"守旧"①和行头，四处奔走邀角，成立由刘翠霞领衔主演并兼任社长的评戏山霞社。1931年，山霞社在鼓楼北福仙茶园做首期公

---

①传统戏曲舞台装置。旧时传统戏曲演出时所用的台帐和作为背景使用的绣有各种装饰性图案的底幕。

演,刘翠霞领衔,一连推出《雪玉冰霜》《劝爱宝》《三节烈》《王少安赶船》等一批精心加工的传统剧目,除主演刘翠霞外,配角和乐队都是出色艺人。首期公演一炮打响,尤其是刘翠霞演的《雪玉冰霜》最受观众欢迎。

山霞社趁热打铁,从京剧、梆子班请来李小楼、王三保等武戏演员,把京剧里的许多身段动作糅入剧中,开创了评剧舞台上武功技巧表演的先河。刘翠霞跟武功教师练习把子功、腰腿功,学会"小快枪""三十二刀"等套数,每天安排时间对着镜子练习形体动作。她为了开拓自己的戏路,还兼学大鼓、京剧。她在《啼笑因缘》里扮演凤喜,有一段"八月里秋风阵阵凉"的唱腔就取自乐亭大鼓《王二姐思夫》,她唱得韵味醇厚,不亚于专业大鼓演员。刘翠霞的刻苦敬业不仅锻炼了她个人的表演才能,而且拓宽了山霞社的戏路,提升了评剧整体的观赏性。

山霞社将《一圆钱》《空谷兰》《莲英被害记》等文明戏陆续移植成评戏。擅长编写新剧的津门秀才文东山,为刘翠霞量身编写了《三女性》,继之又把清代传奇《鱼篮记》改编成为彩头戏《金鱼仙子》。刘翠霞扮演的鲤鱼精身着鱼鳞服饰,服饰上的鳞片金光闪烁,鲜艳变幻,增添了彩头戏的神奇色彩,场面煊赫、行头华丽,为评戏舞台前所未有。演出受到市民观众超乎寻常的欢迎,从以演评戏为主的茶园逐步扩大到以演京戏为主的戏院,轮番演出,接连不断。一出《金鱼仙子》使刘翠霞的社会声望直线上升,人气十足,让山霞社异常火爆,扬名城乡。1936年,应北平广德楼特邀,山霞社走出天津,闯进北平,接着又在大连、济南、奉天等地巡演,演一处红一处。

20世纪30年代,评剧在天津出现了强劲热潮,群众观看评剧的热情远远超过辉煌一时的京剧、梆子。尤以刘翠霞和山霞社所演《王华买父》《十五贯》《赵五娘》《法门寺》《啼笑因缘》《锔碗丁》等剧目为甚,每演一出,都热闹一阵。这些戏有机关布景,故事新颖曲折,主角刘翠霞允文允武,配角阵容整齐,在天津每有演出,场场满座。刘翠霞刘派评剧艺术逐渐形成,盛行一时。

刘翠霞主持山霞社尽职尽责。有一次在小广寒戏院演出《馒头庵》,演到最后化蝶时,刘翠霞正表演空中飞人,一根五六尺长的竹竿从空中掉落,砸坏了她的"头面",险些伤着脸,她沉着冷静地把戏坚持演完。负责布景道具的李大爷战战兢兢地赶过来道歉,她温和地说:"不碍事,下回您注意吧。"李大爷感动得热泪盈眶。1939年,天津发生严重水灾,刘翠霞担心戏社同伴们的安全,花钱雇船将受淹的同行及家属分别接到地势较高的天宝戏院和国民戏院。不良商人乘机哄抬物价,一时间粮米价格暴涨。山霞社的艺人一般都家无积蓄,演职人员连家属百余人面临吃饭的困难。刘翠霞毅然拿出自己的积蓄高价购粮,分发给同伴及其家属们。刘翠霞见义勇为、扶危济困的美德在戏曲界广为传颂。

1941年7月5日,刘翠霞病故,时年30岁。

参考文献:

中国大百科全书总编辑委员会《戏曲曲艺》编辑委员会、中国大百科全书出版社编辑部编:《中国大百科全书·戏曲曲艺卷》,中国大百科全书出版社,1983年。

李英斌:《评剧女皇刘翠霞》,《剧坛》,1984年第7期。

中国戏曲志编辑委员会编:《中国戏曲志·天津卷》,文化艺术出版社,1990年。

(甄光俊)

刘　芳

刘芳(1876—1965),字馨庭,河北大兴人。幼读私塾,12岁加入基督教,1889年入美以美会成美馆读书,16岁升入预备馆。1896年入博馆(后更名汇文大学)。1899年12月毕业于北京汇文大学,派任滦州成美馆馆长兼教堂主任牧师。1909年赴日本东京中国基督教青年会工作。1911年回国后任北京亚斯立堂主任牧师。

1914年刘芳被派赴日本做教会工作,同时担任东京中国留学生青年会会长。1915年10月10日,在东京基督教青年会礼堂,刘芳主持召开辛亥革命纪念大会,强烈反对和谴责袁世凯成立筹安会筹划称帝,革命党人黄兴、李烈钧、戴天仇等三人在会上发表演说。10月12日刘芳离日回国,担任北京教区长。不久,孙中山从广州给刘芳寄来一封信,托刘芳向冯玉祥说项,让冯相机在华北起义,联合倒袁。刘芳见信后忐忑不安,因为当时袁世凯对所有反袁活动一律采取镇压手段,刘芳唯恐这封信给自己惹来麻烦。他觉得把这封信留在身边不妥,就设法托教友将信转交给冯玉祥。冯表示遇到机会,会主动起义讨袁。

1917年圣诞节,刘芳以教区长的身份亲自为冯玉祥施洗。1919年,冯玉祥电邀刘芳到常德"思罗堂"为官兵讲道并施洗。1922年,冯玉祥任河南督军时,刘芳曾前去看望,并为他的军队讲道。当时,冯玉祥粮饷毫无着落,处境窘迫,便请刘芳在时任大总统黎元洪面前斡旋,请求将崇文门税务局监督一缺委派给冯玉祥的部下担任,收得税款一半作冯的军饷,一半仍拨归总统府。经过刘芳几次做黎的工作,黎答应此缺由冯派人担任,每月交黎元洪8万元,余款冯可任意处理,以此解决冯玉祥的难处。

1923年1月14日,刘芳成立政界基督徒祈祷会,参加者有冯玉祥、王宠惠(国务总理)、颜惠庆(外交总长)、王正廷(农商总长)、张英华(财政总长)、李禾(海军次长)、徐谦(孙中山秘书长)、余日章(青年会全国协会首任中国总干事)等人和他们的眷属。1923年,冯玉祥的妻子刘夫人逝世,刘芳为之主丧,还亲自陪同冯玉祥、鹿钟麟、李鸣钟等运送灵柩到保定。1924年,冯玉祥续娶李德全,由刘芳证婚。刘芳还在北京南苑陆军检阅使署思罗堂,为冯部下官兵5000人举行盛大洗礼,并请冯在亚斯立堂对信徒讲道。此事轰动一时,人们称冯为"基督将军"。1924年4月,刘芳代表作为教友的冯玉祥,本人则作为牧师的代表,赴美国纽约参加美以美会总议会,并获得依阿华州康奈尔大学荣誉神学博士学位。回京后,刘芳和冯玉祥的关系更加密切,参加了"北京政变"的谈判。

1925年刘芳奉派担任北京汇文中学校长。1926年3月18日,段祺瑞镇压学生运动,酿成三一八惨案,北京市大、中学生准备游行示威。教育和司法两部总长章士钊下令禁止学生游行,并派保安队包围各官立学校。当时保安队认为汇文是教会学校,未加防范。刘芳校长率领汇文学生通过禁卫区,到天安门集合地点去参加游行。参加游行的3000多人中有汇文学生700人,数学教员孙耀及24名学生遭到逮捕,被解送司法部,由检察厅起诉。刘芳多方奔走,请求释放学生,最终在鹿钟麟的帮助下把学生保释出来。

1927年冯玉祥败走国外,刘芳来到天津。①是年,经美以美会华北年议会通过,刘芳于9月出任天津汇文学校校长,并兼任中西女校和汇文小学的校长,成为汇文学校1890年建校以来第一任中国人

---

①刘芳:《我和冯玉祥的交往》,载天津市政协文史委编:《天津文史资料选辑》第7辑,天津人民出版社,1980年,第125—138页。

校长。

刘芳特别重视体育。1928年,汇文学校与八里台商职专科学校和天津华英学校,在汇文学校运动场联合举办校际运动会。此后,汇文学校曾连续夺得全市运动会的团体和单项冠军,曾两次荣获中学生篮球比赛冠军。

1931年九一八事变后,汇文学校的教职员和学生组织对日外交后援会,中西女校也成立救国会。汇文学校有些爱国学生还参加了秘密组织抗日救亡会,当时以汇文学校为秘密集会地点。刘芳故作不知,以示支持。

1931年11月8日夜,天津发生便衣队暴乱,汇文、中西两校被迫停课。刘芳请求戒严司令部允许学生离开学校到法租界避难。刘芳先护送中西女校学生到法租界各自回家,把妇婴医院医护人员和病人送到位于水阁的丁懋英女医院。第二天刘芳又护送汇文、中西两校学生及教职员工到维斯理堂,一路上保安队和巡警盘查很严,整整走了一天。11月26日,便衣队再次暴乱,学校开学无望,刘芳将路远或经济困难不能还乡的人员,安顿到特一区荣园。学校直到第二年1月才复课。

1933年春长城抗战爆发,3月10日喜峰口战斗捷报传来,在刘芳的支持下,汇文学校学生全体出动到街头募捐,以捐款购买两辆载重汽车,装满慰劳品,运往前线。

1936年,日军步步进逼,华北形势日紧,11月绥远将士奋起抗战。刘芳发动汇文、中西两校教职员和学生为前线将士募款。1937年4月,上海基督教青年会干事刘良模来津发动抗日救亡运动,刘芳请他来学校,教汇文、中西两校学生唱《义勇军进行曲》,鼓舞学生的爱国热情。

七七事变后,平津相继沦陷。在刘芳主持下,汇文、中西两校于10月6日开学,仅有学生20多人,学费无几,经济窘迫。日军占领天津后,并未触动英美的利益。刘芳认为此时日本人还不敢得罪美国人,便在1938年9月请来美国传教士担任汇文学校副校长,负责对外联系,自己负责处理内部事务。

刘芳以基督教青年会"非以役人,乃役于人"的宗旨,提倡学生"为社会为人群服务"。1939年他为天津的大水灾募捐救济难民。两校的青年会还把平民千字课发展为平民小学,利用业余时间,免费教附近贫苦儿童识字读书。[①]

1941年12月7日,太平洋战争爆发。天津日本宪兵队于是日清晨包围了南关美以美会和汇文、中西两校与妇婴医院。1942年,汇文学校并入天津市立二中。[②]在刘芳任职的1928年至1942年间,汇文学校毕业学生共1552人。

1945年8月日本投降后,市立二中改称市立一中,刘芳担任市立一中校长。1947年,刘芳出任私立中学校长联谊会主席,辞去市立一中校长职务。8月1日汇文中学复校,刘芳出任校长。刘芳强调宗教教育,学校的课外活动非常丰富。刘芳特别注重英文。学校还分设文科、理科和商科。刘芳注重学生的品格教育,汇文学校的校训是"勤、俭、诚、勇"。

刘芳还兼任美以美会牧师、天津南关教会执事、妇婴医院董事等职。

1949年7月底刘芳退休,1950年加入民革社会人士学习组,1957年被聘为天津文史研究馆馆员。1965年刘芳逝世,终年89岁。

---

①刘芳:《主政汇文学校20年》,载天津市政协文史委、天津市口述史研究会编:《天津文史资料选辑》第119辑,天津人民出版社,2014年,第80页。

②《津市中第一届高中毕业同学录》记载,1941年夏,天津市立第一师范学校(前身河北省立第一师范学校)师范科结束后,更名为天津市立第二中学。1942年,市立二中迁址到南门外与私立汇文、究真两校合并,仍然称为市立二中。

参考文献：

刘芳:《我和冯玉祥的交往》,载天津市政协文史委编:《天津文史资料选辑》第7辑,天津人民出版社,1980年。

刘芳:《天津汇文学校概况》,载天津市政协文史委编:《天津文史资料选辑》第57辑,天津人民出版社,1993年。

张绍祖:《刘芳小传》,《天津文史》,1993年第1期,内部印行。

天津文史研究馆编:《天津文史研究馆馆员名录(1953—1977)》,1998年内部印行。

（张绍祖）

刘凤鸣

刘凤鸣(1889—1978),原名刘恩林,回族,天津人,出生于砖雕世家。外祖父马顺清从十四五岁开始当瓦工,偶然的机会,马顺清发现自己很有刻砖的天赋,于是开始从事砖雕业。马顺清通过不断钻研和实践,逐渐摸索出独门技法"贴砖法",使得马家的刻砖在天津愈加有名。刘凤鸣的两个舅舅马少德、马少清,继承了父亲的技艺,也从事砖雕业。大盐商张锦文的祠堂、西北角清真大寺、老城厢和附近乡镇的大宅院,都有马氏父子的砖雕作品。

刘凤鸣幼时母亲去世,他和哥哥刘恩甫寄居在外祖父家。受家庭环境的熏陶,刘凤鸣开始砖雕的研习。虽然有祖传的手艺,但他仍然相当认真,虚心好学。

1917年,刘凤鸣开始独立创作。他在砖雕技法上不仅继承了"贴砖法",还发展出"堆砖法",即在原砖上不止贴一块砖,而是贴几块砖,以达到更深邃、更丰富的艺术效果。他在创作时不用画稿,直接就能雕刻出具有深邃景观的砖雕,人物形象准确生动。这源于他平时对雕刻素材的积累,善于从建筑彩画、寺院建筑上的砖石雕刻、坟茔石刻、杨柳青年画及灯画中汲取有价值的元素,在脑海中积累成画稿。他制作的砖雕已经不是单纯的剪影形式,而是将浅浮雕发展成深雕、透雕,工艺技法日臻成熟。广东会馆的砖雕即是刘凤鸣的作品。

刘凤鸣的砖雕题材非常广泛,有吉祥图案、神话传说、花草树木、祥禽瑞兽、世俗生活、古典小说、文字图案,等等。与其他砖雕艺术相比,刘凤鸣的砖雕主题鲜明、场面阔大,比如《三国演义》《北宁公园》等作品。

刘凤鸣是一位回族砖雕艺术家,长期生活在天津,他的砖雕作品带有回汉两种特色。依宗教信仰,回族砖雕是不雕人像的,而天津砖雕重人物和动物,刘凤鸣就有大量人像的作品,在遵从宗教传统的同时适当做了变通。

刘凤鸣的砖雕作品富有民族特点。《九狮图》是一件高浮雕作品,以万字纹镶边、万字纹为底,雕刻了大小九个狮子,中间饰以飘带、云朵。整件作品构图饱满,狮子圆润细腻,呼之欲出。从正面看,是一幅生动的群狮嬉戏图;从侧面看,由于狮身、狮头高出砖平面,仿佛狮子们要从砖上跃下来一样,让人百看不厌。作品《渔樵耕读》采用透雕形式,山涧溪水、亭台楼阁之中,渔、樵、耕、读四人各司其职。作品中的每个人物都面带微笑,岁寒三友——松、竹、梅全都雕刻出来,把人与自然、人与人的和谐表现得淋漓尽致。

刘凤鸣雕刻的汉族传统题材作品颇多,且十分精致。《四爱图》是宣扬高士隐居的作品,由两块砖雕拼接而成,组合起来有一米多长,采用浮雕形式。内容选取的是王羲之爱鹅、陶渊明爱菊、周敦颐爱莲、林和靖爱梅爱鹤。整件作品用了很大篇幅雕刻花草树木、楼廊亭榭,每一个高士故事通过建筑进行衔接,虽各自独立但又有一定的关联。这件作品体现了刘凤鸣刻砖时在构图上的巧妙安排、虚实结合,对于孰轻孰重,处置得非常恰当。《渔家乐》采用高浮雕的形式,背景为竹篱、柴扉、鸡舍,小篷船静静地停泊在岸边,渔网、鱼篓放在船头,颇有《桃花源记》的意境,中景、远景在内,山石树木突出在外,通过细致的细节刻画,表现了渔人闲适的生活。

随着天津西式楼房采用刻砖越来越少,砖雕逐渐衰落。1940年抗日战争时期,天津砖雕业走到了尽头。刘凤鸣被迫改行做了泥瓦小工,晚上拉洋车养家。

1949年新中国成立后,人民政府对民间美术采取扶植政策,砖雕进入民间工艺行列,刘凤鸣得以继续从事砖雕创作。1954年,刘凤鸣被安排到天津工艺美术厂工作,在这里他创作了许多优秀作品,比如《幼儿园》《草原套马》等。《幼儿园》选取了小朋友们在幼儿园玩耍的一个场景,反映了儿童的生活状态。《草原套马》反映了蒙古族的一个生活场景,对蒙古族衣饰的雕刻很细致,表现出少数民族服饰的特征。刘凤鸣的新作品反映了新中国的新气象。

刘凤鸣还培养出不少优秀的砖雕人才,使砖雕艺术能有更多的精美作品留存下来,曾在天津市艺术博物馆专设陈列室展出。刘凤鸣是中国美术家协会天津分会会员,曾当选天津市第二至第六届人大代表。

1978年,刘凤鸣去世,终年89岁。

参考文献:

崔锦:《精美绝伦的津门刻砖》,《天津市社会主义学院学报》,2011年12月20日。

天津市地方志编修委员会办公室、天津市老城博物馆编:《天津通志·民俗志》,天津社会科学院出版社,2006年。

张浩:《论近代西方建筑对中国传统建筑的冲击》,《产业与科技论坛》第10卷第18期,2011年。

(宋 杨)

刘 冠 雄

刘冠雄(1861—1927),字子英,号资颖,福建闽县人,生于1861年6月7日(清咸丰十一年四月二十九日)。父亲刘穆庵以箍桶为业。刘冠雄在兄弟五人中年龄最小,幼年时家境贫寒,做过放牛、种地等农活。他天资聪颖,勤奋好学,念过私塾。

1875年考入福建马尾船政学堂,专攻船舶驾驶专业,毕业后成为北洋海军军官。1886年,刘冠雄作为北洋水师的现役军官被清政府派往英国留学,先后研习舰炮射击、军舰驾驶、指挥以及枪炮火药制造等科目。[①]1891年学成归国,任北洋水师"靖远"舰帮带,后升任大副。1894年,参加中日甲午海战大东沟战役,1895年威海战役中北洋舰队全军覆没,北洋水师将领被解职,但刘冠雄因在大东沟之战中有出色表现而被留营效力。

1899年,清政府重建北洋海军,刘冠雄先出任"飞鹰"舰管带,后改任"海琛""海天"舰管带。1900年八国联军进犯北京时,刘冠雄参与"东南互保",得到袁世凯的信任。1904年春,刘冠雄指挥的"海天"舰在吴淞口外遇大雾触礁沉没,舰上官兵乘舢板逃脱。"海天"舰的排水量为4300吨,与"海圻"舰同为当时中国海军吨位最大的舰只,它的沉没令清军蒙受重大损失,身为该舰管带的刘冠雄难逃其咎,按律当处以极刑。但经时任直隶总督兼北洋大臣的袁世凯以"船毁事小,人才

---

①林献炘:《中国海军职业何以闽人独多》,载张侠等编:《清末海军史料》,海洋出版社,1982年,第602页。

难得"为由,奏请恩赦获准,刘冠雄仅受革职处分,由此离开海军。①
1906年被袁世凯任为德州兵工厂总办,因办事得力,深得袁的赏识和
信任。1909年调充北洋海防营务处会办。1911年秋改任广东水师营
务处总办。

辛亥革命后,刘冠雄随海军起义加入"共和"阵营。1911年11月
初上海"光复",沪军政府成立,刘冠雄被聘为沪军都督府海军高等顾
问。1912年1月,孙中山在南京就任中华民国临时大总统并成立中华
民国临时政府,刘冠雄任海军部顾问。1月11日,南京临时政府开始
组织北伐,并组建北伐舰队北上,连续光复烟台、登州等沿海地区后,
北伐舰队旗舰"海容"号巡洋舰驶入大沽口威逼北京,并派军舰到秦皇
岛、营口等地示威。在"南北议和"的关键时刻,袁世凯派刘冠雄出面
斡旋,刘冠雄乘轮船北上,成功说服海军部次长兼北伐舰队总司令汤
芗铭和"海容"舰舰长(原"海天"舰大副)杜锡珪进北京与袁世凯会
面。②1912年2月12日,清宣统帝(溥仪)被迫宣布退位。2月13日,袁
世凯致电南京临时政府,表明赞成共和。同日,孙中山辞去临时大总
统职务,让位于袁世凯。3月10日袁世凯在北京就任中华民国临时大
总统,3月30日成立以唐绍仪为国务总理的责任内阁,刘冠雄进入内
阁任海军总长,并于1912年6月替补施肇基辞职的空缺兼任唐绍仪内
阁的交通总长,11月被授予海军上将军衔,1913年1月,替补范源濂辞
职的空缺兼任赵秉钧内阁的教育总长,成为权倾一时的重要阁僚。

1913年7月,熊希龄任总理组成内阁,刘冠雄蝉联海军总长。是
时,革命党人发动二次革命,李烈钧在湖口起兵讨袁,皖、湘、闽、粤、
沪、宁等地纷纷响应,袁世凯调动陆、海军镇压,任命刘冠雄为南洋巡

①李世甲:《辛亥革命至北伐海军的派系》,载杨志本主编:《中华民国海军史料》,
海洋出版社,1987年,第906页。

②汤芗铭口述,华觉明记录:《辛亥海军起义的前前后后》,载张侠等编:《清末海
军史料》,海洋出版社,1982年,第729页。

阅使南下指挥、督战。刘冠雄亲率舰队攻打吴淞口炮台并指挥南京战役,9月1日,袁军攻克南京,刘冠雄回北京复命。[1]旋即被派往福建巡阅,监督"裁兵"。10月,袁世凯任命刘冠雄兼任福建省都督,任职至翌年初,请辞获准。此后,在徐世昌、陆征祥、段祺瑞等内阁中,刘冠雄仍担任海军总长。袁世凯称帝期间,刘冠雄被封为二等公爵位。袁世凯称帝失败后,全国各地讨袁之声四起,为稳定福建局面,刘冠雄奉命督师赴闽。1916年6月,袁世凯病死,黎元洪继任大总统,刘冠雄因内阁改组而去职,在官场上一度遭受冷落。1917年7月,李经羲因张勋复辟而被去职,段祺瑞三度出任国务总理组建内阁,刘冠雄东山再起,复任海军总长,直至1919年12月,刘冠雄因内阁改组而辞职,从此告别了海军总长职位。

刘冠雄出任海军总长之时,中国海军支离破碎、派系纷乱、百废待兴。他上任伊始即着手制定条例规则,完善机构建制,接收整编部队,整合改造船舰及军械修造机构,巩固军需后勤保障,以稳定局面、构筑基础;进而又制定军舰购置和海军发展计划,筹划建造飞机和潜艇,通过对外派遣留学生和开办海军学校培养海军飞行员和飞机、潜艇制造人才,并组建了海军陆战队,为中国海军发展做出了努力和贡献。随着政治风云变幻,北洋政府频繁更迭,在1912年至1928年先后32次组阁,而刘冠雄则在1912年至1919年短短8年时间里做了11任海军总长。

此后,刘冠雄还于1921年六七月份担任过查勘福建等省禁烟大员,1922年11月担任福建镇抚使,1923年1月改任闽粤海疆防御使。同年11月,刘冠雄辞去闽粤海疆防御使职务,彻底告别了官场。

退出政坛后,刘冠雄定居天津,做起了寓公。老谋深算的刘冠雄早有退身之计,他在1915年袁世凯称帝期间告病暂居天津时,就与其

---

①来新夏等:《北洋军阀史》上册,东方出版中心,2011年,第265—279页。

子刘肖颖创办了东方实业公司,在今马场道与广东路交口处建造营房租赁给驻华美军。马歇尔、史迪威、魏德迈等著名美军将领都曾经在这座美国军营里驻扎过。

1927年6月,刘冠雄因病在家中去世,终年66岁。

参考文献:

张侠等编:《清末海军史料》,海洋出版社,1982年。

杨志本主编:《中华民国海军史料》,海洋出版社,1987年。

来新夏等:《北洋军阀史》上册,东方出版中心,2011年。

周俊旗主编:《建筑 名人 城市》,天津社会科学院出版社,2012年。

(刘植才)

刘厚同

刘厚同（1882—1961），名文厚，字厚同，以字行，别号半醉老农，山西运城人。自幼饱读诗书，才学过人，并读兵书、习剑术。

1903年，刘厚同考入甘肃武备学堂，后转入湖北武备学堂学习，他具有民主进步思想，在这里加入了兴中会。毕业后任马队管带，秘密宣传革命。

1912年，刘厚同于甘肃秦州率部参加反清武装起义，组成军政府，并任军政部部长兼总招讨使。民国初年返回故里，任山西学生军总教练兼军事学校校长。1913年，刘厚同在北京政府京畿卫戍总司令部任高级参谋。1916年，黎元洪继任大总统时，刘厚同任总统府一等侍从武官。1922年，第一次直奉战争中刘厚同出任曹锟部西北路军总指挥，授中将衔。

20年代中期，刘厚同归隐天津。1928年，刘厚同出任绥远省稽查处总办。同年8月，傅作义出任国民革命军第五军团总指挥兼天津警备司令。傅作义与他保持密切的联系，有事常常去刘厚同家中请教。1937年平津沦陷后，日本人拉拢刘厚同，让他出任伪热河省主席，刘厚同坚辞不就，躲避到天津，靠卖字为生。

刘厚同主张抗日守土，公开反对蒋介石的不抵抗政策，他提出"攘外便可安内"，反对蒋介石"攘外必先安内"的政策，主张用持久消耗战抗击日军。

1947年12月，傅作义出任华北"剿匪"总司令。1948年2月，傅作义到天津拜访刘厚同，咨询刘厚同对时局的看法。刘厚同对傅作义说:"军事为政治服务,政治为军事之本。自古没有政治不修明而军事能胜利者。蒋介石今政无不弊,官无不贪,我看其政权不会有一年半的寿命了。"[1]

刘厚同的女儿刘杭生是中国共产党外围组织民主青年联盟成员。在党组织的安排下,刘杭生劝说刘厚同启发傅作义和平起义。1948年10月,刘厚同接受中共地下党的委托来到北平,了解到傅作义派了一支快速部队偷袭中共中央所在地河北省平山县西柏坡。刘厚同给傅作义写信指出:"沈阳不守,平津艰危,尚可分兵援晋乎?闻贵军仍在前进,传言已过清风店,远袭无后援,窃谓愈深入,其险愈巨。现前锋无论进至何地,敢希严令迅予撤回。否则,终必有悔,千万千万,即颂恬和。"[2]在定县、安国一带,傅作义派出的偷袭部队受到解放军的沉重打击,傅作义下令撤回。

此时蒋介石败局已定,傅作义对未来的路难下决断。中共地下党建议刘厚同劝说傅作义和平解放北平。1948年11月中旬,在刘厚同的劝说下,傅作义下定决心与解放军展开和平谈判。为了消除傅作义对和谈的顾虑,中共地下党通过刘厚同转告傅作义:只要让共产党和平接管北平,他就是为人民立了大功,共产党是不会亏待他的,共产党说话算数,决不食言,请他放心。

1948年底,傅作义表达了保存地盘和军事实力,与共产党组成联合政府的意愿,刘厚同向中共地下党明确转达了傅作义的想法。毛泽东主席明确指出:与傅作义谈判必须以放下武器为基本原则,在这个原则下给傅作义以宽大待遇。双方的和谈条件差距巨大,边打边谈。到1949年元月,傅作义的嫡系主力基本丧失殆尽。中共地下党让刘厚同劝说傅作义当机立断,傅作义接受刘厚同的建议,再派代表进行

①②贠创生主编:《运城人物(近现代部分)》,天马图书有限公司,2003年,第211、212页。

和谈。1949年元月,和平解放北平的协议达成。31日,人民解放军入城接管防务,北平宣告和平解放。

从刘厚同进入北平到北平和平解放一共83天,其间刘厚同对傅作义的思想转变起到了很大作用。刘厚同的日记《故都83天和平史略》,是记录北平和平解放和谈经过的珍贵史料。刘厚同多方奔走,操劳过度,以致左眼失明,被誉为"和平老人"。北平和平解放后,刘厚同回到天津。

新中国成立后,刘厚同当选天津市第一至第四届人大代表,任天津市第一、第二届政协常委。曾任天津市文史研究馆馆员、天津市房管局局长。

1961年,刘厚同病逝于天津,终年79岁。

参考文献:

丁天顺、许冰编著:《山西近现代人物辞典》,山西古籍出版社,1999年。

王万旭主编:《五千年文明河东人·关圣故里盐湖人》,中国社会出版社,2008年。

袁庭栋:《大决战:平津战役》,天地出版社,2013年。

(魏淑赟)

刘 华 圃

　　刘华圃(1903—1968),河北安国人,出生于安国县西王奇村。由于家境窘迫,刘华圃自小住在安国县刘庄村其外祖父家。后来其父从事中药生意,家境逐渐好转。1909年,刘华圃被父亲接回西王奇村小学读书,1913年考入子娄村高级小学。读书期间,刘华圃品学兼优,历年成绩均列全校第一名。高小毕业后因家中无力再供其上学,刘华圃于1918年经人介绍去安国县昌记药店学徒,同年离开家乡去河北省栾城县亚洲药房学做生意。

　　1920年,刘华圃进入天津隆顺榕药庄学做生意。刘华圃刻苦钻研,文化水平和业务水平均有提高,深得药庄经理卞俶成的器重。1928年,刘华圃担任隆顺榕药庄经理。刘华圃与隆顺榕药庄同人团结一致,采用先进管理方法,药庄迅速发展,生意兴隆,在天津市内开设分号7处,同时在安国县、上海、香港等地开设多处分号,人员增至200多人。从原料购进、饮片加工到中成药制作、批发、零售各方面,隆顺榕形成了产业链,生意日渐扩大,逐步发展成为一个具有相当规模的企业。

　　刘华圃一直关心自己的家乡,任隆顺榕经理后,他在安国县开设了分号,积极投入资金,发展安国县的中药业。在1924年全家移居天津后,他几乎每年都坚持回家乡进行考察。1939年,安国县发生水灾,他派人将200多包大米、200多包食盐等物品运回家乡救济乡亲,并令隆顺榕药庄安国县分号开设粥棚,送粮送物赈济灾民。1938年后,安国县及其周边逐步被日军占领,许多抗日志士因工作需要来天津。刘华圃冒着很大的风险给予接待和帮助，为他们找工作，并动员药业同人尽量接纳，经他接纳之人有百余人。

1940年8月，天津市有人与敌伪财政局长勾结，包下全市药业牙纪税，征收方法极为苛刻，药业不堪其扰，群起反对。刘华圃、高克成等人领导药业一面罢市，一面向伪华北政委会财务总署据理申诉，奋力抗争。他因此被日本宪兵司令部传讯、扣押，后经朋友营救才得以开释。经过此次抗税斗争，敌伪当局取消了牙纪税。可是在9个多月的抗税斗争中，全业损失达200多万元。

1945年日本投降后，物价飞涨，通货膨胀严重，民不聊生，企业陷入困境。刘华圃作为隆顺榕药庄总经理，及时采取调整机构、改善经营、加强管理等措施，使业务逐步得到恢复和发展。此外，他从隆顺榕的发展中总结出一套经营办法。刘华圃重视资金积累，规定每年的盈利保留1/3作为药庄公积金，使企业不断发展。药庄定价灵活，零售和批发定价不同，租界和华界定价也不同。刘华圃严格控制药品质量，由主事把关，质次的药品一律拒收。他利用隆顺榕药庄资本雄厚、信用好的优势，大量赊进药材，运进天津后再零售出去，利润优厚。除重视宣传外，刘华圃与同行大打价格战，使人们认为隆顺榕药庄价格低，招徕了大批顾客，一些规模较小的药店被隆顺榕吞并。

1947年，刘华圃出任天津安国同乡会常务理事，1948年任天津市国药业同业公会理事长及天津商会整理委员，并曾竞选天津市参议员。解放战争期间，刘华圃利用自己的身份，掩护过中共地下组织工作人员和隆顺榕内部地下组织负责人朱其美、何玉堂等，并帮助向解放区转运药品。为此，刘华圃曾受到国民党天津警备司令部的追查、追捕。

1949年天津解放后，刘华圃担任天津市第一届政协委员、天津市财经委员会委员。1949年10月，天津市人民政府工商局为扶持中药业的发展，加强对中药业市场的管理，重新组建天津市国药业同业公会,成立了第一届公会委员会,刘华圃当选为主任委员。1949年至1950年间,刘华圃与李烛尘、周叔弢、毕鸣岐、王光英等人共同组建天津市工商业联合会,并被选为常务委员、国药业委员会主任委员。1951年,刘华圃参加了中央人民政府"西南区土改工作团",到四川省大足县做土改工作。同年7月,中央人民政府在天津筹备华北城乡物资交流会,刘华圃受聘为物资交流委员会常务委员,参加交流会筹备工作。10月大会如期召开,其间他对华北五省市广大地区缺医少药的情况进行了考察,结合当时中药界状况,向中央人民政府提出了"发展国药"和"成药下乡"的建议,得到了周恩来总理的支持。同年天津市成药公司组建,刘华圃任董事长,开展成药下乡工作。在党和政府的支持下,大批成药销往河北、内蒙古、山西等地广大农村,深受群众的欢迎。

1952年,在党的继承和发扬祖国传统医药的正确方针指导下,刘华圃组织成立了隆顺榕国药改进研究室,聘请在全国有声望的权威人士田绍林为药师,王药雨、甄汉臣等为中药科技人员,进行改进中成药剂的研究工作,随后建成全国第一家隆顺榕国药提炼部。首先购置了科研设备,如化验、质检等仪器,继而筛选丸、散、膏、丹中疗效好、质量高的传统中成药,采用科学提炼,改变剂型方法,经过烘、爆、炒、洗、漂、蒸、煮等程序,成功地制出片剂、液剂等新型成药40余种。新剂型药品具有质量好、疗效高、服用方便、易于贮存等优点,受到患者欢迎。

新中国成立初期,刘华圃在抗美援朝、推行公债、守法纳税、团结天津工商界、私营工商业社会主义改造等方面均起到骨干带头作用,做出了一定贡献。1955年10月,隆顺榕药庄率先实现了公私合营。1956年至1966年间,刘华圃历任天津市第二、第三届人大代表,第二、第三届政协委员;河北省第二、第三届人大代表,第二、第三届政协委员;天津市工商联第三至第五届执委会常务委员,国药业委员会主任委员;中国民主建国会天津市委员会第三至第五届委员;市投资公司董事;并代表河北省和天津市出席全国政协第二、第三届大会,全国工商业联合会第三至第五次代表大会。虽然社会工作繁忙,但刘华圃始终坚持在基层任职,历任天津市中药二总店经理、和平区卫生局药政科科长、和平区药材公司副经理、市药材公司第二批发部副经理等职。

刘华圃热爱中药事业,潜心钻研,在经营管理、质量鉴别、饮片加工、成药制作等方面均有很深的造诣。1959年,他遵照周恩来总理的指示,组织中药界老专家撰写文章,并整理中药采集、加工、鉴别、制做、临床验方及经营方面的经验总结等数百万字,可惜这些资料大多毁于"文化大革命"。在国家经济困难时期,刘华圃积极支援国家建设。1957年,他将自己的私产房屋20多间捐给国家。1959年,他又将自己保存的一批古董、名人字画、珍贵皮毛大衣、楠木家具等捐献给国家。1963年,河北省暴发洪水,刘华圃不顾60岁高龄,始终坚持在抗洪前线。1965年,邢台地区发生地震,他每月从自己工资中拿出100元捐献灾区。

1968年12月11日,刘华圃病逝于天津,终年65岁。

参考文献:

刘海龙:《药业贤才刘华圃》,载河北省政协文史资料委员会编:《河北历史名人传·工商经济卷》,河北人民出版社,1997年。

张伯礼、于铁成主编:《天津中医药史略与学术思想》,天津科学技术出版社,2008年。

刘华圃、高克成:《天津中药业发展史略》,载天津市政协文史委编:《天津文史资料选辑》第104辑,天津人民出版社,2005年。

（高　鹏）

刘豁轩

刘豁轩(？—1976)，天津蓟州人，1919年考入南开中学，在南开从初中一直读到大学。1928年，他从南开大学新闻系毕业，接受其族兄、《益世报》经理刘浚卿的邀请，到《益世报》担任总编辑。

《益世报》由比利时天主教传教士雷鸣远1915年创办于天津。1924年底，第二次直奉战争以直系军阀的失败告终，奉系军阀入关，占领天津，强行接管了《益世报》。直到1928年北伐成功，东北易帜，刘浚卿才重新接管了已经濒临倒闭的《益世报》。为挽救《益世报》，刘浚卿将刚从南开大学毕业的刘豁轩请来掌管编辑部。

刘豁轩出任总编辑后，首先大规模调整报社人员结构。在保留报社原有基本队伍的同时，他邀请一些南开大学同学加入，组成了一个既不乏经验又富有朝气的编辑、采访队伍。为了拓展新闻来源，他在北平、上海、南京等十数个大城市派驻特派记者，还在一些省份的重要市县聘请了新闻通讯员。

由于《益世报》的经济状况不佳，购置设备、聘用人员的资金严重不足，刘浚卿不得不忙于筹款。为了改变这种局面，刘豁轩向雷鸣远和刘浚卿建议，将《益世报》改组为股份有限公司，通过发行股票来筹集资金。这个建议被采纳后，1931年，《益世报》由个人投资的报纸改组为由若干天主教徒入股的股份公司，经济状况立刻得到改善。

当时《益世报》的社论质量不高，副刊的内容也无法与《大公报》的《小公园》相比。为了改变这种局面，刘豁轩花费重金聘请人才。他支持报社的青年记者放手采访本市新闻，使得《益世报》在本市新闻的报道方面大大改观。

1931年九一八事变爆发后,国民政府实行不抵抗政策,引得国人群情激愤。刘豁轩主持下的《益世报》坚定地主张抵抗,连发社论宣传抗日。《益世报》的主战态度,使报纸销量骤增,而当时《益世报》的印刷使用的是平板转轮机,不能满足印刷的需要,因此刘豁轩向开滦矿务局息借两万元,为报社添置了德国新式卷筒轮转机。

1932年,刘豁轩先后聘请罗隆基为《益世报》社论主撰,马彦祥主编副刊《语林》,约请老舍、张恨水等著名作家供稿,文艺圈名人田汉、叶浅予等也都为副刊《别墅》投稿。在新闻报道方面,除了尽量披露全国各地的抗日新闻外,还不断地揭露日本侵略中国的阴谋诡计和各种残暴的事实。社论则以敢言著称,深得读者欢迎,报纸销量激增。

因《益世报》的创办本意是为了宣传天主教教义,自1933年1月起,开辟了"宗教与文化"专栏,介绍天主教的历史人物对中国科学文化发展的贡献。后专栏改为周刊,一直维持到《益世报》停刊。

由于刘豁轩主持下的《益世报》在抗战等问题上与国民政府针锋相对,触怒了国民党当局。1933年秋,国民党特务刺杀罗隆基未遂,国民党天津市党部向《益世报》提出"最后一次警告"。刘豁轩迫于形势,不得不辞退了罗隆基,随即又聘请清华大学钱端升教授任主撰,继续发表抨击日本侵略、主张抗日的言论。1934年4月7日,蒋介石以北平总司令部的名义,通令全国停止《益世报》对邮政和电信的使用,《益世报》被迫停刊三个月,经张伯苓、张廷谔等人疏通才得以解禁。

1936年,由于报社的内部矛盾,刘豁轩辞去《益世报》的职务,赴北平燕京大学任新闻系主任,为学生开设"报学概论""报业管理及营业""中文编辑""新闻学史"等课程。1941年12月,太平洋战争爆发,日军开进燕京大学,在燕东园将刘豁轩逮捕。在北平日本宪兵队,刘豁轩对自己曾经的抗日立场毫不隐讳。最后核对供词时,日本人在其中加上"中日合作,共同防共,承认满洲国,拥护汪政权"等字样,刘豁轩拒绝在上面按手印。随后,未经宣判的刘豁轩被关押在北平日本陆军监狱半年。

抗战胜利后,刘豁轩主持将《益世报》复刊。新中国成立后,《益世报》停刊,刘豁轩在北京从事外国科技情报翻译工作,直到1976年去世。

参考文献:

《益世报》,南开大学出版社、天津古籍出版社、天津教育出版社,2004年影印本。

天津市政协文史委编:《天津报海钩沉》,天津人民出版社,2003年。

天津市政协文史委编:《近代天津十二大报人》,天津人民出版社,2001年。

(吉朋辉)

刘霁岚

刘霁岚（1895—1977），名云岫，字霁岚，以字行，回族，天津人。1895年5月11日（清光绪二十一年四月十七日），刘霁岚出生在一个富裕的回族中医家庭，是清末民初著名中医师、天津中西制药厂创始人刘秉彝的独生子。刘霁岚幼年时身体虚弱，其父刘秉彝从中医养生入手，给予必要的调理和保健，使其得以茁壮成长。刘霁岚少承家学，深谙中医药知识，为日后继承父业打下了坚实的基础。

刘霁岚生性顽皮，好动恶静，直至10岁这年，其父才送他到私塾读书。在学堂里他仍然是喜玩耍而厌诗书，甚至影响到同窗学友，终因学无长进而退学。其父见刘霁岚不肯读书，于是将其安顿在家庭作坊中学习制药，学一门养家糊口的手艺。刘霁岚对于炮制中草药却十分感兴趣，专心学习制药技术，在父亲的悉心指导下，从中草药药材的选料、投料、炮制成药的各个关键工艺环节，乃至出产成药的全过程，刘霁岚都学习并掌握了，为日后继承和管理中西制药厂储备了丰富的理论知识和实践经验。随着年龄的增长，刘霁岚性格开朗，人情练达，通事理，善交际，为日后办报纸、开药厂成就一番事业，建立了广泛的人脉关系。

1923年，刘霁岚创办《评报》，社址在南市荣业大街，他自任社长。聘请高辑五编发要闻和本市新闻，徐雅松、李吟梅、辛曲庵为副刊编辑。徐能写杂文和地方风土小品文章，李善于写影评、剧评一类的文章，辛以短篇的政论文字见长。《评报》开办时，正值国内军阀混战，时事新闻是广大读者关心的话题，而《评报》信息来源可靠，消息见报迅捷,评论文章写得坦然率真,以敢说话著称,深得民心,虽然仅是四开小报,但其销售量与日俱增,每天销量达5万份之多。后来刘霁岚又增刊《时报》,也是四开小报,以时事新闻为主要刊载内容。

刘霁岚是中医世家,开设有中西大药房和其他几家企业。为提高自家企业的社会知名度,报上每天刊登"保赤一粒金""濯毒洗血净""宁坤丹"等几种成药的大幅广告。由于资金充裕,刘霁岚购置了全套印刷设备,自己印报,在众多的小报中独树一帜。《评报》经营得法,广告发行足能维持开支,刘霁岚也因办报而成为名人。

刘霁岚除了子承父业经营中西制药厂外,还与人合资开办了育仁堂药店、同和福化学染料厂、泰兴银号等,还接办了东天仙戏院和美琪戏院,财富积累更加雄厚。

刘霁岚出身于回族家庭,是一个虔诚的伊斯兰教信徒,一生遵守教规,斋戒礼拜,不吸烟,不饮酒,十分热爱回族传统文化。1927年,复兴庄清真寺建成后,刘霁岚在清真寺周围建筑廉租平房108间,让那些散居各处及居无定所的贫困回民来此聚居,在这里形成了一个围寺而居的回族社区。同年,刘霁岚将报社迁址至法租界。

1931年九一八事变后,驻守东北军队执行蒋介石的不抵抗命令,全部撤退到关内。刘霁岚对蒋介石的不抵抗主义十分愤怒,对张学良撤军的苦衷实难理解,于是在《评报》上发表评论文章,抨击国民党当局对外妥协、对内反共的反动政策。翌日,评报报社就遭到国民党军警的抄砸并查封,后经多方奔走,疏通关系,以迁址、改名为条件,报纸才得以复刊。

1932年,刘霁岚将报社迁至意租界大马路。复刊后的《评报》,改"评"字为"平"字,称为《平报》。刘霁岚最初取"评"字,是公平评论的意思,改为"平"字,则意谓失去了言论的公平和自由。刘霁岚自办报纸,与《民兴报》的刘孟扬、《新天津报》的刘髯公齐名,被称为天津新闻界"三刘"。1937年7月7日,卢沟桥事件爆发。7月30日,天津沦陷。

刘霁岚不甘做亡国奴,愤怒地将《平报》报社关闭,回到中西制药厂协助其父工作。

1939年,天津地区发生特大水灾,周边农村成千上万的灾民拥入天津,天津市区大部分房屋被洪水浸淹。无数灾民无处栖身、生活无着,而日伪当局视而不见。刘霁岚义不容辞,发起救灾活动,组织赈灾委员会,自任会长,带头捐输。他为了救济无家可归的灾民,把自己居住的房屋腾出来,供灾民安身;他还拿出大量的金钱和物资,在意租界大马路的边道上搭盖起席棚,施舍馒头和粥饭,救人无数,直至一个半月后洪水退去,救灾工作圆满告一段落。

1940年,刘秉彝因病去世。刘霁岚继承父业,全面接管中西制药厂。刘霁岚亲临生产第一线,亲自参与产、供、销的全过程,制定一系列管理企业的规章制度,严把质量关。刘霁岚在长期的经营实践中,为中西制药厂制定了四句话的治厂宗旨:信义为立业之本,博爱为处世之本,启智为发达之本,求新为发展之本。他将其概括为"信义、博爱、启智、求新"的"中西精神"。刘霁岚在经营管理上主要突出了"重信"和"求新"两个方面:"重信",即注重信誉;"求新",即追求创新。科学的管理、规范的生产,使中西制药厂保持着鲜活的生命力及顽强的竞争力,彰显了刘霁岚的企业管理才能,刘霁岚完成了从报人到企业家的转变。

1948年,天津解放前夕,刘霁岚不避风险,接待和掩护中共石家庄地委派来的地下工作者邸玉卿来天津开展工作。不论是在生活上,还是在工作上,刘霁岚都积极地给予关照和协助,并代为采购一些药品等物资,为迎接天津的解放做了力所能及的工作。1949年1月15日,天津解放,刘霁岚沐浴在新中国的和煦春光里,中西制药厂也迎来了全面发展的新时代。

1950年初,刘霁岚为了提高回族群众文化水平,解决贫困家庭儿童失学辍学问题,出资筹办了两所小学校:一在陈家沟子,校名伊斯兰小学;一在于厂下坡,校名葆初小学。两校回、汉族儿童兼收,一律免收学杂费,教职员工的工资及其他开支,皆由刘霁岚承担。这两所小学校后由河北区文教科接管,改名为回民小学。

1956年,天津市工商业实行全行业公私合营。刘霁岚认识到只有走社会主义道路,才是发展经济的康庄大道,他主动将中西制药厂的资产登记造册,积极申请公私合营,他与友人合资经营的其他企业,也都走上了公私合营之路。

1958年,刘霁岚从工作岗位上退休。他先后参加了河北省政协、天津市政协文史资料征集工作,积极撰写回忆文章。

"文化大革命"期间刘霁岚遭到迫害。1977年4月2日,刘霁岚因病去世,终年82岁。

参考文献:

天津市政协文史委编:《天津文史资料选辑》第94辑,天津人民出版社,2002年。

(尹忠田)

刘 家 玺

刘家玺(1923—1945),北京丰台人。其父母生育有四男二女,他排行第四。1936年,刘家玺随父到天津,在河北省立第一中学求学,直至高中毕业。他成绩优异,思想进步,为人正直,乐于助人。读高中时受学校委托,担任省立一中附属民众小学的教师和校长,免费招收学校邻近的贫苦儿童上学,获得校方和学生的好评。

1940年,河北省立第一中学改为天津特别市市立第一中学,日伪当局命令聘用日籍教官,开设日语课程,实行奴化教育,强迫学生搬运日军军用物资,同时严密监视和限制学生活动。但不少进步学生参加了党直接领导的外围组织"青年抗日先锋队",后来加入中国共产党,刘家玺因此深受爱国主义的影响。1941年末,他结识了校内一个读书会的负责人石澎(孔昭全)、于英(郑克广),并在他们的帮助下,积极参加读书会的活动。他阅读了大量进步书刊,积极追求革命真理。为反抗日籍日语教员柿崎进的蛮横欺辱,刘家玺按照读书会的部署,负责联络两个高中毕业班罢考日语,最终罢考取得成功。

1942年7月高中毕业后,刘家玺考入北平师范大学历史系。此时全民族抗战风起云涌。读完一年级后,刘家玺为尽早投入社会实际斗争,转而考入中华新闻学院学习,在此他刻苦读书,紧密关注时局发展。在党组织的帮助下,他了解了不少抗日游击战争和抗日根据地的情况,思想认识有了一个飞跃。1943年2月,从中华新闻学院结业后,刘家玺被分配到天津《华北新报》报馆做记者。

1944年三四月间,刘家玺承担起读书会的领导工作。5月,刘家玺同读书会骨干孔昭慈、张全杞（张华夫）会面，指导读书会在校内继续发展会员，广泛开展工作。

1944年夏，刘格平出狱后住在天津，后发展刘家玺加入中国共产党。此后，刘家玺与刘格平直接联系，每周见一两次面，汇报工作情况，接受党的指示。借助在报馆工作的便利条件，刘家玺在联系的工作对象中，团结发展了一批积极力量。不久他由记者升为编辑。8月，中共渤海区天津工作委员会（临时）成立，刘格平任书记，刘家玺担任工委委员兼宣传部部长。他工作积极主动，思路开阔，能力很强，提出了很多可行方案。

不久，刘家玺介绍孔昭慈、张全杞加入中国共产党，要求他们在读书会成员中挑选人员分别组成新的读书会，对新组成的读书会成员提高要求，加强培养考察，从中发展党员。随后，刘、孔、张三人组成一个党小组，刘任党小组长。他们三人经常在孔昭慈家（西关吕祖堂西魏家大门胡同5号）过党的组织生活，学习党的指示，研究宣传抗日救国思想。

为发展革命力量，动员组织先进青年到抗日根据地参加工作，按照刘家玺的部署，1944年11月间，张全杞动员周白（曹文艺）、马洪宾（肖邦）到渤海解放区投身革命。11月底，日伪在天津市内疯狂搜捕抗日爱国人士，镇压抗日活动。刘家玺没有接受其他同志让他转移的建议，继续留在敌占区开展工作。

1945年1月26日下午，刘家玺在《华北新报》报馆被日本特务抓捕，后在敌人的电刑折磨下壮烈牺牲，年仅22岁。新中国成立后，刘家玺被追认为革命烈士。

参考文献：

中共天津市委党史资料征集委员会编：《天津抗日英烈》，天津古籍出版社，1995年。

（曹冬梅）

刘荩臣

刘荩臣(1886—1951),河北衡水人。1901年刘荩臣来到天津,在万庆泰铁行学做生意。1904年,刘荩臣出师后被派往上海采购。1913年,他应聘为天津同发祥铁行经理。天津的近代冶金工业自辛亥革命以后得到初步发展,但在冶金工业中占主要地位的冶炼、轧制等行业,在西方设备和工艺的冲击下,能够维持生存的仅有私营小型铸造业和小五金加工业。第一次世界大战爆发后,刘荩臣被派到同发祥日本大阪分号主持业务,他与同发祥长年派驻日本采购五金材料的孙步雷相识。他们对日本轧钢工业的发达深有感触,同时对日商在中国办厂、利用廉价劳动力、掠夺中国资源等行径感到愤懑不平。

20世纪二三十年代,天津的五金行业仅有经营五金钢铁材料的批发商业,技术含量高的轧钢工业仍无人涉及。鉴于这种情况,孙步雷萌生了在天津开办轧钢厂的想法。这个想法得到了同发祥铁行经理刘荩臣、兴记铁行经理宋玉琳、东兴铁厂股东高文仲、玉兴栈铁厂经理秦凤翔等人的赞助和支持,他们共同出资了4万元资本,于1936年办起了天津第一家私营轧钢厂——天兴制铁所。它的建成不仅为天津近代轧钢工业奠定了基础,还为天津近代轧钢工业培养了一批技术人才。

天兴制铁所由刘荩臣任总经理,孙步雷任经理,宋玉琳任协理,陈自仲任襄理,两年后又聘张学臣为副理。建厂后,随即派人赴日本购买全部轧钢机械与设备,主要有粗轧机和精轧机、烘钢炉、切铁机、切头机、车床等。在设备安装和试生产期间,先后聘用了高桥、渡边荣

一、大下越智勇、小滨等8名日本技术人员,订立1年的教学合同,指导本厂工人进行操作。当时的天兴制铁所共有工人50名,分两班生产。轧制的产品主要有各种型号的方、圆、扁钢,产量因品种、规格的不同而异。产品主要销往本地各五金行和工厂。此外,天兴制铁所还利用大型切剪设备,裁制农村及山区所需的大车瓦铁,销售于河北、山东、内蒙古等地,颇受欢迎。

轧钢所用原料最初是从日本购买的拆船旧铁,以后又派人去青岛、上海等地采购旧铁材料,并向外商洋行订购部分拆船铁板,用剪铁机裁剪后进行热轧。这样由旧料改制成各种型号的新铁,不仅工序简单,而且利润可观。天兴制铁所限于原材料取自废旧铁料,只能大致区分高碳、低碳,无法保证材质精确,其产品当然不能与进口钢材相抗衡,但终究填补了国产钢材的空白。

1937年日本发动卢沟桥事变时,天兴制铁所开工还不满一年。不久天津沦陷,大部分民族工业被迫停工,天兴制铁所也不例外。在日本人的逼迫威胁下,天兴制铁所从1939年开始接受日商的加工订货。同年,日军通过五金同业公会发动"捐献铜铁"活动,将天兴制铁所多年积存的二三百吨钢材全部掠走。另有二三十吨可做武器的钢材因事先埋于地下,未被拿走。后来日本军部得知,派人悉数挖走,还扬言要治罪。经多方疏通,才未继续追究。

1945年8月,抗日战争胜利,国民政府接收了日本人在天津所建的伊藤、中山、山本、津田胜等几家制铁所,将其中的津田胜制铁所招标出售。天兴制铁所为了继续保持在天津轧钢业中的地位,遂由本厂资本所开设的宝昌五金号出面,以法币8051万元的高价中标,将津田胜制铁所收购。1947年10月,天兴制铁所股东刘芑臣、高殿选、高文卿、孙步雷、张学臣等,为与天兴的轧钢形成配套,集资法币100亿元,筹建天津第一家转炉炼钢厂,建了1吨侧吹转炉2座,厂名为新兴钢铁股份有限公司,由陈凤皋工程师任经理兼厂长。工厂从建厂起至安装设备,达两年之久。

工厂开工生产后,产品质量未能达到标准要求。由于反复摸索试验,给天兴制铁所带来很大的损失,加之当时通货膨胀日甚一日,到正式投产时,因资金消耗太大,轧钢原料又不充足,天兴制铁所只得承揽部分来料加工,勉强维持。1948年后,国民党军队在战场上节节败退,天津的国民党守军妄图做垂死挣扎,大量征购钢铁材料修筑城防工事,冶金工业负担过重,天兴制铁所正常生产经营无法维持,被迫停工,工人失业。

1949年天津解放后,人民政府大力支持冶金工业,天兴制铁所改进了设备,增添了轧钢品种,生产迅速发展。实行公私合营后,天兴制铁所更名为天津市轧钢四厂,新兴制铁所更名为冶金实验厂,成为当时天津冶金业的主要企业。

1951年,刘芨臣去世,终年65岁。

参考文献:

孙大干编著:《天津经济史话》,天津社会科学院出版社,1989年。

孔令仁、李德征主编:《中国老字号》(贰),高等教育出版社,1998年。

(张慕洋)

刘 奎 龄

刘奎龄(1885—1967),字耀辰,别署耀臣、耀宸,号蝶隐。所居庭院曰怡园,画室兼书斋名曰墨草庐、蟫香老屋、惜寒堂。1885年刘奎龄出生于天津八大家之一的"土城刘家"。

刘奎龄7岁时入读私塾。1900年庚子之乱,家道中落,随父移居津城户部街,常到城厢各大南纸局观赏名家书画或名家在店铺中作画。18岁入读严修、林墨青等人倡办的民立第一两等小学堂。20岁升入严修、张伯苓创办的天津私立敬业中学堂,开始接受西方科学和艺术的启蒙教育,通过美术课学到透视、解剖、色彩等西画理法,通过英语及数理化等课程的学习受到了西方思想和文化的启蒙。

1907年,刘奎龄在前辈严修举荐下,进入吴芷洲主办的《醒俗画报》工作,担任画报的绘师,与张兆祥弟子陆文郁朝夕相伴,也从陆文郁植物学与中国花卉画相互融通的思想中得到启示。1914年,刘奎龄被天津《新心画报》聘为画师,工作之余临写古今名画,并尝试书画创作。在当今书画市场,已经发现刘奎龄32岁时创作的署名"丙辰"(1916)的花鸟作品。[1]现存天津市文物公司的绢本设色《花卉巨石》署款"丁巳六月上浣,耀辰作于怡园",当是其33岁的作品。1916年,刘奎龄的次子继鑫及其夫人李氏先后病逝,生活的重负使其苦不堪言,加上1917年天津水患,更让他的生活雪上加霜。在亲友帮助下,1917年岁末,刘奎龄续弦陈文淑,家计遂得调理。1920年前后,刘奎龄在天

---

[1]何延喆、齐珏:《刘奎龄》,河北教育出版社,2003年,第244页。

津各南纸局挂起笔单卖画,开始了以书画为业的艺术生涯。

刘奎龄的书画生涯是从广泛学习历代书画先贤开始的,这种广泛的学习,即使在他中年自成绘画风格之后也未曾中断,一直延续到年逾花甲。从其36岁作《仿金农冰雪精神》《仿王翚断壑松云》到其61岁作《仿宋人关山行旅图》,先后25年间他临仿或研究的画家有30多人,这些画家上自五代,下至清末,跨越千余年,皆是历代画坛大师,其中以清代为最多,约占半数。同时,刘奎龄所临仿研究的古画偏重宫廷倡导的院体画,以工笔画、没骨画及中西合璧的新派画为主,其中以探讨精微工致的宫廷线法和彩墨晕彰的没骨法最用心力。刘奎龄临古,在花鸟画方面侧重于恽寿平、蒋廷锡、金农、沈铨;在走兽画方面侧重于郎世宁、华新罗;在人物画方面侧重于唐寅、黄慎;在山水画方面侧重于唐寅、文徵明、王翚、石涛。他的临古并非完全照搬,而是以意驭法,不泥古因循,唯求广征博采,熔冶锻铸,借古开今,达到"古今妙法,皆为我用"。因此,刘奎龄早中期的作品,均不是一味仿古,而是在研究古代名家名作基础上的一种创作。

在学习历代书画先贤的同时,他总是虚心地向同时代的名家学习,如1920年他赴北京南河沿参观欧美同学会举办的第一届中日绘画联展,对日本画家横山大观、渡边晨亩、竹内栖凤等新颖创作皆有汲取。1925年,他偕子继卣赴江南写生,有幸见到日本画家横山大观,加深了对日本南画新风的理解。1930年,他拜见末代皇帝爱新觉罗·溥仪及爱新觉罗家族书画家溥儒、溥杰等人,加强了对清代如意馆画风的认识。1933年,他赴北平拜见书画大家张善孖、张大千兄弟二人。1935年再度拜会在天津办画展的张氏昆仲。这些都充分体现了他善于向同时代画家汲取营养的进取精神。

刘奎龄顺应西学东渐的时代风尚,从青年时代就注重将西洋画法融入中国画创作之中。在敬业中学堂读书时,他学习过素描、速写、水彩、油画和摄影技术,对西洋画的造型、用色、透视、解剖、比例、光影、构图等技法,均有经验和体悟。他在中青年时期下了很大气力临写并研究乾隆时期意大利画家郎世宁创作的中国画,从中领悟到中西绘画的契合之处,并运用于自己的花鸟畜兽画的创作之中。但刘奎龄的临写只是参照之意,从不完全摹仿,而是用自己的构图、自己的画法,故没有郎世宁作品中过于工谨拘泥满密的习气。他对日本绘画也多有研究和借鉴,对先辈旅日画家沈铨精于渲染凹凸感的花鸟画研习颇深,并认为沈铨花鸟画风格与其留居日本三年有关。刘奎龄临写了大量沈铨画作,汲取沈铨画作营养长达20年之久。由于其所处时代使然,他从青少年时代就对日本绘画颇有兴趣,中年后则吸收了横山大观创作的朦胧氛围和竹内栖凤作品的精准微妙。他还送长子继锐赴日本留学,并以绘画结交了许多日本友人。1937年七七事变爆发,日本发动全面侵华战争,长子继锐从日本东京帝国大学弃学归国,与胞弟继卣开始参加抗日爱国活动。1939年全家迁居英租界爱丁堡路240号。1940年,刘奎龄三子继卣因画《天灾图》讽刺日伪而入狱。1941年刘奎龄为严仁统作《国耻图》,以义和团抗击八国联军为题材抒写救国之情,题诗云:"连天兵火荡津沽,漫写当年《国耻图》。骨委荒原血奠土,男儿枉自掷头颅。"1947年他帮助三子继卣在天津永安饭店举办画展,其中三分之一作品为父子合画。

1949年新中国成立,刘奎龄的创作也以独特的艺术风格步入巅峰时期,备受国内外有识之士瞩目。1950年文化部在苏联莫斯科举办中国艺术展览会,刘奎龄创作《上林春色图》被选送参展,颇受徐悲鸿、叶浅予等评委赞美。该展先后在列宁格勒(现俄罗斯圣彼得堡市)及匈牙利、罗马尼亚、波兰等国巡回展出。同年天津开展禁烟禁毒运动,刘奎龄创作《五鬼闹烟》漫画式国画,受到社会好评。1953年中国美术家协会举办首届全国国画展览会,天津国画家刘奎龄、萧心泉、靳石庵、刘子久、孙克纲等五人作品入展,其中刘奎龄的《孔雀》与刘子久的《贺新春》,编入1954年人民美术出版社印行的《全国国画展览会纪念画集》,

始有"津门二刘"之说。又因刘奎龄常与刘子久、陆文郁、刘芷清、萧心泉论画或合作,且都德高望重,故被尊称为"津门画界五老"。1953年6月经天津市人民政府决定,天津市文史研究馆正式成立,首批聘任刘奎龄等26位具有高深学养和社会声望的学者专家为文史馆馆员。1955年任天津市政协委员。1956年当选为天津市美术家协会副主席。1959年新中国成立10周年前夕,刘奎龄创作数幅《双福图》手稿歌颂祖国繁荣昌盛,《天津画报》及时发表了这些手稿及时任天津市美术家协会主席郭钧的评论文章。同年10月天津人民美术出版社出版《刘奎龄扇面集》。1960年,刘奎龄的《孔雀》入选第三届全国美展,在北京展出后,又到上海巡展。1961年,刘奎龄创作《造福人民,万岁千秋》,以饱满的政治激情欢庆中国共产党成立40周年。同年创作的动物四条屏在《河北美术》8月刊发表。1962年,刘奎龄画展在天津市美术家协会展览馆举办,将其不同时期的画作600多幅荟萃一堂,观者络绎不绝,好评如潮。随后从展品中选出61件,送至北京市美协展览馆举办个人画展。

如果说刘奎龄早期(36岁至40多岁)作品充满了融汇古今中外的探索精神,中期(50岁左右至60岁左右)作品则在深厚传统功力的基础上巧妙汲取了西画及民间绘画之营养,那么可以说,其60岁以后的绘画达到了超越前人、别开生面的境界。刘奎龄大胆突破以线条勾勒为主的传统画法,以高精准的生动形象和水色墨线相互结合的方式,极大地丰富并强化了没骨法的表现能力,将花鸟畜兽画得空前灵动、空前活泼、空前神妙、空前富于生活情趣。其所开创的减笔没骨画法和湿笔撕毛技法,均打破了古人"一笔一笔丝毛"和"先丝后染"的套路,改变为按生理部位、毛皮质感而成簇成面的松活方式,其没骨中有写意,水墨中有设色,虚实结合,有无相生,形神意趣都能文静自然、雅俗共赏,将清末"津门四子"开创的津沽画派提升到新的时代顶端。其花鸟画中最有代表性的题材首推孔雀,其50岁时创作的《仿沈铨五伦图》、51岁时创作的《孔雀枫树图》、53岁时创作的《上林春色图》等作品中的孔雀形象,皆惟妙惟肖、活灵活现,堪称经典力作。刘奎龄的畜兽画最能体现他各个时期艺术创作特点和艺术所达到的高度,是其艺术风格及绘画成就的典型显示。刘奎龄的人物画虽然流传不多,但题材和形式技法多样,代表作有参照张兆祥《群盲品古扇面》创作的《熙熙攘攘》,有表现义和团抗击八国联军入侵的《国耻图》,有戏剧题材的《京剧四平山图扇》,有描述塞外风情的《沙舟欲行》及《唐人诗意》四条屏、《叶绍翁诗意》等。其山水画取法于宋代李达,明代文徵明、唐伯虎,清代王翚、石涛等人,皆画得静雅高逸,独出心裁,不同凡响。其书法功力深厚,楷行草隶篆等书体皆精,出碑入帖,笔随心运,与其画相互配合,可谓珠联璧合。其作品文化底蕴丰厚,诗文书画合为一体,皆有感而发、有意而为。他国学根底很扎实,儒道释兼通,且笃信佛学,以行善积德为做人处世之宗旨。如其画豹的题诗:"南山隐雾,炳蔚如云;倬哉君子,为武为文。""倬哉君子"意谓努力上进,做到能文能武,为国家担当,为民众造福。这完全是中国千百年来传统文人的思想和心态。其诗文受《诗经》《楚辞》及白居易、苏东坡、陆放翁等人影响较多,写得清新平和、情真意切,适于吟唱,言近而旨远。就诗文而论,也属上乘。

1967年6月12日,刘奎龄病逝于天津,终年82岁。

1979年天津杨柳青画社出版《刘奎龄花鸟画手稿选》,1989年天津人民美术出版社出版三卷本画册《刘奎龄画集》,1992年荣宝斋出版《刘奎龄画谱·花鸟走兽部分》,其书画作品受到美术界、出版界、收藏界、学术界和艺术市场的广泛好评和高度关注。

参考文献:

刘奎龄绘:《刘奎龄画集》,天津人民美术出版社,1989年。

于英主编:《吉光焕彩——纪念刘奎龄诞辰125周年特展》,科学出版社,2010年。

（王峻立　王振德）

刘孟扬

刘孟扬(1877—1943),原名梦扬,字伯年,号清醒居士,回族,天津人,出生于天津西北角一个平民家庭。父母节衣缩食,他才勉强有求学的机会,青少年时受到天津名儒刘小亭(回族)先生的资助,受业于其弟子、著名学者顾叔度先生。聪颖的刘孟扬在顾叔度的悉心指教下,善书法、精文学,①后考取县学附生。

1900年,八国联军攻陷天津时,刘孟扬目睹洋人在天津城厢内外的大街小巷绘图,他询问后得知,各国准备按图测量,将来修筑马路。当时除督署、海关道署、津道署、府署未遭到严重毁坏外,天津其余各衙署均被战火焚毁,原址被拆成平地。他亲眼看到天津老城城墙被拆除,感到极度悲哀与无奈。

1902年,刘孟扬受聘为《大公报》的主笔,编撰周刊《敝帚千金》是其主要工作之一,他"颇有敢言风,由是《大公报》之价值日高,行销甚广"。他撰写了大量针砭时弊、启发民众的白话体评论和演说文章,从而使《敝帚千金》成为我国最早以白话文探讨各种社会焦点问题,向大众读者灌输科学知识,倡导移风易俗,宣扬爱国思想的重要阵地。②他在《大公报》上发表文章痛论妇女缠足的害处,指出:"凡缠足的妇女,多有得染疾病的,活不到多大年岁就死了","而那些活到老的,却都是

---

①天津市红桥区政协文史委编:《红桥文史资料选辑》第2辑,2001年内部印行,第157页。

②钟银梅:《从〈敝帚千金〉看刘孟扬等人的早期爱国思想启蒙》,《宁夏社会科学》,2010年第4期。

早早的腿上有病,行动不便,只能坐在炕上","整个儿的是一个活死人,经著名的医生考验过,那全是缠脚的毛病"。针对人们认为放足后"愁不知道按照怎么个样式打扮"的观点,他在《大公报》上发表文章《不缠足妇女的装束可以随便》,进行开导。刘孟扬还在天津发起成立了"公益天足社",宣传废除妇女缠足陋俗。他在该社章程中写道:"不缠足之妇女,其装束或按照北京妇女服饰,或按照湖南省妇女服饰,悉听随便",鼓励放足妇女真正从思想观念上消除顾虑,选择多种多样的、自己喜爱的新生活方式。

1905年5月,为反对美国资本家虐待华工,上海发起了轰轰烈烈的抵制美货运动,《大公报》接连发表文章声援。8月16日,袁世凯以"有碍邦交,妨害和平"为名,严令对租界外发行的《大公报》实行禁邮、禁购、禁阅。次日,《大公报》头版头条发表刘孟扬与《大公报》创办者英敛之的联名公开信,提出抗议,据理力争,冲破袁世凯的禁令,继续发售。其后刘孟扬被天津南段巡警局总办赵秉钧拘捕,赵秉钧对刘孟扬的才干颇为赏识,他多次派人游说,并许以天津南段巡警局值日所课长兼警察局书记官的职位。刘孟扬权衡再三,答应到巡警局任职,但是以开禁《大公报》为交换条件。在巡警局任职期间,刘孟扬针对天津巡警与警察局的工作,写出《警察浅义百问》一书并刊行。①

1905年底,刘孟扬应聘担任天津商务总会机关报《天津商报》的总编辑兼主笔。由于他曾担任过《大公报》主笔,有很深厚的旧学和新学基础,在言论上代表工商界上层人士维护自身权益和争取社会参与,鼓吹君主立宪,提倡兴办实业。②除"在商言商"的最大特色外,《天津商报》是同一时期天津诸报中设置栏目最多者,共有26个,上至清廷公告、公文,中有商政、路矿、农工、军事要闻及国际新闻,下至各类市

①朱昌平、吴建伟:《中国回族文学史》,宁夏人民出版社,2007年,第571页。
②天津市政协文史委编:《天津报海钩沉》,天津人民出版社,2003年,第86页。

井逸闻、小说杂谈,等等。①

1909年,刘孟扬创办《民兴报》,以"正民德、升民智、达民隐、作民气"为宗旨。辛亥革命爆发后,他以《民兴报》为阵地,大力宣讲革命知识,使许多群众懂得了革命的必要。

1912年4月,刘孟扬在天津创办《白话晚报》,10月创办《白话晨报》,1916年再办《白话午报》,这时天津的报纸已经普遍采用白话文体,故将三报名中的"白话"二字取消,改称《天津晨报》《天津午报》《天津晚报》,总名为"午报社",三份报纸实际上是一套编辑人员,报纸的内容稍有区别,根据新闻稿的性质及收到的时间先后分别刊载于晨、午、晚报上。报社初创时,社址在南市广兴大街,后迁往河东金汤大马路。《午报》为四开两张,每星期二增出一张《星期二画报》;《晚报》《晨报》为四开一张。三报各自有小社论栏目,栏目名字非常独特、醒目、响亮,《午报》定名为"午炮",《晨报》定名为"晨钟",《晚报》定名为"暮鼓",均为百字左右的小短文,针对当时社会上的不良现象给予尖锐的评论。刘孟扬在天津报界享有较高的威信,曾任天津报界同业公会理事长。

五四运动后,刘孟扬先后任天津警察厅工巡捐务处处长、勤务督察长,直隶磁县、永年、天津等县知事。1933年,出任天津自治监理处处长、天津市政传习所讲师、天津贫民救济院院长等职。刘孟扬虽然置身贪腐之风盛行的官场,却能恪守清正做人的本分,为官清廉,两袖清风,终生把"戒贪清廉"作为自己的一种生活理念。为了提倡廉洁,他曾发表《戒贪铭》,以告诫自己、警示他人。该铭曰:"非法取财,藉饱私囊。不正利得,是为盗赃。贪官强盗,厥罪维均。官邪政乱,难服己心。国事败坏,外侮斯乘。欲延国命,须正吏风。政界同仁,各宜自

①谭洪安:《举步维艰商人报》,《中国经营报》,2013年3月4日。

反。有则改之,无则加勉。"①

刘孟扬在语言文字学方面有很高的造诣,被后人誉为"汉语拼音先驱"。1892—1910年,全国提出二十多种切音字方案,大多都是汉字笔画式,刘孟扬从实际出发,提出我国第一个拼写官话的拉丁字母式方案。1908年,他的专著《中国音标字书》出版面世。此书具有极高的学术价值,受到有关学者的重视,他提出的拼音方案,是最接近现行《汉语拼音方案》的一种。在新中国成立后的文字改革高潮中,刘孟扬的方案还被频频提及。1957年,《中国音标字书》由文字改革出版社重印,刘孟扬因而成为我国文字改革的重要先驱者之一。

刘孟扬是一位开明士绅,曾任天津回教联合会会长。他经常向妹妹刘清扬灌输进步理念与革命思想,在他的影响与引导下,刘清扬后来成为著名社会活动家。

1943年,刘孟扬病故于北平,终年66岁。著有《孟扬杂稿选刊》《梦影录》《天津拳匪变乱纪事》《天津地方自治讲义》等。

参考文献:

天津市红桥区政协文史委编:《红桥文史资料选辑》第2辑,2001年印行。

天津市政协文史委编:《天津报海钩沉》,天津人民出版社,2003年。

徐友春主编:《民国人物大辞典》(增订版),河北人民出版社,2007年。

(郭登浩)

———————————

① 《益世报》,1932年2月24日。

刘迺仁

刘迺仁(1903—1975),河北深县人。1921年进入河北省献县天主教大修院攻读哲学。1930年入上海神学院攻读神学,获哲学博士。1933年晋升为神父。1934年到天津工商学院任副教务长、斋务主任、舍监、神学教授等职。

1937年七七事变后,刘迺仁出任天津工商学院训导长。沦陷期间,天津大部分高等学校南迁,天津工商学院成为华北地区有较大影响的学校之一。1939年第二次世界大战全面爆发,罗马教廷断绝了对该院的经济支持,日本侵略者又多方干扰,学校面临重重困难。是年底,由重庆国民政府教育部战区教育委员会组织领导的天津教育促进会成立,刘迺仁秘密参加了这个抗日团体。他不顾安危,掩护地下抗日工作者在津执行任务,使天津各界与重庆政府的联系不致中断。1943年4月1日,"耶稣会"会长尚建勋任命刘迺仁为天津工商学院院务长。他为该校建校以来首任中国籍院务长。刘迺仁在全校庆祝他荣任院务长的大会上发表的训词,颇能代表他的治校思想:其一,使工商学院逐渐步入中国化,在中国教育史上留下一个不朽的盛名,因为是由国人自理自治,更要勤勉奋进,使世界各角落都播扬"工商"的名字;其二,秉承校训"实事求是",各尽职责,力践名实,在学校中是好学生,在社会上是好国民,担当起建设事业;其三,加强教育工作力度,以谋成立完全大学,造福有志向学的男女中学毕业生,为全民尽服务的义务。

刘迺仁才识宏通,热心教育,各项工作颇多建树。他待人和蔼,办事认真,深受全校师生尊敬。日伪统治时期,该院是华北沦陷区仅有的实行重庆政府教育部教育制度的大学之一（另两座是北平的辅仁大学和中国大学）。1943年9月，天津工商学院增设女子文学系。为了筹集学院经费，刘迺仁多方联系地方士绅慷慨解囊捐输，使该院得以维持生存。他引导该院毕业生到大后方为抗战出力；无法到后方的学生，亦鼓励到一般工商机构服务，免为敌伪所用。1944年初，天津教育促进会被日本特务侦破。2月19日，该会副理事长王润秋教授在劝业场门前被捕。4月，刘迺仁被捕。日本宪兵队对其严刑审问，但因未拿到确实的抗日证据，不久刘迺仁等被释放。

1945年8月抗战胜利，刘迺仁于9月将女子文学系扩大为文学院，分文学、史地、家政三系。文学系又分国文、西语二组。此次扩大，实为改建大学之准备。是年11月，国民政府电召刘迺仁赴重庆，对其在抗战期间在天津从事的抗日爱国活动予以嘉勉，并允许该院改制为大学。1946年，工商学院已发展为3院10系规模。1948年秋，教育部令工商学院改为津沽大学，刘迺仁为校长。

1949年1月，刘迺仁离开天津赴香港，后到法国，又去东帝汶。1975年，刘迺仁在台北逝世，终年72岁。

参考文献：

《河北大学史》编纂委员会编：《河北大学史》，河北大学出版社，2001年。

邵华：《天津近代教育家刘迺仁》，载刘开基主编：《天津河西老学校》，中国文史出版社，2008年。

张建虹：《天津近代教育家刘迺仁》，载中共天津市河西区委宣传部、天津市河西区档案馆编：《天津河西历史文化名人传略》，线装书局，2013年。

（张绍祖）

刘 清 扬

刘清扬(1894—1977),回族,天津人,1894年2月15日(清光绪二十年正月初十日),生于天津的一个平民家庭。

刘清扬12岁时进入天津严氏女校读书,接受启蒙教育。1911年辛亥革命时,在天津直隶第一女子师范学校读书的刘清扬,参加了同盟会在天津的秘密组织天津共和会。她和共和会会员们一道,油印反清宣传品,向群众进行革命宣传,积极为滦州起义探听军情、筹措经费。

1919年五四运动爆发。刘清扬和直隶女师的同学邓颖超、郭隆真等发起成立了天津女界爱国同志会,刘清扬被选为会长。她们高呼"国家兴亡,匹夫有责""外争主权,内除国贼"等爱国口号,在大街小巷宣讲提倡国货、抵制日货的道理。她们与天津学联并肩战斗,举行声势浩大的集会和示威游行。刘清扬先后被选为天津各界联合会常务理事、抵制日货委员会常务委员及全国各界联合会常务理事。

1919年6月下旬,因丧权辱国的《巴黎和约》签字日期迫近,天津各界联合会决定派刘清扬等10位代表进京,会同山东、北京代表向政府请愿,要求拒绝在和约上签字。面对徐世昌,刘清扬义正词严地指出:"拒绝巴黎和约并取消二十一条卖国密约,这是四万万人民的呼声。今请总统立即致电巴黎我国代表,拒绝签字,并取消二十一条及一切不平等条约。这次请愿我们既受人民重托,决不空手回去!"[1]在

---

①胡蔼立、鲁开荣:《刘清扬》,载中共天津市委党史资料征集委员会编:《战斗在天津的共产党人》,天津人民出版社,1991年,第86—87页。

各界请愿代表的强烈要求和全国人民的压力下,中国代表团最终拒绝在和约上签字。

1919年9月,刘清扬同刚从日本留学归国的周恩来及马骏、郭隆真、邓颖超等20位男女青年,在草厂庵天津学生联合会办公室举行会议,成立了天津青年进步团体觉悟社。觉悟社本着"革心""革新"的精神,以"自觉""自决"为宗旨,出版刊物《觉悟》,研讨世界新思潮,领导天津学生运动。

1919年11月,日本帝国主义制造了轰动全国的"福州惨案"。为了抗议福州惨案,声援福州学生抵制日货的爱国运动,在觉悟社组织下,天津各界群众举行了声势浩大的集会和示威游行。1920年1月29日,天津反动当局出动军警,用武力镇压群众的爱国行动,拘捕了周恩来、郭隆真等4名学生代表,制造了震惊全国的天津"廿九惨案"。

1920年1月30日,刘清扬化装成天主教修女,沿津浦路南下到达南京。她向南京学联控诉了天津反动当局镇压学生爱国运动的罪行,呼吁全国各界同胞营救被捕的天津学生代表。南京学联立即动员万余名学生示威游行。随后,她又来到上海,向全国学联做了控诉。全国学联在上海跑马厅举行了3万多人的集会,刘清扬在会上痛陈天津学生爱国运动惨遭镇压的经过。大会强烈要求天津当局释放被捕的学生代表,并决定通电全国一致声援。在全国各界人士的广泛声援下,被捕的学生代表终于在1920年7月中旬全部获释。

1920年8月16日,刘清扬和周恩来、邓颖超等11名觉悟社社员来到北京,邀请北京的少年中国学会、曙光社、人道社、青年工读互助团4个团体的代表,在北京陶然亭举行座谈会,共谋社会之改造,刘清扬被推选为会议主持人。在座谈会举行期间,北京大学教授李大钊也出席了会议并做了发言。

1920年11月23日,为寻求救国道路,刘清扬赴法勤工俭学,与周恩来等先期赴法的青年学子会合。1921年初,刘清扬加入旅欧共产主义小组。同年二三月间,刘清扬等介绍周恩来加入了共产主义小组。这是中国共产党成立以前,中国在欧洲建立的第一个共产主义小组。它与国内的7个共产主义小组,共同发起成立了中国共产党。1922年初,刘清扬、周恩来来到德国柏林,与当地的中共党员张伯简等4人成立了旅德党组织。

1923年冬,刘清扬从德国途经苏俄回国。回国后,刘清扬参加了邓颖超等人领导的天津妇女进步团体女星社,创办了《妇女日报》,并担任报社总经理。

1923年,中共第三次全国代表大会确定了与国民党建立革命统一战线的方针。中共北方区委决定刘清扬加入国民党,作为跨党党员从事革命工作。1924年春,刘清扬赴广州到何香凝领导的国民党中央妇女部工作。同年,随李大钊到苏联参加共产国际第五次代表大会。1924年冬,刘清扬被中共中央调至上海,参与筹备上海女界全国国民会议促成会,并当选常务委员。后任国民党北京特别市党部执行委员会委员、妇女部长。

1926年北京发生三一八惨案,段祺瑞政府大肆逮捕爱国人士,在通缉的国共两党48人名单中,第一名是李大钊,第二名就是刘清扬。在万分紧急的情况下,刘清扬和李大钊及国共两党的领导机关,转移到东交民巷苏联大使馆西院的兵营里。不久,奉系军阀张作霖入关,变本加厉地镇压国共两党革命人士,北京全城陷入白色恐怖之中。刘清扬在苏联大使馆通过秘密活动方式与外界保持联系,坚持斗争。1927年1月,刘清扬奉调到武汉工作,先后担任何香凝领导的国民党中央妇女部训练股股长、宋庆龄主办的国民党中央妇女高级干部训练班班主任、汉口市国民党党部妇女部部长等职。1927年,第一次国共合作破裂,刘清扬退出了国民党。大革命失败后,刘清扬与中国共产党中断了联系,在北平大学任教。

九一八事变后,刘清扬积极投身抗日救亡运动,团结北平各界妇女组织成立抗日救护慰劳队,开展救护伤兵工作和募捐活动。1935年1月12日,在北平大学法商学院召开了北平妇女救国联合会成立大会,刘清扬主持大会,并被推选为北平妇女救国联合会主席。国民党当局不顾全国各界同胞"停止内战,一致对外"的强烈要求,置民族危亡于不顾,依然奉行"攘外必先安内"的反动政策,大举镇压人民的抗日救亡运动。1936年2月29日清晨,军警突然包围清华大学,抓捕爱国学生和进步教授,张申府和刘清扬一起被捕入狱,后经过社会各界多方营救出狱。出狱后,刘清扬立刻赶赴上海参加1936年5月31日开幕的全国各界救国联合会成立大会,被选为救国联合会常务委员。1937年2月,华北各界救国联合会在北平成立。联合会由中共党员杨秀峰、张友渔、徐冰及刘清扬等人负责,刘清扬分管组织工作。救国联合会的任务不仅是做抗日宣传,还要深入农村,发动群众,组织抗日游击队。

1937年七七事变爆发,华北各界救国联合会联络更多的人民团体,成立了北平各界抗敌后援会,支持对日作战的国民党第二十九军。联络站就设在刘清扬家中。刘清扬带领妇女救护队、北大学生担架队,抢救伤员,在北大设立了临时伤兵医疗站。七七事变后,刘清扬决定告别年迈的母亲和年幼的儿女,到抗战大后方参加救亡运动。1937年11月上旬,刘清扬由天津到达南京。不久,南京告急,她乘坐最后一列撤退专车抵达武汉。

当时的武汉是国共两党合作抗日的政治中心。在抗日热潮中,年已43岁的刘清扬走上街头,向民众宣传团结奋斗、抗日救国的主张。她和冯玉祥夫人李德全等人组织了战时儿童保育会,被推选为保育会理事兼输送委员会副主任。她和邓颖超、史良、沈兹九等著名社会活动家一起,参加了宋美龄召集的庐山妇女谈话会。后参加宋美龄组织的新生活运动妇女指导委员会,任妇女委员会训练组组长。刘清扬利用自己已脱离中共的身份,积极主持训练组的工作,在两年时间里,训练了抗日妇女干部近千名,其中绝大多数人走上了革命的道路。

1941年,刘清扬按照中共中央南方局领导人周恩来、董必武的指示,经桂林转香港,继续参加抗日救亡活动,在香港九龙创办了中华女子学校。不久,太平洋战争爆发,港岛沦入敌手。她于1942年撤离香港回到重庆,继续参加救国会活动和战时儿童保育会理事工作。1944年,经张澜介绍,刘清扬加入中国民主同盟(以下简称民盟)。1945年10月,刘清扬出席了民盟在重庆特园召开的第一次全国代表大会,当选为民盟中央执行委员兼妇女委员会主任。

抗战胜利后,刘清扬回到北平,参加了民盟华北总支部和北平市支部工作,并和设在北平的军调部中共代表取得联系,为军调部提供有关情报。刘清扬的革命活动引起了国民党特务的注意,军警时常在夜晚闯进她家进行突击搜查。她依然将个人安危置之度外,经常往来于平津之间,与学运领袖密切联系,到北大、北平师大、南开进行讲演,热情支持学生反饥饿、反内战等反蒋反美运动,动员、介绍多批进步青年知识分子到解放区从事革命工作。

1948年11月下旬,刘清扬被护送到河北省平山县中共中央统战部所在地,参加新政协筹备工作,和民主人士一道学习讨论新政协共同纲领。年底,他们被接到中共中央所在地西柏坡,受到中共中央主席毛泽东和其他中央领导同志的亲切接见。1949年3月,刘清扬出席了在怀仁堂举行的第一次全国妇女代表大会,在会上成立了中华全国民主妇女联合会,刘清扬当选为执行委员。9月,出席了中国人民政治协商会议第一次全体会议。

新中国成立后,刘清扬历任第一至第三届全国政协委员,第四届全国政协常委;第一至第三届全国人大代表;民盟中央常委;政务院文化教育委员会委员、河北省人民政府委员、河北省政协副主席、全国妇联妇女干部学校校长、北京市妇女联谊会主席、全国妇联副主席、全国红十字总会副会长等职。1961年,刘清扬重新加入中国共产党。

在"文化大革命"中,刘清扬惨遭迫害,1977年7月含冤辞世,终年83岁。

1979年8月3日,中共中央为刘清扬恢复名誉,平反昭雪,举行追悼会。时任全国政协副主席、全国妇联主席康克清致悼词,高度评价道:"刘清扬同志的一生,是革命的一生。"

参考文献:

中共天津市委党史资料征集委员会编:《战斗在天津的共产党人》,天津人民出版社,1991年。

(周　巍)

刘 瑞 恒

刘瑞恒(1890—1961),字月如,天津人。1890年7月23日(清光绪十六年六月初七日)生于天津,其父刘桐轩在教会工作,曾居住在天津日租界天安里。

1902—1903年,刘瑞恒在天津新学书院读书,1904—1906年在北洋大学预科学习。1906年,由北洋大学官费派送留学美国,入哈佛大学学习化学。1909年,获理学学士学位,后专攻医学,1915年获哈佛大学医学博士学位。

1915年,刘瑞恒任上海哈佛医专外科教员。1916年,任上海红十字会总医院外科医生。1918年,任北京协和医学院外科教授兼副院长。1920—1921年赴美进修,专攻癌症外科,回国后成为协和医学院首任华人院长,后任协和医学院附属医院医监(担任教授)、中华医学会会长。1923年,带领协和医院与京师警察厅合作,成立卫生事务所,致力于改善北京公共卫生。1924年,参与诊断梁启超肾病,并主刀为其切除病肾。1925年1月,孙中山入住协和医院后,确诊肝部恶性肿瘤,刘瑞恒为手术助理医生,对病人进行了镭锭治疗,并致书孔祥熙及孙中山家属通报病情。孙中山逝世后,刘瑞恒实施防腐手术,并起草报告书。1928—1929年,参与对谭延闿病患的治疗工作。

1928年11月,刘瑞恒任国民政府卫生部常务次长。1929年11月,任代理卫生部总长,1930年兼任国联卫生组织顾问委员会委员、内务部卫生署署长,后任中央医院院长、委员长行营军医处处长、中英庚款董事会董事等职。刘瑞恒任卫生部总长后,提出了卫生部三年工作计划,包括建立中央军医站、全国检疫所,在南京、广州设立妇产医院。出版全国卫生条例、西医从业人员登记名册、全国性药典。建议各校学生、机关公务人员进行体格检查,提倡乡村卫生,指定地点为卫生试办区域,制定地方卫生行政执行条例。与孔祥熙、孙科等发起创办上海中山医院,任筹备处副主任及筹备征捐队副总队长。

在刘瑞恒主持下,我国传染类疾病防治取得了显著进展。1929年,他多次组织卫生专家研究鼠疫防治办法,设立中央鼠疫局,委托伍连德任局长,一年后,中国实现了鼠疫试验性免疫注射。1931年,武汉发生80年未遇之水灾,他立刻率队前往,提出赈灾与防疫并行的救灾方案,制定详细的防疫计划,尤其注重环境卫生和饮用水安全。1932年,芜湖发生鼠疫,呈蔓延态势,刘瑞恒派遣多名医生前往防疫,并设立特别施医处注射防疫血清。1934年10月,远东热带病医学会第九届大会在南京召开,刘瑞恒任会长。这是该会自1908年创办以来,首次在华举办会议。

1930年12月5日,刘瑞恒任禁烟委员会委员长,在内忧外患的形势下,虽遭禁烟不力的弹劾,但他坚决抵制烟土收归国家出售的论调,采取积极的禁烟措施,于1932年提出断禁、渐禁两种方式,根本目的是禁绝毒品。他还推广马文昭医生发明的黄豆蛋黄素戒烟新法,得到社会各界的积极响应。他以林则徐为榜样推行的禁烟工作,于1934年底得到了日内瓦国联鸦片顾问委员会的关注,向全世界彰显了中国禁毒的信心和决心。

1931年5月,天津南开中学10余名学生发烧,疑似猩红热,《大公报》报道了该校停课的消息。刘瑞恒立即从南京致信《大公报》,指出停课后学生返乡将造成疫病迅速传播,并提出正确的防疫办法。南开中学梅宝昌在该报发文回应称,停课为事实,但学生为在校隔离或就近在家隔离,并未造成疫情传播。在医院确定病种非猩红热后,《大公报》再发两篇文章强调南开中学处理此次疫情方法的正确性。[1]刘瑞

①《大公报》,1931年6月9、13、15、17日。

恒与南开的报端论战,堪称近代传染病防疫的一段科普佳话。1931年,坐落于天津法租界的海军医学校因校址被出售而无法办学,校友会向刘瑞恒求助。1933年,国民政府派刘瑞恒与法方交涉,确定了重新划地建设医校的方案。当年,北洋大学同学会总会成立,刘瑞恒被推举为执行委员之一。

刘瑞恒在致力于发展公共卫生事业的同时,还受命参与军队的战时救治和康复。1931年2月,他任残废士兵新村筹备委员会总干事。1932年一·二八事变后,刘瑞恒率卫生署职员及中央医院、北平市卫生局选派之专门医师30余人,携带大批外科器械和药品,赴上海救治伤病员,并在上海组建重伤医院,电召北平协和医院救护队南下参加战地救护工作。1933年3月,为救治热河抗战受伤官兵,刘瑞恒到北平组织中华红十字会华北救护委员会,自任主任委员,成立12个医疗组,积极救治战场的伤兵。

1935年,刘瑞恒任国民政府军事委员会军医署署长。11月1日,汪精卫遇刺,刘瑞恒于当日下午为其手术,取出左臂、左颊中的两颗子弹。1937年全民族抗战爆发,刘瑞恒主持抗战卫生勤务工作,后于1938年去香港,1942年赴美,1944年任国防资源委员会卫生署主任,负责争取和分配医疗物资,积极促进与美国医疗援华局的合作。1945年抗战胜利后,他任联合国善后救济总署卫生委员会主任,回国督促检查联合国援华医疗物资计划的执行情况。1946年,他在上海就任美国医疗援华局主任医师,着手将战后的救济工作逐步转为和平时期医疗机构的设立和医学教育的开展。

1947年1月,天津公立结核病防治院董事会成立,刘瑞恒任名誉董事。随后他多次来津与卫生局、工务局交流,参观了市立第一医院、第三医院、传染病院、卫生试验所、产科医院、牙科医院、第一卫生所、马大夫医院、中央医院、南开大学等处,指出天津医疗卫生各方面合作之密切可居全国之冠,并希望组织一委员会互相联络砥砺,协助政府推进卫生工作。

1949年,刘瑞恒赴台,继续致力于发展医学教育。1959年,因病赴美就医,1961年病逝于纽约圣路加医院,终年71岁。

参考文献:

北京清华学校编:《游美同学录》,1917年。

私立北平协和医学院编:《私立北平协和医学院简章》,1930年。

《大公报》,1933年3月12日、19日。

《刘瑞恒报告医疗组救护工作》,《中华医学杂志》第19卷,中华医学会,1933年。

(李琦琳)

刘 少 奇

刘少奇(1898—1969),名绍选,后改名少奇,字渭潢,曾用名胡服等,湖南宁乡县人,祖籍江西。1898年11月24日(清光绪二十四年十月十一日),出生于花明楼炭子冲一个富裕的农民家庭。

刘少奇幼读私塾,1913年考入宁乡县城玉潭学校,1916年考入长沙驻省宁乡中学。1920年,入上海共产党早期组织创办的上海外国语学社学习俄文,在此期间加入中国社会主义青年团。1921年春赴苏俄莫斯科东方劳动者共产主义大学学习。是年冬,刘少奇由团员转为中共党员。

1922年春,刘少奇回国,在上海中国劳动组合书记部工作。1922年9月,赴江西安源煤矿同李立三等领导安源路矿工人大罢工。刘少奇在罢工中任工人全权代表,负责指挥大罢工并亲往戒严司令部谈判。由于路矿工人准备充分、指挥得当,安源大罢工取得完全胜利,成为当时最有影响的罢工之一。1923年4月起,刘少奇任安源路矿工会代理总主任、总主任。1924年,刘少奇以安源路矿工会为基地,重组汉冶萍总工会,当选为委员长。汉冶萍总工会由汉冶萍公司所属汉阳、大冶、安源各个厂矿企业的工会组成,有会员3万多人,是当时全国最大的产业总工会。1925年5月,刘少奇奉调广州主持召开第二次全国劳动大会,在大会上当选为第一届中华全国总工会副委员长,成为中华全国总工会的主要创始人,先后在上海、广州参加领导五卅运动、省港大罢工,是这两次工人运动的主要领导人之一。1927年1月,刘少奇兼任湖北省总工会秘书长,参与领导武汉工人收回汉口英租界的斗争。1927年4月,当选为中共中央委员。

1928年7月,刘少奇抵达天津,以中央特派员的身份,参与顺直省委的领导工作。12月,周恩来受党中央委托来到天津,刘少奇与陈潭秋共同协助周恩来改组顺直省委。刘少奇后任中共满洲省委书记。1930年夏,刘少奇赴莫斯科参加赤色职工国际第五次代表大会,被选为执行局委员并留在赤色职工国际工作。1931年1月,在中共六届四中全会上被选为中央政治局候补委员。同年秋回国,任临时中央职工部部长、全国总工会党团书记。1932年冬,刘少奇进入中央革命根据地,领导革命根据地的工人运动,动员、组织工人群众支援反"围剿"斗争和参加红军。1934年7月,任中共福建省委书记,同年10月参加长征,先后任中国工农红军第八、第五军团党代表和第三军团政治部主任。1935年1月,在遵义会议上拥护毛泽东的正确主张。

1936年春,刘少奇任中共中央代表、北方局书记,领导北平、天津、河北、山西、东北等地白区工作。其间,刘少奇在党内外刊物上发表了《肃清立三路线的残余——关门主义冒险主义》《肃清空谈的领导》《论北平学生纪念郭清烈士的行动》《关于共产党的一封信》等文章,清算关门主义、冒险主义等统治北方白区多年的"左"倾错误,坚定地执行抗日民族统一战线的方针,发展了华北地区的抗战形势。

刘少奇到北方后,在很短的时间内重建了华北地区各级党组织,把坚决支持中共中央正确路线的同志安排在北方局和北平、天津市委重要工作岗位上,北平市委书记林枫调任北方局秘书长,李葆华任北平市委书记,李铁夫接任天津市委书记,彭涛、姚依林充实天津市委。恢复了河北省京东、津南、保属、直南等地区的党组织,山东省委、山西工委和河南工委也先后建立起来。根据中共中央的指示,他派干部到汉口、上海、广州、香港等地开展工作,使党的白区工作迅速得到恢复和发展。华北地区的共产党员发展到5000多人,北平市委建立了东城、西城、南城、北城和西郊五个区委,在大学和部分中学建立了党支部,天津市委在南开大学、法商学院、女师附中、三八女中等相继发展党员,不失时机地从国民党监狱中营救出一批党的高级干部,将活跃在北平、天津等地的中华民族解放先锋队和参加一二·九运动的学生会、学生联合会中的大批先进分子发展为中共党员。这为抗日战争爆发后党在华北的发展做了干部上的准备。

1936年前后,刘少奇贯彻党的抗日民族统一战线政策,撰写了《公开工作与秘密工作的区别及其联系》《民族统一战线的基本原则》等多篇文章,提出一整套策略方针。特别是1936年4月的《关于白区职工运动的提纲》,阐明了白区斗争中的公开工作和秘密工作、合法斗争和非法斗争、经济斗争和政治斗争等一系列重大关系,这是中共指导白区斗争的纲领性文件,标志着党的白区工作方针的根本转变。这期间,华北各界救国联合会在北方局的指导下,与华北上层文化教育界人士建立广泛联系,把不同阶层、不同党派、不同政治信仰的爱国人士团结在抗日民族统一战线旗帜之下。平津学联改名为平津学生救国联合会,北平学联和天津学联也分别改称为北平学生救国联合会和天津学生救国联合会。此外,天津工人救国会、农民救国会、妇女救国会和民众救国会都相继成立,推动了华北的抗日救亡斗争。

1936年5月,日本政府和冀察政务委员会秘密签订《华北防共协定》,日军向华北大举增兵。中共中央北方局决定发动平津学生举行示威游行。刘少奇向中共天津市委做出具体指示:要利用广大人民群众高昂的抗日情绪,以学生的行动,进一步推动党的抗日民族统一战线的建立,壮大抗日的革命力量,打击日本帝国主义的侵略气焰。中共天津市委根据北方局和刘少奇的指示,通过天津学生救国联合会,在天津发动了万余名学生、工人和市民参加的示威游行。人们高举"反对日本增兵华北"的大旗,高喊"停止内战,一致对外""反对华北特殊化"等口号,受到各界人民的拥护,在全国引起巨大反响。刘少奇劝说学生改口号为"拥护宋哲元将军抗日""拥护二十九军抗日",使宋哲元和第二十九军的广大爱国官兵很快转到同情抗日救亡运动的立场上,使群众的抗日救亡活动进一步合法化。

1937年7月全民族抗战爆发,刘少奇领导了开辟华北抗日根据地的工作。他抓住敌后政权出现真空的时机,委派干部出任地方专员、县长,建立共产党领导下的抗日民主政权。八路军陆续开辟晋西南、晋东南、晋冀豫等抗日根据地,各根据地的军事领导一般由八路军干部兼任,而担任党政领导的,大多是北方局系统的干部。

1938年11月,中共六届六中全会确定党在敌后武装斗争的战略部署是巩固华北、发展华中,派刘少奇任中原局书记,担负发展华中的重任。刘少奇主持华中全面工作后,确定以开辟苏北为战略发展方向。在刘少奇领导下,华中各部队深入敌后,放手发动群众,壮大抗日武装力量,先后建立了豫皖苏、皖东、皖东北、苏北根据地,并先后在皖东、津浦路东半塔集打退国民党顽固派的进犯,取得反磨擦斗争的胜利。经刘少奇提议,中共中央调八路军黄克诚部从华北挥师南下,皖南新四军陈毅部也从苏南渡江北上。1940年6月,在刘少奇的指挥下,八路军、新四军南北夹击,一举歼灭不断进攻新四军的顽固派韩德勤部主力6个团共1.1万多人。

1941年1月皖南事变发生后,针对国民党反动派消灭新四军的图谋,刘少奇于1月17、18日两次向中共中央提议,重新在苏北成立新四军军部,并以陈毅代军长。中共中央同意刘少奇的提议。20日,中共中央革命军事委员会发布重建新四军军部的命令,任命陈毅为代理军长、刘少奇为政治委员。不久,刘少奇任中央军委新四军分会书记。新四军以崭新的面貌纵横驰骋在苏、皖、鲁、鄂、豫5省的抗日战场,全军总人数当年即由9万人发展到13.5万人,与八路军共为中国共产党领导的抗日队伍。

1943年3月,中共中央政治局会议决定由毛泽东、刘少奇、任弼时组成新的中央书记处,推选毛泽东为中央政治局主席、中央书记处主席,刘少奇任军委副主席。1945年5月,刘少奇向中共七大作了《关于修改党的章程的报告》,第一次全面系统地论述毛泽东思想,确立毛泽东思想在全党的指导地位。他在报告中强调:"学习毛泽东思想,宣传毛泽东思想,遵循毛泽东思想的指示去进行工作,乃是每一个党员的职责。"

抗日战争胜利后,在毛泽东赴重庆与蒋介石谈判期间,刘少奇代理中共中央主席职务,根据党中央的决策,提出和执行了"向北发展,向南防御"的战略方针,组织华中主力部队迅速北调,控制北上道路,以应对蒋介石随时可能发动的全国性内战。

1947年3月国民党军队占领延安后,刘少奇任中共中央工作委员会书记,转移到华北负责党中央委托的工作。同年7月主持召开了全国土地会议,制定了《中国土地法大纲》,推动了解放区土地改革运动的发展。

1948年秋,人民解放战争进入夺取全国胜利的决定性阶段。与此同时,筹备建立全国政权、研究制定新中国的经济建设方针,也提上了党的工作日程。受中共中央和毛泽东委托,刘少奇在1948年9月召开的中央政治局会议上作《论新民主主义的经济建设》的长篇发言,阐述了新民主主义的经济成分、新民主主义社会的主要矛盾、发展合作社和由新民主主义向社会主义过渡等问题,第一次比较系统地提出了未来新中国经济建设的设想。1948年底至1949年初,刘少奇又撰写了《关于新中国的经济建设方针》等党内报告,并在有关会议上讲话,更加明确、完整地阐述了新中国的经济建设方针。这些工作为1949年3月中共七届二中全会制定经济建设方针做了理论准备。

针对天津、北平等大城市解放后经济建设和城市管理问题,1949年四五月间,刘少奇受中共中央、毛泽东的委托到天津宣传贯彻党的七届二中全会精神。他先后与天津党政干部、职工代表、工商业资本家、国营企业职员等座谈,全面阐述党的城市工作路线、方针和政策,形成了著名的"天津讲话",对天津的经济建设提出了明确的指导方针,对全国城市接管工作和恢复发展经济起到了指导作用。

1949年9月,在中国人民政治协商会议上,刘少奇当选为中华人民共和国中央人民政府副主席;10月19日,在中央人民政府委员会第三次会议上,被任命为人民革命军事委员会副主席,参与了党和国家的政治、经济、军事、文化、教育和外交等重大方针政策的制定。1954年9月,在第一次全国人民代表大会上作《关于中华人民共和国宪法草案的报告》,并当选为全国人大常务委员会委员长。

在对资本主义工商业的社会主义改造基本完成后,为了制定建设社会主义的路线、方针、政策,1956年9月召开了第八次中共全国代表大会。刘少奇代表中共中央在八大上作政治报告。刘少奇在报告中正确分析社会主义改造完成以后阶级关系的变化,指明国内形势和国内主要矛盾,提出把党的工作重点转到发展生产力上来的战略决策,强调全党要集中力量进行社会主义建设。报告确定"既积极又稳妥可靠"的经济建设总方针,提出扩大民主、健全法制等一系列改进国家工作的目标,强调中国共产党作为执政党,必须在新形势下加强党的自身建设,并制定了相应的措施。刘少奇在中共八届一中全会上当选为中共中央副主席。1959年4月,在第二届全国人民代表大会第一次会议上,刘少奇当选为中华人民共和国主席、国防委员会主席。

从1960年冬开始,中共中央对国民经济进行了大规模调整。为扭转我国国民经济所出现的困难局面,主持党和国家日常工作的刘少奇进行了大量的调查研究,参与制定了一系列重要政策和措施,为国民经济的恢复和发展做出了重要的贡献。为总结经验教训、统一全党认识,1962年1月,中共中央召开了一次规模空前的工作会议(即七千人大会)。刘少奇代表中共中央向大会提出书面报告,并做口头讲话。报告和讲话实事求是地分析了经济形势和造成经济困难的原因,总结了中华人民共和国成立以来特别是"大跃进"以来社会主义建设的基本经验教训,提出国民经济调整的原则、措施。为了研究制定调整国民经济的措施,刘少奇于2月下旬在中南海西楼主持中共中央政治局常委扩大会议(即西楼会议)。会上陈云作《目前财政经济的情况和克服困难的若干办法》的讲话,并决定成立中央财经领导小组,由陈云出任组长,统一领导国民经济调整工作。这些措施有力地保证了国民经济调整工作的顺利进行。

1962年5月,中共中央政治局常委在北京召集工作会议,确定进一步调整国民经济的方案。会议在刘少奇主持下,讨论通过了《中央财经小组关于讨论1962年调整计划的报告》,确定了精简职工、减少城市人口、大力压缩基本建设规模、缩短工业战线、关停并转一大批企业、支援农业、增加农业生产和日用品生产、保证市场供应等政策措施。当年底,经济实现全面复苏。1963年7月,刘少奇主持召开中共中央政治局会议,提出用一段时间继续对国民经济进行调整、巩固、充实、提高。1965年初,国民经济调整任务基本完成。刘少奇对中国的国情和经济建设规律做了进一步的思考,提出应该根据中国的特点,采取适合中国情况的方法来进行建设。他针对我国政治经济体制中的弊端,先后提出了改进生产资料管理办法,试办托拉斯,实行两种教育制度、两种劳动制度等许多富有远见的改革设想。

1966年"文化大革命"开始后,刘少奇受到错误的批判,并遭到林彪、江青反革命集团的政治诬陷和人身摧残,于1969年11月12日病逝,终年71岁。1980年2月,中共十一届五中全会为刘少奇平反昭雪,并高度评价了他的光辉一生。

参考文献:

中共党史人物研究会编:《中共党史人物传》精选本(1),人民日报出版社、中央文献出版社,2001年。

李景田主编:《中国共产党历史大辞典(1921—2011)》,中共中央党校出版社,2011年。

中共天津市委党史资料征集委员会编:《战斗在天津的共产党人》,天津人民出版社,1991年。

中共天津市委党史资料征集委员会编:《刘少奇在天津》,天津人民出版社,1993年。

黄峥:《刘少奇十大功绩》,《中共党史研究》,2002年第6期。

（周　巍）

刘 叔 度

刘叔度(1894—1942),本名刘伟,祖籍浙江绍兴,出生后不久便随父母举家北迁,移居北京。早年在北京基督教青年会学习英文。

18岁时,刘叔度来天津谋生,凭借自身文化修养在天津邮政管理局找了份工作,一干就是30年。刘叔度闲暇之时好听京戏,尤其喜好老生唱腔,凭借着对京剧艺术的酷爱而步入梨园。他不仅擅唱,还能操琴、打鼓,他自置戏装,时常登台票演。

刘叔度知书达理,为人平易诙谐,喜欢结交朋友。他与京剧界四大名旦梅兰芳、尚小云、荀慧生、程砚秋,以及名伶高庆奎、刘鸿升、侯喜瑞、奚啸伯、马连良等均有交往,常在一起切磋技艺,从剧本到声腔及剧中人物无不涉及。他与梅兰芳过从甚密,梅兰芳每次来津演出,他都要到住地看望,而梅兰芳夫妇也常去他家问候。"四大须生"之一的奚啸伯只要来津必先到他家做客,经常吃罢晚饭,开锣唱戏至午夜。

刘叔度喜好老生,尤其嗜好著名老生刘鸿升的唱腔,但由于刘鸿升过早辞世,不能得其真传,故只能私下描摹刘鸿升的唱腔,揣摩他的神韵,从而深得刘鸿升的真传。著名戏曲理论家吴小如在《京剧老生流派综说》一书中指出:"只有天津票友刘叔度学刘还有几分是处,《斩黄袍》《完璧归赵》等戏,能得刘之仿佛。"

20世纪二三十年代,天津还出现了一些私人家庭票房,这些票房人员不多,组织简单,当时在天津小有名气的要算吕幼才票房。20年代中期,刘叔度和天津许多名票都曾在此演出。他与崔捷三、王君直、王庚生号称"津门四大名票"。

刘叔度富有爱国情怀,热心社会公益事业,一生中的演出多半为筹募灾款、学款等义演。1925年,上海爆发了震惊中外的五卅惨案,全国各地爱国志士联合声援上海学生和工人的爱国运动。刘叔度发起天津演艺界的两次联合义演,使他的名声越来越大。

1929年,傅作义驻守天津,创办"兵农工医院",因资金短缺,拟定举办义演筹款,傅作义请出刘叔度操持此事。刘叔度邀请了杨小楼、梅兰芳、余叔岩等名角,5月10日在新光明大戏院进行了演出,一时被传为佳话。

1930年5月28、29日两晚,天津《商报》为陕西灾区筹赈灾款,在明星戏院举办义演。同一时间,刘叔度和名票王庚生、王元龙等人在春和戏院也为陕西灾区举办义演。事后,天津各界对名伶的演出反响很大,对刘叔度等名票的演出也给予了很高评价。

刘叔度在出演老生单挑戏外,还与著名演员同台演出,为他们配戏,深受同行钦佩。刘叔度与章遏云合作演出了《回龙阁》,刘叔度扮演西凉王,龙袍玉带加身,一步三摇,神似帝王,一曲"西皮"宏亮醇厚;章遏云饰演王宝钏,宫装上场,光艳照人。二人的合作交相辉映、相得益彰,倾倒四座。

1934年7月29日,刘叔度偕夫人邢美仪应天津市游艺促进会邀请,在老城厢浙江会馆演出日夜两场,在大轴戏《红鬃烈马》中,夫妇二人分别饰演薛平贵和王宝钏,可谓夫唱妇随,相得益彰,为时人称道。

刘叔度擅演的剧目有《斩黄袍》《斩马谡》《辕门斩子》《四郎探母》。刘叔度的演唱之法深得刘鸿升的精髓,并通过长期的舞台实践,锤炼出自己的表演特色。

刘叔度兴趣广泛,多才多艺,喜欢收藏,名伶和票友的生活照、剧照,艺人的脸谱、面具等都是他收藏的对象。平时他还习字、绘画,为报刊撰稿。

1942年,刘叔度因病去世,时年48岁。

参考文献：

天津市政协文史委编：《京剧艺术在天津》，天津人民出版社，1995年。

中国戏曲志全国编辑委员会编著：《中国戏曲志·天津卷资料汇编》，1984年，内部资料。

（杨秀玲）

刘 天 章

刘天章(1893—1931)，又名刘望，字云汉。1893年12月出生于陕西省高陵县高刘村一个农民家庭。

1914年春，刘天章考入西安三秦公学留日预备科。在进步教师的教育和帮助下，他除了学习各门功课外，还阅读了谭嗣同的著作和康有为的《大同书》等著作。1915年5月，袁世凯接受日本提出的灭亡中国的"二十一条"。刘天章义愤填膺，团结校内外进步师生张贴标语，散发传单，上街演讲，声讨袁世凯及陕西督军陆建章与日本狼狈为奸，出卖民族利益，祸害陕西人民。

1918年夏，刘天章考入北京大学预科，两年后进入化学系学习。1919年五四运动爆发，刘天章此时为北京大学学生会的负责人之一，是五四运动的积极分子和中坚骨干。在5月4日的游行中，刘天章和其他同学冲入赵家楼，痛殴国贼，火烧曹(汝霖)宅。他还多次组织同学上街演讲，宣传取消"二十一条"，收回青岛和抵制日货，拒绝在巴黎和约上签字。为此他遭到警察逮捕，但不久即获释。

1920年春，李大钊、邓中夏等在北京组织成立马克思学说研究会，刘天章是其中的积极分子。他积极参加该会组织的读书会、讨论会和辩论会，阅读了《共产党宣言》《资本论入门》等马克思主义著作和进步书刊，探求救国救民的真理。是年冬，刘天章加入了中国社会主义青年团。1921年中共一大召开后，刘天章经李大钊介绍加入中国共产党。

1921年10月，刘天章等创办《共进》(半月刊)杂志，刊载李大钊、陈独秀等人宣传十月革命、介绍各国革命经验和马克思主义学说的文章,他也发表了不少文章。1922年,刘天章发起成立陕西旅京学生进步团体——共进社,被选为常任主席兼《共进》杂志的编辑主任。1922年冬,刘天章加入李大钊参加领导的著名进步团体——少年中国学会,并当选第四届执行部副主任兼会计。

1923年2月,二七大罢工举行。在党的领导下,刘天章积极联络进步学生上街游行,高呼"为自由而战"等口号,声援工人斗争,并和工人一起顽强地向军阀斗争。二七惨案发生后,他调查了惨案中工人伤亡的情况,向党组织作了汇报。

1924年春,国共合作的统一战线建立后,革命形势迅速发展,共进社也吸收了大批新成员,但他们对在新形势下如何开展活动缺乏了解,加之原来老社员中的骨干相继离京到外地工作,新任领导又缺乏工作经验,互不团结,造成一时的组织涣散。刘天章等对共进社进行了组织和思想整顿,起草了新的纲领,修改了社章。刘天章在编辑《共进》的同时,还翻印了《共产主义ABC》《社会科学概论》《社会进化史》等宣传共产主义的书籍,澄清了一些人思想上的错误认识,坚定了对共产主义的信仰。

1924年6月,刘天章从北京大学毕业后,曾协助李大钊做党的地下工作,担任过北京反帝大同盟的秘书。秋季,刘天章通过李大钊等人的关系,结识了国民军副总司令兼国民军第二军军长胡景翼。胡景翼拥护孙中山三大政策,倾向革命,在他率部入豫兼任河南省督办时,特邀李大钊等共产党人共同商讨创办学生军、聘请苏联顾问等事宜,借以发展军事,扩充势力。李大钊与胡景翼就上述问题进行了磋商,取得一致意见。经党组织同意,由刘天章在国民军第二军负责创办学生军,并担任陆军训练处学兵队大队长(又称营长)。

学兵队在北方党团组织和胡景翼的支持下,先后招收士兵500多名,编成四个连,从黄埔军校调来共产党员和进步军官担任连、排长。

刘天章对学员进行严格的军事训练，亲自讲授马克思主义常识和孙中山"联俄、联共、扶助农工"三大政策，组织官兵阅读进步书刊，教唱革命歌曲，教育官兵要为工农大众服务。他还在学兵队里建立了党团组织，并亲任书记。不到一年时间，党团员就发展到近百名，连、排、班长大都由党团员担任，党的外围组织青年军人联合会会员亦发展到近200人。

与此同时，刘天章还积极从事开封地区党团组织的创建工作，先后在河南省立第一师范、省立二中、中州大学和艺术学院的进步师生中发展党团员，建立了由他负责、同北方区委和团中央直接联系的团的组织。到1925年夏，团员发展到近百人。刘天章又协助当地团组织成立了共青团开封地委，将一批优秀团员及时转为党员，建立了党支部（后改为地委）。

1925年夏，中共豫陕区委成立，刘天章任区委委员兼军委委员。他与王若飞等积极帮助国民军第二军继续办好陆军训练处军官队，通过李大钊聘请苏联顾问担任教官，吸收大批党团员来军官队工作和学习，并在第二军和军官队里秘密发展党团员和青年军人联合会会员，散发传单和进步书刊，扩大党的影响。在王若飞、刘天章和豫陕区委的领导下，河南的工运、农运、学运、妇运和军运也有了很大发展。1926年春，第二军在同奉系、直系军阀作战中失利，被迫退出河南。刘天章亦因病回到家乡陕西高陵休养。

1927年2月，中共陕甘区委在西安成立，刘天章任区委候补委员，负责宣传工作。不久，刘天章又兼任陕西《国民日报》社长。该报是共产党人以国民党陕西省党部的名义创办的，总编辑等人都是共产党员。刘天章主办的《国民日报》，以无产阶级的立场和观点，对蓬勃兴起的工人运动、农民运动、妇女运动、学生运动，以及各界人民联合进行的反帝反封建的革命活动，做了热情的宣传报道。

1927年蒋介石发动四一二反革命政变的消息传到西安，引起了各界革命人士极大的义愤。从4月中旬起,《国民日报》每天都集中报道陕西人民的反蒋斗争。4月28日,中共北方区委负责人、革命先驱李大钊在北京惨遭反动军阀杀害。为悼念李大钊,《国民日报》开辟专栏,出版特刊,报道陕西人民追悼李大钊的活动,寄托哀思,教育时人。

四一二反革命政变后,白色恐怖笼罩全国各地。6月,冯玉祥追随蒋介石、汪精卫,在豫陕地区进行"清党"反共,同时强令《国民日报》改变宣传方针,不准宣传共产主义和反蒋言论,报社工作处境困难。陕甘区委指示报社继续坚持拥共反蒋的宣传方针,并决定由刘天章等去西安留守司令部交涉。刘天章被扣留拘禁,解赴河南洛阳,后又被押解到郑州内防处。他设法与狱中的三十多名共产党员秘密联系,组织狱中党支部,并担任支部书记,组织学习马列主义理论。刘天章与狱外党组织秘密联系,在1927年底向中共河南省委报送《在狱同志调查表》。敌人发现刘天章是狱中党组织的负责人后,对他施以酷刑,刘天章坚强不屈。狱中党支部决定进行绝食斗争,反抗敌人压迫。

1929年,冯玉祥与蒋介石分裂,开封监狱的政治犯先后获释,刘天章恢复自由。刘天章出狱后不久,被党组织派到中共顺直省委做宣传工作,公开身份是《天津商报》总编辑。报纸出刊数月被迫停刊,他转而负责领导北方书店。党组织派他负责互济会的工作后,他利用各种社会关系,营救被捕的共产党员和进步人士,巧妙地同河北、天津、北平等地监狱中的党组织取得联系,使狱中难友得到党的指示和物质上的接济。他深入平津地区的工厂和基层单位,开展救济死难烈士家属的工作。

1930年春,刘天章在天津不幸被捕。在狱中,他备受折磨和摧残,但他坚贞不屈,一直未暴露自己的真实身份和党组织机密,后被判处6个月徒刑,转送到"自新院"。9月,奉系军阀入关,晋军退出天津,"自新院"的政治犯乘机出狱,刘天章重获自由。

1930年10月,中共中央北方局在天津召开扩大会议,决定在山西尽快组织工农红军,创建新苏区;同时决定改山西特委为山西省委,刘天章担任省委书记。刘天章到任后,传达贯彻中共六届三中全会和北方局扩大会议精神,开展反对"左"倾错误的斗争,调整和恢复了山西省委、太原市委的领导机构,整顿加强党的组织。经过刘天章和省委其他同志半年多的努力,山西地方党的组织迅速恢复和发展。

1931年夏,刘天章等研究制定兵变计划,准备利用驻晋军阀部队中党的地下组织,组建红二十四军、红二十五军。在刘天章的策划指导下,中国工农红军晋西游击队第一大队成立。这是华北地区第一支红军游击队。10月,晋西游击队到达陕甘边的南梁,与刘志丹领导的部队胜利会合,成为刘志丹、谢子长领导创建的西北红军的一支骨干力量。同时,刘天章在高桂滋部建立党的地下组织,拟制起义文告、部队番号、旗帜和印章,组织平定、阳泉地区群众开展经济斗争配合起义。1931年7月4日,平定武装起义爆发。次日,华北地区最早的一支工农红军——红二十四军宣告成立。红二十四军转战到河北阜平县城,协助地方党组织建立了北方第一个红色政权——阜平县苏维埃。红二十四军遭到敌人重兵"围剿",起义归于失败。由于叛徒出卖,山西特委、太原市委遭到破坏。10月下旬,刘天章被敌人逮捕。

刘天章被捕后,敌人对他多次审讯和诱降,施以种种惨无人道的刑罚,刘天章始终保守党的秘密,在法庭上与敌人进行辩论,坚贞不屈,大义凛然。1931年11月13日,刘天章英勇就义,年仅38岁。

参考文献:

中共党史人物研究会编:《中共党史人物传》第12卷,陕西人民出版社,1983年。

(周　巍)

刘 文 斌

　　刘文斌(1890—1967),原名刘存有,出生于宝坻县黄花淀村。刘存有读过3个月的私塾,14岁到附近的村子去打工。他从小喜欢听书,而且记忆力过人。每当有人请来说书唱戏的,他都要赶过去边打工边听书看戏,听完后就能记在心里,唱给别人听,还能即兴把身边的事编成唱词唱给大家听。时间长了,他听的书越来越多,自己又买了一些唱本,积累的段子越来越丰富,他慢慢产生了做说书艺人的想法。

　　21岁时,刘存有做起了小买卖,卖针头线脑、纸马、年画、鞭梢儿等小商品,有时候就靠着唱大鼓来卖货。当时在宝坻、武清、三河一带,说书唱曲儿颇受欢迎的艺人张增德和霍亮,走村串镇到处演唱,很有人缘。刘存有就挑着货郎担跟着他们听书。他听书是为了学习,凭着超人的毅力和过人的天赋,不到两年的工夫,他完善了原来就会的《莲花宝盏》,而且又学会了两部长篇大书《孟丽君》和《刘公案》。

　　刘存有的妻兄张宽儒会弹三弦,于是二人于1913年开始在张家口一带边卖货边卖艺。两年后,刘存有经亲友介绍,拜在同乡艺人宋恩德的门下。宋恩德原名宋玉树,是个半盲艺人,绰号“宋瞎糠”。他所唱的是一种民间说唱艺术,最早在地头上、场院里说唱,所以就叫“地头调”,后来平谷人唱就叫“平谷调”,乐亭人唱就叫“乐亭调”,这就是后来京东大鼓的雏形。刘存有入门后,改用艺名刘文斌。

　　刘文斌天赋聪慧机敏,悟性极高,学艺也十分刻苦,而且为人忠厚,心地善良。宋恩德对他十分喜爱,将技艺倾囊相授,教会了刘文斌几部挣钱的大书,如《呼家将》《小八义》等。1916年,刘文斌携家人到天津闯荡。他学过理发,白天挑担剃头,晚上就走街串巷,操宝坻方言唱平谷调,贴补家用。有时也干一些杂活儿,如拉人力车、扛河坝等,可以说是历尽艰辛,难得温饱。1920年,他开始放弃理发生意,正式卖艺。他在露天场子上演出,南市三不管、河北鸟市、河东地道外及谦德庄等处都"撂过地"。除了"撂地",他还进大宅门、公馆唱堂会。第一次应堂会,他唱了一段《罗成算卦》,大受欢迎,刘文斌的名字不胫而走。后来听他说书的人越来越多,请他演出的茶楼、书场也越来越多了。

刘文斌勇于创新,他来天津演唱后对老唱法进行了大胆的改进。他加快了节奏,把让人生厌的头一句长腔取消,改为开门见山的"表的是",随后就是演唱内容。这样直接简练的唱法聚拢了观众的注意力,使观众很快就随着刘文斌的演唱进入了所唱书曲的情节之中。在唱法上,他糅合了落腔调与平谷调的音乐,如"落落腔""甩腔""过门"等;他还化用河北民歌《庙开门》的旋律,完善了名为"十三咳"的特色唱腔——长腔,使其演唱声情并茂,很快就受到市民的欢迎,在天津走红。1928年,刘文斌应邀到天津广播电台直播,他的演唱通过电波进入千家万户。之后,中华、仁昌、东方、青年会等商业电台都请刘文斌去做长期直播。

30年代中期,刘文斌进入中小型曲艺场所演出,刊登广告时曾用大鼓、乐亭调、平谷调、乐亭大鼓等名称。而在当时,王佩臣与张士诚将自己所唱的大鼓也称为"乐亭调"或"乐亭大鼓",听众及评论界往往也将他们混淆。在这种情况下,1935年,刘文斌将自己演唱的大鼓命名为"京东大鼓",自此,这个名称便固定下来。

刘文斌的演唱有独特的风格,词曲通俗易懂,广大市民听众易于接受,尤其是那些反映家庭生活的唱段,在描写爱情及平民生活中的悲喜情节方面特别见长。这些曲目能像聊天叙家常那样自然朴实,也有些警示人生、富有哲理的曲词,因此深受城乡听众的喜爱。刘文斌越来越受欢迎,京东大鼓的名声在天津也越来越响亮。在他演唱的兴盛时期,时值奉军驻守天津。因为刘文斌唱的是略带乡音的官话,与东北的方言容易沟通,所以这些东北人也特别喜欢京东大鼓。

京东大鼓形成初期,曲目以大书为主。刘文斌在天津商业电台播演《刘公案》《呼家将》《小八义》《响马传》《十粒金丹》《回标记》《玉杯记》等长篇大书,极受广大群众欢迎,京东大鼓的影响也因之日趋扩大,逐渐传播到北平、唐山等地。除演唱大书外,刘文斌从其他曲种移植了《武家坡》《拆西厢》《昭君出塞》《王二姐思夫》等近百个曲目,对京东大鼓的板式和唱腔又做了进一步的加工。他的演唱通俗幽默、朴实无华、吐字清楚、明白如话,观众群体不断扩大,京东大鼓遂进入北方主要曲种之列。刘文斌也彻底脱离了撂地演出的状况,进入了中高档曲艺演出场所,并得与诸多名家同台献艺,如刘派京韵大鼓创始人刘宝全、花派梅花大鼓创始人花四宝、"相声大王"张寿臣、评书大家陈士和、白派京韵大鼓创始人白云鹏等。40年代初期,刘文斌在平安茶园长期"攒底"演出。

1949年1月15日,天津解放。刘文斌怀着对新中国的无比热爱,投入歌颂新社会、讴歌新生活的文艺创作和演出中。他在艺术上刻苦钻研,进一步改进了唱腔,丰富了音乐,增加了书目,拓宽了京东大鼓的表现领域。在说与唱之间的关系方面,他大胆吸收了戏曲的传统表现手法,将其艺术精华移植、融汇于京东大鼓的说唱表演之中。他广览多读,根据中国古典小说和反映革命战争的现代小说创作改编了很多新书目。这一时期他创作的长篇、中篇、短篇及唱段有《山河泪》《破除迷信》《杨靖宇》《小二黑结婚》《白毛女》《刘巧儿》《新儿女英雄传》《刘胡兰》《董存瑞》《黄继光》《婚姻大事》《一贯害人道》《喂牛》《别迷信》《王老穷生产》等。这些新节目刻画了很多栩栩如生的人物形象,通过舞台演出和电台广播给群众留下了深刻的印象。

刘文斌为传承京东大鼓艺术,先后收徒多人。他受到社会各界的尊敬,同行把他尊为京东大鼓一代宗师。他曾多次被评为先进文艺工作者,并当选为天津市河西区人大代表,任河西区政协委员。他于1963年退休,1967年6月4日病故,终年77岁。

参考文献:

中国曲艺志全国编辑委员会、《中国曲艺志·天津卷》编辑委员会编著:《中国曲艺志·天津卷》,中国ISBN中心,2009年。

(高玉琮　张天来)

刘 锡 三

  刘锡三(1896—1982),本名占恩,号锡三,山东掖县人。刘锡三幼时曾读私塾,后到青岛一家外国饭店做杂勤谋生,学会了一些日常英语。不久入美商美清洋行当练习生,学习出口草帽缏业务,主要负责下乡收购草帽缏。刘锡三因工作努力、勤奋好学,不久升任正式职员。

  1911年,刘锡三随美清洋行从青岛迁到天津,同时,他凭借多年的业务知识与表兄在估衣街归贾胡同南口创办了“盛聚福”帽庄,主营草帽制作,秋季兼营弹棉花。直奉战争期间,为避战乱,刘锡三将“盛聚福”迁至法租界天增里旁,前店后厂,楼上制作,楼下销售,雇工四五人。1925年,刘锡三独资经营并租到东莱银行产业的两层楼房。刘锡三将帽店迁入新址,改名“盛锡福”帽庄,并以“三帽”商标注册,同时他辞去了洋行职务,专营帽业。为扩大经营,他向东莱银行贷款18万,在法租界内盖起一座欧式风格的六层楼房,作为“盛锡福”新厂。

  为与洋货相抗衡,刘锡三首先在技术上下功夫,引进国外先进机器设备和生产技术。1919年,刘锡三花重金购买了全套电力制造草帽机器,几年后又陆续添设了皮帽工厂、便帽工厂、缎帽工厂。20世纪20年代,日货垄断了天津草帽市场。日商利用中国廉价草帽缏,加工制作出日式硬平顶草帽,外形美观,获利颇丰。刘锡三见状,买下法国人桑斯的一台折式草帽机器,又从青岛聘请手艺高超的漂白技师,尝试用普通漂白草帽缏仿制类似帽子。经过刘锡三的改良和创新,这种仿日式硬平顶草帽,成本大幅降低,而且款式新颖,特别是其首创以各色毛线棉线与棕丝等辫制的女帽,畅销全国及东南亚地区。刘锡三更注重新式图样的研发。为及时掌握市场信息,他让通晓外语的员工编写外文资料,推销总厂产品和获取国外先进技术,并从美国订阅《帽子生活》等期刊,发现新式图样即送厂研发。1929年在菲律宾马尼拉举办的国际博览会上,"三帽"草帽获金奖。夏季供应的各式草帽,有西式硬胎草帽、巴拿马草帽、毛棉棕合编草帽等;冬季有各种皮、棉、绒帽,名贵者如银针海龙英式、水獭英式、灰剪绒土耳其式等裘皮帽;春秋季则供应各色呢帽、鹅绒呢帽和高级缎帽等。还有儿童帽,老年妇女戴的绒帽,以及工矿企业用于劳动保护的工人帽等。

1937年七七事变前,盛锡福的业务得到了迅速发展,全年生产各种帽子40万顶,呢帽产量最高达到24万顶。其产品不仅外观色彩亮丽、样式新颖、品种齐全,而且四季皆备,应有尽有。代销处遍及北平、南京、上海、武汉、重庆、青岛、济南等地,以及海外20多个国家和地区。

刘锡三不仅经商有方,而且爱乡、爱国,热心慈善活动。五四运动期间,山东商人以切肤之苦痛投身于天津乃至全国的反帝浪潮中,刘锡三就表示:"查此如能永远废止内战,诚为发展教育、振兴实业之良计,安内御外,强国利民,此乃救国之真道也。"1930年,"山东旅津同乡会"为在津贫困子弟创办山东公学,身为董事的刘锡三捐献大洋300元。山东公学创办后,家境贫寒的儿童可免费入学,刘锡三每月负担办学经费20元。该公学一直维持到1939年。1946年,刘锡三参与重建了"山东登莱旅津同乡会",并担任常务董事。登莱同乡会购义地、置房产,为同乡浮厝灵柩数十具。1948年冬,山东部分地区受灾,刘锡三与其他理事共同出资邀请京城名角程砚秋来津义演,先后共募集善款2万多元。

1948年,刘锡三去台湾经商,后在台湾病故,终年86岁。

参考文献：

刘占慈：《刘锡三和"盛锡福"帽庄》，载山东省政协文史委编：《山东工商经济史料集萃》第3辑，山东人民出版社，1989年。

天津市政协文史委编：《近代天津十大实业家》，天津人民出版社，1999年。

（王　静）

刘 锡 瑛

刘锡瑛(1894—1966),字毓华,直隶滦县人,出生于滦州壬莘庄的一个小康之家。幼年他专心读书,学习成绩一直名列前茅。1917年,刘锡瑛从遵化中学毕业,以优异的成绩考入北洋大学。由于家境每况愈下,每月十数元的学杂膳宿费用都难以保证。为了减轻家庭的经济负担,大学未毕业,他便参加官费留学考试,并以优异的成绩考取了官费留学资格。

1920年夏秋之交,刘锡瑛赴美国留学,先是入麻省理工学院电机系学习,两年后又考入哈佛大学研究生院,1924年获电机硕士学位。在美留学期间,由于国内政局不稳,战事频仍,北洋政府常常拖欠应支付的留学生的生活费,有时一连数月分文不发,事后又不追补。为维持生活,刘锡瑛只得利用课余时间和寒暑假去打工。美国的大学不供给学生食宿,他便租最便宜的房子,吃最廉价的饭菜,有时一连数月以马铃薯和面包充饥。

1925年春,刘锡瑛学成回国,受聘于直隶公立工业专门学校,任物理和机械教员,从此投身于教育事业。1926年夏,刘锡瑛经朋友介绍赴奉天,担任私立冯庸大学电机学系教授。1929年暑假后,刘锡瑛受聘于张学良任校长的东北大学工学院。刘锡瑛以他渊博的学识、严谨的治学态度,很快便受到学生们的欢迎和同行的认可。正当他才华初露、欲展宏图之时,日本发动了九一八事变,一夜之间沈阳沦陷,不甘心做亡国奴的东北大学师生纷纷流亡关内,刘锡瑛回到天津。1932年春受聘于母校——北洋工学院,担任电机学系教授。

1937年7月,日本占领天津,北洋工学院迁往西安。当时由于情势紧迫,又值暑期,正在滦县家乡休假的刘锡瑛未接到校方内迁的通知,当他打听到北洋与平大、北师大成立西北联合大学的消息时,决定投奔西北联合大学。国难当头,学校条件很差,生活也很艰苦,但刘锡瑛同广大教师一样,心系国家,不计报酬、不怕辛苦地承担着西北联合大学的教学任务,非常认真地教课。

1945年8月抗战胜利,沦陷时期内迁的高等院校纷纷筹备复员。1946年暑假后,刘锡瑛回到已经复校的北洋大学任教授兼教务长。1948年末,国民党在华北一带的统治大势已去,一部分人主张北洋大学南迁。刘锡瑛站在广大北洋师生一边,坚决反对南迁。天津解放前夕,校长李书田准备离开大陆。临行前,李书田拿出一张当时很难搞到的飞机票,劝刘锡瑛同他一起离开天津。刘锡瑛没有接下机票,他对李书田说:"共产党的功过是非日后自有公论。共产党来了,我仍然要在生我养我的这片土地上办教育,哪儿也不想去。"[1]他毫不犹豫地留在了天津,并以北洋大学教务长的身份主持校务,和师生们一起保护着学校,准备迎接解放的曙光。

1949年1月15日,天津解放,北洋大学完整地回到人民手中。天津市军事管制委员会任命刘锡瑛为校务委员会主席,刘锡瑛成为新中国成立后北洋大学第一任主要负责人。

1951年4月,中央人民政府教育部在北京召集国立北洋大学和河北工学院的校(院)长、教务长、秘书长及学生会、工会的代表开会,商讨两校合并的问题,作为全国高校院系调整的试点。随后,由教育部、中共天津市委、市政府及两校代表组成了并校筹备委员会。6月2日,中央人民政府教育部部长马叙伦签发"高三字第533号"文件,批准合

---

① 天津市政协文史委编:《天津文史资料选辑》第54辑,天津人民出版社,1990年,第36页。

并后的校名为"天津大学",校务委员会主任是刘锡瑛,副主任是赵今声、潘承孝。

1952年院系调整后,刘锡瑛任天津大学第二副校长,主管教学与教师工作,他在工作中不仅顾大局、识大体,而且公正无私、仗义执言。刘锡瑛的个人修养非常好,素以"四不"自律,即不闲聊天、不发牢骚、不夸己长、不论人短,以致与他共同生活了18年的夫人杜碧涛都很少了解他的生平事迹。下班回家后,刘锡瑛除了看报,就是读书。他不仅对专业书刊勤学不辍,还喜欢阅读毛泽东的著作,尤其是《矛盾论》《实践论》等哲学著作,反复读过多遍。他还酷爱书法,能临摹"二王""南帖北碑"。

刘锡瑛曾任九三学社中央常委,九三学社天津市第一至第三届委员会主任委员,天津市政协第一至第四届副主席,第二至第四届全国政协委员。

1966年9月19日,刘锡瑛去世,终年72岁。

参考文献:

天津市政协文史委编:《天津文史资料选辑》第54辑,天津人民出版社,1991年。

中共河北省委党史研究室编:《中国共产党河北历史大辞典》,中共党史出版社,1990年。

左森主编:《天津大学人物志》,天津大学出版社,1993年。

(郭嘉宁)

刘 喜 奎

刘喜奎（1894—1964），本名刘志洁，祖籍河北省南皮县，1894年生于天津。其祖父刘有铭是清道光年间进士，官至工部左侍郎。其父刘义文曾任北洋水师致远舰大副，甲午海战后流落到营口，不久后病死。刘氏母女缺衣少食，家贫不能自给。当时，梆子坤伶盛行于津、沪，时年8岁的刘志洁入梨园行，先后师从耿大力、五月鲜、毛毛旦等名角，初习老生，艺名连奎，后改学花旦，改艺名为喜奎。

刘喜奎在营口、天津、哈尔滨、海参崴等地一边学艺，一边随班唱戏。1910年，刘喜奎返回天津，跟梆子艺人小金钟、七盏灯（毛韵珂）继续学戏，改习花衫。1913年，刘喜奎在天津大观园，与擅长编戏、教戏的男旦名家杨韵谱一起演出了《蝴蝶杯》，两人配合格外默契，观众好评如潮。刘喜奎、杨韵谱的合作被报人誉为"珠联璧合"，刘喜奎声名鹊起，每次登台，必定满堂彩。天津的戏园争相以重金请她演出，唯恐落后。

此后，杨韵谱又为刘喜奎加工了《拾玉镯》《罗章跪楼》《采花赶府》《双盒印》《蜜蜂计》《花田错》《卖油郎独占花魁女》《万花船》《杜十娘》等一批传统剧目，以及《荣三贵》《宦海潮》（京剧名角尚和玉参加演出）等一些新编古装戏。同时，刘喜奎受早期话剧活动家王钟声等人的影响，立志于改革梆子艺术，排演了暗讽袁世凯父子的《铁血彩裙》、宣传妇女解放的《水底情侣》、号召戒烟的《黑籍冤魂》《烟鬼叹》（京剧名角李吉瑞等参加演出），以及针砭时弊的《新茶花》时装新戏。《新茶花》公演后轰动京津，下天仙、东天仙、金升园等几家大戏园争相聘邀他们去演出。1916年,《顺天时报》主办了选举"伶界大王"的投票活动,刘喜奎获得"伶界大王"的称号。刘喜奎还到济南、青岛、上海、武汉、哈尔滨、海参崴等地演出,每到一地无不受到热烈欢迎。

刘喜奎是声震大江南北的女伶魁首,但她始终洁身自爱,威武不屈,富贵不淫。她倡议并身体力行改革旧戏班陋习,恪守不拜客、不照艳装像、不做商业广告等几项原则。无论多么有权势的人请她唱堂会,她一律拒绝点演色情戏。日常生活中,她更是循规蹈矩,举止端庄。她虽然收入相当充裕,生活却极其朴素。但是即便如此,仍然无法杜绝各种势力对她的威逼利诱。上至北洋政府的几任大总统,下到市井无赖,都把她当作猎取的目标。最后,刘喜奎不堪忍受权贵们的凌辱,毅然选择在演艺事业的黄金时期退出舞台。1925年,她和一位姓崔的陆军部职员结婚,隐居起来。

新中国成立后,文化部戏曲改进局副局长、中国戏剧家协会副主席、戏剧家马彦祥,受中共中央副主席周恩来委托,专程拜访隐姓埋名20多年的刘喜奎。马彦祥转达了周恩来对刘喜奎的问候,邀请她参加新中国的戏曲建设事业。1950年3月8日,刘喜奎应邀出席中央人民政府政务院在北京饭店举行的庆祝三八国际妇女节招待会,在会上周总理对刘喜奎与北洋军阀的斗争给予了充分肯定,称赞她代表了中国妇女的志气、骨气。此后不久,刘喜奎被戏曲改进局请到中国戏曲学校任教,经周恩来亲自批准,她和王瑶卿等七位戏曲界人士一道,在中国戏曲学校享受教授职衔和工资待遇。1952年6月至10月,她参加戏曲界老艺术家为声援中国人民抗美援朝的募捐义演,在《法门寺》中扮演宋巧姣。后来她担任了全国妇联委员。

1964年,刘喜奎在北京病逝,终年70岁。

参考文献:

1960年河北梆子史调查组在北京采访刘喜奎的笔记。

周宝华:《一代名伶——刘喜奎》,载山西省南皮县政协文史委编:《南皮县文史资料》第1辑,1989年内部印行。

中国戏曲志编辑委员会编:《中国戏曲志·天津卷》,文化艺术出版社,1990年。

(甄光俊)

刘 仙 洲

刘仙洲(1890—1975),本名鹤,又名振华,字仙舟,直隶保定人。1890年1月27日(清光绪十六年正月初七日),刘仙洲出生于保定完县唐兴店村的一个农民家庭,童年即下地劳作,深感农民之艰辛。1906年进入县立高小,转年考入保定崇实中学学习,改名振华。求学期间,刘仙洲受反帝反封建思潮影响,倾向进步。1908年加入同盟会,积极参加辛亥革命。他曾与数人试制炸弹,谋炸京汉铁路唐河大桥,以阻止清军南下镇压武汉的起义军。

1913春,刘仙洲考入北京大学预科实部(理科),次年考取河北省公费留学,入香港大学机械工学部学习。1918年,刘仙洲的毕业试卷经伦敦大学审查,获颁香港大学一级荣誉毕业证书,并被授予工程科学士学位。毕业后,他放弃香港大学保送赴英国深造的机会,回到保定,在育德中学附设之留法勤工俭学高等工艺预备班任机械学教员。他认为:"中国人教中国人,恒用外文课本,有时更用外国语讲解,长此不易,我国学术永无独立之期,国将不国。"[1]因此,他以国语讲课,并发愤编写中文教材,每教一门课,便写成一本教材,从1918年陆续写出《机械学》《蒸汽机》《内燃机》《普通物理学》《农业机械学》等6本教科书。此后,又编写出《机械原理》《热机学》《热工学》等教材。这些教科书由普通物理、画法几何到机械学、机械原理、热机学、热工学等,成为我国中文版机械工程教材的奠基者。有些教科书后

---

①北京市协政文史委编:《文史资料选编》第8辑,北京出版社,1980年,第103页。

来多次增订再版，并编入《大学丛书》《万有文库》，长期广泛使用于各工科院校。

1932年，刘仙洲受中国机械工程师学会的委托，编订《英汉对照机械工程名词》。他查阅了我国明代以来涉及工程的书籍数十套，汇编成记有各种名称的万张卡片，按照"从宜""从俗""从简""从熟"的四大原则，从中选取一个恰当的名词。这项编辑工作历时一年多，汇集成1.1万多个名词，1934年由商务印书馆正式出版，又于1936年、1945年两次增订，词汇由一万多增到两万多。《英汉对照机械工程名词》的出版，受到工程界的热烈欢迎，我国机械工程名词从此逐步统一起来。新中国成立后，中国科学院编订的《英汉机械工程词汇》的前言中指出："本编是在刘仙洲同志的《英汉对照机械工程名词》基础上进行编订的。"

1924年8月，刘仙洲到天津任北洋大学校长。此时正是北洋军阀混战时期，在他担任校长的四年间，仅拨付了两年的经费，学校经常发不出薪金。刘仙洲与全校师生惨淡经营，使学校取得相当的成就。刘仙洲决心把学校造就成"东方麻省理工大学"，先后聘请留学归国的茅以升、石志仁、侯德榜等名人来校任教。他认为："大学所负之责任，非仅造就所有在校之青年，使研究高深学术以备国家社会之需用而已，同时至少尚负有两种责任：其一，对于社会上所发生之困难问题均可请求工科大学相当之教授加以研究与指导；其二，关于各学科之最新学理与最近历程应随时向社会加以介绍，俾校外一般人士得各取与一已事业相关之点加以比较与采用。"[1]

1928年，刘仙洲辞去北洋大学校长职务，担任东北大学机械系主任。1932年，清华大学创办机械系和工学院，刘仙洲到清华大学任教。1937年七七事变后，清华大学与北京大学、南开大学南迁，在昆明合组

---

[1]全国高校校史研究会编：《道与术——中国著名大学校长的办学理念与治校方略》，南京大学出版社，2014年，第180页。

"国立西南联合大学",刘仙洲作为清华大学教授任教于西南联大工学院。1947年,国民政府准备让刘仙洲出任北洋大学校长,但刘仙洲借口眷恋"清华学术风气深厚",坚辞不就。

新中国成立后,刘仙洲担任清华大学第一副校长,河北省人大代表、省人民政府委员,第一至第四届全国人大代表,中国科学院技术科学部委员,中国自然科学史研究委员会委员,中国机械工程学会副理事长,中国农业机械工会副理事长、理事长等职务。1955年10月,刘仙洲加入中国共产党。

"文化大革命"时期,刘仙洲受到冲击。毛泽东主席非常关心刘仙洲的工作与生活,亲自指示:恢复刘仙洲同志的组织生活。[1]

刘仙洲素以教学作风严谨著称。他严格要求学生,同时也严于律己,讲课从不用那些含混不清的工程术语。他授课时注重理论与实际相结合的教学法,让学生在听课的同时,观摩和接触实物或模型,在条件允许的情况下,拆装有关机械,学会使用它们,从而加深理解原理及应用。在向学生布置作业时,总是明确规定纸张规格、作图比例、中心线位置、各种线条的粗细等,倘违要求,一律退回,限期重做。

刘仙洲对中国农业机械发展做出了巨大贡献。1920年,华北五省大旱,他自行设计并在留法勤工俭学预备班的实习工厂试制了两种提井水的新式水车,一种用人力,一种用畜力,制造简单,效率也高。这种水车被推广200多架,受到农民的普遍好评,获得国民政府农商部颁发的奖状。抗日战争期间,他在昆明搞过改良犁、水车和排水机的研究工作,并发表论文《中国农器改进问题》。作为华北农业建设委员会委员和华北农业机械总厂顾问,他热情参加在华北推广10万台水车的工作,每个星期六他都到工厂与技术人员一起研究农业机械,解决试验中的关键技术问题。1956年,他主持制定我国农业机械化、电

①谢静宜:《毛泽东身边工作琐忆》,中央文献出版社,2013年,第265页。

气化的长远规划,为我国农业科技事业的发展奠定了基础。

刘仙洲在学术上最突出的成就是对中国机械发明史开拓性的研究工作。早在20年代,刘仙洲就开始发掘这些宝贵的文化遗产,1933年写出了《中国旧工程书籍述略》,1935年发表了包括交通工具、农业机械、灌溉机械、纺织机械、雕版印刷、计时器、兵工等13个方面的《中国工程史料》。1961年,他向中国机械工程学会成立十周年年会提交专著《中国机械工程发明史》第一编。在这部专著中,他系统地总结了我国古代在简单机械的各种原动及传动机械方面的发明创造,为人类科学技术史增添了新篇章。其中述及的十多项重大发明创造,如东汉张衡、唐代张遂与梁令瓒的水力天文仪,北宋吴德仁的指南车和卢道隆的记里鼓车,元末明初詹希元的五轮沙漏等,均复制成实物,陈列于北京的中国历史博物馆。

1953年,刘仙洲编导了科教片《钟》。1956年9月,他应邀到意大利出席第八届世界科学史会议,宣读论文《中国在计时器方面的发明》,提出:公元2世纪,中国在齿轮的使用上已有相当高的水平,可以推断东汉张衡水力天文仪所附的计时器已经采用齿轮系作为传动机构,否则很难得到上述天文钟规律性的运动。英国剑桥大学教授J.李约瑟当场表示相信刘仙洲的这一推断,并在后来发表的论文中引用了刘仙洲设计的这种水力机械的复原图。刘仙洲又根据有关文献和考古新发现进行深入研究,证实了张衡是中国创造机械计时器的第一个人,比西方约早一千年。

1975年10月16日,刘仙洲在北京因病去世,终年85岁。

参考文献:

《老清华》编辑组编:《老清华》,中国文史出版社,2016年。

贾红星主编:《河北科学技术史》,人民出版社,2013年。

顾良飞、李珍主编:《君子——清华名师谈育人》,清华大学出版社,2015年。

（郭嘉宁）

刘 云 若

刘云若(1903—1950),曾用名兆熊,字渭贤,天津人。14岁随叔父客居保定,在当地中学读书。18岁随父返津,入扶轮中学读书。"他酷爱文学,举凡世界名著、野史、笔记小说均有涉猎"①,在校期间所写话剧《结缡劫》在该校上演。中学毕业后做过列车乘务员。

1926年前后,刘云若开始给《东方时报》投稿,受到该报编辑吴秋尘的赏识,后经吴氏推荐结识天津报界名人王小隐。经王小隐介绍,刘云若出任《北洋画报》编辑。20年代后期,刘云若离开《北洋画报》,到《商报》主持副刊,改该报副刊"杂货店"为"鲜花庄",同时兼任《商报画刊》主撰,成为天津报界知名编辑。

1929年,刘云若的长篇小说处女作《燕蹴红英录》在天津《商报》连载,但未能完篇。1930年春,《商报》编辑沙大风筹办《天风报》,刘云若被邀主编副刊"黑旋风"。在此期间,他的长篇小说《春风回梦记》在《天风报》连载,大受欢迎。此后他便致力于小说写作,成为职业作家。三四十年代,他先后创作了《春风回梦记》《情海归帆》《红杏出墙记》《小扬州志》《旧巷斜阳》等60多部社会言情小说,其中有5部小说被拍成影片,《春风回梦记》《红杏出墙记》等小说还被改编为话剧、评剧。1933年10月,刘云若自办《大报》,连载了《续春风回梦记》,并推出郑证因的武侠小说处女作《风尘三杰》。后因转载《闲话皇帝》,于1935

---

①阿吉:《小说家刘云若》,载天津市政协文史委编:《天津文史资料选辑》第33辑,天津人民出版社,1985年,第80页。

年6月被勒令停刊。40年代末,刘云若在写作小说的同时重新做起编辑。1947年3月,刘云若开始主编《星期六画报》副刊"鲜花庄津号"。1948年2月,又主编《星期日画报》漫谈专版"小扬州"。即便是成为著名小说家后,刘云若对办报编刊还是抱有很大热情。

刘云若的社会言情小说大致可分为四类。第一类是《春风回梦记》《情海归帆》《冰弦弹月记》《云破月来》等,大都具有自传色彩,写的多是自家怀抱,行文哀怨缠绵,可以"哀情"名之。第二类是《绛雪蓝云》《秋扇春风》《粉墨筝琶》等,描写沦陷区市民的苦闷生活和感情际遇,"苦情"是其描写的重点。第三类是《红杏出墙记》《换巢鸾凤》《娬媚英雄》等,以情节曲折、感情缠绵离奇著称,其中所写男女之情,皆非常人在太平时代所能经历。刘云若在这些小说中大都设置多角恋爱,旨在凸现"畸情"人生。他善于运用"巧合""误会"等手段设计情节,同时精于设置悬念,使本已"循环纠结"的情节更加扑朔迷离,扣人心弦。第四类以《小扬州志》《旧巷斜阳》为代表,侧重书写社会万象,言情成分虽多,但旨在揭示社会内涵。此类小说大都描写社会底层人民的悲苦生活,行文冷峻、辣烈,但字字句句都深蕴着作者的同情。这类小说中的贩夫走卒、遗老雏妓,多为闲角,他也一一以情写来,亦可洞见当时的世态人情。刘氏小说以此类最为用心,也最成功。如《旧巷斜阳》便是20世纪40年代天津社会的风情画。自刘云若始,才有了真正意义上的天津作家写天津人的小说。

刘云若以小说名世,诗文鲜为人知,有《待起楼诗稿》[1]存世。散文则尚待整理。其诗词内容主要有两大类:歌咏时事和自写心怀。其歌咏时事之作,信笔写来,直指社会丑象,嬉笑中多藏着评判的长矛。《歌场三不见》《赋得戏台上》等即是这类作品。自写心怀的独白之作,如

---

[1] 张元卿编:《待起楼诗稿》,载天津问津书院编:《问津》第1卷第7期,2013年内部印行。

《春日偶成》《过宝琴楼》等。刘云若的散文,大致有应景之作、时评、游记和谈艺小品等。足见刘氏性情的是一些针砭时弊的时评,如《为悼灾民下半旗》《浴堂之花》等。这些杂文长短不一,但非常活泼,锋芒锐利。谈艺、游记类文章如《太平洋听玉记》等最能见其辞章功夫。刘云若的诗文,无论是"高谈阔论",还是"浅唱低吟",都尽可能客观地观察和描述时代生活。无论是对世事的率直议论,还是对心灵的着意抒写,他都力求说自己的话,很少用矫饰的言语。

1950年2月18日,刘云若因突发心脏病去世,终年47岁。

2000年落成的中国现代文学馆,陈列了刘云若的17部小说。

参考文献:

张元卿:《刘云若论》,《通俗文学评论》,1997年第2期。

范伯群:《中国现代通俗文学史(插图本)》,北京大学出版社,2007年。

王之望、闫立飞主编:《天津文学史》,天津人民出版社,2011年。

(张元卿)

刘 子 久

　　刘子久（1891—1975），名光城、光成，字紫九、子久，号饮湖、观成，生于天津西窑洼刘家大院。其父刘文濬以行医养家，生有六男二女，子久排行第五子，在家族同辈兄弟中排行第九。

　　刘子久自幼受父兄启蒙，喜欢读书画画，常临摹家藏《芥子园画谱》。1903年入天津城隍庙小学读新学，1907年考入天津南开中学。1908年考入北京陆军测量学校制图科，主修地质专业，得以赴京郊燕山深处的关隘、险峰、谷壑、水口、河滩考察与测绘，将测绘工作与山水写生相结合。1914年北京故宫古物陈列所成立，将皇家书画陈列于文华殿、武英殿，刘子久常去观赏和临摹。1915年考入中央制图局高等班深造，业余学习油画。1919年，金城、陈师曾、周养庵等人创立了中国画学研究会。1920年刘子久拜金城为师，加入中国画学研究会，并于1921年前后创作了一批花鸟画，现藏天津博物馆的有《奇石鹎鸽图》《泉石鹰隼图》《秋月啼鸦图》等20多幅，既有古风，又有新意，颇受老师及同仁好评，初登画坛，已崭露头角。

　　1923年起，刘子久作《仿黄鹤山樵青汴隐居图》《曳杖临流图》《溪亭观泉图》等山水画，开始研究元代山水笔法，其得恩师金城嘉许。1924年与金城合作《天竺鸟石图》《芦雁图》等作品。1926年金城逝世，刘子久全力协助金城之子金开藩创建湖社画会，成为湖社的骨干，并担任画会评议、干事与国画导师，其人品画品在画界声誉日高。《湖社月刊》创办于1927年11月，至1936年3月停刊，每月一期，共出100期，是中国二三十年代国内水准最高、极富内蕴和史料价值的画刊。

其中记载刘子久书画活动与绘画创作的内容颇丰,也见证了其从以花鸟画创作为主的画家逐步转为以山水画创作为主的全能型书画家的历程。

1934年,刘子久完全辞去了农矿部北平地质调查所的工作,出任天津市立美术馆秘书。是年暑期,馆长严智开调任北平国立艺术专科学校校长,刘子久以秘书兼第二股主任的身份成为天津市立美术馆的常务负责人。至1940年9月,他协助严智开为美术馆收藏3600多件古今艺术佳品,定期分批陈列。他在国画教学上更是认真负责,循循善诱,许多学员都在20世纪50年代以后成为书画名家。1937年6月,他因患青光眼赴北平协和医院进行手术治疗,创作数量明显减少。

1938年,刘子久组织湖社画家第二次到天津美术馆举办展览,深受津沽画界好评。1939年天津大水,刘子久与弟子刘维良、黄士俊、李文渊、俞嘉禾等人,在天津美术馆举办"刘子久师生画展",所得画款全部用于赈济津沽灾民。1940年,北京荣宝斋在天津建立分店,经理张茂如、王道昌特邀刘子久挂笔单予以支持,刘子久与弟子们在天津美术馆合办师生画展,将天津荣宝斋与津门画家紧密联系起来。1942年严智开病故,刘子久继任美术馆馆长。时值日伪统治时期,馆址几迁,他艰难办馆教学,正如《松鹰图》题诗所说:"英雄老态倦长鸣,也欲逃禅学放生。睥睨中原三万里,任他狐兔日横行。"

刘子久国画创作在三四十年代形成了深邃、苍劲和洗练的艺术风格。仔细品味他的山水画,可以看出他的作品中精心融入了郭熙、李唐、戴进、樊圻等人布局严谨、用笔刚劲稳健的特色。他承袭了王原祁的积墨法,墨色厚重,富于变化,耐人寻味。画山石、树木得力于王石谷结体紧密的长处,给人以真实生动之感。他的画融南北诸家于一体,于秀丽中透出一股淳朴的韵味。他亦工花鸟,早年作品受金城的指教,从宋元入手,重彩勾勒,工致典雅。他又学习沈周、赵之谦诸家写意画法,笔墨简括朴厚,点染工稳,富有新意。①他是传统基础上的革新者,为中国传统绘画的延续和发展起了传薪继火的作用。

新中国成立后,天津市立美术馆改名为天津市艺术馆,刘子久继续任馆长。1952年,天津市艺术馆与原河北省博物馆、天津广智馆合并为天津市历史博物馆,刘子久任博物馆艺术部主任。1954年天津市国画研究会成立,他被选为主任委员。同年5月被天津市人民政府聘为天津市文史研究馆馆员。他先后担任中国美术家协会理事、天津市美术家协会副主席,并连续当选天津市第一至第五届人大代表。他与刘奎龄、陆文郁、刘芷清、萧心泉被尊称为"津门画界五老"。

新中国成立后,刘子久的国画代表作有《支援前线》《给军属拜年》《为祖国寻找资源》《冒雨铺轨》《林海雪原》《长城放牧》《把物资运到祖国边疆》《参军光荣图》等,既保留了中国画的传统笔墨气韵等特点,又建构出新时代的意境,是以传统技法表现新时代、新生活的先驱。天津人民美术出版社于2000年出版发行了《刘子久画集》,其中有些作品已为国家美术馆收藏。

1975年3月18日,刘子久因病去世,终年84岁。

参考文献:

刘子久绘:《刘子久画集》,天津人民美术出版社,2000年。

何延喆、刘家晶编:《中国名画家全集·刘子久》,河北教育出版社,2003年。

(邢津　王振德)

---

① 崔锦:《刘子久——20世纪中国画坛的一颗星》,载刘子久绘:《刘子久画集》,天津人民美术出版社,2000年。

柳 无 忌

柳无忌(1907—2002),本名柳锡礽,笔名啸霞、萧亚、无忌,祖籍江苏省吴江县。他出身书香门第,父亲柳亚子是现代著名诗人,也是辛亥革命时期重要文学团体"南社"的领导人。柳无忌自幼接受中国旧式私塾和"南社"贤达的启蒙教育,10岁时就加入了其父柳亚子组织的文学团体"南社",具有良好的国学功底。1920年,柳无忌在家乡的小学毕业后便赴上海圣约翰青年会学校读书,1922年毕业。由于学习成绩优秀,柳无忌得以插班读圣约翰中学三年级。圣约翰中学除国文外,所有课本均为英文,老师上课也用英语进行教学,从而为柳无忌奠定了良好的英文基础。

1924年夏,柳无忌从圣约翰中学毕业,因成绩优异获得免费进入圣约翰大学读书的资格。柳无忌选择了化学作为自己的主修专业。然而1925年上海发生五卅惨案,群情激愤,商人罢市,工人罢工,学生罢课。在圣约翰读书的柳无忌先是参与了罢课,而后又毅然离开了这所洋学堂。后来,柳无忌在其舅父的帮助下转入北京清华高等预科学校继续学习了两年。最初柳无忌主修的仍是化学,后来由于兴趣使然,入校的第二年他便弃理从文,师从朱自清等文学大师学习文学,还接触到梁启超、王国维、陈寅恪、赵元任等学术大家。

1927年,柳无忌从清华毕业,以"公费"(庚子赔款)的形式赴美国留学。1928年,柳无忌以优异的成绩从美国劳伦斯大学毕业并取得学士学位。随即他申请进入耶鲁大学研究院博士班,读英国文学。当时英文系研究生名额只有100名,此前根本没有中国学生攻读博士学位。柳无忌被录取了。柳无忌在耶鲁选读著名教授泰勒讲授的少年歌德,他读遍歌德在少年时代所写的小说、戏剧、诗歌与书信,同时埋头图书馆,以中文撰写了《少年歌德》一书。该书于1929年由北新书局出版。1931年,柳无忌获得美国耶鲁大学文学博士学位。当时,清华规定学生在美留学五年,如在四年内得到博士学位,可以申请去欧洲进修一年。柳无忌旋即做赴欧洲进修的准备。这期间,柳无忌与罗念生、罗皑岚、陈麟瑞等清华留美同学在纽约创办《文学杂志》,此刊由罗念生编辑,吴学贤负责发行,柳亚子任名誉主编,刊物共出4期。柳无忌发表新诗和诗论多篇,翻译莎士比亚诗歌9首。同年秋季,柳无忌去伦敦大不列颠博物馆阅读中国通俗文艺书籍,同时在伦敦大学某女子学院修习德国文学史。圣诞节前后,修毕一学期的德国文学史之后,柳无忌离开伦敦前往巴黎,并在法国国家图书馆继续研究中外文学。其间,柳无忌以"啸霞"为笔名发表了很多首诗歌。1932年7月,柳无忌学成回国。

柳无忌回国的第二个月,便应聘担任南开大学英文系教授。南开大学英文系于1931年正式建立。第一任系主任是诗人翻译家陈逵。1932年陈先生辞职离校,此时恰逢柳无忌携新婚夫人高蔼鸿女士来校任教,时年25岁的柳无忌风华正茂,立即愉快地接任系主任之职。作为英文系的领军人物,柳无忌身先士卒,教授多门课程,有英国文学史、英国戏剧、文学批评及现代英国文学等。柳无忌为了提高教学质量,广罗英才,引进了多位海外留学归来的饱学之士加强英文系的师资。柳无忌请来了学界名流来南开为学生授课、做讲座;为了提高学生的学习兴趣,他还组织学生参演英文剧,创办人生与文学社,印行《人生与文学》月刊;组织开展丰富多彩的课余活动。在柳无忌的大力推动下,南开师生积极参与这些活动,教学质量得到提高。南开大学英文系虽然创办不久,但成长迅速,很快就在国内诸高校中独树一帜,名声大振。繁忙的教学和行政工作并没有让柳无忌放下手中的笔,他笔耕不辍,不仅在《人生与文学》上发表了不胜枚举的诗歌、书评、杂文、学术论文,还有《乔塞及其作品》《十九世纪的英国浪漫诗歌》等译著问世。其间,柳无忌还主编《益事报·文学周刊》,并与上海商务印书馆接洽出版英国文学丛书。

1937年七七事变之后,学校遭日军破坏。南开与清华、北大被迫先迁至长沙,组织临时大学,后又南迁昆明,组成西南联合大学。1938年5月,柳无忌跟随学校师生一起辗转来到昆明。当时的西南联大集中着华北三所最高学府的精华,那时的外国语文学系也是教师阵容强大,汇集了各个学派的精英。在联大外文系,柳无忌执教其最为擅长的文学史和戏剧。当时的物质生活虽然比较匮乏,但精神生活却相当充实而快乐。就在这一时期,柳无忌和曹鸿昭合译的《英国文学史》也由中华书局出版,并被列入"部定"大学用书。他翻译的小说《国境上》和译著《英译战时散文选》于1940年发表。1941年,柳无忌为了和家人团聚辞去了联大教职,来到重庆中央大学任教。这一年柳无忌发表了《西洋戏剧发展的阶段》和《欧洲文坛探胜记》。1943年,柳无忌发表了诗歌《青春的光华》,翻译短篇小说《攸莱丽的房子》,译诗《去国行》,译著《法国中世纪的戏剧》,译著《现代英国文学的背景》,在《文学创作》上发表《南岳日记》,出版诗集《抛砖集》等,他的《曼殊大师纪念集》也由重庆正风出版社出版。他还主持收集翻译中国抗战文学的工作。1944年,柳无忌不仅发表译著《蒲伯与讽刺的艺术》、散文《我的祖母》、名著评介《沙恭达罗(附论印度的戏剧)》,9月还发表论文《印度的禽喻文学》。同年秋天,柳无忌接受委任代理外文系主任之职,同时兼任师范学院英语系主任,新成立的外国语言文学研究所主任及俄文专修科主任。他和范存忠合编的《近代英国散文选》出版,英文课本《近代短篇小说选》第一集由重庆开明书局出版。抗战期间,柳无忌一直工作在教育的前线,八年之中发表论文40余篇,编撰书稿16部,逐渐成为国内外知名学者。

1946年，柳无忌应邀携家人赴美国佛罗里达州的罗林斯大学任客座教授，讲授英文和中国文化。1948年，柳无忌争取到一笔研究奖金，到位于美国康涅狄格州的耶鲁大学图书馆从事孔子、儒学和中国文学研究。后来，他应聘担任耶鲁大学中文教授。1953年，柳无忌到纽约州哈脱威克大学中国文化系任教，兼任该系系主任。两年后，柳无忌返回耶鲁大学，主持少数民族资料翻译工作。1960年，他应宾夕法尼亚州匹兹堡大学之聘，担任教授兼现代语文系中文部主任。1962年，柳无忌迁居印第安纳州，在印第安纳大学讲授中国文学。次年，印第安纳大学创办东亚语言文学系，柳无忌出任该系首任主任。1972年，柳无忌加入了美国国籍。1976年，69岁的柳无忌从印第安纳大学退休。1978年，他迁居加利福尼亚州。1990年，83岁的柳无忌被在北京成立的中国南社与柳亚子研究会推选为名誉会长。

2002年10月3日，柳无忌逝世，终年95岁。

参考文献：

柳光辽、金建陵、殷安如主编：《教授·学者·诗人——柳无忌》，社会科学文献出版社，2004年。

叶雪芬编：《柳无忌年谱》，社会科学文献出版社，1992年。

南开大学办公室编：《南开人物志》，南开大学出版社，1999年。

（冯智强）

卢 弼

卢弼(1876—1967),字慎之,号慎园,晚年以字行。湖北省沔阳(今仙桃市)人,卢靖[1]胞弟。卢弼出身寒儒之家,其父卢瀛(字晴峰)以教家馆、任塾师为生。卢弼幼时,其兄卢靖已考中举人,步入仕途。卢弼深受父兄影响,1895年入学,相继入经心书院、两湖书院就读,1898年补优廪贡生。曾受业于擅长舆地研究的杨守敬、邹代钧等,因此对边疆要隘、版图增损、本末得失,甚为关心,乐于详加钩考。1898年,卢靖将严复译稿《天演论》的新改本函至卢弼代为刻印。该刻本不仅刊刻时间早且内容较为完善,后各处多以此为底本影印翻刻传播。

1900年卢弼奉派游历日本,1902年奉派赴日本学习师范。1903年在保定任军学编译局事,为直隶学校司编译员、直隶军政司编纂员。1904年再次留学日本,先入同文书院,后入早稻田大学学习。其间,卢弼等于清国留学生会馆中设政治经济社,翻译出版早稻田大学教授的著作。卢弼与黄炳言[2]合译的日本法学类著作,包括奥田义人著《法学通论》、千贺鹤太郎著《国际公法》、清水澄著《宪法篇》及《行政法》等,对加快中国法律近代化步伐具有促进作用。卢弼留日初期还曾任《湖北学生界》编辑。

---

[1]卢靖(1856—1948),字勉之,号木斋,教育家、藏书家、数学家。

[2]黄炳言,生于1882年,湖北沔阳人,字伯青,毕业于湖北农业学堂、日本早稻田大学,1908年获法政科举人,1918年获律师资格。曾任湖北高等法院民庭推事,平政院第三庭书记官,北平法政大学、中国大学、东北大学、河南大学教授,河南高等法院检察官等职。全民族抗战爆发后任伪湖北高等法院院长,1940年5月16日遇刺。

1908年，卢弼从早稻田大学政治经济科毕业归国后，于当年10月14日参加学部第三届游学毕业生会考，经考验列中等，获法政科举人。1909年6月14日，又参加第二届游学毕业生廷试，获二等。卢弼先被签分吏部考功司，后调民政部疆里司，遂以候选道身份奏调入黑龙江抚署。1909年，卢弼先充黑龙江抚署秘书官，襄理机要。1910年，"改派抚署交涉科参事，办理一切事件"①。黑龙江巡抚周树模称卢弼"研精政法，洞澈本原"，且"心思精密，因应咸宜"，"实为边省难得之才"，遂会同东三省总督锡良具奏，保举其为留江补用道。1911年，周树模又会同锡良奏请卢弼出任黑龙江全省调查局总办，还兼任统计局专办、筹备宪政事宜处委员、行政会议委员等职。1911年，卢弼以会勘中俄边界大臣会议委员身份，参与中俄边界谈判。在处理满洲里界务过程中，卢弼等力争满洲里车站权益。

1911年，卢弼调京，先在宪政编查馆任职，历任京师统计局科员、铨叙局秘书、国务院秘书。1913年任署黑龙江高等检察厅检察长、宪法研究委员会委员、蒙藏事务局顾问、署国务院秘书厅秘书长。其间，卢弼谙熟边疆地理的优势，在外交事务中继续派上用场。中俄阿尔泰双方停战案期间，卢弼就商议阿城双方停战事宜及拟定驻兵地点问题提出意见。1914年1月1日大总统令，授予卢弼三等嘉禾章。5月1日，大总统袁世凯废止国务院官制，于总统府设政事堂。卢弼入政事堂机要局，存记叙用，遂任平政院评事，叙列二等，后兼任文官高等惩戒委员会委员。

1915年，卢弼获授上大夫。1916年进叙一等。1917年任平政院第三庭庭长。1918年获律师资格。1922年加派为甄用委员会委员。至1928年北洋政府结束前，卢弼仍任平政院第三庭庭长、文官高等惩

①《黑龙江巡抚周树模奏请将候选道卢弼等留江补用片》，宣统二年十一月十八日（1910年12月19日），载《政治官报》第1130号，第12页。

戒委员会委员。卢弼在平政院任职长达14年之久,其间屡获授勋,相继晋给二等嘉禾章、二等宝光嘉禾章、一等大绶嘉禾章。

卢弼雅爱典籍,性喜收藏,积习成癖,其自云:"弼从政余暇,浏览载籍,博涉旁探,日毋宁晷。"①卢弼居京期间,恣意搜罗古籍,堪称宏富。他不仅悉心研读,博采众长,而且沉涵于考订簿录、校雠诡夺之中,从不觉惮烦。1928年,入仕二十载的卢弼罢官以后,更是得以展其所长。1929年5月,卢弼被故宫博物院聘任为图书馆专门委员。1933年,卢弼从位于北平史家胡同56号的居所迁至天津,在英租界新加坡道购置新居。卢弼自此潜心学术,闭户著述,愈加勤于笔耕。

卢弼居津三十余年,治学严谨,成就非凡。其学术贡献首推对《三国志》的系统研究。为纂成《〈三国志〉集解》这一皇皇巨著,卢弼汇集诸书校语,取舍推勘,"镇日丹黄,几无暇晷"。先于1936年完成《〈三国志〉集解·序例》,1950年又抄成《〈三国志〉集解补》二卷。1957年,《〈三国志〉集解》六十五卷、《〈三国志〉集解补》二卷出版。此外的相关著述尚有《〈三国志注〉引书目》《三国职官录》《〈三国志〉地理今释》及《补〈三国兵志〉·序》等。

卢弼对《水经注》的研究亦颇见功底,1947年曾刊《胡君适之〈考据学的责任与方法〉书后》一文。②他在此文中先阐明相关研究观点,又称自己曾"酷喜是书,尝汇集各家校本",怎奈"频年兵乱,转徙流离,拙斋旧藏,悉已易主",加之"暮年衰朽,握管惟难。有志未逮,良深喟然"。尽管自己拟为《水经注》作疏之愿未了,但他获悉胡适"藏水经注本极多",希望胡适"能为郦注作疏",此举"不仅裨益学人,河防水利,功莫与京。山川如绘,景物增辉,文章华藻,又其次焉"。文末,卢弼称,若"大学诸生,分治各水,群策群力,合成一书(《经籍纂诂》有先

---

①卢弼:《湖北先正遗书·序》,沔阳卢氏慎始基斋,1923年。
②该文署名卢慎之,刊于《大公报》1947年1月29日第7版《文史周刊》第15期。

例),事半功倍,不尤愈乎? 后生可长,来者难诬"。卢弼"老怀期望,兴笔及之",殷切之情溢于言表,仁者之风跃然纸上。

卢弼精通目录版本学,长于考订、校勘,曾辑《慎始基斋校书图题词》,纂《四库湖北先正遗书札记》,与卢靖编刊《古辞令学》《木皮鼓词》《击筑余音》等。卢靖辑刊《四库湖北先正遗书提要》《四库湖北先正遗书存目》《沔阳丛书》《慎始基斋丛书》等过程中,卢弼助力甚大。

卢弼亦长文词、擅诗赋,诗文结集较多,有《慎园诗选》《慎园文选》《慎园丛集》《慎园启事》《慎园笔记》等油印本。其中,天津图书馆藏《慎园吟草》(一作《慎园诗集》)十卷稿本,收录卢弼居津期间创作的诗作737首,其中不乏描摹天津的诗作,如《天津杂咏》等。另如《挽高彤皆》《寿水竹邨人》《天津赵藏斋元礼一字幼梅七十生日》等诗,可见其在津交谊之端倪。[1]1947年,卢弼撰文《清故光禄大夫学部左侍郎严公墓碑》,记叙严修生平及兴学事迹。1953年,卢弼又"清理木斋家书、朋旧函札诗笺,约择存百分之一二",编辑《木斋遗稿》,后于1955年印成。

卢弼除藏书甚丰外,别无积蓄,每遇生计所迫,只得变卖所藏,以渡难关。但他从不待价而沽,而是力求将其转让给北平私立木斋图书馆、北京大学图书馆、楚学精庐等机构,妥为存置。正如他寄赠鄂籍藏书家徐行可的诗序所云:"三十年来沧桑陵谷,拙斋藏书数十万卷,悉已易主。所藏古籍之善本,因购求不易,又念善本书应归藏得其所,故不求高价,尽以廉值售诸北京大学图书馆,以供治学之士参考。"1955年,他将明版《沔阳州志》及卢氏昆仲刊刻的《沔阳丛书》等乡邦文献寄赠沔阳县人民政府。

1956年,金钺撰《沔阳卢慎之先生事略》,文中称:"(其)襟期洒落,体素充腴,七十后步履清健,不操杖而行。今年八十有一。自去冬小

---

①李国庆:《卢弼和他的〈慎园吟草〉》,载天津日报报业集团编:《城市细节与言行——天津600年》卷6,天津古籍出版社,2004年,第290—291页。

病频仍,精力亦视前锐减,而嗜学忘倦,亦由天性然也。"这一年,卢弼曾被特邀列席天津市政协会议。

卢弼晚年尝寄情吟咏且以刻写油印诗文集为精神寄托。1958年,他在至友人信中称:"或谓陈言腐说,不合时宜,只可韫椟而藏;或谓八三老翁著述,不必苛以相绳。既非卖品,专赠耆宿知友,似亦无妨。"已知《慎园词》为1964年油印的竹纸线装本。卢弼在其中挥洒的词句依旧饱含强烈的爱国激情,读来铿锵有力,酣畅淋漓。如在《沁园春·多难兴邦》中,既有"扫尽危机,恢弘壮志,御侮齐心巩国防"的强国愿景,又有"吾虽老,愿澄清揽辔,与子周行"的凌云壮志。

1967年12月31日,卢弼病逝于津,终年91岁。

参考文献:

《卢慎之自订年谱》《慎园自订年谱》《慎园文选》3卷附,载北京图书馆编:《北京图书馆藏珍本年谱丛刊》第198册,北京图书馆出版社,1999年。

刘行宜:《卢木斋、卢慎之兄弟》,载天津市政协文史委编:《天津文史资料选辑》第17辑,天津人民出版社,1981年。

涂宗涛:《〈三国志集解〉著者卢弼》,载《苹楼夕照集》,山西古籍出版社、山西教育出版社,1998年。

卞孝萱:《卢弼与〈三国志集解〉》,载《现代国学大师学记》,中华书局,2006年。

（王勇则）

卢成科

卢成科(1903—1953),天津人。幼时因病双目失明。父母为了他长大后能有生活着落,送他师从著名弦师韩永禄学习三弦。

韩永禄出生于1876年,弦技高超。接收卢成科为徒,韩永禄很慎重。通过试耳音、试唱,他确定卢成科禀赋很高。于是,他收下了卢成科,而且毫不保守,倾心相授。几年后,卢成科已把三弦弹得随心所欲。他曾为梅花大鼓艺人金万昌、京韵大鼓艺人石岚云及时调艺人赵宝翠、张少卿、周翠兰、谢蕴(韵)秋、张畹华等人伴奏。他的手音纯正,刚柔相济,托腔保调严谨,又擅花点,熟谙各个曲种的演唱规律,善于为各曲种艺人的演唱锦上添花。特别是协助赵小福、王佩臣形成了各自的演唱风格,并丰富了时调和铁片大鼓的伴奏音乐。

卢成科对天津艺人创造并所独有的三弦弹戏(又名巧变丝弦)也很擅长。1928年,卢成科受天津广播电台邀请弹奏三弦弹戏,弹奏天津、北京街头巷尾贩卖包子、羊头肉、青萝卜、灌肠等的叫卖声,小孩子、老太太、大姑娘说话声,京剧《四郎探母》中的四郎与公主的对唱,歌曲《四季相思》《苏武牧羊》等。卢成科用三弦模仿这些声音,诙谐幽默、惟妙惟肖、精彩绝伦,很受市民欢迎。

卢成科能用三弦弹奏各种声音,源于他对音乐的精深理解。30年代,他与另一位"丝弦圣手",也是大雷拉戏的创始人盲人王殿玉,经常相挽相扶,结伴去"看"电影。从电影音乐中吸取有用的东西,以改革和丰富他们的伴奏和弹戏、拉戏艺术。卢成科在给梅花大鼓与靠山调伴奏时,就经常引进流行歌曲和军乐。

卢成科是三弦弹戏的集大成者，更是花四宝"花派"梅花大鼓的创始人之一。花四宝是卢成科所收第一位梅花大鼓女弟子。

卢成科也为花四宝梅花大鼓伴奏。师徒二人决心在学习"金派"梅花大鼓的基础上对梅花大鼓进行改革，卢成科首先在梅花大鼓中融入时调的旋律、唱法，使这种唱法的风格趋于"天津化"。卢成科针对花四宝嗓音高亮柔美的特点，使花四宝的唱腔向高音区域拓展，同时加强了对唱腔的修饰润色。这样一来，新的唱腔就比"金派"唱腔华丽多彩，灵活曲折，非常适合女声演唱，打破了当时梅花大鼓极少有女艺人的局面。他帮助花四宝取得了成功，形成了堪与"金派"梅花大鼓媲美的"卢（成科）派"，也称"花（四宝）派"。

此后，卢成科再收徒花五宝、花小宝、花云宝、花莲宝、周文如、刘玉芳等，向徒弟传授他与花四宝创立的"卢派"（"花派"）梅花大鼓，出现了凡演唱梅花大鼓者"十梅九花"的现象，推动了梅花大鼓的创新发展。

1953年，卢成科在天津去世，终年50岁。

参考文献：

中国曲艺志全国编辑委员会、《中国曲艺志·天津卷》编辑委员会编著：《中国曲艺志·天津卷》，中国 ISBN 中心，2009年。

采访高玉琮的口述材料。

（刘　雷）

卢 木 斋

卢木斋(1856—1948),名靖,字勉之,号木斋,湖北沔阳人,生于1856年3月31日(清咸丰六年二月二十五日)。卢家世代书香,父亲卢晴峰原为监利县衙门文案,后在仙桃镇开设乡塾,招徒讲学。卢晴峰对卢木斋家教很严,外出就馆,便带卢木斋侍读,除照顾父亲外,还兼管烧饭,当时他只有9岁。由于家境贫困,曾一度辍学。后经卢晴峰的好友李子铭先生劝说和帮助,使卢木斋完成了学业。

卢木斋厌读八股文章,而对算学兵书十分感兴趣,如贺长龄与魏源编著的《经世文编》,他从中认识到"天文、地舆、水利、河防、治赋、整军诸大端,皆以算术为管钥",下决心研究算学,积累了一捆捆演算试题算草。他发现历来兵书"其于枪炮未有中准之法",后得到海宁李氏《火器真诀》一书,对瞄准之法"益焕然冰释"。但李氏之书无算例,精通算术之人也要细读半日方能解悟,而普通士兵难以掌握。于是"设算例若干条,以证其义,并附矩度测量",著成《火器真诀释例》一书。[①]这部书稿被正在沔阳仙桃镇筹办厘饷的官员倪修梅看到,推荐给湖北巡抚彭祖贤。彭祖贤求贤若渴,认为《火器真诀释例》是军务所急需,立即捐助刻印。

1884年,28岁的卢木斋入武昌经心书院学习,1885年乡试中举,主考官为高钊中(字勉之)学使。卢木斋感激高钊中的知遇之恩,避称"勉之",改字号为"木斋",同年高钊中保奏卢木斋任直隶知县。

[①]卢木斋:《火器真诀释例·序》,载卢慎之编:《卢木斋先生遗稿》,1954年油印本。

1886年,卢木斋告别家乡到天津,不久被正在招贤纳士的李鸿章看中,卢木斋与无锡华衡芳一同被安排到北洋武备学堂,担任数学总教习。卢木斋采用混合教育法,重视实践,使学生用较少时间学得较多的数学知识,颇受学生敬重。在北洋武备学堂仅一年半的时间里,卢木斋写出《万象一元演式》《割圆术辑要》《叠微分补草》《求级数捷法》《代数术补草》《微积溯源补草》《代数积拾级补草》等论著。

　　卢木斋在教学之余,结识了北洋水师学堂总教习严复。卢木斋对严复十分仰慕,言:"靖于西学,初亦不甚措意,以一艺一术,不足语到,及读西士译就各种新理新书,又与严又陵诸君子游,则亦恍然于宇宙之大,古今之遥。"他对《天演论》"一再读之",并"录稿邮鄂,家弟遂已锓行"①。《天演论》最早的通行版本,就是卢木斋、卢慎之兄弟于1898年在湖北刻印的,这本书也是卢氏慎始基斋刻版印书的开端。卢木斋与严复的友谊一直保持到晚年,后来严复南归,但每次来津,都要会见卢木斋,二人谈话投机,甚至"夜话甚久"②。

　　1887年5月,卢木斋正式补直隶赞皇县知县缺,从此步入宦途,历任直隶赞皇、南宫、定兴、丰润等县知县,1900年义和团运动后,调入蒙古多伦诺尔厅,连续任县官长达14年。卢木斋十分注重吸收维新思想,订阅了《时务报》《知新报》《农学报》,对农学新知识尤为感兴趣,为支持上海务农会和《时务报》,还发动家人进行捐助。他主张引进西方先进的耕作技术和农业工具,使落后的农村经济发展起来。卢木斋与维新领袖人物频繁接触,直隶总督荣禄知晓后,亲自面见卢木斋,询问有关强学会的事,对他产生怀疑。戊戌政变六君子殉难,卢木斋十分痛心。

　　1903年,卢木斋在直隶学务处任职并兼保定大学堂督学。直隶省

　　①卢木斋:《致梁节庵书》,载卢慎之编:《卢木斋先生遗稿》,1954年油印本。
　　②王栻主编:《严复集》第五册,中华书局,1986年,第1482页。

教育在学务督办严修主持与卢木斋的密切合作下有了新的起色,面貌焕然一新,成为各省的模范。卢木斋还奉派率直隶官绅赴日本考察学务,辞行前他与袁世凯就中国办学不振之原因进行了讨论。卢木斋说:"吾国千数百年,以科举为取士之途,今日所试者,制艺、诗赋、小楷耳。萃全国聪明才知之士,悉囿于帖括无用之学,穷困老死而不悔,颠沛流离而不悟,上自台阁卿相,下至一命之士,咸出于此,美其名曰正途。得者举国欣羡以为荣,否则穷愁白首,不齿于士夫,国家若不更张学制,虽曰言兴学,犹背道而驰也。"①卢木斋的这些见解,使直隶总督袁世凯和直隶学务督办严修等人深受震动,并得到严修的鼎力支持和赞许。

1906年4月,卢木斋被任命为直隶提学使,3年后又转任奉天提学使,掌本省学校生徒考课黜陟之事,直到1911年交卸。在其主持教育、执掌学界之时,正值罢除科举、开展新式教育之始,可谓百废待兴。卢木斋任内,兴办了天津、保定、奉天图书馆,设立师范、政法、工、农、商、医、美术、水产等各类专科学校几十所,官立中小学几百所,其中有北洋女子师范学堂、北洋法政学堂、长芦女子医学堂、天津中等商业学堂,等等。卢木斋善于发现办学的典型,多次在学界会议上表彰两级师范学堂监督胡永年,以及南开私塾、南开学校的创办人严范孙,称他们为办学"一时俊杰之俦"。②他十分推崇天津模范小学校长刘宝慈,刘宝慈去世后,亲为其题写墓志铭。

民国成立后,卢木斋回到天津,开始投资实业,经营地产,获利颇多。卢木斋购买了北戴河的一块土地,修建了一座别墅,1925年开办了单庄小学。还在东山嘴一带倡建了东山公益会。卢木斋还投资北

①刘行宜:《卢木斋、卢慎之兄弟》,载天津市政协文史委编:《天津文史资料选辑》第17辑,天津人民出版社,1981年,第109页。
②卢木斋:《直隶学务公所碑记》,载卢慎之编:《卢木斋先生遗稿》,1954年油印本。

平的房地产,1932年买下西单旧刑部街20号,1934年将家自天津迁入北平,并辟出部分房屋办起了私立木斋图书馆。他在天津元纬路及意大利租界小马路的两所住宅先后捐作木斋学校校舍。卢木斋在经营房地产的同时,还入股先农地产公司、开平矿务公司、启新洋灰公司、耀华玻璃公司、济安自来水公司和张家口电灯公司等,广得其利,因而成为巨富。卢木斋利用开办实业的利润,积极扶持教育、公益事业。卢木斋重视普及教育,开办了天津较早的幼稚园卢氏蒙养园及卢氏小学、木斋学校。

卢木斋成立了"木斋教育基金",在木斋学校建立助学金、奖学金制度,帮助贫困学生,鼓励优秀学生。卢木斋办教育,一方面办学校,另一方面办图书馆。清末他在丰润县任知县时,在当地的书院内附设两所图书馆。在直隶、奉天任提学使时,创立了3所省立图书馆。卢木斋对严修、张伯苓开办南开学校,以公私之力多次资助。卢木斋与严修志同道合,友情深厚,是儿女亲家,1907年卢木斋创办天津图书馆时,严修捐赠"蟫香馆"万卷藏书,卢木斋也从直隶助学款中拨银1万两协助严修将私立敬业中学堂迁至南开洼,建成南开中学堂。1927年经严修促成,卢木斋捐款10万元兴建南开大学图书馆,他捐出个人6万卷藏书作基础。1928年10月17日,南开大学校庆之际,南开大学图书馆命名为"木斋图书馆",国民政府复于1929年11月底明令表彰他兴学的义举。南开大学于1937年7月29日遭到日军飞机的轰炸,木斋图书馆与秀山堂、芝琴楼等校舍毁于战火。这是日本开始全面侵华战争后第一所遭日军摧毁的学府,卢木斋的"一番心血竟成暴敌的劫灰"[1]。1934年,北平"私立木斋图书馆"落成,馆藏线装书20多万卷,新书4500册,杂志100多种。卢木斋逝世后,他的后人秉其遗志,把北

---

①苏精:《卢靖知止楼》,载《近代藏书三十家》(增订本),中华书局,2009年,第22页。

平私立木斋图书馆藏书全部捐赠给清华大学。

卢木斋是中国近代著名藏书家之一,其知止楼藏书达10多万卷,是近代著名藏书家。其藏书追求实用,不求古本秘籍。为了帮助有志向学的寒士,还自费刊印图书。他的刻书事业自始至终得到胞弟卢弼的通力合作,卢氏兄弟刊印三部丛书:《慎始基斋丛书》(刊刻21种)、《湖北先正遗书》(刊刻75种)、《沔阳丛书》(刊刻12种)。在刊印丛书的同时,还刊印了诸如《古辞令学》《木皮鼓书》《击筑余音》等单行本著作,还代他人刊印著述多种。

1948年8月10日,卢木斋病逝于北平,终年92岁。

参考文献:

苏精:《近代藏书三十家》(增订本),中华书局,2009年。

曲振明:《官绅办学的代表人物卢木斋》,载天津市政协文史委编:《近代天津十二大教育家》,天津人民出版社,1999年。

刘行宜:《卢木斋、卢慎之兄弟》,载天津市政协文史委编:《天津文史资料选辑》第17辑,天津人民出版社,1981年。

(曲振明)

卢统之

卢统之(1902—1981),曾用名卢鸿业,直隶博野人。1902年7月10日(清光绪二十八年六月初六日),卢统之出生于博野县小店村。其父早年以执教为生,曾赴日本留学,后与他人合伙经营药铺,先后当选省议员和国会议员。卢统之幼年丧母,受其父辈友人恒源纱厂厂长的影响,立志攻读纺织专业,得到其父支持。

1921年,卢统之以第一名的成绩考入日本东京高等工业学校纺织系。他学习刻苦努力,逢暑假便放弃回国探亲的机会,到工厂实习。1926年毕业后,卢统之又在日本东京制呢厂和长崎棉纺厂实习近两年,进一步提高了实践能力。

1928年,卢统之学成回国后,到日资企业上海日华纱厂任技师,进一步积累实践经验,提高技术能力。他目睹了日方虐待中国工人的情形,待两年合约期满,即辞去日华纱厂的工作。1930年,卢统之入无锡振新纱厂任工务主任,他废除了纱厂的工头制,实行科学管理,使振新纱厂面貌焕然一新,开始扭亏为盈。1933年,卢统之赴山东济南仁丰纱厂任厂长。订购设备时,卢统之实行竞价制度,使仁丰纱厂以最低的价款获得了高质量的设备。他还积极推行科学管理制度,制定标准工作法,取消了搜身制,并制定停机用膳制度,增添工人福利设施,仁丰纱厂因此被誉为模范工厂。

1935年,卢统之出任天津诚孚分公司经理,兼管恒源、北洋两个纱厂。他在技术上采取了多项改进措施,使生产力得以提高,经营得以发展。由于卢统之精通日语,在天津工作时接触了不少日本工商界人士,得知了许多日方侵略中国纺织工业的信息和措施,他暗中把这些情况向中共地下工作人员通报,以使得中共了解日方动态。抗日战争时期,根据地急需药品,中共地下工作人员在北平、天津秘密采购药品后,一部分暂藏在卢统之家中,然后侍机转运到根据地,他不计个人安危给予了全力帮助。抗日战争后期,根据地棉纱奇缺,卢统之受晋察冀边区政府的委托,根据根据地的生产需要设计了简易纺纱机。卢统之筹股集资于江苏嘉定开办"一新工业社",将北洋纱厂邹春座工程师研究的三步法纺纱机投入生产,同时整理出全套图纸,派技术人员送到边区张家口并帮助进行制造和安装调试,支援了根据地的生产建设。

1945年抗战胜利后,卢统之被聘为中国纺织建设公司天津分公司副经理、总工程师兼天津中纺七厂厂长。当时中国纺织工业主要集中在上海、青岛、天津三地,卢统之分管中纺天津公司业务经营,在纺织界和天津市颇具影响力。1948年8月,南京国民政府发行金圆券,下令各企业不得涨价。在天津的国民党某官僚趁机用金圆券向中纺天津公司强购纱布,卢统之考虑到此举势必严重影响公司资金周转,便断然拒绝,卢统之为此险遭迫害。天津解放前夕,卢统之接受中共地下工作人员的建议,采取措施积极挽留技术人员,稳定职工情绪,保护工厂设施。天津解放后,卢统之陪同军代表一同到中纺天津分公司进行接收,他在中纺天津分公司重新开始工作。

新中国成立后,卢统之积极投身于纺织工业的恢复和建设工作。1950年初,国家组建纺织工业部,卢统之从中纺天津公司调入纺织工业部工务司任顾问。当时工务司尚未任命正、副司长,司内工作暂由卢统之和另一位纺织专家吴本藩共同主持。卢统之深感各类旧纺织企业的管理方法和规章制度各不相同,尤其是各企业的纺织器材,其名称、规格、单位差异甚大,如不全面统一规划,将导致生产安排和相互调剂困难增加。卢统之远见卓识地提出编制一套纺织工业器材目录,实现统一编号、统一名称、统一规格、统一单位。在部领导的支持下,卢、吴两人亲自领导各地抽调到部的技术专家,历时三个月,顺利完成编纂工作,定名为《中央纺织工业部全国纺织器材统一目录》,同年付印成册,发放给全国纺织企业,统一实施。实践证明,该目录对纺织企业计划采购、仓储调拨均大有裨益,并为全国纺织工业清产核资工作奠定了良好基础。

1952年,卢统之服从组织分配,克服个人和家庭种种困难,只身前往东北纺织管理局任副总工程师。卢统之带着多病体弱之躯,经常深入生产第一线,足迹遍及东北三省各纺织企业。每到一厂,卢统之必深入车间现场,听取工人和技术人员的汇报和意见,为东北纺织企业的恢复、技术革新、科学管理等方面提出了许多富有建设性的意见。

1956年,纺织工业部组建纺织科学研究院,卢统之奉调到该院担任物理性能研究室主任。当时,我国纤维材料物理性能的研究工作处于起步阶段。在他的领导下,组建了从纤维到纱布、从微观到宏观,共拥有300余台仪器设备的实验室,是当时全国纺织科研系统中最完善、最精良的第一个纤维材料物理性能实验室。实验室不仅为院内各项科研项目提供有关测试,同时还为航天、航空、核工业、医疗、公安等全国各地单位解决相关技术难点提供测试服务。在卢统之的组织和领导下,研究室相继攻克了许多研究课题。如经多年悉心研究的棉花分级标准实物标样,经领导机关批准,作为国家标准,为棉花交易时主要的评级依据,对促进棉花生产和提高棉纱质量具有重要作用。卢统之领导开展了对测定棉纤维细度和成熟度的气流仪研究工作,制成的仪器实用可靠,重现性强,富有特色,获国家级科技成果奖,在全国大量推广,历时30年经久不衰。20世纪50年代中期,我国棉花品种退化现象较为严重,质量有逐年下降趋势,卢统之领导的研究室与农业部门相结合,开展棉花新品种试验研究。经长期不断培育、试验和筛选,从中发现一批单产高、质量好、抗病虫害能力强且不易退化的优良品种,为七八十年代我国棉花持续高产、高质量攀上一个新台阶做出了贡献。60年代初期,卢统之领导科技人员与有关部门合作,开发出羊绒分梳机,加工的羊绒质量接近国际先进水平,为优化利用我国羊绒资源,创造更高的附加价值做出了贡献。

卢统之领导的研究室还大力开展了数理统计方法在纺织工业中的应用研究,深入生产和科研实践,对抽样、实验设计、数据处理、结果评定等都做了深入系统的分析,并通过报刊、学术交流等方式传播,对科学研究和生产试验水平的提高起到了重大作用。

1981年8月6日,卢统之逝世于北京,终年79岁。

参考文献:

中国科学技术协会编:《中国科学技术专家传略·工程技术编·纺织卷》(1),中国纺织出版社,1996年。

《中国纺织工程学会六十周年纪念册(1930—1990)》,纺织工业出版社,1990年。

(高　鹏)

卢永祥

卢永祥(1867—1933),字子嘉,原名卢振河,山东济阳人,1867年10月22日(清同治六年九月二十五日)出生于一个塾师家庭。

1887年,卢永祥入山海关随营武备学堂,1891年毕业后留任算学助教。后历任新建陆军兵官学堂教习,复晋秩守备。袁世凯在小站练兵时,卢永祥与段祺瑞、王士珍成为密友。1899年,卢永祥随袁世凯赴山东镇压义和团运动,任山东武卫右军先锋队右营帮带、北洋二十镇协统。1904年任北洋第一镇第二协三标标统、北洋第六镇第十一协协统。1909年任北洋第三镇第五协协统。1911年因镇压滦州起义"有功",先后加记名总兵、提督、副都统衔。

1912年3月,袁世凯继任中华民国临时大总统,卢永祥任陆军第二十镇统制,驻防奉天,并授予陆军中将衔。1914年,卢永祥任陆军第十师师长。1915年11月,上海镇守使郑汝成被刺身亡,袁世凯为加强对江南的控制,将松江、上海两镇守使合并为淞沪护军使,直隶中央,令卢永祥率部移防上海,任命杨善德为护军使,卢永祥为第十师师长兼淞沪护军副使,驻防吴淞。[①]卢永祥拥袁称帝,被封一等男爵。

1916年袁世凯死后,北洋各派渐渐形成,卢永祥投靠段祺瑞归入皖系,成为皖系干将之一。1917年张勋复辟失败后,段祺瑞重掌北京政府权柄,为扩大皖系势力,任命卢永祥以淞沪护军使兼江苏省军务

①朱杰仁:《卢永祥》,载李新等主编:《中华民国史·人物传》第4卷,中华书局,2011年,第2328—2339页。

会办,并授陆军上将衔。

1919年8月,卢永祥任浙江省督军。1920年直皖战争后,皖系势力大为削弱,卢永祥成为皖系少数存有地盘的督军。为了对抗直系军阀,保住浙江地盘,卢永祥于1921年6月4日发表通电,主张"各省自定省宪,实现地方自治",在浙江成立"省宪起草委员会"。1922年6月,卢永祥又宣告浙江自行废督,自己改任浙江善后督办。卢的通电得到了南方各地方军阀的支持和响应。1922年第一次直奉战争后,直系军阀把持北京政府,卢永祥与何丰林为了保持浙江、上海地盘,与张作霖、孙中山联络,结成"反直三角同盟"。

1924年卢永祥与江苏督军齐燮元因争夺上海而发生"江浙战争",卢永祥任浙沪联军总司令。由于孙传芳从福建出兵配合齐燮元大举进攻浙江,加之卢军内部发生兵变,导致浙沪联军大败。北京政府下令免去卢永祥本兼官职,任命齐燮元兼淞沪护军使,孙传芳兼任浙江军务督理和闽浙巡阅使,卢永祥遂无立足之地,被迫于10月13日通电下野,与何丰林、臧致平等逃往日本。

1924年9月,第二次直奉战争爆发,10月,直系将领冯玉祥发动北京政变,吴佩孚溃败,曹锟被囚,直系统治垮台,北洋政府大权落入段祺瑞、张作霖之手。卢闻讯立即从日本启程回国,于11月随张作霖抵天津,不久被临时政府任命为直隶军务善后督办。奉军趁直系统治垮台,向南方扩张地盘。12月,奉军张宗昌部举兵进攻江苏齐燮元。段祺瑞借奉军势力派卢永祥南下,恢复皖系地盘,18日,卢永祥在天津宣布就任苏皖宣抚使。12月间,孙传芳反攻苏皖,驱走奉军。1925年1月10日,卢永祥到达南京后组织宣抚军,自兼江苏军务督办。8月,卢永祥因受奉系军阀排挤辞职,从此隐居天津。

做了寓公的卢永祥并未与外界隔绝,经常外出散步、逛商场,与同僚也多有交往,其中和段祺瑞交往较多。

1933年,卢永祥病逝于天津,终年66岁。

参考文献:

来新夏等:《北洋军阀史》下册,南开大学出版社,2000年。

徐友春主编:《民国人物大辞典》(增订版),河北人民出版社,2007年。

朱杰仁:《卢永祥》,载李新等主编:《中华民国史·人物传》,中华书局,2011年。

(郭以正)

鲁乔奇

　　鲁乔奇（Luigi Giorgi），生卒年不详，意大利佛罗伦萨人，音译汉名为鲁乔奇或佐治。钱币收藏界多称其名为乔治，另有译名鲁尔兹、鲁尔智、爱尔乔奇、路易奇·乔奇、路易·乔鲁奇等。

　　清政府为划一币制，1903年在天津兴建造币总厂[①]，并配建"造钢模所"。1910年度支部颁布的《造币厂章程》规定："各分厂如雇佣外国人员，应先呈由正副监督核准，方可派充……每届三年。"[②]同年，鲁乔奇经意大利驻华公使巴厘疏理等介绍来华，于9月24日与造币总厂订立聘任合同。同年11月15日，鲁乔奇担任机制币雕刻师。

　　鲁乔奇在津任职期间，被称为"雕刻洋技师"。其待遇优厚，月薪为750元（厂监督为600元），每日伙食费定额为1.2元。为其专配"意语通译"。鲁乔奇还招收10名"雕刻学生"随其学艺。[③]

　　鲁乔奇来华后，即参与雕刻、试铸"宣统三年大清银币"。其一元面值的蟠龙造型的龙须龙尾有多种版别，经甄选，其中的"曲须龙"一种被定为国币。试铸币的币面镌有"L.GIORGI"或"GIORGIINC"字样。

　　1914年2月，北洋政府颁布《国币条例》十三条。天津造币总厂于1914年12月铸造袁世凯肖像一元银币，俗称"袁大头"。其辅币分银

---

　　①初名铸造银钱总厂，1904年更名户部造币总厂，1906年更名度支部造币总厂。
　　②《度支部奏酌拟造币厂章程折（并单）奉朱批》，《政治官报》，1910年第957号，台湾文海出版社，1965年影印本，第5—6页。
　　③《民国二年度国家预算财政部所管天津造币厂特别会计表》，载江苏省钱币研究会编：《中国铜元资料选编》，1989年内部印行，第388—391页。

质中元（五角）、二角、一角和镍质五分等多种。"袁大头"又分袁世凯七分脸、正面肖像造型等式样，样币镌有"L.GIORGI"或"L.G"，可知其亦出自鲁乔奇之手。经鲁乔奇之手设计雕刻的"袁大头"银元，因其型式划一，重量成色符合标准，成为全国通行主币，总产量超过10亿枚，影响甚广。

1914年，鲁乔奇工作勤奋，不辞辛苦，天津造币总厂监督吴鼎昌赞其"在厂四年，颇著成绩"，因其"按照前订合同，向无支领红利情事，年终未便给以奖金"，遂通过财政部呈文，拟请大总统袁世凯赏授六等嘉禾章，以示奖励。

鲁乔奇擅于将西洋雕塑手法运用到钱币雕刻中，所雕人物肖像栩栩如生。其敬业精神亦可嘉，每次雕模时，对从绘图到雕工的每个细节都精益求精、不厌其烦。其雕刻"民三袁像币"时，初仅以袁世凯照片为据，后获特许，得以携样币谒见袁世凯本人。鲁乔奇经观察袁世凯神态，认为还能雕刻得更好，遂获准重雕。对于1916年版的一分铜辅币（中穿一孔，以别于旧铜元）的花纹，"义技师绘数种"，以供选取最"富有美术意"者，"取而为模"。[1]1916年造币总厂所铸"洪宪十元金纪念币""洪宪十文铜纪念币"等，"亦义大利技师鲁乔奇雕模，故甚精"。[2]

1916年10月，鲁乔奇再获续聘，合同仍以三年为期，截至1919年9月期满。这一时期，国币的主币、辅币模式基本定型，且渡过了机制币铸造高峰期，鲁乔奇协助培养的雕刻师也已基本掌握了雕刻设计的核心技术，鲁乔奇的作用大不如前。又由于造币总厂管理混乱、经营不善以及鲁乔奇对于畸高的薪水仍不满足，双方顿生嫌隙。

1919年5月，鲁乔奇被提前免除职务，鲁乔奇还请托即将离任的

①李家咸：《一分铜币》，《永安月刊》，1944年第67期。
②李伯琦：《中国纪念币考》，《永安月刊》，1945年第76期。

意大利驻华公使嘎贝娑以非正式名义面托北洋政府外交部,转达鲁乔奇请求留用的意愿。同年8月23日,北洋政府财政部、币制局复函外交部称,造币总厂已明确表示不再与鲁乔奇签定续聘合同,但可视情另予优待,以示体恤。鲁乔奇后悻悻回国。

经鲁乔奇协助培养,学有所成的雕刻师至少有6位。周志钧(1894—1937,江苏丹徒人,字鑫甫)为其中的佼佼者。

参考文献:

李伯琦:《中国纪念币考》,《永安月刊》,1945年第76期。

天津市钱币学会编:《天津近代钱币》,中国金融出版社,2004年。

孙浩:《意籍雕刻师路易奇·乔奇——在华外籍人士小传》(二),《中国钱币》,2005年第4期。

孙浩编著:《百年银圆——中国近代机制币珍赏》,上海科学技术出版社,2012年。

(王勇则)

陆 文 郁

陆文郁(1887—1974),字辛农、莘农、馨农,号老辛、百婕庵主,斋名蓬庐、望月楼、绿橄斋、红桥十二寄庐等。浙江山阴人,世居天津,出生于天津鼓楼附近小双庙南一户书香门第。父亲陆伯埙私塾出身,终生以文墨供职。姐陆文辅,以教书为生。兄陆文彬通晓日文,对其学习外文帮助甚大。族兄陆杏林诗文书画兼擅,是其从艺的启蒙者和引路人。

陆文郁自幼好学好画,4岁开始随姐陆文辅学习《尔雅》《说文解字》。6岁起就读私塾。1900年庚子事变,天津被八国联军侵占,陆文郁到霸州苏桥镇亲戚家中避难,得以亲近农家风物。次年,陆文郁返回城里,随族兄陆杏林学习诗词书画。同年夏季,由亲友推荐拜津派国画大家张兆祥为师,先从花鸟实物写生入手,后临习老师画稿,很快掌握了工笔花鸟和没骨画法,甚得老师嘉许,允许他不交学费且可以随时入室学画。1901年,陆文郁便由张先生代定润格,开始卖画为生。当年天津老城北门外锅店街的文美斋、东门外袜子胡同的同文仁记及北门西名贤书画局等著名南纸局均有其画件,售画所得已使他衣食无忧。陆文郁在继续学画花鸟的同时,又广泛学习山水和人物的画法,既学习恩师,也向古画学习,还坚持到现实生活中写生,这成为贯穿他一生的书画创作方式。陆文郁作画之暇,购书自学,读《天演论》《波兰亡国记》《朝鲜亡国惨史》与《扬州十日》《嘉定三屠》等书,每每痛心疾首,逐渐滋生科学、民主、革命等思想。

1906年秋,陆文郁迎娶庞纫秋为妻,自画《吉祥海棠》为结婚之念。

因其姐陆文辅在温世霖创办的普育女学堂执教,使陆文郁得以与温世霖结识,并建立了深厚情谊。因《大公报》组织书画慈善会征集书画义卖,以赈济江南水灾难民,陆文郁积极捐画,得以结识《大公报》主笔顾越。顾越文采超群,精于书法篆刻,长陆文郁20余岁,二人遂结忘年交。

1907年,温世霖与南开学堂吴芷洲、陈恭甫等人创办《醒俗画报》,聘请陆文郁主编绘画,张绍山主编文字,以图文并茂的形式评议时政,深受读者欢迎。5月间天津发生段芝贵以女伶杨翠喜赠载振贝勒贿取黑龙江巡抚一事,画家张瘦虎作《升官图》投稿《醒俗画报》,被吴芷洲强行扣发,陆文郁与温世霖愤而离社,又与顾越另行组织《人镜画报》,于7月下旬创刊发行。《人镜画报》秉持正义、民主之宗旨,以图文揭露和抨击时弊,在社会各界颇有反响,终因揭发并讽刺直隶工艺局郭春畲殴打徒工案,招致官方禁刊。后由温世霖介绍,他秘密加入孙中山创办的同盟会,将推翻清朝封建统治视为使命。

1908年初,恩师张兆祥病逝,陆文郁帮师兄张自观操办后事,尽其弟子之职。经同窗金广才推荐,被天津水产学校聘用,为日本籍生物教师大津绘制植物挂图或插图,颇得大津赞许,由此,陆文郁对植物研究产生了兴趣。1909年4月,陆文郁发起成立"生物研究会",自任会长。会址设在盐店胡同自宅,会员逐渐扩至20余人,皆是开明进步人士,有顾越、金广才、邵振铭、陆文彬、金仁斋、王彝臣等。他们每周日赴城郊采集植物,回来制成标本。在大津的指导与鉴别下,由陆文郁主编手抄本《生物学杂志》,自编自画,每月一本。陆文郁以工笔画白描法绘制植物,形态优美,结构准确,配以会员新编的说明诗文,本身既是科学图解,又是工笔写生之作,这是其生物科学与国画工笔相结合的开篇之作。次年春天,陆文郁又带领会员赴北京颐和园、香山、妙峰山等处采集天然花卉植物,回津制成标本后加以绘图,又自撰《京西采集记游》文稿,陆续在手抄本杂志发表。研究会所需采集器械、书籍及显微镜等,均委托大津在日本订购。所需之款,皆在其卖画收入中开销。1910年,清政府在南京召开南洋劝业会,天津遂以手抄本《生物学杂志》16册及百余种植物标本参赛,荣获农工商部颁发的南洋劝业会银质奖章。后陆文郁撰《鸿迹萍录屑》《南郊册五里采集记》《良乡、房山采集记》等,继续记载其生物采集活动。1911年9月参加同盟会员白雅雨创办的红十字会天津分会,参加反清革命活动,生物研究会及其《生物学杂志》停办。

1912年8月,同盟会改组为国民党,陆文郁目睹军阀横行、党派纷争,遂决意退党,专心研究并创作书画。由于对动植物精细入微的观察和图绘,使其工笔花鸟从立意、造型、题材、布局、设色到诗文题款与细微笔法等方面,都形成了自己的特点。他还提出了"中国花鸟画应与花鸟自然生态相一致"的见解,开创了生物学画风。1913年4月,严智怡在中山路河北公园筹办商品陈列厅,并组织27人分赴京津冀进行农业、渔业调查,收集标本、文字、图片等资料。陆文郁被聘为调查专员,历时4个月,采集标本最丰,写出调查报告,并作唱诗27首,成绩斐然。1914年9月被严智怡、娄鲁卿选为随员,赴美筹备"巴拿马万国博览会"中国馆陈列事宜。在美洲工作期间,他节衣缩食,到各国博物馆参观,收集南北美洲生物标本和图片资料甚多。1916年5月,任直隶省商品陈列所陈列部主任,并与严智怡等人组织筹办天津博物院,仍任陈列部主任,开始编写《植物名汇》。1921年,严范孙、林墨青等人创办社会教育场所——天津广智馆,陆文郁受聘为该馆陈列部主任。

20世纪初期,美术社团勃兴。1923年,陆文郁在南门外太平庄自家组织蓬庐画社,先后招收其兼课的直隶妇女传习所刺绣科班的女弟子50余人。1929年,与老友陈恭甫、李珊岛开办城西画会,招收的男女学员有王颂余、刘维良、萧心泉、俞嘉禾、缪润生、姜毅然、孙月茹、许紫珊、李蕴璞等20余人。其教画的方法灵活多样,如将自己制作的动物标本供给学员们观察和写生,将其手绘的《火烧望海楼》《八国联军入侵天津城》等画用"拉洋片"方式讲给学员,有时结合所画题材讲解《诗经》《离骚》《尔雅》等书中的国学知识,有时带学员到城郊边写生边采集,教学形式生动活泼。陆文郁将多年创作与教学心得编成《蓬庐画谈》一书,作为讲义印发给学员。该书于1931年出版,新中国成立后修编为《国画花卉画法》,按植物生态构成,分为海棠、萱草、蓬、牡丹等18样体型,并列举45种花卉,其体系严谨、循序渐进、精妙易学。因此,《蓬庐画谈》可视为生物学画派的法典。1932年7月,城西画会学员均以优异成绩结业,多数人成为社会公认的画家,城西画会自此停办。

1936年,陆文郁为女弟子李金铃创作《百花长卷》,以折枝画法将百余种花卉穿插排列,长约15尺,高约4尺,各种花卉的美妙情态与细微特征跃然纸上,宾主虚实安排巧妙,设色丰艳而不失雅致。溥雪斋题赞"活色生香",启功喜而题跋。此卷可视为其生物学画派的代表作。1937年7月,日军对京津狂轰滥炸,其全家迁至法租界老西开福荫里,画室名绿橄斋。1940年6月,其妻庞纫秋病逝。1943年春他主持广智馆事务,居原城西画会所在的广智馆后楼,画室名为望月楼。1944年为女弟子孙月如画花鸟册页12幅,开始将美洲奇鸟也列入国画。1947年为亲友和弟子画《五色牡丹》《四季花卉》等作品。平日依然作画、编书,为报社撰稿。

天津解放后,陆文郁于1950年带领众董事将广智馆移交天津市教育局。1953年完成了《植物名汇》一书的编著。该书共分14册,收入中外植物57,038条,计20,498种,每种皆有中文名、外文名、俗名、学名、古名、今名,对古今解释的谬误皆予注明,堪称一部体大思精、切合实用的植物学专著。同年7月,陆文郁成为天津市文史研究馆首批馆员,与刘奎龄、刘子久、刘芷清、萧心泉合称"津门画界五老"。1954年,编著了《植物名汇补编》,并附录《学名索引》《植物古名生字注音表》《引用书名简称对照表》等辅助文表,使这部植物学专著更加具有经典性与权威性。1956年加入九三学社。1957年任天津市红桥区政协委员,加入天津美术家协会。同年其《诗经草木今释》由天津人民出版社出版。1964年后陆续编著了《新百家姓》《闲不住集》《姓归》《食事杂诗辑》《津门食单》《食事杂谈》《归去来室印存》《婕蘧心赏集》,以及古泉拓片研究著作《闲钱集》《异两殊铢集》等。

1974年1月初的十数日,陆文郁画完梅、松竹、牡丹、万年青等,14日画墨竹,未及题款而安然仙逝,终年87岁。其子女遵嘱将家藏古泉悉数捐给中国历史博物馆,植物及昆虫标本捐给天津自然博物馆。1981年,美国夏威夷大学罗素教授在檀香山希亚公园内发起组织了"中国诗经草木展览游艺大会",展出了陆文郁《诗经草木今释》等著作。

参考文献:

陆惠元:《陆辛农先生年谱》,载天津市文史研究馆编:《天津文史丛刊》第10期,1989年内部印行。

天津市文史研究馆编著:《津门画坛掇英——天津市文史研究馆画家艺评》,2008年内部印行。

(邢津　王振德)

陆宗舆

陆宗舆(1876—1941),字闰生,浙江海宁人,1876年7月5日(清光绪二年闰五月十四日)出生于一个商人家庭。父亲早年经营商业,陆宗舆幼年入私塾学习,后家境逐渐败落。

1896年,陆宗舆到南京文正书院从张謇先生读书学文。1899年自费赴日本早稻田大学政经科学习。1902年秋学成归国,先任京师大学堂日文教员,1903年参加了殿试并考取法学第一名,获举人出身,奉派在北京崇文门管理税务,继任进士馆和警官学堂教习。

1905年,清政府设立巡警部,徐世昌任尚书,陆宗舆任主事。1906年冬,陆宗舆以二等参赞身份陪同载泽、戴鸿慈、徐世昌等五大臣出洋考察各国政治,受到徐世昌的赏识。出访期间,他们不仅考察了各国的宪法、民法等现代法律制度,还研究了市政、警政等新政建设。陆宗舆将考察成果写成了论著《欧美政治要义》。

1907年,东北改设行省,徐世昌为首任总督,陆宗舆被调任奉天洋务局总办兼管东三省盐务,前往沈阳。当时,吉林、黑龙江两省用骡马运盐,效率很低,陆宗舆上任后采用铁路运输,使运输成本大为下降。陆在管理盐务的3年里,第一年就增收盐税93万两,到了第三年达到160多万两,受到清廷的赏识与召见,1908年秋晋升为候补四品京堂。1909年徐世昌调入京城,陆宗舆也随之入京,任宪政编查馆馆员。清政府宣布预备立宪后,陆宗舆于1910年10月被选为资政院议员,1911年秋任交通银行协理、印铸局局长。

袁世凯上台后,任命陆宗舆为总统府财政顾问,1913年被选为参议院议员及宪法起草委员。同年,被袁世凯特命为驻日全权公使。1914年第一次世界大战爆发,日本借口对德宣战,出兵侵入山东龙口等地。陆宗舆向日本表示中国严守中立,并划出一块交战区给日本,为日本侵华提供了方便。1915年日本大隈重信内阁向袁世凯提出旨在独占中国的"二十一条"要求,袁世凯与日本于5月25日签订了丧权辱国的条约,并于6月8日由陆宗舆在东京与日本政府交换批准文本。这一条约的签订激起全国人民的坚决反对。随后,陆宗舆企图争取日本大隈重信内阁公开支持袁世凯复辟称帝,为此陆宗舆受到日本首相大隈重信的秘密召见,表示日本"乐观其成"。1916年6月,袁世凯在全国人民的一片反对声中死去。陆宗舆也很快卸任回国。

段祺瑞执政后,日本政府以借款等方式支持段祺瑞政府。1917年8月10日,中日合办的中华汇业银行成立,陆宗舆任该行总经理,成为日本的公开代理人。仅1918年4月和8月,陆就以中华汇业银行总经理的名义,代表日本兴业等三家银行与段祺瑞政府财政总长曹汝霖签订了共5000万日元的"有线电报借款"和"吉黑两省金矿及森林借款"合同,将中国有线电报财产和吉黑两省的森林金矿抵押给了日本。

陆宗舆的卖国行径激起了全国人民的愤怒。1919年5月4日,对巴黎和会不公正裁决感到无比愤怒的北京学生3000多人,到东交民巷向英美使馆请愿示威,并奔向曹汝霖的住处,强烈要求政府惩办曹汝霖、陆宗舆、章宗祥三个亲日派大汉奸。北京政府迫于压力,于6月10日下令将曹、陆、章三人免职,但陆宗舆继续留任中华汇业银行总裁。6月3日,陆宗舆的家乡浙江海宁县召开公民大会,一致同意以后不认陆宗舆为海宁人,并当场集资,为这个卖国贼立碑。很快石匠打制出了三块石碑,上面都刻着"卖国贼陆宗舆"六个大字,分别被立于邑庙前、北门外的海塘镇和海塔下。陆宗舆将此事看成"千古奇辱",出重金贿赂海宁知县为他毁碑,海宁人民奋起护碑。最后徐世昌亲自下令拆碑,事情才得以平息。

1924年段祺瑞再次任北京政府临时执政时,陆宗舆一度出任临时参政院参政。1927年任张作霖安国军外交讨论会委员,同年任交通银行总理,后很快辞职,寓居天津日租界。华北沦陷后,陆宗舆迁居北平。1940年3月,汪精卫在南京成立伪政府,陆宗舆再次被聘为伪行政院顾问。1941年6月陆宗舆于北平病逝,终年65岁。他没有葬回老家浙江海宁,而是葬在了北京石景山福寿岭的东山坡。

参考文献:

熊玉文:《五四时期三个亲日派被打倒原因新论》,《南京邮电大学学报(社会科学版)》,2012年第4期。

李新等主编:《中华民国史·人物传》,中华书局,2011年。

陈平原、夏晓虹编:《触摸历史:五四人物与现代中国》,北京大学出版社,2009年。

陆宗舆:《五十自述记》,北京日报社,1925年。

（孙书祥）

鹿钟麟

　　鹿钟麟(1884—1966),字瑞伯,直隶定州人,1884年3月12日(清光绪十年二月十五日)出生于直隶定州北鹿庄。鹿钟麟9岁时过继给叔父为嗣,在武学私塾学习达10年之久。1905年,鹿钟麟参加科举考试未中,后做教员。

　　1906年,鹿钟麟投奔新军第六镇,不久被编入第一混成协,充当学生兵,驻防新民府。其间,鹿钟麟广泛涉猎各种兵书,接触到革命学说,初识冯玉祥。受革命党人的影响,1908年,冯玉祥等人组织武学研究会,秘密从事反清活动,鹿钟麟入会后,逐渐接受反清革命思想,成为组织中的积极分子。

　　1910年,第一混成协与奉天巡防中路独立一、二标合编成第二十镇,鹿钟麟任第四十协第七十九标副官。辛亥革命爆发后,1911年12月31日,第二十镇青年军官发动了滦州起义,鹿钟麟积极参与其事,被任命为右路司令。起义失败后,鹿钟麟在长官车震保护下未被追究免职,仍留第二十镇。1912年,第二十镇改为第二十师,鹿钟麟任该师第三十九旅二团副营长。1915年,第三十九旅扩编为第四混成旅,他仍任副营长。

　　1915年,护国战争爆发,袁世凯派鹿钟麟所在的第四混成旅入川,镇压蔡锷的护国军。1916年初,第四混成旅在叙府被蔡锷、刘云锋部击败,鹿钟麟所在的第二团拨归冯玉祥第十六混成旅指挥。从此,他追随冯玉祥多年,成为冯的左膀右臂。

　　袁世凯去世后,鹿钟麟随冯玉祥所部出川,回师直隶廊坊。段祺瑞上台后,罢免了冯玉祥的旅长职务,任命其部下第一团团长杨桂堂继任旅长。鹿钟麟历任第十六混成旅军械官、军法官、参谋等职。1917年7月张勋复辟,第十六混成旅的鹿钟麟、邱斌、张之江、李鸣钟等要求旅长杨桂堂出兵讨伐张勋,但杨桂堂却到北京谒见张勋。鹿钟麟等遂推举薛笃弼迎请冯玉祥回该旅。冯玉祥到廊坊后率该旅全体官兵通电讨伐张勋,鹿任炮兵营长。护法战争爆发后,段祺瑞调冯玉祥部进攻南方护法军政府,鹿钟麟任炮兵团团长。1918年8月,冯玉祥任湘西镇守使,率部进驻湖南常德。冯玉祥成立了教导大队,以鹿钟麟为大队长,系统地训练军队,培养了大批干部,为冯军的发展奠定了基础。

1921年,冯玉祥所部第十六混成旅扩编为北洋陆军第十一师,以冯玉祥为师长,鹿钟麟出任炮兵团。8月,冯玉祥出任陕西督军。1922年4月,第一次直奉战争爆发,冯玉祥离开陕西,出师河南,驱除了豫督赵倜,冯任该省督军。鹿钟麟被任命为河南全省警务处处长,兼省会开封的警察厅厅长。任职期间,鹿钟麟努力实施冯玉祥督豫时的十大纲领,破除封建迷信,改庙建校,禁赌禁娼,平定匪患,疏浚城河,兴修水利,安定社会秩序,扭转社会风气。冯玉祥设立高级战术研究会,派张之江、鹿钟麟、蒋鸿遇等为讲堂监察官,讲授高级战术、欧战新战术等,以提高中上级军官的军事素质。在河南时,冯部扩编为一个师三个混成旅,鹿钟麟为第二十二步兵旅旅长兼教导团团长。

1922年10月23日,北京政府免去冯玉祥的督职,调京任陆军检阅使。11月3日,冯部离豫进京,分驻南苑、城内及通州。鹿钟麟除主持教导团训练外,还自订课程表,用业余时间读书、写字、绘画。同年冬,永定河决堤,鹿率部开赴永定河抢险,苦战数月,疏浚了河道,受到百姓的称赞。

1924年9月,第二次直奉战争爆发,冯玉祥、胡景翼、孙岳等联合倒直。10月19日冯玉祥命令鹿钟麟部星夜回师。10月21日鹿率部直取北京,一昼夜行军100公里,22日下午,抵北苑与留守司令蒋鸿遇会合,并于当晚从安定门进入北京城。他和孙岳所部一起包围了总统府,迅速占领电话局、电报局、火车站及各主要街道,囚禁曹锟于中南海延庆楼,使得吴佩孚手足无措,一败涂地。10月25日,冯玉祥在北苑召开军政会议,会议决定成立国民军,并邀请孙中山北上共商大计。国民军由冯玉祥任总司令兼第一军军长,鹿钟麟任第一军暂编第一师师长,同时兼任北京警备司令(后改为京畿警卫司令、京畿警卫总司令)。1924年11月3日,国民军将驻守景山、故宫的守卫部队缴械。11月5日,以代理国务总理摄行大总统职务的黄郛派鹿钟麟、张璧交涉清室优待条件事宜,下午4时,鹿钟麟奉命驱逐溥仪出故宫。后国务院组成清室善后委员会,鹿为成员之一。15日,张作霖、冯玉祥、卢永祥、胡景翼、孙岳公推段祺瑞为中华民国临时执政,北京政权很快落入张作霖、段祺瑞手中,冯玉祥被迫退居天台山,后移驻张家口。12月31日,孙中山乘专车到达北京,冯玉祥派鹿钟麟负责接待,鹿以冯的代表及北京警卫总司令的身份上车问候,警卫工作安排得十分周密,并经常到孙的住处巡视安全。1925年3月,孙中山在北京去世,鹿钟麟襄助李烈钧治丧,并亲自去段祺瑞斡旋停灵公祭地点。4月2日,孙中山灵柩移奉北京西山碧云寺,鹿钟麟率部队警卫。

1926年1月冯玉祥宣布下野,鹿钟麟仍负责驻守京畿一带。奉军和直鲁联军再次进攻国民军,国民军推鹿为前敌总司令,鹿亲赴前线指挥作战,国民军先后在马厂、大沽重创敌军。国民军受到帝国主义领事团的无理干涉,日军更是直接炮轰国民军。形势对国民军非常不利,冯玉祥于3月下旬出国赴苏考察,国民军退出天津。在发现段密谋联奉后,鹿钟麟于4月9日派兵围攻执政府,段祺瑞逃往东交民巷。国民军向张作霖、吴佩孚两面求和不成,于15日撤离北京,主力退守南口,经整编成立七个军,国民一军以鹿钟麟、宋哲元分任东、北两路总指挥,后改任国民军东、西两路总司令,同直、鲁、奉联军抗衡。8月

14日他们放弃南口,撤往绥远、包头方向。冯玉祥迅速由苏联回国,于9月17日就任国民联军总司令,并举行"五原誓师"。随后组织国民联军总司令部,任鹿钟麟为总参谋长,加入北伐。鹿钟麟奉冯的命令访问苏联,拜见斯大林,取得苏联援助。1927年4月归国后,任河南省民政厅厅长,后又代理省政府主席。9月,他任冯所率国民革命军第二集团军第九方面军总指挥,击破直鲁联军。此后他历任右路总指挥、北路总司令,进行北伐。1928年末,鹿任国民政府军政部常务次长。

1928年7月,北伐战争结束。1929年初的国民革命军编遣会议使蒋、冯矛盾进一步公开化,冯玉祥托病离开南京,到河南辉县百泉村居住,观察形势发展,准备反蒋,军政部长一职交鹿钟麟代理。同年5月冯决心反蒋,命令所部向甘、陕腹地西撤,韩复榘、石友三两军以甘、陕地区贫瘠不愿西进,加之蒋介石行贿拉拢,遂叛冯投蒋。蒋下令讨冯,冯遂通电下野。6月,阎锡山以共同下野出国为名,诱冯入晋,把冯软禁于五台县建安村。冯部宋哲元、孙良诚两军被迫退入潼关以西。鹿钟麟逃离南京后由上海转赴天津。10月,应冯玉祥电召赴建安共商大计,被任命为西北军代理总司令。鹿钟麟就职后,率高级将领联名电阎,请其从速送冯回陕,否则即发兵讨伐。1930年3月,阎锡山决定联冯倒蒋,将冯玉祥送回。

1930年3月15日鹿钟麟领衔发出了倒蒋通电。4月1日阎锡山、冯玉祥、李宗仁分别通电就任反蒋军总司令、副总司令,委鹿钟麟为前敌总指挥,不久,又任命鹿为二、三方面军前敌总司令。7月以后,蒋军加强了攻势。9月,张学良通电拥蒋,派兵入关,反蒋军迅速失败。为保存实力,冯玉祥拟将部队交鹿钟麟全权处理,遭到蒋介石的反对,冯、鹿一起解职。10月23日,鹿在焦作通电下野,后到天津闲居。

1931年冬,鹿钟麟被推为国民党第四届候补中央委员,1932年任军事参议院参议,1935年当选为国民党第五届中央委员。1935年冬,鹿与冯玉祥同时被蒋介石邀赴南京共商国是。其后曾到北平会晤宋哲元,为其出谋划策。在1937年七七事变前夕,鹿奉命再次赴平津视察,积极鼓励二十九军将士与日军决一死战。1937年,全民族抗战爆发,冯玉祥出任第三战区司令长官,鹿钟麟为参谋长。不久冯调任第六战区司令长官,鹿任该战区副司令长官。1938年初,鹿一度充任军事委员会军法执行总监部总监,负责审判韩复榘抗命不战案。11月,鹿钟麟被委任为冀察战区总司令兼河北省政府主席。他遵照冯玉祥的旨意,坚持联共抗日,支持进步活动,但蒋介石和反共分子对鹿钟麟施压,胁迫他参加反共摩擦。1943年,鹿钟麟六十寿辰之际,周恩来、董必武等前往祝寿。1944年,鹿钟麟被任命为兵役部长。1945年5月,当选国民党第六届中央委员,8月,兵役部撤销,鹿转任华北宣抚使。

抗战胜利后,蒋介石发动内战。冯玉祥于1946年积极联络旧部,并制定分区负责人,投入反蒋民主运动。鹿钟麟为华北分区负责人,为民主运动做了一些有益的事情。

新中国成立后,鹿钟麟在天津做街道居民工作,曾积极捐献财物支援抗美援朝。1954年冬,毛泽东主席设宴招待鹿钟麟,亲切地询问他在街上做工作的情况,称赞他是"办街道工作的专家"。此后,鹿钟麟被任命为国防委员会委员。

1966年1月11日,鹿钟麟因病去世,终年82岁。

参考文献:

娄献阁、朱信泉主编:《中华民国史资料丛稿·民国人物传》第10卷,中华书局,2000年。

刘海林主编:《张家口人物志》(古代·近现代卷),党建读物出版社,2005年。

沉度、应列等编:《国民党高级将领传略》,华文出版社,2005年。

胡必林、方灏编:《民国高级将领列传》,解放军出版社,2006年。

(王 进)

罗　光　道

　　罗光道(1894—1946),名鉴龙,字光道,以字行,广东四会人。幼年跟随其兄罗道生①来津,1903年入英国人赫立德创办的新学书院读书。1910年中学毕业,升入该院大学部哲学系就读。其间,他研究德国哲学家康德的学说,常在校刊上发表相关文章。他还擅长英文,在天津基督教青年会举办的英文讲演比赛中名列榜首,得到主持人张伯苓的赞许。1915年毕业获学士学位,留校任教。1919年10月10日,天津学生举办国庆大典,天津警察厅厅长杨以德派出荷枪实弹的警察,在南开地区横断学生去路,殴伤学生。罗光道等联合新学书院、孔德中学、成美中学同人,以天津四校职教员联合会名义,要求撤换警察厅厅长杨以德。

　　1923年,罗光道出任由外国人创办的马克顿桥梁公司华人经理,他在赴营口督建辽河大桥时,目睹日本对中国东北权益的攫取和日益膨胀的野心,产生了国欲富强必须兴办教育的思想。三年后,他辞去桥梁公司经理职务回到天津,走上兴学之路。

　　1926年,罗光道在天津创办了弘德高等商业学校,他自任校长,亲自授课,培养商业人才。1929年,学校更名为弘德商科职业学校。九一八事变后,他提出以激励青年抗日救国作为教学的宗旨,组织弘德同学会开展抗日救国活动。

----

　　①罗道生,天津粤籍四大买办之一,华俄道胜银行第一任买办,英租界第一位华人董事。

1932年10月,罗光道任天津广东学校校长。1933年夏,在罗光道的推动下,校董会出面募捐,对学校中原有教学楼进行扩建。竣工后,罗光道决定将广东学校分为中学和小学两校,中学开始招收女生。

这一时期,天津的抗日浪潮高涨。罗光道率领师生出版进步期刊《抵抗周报》和《我们的两周》,在校内外开展抗日宣传,广东学校成为天津学界宣传抗日的骨干。东北沦陷后,冯庸大学迁到北平,罗光道还兼任冯庸大学逻辑学教授,他常以团结抗日、收复失地激励学生的抗日热情。在他的影响下,全民族抗战爆发后,许多学生走上了抗日前线。

1937年七七事变爆发后,罗光道不仅资助流亡学生,还公开宣传抗日,抵制奴化教育。天津沦陷时,南开学校校舍被炸毁,他聘请南开中学教师来广东学校任教,既支持了抗日,又提高了广东中学师资水平。

1937年秋,广东学校添设高中部,设立理化实验室,并大量购置理化仪器设备,成为当时天津教学设备完善的完全中学。1938年夏,学校在山西路购买女校校舍,男女学生分校授课。①罗光道提倡严谨的教学秩序,亲自厘定了课堂教学规则、学生学习守则,请假出勤、教师延聘等规章制度。他办学事必躬亲,到课堂亲自听课,还抽查试卷考核学生成绩。广东学校一直以校风朴素和成绩优异而享誉津门。②

天津沦陷后,罗光道参加了以耀华英文教员沈天民为委员长、赵天麟为董事长的教育界抗日组织"除奸委员会",并担任该组织副董事长。为了抵制奴化教育,于1937年12月12日在海大道女青年会召开了有英法租界中学校长、教师50多人参加的秘密会议,罗光道校长出

---

① 张绍祖:《天津历史名校——广东中学》,载杨文利、董成荣主编:《九十春秋——天津市第十九中学(旅津广东学校)九十周年校庆纪念文集》,2011年内部印行,第46页。

② 秦戈:《爱国教育家罗光道事略》,载天津市政协文史委编:《天津文史资料选辑》第61辑,天津人民出版社,1994年,第160页。

席了会议。会议决定：一、各校学生抗日到底；二、决不更改旧有之教科书；三、各校增加军训。耀华、广东、法汉、慈惠、志达等学校都参加了这次联合抵制奴化教育的活动。罗光道的抗日爱国举动引起了日本侵略者的注意。在除奸委员会董事长赵天麟被暗杀后，他作为副董事长被迫转入地下，匿居于广东学校侧楼的一间小屋内，由主持校务的女教师吴佩球与他秘密联系。①

1938年底，重庆国民政府组织领导的秘密抗日团体——天津教育促进会成立，罗光道参加了这个抗日团体。1944年年初，天津教育促进会被日本特务侦破。4月，罗光道在耀华里住所被逮捕。虽经日本宪兵队的严刑审问，但因未拿到确实的抗日证据，不久罗光道被释放。1944年11月，广东学校因拒绝参加日伪当局组织的活动，伪市教育局解散了校董事会，免除了罗光道校长之职。

抗战胜利后，罗光道复任广东学校校长。当时国民党政府要对师生进行"甄审"，罗光道支持学生的反"甄审"斗争，在中共天津地下党学委的领导下，天津学联发起6000人大请愿，迫使当局取消"甄审"，反"甄审"斗争取得了胜利。

广东学校一直是进步活动的中心，1946年3月12日，军警特务拘捕了罗光道校长，同时实行校内戒严，妄图将天津学联赶出广东学校。后因市教育局出面，罗光道被保释回家。

1946年5月，罗光道因病去世，终年52岁。

参考文献：

张绍祖：《罗光道与广东学校》，载天津市档案馆、天津市和平区档案馆编：《旧天津法租界故事》，天津人民出版社，2009年。

（张绍祖）

---

① 白家骥：《回忆私立旅津广东中学》，载天津市政协文史委编：《天津文史资料选辑》第72辑，天津人民出版社，1996年，第145—146页。

罗 克 格

罗克格（1876—1945），全名库尔特·罗克格（Curt Rothkgel），1876年5月24日出生于德国西里西亚的大斯托里茨市一个信奉天主教的中学教师家庭。

罗克格十三四岁时辍学到一家印章店学徒，期满后到弗罗茨瓦夫的建筑学院游学，在期末考试中取得了优异成绩。之后他入伍服役一年，后到夏洛滕堡宫技术学院建筑系又学习了几个学期。之后他在特里尔、明斯特的几个公司当过工头，带领工人建造教堂。1903年，德国海军部为青岛地方建设部门招聘工程师，罗克格获聘并于同年秋来到中国。

1904年，罗克格为青岛亨利王子饭店内剧院大厅所做的设计在竞标中获得第一名。1904年秋天，他辞去政府部门职务，成立了自己的"建筑艺术与工程工作室"，很快他就在青岛和朝鲜的一些城市承揽设计了一系列别墅、住宅及一座大型商业建筑。

1905年，罗克格赢得了天津德租界康克迪亚俱乐部设计竞赛第一名，并负责施工管理。康克迪亚俱乐部又称德国侨民俱乐部或德国总会，是天津德租界政治、娱乐、社交中心，1905年5月动工兴建，1907年7月落成。俱乐部占地面积6330平方米，建筑面积3922平方米，为三层砖木结构。建筑构图活泼自由，融合了多种建筑风格，具有明显的折中主义特点。1909年他在天津注册成立了"罗克格营造公司"，天津成为他事业发展的中心。其后他获得了一大批在天津、北戴河的住宅和商业建筑合约。其间他还获得青岛天主教堂设计的第一名，这座教堂于1910年落成。

　　罗克格建筑设计的专业水平和他的责任心得到多方面的肯定。1908年美国海军来访，罗克格受清政府之托，在厦门设计美国海军招待所，已近完工时，工程现场被一场强台风摧毁，他率领工人不分昼夜及时修复受损工程，终于保住了清政府的"面子"。这虽未立刻给他带来大订单，但是他的卓越名声却被清朝上层官员所闻知。

　　1910年8月7日，罗克格签订了设计合同，设计并建造中国第一座国会大厦。罗克格的设计方案风格上模仿德国柏林的国会大厦，但更加雄伟，有3个穹顶，是后者的两倍大。1910年的《德文新报》对罗克格设计的国会大厦建筑方案做了详尽的描述："在内城的东南角，北京观象台前以北，即在以前的科考场旧址上，将矗起象征中国步入立宪制、走向现代化的国会大厦。新的国会大厦将为长方形的花岗石建筑，面朝西，正对着皇城……气势宏伟的主圆拱形顶端设有塔式天窗，下面是议会大厅。宽阔的回廊门厅横贯主楼和两侧的上、下议院会议厅。"

　　此后罗克格在北京设立了办事处。建造国会大厦的同时，他还为郡王载洵、庄亲王载勋等皇亲贵族设计西式别墅并帮助规划筹建海军部大楼。1911年在德国德累斯顿举办的医疗卫生博览会上，他为清政府设计了中式建筑风格的展厅。1912年他承接了慈禧太后生前居住的储秀宫的重修工程。

　　1912年秋，新成立的民国政府无力负担耗资巨大的国会大厦工程，只能半途而废。但罗克格继续受到重用，另一座由罗克格设计建造的临时国会大厦于1912年底建成。这座临时国会大厦有三层楼，选用了中国传统的建筑风格和建筑材料，为古典主义风格，与四周中式楼房的风格相协调。直到1924年，中华民国的国会都在这座大厦里执行议会职权。

　　1913年，罗克格拿下了前门的翻新重建工程。1914年6月，他再次获得一个大订单——为袁世凯的称帝加冕仪式在中南海设计礼堂。他的公司也不断扩大,雇用了5名德国建筑师,不仅从事建筑设计,也承接建造施工项目,事业发展蒸蒸日上。

不久第一次世界大战爆发,罗克格奔赴德占青岛,参加抵抗日军的战役。1914年11月,青岛被日军占领,罗克格被俘,之后被押往日本囚禁达5年之久。

1919年12月罗克格获释,一个月后携家人回到中国,继续从事建筑设计。他恢复了与中国政界的关系,又得到很多订单,包括为军阀张作霖建造3座兵工厂及其他一些项目。1926年,他再次中标,设计建造沈阳的德国俱乐部。1928年,他设计了德国驻沈阳领事馆。

1929年,当这些工程全部结束后,53岁的罗克格退休,返回德国,定居在波茨坦,后迁居列支敦士登。他的建筑作品遍布青岛、北京、天津、沈阳、厦门等中国城市。

1945年12月4日,罗克格因病去世,终年69岁。

参考文献:

Torsten Warner. *Deutsche Architektur In China*: *Architekturtransfer*. Berlin, Ernst & Sohn, 1994.

Wilhelm Matzat. *Rothkgel, Curt* (*1876−1945*), *Architekt*. www.ts-ingtau.org.Retrieved, 2016−06−28.

(张　畅)

罗沛霖

罗沛霖(1913—2011),又名罗容思,曾用名罗雨,天津人。1913年12月30日,罗沛霖出生于天津河北三条石庆云里的一个知识分子家庭。其父罗朝汉是我国早期电信界耆宿。

1914年,罗沛霖随全家移居北京。1920年,插班入北师大附小一年级就读。1924年,随父母返回天津。1925年春,罗沛霖入天津河东行宫庙小学,同年夏小学毕业,考入南开中学。受父亲的影响,罗沛霖自小爱好无线电,1927年参加南开中学无线电社,并开始自修相关课程。1931年,罗沛霖南开中学毕业,以优异成绩考入上海交通大学电机系,其入学考试物理为满分。九一八事变爆发后,罗沛霖参加罢课、宣传、募捐等爱国活动,与爱国学生包围上海市政府,营救北大赴南京请愿的同学。

1935年,罗沛霖毕业于上海交通大学,获工学士学位。毕业后,他先到广西,在桂系军阀所属的第四集团军南宁无线电工厂任少校技正;1936年进入上海中国无线电业公司任见习工程师,参加大型无线电发射机的设计研制工作。1937年七七事变爆发,8月日军进攻上海,12月南京陷落。罗沛霖对国民党抗战失去信心,谋求去延安参加革命,于是毅然辞职,前往西安,觅机赴延安。1938年初,罗沛霖在西安八路军办事处受到林伯渠的接见,并被安排去延安,进入中央军委第三局,在王诤和李强领导下工作。他参与创建了边区第一个通信器材厂,即延安盐店子通信材料厂,任工程师,主持技术和生产工作。1939年,陕甘宁边区形势紧张,组织决定分路疏散。10月,罗沛霖根据组织决定到达重庆,受到董必武的接见。此后在徐冰的领导下,与孙友余、周建南等一起开展工作。之后9年中,罗沛霖历任重庆上川实业公司、新机电公司、中国兴业公司、重庆国民政府资源委员会中央无线电厂重庆分厂及天津无线电厂工程师、设计课课长等职。

罗沛霖坚持参与中共地下组织的各项活动,努力完成组织委派的任务。董必武决定他留在党外做统一战线工作。罗沛霖在中共中央南方局徐冰的秘密领导下,和孙友余、周建南等同志一起,于1940年共同创立了中国青年科学技术人员协进会,担任干事。该组织坚持抗战与进步的方向,团结了许多进步青年科学技术人员,皖南事变后被迫停止活动。1944年,中共地下组织建立中国工业原料公司,罗沛霖任董事,并任无线电厂工务课副课长兼设计股股长。1945年,罗沛霖加入开源建筑公司,任总经理。抗战胜利后,罗沛霖在重庆受到毛泽东的接见。

1947年,党组织决定资助罗沛霖去美国学习。罗沛霖向美国加州理工学院提出了入学申请。根据罗沛霖的科研业绩和学识素养情况,加州理工学院建议他直攻博士学位。1948年9月,罗沛霖只身赴美,随身携带党的地下组织资助的只够一个学季费用的500美元。鉴于他的优异成绩,校方为他安排了圣马立诺扶轮会奖学金及本校免学费奖学金,后又授予本专业最高奖学金,解决了他的经济困难。1949年,罗沛霖被授予"柯尔学者"的称号。罗沛霖用了23个月便完成了课程和论文,直接获得加州理工学院的电工、物理和数学专业的特别荣誉衔哲学博士学位(1952年授予),并当选为美国Sigma Xi荣誉会会员。1948年,留美学生中建立了留美科技人员协会,对动员留美人员回国建设新中国起了重要作用。罗沛霖是该协会的积极分子,是加州理工学院支会的负责人。1950年6月,朝鲜战争爆发,罗沛霖决定回国,为此他提前进行了博士学位论文答辩,婉谢了导师索伦森教授的挽留。

1950年9月,罗沛霖回到北京。他认为自己是受党的培养,应结合自己的专长,为沟通学术界与产业界而努力。于是他放弃了钱三强建议他去中国科学院的机会,而是进入了当时正在组建中的电信工业管理局,任技术处长。1951年至1953年,罗沛霖负责组建我国第一个大型综合电子元件联合工厂,即华北无线电器材厂,并出任该厂总工程师兼第一副厂长。1955年兼任第二机械工业部第十局第十一研究所主任,后历任第二机械工业部第十工业管理局及总局副总工程师,并曾兼任科研处处长和科技处处长。1956年3月,经过近20年对共产主义理想的不懈追求,罗沛霖被批准加入中国共产党。

1958年,我国成立了包括罗沛霖在内的超远程雷达计划四人领导小组,由罗沛霖分工负责技术指导和组织协调工作。1963年,第四机械工业部(电子工业部)成立,罗沛霖任科技司副司长。"文化大革命"中罗沛霖受到了冲击,1969年7月,下放到河南叶县干校劳动。1972年,罗沛霖重返电子工业部,任科技局副局长。罗沛霖把电子计算机、微电子、光纤技术、光电子技术、雷达新技术、卫星通信等作为工作重点,他具体组织和指导了我国最早的通用计算机系列(100系列和200系列)的研制工作。1979年,罗沛霖被任命为中美科学技术合作联合委员会中方委员。

1987年他访美期间,敏锐地注意到人工神经网络这一重要新兴学科,回国后即积极宣传人工神经网络知识,创导和主持了人工神经网络座谈会,促使国内八个一级学会联合成立中国人工神经网络筹备委员会。1990年,中国首届神经网络学术大会在北京召开,罗沛霖任大会主席。

罗沛霖主持电子工业标准化和计量工作数十年,为保证电子产品质量作出了贡献,被选为中国标准协会和中国测试计量学会的副理事长。1980年,电子工业部成立科学技术委员会,罗沛霖任第一副主任。同年,罗沛霖当选为中国科学院学部委员,曾任技术科学部常务委员、计算机学科组组长、电子学科组副组长。他先后受聘为北京理工大学、南京大学、东南大学、西安电子科技大学、桂林电子工业学院等校名誉教授和北京大学、国防科技大学兼职教授。1988年机械电子工业部成立后，罗沛霖受聘为科学技术咨询委员会委员，即电子工业部科学技术委员会委员。1993年5月，罗沛霖创议并起草了《应当早日成立中国工程与技术科学院》的建议书，由张光斗、王大珩、师昌绪、张维、侯祥麟、罗沛霖联署上报，得到了党和国家领导人的支持。中国工程院终于在1994年6月成立，罗沛霖当选为第一批院士，并被选入主席团，连任主席团成员至1998年。罗沛霖曾任第一、第二届北京市人大代表，第三、第四届全国人大代表，第五至第七届全国政协委员。

2011年4月17日，罗沛霖逝世于北京，终年98岁。

参考文献：

柯有安：《罗沛霖》，载中国科学技术协会编：《中国科学技术专家传略·工程技术编·电子、通信、计算机卷》(1)，电子工业出版社，1998年。

中国科学家辞典编委会编：《中国科学家传略辞典》(现代第3辑)，1982年内部印行。

刘九如、唐静：《行有则 知无涯：罗沛霖传》，上海交通大学出版社，2013年。

（高　鹏）

罗 荣 光

罗荣光(1834—1900),字耀庭,湖南乾城人。自幼家贫,父亲早亡,靠母亲弹棉花艰苦度日。入私塾学习三年,后投奔乾州绿营为武童。不久,转投长沙曾国藩湘军大营当差。后因治河有功升任把总。

1862年3月,罗荣光随李鸿章淮军增援上海,入华尔洋枪队,在江浙一带与太平军作战。在攻打常州的战斗中,罗荣光率部捷足先登,攻入城内,因功升为副将,赐号"果勇巴图鲁"。随后他领兵增援浙江、安徽、福建,1866年升为总兵。

1867年,东捻军攻打山东,罗荣光奉命率部以偏师游弋淮河南北,在运河附近大败东捻军。东捻军遂转头入江淮,罗荣光提兵追剿,击退东捻军。1868年,西捻军被李鸿章设计引入黄河、运河之间的狭长地带,大军层层围困长达三个月。西捻军多次突围,均被罗荣光部打退。因消灭西捻军有功,罗荣光晋升记名提督,并奉命率部驻防金陵、武昌、西安等地,前后达两年。

1870年9月,李鸿章出任直隶总督,调罗荣光部移驻天津海口,补为大沽协副将。李鸿章携周盛传视察大沽海口,认为南北炮台最为扼要,不可不设兵防备。罗荣光受令率部并征召民工择要重修炮台。罗荣光雇渔船在渤海沿岸大量收集贝壳,在新城修建数十座烧石灰土窑,昼夜不停地烧制石灰,为修筑大沽、新城炮台提供原料。又加贝壳粉、糯米汤、杨树条汁、藤条汁等搅拌成料,加厚筑造炮台,使之足以防御后膛炮弹的轰击。他仿照西法加固护台,其形状为椭圆形,高出平地数丈,既可击敌,又可防敌炮击。又在炮台墙外添拦潮土坝一道,避免潮汐侵刷。李鸿章购买德国克虏伯厂和英国摩士庄厂、瓦瓦司厂造大炮、快炮、后膛钢炮多尊，置于炮台之上。由于罗荣光认真监督施工，确保质量，历经四载，建成规模庞大的中西合璧前沿防御体系——大沽口炮台。

1873年初，德国教习李劢协来津，为大沽口炮台守军及驻扎小站等地淮军讲授炮兵原理与操作技术。1876年3月，李劢协回国，罗荣光特推荐部下卞长胜随往德国留学。1878年卞长胜回国，编撰《德国水师事宜》一书，并注释《德国陆师操法入门要诀、水师操法入门要诀》一书，为大沽协各营培训炮兵骨干。李鸿章架设电报由直隶总督行馆直通大沽协衙署驻地，确保了军情通畅。1881年10月，大沽设水雷学堂。罗荣光与刘含芳积极配合创办水雷营，管带由留英官学生黄建勋充任，以水性好、驾驭舟船灵活、勇敢强壮为条件，在营中选挑雷兵水勇，聘汉纳根、满宜士等外籍教习，进行定向培养。大沽港面辽阔，水雷营分驻南北两岸，很快就形成了战斗力，成为海口防御的利器。设立水雷营的做法，后来推广到北塘、山海关等地。

1886年5月，醇亲王奕譞巡阅北洋防务至大沽口，见两岸炮台群林立森严，守台官兵、水雷营训练有素，海防坚实，遂荐授罗荣光为天津镇总兵。罗荣光虽然地位显赫，但饮食、穿戴仍如同一名普通老兵。

1900年义和团运动爆发，席卷津京。4月6日，英、美、法、德公使联衔照会清政府，要求在两个月内将义和团一律剿灭，否则将派水陆各军进入山东、直隶两省，代为剿平。5月，各国兵舰38艘闯进渤海湾，停泊大沽口外，此时罗荣光已调任新疆喀什噶尔提督。面对严峻形势，他毅然奏请留任，镇守大沽口。大沽口拥有南北5座炮台，各类大小火炮170门，常年守军3000人，一个水雷营，另有北洋海军四艘鱼雷艇驻泊于家堡。他在南岸主炮台议事厅，召开五营六哨会议，坚定地宣誓："人在大沽在，地失血祭天。"八国联军集结的参战部队达4万人，装备火炮276门。由于大沽海口水深岸曲，海口水雷密布，南北炮台严阵以待，畏于炮台威力，八国联军不敢贸然逼近。6月，联军司令派员谒见直隶总督裕禄，欺骗说："只有四五艘舰船驶入海口，以保护天津租界各国侨商，免受义和团滋扰，并无他意。"裕禄居然下令开放海口水道，让俄舰"机略号"、美舰"马拉卡西号"、日舰"亚打告号"、英舰"灰丁"和"发霉"号等五舰驶入大沽口，6月10日，日、英、法、俄、德、美、意、奥八国进入租界的士兵达2004人。罗荣光闻讯大惊，大沽炮台处于腹背受敌之中。

6月15日，联军在俄军旗舰"露西亚号"召开军事会议，推选俄将海尔德布朗为大沽口联军行动总司令，决定了由水陆两路攻取大沽炮台的作战部署，悄悄派遣300名日本兵当晚在塘沽登陆，并下令10艘千吨级战舰随时准备驶入白河作战。16日上午，进入内河的5艘联军兵舰包围于家堡，水师统领叶祖圭下令北洋鱼雷艇撤离，大沽口守军处于孤立无援的境地。下午，八国联军特使巴克梅迪夫等人前往南岸主炮台营盘面晤罗荣光，借口八国联军出兵围剿义和团、保护侨民和教堂，要求清军必须让出河道，拆除河口中水雷，南北两岸炮台无条件让给联军驻守。罗荣光义正辞严地驳斥说："荣光守台有责，理当执行上司的命令"，断然拒绝八国联军的无理要求。联军代表下"最后通牒"，扬言"17日凌晨二时之前不交出炮台，定将两岸炮台轰平"。

6月17日深夜11点，八国联军军舰突然对准我南北岸炮台轰击。在炮火掩护下，900人的突击队乘坐小艇，分左中右三路，直赴南岸炮台。罗荣光沉着镇定，指挥主炮瞄准敌舰，英勇还击，霎时炮声隆隆，波浪起伏。激战不到半小时，一艘敌舰被击中，拖着滚滚浓烟，狼狈退出战斗。停泊于家堡附近的5艘联军战舰从侧翼向炮台攻击，罗荣光率守军还击，击沉俄舰"机略号"。激战多个时辰，守军渐显被动，北岸炮台陷落。

6月18日上午7时至8时，敌开花炮弹落入南岸清军的两个弹药库，弹药全部被毁。敌舰迫近中营主炮台，因清军炮位置过高，反击困难,罗荣光遂命营官李忠成用南营门小炮还击,击伤敌舰一艘,打退敌舰进攻。9时许,炮台弹药告罄。八国联军陆战队从海神庙船场登陆,截断了南岸炮台守军退路,罗荣光孤军奋战,兵勇伤亡极大。在血战中,罗荣光对眷属悲愤地说,"如今弹尽援绝,已到为国捐躯时刻。敌寇攻入必会抓住你们,朝廷命官的妻室,怎能遭洋人凌辱,就此杀身成仁吧!"随后他带领一名亲随冲进沙场,所余将士感奋主帅神勇,一同冲下炮台与敌寇白刃拼杀。此役打死、打伤八国联军官兵130多人,击伤敌舰6艘,最终罗荣光及两千将士壮烈殉国,大沽炮台失守。

战后,人们从南岸炮台下发现了罗荣光的忠骸,遂收殓运归其故里乾城建茔安葬,罗荣光时年66岁。

参考文献:

《罗荣光传》,载赵尔巽主编:《清史稿》,中华书局,1977年。

王辉、张东甲:《大沽炮台》,百花文艺出版社,1990年。

刘佐亮:《李鸿章与大沽炮台修建》,载贾长华主编:《海河流津沽》,百花文艺出版社,2005年。

天津市政协文史委、北京市政协文史委编:《京津蒙难记——八国联军侵华纪实》,中国文史出版社,1990年。

姚桂湘:《大沽炮台守将罗荣光之死辨》,《学理论》,2012年第24期。

(井振武)

骆 玉 笙

　　骆玉笙（1914—2002），艺名小彩舞，后取名玉笙。天津武清人。骆玉笙出生6个月时被河北省安次县戏法艺人骆彩武夫妇收养，4岁即随养父母四处卖艺，曾在南京夫子庙和上海大世界演出。5岁随骆彩武夫妇到汉口的民众乐园长期演出，即用"小彩武"为艺名。9岁拜师苏焕亭，学习京剧老生行当，开始演出皮黄清唱，也曾登台彩唱京剧。她在这里开始接触京韵大鼓两个重要流派：刘派与白派，对京韵大鼓艺术产生兴趣，还向杨浩亭学了两个曲目。北伐军进攻武汉时全家离开汉口，返回上海。1926年底，到南京秦淮河畔演出。1927年，养父骆彩武与养母骆冷氏离异，骆玉笙随养母生活。17岁时得到名弦师白凤岩指点，改唱二黄大鼓，即中间加有二黄唱段的京韵大鼓，并将艺名改为"小彩舞"。又向名家钟少亭学了《子期听琴》《连环计》等京韵大鼓曲目。1933年，她的养父养母相继去世。1934年，骆玉笙到济南演出，遇到著名弦师韩永禄，乃正式学唱刘派京韵大鼓。

　　韩永禄有"三弦圣手"之誉。他长期与刘宝全合作，对刘宝全前期演唱风格的形成有着很大影响，刘派京韵大鼓的精髓尽在他的掌握之中。他并不仅仅满足于帮助刘派京韵大鼓的传承，而是企盼着发现可造之材，能与"刘大王"抗衡，他觉得骆玉笙正合乎自己的要求，于是倾囊相授，不仅以正宗的刘派唱腔唱法为其规范，还针对女声的特点，旁采博收其他门派的精华，丰富骆玉笙的演唱，并且为她操弦，进行直接的辅佐。1936年8月，骆玉笙随韩永禄来到天津，进入日租界的中原公司游艺场杂耍部。很快人们就风传着"南边来的大鼓妞儿，嗓子真叫冲,真是天下少有,与众不同啊!"当时恰逢天津最高档的杂耍场小梨园,因台柱梅花大鼓女艺人花四宝为争取婚姻自由出走北京,一时出现了"角荒"危机。看过骆玉笙演出的有识之士冯紫墀,即向小梨园的经营者建议,可以约来重用。于是她进入小梨园,未满一月,她的名字便在小梨园的演出广告中占据了重要的位置。她就此定居在天津。

此后,在韩永禄的帮助下,她排练了一批新曲目。不仅刘宝全晚年经常演出的20余段曲目均已掌握,还上演了得自白云鹏和白凤鸣的几个代表曲目。30年代后期,天津高聘卿的国乐公司又为她灌制了《博望坡》《红梅阁》《丑末寅初》三张唱片。1939年,骆玉笙挟其在天津走红的风雷之势首次赴北京演出。

白凤鸣由他的长兄白凤岩襄助,曾经别开生面地上演《击鼓骂曹》,创造了用单鼓槌和书鼓与白凤岩用三弦弹奏的《夜深沉》曲牌合作的巅峰之作,博得京剧界、杂耍界的一致赞扬。骆玉笙自知无法摹学白氏兄弟的绝活,于是她照京剧的演法,把花盆鼓搬上了杂耍舞台。在虚心向京剧名家求教之后,也贴出了《击鼓骂曹》即将上演的海报。消息传出,言菊朋、孟小冬、高庆奎、谭小培、谭富英、李少春、杨宝森等名家都被吊起了兴致,纷纷往观。花盆鼓配合着京胡演奏的曲牌,着实让人耳目一新。绝顶聪明的骆玉笙,轻而易举地征服了京城。

回到天津,报纸所刊登的演出广告,开始在她的名字之前冠以"鼓界女王"的称谓,后又改称"金嗓歌王"。

1940年10月,年迈的韩永禄病逝,改由三弦名家刘文有为她伴奏,《战代州》《探晴雯》《孟姜女》等节目陆续推出。1941年以后,上演了《剑阁闻铃》,这个曲目又名《忆真妃》,在天津只有辽宁大鼓和山东大鼓常演,前者的名家有马宝山、朱玺珍,后者则有李大玉。骆玉笙将其作为自己的独有曲目,不断加工,反复锤炼,最终成为最能体现她京韵大鼓风格的杰作。

40年代,曲艺界人士越来越注意到她对刘派的变革、对白云鹏和白凤鸣的借鉴,有人甚至认为她已自成一派。比如1940年8月21日的一篇评论文章就说:"彩舞以一条好嗓见称当时,嘹亮脆劲,响彻云霄,每歌一曲,巧腔频出,大有青出于蓝而胜于蓝之概,熔诸名曲家腔调于一炉,自成一派。"又如有人评论她:"融会刘宝全、白云鹏、白凤鸣之腔调于一炉,又参加己意,别制新声,成一家言。"并举《红梅阁》《黛玉焚稿》《哭黛玉》《击鼓骂曹》《七星灯》中的唱腔,以为例证。她的唱腔具有很强的歌唱性与抒情性。也有不少评论文章,注意到了她的这一点。比如李明说:"余喜聆彩舞之《伯牙摔琴》——《摔琴》之反二黄,凄凉呜咽,如猿啼三峡。"善之说:"小彩舞的腔调、嗓音等,以演唱缠绵悱恻、悲苦凄凉之故事为佳,如《黛玉焚稿》《哭黛玉》等曲,其使人荡气回肠,闻之酸鼻。"更有人注意到她与刘宝全的不同:"腔调与刘派大同小异——可称别创一格,另立门户,想若干年后,又有骆派大鼓,活跃于歌坛之上,执鼓界牛耳,非彩舞莫属。"[①]

40年代,骆玉笙在天津、北平的一些广播电台播唱,又常到上海、北平等地登台,因劳累过度影响到嗓音,曾一度困在上海。上海解放后,天津派专人去将她接了回来。

1951年,她加入了天津市曲艺工作团。两度参加中国人民赴朝鲜慰问团文艺大队,到抗美援朝前线慰问中国人民志愿军指战员。曾担任天津人民广播电台说唱团副团长、天津市曲艺团副团长。她和同行们一起,连续推出新曲目。其中,歌颂志愿军战士的《独胆英雄吕松山》还灌制了唱片。

60年代,骆玉笙上演了《珠峰红旗》《光荣的航行》等一批反映时代的新曲目。她在京韵大鼓音乐改革上也做出了不懈努力,曾演唱朱学颖创作的《光荣的航行》,以歌曲旋律入曲的尝试,成功地体现了京韵

---

① 《新天津报》,1940年5月29日,转引自贾立青编著:《骆玉笙年谱》,天津人民出版社,2008年。

大鼓由叙事性向抒情功能的转换。而朱学颖于1960年创作、骆玉笙设计唱腔并演唱的《珠峰红旗》,在新型的伴奏音乐中的多处朗诵式夹白,也是成功的范例。1962年,长春电影制片厂将她唱的《剑阁闻铃》《丑末寅初》拍摄了纪录片。

"文化大革命"结束后,骆玉笙重登舞台。她虽然年逾花甲,但依然是一位"金嗓歌王"。80年代,她几次到香港、日本演出、讲学,为文化交流出力。她还为中国北方曲艺学校在天津的建立奔走呼吁。她全力恢复了传统曲目的演出,对《剑阁闻铃》《红梅阁》《子期听琴》《击鼓骂曹》《丑末寅初》《伯牙摔琴》等经典曲目继续锤炼,并且排演了《杨开慧》《万里春光》《农家乐》《望金门》《除夕寄语红梅吟》《中国女排》《文人和酒》《和氏璧》等新曲目。她对每一个新曲目的演唱继续探索新的创腔,吸收、融汇了各种音乐元素,且具有纯正的京韵大鼓韵味,达到随心所欲不逾矩的境界。无论是京剧、昆曲或姊妹曲种,均信手拈来,化为妙用。如1982年上演的《和氏璧》中,她巧妙地将新梅花调的旋律和传统京剧老生"哭头"与京剧青衣唱腔糅合运用,化出新颖别致的新腔。在唱段结尾处的甩腔中,用京剧老生唱法的"嘎调",突然翻高,为全曲结束做了饱满有力的收煞。骆派京韵大鼓终于在80年代正式为各方面人士确认,成为20世纪京韵大鼓五大流派之一。

1985年,71岁高龄的骆玉笙被电视连续剧《四世同堂》的导演和音乐制作者选中,演唱了主题歌《重整河山待后生》。她完美运用了京韵大鼓的韵味和骆氏典型唱腔,将鼓曲与音乐、歌词完美结合,一曲高歌,震惊四座,迅速传遍全国,使全国听众重新领略了京韵大鼓这一北方曲种的独特魅力,赋予了鼓曲新的生命力,提升了鼓曲的影响。

骆玉笙多次受到党和国家领导人的亲切接见。曾任第五至第八届全国政协委员,中国文联荣誉委员,中国曲艺家协会主席、名誉主席,天津文联副主席、天津曲艺家协会名誉主席等职。20世纪80年代中期开始被誉为国宝级"曲艺大师""鼓曲泰斗"。

2002年5月5日凌晨,骆玉笙在天津逝世,享年88岁。

参考文献:

中国曲艺志全国编辑委员会、《中国曲艺志·天津卷》编辑委员会编著:《中国曲艺志·天津卷》,中国ISBN中心,2009年。

贾立青编著:《骆玉笙年谱》,天津人民出版社,2008年。

孟然、罗君生编著:《骆玉笙传奇》,天津人民出版社,2012年。

钱国桢、靳学东、南鸿雁:《骆玉笙与京韵大鼓》,大众文艺出版社,2009年。

（王春辉）

马 根 济

马根济(1850—1888)，全名约翰·肯尼思·麦肯齐(John Kenneth Mackenzie)。1850年8月25日生于苏格兰雅茅斯，幼时随父母迁至布里斯托。父亲是苏格兰人，母亲是威尔士人，都是基督教徒，父亲多年在长老会担任职务。马根济早年在布里斯托的一所私立学校学习，15岁时辍学到一家店铺里做职员。这期间，他利用闲暇时间阅读了大量书籍，开阔了眼界，丰富了知识。他还积极参加基督教会定期为青年人举办的各种布道活动，渐渐地成为一名虔诚的基督教徒。于是，他萌发了以医学传教士的身份到海外宣传基督教福音的理想，决定放弃店员的职业，专攻医学。1870年，马根济进入布里斯托医学院学习医学，4年后完成学业，并获得了执业医师资格。为了获得眼科方面知识，他又进入英国伦敦皇家眼科医院学习。

恰在此时，马根济结识了从汉口回国休假的牧师，得知在汉口急需他这样的医学传教士。经伦敦会安排，1875年6月，他来到伦敦会在汉口的医院工作。他与同道一起，以医学传教士的身份，一边传教，一边为中国的老百姓治病。该院设有内科、骨科、眼科和外科，眼科和外科手术如白内障手术、唇腭裂手术、肿瘤切除术等是他的擅长。他甚至致力于治疗鸦片吸食者，一年中有700名吸食鸦片的患者在医院接受治疗。为了更好地与中国人沟通，马根济边为中国老百姓治病边学汉语。由于医治病人众多，他在汉口声名远扬，除湖北本省的病人外，甚至还有从江西、四川、贵州等地慕名而来的病人求治。在一年的时间内，马根济治疗了住院患者1137名(包括73名女性)，门诊患者

11,859名。同时,他也吸收不少中国百姓皈依基督教。

1877年1月,马根济在上海与从英国前来的未婚妻特拉夫斯小姐结婚。婚后,夫妻二人回到了汉口,继续从事医学传教工作。婚姻使马根济的工作多了一个助手,生活多了一个伴侣。不久,他们的女儿玛格丽特·埃塞尔降生。

由于马根济夫人不适应汉口的气候,在征得伦敦会的同意后,1879年3月,马根济全家乘船从上海转道抵达天津,开始了在天津的医学传道工作。

来津后,马根济面临着非常严重的困难,工作开展得很不顺利。与汉口相比,天津伦敦会医院的经费严重不足,设施简陋,缺医少药,院务工作进展缓慢,每天求诊病人不到20名。在与英国圣道会教士理一视商量后,马根济决定向当时的直隶总督兼北洋大臣李鸿章求助,拨款建造医院。因为在马根济等外国人眼中,李鸿章算得上开明的中国官员,虽然得到了肯定的答复,但却迟迟没有进一步的行动。正当他一筹莫展之际,一个天赐良机使得情况峰回路转。这年夏天,李鸿章的夫人患病,经过多名中医医治,病情丝毫不见好转,已到病入膏肓的地步。在不得已的情况下,李鸿章接受了英国公使馆一位官员的建议,邀请马根济和另一名大夫伊尔文到总督府为李夫人治病。经过两名医生6天的治疗,李鸿章夫人竟然奇迹般地脱离了危险,并逐渐康复起来。为了巩固治疗效果,也为了迎合中国人的习惯,在征得李鸿章的同意后,马根济还从驻北京的美国卫理公会请到了一名女性医护人员——来自美国的加拿大大夫郝维德小姐全程照料李鸿章夫人。这次为李鸿章夫人治病的经历,使得马根济有机会与中国上层官员密切接触,让中国官员了解外国人,他也被李鸿章聘为官医。

为了让天津的上层官员们更加了解西医,马根济还和其他医生一起进行了一次大胆的尝试。他们在李鸿章的宅院中摆开了手术台,同时进行3台手术,一台是麻醉和肿瘤切除术,一台是唇腭裂手术,还有一台是恶性肿瘤的治疗。手术进行得有序而成功,充分展示了马根济等西医大夫精湛的医术,也改变了中国官员对西医的认知。此后,医院的筹建工作得到了李鸿章的大力支持,进行得异常顺利。李鸿章将位于总督府附近曾公祠西侧的大王庙赠给马根济作为医院院址,并先拨给了200两银子,以应急需。同时还派军人保护医院工作,以免被人打扰。这座医院由马根济主持,成为一座免费的西医门诊所。据《津门杂记》记载,到该医院"求诊之人,络绎不绝。或投以丹丸,或与之针砭。痿痹则起以电机,赘疣则施以剸杀,疲癃尽起,微肿全除"①。随着病人的增多,该医院的缺点也暴露出来。首先,由于该院只设门诊部,没有住院部,难以收留远道而来的病人;其次,对于习惯在治病之余传教的马根济来说,小小的门诊部显然没有宗教氛围。于是马根济一直在致力于寻找更适合治病和传教一并进行的地点作为新医院。

1880年12月2日,在李鸿章的支持下,新医院在海大道(今大沽北路)上建成。包括李鸿章夫妇、长芦盐运司、海关道以及英、德、俄、美等领事在内的中外嘉宾70余人出席了医院的开业典礼。新医院的资金来源于社会各界,许多中国官员、士绅都有捐助,共捐款8000多两,李鸿章和夫人带头捐献了1000两银子。

该医院名为伦敦会施医院,也叫医病馆或养病院,俗称总督医院,后又称马大夫纪念医院。该院为典型的中国传统建筑,设有挂号房、司账房、诊脉发药房、割症房、养病房,后来还开展了施种牛痘、戒除烟瘾等业务。其中,病房分为两等:甲等病房共4间,每间可容纳病人3名,供重病患者、达官显贵或有特殊需要的病人使用;乙等病房为一个大间,可容纳病人24名。此外,考虑到北方冬季气候寒冷,甲、乙两等病房内都配备了火炕,而没有采用西方样式的病床。

---

① (清)张焘:《津门杂记》,天津古籍出版社,1986年,第125页。

从开业到1885年上半年,天津总督医院共诊疗3174个普通病例,就诊病人共达10,552人次;同时,医院还接收戒烟患者3405人。[①]到1887年,门诊病人达到13,799人次,住院病人达到591人次。[②]此外,根据马根济的医疗报告,1886年1月1日至12月31日,总督医院共接纳住院病人556人,他们患有神经系统疾病、代谢循环系统疾病、呼吸系统疾病、消化系统疾病、生殖泌尿系统疾病、骨科疾病、皮肤病、眼科疾病。马根济在1886年还做了589例手术,其中,眼科手术最多,共计212例。[③]

早期,该医院对病人,不管是穷人还是富人,一律实行免费医治,并负担住院病人的食宿费,但对富人会劝捐,所以富人在治好病以后一般要捐赠。到后来对穷人仍然实行免费救治,对有能力付医疗费的则收取高低不等的费用。

1881年,清政府决定召回首批官派留美学生,当时这些少年刚刚在美国完成小学课程,有年长一些的已经上完了两年初中。马根济得知消息后,向李鸿章提议,要求从回国的留美学生中选派8名学生跟随马根济学习西医药学和外科学。很快,这一建议获得了批准。1881年12月15日,马根济在天津创办了中国第一所西医学校,名曰总督医院附属医学馆,主要由马根济负责教授解剖学、生理学、内科学、外科学,实习医院就在总督医院。学生分为甲乙两种,甲种4年毕业,乙种3年毕业。学生们一年进行3次考试,包括口语和笔试两个部分。1884年10月,第一批在医学馆学习的学生有6人经过3年的学习,通过了学年考试,获得了学位证书。为了表彰马根济对医学馆的突出贡

---

①Mrs.Bryson,John Kenneth Mackenzie, *Medical Missionary to China*,London,Hodder and Stoughton,p.389.

② *Short History of Mackenzie Memorial Hospital, London Mission, Tientsin, North China(1868-1938)*,Tientsin Press,Ltd.,p.23.英国伦敦大学亚非学院图书馆附属档案馆藏。

③Mrs.Bryson, John Kenneth Mackenzie, *Medical Missionary to China, London*,Hodder and Stoughton,p.389.

献,清政府授予他一枚双龙宝星勋章。

当初清政府设立这所学校的出发点是能以最小的代价向陆军和海军提供医疗人员,而马根济的出发点是能够通过学校吸收一批受过西方教育的年轻人成为基督徒。在以后的几年中,医学馆为中国陆海军培养了不少军医,学生遍布旅顺港、威海卫军港,甚至在香港医院也有医学馆的毕业生。后来,这个医学馆扩建为天津海军医学校,一直开办到1933年,共计16届,毕业生218人。

1886年秋天,在中国的医学传教士,决定试着建立一个协会,这就是日后被人熟知的"博医会"。协会还创办了一份名为《博医会报》的杂志,马根济任编辑,编辑了《医学传教的福音》和《医学传教工作的精神成果》两篇文章。由他撰写的《身心治愈》,在他去世前几个星期时刊登在《博医会报》上。

1888年3月,天津地区疫病流行,马根济一如既往地忙着治疗病人,不小心罹患感冒,并引发感染,一周后去世,年仅38岁。

1924年总督医院重建,为纪念马根济,更名为"马大夫纪念医院"。1951年,天津市人民政府接管该院,更名为"天津市立人民医院"。

参考文献:

John Kenneth Mackenzie,藏英国伦敦大学亚非学院图书馆附属档案馆。

Short History of the Mackenzie Memorial Hospital, *London Mission*, *Tientsin*, *North China*(*1868—1938*), Tientsin Press, Ltd.。藏英国伦敦大学亚非学院图书馆附属档案馆。

Report of the Mission Hospital and Dispensary at Tientsin in Connection with the London Missionary Society(*For1889*), Tientsin, Tientsin Printing Company. 藏英国伦敦大学亚非学院图书馆附属档案馆。

(清)张焘:《津门杂记》,天津古籍出版社,1986年。

(任云兰)

马　骏

马骏(1895—1928),字遹泉,号准台,回族。1895年9月12日(清光绪二十一年七月二十四日)生于吉林省宁安县的一个农民家庭。幼年入私塾读书,后入当地清真寺两级学校,聪颖好学,品学兼优,曾参加抑制日货活动。1912年,考入吉林一中。青少年时期的马骏,性情直爽,勇敢热情,诚恳朴素,具有强烈的爱国思想。

1915年夏,马骏考入天津南开学校,开始了4年的学习生活。学习期间,马骏不仅学习勤奋刻苦,团结同学,而且善于组织社团活动,并以良好的文笔和口才,成为擅长宣传鼓动的讲演人才。在南开学校举行的演说比赛中,曾以94.2分的成绩名列全校第二。他的演说稿多次被《南开校风》登载。此外,马骏还有较强的组织能力,他不仅担任了校演说会会长,还担任了自治励学会会长及学生联合讨论会副主席,并积极参加了周恩来任会长的敬业乐群会的活动。同时,他还参加过南开学校新剧团,在《一元钱》话剧中,扮演女角赵太太。

1919年五四运动爆发后,马骏积极投入组织联络工作。5月6日,他与张太雷、谌志笃、于方舟等共同联络天津10所中等以上学校的学生代表和北洋大学学生近千人,在北洋大学礼堂集会,声讨日本帝国主义的侵略政策,强烈谴责北京政府丧权辱国的行径,一致表示要为"外争主权,内除国贼"而斗争。大会决定成立天津学生临时联合会,推举张鉴暄为会长,马骏为副会长。当日,南开学校召开"五七"国耻纪念大会,马骏发表演说,带领群众高呼"还我青岛""取消二十一条"等口号。5月14日,天津13所中等以上学校代表在直隶水产学校召开天津学生联合会成立大会,公推马骏为临时主席。会议通过了谌志笃任天津学生联合会会长、马骏为副会长的决议,并向北京政府提出拒签和约,废止"二十一条",罢免曹汝霖、章宗祥等六项要求。22日,天津学联召开紧急评议会,决定天津中等以上学校一律罢课。23日,天津15所大中学校1万余名学生宣布罢课,并散发《天津学生联合会罢课宣言书》。6月3日、4日,北京政府开始逮捕爱国学生。为声援北京学生运动,天津学联在南开学校广场召集数千人集会,马骏发表演说,并宣读了六项誓言:誓保国土、誓挽国权、誓雪国耻、誓除国贼、誓共安危、誓同始终。①会后,天津学生举行了示威游行,并到省公署请愿。

为争取全社会对爱国学生运动的支持,6月8日,马骏等到天津总商会求见叶兰舫会长和卞月庭副会长,提出两项要求:天津商界罢市;请津商自由捐助款项。6月9日,在天津学联召集的万人公民大会上,马骏重申了商界罢市的要求,并号召"抵制日货,提倡国货"。随后,马骏等代表各界群众到总商会,敦促商界立即罢市。在爱国学生的推动和感召下,天津总商会决定从6月10日起罢市。天津警察厅厅长杨以德得知商会罢市消息后,立即威胁利诱总商会马上取消罢市。与此同时,北京政府也以做出"让步"为诱饵,逼迫天津总商会"开市"。天津总商会迫于压力,不得不宣布11日起全市商号恢复营业。第二天,当天津学联得知商界复市的消息后,立即发动各界群众1万余人到总商会质问,并推出马骏等为代表。在总商会召开的紧急会议上,马骏阐述了再次罢市的正当性与合理性。他指出:"公民大会公决罢市,为的是要求北京政府惩办卖国贼曹、陆、章及通令保护爱国学生,今仅凭免去曹、陆、章的职务,对于他们的卖国罪行则并未依法惩办,关于通令保护爱国学生中央并无明文发表,因此,我们罢市的目的未能达到,即

---

①马惠卿:《五四运动在天津》,载中国社会科学院近代史研究所《近代史资料》编译室主编:《五四爱国运动》(上),知识产权出版社,2013年,第555页。

行开市,显系违背公决原案,应再罢市,非达到目的不能罢休。"①当有的商人以恐经济遭受损失为借口,并问"马君何处人,天津有无财产"时,马骏回答:"我是吉林人,天津虽无财产。然予之所愿牺牲者为何物? 热血耳,无价之生命耳。今试以予之小牺牲换诸君之大牺牲,请死于诸君之前!"②说完随即向会议厅的明柱撞去,当场昏迷,被送往东马路青年会急救。这种场景令在场者感动,当即表示赞成二次罢市,不达目的决不罢休。马骏受伤后,一些爱国商人和各界群众代表纷纷前往青年会探望,对他的爱国行为表示钦佩。马骏的爱国事迹也在全国产生很大反响,一些群众赞叹他:"是我中华之光,是我学界之光。"

巴黎和约签订后,全国发起了声势更大的抗议活动。6月中旬,在京、津学联的推动下,全国学生联合会在上海成立。马骏以天津学联全权代表的身份前往上海,参加全国学联的工作。6月下旬的一天,在上海一次中外人士集会上,一个英国人竟要中国人"规规矩矩"。马骏十分气愤,当即登台予以驳斥。他以英、法、德等国民主革命将暴君送上断头台的革命行动,以及俄国十月革命的事实,向那个英国人提出质问:"难道这些行动也是'规规矩矩'的吗?"他的话赢得全场热烈掌声。

随着天津爱国运动的深入开展,马骏由上海返津,以全国学联特派代表的身份,负责联络京津地区的反帝爱国斗争。6月24日,天津各界联合会发表通电,坚决反对签署和约。26日,天津与北京各界代表共商请愿事宜,并公推马骏为临时主席。27日,天津代表与北京、山东、陕西等地代表联合到总统府请愿,北京政府总统徐世昌被迫接见了请愿代表,并答应了拒签和约的要求。随后,因请愿代表在北京被

①中共天津市委党史研究室编著:《中国共产党天津历史》第1卷,中共党史出版社,2005年,第28页。

②董振修、李腾俊、李德福:《马骏》,载中共天津市委党史资料征集委员会编:《战斗在天津的共产党人》,天津人民出版社,1991年,第71页。

捕,8月26日至28日,在马骏率领下,京津2000多名请愿学生齐集天安门,随后包围总统府、国会和国务院,遭到军警驱赶和殴打,马骏等代表被捕。消息传出后,北京大学学生近千人包围了警察厅,要求"放出马骏,释放代表",天津几千名学生也包围了天津警察厅。与此同时,各地纷纷向北京政府发出抗议函电。在强大的压力下,北京政府被迫于8月30日释放了马骏及全体被捕代表。31日上午,天津各界千余人到新车站欢迎马骏等代表获释回津。在总商会召开的欢迎会上,马骏发表了演说。9月1日,《天津学生联合会报》发表了《马骏口中的马骏》一文,详细记述了马骏在北京请愿及被捕后的情况。马骏也由此获得了"马天安"的尊称。

1919年9月16日,在周恩来的建议与领导下,觉悟社在天津东南角草厂庵天津学生联合会正式成立。觉悟社成员由天津学联和女界爱国同志会的骨干组成,主要有周恩来、马骏、郭隆真、邓颖超、刘清扬等20人,男女各半。9月下旬,马骏考入南开大学文科,注册学号为2号。其间,马骏还与刘清扬等代表天津各界联合会,赴上海参加全国各界联合会成立大会,并介绍北京请愿的情况。11月10日,全国各界联合会在上海成立,马骏当选为评议部干事。

1920年1月,在抵制日货的斗争中,周恩来、马骏、郭隆真、张若名等遭直隶当局逮捕。4月2日,马骏、周恩来等为抗议无理关押,争取公开审讯,宣布绝食。5日,在谌志笃、邓颖超等人和社会舆论的强烈要求下,当局允许在押人员在院内自由活动。7日,马骏、周恩来等由警察厅移送地方检察厅。

在检察厅拘押期间,马骏等获得了阅读书报和自由活动的权利。在转送检察厅的第二天,马骏等就订阅了《时世新报》《晨报》《益世报》《京津泰晤士报》《华北明星报》5种报纸。马骏等还将监狱当成课堂,他们不仅成立读书会,并且经常就一些社会热点问题进行研讨。马骏还向大家作了《研究问题的方法》《演说学》《警厅拘留期中的批评》等演说。在纪念五四运动一周年之际,马骏报告了一年来各方面斗争经过,总结了斗争经验,提出了今后斗争的任务。马骏多才多艺,为活跃狱中生活,他为大家演出京东大鼓和《跳加官》《天官赐福》,还同大家合演了《除三害》《滑油山》等节目。

在全国各界人民的积极声援下,马骏等人与反动当局展开了要求改善待遇和公开审判的斗争。迫于社会压力,7月17日,反动当局释放了马骏等人。天津各界代表百余人前往警厅迎接,并把刻有"为国牺牲"字样的银质纪念章和红绸花佩戴在马骏等人胸前。

出狱后不久,马骏加入了社会主义青年团,1921年加入中国共产党,是天津第一批共产党员。

1922年2月,马骏被党派往东北秘密开展革命工作,在哈尔滨组织了"救国唤醒团",在宁安建立了吉林省第一个党小组。1925年10月到苏联莫斯科中山大学学习。1927年大革命失败后,根据党的指示秘密回国,任中共北京市委书记兼组织部部长。1927年12月被捕,1928年2月被奉系军阀杀害于北京,年仅33岁。

参考文献:

中共天津市委党史研究室编著:《中国共产党天津历史》第1卷,中共党史出版社,2005年。

中共天津市委党史资料征集委员会编:《战斗在天津的共产党人》,天津人民出版社,1991年。

中国社会科学院近代史研究所《近代史资料》编译室主编:《五四爱国运动》(上),知识产权出版社,2013年。

(王凯捷)

马 千 里

　　马千里(1885—1930),名仁声,字千里,以字行,祖籍浙江绍兴,生于天津。1906年马千里考入北洋大学俄文专修班,毕业后到上海就读一年。1908年考入南开中学甲班,他学习成绩突出,积极参加各项课外活动,十分活跃。1908年光绪皇帝和慈禧太后相继去世,直隶学务处命令各校学生戴孝前去吊唁,马千里躲藏起来,逃避此行。南开校长张伯苓对马千里十分赏识,还将胞妹张冠时介绍给他。马千里与张冠时经过交往,于1910年9月在普育女校礼堂举行了简朴而隆重的新式婚礼,开新风之先河,天津《醒俗画报》给予了报道。1911年10月,武昌起义爆发,马千里计划策应滦州新军起义,但因滦州起义失败而未能实现。

　　1912年马千里毕业后任教于南开中学,讲授多种课程。马千里时任演说会会长,周恩来入学不久就参加了演说会,在马千里的指导下进步很快,第二年被选为演说会副会长。南开新剧团成立,周恩来、马千里都是新剧团成员,凡剧中主要女角都由他二人饰演,马千里扮演中老年女性,周恩来扮演年轻女子,师生之间结下深厚友谊。

　　1915年,张伯苓兼任天津直隶女子师范学校校长,任用马千里掌管具体校务。翌年张伯苓卸任,马千里留任女师学监并执行校务。他以校为家,做事全力以赴,任劳任怨,并积极组织学生开展课外活动,曾指导学生邓颖超女扮男装演出独幕话剧《安重根》。

　　1917年周恩来从南开中学毕业,报考公费留日,但因经济拮据,一时尚难成行。马千里得知后立即赠送10元大洋,并出面找张彭春、华午晴、时子周等教师资助周恩来路费。

1919年南开大学成立，马千里被任命为庶务主任。五四运动中，马千里被公推为天津各界联合会副会长和抵制日货委员会主席，发动和领导了罢课罢市、示威请愿的群众运动。1920年1月，周恩来、马骏与马千里等21人被天津警察厅拘捕。周恩来与马千里领导狱中难友进行绝食斗争，争取读书与聚会的自由，并组织狱友坚持体育锻炼、坚持课程学习和开展文娱活动。在五四运动一周年纪念会上，周恩来表演京剧清唱，马千里演奏口琴。马千里与周恩来等于7月17日出狱，教育厅指令各校将被捕学生一律开除。周恩来、马骏等遭校方开除后，马千里辞职以示抗议，还前往小客栈去看望周恩来、马骏等。

1920年9月，天津《新民意报》创刊，马千里任总编辑。该报以讨论社会问题和提倡平民政治为宗旨，经常刊发揭露帝国主义侵略伎俩和政府恶行的文章，很受读者欢迎。该报同时出版《星火》《诗坛》《朝霞》《明日》《觉邮》《女星》等13种副刊，宣传马克思主义、宣传妇女解放、宣传新文化。

周恩来参加了《新民意报》的筹备工作，报社门口的"新民意报"牌匾就是马千里请周恩来题写的，马千里还将周恩来所著《警厅拘留记》《检厅日录》在该报连载。马千里撰有《笨拙的日本当局》《武官怕死》等文章，针砭时弊；撰写《中学校男女共学底主张》，提倡中学男女同校。邓颖超组织的女星社社刊《女星》旬刊，作为《新民意报》的副刊随报发行。《女权运动同盟会直隶支部特刊》日刊也由新民意报社代印，出版时间为1923年3月10至15日，共印了6期，后于1925年1月停刊。

20年代初，乐达仁出资创办达仁女校，马千里出任校长，乐达仁一再坚持付给马千里高薪，但马千里只收取每月10元钱的车马费。1921年8月20日，达仁女校开学，只有一年级、二年级各一个班，学生、教员都不多，主要教师就是马千里的夫人张冠时。但马千里还聘请邓颖超等进步女青年来校任教,努力把达仁女校办成一所爱国、民主的学校。1926年学校被迫停办。马千里还兼任天津红十字会干事长、河北药王庙小学校长等职务。

1928年8月,马千里担任河北省立第一中学校长。在任期间,他兴利除弊:一是撤换不称职的教职员10余人,有被撤职的教员托人说项,马千里一概不允,聘任留德的李邦翰和留日的何清儒等教师,改学制为三三制。二是振奋学生精神,统一制作中山装为校服。三是将学校礼堂改为孙中山纪念堂,挂孙中山遗像和国旗,悬挂"勿忘五七国耻""打倒日本帝国主义"等标语。每周一举行总理纪念周,激励学生继承孙中山遗志。此外他还加强组织纪律,发扬民主,开展文体活动,不久学校面貌焕然一新。

1930年,积劳成疾的马千里在校病逝,时年45岁。

1985年是马千里百年诞辰,邓颖超撰写文章纪念这位老师和战友,称"马千里先生是一个爱国主义者、教育家、社会活动家,他在青少年时期就怀有国家兴亡、匹夫有责的爱国之心、救国之志"[1],并对《马千里纪念集》的出版工作给予大力支持。

参考文献:

马翠官执笔:《马千里年谱》,载天津社会科学院历史研究所编:《天津历史资料》第10期,1981年内部印行。

龙飞:《马千里与周恩来夫妇》,《文摘报》,2013年8月22日。

(张金声)

---

[1]马翠官编:《廿世纪初天津爱国教育家马千里先生诞生百周年纪念(1885—1985)》,天津市政协文史委,1985年内部印行。

马 三 立

　　马三立(1914—2003),本名马桂福,回族,原籍甘肃省永昌县,
1914年10月1日生于北京,后举家移居天津。祖父马诚方,清末评书
艺人,以善说《水浒》而闻名。外祖父恩培是相声第二代艺人,有较深
的文化功底,曾是八角鼓名票。父马德禄是民国时期著名的"相声八
德"之一,母恩萃卿曾学唱京韵大鼓。兄马桂元师承恩培弟子"万人
迷"李德钖,李德钖亦为"相声八德"之一,在20世纪初享有盛名。马
三立自幼生长在诸多曲艺名家之中,耳濡目染,深受熏陶。但马德禄
认为杂耍艺人社会地位低下、作艺艰难,不愿让他再入相声行,乃令其
读书。后因生活日益拮据,马三立被迫辍学,从天津汇文中学初中肄
业。他15岁拜马德禄的同门、"相声八德"之一的"周蛤蟆"周德山为
师,并受到其兄桂元的严格训练,比如教诲他说相声要"死纲死口"即
不可随便更改台词。名师、严父和兄长的着力培养,不仅使他打下相
声表演说、学、逗、唱诸般技艺的深厚功底,也陶冶了他坚韧、恬淡、平
实的性格。

　　马三立16岁正式从艺,即以小名"三立"为艺名。30年代,天津的
曲艺有较大的发展,河南坠子、时调、西河大鼓等都有了专门的演出场
地。周德山、马德禄、郭瑞林、李瑞峰、陈子垄、李少卿、马寿延这些老
艺人积极奔走,多方联系,找经营者,选择场地,终于建成了两处中国
最早的、专演相声的场所"联兴茶社"和"声远茶社"。马三立和同行们
一起"撂地"演出的同时,也在这两个茶社演出。他也"跑码头",到唐
山、沈阳、济南、北平等多地演出,文弱清秀的他逐渐形成了自己的表

演特点,有了一定的名气。

1941年起,马三立开始进入天津中高档杂耍场演出。他加入了常宝堃、陈亚南为核心的"兄弟联谊社",两年后联谊社改名为"兄弟剧团"。虽然叫作"剧团",实际上就是一个演出杂耍的班社。马三立在这里说相声,兼演笑剧、反串京剧。这一时期他先后与刘宝瑞、耿宝林、刘奎珍、侯一尘、张庆森搭档,享誉京津。尽管马三立已经有了名气,仍难免受制于恶势力。40年代前期,他在庆云戏院演出时,青帮头子、大汉奸袁文会的手下让他加入青帮。他不愿与青帮为伍,毅然离开天津,与父亲的徒弟高少亭沿铁路线步行南下济南,沿途在集市、庙会、茶棚演出,聊以糊口。

1947年,马三立登上了被说唱艺人视为大台口的天津大观园剧场,与侯一尘搭档,大受观众追捧。翌年,他第三次来到北京,在华声电台直播相声,并在一些中高档茶社、戏园演出,以独特的风格在北平听众、观众中引起强烈反响。

1950年,马三立在天津红风曲艺社登台。天津红风曲艺社以演出新曲目为主,还曾多次举行新曲艺竞赛演出,虽存在时间不长,却有着很大的影响。马三立在这里演出了一些新编、改编的曲目。1952年,他参加了中国人民赴朝鲜慰问团文艺队,并任副队长,到抗美援朝第一线演出,慰问中国人民志愿军指战员。归国后于1953年加入天津人民广播电台广播曲艺团,并任副团长。这个团1956年并入天津市曲艺团。马三立先后同张庆森、赵佩茹等搭档演出。在与张庆森搭档期间,二人在中央新闻纪录电影制片厂拍摄的贺岁影片中,演出何迟创作的《开会迷》,他们合作的《公费医疗》等段子也极为有名。他和郭荣启、赵佩茹合作的三人相声《扒马褂》,使这一著名的传统相声成为不可逾越的经典。

50年代,马三立推出了《买猴儿》《今晚七点钟开始》等一系列著名作家何迟的作品。他对这些作品进行的二度创作,大大提高了原作的针对性与表现力,充分地发挥了相声特有的艺术魅力。尤其是《买猴儿》,搬上舞台后在全国引起巨大反响。《沈阳日报》《旅大文艺》《北京日报》《剧本》《中国建设》(英文版)等,都相继刊登了这篇讽刺官僚主义、富有现实意义的作品。它还被译成俄文、英文在苏联等国家的刊物上登载。《剧本》收到了大量读者来信,反映了不同的看法。一些人认为作品是对新社会新生活的讽刺,老舍、赵树理、侯宝林等则针锋相对,对作品给予充分肯定。然而,作家何迟在1957年被划为"右派分子",马三立也受到牵连,被戴上了"右派"帽子,离开了他所热爱的相声舞台。从1959年2月起,马三立先后在天津东郊幺六桥、军粮城农场,武清县河西务和南郊北闸口下放落户,但作为一个心里装着观众、想着舞台的老艺人,无论是在城市还是在农村,他从来都没有忘记过背词,每天早晨都要练上一番,身上的功夫并没有荒废。1977年10月,经落实政策,马三立回到天津市曲艺团。

在70余年的艺术实践中,马三立形成了一套独特的相声创演体系和表演风格,被尊为"马氏相声"。他表演的相声,语言含蓄隽永,平实诙谐,娓娓道来,如叙家常。他创造性地发明了单包袱、双包袱、单翻、反翻等各种组合性的包袱结构模式,别具一格。他的表情动作简练传神,又时有惊人之举。在舞台表演时,常以第一人称出现,似我非我,舞台上下的马三立几至难以区分。他擅长讽刺手法,用自嘲的方式自我奚落,自我规劝,体现了中国式的"软幽默"。

在技艺方面,马三立擅演"贯口"和"文哏"类相声,深入地诠释了相声"以说为主,以逗为魂"的精要。他一生演出的传统相声有200多段,大凡经他改编、演出的传统相声如《文章会》《开粥场》《夸住宅》《西江月》《绕口令》《黄鹤楼》《吃元宵》《对对子》《卖挂票》《三字经》《扒马褂》等,都是经典之作。在继承传统的同时,他也不遗余力地说新创新。他创作、改编并演出的新相声有《买猴儿》《开会迷》《公费医疗》《练气功》《似曾相识的人》《艺术的魅力》《文明礼貌》《讲卫生》《取名字的艺术》《送人上火车》等60余个。《买猴儿》中塑造的人物形象"马大哈",已经成为"马马虎虎、大大咧咧、嘻嘻哈哈"一类性格的符号,普遍被人们使用。"文化大革命"后马三立和王凤山搭档,将《西江月》《文章会》《开粥场》《卖挂票》等诸多拿手绝活再度搬上舞台,呈现出与几十年前不同的风貌。尤为难得的是,马三立在无人捧哏的情况下,积毕生之功,把精力投入到艺术经验总结和单口相声及笑话的编创上,其创作、演出的单口相声《逗你玩》《练气功》等,更是对其艺术人生的生动概括和反讽。这些小段融合了传统相声讽刺、幽默的固有特点,充分表现出"马氏相声"的特色,有着浓郁的市井气息,含蓄隽永,耐人寻味,一经推出,历久不衰,形成马三立艺术创作的另一个高峰。

马三立从24岁开始收徒,培养了一批相声表演人才。1938年在秦皇岛演出时,就收了一位比自己年长一岁且表演技艺不凡的徒弟——阎鸿斌。阎鸿斌的本师宋玉清是时调的艺人,而不在相声行正式拜师就不被同行认可,甚至挣的钱不能如数到手,他必须再拜相声艺人为师。他回忆道:"当时我25岁,马三立24岁……我过去就非常佩服马三立的艺术,他是门里出身,他父亲在相声界有很高的威望……(马三立)在艺术上形成自己独特的风格,说相声一字不差(即死纲死口),同行对他有很高的评价。当我提出拜他为师,他感到收我不合适,可我坚决拜师,因为我有心向人家学艺。"[1]马三立难以推辞,便收阎为徒,并为他取了谱名"阎笑儒"。自此,每到春节大年初一,徒弟第一个到师父家拜年。徒弟晚年身体稍差,人们经常见到师父搀扶徒弟行走,这成为相声界一段佳话。

暮年的马三立总是被掌声包围。在掌声中,在人群中,他一次又一次地说:"我不是大师,不是艺术家。我只是个普普通通的老艺人,

---

①阎笑儒口述,倪钟之整理:《往事回忆》,载天津市文化局戏剧研究室编:《曲艺资料》(2),1982年内部印行,第47页。

是个热爱相声、喜欢钻研相声的老艺人。"他曾担任第六至第九届天津市政协委员，中国曲艺家协会顾问，天津市曲艺家协会名誉主席等职务。

2000年，马三立被确诊为膀胱癌。2001年12月8日，在天津人民体育馆举行了马三立从艺80周年暨告别舞台演出。马三立最后出场，面对着4000多名喜爱他的观众，做了10分钟妙趣横生的讲话，把欢笑再次带给喜爱他的观众。

2003年2月11日，马三立在天津逝世，终年89岁。

参考文献：

中国曲艺志全国编辑委员会、《中国曲艺志·天津卷》编辑委员会编著:《中国曲艺志·天津卷》，中国ISBN中心，2009年。

鲁学政、孙福海主编:《天津当代曲艺人物志》，百花文艺出版社，2003年。

刘连群:《马三立别传》，文化艺术出版社，2011年。

（王春辉）

马 歇 尔

马歇尔（1880—1959），全名乔治·卡特利特·马歇尔（George Catlett Marshll），美国人，出生于美国宾夕法尼亚州。

1901年，马歇尔以优异的成绩毕业于弗吉尼亚军事学院，踏上了从军之路。第一次世界大战后期，马歇尔曾任美国远征军总司令潘兴的副官。后来潘兴转任陆军参谋长，马歇尔担任随从参谋达5年之久。1924年7月，在潘兴即将卸任之际，马歇尔被派往中国天津，任美军第十五步兵团执行官，其任务是根据1901年的《辛丑条约》，负责保证北京至出海口的铁路畅通无阻，以及驻华人员的安全。

1924年7月下旬，马歇尔和夫人等乘运输舰前往中国。抵达天津后，他才得知该团团长已奉调回国，由他暂时代理团长职务。这是他平生第一次指挥一个团的部队。3个月后，威廉·内勒团长到任，马歇尔担任他的副职。马歇尔一家暂居在荣华里的美国军官家属宿舍里。此时正值中国军阀混战时期，京津地区是兵家必争之地。马歇尔命令在天津的美国军事区建立警戒哨所，防止军阀的残兵败将进入租界。1925年，冯玉祥的国民军占领天津。战斗警报拉响后，美军第十五步兵团担任警戒的一个班，遭遇从墙子河边穿越马场道的国民军的先头部队5000人，诉诸武力似乎已不可避免，但马歇尔命令士兵们成功地将国民军引向南部，避免了擦枪走火，解决了冲突。

在天津，马歇尔经常到英国人的乡谊俱乐部（现天津干部俱乐部）打网球、壁球或骑马。他很喜欢骑马，自己拥有两匹蒙古马。每当有新来的军官们初到团里上任时，马歇尔都会领着他们在天津周围骑行,熟悉情况。马歇尔是个性情中人,有时在宴会上他即兴高歌。马歇尔在社交场合总是最热情友好的人,擅长与别人一起组织各种独特、有趣的具有娱乐性质的聚会。马歇尔还策划了一部名为《在海关》的独幕剧。

在天津期间,马歇尔亲眼见证了美军专业训练的优劣。第十五步兵团的训练日程对于第二次世界大战前美军的发展产生了重大影响。几年后,马歇尔在本宁堡步兵学校任助理校长时,成为美国陆军改革的关键人物。

美国兵营修缮和配置家具,许多活儿都由天津广泰木器铺来承接,久而久之,马歇尔便与广泰木器铺老板侯广禄熟悉起来,后来还到侯家做过客。1927年,马歇尔奉调离任回国,临行前他委托侯广禄为其制作3件木器,带回美国留做纪念。第一件是中式炕上被阁子,第二件是剃头挑子,第三件是卖乌豆的圆形挎筒。这3件中国传统木器,马歇尔认为很有特色,因此对其情有独钟。于是侯广禄精心制作,并配齐了铜活、皮挎带,还上了漆,马歇尔十分喜欢,把它们带回了美国。后来马歇尔把那副剃头挑子和卖乌豆的圆形挎筒送到美国的一个民俗博物馆,作为珍藏品展出,而那个被阁子则摆放在他家中的客厅里。

1932年底,马歇尔调到斯克雷文堡带兵,随后又被任命为伊利诺伊州国民警卫师师长。1936年8月,56岁的马歇尔由中校正式晋升为准将。1939年9月1日,美国总统罗斯福任命马歇尔为陆军部副部长,正式授予他少将军衔,暂领上将军衔。他上任的第三天,9月1日,第二次世界大战爆发。最初美国国内有不参战和参战两种声音。马歇尔认为,无论参战与否,日后必会卷入战争,现在应该采取援助英军的战略,为美国争取更多备战的时间。1941年12月7日,日本偷袭珍珠港,太平洋战争爆发。罗斯福批准辞退了一批老将,但坚决留下了马歇尔。

1943年底,德黑兰会议决定,于1944年5月由美、英军在法国北部诺曼底地区登陆,行动代号定为"霸王"。罗斯福任命马歇尔为陆军参谋长。马歇尔推荐艾森豪威尔为盟军最高司令,指挥"霸王"行动,罗斯福批准艾森豪威尔为盟军最高司令。1944年6月6日,盟军成功登陆诺曼底,战役持续了两个多月,在当年8月25日解放巴黎,诺曼底战役宣告结束。1944年12月,马歇尔被授予五星上将军衔。

马歇尔于1945年任驻华特使,调处国共军事冲突,参与国共和平谈判。1946年1月7日,根据马歇尔的提议,由国共美三方张治中、周恩来与马歇尔组成三人军事小组,负责协商解决国共军事冲突和军队整编问题。经过马歇尔的斡旋,1946年1月10日,国共双方签署了《关于停止国内军事冲突、恢复交通的命令和声明》《关于停止国内军事冲突的协议》《军队整编及统编共产党部队为国军之基本方案》。2月底,周恩来、张治中与马歇尔就停战和整编工作到华北和华中各地视察,并于3月4日前往延安。在告别时,毛泽东对马歇尔为中国的和平、民主、团结、统一事业所做出的努力表示了感谢。1946年11月,军事调停工作失败,马歇尔返回美国。

在调停国共冲突期间,马歇尔于1946年来到天津,住宿于利顺德大饭店,办公地点在乡谊俱乐部南楼。马歇尔亲切地接待了他在天津的好友——广泰木器铺老板侯广禄,并用"五星上将专用笺"为侯广禄在北京辅仁大学社会系上学的儿子侯振鹏写了去美国读书的推荐信。

1947年1月,马歇尔出任美国国务卿。6月,他发表演说,提出援助欧洲经济复兴的"马歇尔计划"。1950年至1951年,马歇尔任美国国防部长。

1959年10月16日,马歇尔病逝,终年79岁。

参考文献:

中国人民解放军总参谋部翻印:《马歇尔报告书》,中国人民解放军总参谋部军事出版部出版发行,1959年。

[英]伦纳德·莫斯利:《马歇尔》,蒋恺、施家鼎译,奚博铨校,解放军出版社,1987年。

[美]福雷斯特·C.波格:《马歇尔传》,黄友义译,世界知识出版社,1991年。

李乡状等编著:《马歇尔》,吉林大学出版社,2010年。

（金彭育）

马 玉 昆

　　马玉昆(1838—1908),字景山,安徽蒙城人。家中世代务农,家境贫寒。但因其身材高大,膂力过人,曾被亳州蒋氏大户收为家丁。

　　1865年马玉昆入毅军,随毅军统领宋庆转战河南、安徽、山东、直隶等地镇压捻军,官至都司,加"振勇巴图鲁"勇号。1869年,再随宋庆入陕西、甘肃镇压回民起义军,升任总兵,获"博奇巴图鲁"勇号。后与伊犁将军金顺合军,随钦差大臣督办新疆军务左宗棠指挥的西征军出嘉峪关,平定新疆阿古柏的叛乱,连续攻下乌鲁木齐、玛纳斯城,收复达坂城、托克逊城和吐鲁番。同时攻克被沙俄侵略军侵占的南疆八城,收复了除伊犁以外的新疆领土。后在天山南北屯垦10余年。

　　1890年,经直隶总督李鸿章奏荐,调赴直隶办理营务,复归宋庆毅军。1894年授太原镇总兵。1894年中日甲午战争爆发后,马玉昆率毅军4个营守平壤城东,后随宋庆转战辽东各地,抗击日军。1899年,任浙江提督,后调还直隶。

　　1900年,义和团主力转移京津。6月,八国联军入侵。16日上谕:"提督马玉昆即日统帅所部马步各队,星夜迅速赴京,无片刻延误。"[1]马玉昆率军到京后,又奉命统兵于6月29日到津,抵陈家沟、老龙头火车站附近。在武卫左军后续部队陆续到津后,协同武卫前军、直隶淮军、直隶练军及义和团抗击八国联军,展开天津保卫战。

---

①中国史学会主编:中国近代史资料丛刊《义和团》第4册,神州国光社,1951年,第22页。

7月1日，马玉昆率部移驻新浮桥附近，俄军乘其不备，实施偷袭进攻，马玉昆部奋勇还击，与俄军战于火车站。翌日，马玉昆部又由陈家沟、贾家桥、十字街、娘娘庙分路进攻，同2000余联军交战，持续两昼夜。同时派马队赴军粮城，断联军后援。5日，裕禄、聂士成与马玉昆商订对租界实施"三面进攻之计"，马玉昆率部担任从北向南进攻老龙头火车站、东机器局和租界。随后，马玉昆率部连日进攻老龙头火车站，与联军鏖战，一直持续到天津城陷落。9日，联军大股援军分左右两翼向租界进犯，聂士成率军与联军激战八里台。聂士成阵亡后，天津武卫前军所部归马玉昆接统。12日，联军大批增援部队到津，马玉昆率军退守天津城。13日黎明，联军炮击马玉昆部和水师营炮台。这时，英军用快船由南非装运之毒气炮列低炮抵达天津，25名专职炮手也随同到达，从高地向驻扎陈家沟、小树林一带的马玉昆武卫左军大营发射，"列低毒大炮弹炸裂时，绿气四散，触者即死"①。14日晨5时，天津城被日、俄、英、美、法五国军队攻破，天津陷落。时马玉昆守东门，联军知其善于战守，故绕道由西门而入。马玉昆知天津城已被联军攻破，随率武卫前、左两军退兵北仓，与总督裕禄会合。并派兵从西沽武器库抢运枪支弹药，运至北仓，分发各军。15日，再派兵从韩家墅兵营运出炮弹2000余箱，装船运往杨村。

清军退守北仓后，马玉昆率武卫左军、前军及练军驻守北仓，构筑防御工事，并疏通马庄干沟，决北运河水灌注，南抵白庙、宜兴埠，东至芦新河，北到南王平，方圆40里。为加强正面防御，在唐家湾炮台四周修筑前沿阵地，由武卫前军统领周鼎臣防守。宋庆则在杨村车站跨北运河构筑5公里长的墙垒，沉大船两只，堵塞水道。

8月4日夜，联军1.8万余人，携81门大炮，从天津沿北运河两岸进

①林开明:《〈万国公报〉所载庚子见闻》，载天津市政协文史委、北京市政协文史委编:《京津蒙难记——八国联军侵华纪实》，中国文史出版社，1990年，第82页。

犯北仓和杨村。5日,守军武卫前军周鼎臣部、练军吕本元和何永盛部,与合围北仓第一道防线的日、英、美军激战4小时,予敌以重大打击。联军在进攻北仓时,再次使用列低炮,与此同时,马玉昆听取炮手建议,按毒气弹的走向迅速测出发炮方位,众炮还击,列低炮被击毁,25名炮手同时被炮火炸毙。但在联军进攻北仓第二道防线时,武卫前军统领周鼎臣部在运河以西与其展开激战,马玉昆即派武卫前军两营官统兵驰援,中途遭联军拦截,不能前进。周鼎臣部伤亡惨重,弹药不足,全线后退。在运河东岸,马玉昆部也因前后受敌,全军溃败,退守杨村,整理队伍,以备再战。6日晨,联军又分三路由北仓攻击杨村,马玉昆率部迎击,战斗至11时,杨村失守,马玉昆与宋庆退至南蔡村。7日,联军紧逼南蔡村。裕禄上奏清廷:"我军苦战累日,精锐渐见消磨,枪子适已用尽,而统领周鼎臣阵亡……势孤待援,难以揹持。"10日马玉昆"奉诏移军南苑,以顾京畿"。12日,通州失守,京师戒严,诏令马玉昆移驻采育镇,以抄联军之后。13日,诏令马玉昆仍回南苑,接应京师。14日,马玉昆率部由南苑赴京待命。15日,联军攻打紫禁城。慈禧太后和光绪皇帝出宫西逃。马玉昆奉命率各营弁兵千余名随行保驾。

1901年,慈禧太后和光绪皇帝回銮,马玉昆因护驾有功,赏加太子少保衔,赐紫禁城内骑马。1902年,再奉恩旨,赏西苑内骑马。

1908年,马玉昆病逝于天津,终年70岁。上谕追赠太子太保,赏加二等轻车都尉世职,照提督例赐恤,谥忠武。并谕旨在其原籍及立功省份建立专祠,以示纪念。

天津博物馆现藏有1908年马玉昆撰《天津李文忠公祠堂碑记》石碑一通。①

---

①李经汉:《天津市现存碑刻目录》,《天津史志》,1985年第3期,天津市地方史志编修委员会总编辑室,内部印行。

参考文献：

赵尔巽等编：《清史稿》,中华书局,1977年。

[俄]德米特里·扬契维茨基：《八国联军目击记》,福建师范大学外语系译,福建人民出版社,1983年。

刘凤翰：《武卫军》,台湾"中央研究院"近代史研究所专刊(38),1978年。

天津市地方志编修委员会编著：《天津通志·军事志》,天津社会科学院出版社,2001年。

（李家璘）

马 增 芬

马增芬(1921—1987),北京人,出身穷苦,3岁丧父,母亲带其改嫁马家。马增芬的继父马连登善良敦厚,视她为己出。马连登是西河大鼓艺人,5岁的马增芬进入马家后,开始学唱西河大鼓,并弹奏三弦。由于继父的教授和两个姐姐的辅导,年幼的马增芬进步很快。1928年,马连登带着妻子和三个女儿来到天津。

当时,天津西河大鼓已是名家荟萃,马连登一家此时到天津立足,非常困难。然而,极有天赋又勤奋刻苦的马增芬,在既是慈父又是严师的马连登的教诲下,8岁"撂地"演出,半年后被邀进书馆,9岁时开始说唱长篇大书《杨家将》。当时,她家的左邻右舍有许多西河大鼓艺人,马增芬借着串门儿和上书场的机会,听艺人们说唱。她有着过耳不忘的本领,不到10岁就已经学会了几部大书和一些短段儿。由于父亲亲自给她伴奏,托腔保调,严丝合缝,使她很快就在曲坛小有名气。小小年纪的她还能伴奏,演出艺人用以展示高难技巧招徕观众的绝技——换手联弹。她还自学了河南坠子、乐亭大鼓等曲种的演唱。因此,她在曲坛有"万能马"的绰号。

1932年,11岁的马增芬与父亲或其他老艺人对唱长篇大书《盗马金枪》《薛刚反唐》等。12岁时灌制了唱片《玲珑塔绕口令》。由于她会的段子多,唱得好,也就成为中高档杂耍场子的邀请对象。13岁时,她成为当时西河大鼓最有影响的女艺人,也就有了与京韵大鼓三大流派创始人刘宝全、白云鹏、孙小轩,金派梅花大鼓创始人金万昌,荣派单弦创始人荣剑尘,"相声大王"张寿臣等大家同台献艺的机会。为了听老艺人们演唱,学习表演技巧,她每天很早就到剧场,得到了老艺人毫不保守的指点。不久,她灌制了唱片《马前泼水》《闹天宫》等。

这一时期,北平的中高档曲艺园子也对马增芬发出演出邀请,她在平津两地名气骤增。因园子里一般为多个曲种的综合演出,她就以演唱短段儿为主,拿手的曲目有《拴娃娃》《大闹天宫》《花唱绕口令》《韩湘子上寿》《红月娥》《双锁山》《要酒菜》《许仙游湖》等。她偶尔会到茶社、书场说唱长篇大书。

1937年七七事变爆发后,马增芬拒绝为日伪演出。1938年,年仅17岁的马增芬毅然退出舞台,体现出她的民族气节。日本无条件投降后,1946年,她与父亲合开了一家小书场,与姐姐增芳、弟弟增昆同台演出,颇受欢迎。评论界有"马连登一门风雅"的赞誉。

1950年,马家定居北京。马增芬积极参加北京鼓楼文化馆工作,组织成立歌剧团,演出了《小二黑结婚》等剧目。1951年,她在中央人民广播电台说唱了新书目《新儿女英雄传》《石不烂赶车》等。1952年,她进入中国戏曲研究院,专门从事曲艺研究工作。1953年,她调入刚组建的中央广播文工团,任西河大鼓演员。她与京韵大鼓演员孙书筠,相声演员侯宝林和刘宝瑞一起,被称为"中广"的"四大金刚"。1958年,她受中央新闻纪录电影制片厂之邀,为一部记述农民兴修水利的新闻纪录片演唱配音,开创了用曲艺演唱解说新闻电影的先河。1961年,中国曲艺家协会举办西河大鼓研讨会,由马增芬和她的父亲马连登所共同开创的西河大鼓表演风格被推崇,并正式确立为马派西河大鼓。

马增芬是马派西河大鼓女声声腔的卓越代表。她的艺术风格可以概括为:清新流畅、轻松幽默、敢于创新。清新是无论内容、观念、形象、心态,乃至吐字、发声、节奏、音韵都如高山流水,通畅无碍;轻松是她的演唱举重若轻,唱腔调式游刃有余,自我表现从容自若,调侃嬉戏、俏皮风趣;创新不只在立意也同时在章法和手段上,《玲珑塔》和

《花唱绕口令》都不仅把原来的民间"吟诵"转化为鼓曲的"韵唱",而且在章法的变化上也摇曳生姿,连《一分钱一两米》杂文式体裁的曲目都表现得生气盎然。她还对西河大鼓的内容、唱腔及表演方法做了大量革新,如她演唱《邱少云》,一改活泼流畅的唱腔,整个基调庄严肃穆。为了渲染情感,她用凝重的语调配乐朗诵四句诗句,将听众带入朝鲜战争的环境中,中间加进说白,说唱相间,极大地增加了表现力。

马增芬作为广播事业代表出席全国先进工作者大会,她曾被评为全国三八红旗手,并多次被邀请到中南海为中央首长演出,受到周恩来总理接见。马增芬曾任中国曲协常委、中国文联理事、北京市西城区政协常委等职务。

1987年,马增芬因病在北京逝世,终年66岁。

参考文献:

中国曲艺志全国编辑委员会、《中国曲艺志·天津卷》编辑委员会编著:《中国曲艺志·天津卷》,中国ISBN中心,2009年。

采访高玉琮的口述材料。

(刘　雷)

马 钟 琇

马钟琇(1877—1949),字仲莹,号箸羲,又字菊禅,直隶廊坊人。1877年,马钟琇出生于安次县得胜口村,祖父与父亲都是贡生。马钟琇自幼聪颖,勤学好问,从小就受到家庭诗书礼仪的熏陶,后来拜大城县刘紫山先生为师,嗜古文学,博览众多典籍,弱冠为国学生。

清光绪末年,马钟琇任刑部山东司及法部制勘司主事。辛亥革命前后,追随北方革命家孙洪伊,奔走革命,并与孙中山领导的同盟会联系,积极宣传革命,倡办新学,办县议会、教育会等。1910年,首创得胜口马氏私立学堂,以后又续办"乐群"男女两学校,广收本村及附近村镇适龄儿童入学,不收学费,不要官府补助,学校的教学规模与教学成绩堪称一流。直隶省及京兆尹公署都对马钟琇热心办学给予嘉奖,并颁给"济公兴学""嘉惠士林"匾额予以表彰。

1913年,马钟琇被选为第一届国会众议院议员,受任为总统府顾问。1915年,袁世凯称帝,马钟琇极力反对。1917年,北洋军阀非法解散国会,马钟琇与避居上海的国会议员联合通电反对,并毅然离京南下广州,参加孙中山领导的护法运动。其所撰写的《公祭黄花岗七十二位烈士墓》祭文,表达了缅怀先烈、仇视军阀、关心革命、忧心国事之情怀:"清季失真政,国土洒碧血。壮气塞两间,不与身俱灭。藏形青山阿,黄华耀高节。后世仰仪型,千秋表芳烈。凭兹已由魂,酝酿热血热。人心终不死,继起有俊杰。禹城即光复,奸雄事僭窃。同室忍操戈,八载悲复辙。山河破碎余,何日谈建设。英灵如不昧,泉下皆应裂。我来崇冈前,再拜声呜咽。"

南北议和破裂后,马钟琇一度回到家乡安次县居住。此时,安次县议会正筹备续修县志,大家一致推举德高望重的马钟琇主持修志事宜,并任总纂。马钟琇参照旧志,"变其例,详其略,补其漏,凡邑人著述,上起五代,下断今人,收揽无遗"。历经3个月,《安次县志》成书,总计12卷14万余字。

马钟琇热心公益事业,除兴办学校外,还出资修护河堤,灾荒年间施粥,行诸多善举。1917年与1924年,大清河两次泛滥成灾,褚河港村一带受灾最重,马钟琇与其弟马钟璞不仅捐出资财,还亲临河堤,护险赈灾,并施粥年余,灾民及乡人感其恩德,赠"救灾恤邻"匾额以资纪念。

1925年,孙中山逝世后,马钟琇在得胜口村各学校中开展纪念孙中山的宣传活动,唤起农村民众的觉悟。上海五卅惨案发生后,马钟琇立即响应上海的"三罢"号召,组织学生罢课,并提出反帝口号,在得胜口、马家口、磨叉港、南柳子等村游行、讲演、宣传,唤起民众抗议帝国主义的暴行。

1927年,马钟琇为避战祸到天津居住,以诗曲自娱,并参加天津城南诗社的活动。他是天津城南诗社的社友,与严修、刘庚尧及《大公报》张季鸾等人诗书往来,诗社同仁以"今之王远亭誉之"。

马钟琇有两本未刊书稿,很有文献价值,被国家图书馆收藏:一本为1929年撰写的《城南诗社小传》,收录了69位城南诗社社员名单,每人各列有小传,其中,除见于《城南诗社集》的40人之外,新增了29人。另一本为1939年撰写的《城南诗社齿录》,书中依城南诗社成员姓氏笔画为序,列表填记了各人的姓名、字号、籍贯、年龄、住址等。《城南诗社齿录》共记载46人,其中有16人未见于《城南诗社小传》。两书共收录城南诗社成员85名,是我们了解城南诗社成员情况较为完整的第一手资料,为了解、研究这些天津文人的生平、学术研究等情况提供了参考。

1937年七七事变后，马钟琇患腿疾，移居北京，瘫痪达10余年之久，常日枕于书舍之中。马钟琇书斋名"味古堂"，自号"味古堂主人"，味古堂藏书达十余万卷，严修称其"收藏丰富备至"。

马钟琇著述颇丰，除上述书稿外，还编著有《味古堂诗集》《清诗征》一百二十卷、《畿铺诗传》前编与续编、《安次得胜口马氏家谱》《马氏文录》等，并编有《昆曲剧目》《味古堂书目》。1920年，马钟琇两次刊登启事，倡议汇集国会同人诗作，编有《国会同人诗钞》，辑录了"非常国会"时期议员赵藩、林森等多人诗作，并附诗人小传。他的《古燕诗集》十二卷，续编二卷中多为河北省人的诗作。

1949年1月，马钟琇病逝于北京，终年72岁。

参考文献：

廊坊市政协文史委编：《廊坊市文史资料》第3辑，1986年内部印行。

杨传庆：《严修与城南诗社》，《文学与文化》，2014年第1期。

（郭登浩）

茅 以 升

茅以升(1896—1989)，字唐臣，江苏镇江人。1896年1月9日（清光绪二十一年十一月二十五日）出生，不久全家迁居南京。

茅以升自幼从母课读，祖父教他读书、写字。1903年考取南京最早的新式小学堂——思益学堂。1906年，考入江南中等商业学堂。1911年赴北京报考清华学校留美预备生，到京后方知清华已考过出榜，便改考唐山路矿学堂。考场设在天津，经过严格考试，他被录取为预科生，始知学校只有土木工程科，这次报考决定了他一生的职业。1912年南京临时政府成立，孙中山就任临时大总统，许多爱国青年投效南京，其中有茅以升的同班同学杨杏佛。茅以升也想去南京"革命"，母亲坚决反对，告诫他"要先有学问再革命"，茅以升深为震动，决心发奋读书，这件事成为他一生的重要转折点。[①]

1913年，孙中山写成《建国方略》一书，提出要修建10万英里铁路，100万英里公路。孙中山非常重视工程建设人才，1913年春，他特地到唐山路矿学堂视察演讲，并与学生合影留念，茅以升感到特别荣幸，增强了学习桥梁建造技术的信心。[②]他学习非常刻苦，考试常得满分。

1916年夏，茅以升从唐山路矿学堂毕业，适逢北京清华学校招考10名大学毕业生赴美攻读研究生。茅以升由唐山路矿学堂保送，被清

---

①②张绍祖、郑淑娟:《著名桥梁专家茅以升》，载天津市政协文史委编:《近代天津十二大自然科学家》，天津人民出版社，2011年，第79、80页。

华学校派往美国康奈尔大学土木工程系学习。他的导师贾柯贝教授在美国桥梁界久负盛名,茅以升深受教益。同年,茅以升参加了我国最早的自然科学团体——中国科学社。1917年夏,茅以升获得硕士学位。贾柯贝教授告诉他:"你搞桥梁,光靠理论不行,一定要有实际经验。"他介绍茅以升到匹兹堡一家桥梁公司的制图室、构件工厂、装配工地及设计室实习。一年半的实习,使茅以升大有收获,其后入匹兹堡加利基理工大学土木工程系攻读博士学位。1919年底,茅以升的博士论文《框架结构的次应力》通过答辩,他成为加利基理工大学第一位工学博士。茅以升的博士论文达到了世界水平,他的科学创见被称为"茅氏定律",茅以升因此获得母校康奈尔大学"斐蒂士"研究奖章。

1919年12月,茅以升接到唐山路矿学堂来信,邀请他回母校任教。1920年,茅以升回国。他先后任唐山工业专门学校教授兼工科主任,南京东南大学教授兼工科主任,南京河海大学教授、校长。

1926年夏,天津北洋大学校长刘仙洲向茅以升发出邀请,次年夏,茅以升正式到北洋大学专任教授职,主讲结构工程及有关各科,每星期授课20多个课时。每星期他安排4天授课,其余3天时间(包括星期日)搞科学研究。

1928年12月,北平大学区成立,北洋大学改称北平大学第二工学院,茅以升任院长。1929年6月,大学区制度废止,北洋大学暂称北洋工学院,茅以升仍任院长。

1929年3月31日晚,北洋工学院的一座教学楼起火被毁。茅以升竭尽全力筹募款项,以恢复校舍为己任,并亲往南京政府教育部接洽筹款。教育部长蒋梦麟对北洋颇有好感,因北洋校友王宠惠、王正廷等均为其旧交,于是他授意复建经费在比利时退还的庚子赔款"中比庚款"中设法解决,后茅以升向"中比庚款"董事会正式提出申请,经过茅以升多方奔走,请拨10万元恢复校舍申请得以通过,还获得比利时天津电车公司捐款1万元。于是,茅以升一面交比利时建筑公司设计,一面请赵天麟等北洋校友组成保管委员会专管此款,被毁的校舍得以恢复。

请款成功后,茅以升开始安心整顿校务。他改革教科书"贷书制",请方鸣皋先生主持翻印教科书,并印制讲义无偿发给学生,解决了贫困学生购书的困难,全校每年都为师生配发新教科书,师生都很满意。茅以升还注重为学校延揽名师、教授,请来科学界前辈胡敦复主讲物理学,卢恩绪讲授土木工程学。

1930年春,茅以升辞去院长职务,蔡远泽、李书田相继任院长。1932年,茅以升应李书田之邀回北洋任专职教授,继续讲授结构工程课程。1933年8月,他辞去北洋教职,前往杭州开始钱塘江桥修建筹备工作。不久,浙江省建设厅成立钱塘江桥工程委员会,茅以升任主任委员。1934年,浙江省政府成立钱塘江桥工程处,茅以升任处长,主持修建国内第一座公路铁路兼用的现代化大桥。大桥于1935年4月正式开工修建,1937年9月建成通车。

1937年11月16日,日军逼近杭州,南京国民政府命令炸毁钱塘江大桥。由于战争形势日益严峻,茅以升在设计大桥时,就在靠近钱塘江南岸的第二个桥墩里,特别留了一个存放炸药的长方形空间。12月23日,大桥如期被炸毁。

1941年,中国工程学会因茅以升主持建成钱塘江大桥,授予其荣誉奖章。1942年春,茅以升在贵阳接任交通部桥梁设计工程处处长职务。1943年春,前往重庆担任新成立的国营中国桥梁公司总经理。

1946年,教育部任命茅以升为北洋大学校长。是年春,他接到交通部命令重新修建钱塘江大桥。1947年3月1日,大桥恢复通车。不久,茅以升任中国工程学会会长。9月,他从南京飞北平转天津探望北洋旧友,对他们在抗战中转徙流离表示慰问。回南京后,他向教育部请辞北洋大学校长职。1948年,茅以升在上海发起成立中国土力学及基础工程学会,被选为南京国立研究院数理组院士。

1949年10月，新中国成立，茅以升出任中国交通大学校长。1950年任中华全国科学技术普及协会副主席，1952年任铁道部研究所所长，1953年任中国土木工程学会首任理事长。1955年2月，铁道部成立武汉长江大桥技术顾问委员会，茅以升任主任委员，是年被聘为中国科学院学部委员。1956年起，任铁道科学研究院院长，此后负责铁道科学研究工作长达30年。

1956年，茅以升加入国际桥梁及结构工程学会。1957年，加入国际土力学及基础工程学会，赴英国参加国际土力学及基础工程会议。1958年担任中国科学技术协会副主席。1959年主持人民大会堂的结构审查。1963年，茅以升在撰写长篇科普文章《桥话》之后，又撰写了《名桥谈往》《桥名谈往》。毛泽东主席曾对他说："你不但是个科学家，看了你的《桥话》后，才知道你还是个文学家呢！"[1]

1975年9月，年近80岁的茅以升来到杭州市档案馆，献上了14箱钱塘江大桥资料，他激动地说："40年前我为人们建大桥，40年后我把大桥资料献给国家，现在才能说完成了国家和人民交给我的神圣的历史使命。"1978年，中国科学院成立《中国古代桥梁技术史》编写委员会，茅以升任主编。

茅以升对天津怀有深厚的感情。他对天津的开合桥记忆尤深："几乎全国的开合桥都集中在天津……这不能不算天津的一种特产。"[2]1980年，茅以升亲临天津大学，参加85周年校庆。1982年11月，茅以升应邀访美，被授予美国国家工程科学院院士荣衔。1983年，茅以升两次为母校天津大学题词、题诗。题词天津大学校训"实事求是"，成为天津大学校内敬业亭上的匾额；自作自书题诗《北洋今胜昔二十韵》，是对北洋大学历史的概括，也是他在北洋大学执教、长校历史的写照。

---

①②茅以升：《彼此的抵达》，百花文艺出版社，1998年，序第2、30页。

茅以升长期担任九三学社中央副主席、名誉主席。1984年5月，增选为第六届全国政协副主席。1987年10月12日,91岁的茅以升加入了中国共产党。1989年11月12日,茅以升在北京逝世,终年93岁。

参考文献:

天津市政协文史委编:《近代天津十二大自然科学家》,天津人民出版社,2011年。

茅以升:《彼此的抵达》,百花文艺出版社,1998年。

北洋大学-天津大学校史编辑室:《北洋大学-天津大学校史》(1),天津大学出版社,1990年。

（张绍祖）

梅 阡

梅阡(1916—2002),曾用名梅增溥,祖籍江苏常州,1916年8月15日生于天津。梅氏世代文风繁盛,诗书画在天津享有盛名。

梅阡在家族文风的熏陶下,自幼聪慧好学,初显艺术天分。1930年暑假,时子周筹建了天津市立师范学校并任校长。这一年,14岁的梅阡报考该校,在八百多名考生中名列榜首。入学后,梅阡在《市师校刊》任编辑,发表了《打铁匠》《亮银枪》《城墙与骆驼》等文学作品,编辑过《校庆纪念刊》。1931年九一八事变后,编辑出版了《国难专刊》以及以小学生为读者的《少年十日》。

梅阡对戏剧的热爱与市立师范学校的影响是分不开的,学校有不少毕业于南开中学和南开大学的教职员工。此外,他与原中国青年艺术剧院艺委会主任、院长——著名话剧演员石羽(孙坚白)是同班同学,学校成立戏剧研究会,他们两个都是会员。在市立师范学校参加戏剧活动的过程中,梅阡导演过《最末一枝》《北国之夜》等剧,其中《北国之夜》是根据日本秋田雨雀的独幕剧《北国之夜》改编而成。梅阡请音乐老师在后台配以小提琴独奏,以烘托苍凉悲戚的气氛,石羽参加了这部戏的演出。

在市立师范学校求学期间,梅阡认识了幼稚师范班的费茵。1936年,梅阡从市立师范学校毕业后,与费茵结婚。1937年暑假,正当他全力以赴准备报考北京大学时,七七事变爆发,他随流亡学生南下上海,后考入东吴大学法律系。在学校读书的同时,他还兼任上海艺华影片公司的编剧、导演,编导了故事片《复活》《魂断蓝桥》《大饭店》等,编写了《女皇帝》《合同记》《啼笑因缘》《女僵尸》等剧本。

1942年，梅阡以优异的成绩从东吴大学毕业，因不愿在敌伪政府注册而放弃了律师职业，继续从事影剧编导工作，先后在艺华影片公司及剧团等未名任编导，参与编导了《少奶奶的扇子》《茶花女》《雷雨日出》《原野》等多部话剧。

抗战胜利后，梅阡于1947年开始担任北平中央电影企业股份有限公司第三厂导演，与魏鹤龄、谢添等人合作，编导了《满庭芳》《碧血千秋》等影片，编写了电影剧本《花落水流红》《粉墨筝笆》等。

新中国成立后，梅阡加入了中国民主促进会。1951年，梅阡入北京人民艺术剧院担任导演。1952年秋，梅阡到天津国棉一厂体验生活后，创作了反映工人生活的话剧《喜事》。1956年，他与焦菊隐导演了郭沫若的话剧《虎符》《武则天》《胆剑篇》等历史剧，对话剧的民族化进行了探索。梅阡拥有丰富的中国古典文学知识，并善于吸收运用于话剧艺术。他始终坚持现实主义的艺术道路和民族化的追求，创作构思缜密，章法清晰，善于诱导演员进入角色，并长于调度出优美的舞台画面，而且能根据不同作家、不同风格的作品阐发其特色。1957年，梅阡将老舍的长篇小说《骆驼祥子》改编成话剧并搬上北京人艺的舞台，他对舞台处理非常有经验，使该剧演出大获成功，他本人也凭借此剧成为和焦菊隐等人齐名的人艺四大导演之一，他们共同开创并奠定了北京人艺的演剧风格。

"文化大革命"后，梅阡又导演了描写周总理关心知识分子的话剧《丹心谱》，并根据鲁迅的小说《阿Q正传》《长明灯》《药》《狂人日记》等创作了多幕话剧《咸亨酒店》，1982年由中国戏剧出版社出版。另外还创作了话剧《鉴湖女侠》和昆剧《李香君》等，和苏民、林兆华一起导演了曹禺的话剧《王昭君》。

费茵因病去世后，1983年梅阡和著名京剧表演艺术家丁至云结婚，迁居天津，担任了30集大型电视连续剧《末代皇帝》的艺术指导。

梅阡传承了梅氏家族的文风,多才多艺,擅长绘画和书法,尤擅国画,擅绘梅花,且有独特的风格。1992年,深圳新时代出版社出版了他个人作品集《梅阡画集》。

在北京人艺工作期间,梅阡共编导了近30部话剧,并多次获奖。其中《王昭君》获文化部举办的庆祝新中国成立三十周年演出一等奖。1981年,在北京市新创作剧目评奖中,《咸亨酒店》获得创作、演出一等奖。《骆驼祥子》《咸亨酒店》《王昭君》《女店员》《丹心谱》等剧,成为北京人艺优秀保留剧目。

梅阡曾任中国戏剧家协会理事、北京戏剧家协会常务理事、中国书画社顾问、第五至第七届全国政协委员、北京市第八届人大代表。

2002年2月17日,梅阡在北京病逝,终年86岁。

参考文献:

杨秀玲:《天津影视史论》,天津教育出版社,2012年。

张绍祖主编:《天津爱子影视教育文萃》,天津教育出版社,2002年。

(杨秀玲)

梅 熹

梅熹（1914—1983），祖籍江苏武进，1914年生于天津。梅熹是清代天津著名诗人、教育家、地方文献学家梅成栋的后人，祖父梅宝璐是梅成栋的次子、天津著名诗人。梅熹的父亲是一名军医，他四五岁时，随父亲往来于大江南北。进入学龄期，被送到赣北外祖父家上小学。后回到天津，在一所教会学校读初中，毕业后到北平读高中。

在中学阶段，梅熹对体育有浓厚兴趣，在华北运动会上曾获得撑杆跳高冠军。也正是在这一时期，梅熹对电影产生了很大兴趣。他曾说："我始终认为它是极神秘的东西！差不多有八九年的时间，我因了它曾经哭，笑，疯狂！"[1]有一天，梅熹看到联华影业公司北平分厂举办的演员养成所登报招考学员，他立刻报考。和他同时报考的还有白杨、陆露明、殷秀岑等，这些人后来都成为著名影星。第一场、第二场梅熹都考过了，但在最后一场名落孙山。

高中毕业后，梅熹在北平大中中学任体育兼英语教员。一年后，被北平美术学院聘为注册主任。干了一段时间，他觉得工作乏味，便辞职进入北平大学文学部戏剧科学习，不久，学校被教育部勒令停办，他只好到上海投奔亲戚。来到上海后，梅熹再次鼓起勇气投身影坛。他找到著名影人费穆，费穆让他耐心地等待时机。他曾先后两次到天一影片公司应试，均因他身材过高而被婉拒。直到1932年夏天，上海明星影片公司招考演员。梅熹再次鼓足勇气应考，终于在1933年进

---

①梅熹：《投身银海的经过》，《明星月报》，1933年10月。

入明星影片公司演员养成所受训。短短三个月的训练后,他便在李萍倩导演的无声电影《丰年》(又名《黄金谷》)中扮演了一个重要角色。该片上映后大获成功,梅熹由此进入电影界。

明星公司随后和梅熹签订了三年合同。他陆续参加了《乡愁》《落花时节》《热血忠魂》《女权》《夜奔》等五部影片的拍摄。1935年,"话剧皇帝"金山与戏剧家章泯等在上海组织了"四十年代剧社",于1936年11月上演了夏衍创作的话剧《赛金花》,梅熹因在剧中出色的表演而被新华影片公司看中,受邀与王人美合演史东山导演的电影《长恨歌》。在影片中,他与王人美饰演一对为争取婚姻自由而与封建家庭决裂的青年。梅熹扮演的男主角朱冬心由推销员爬上经理位置后,得意忘形,花天酒地,最终堕落。梅熹将人物的这一演变过程刻画得淋漓尽致,这部电影让梅熹蜚声影坛。

1937年,梅熹与明星公司合同期满后,在蔡楚生的邀请下加入联华影业公司,先后主演了《春到人间》《如此繁华》《艺海风光》等影片。同年8月,正当他参加《日出》的拍摄时,八一三淞沪抗战爆发,各大影业公司先后停业,大批影人奔赴大后方,《日出》被迫停拍,梅熹留在了上海。

1938年,梅熹正式加入新华影业公司,当时上海正处于"孤岛"时期,电影界以拍摄古装片和时装片为主。在新华公司,梅熹先后主演了《一夜皇后》《琵琶记》《西施》《苏武牧羊》《卓文君》等二十余部古装片和时装片,其中票房最高的是《木兰从军》。该片由著名戏剧家欧阳予倩编剧,卜万苍导演,香港影星陈云裳和梅熹、韩兰根、殷秀岑等主演。木兰从军的故事在中国家喻户晓,新华公司将这个题材搬上银幕,对处于抗战背景下的上海"孤岛"和反日情绪压抑已久的中国民众来说,意义非凡,影片有意将叙事重点由传统的为父尽孝转移到为国尽忠,时代感非常强。

1939年春节,《木兰从军》在上海沪光大戏院上映,引起轰动,场场爆满,创下同一家影院连映85天的影业记录,梅熹与陈云裳合唱的主题曲《月亮在哪里》也同时流行起来。影片拷贝还发行到全国各地,在重庆、延安先后上映。梅熹因在片中的出色表演而得到赞誉,成为当年最卖座的男演员。当年梅熹还被艺华影片公司借去拍摄了《阎惜娇》《梁红玉》《合同记》和《啼笑因缘》四部影片。

1941年太平洋战争爆发,上海完全沦陷。日本侵略者为了加强对上海电影事业的垄断,指使汪精卫伪政府颁布所谓的《电影事业统筹办法》,把新华、艺华、华成等12家电影公司合并,成立了中华联合制片股份有限公司。不久这个公司又改组为中华电影联合股份有限公司。在这期间,梅熹参加了《海上大观园》《秋海棠》《何日君再来》《摩登女性》《还乡记》等近30部影片的拍摄。从题材内容看,这些影片都以家庭伦理、爱情纠葛为主题。1944年,中华电影联合股份有限公司和日本合作,拍摄了宣传"大东亚共荣"的电影《春江遗恨》,梅熹担任主角。

抗战胜利后,梅熹因主演《春江遗恨》被列为电影界附逆分子,受到抨击。1945年至1947年,他一直不敢拍片,悔恨之余,发誓不再从事电影行业,改行经商。但由于时局动荡以及缺乏从商经验,结果以失败告终。1948年他重返影坛,先后在新时代、华光、五华、国风、中联等几家电影公司拍摄了《626间谍网》《雾夜血案》《谍海雄风》《芳魂归来》等影片。这一时期,梅熹的影星生涯开始走下坡路,往日"首席小生"的地位已经不复存在。

1948年,梅熹奔赴山东解放区,报考华北人民革命大学。毕业后,他先后在华大文工团、华北话剧团任演员,演出了《白毛女》《刘胡兰》等剧,从银幕走上了话剧舞台。1953年,梅熹被调到北京中国青年艺术剧院,主演了《文成公主》《沙恭达罗》《中锋在黎明前死去》等话剧。

1963年,梅熹调入北京电影制片厂任导演,从舞台又返回银幕,参加了《停战以后》《风暴》等影片的拍摄,但没有给观众留下深刻的印象。1978年,年近古稀的梅熹应邀在《乳燕飞》《飞行进行曲》等片中出演配角,其中在《血总是热的》中饰演了一位爱国老华侨,这是他在银幕上留下的最后一个人物形象。

1983年1月,梅熹在北京去世,终年69岁。

参考文献:

梅熹:《投身银海的经过》,《明星月报》,1933年10月。

赵士荟:《寻访老影星》,学林出版社,2008年。

肖果编著:《中国早期影星》,广东人民出版社,1987年。

(杨秀玲)

梅贻琦

梅贻琦(1889—1962),字月涵,天津人,祖籍江苏武进(今常州)。父名梅臣,字伯忱,清末秀才,后为天津盐店职员,庚子事变后失业。母亲张氏,未曾入学,其先人在天津鼓楼北开设义升堂药店。梅贻琦1889年12月29日(清光绪十五年十二月初八日)在天津出生,家住南运河畔梅家胡同。父母生五男五女,其为长子。

梅贻琦幼时在严修家塾中读书,熟读经史。1904年,进敬业中学堂(南开中学前身)读书。1908年毕业时名列榜首,被保送到保定直隶高等学堂。1909年夏,清政府游美学务处招考第一批"庚款"留学生,10月赴美,入美国东部的伍斯特理工学院学习电机工程。1914年夏毕业,获硕士学位。

从美国归国后,梅贻琦担任天津基督教青年会干事,任职一年。1915年他受清华学校校长周诒春的聘任教授数学和物理,后来还主讲过测量、电机、土木、机械、运输等副课。1919年,梅贻琦与韩咏华结婚。1921年,梅贻琦在清华任教满6年,由校方资助再度赴美深造,入芝加哥大学研究物理一年,其间一度担任纽约大学讲师。1922年深造期满,归国途中游历欧洲,参观考察教育和学术研究机构。回国后,梅贻琦在清华物理系继续任教,后以"物理系首席教授"受聘为系主任。

1925年,由清华教授会推举,梅贻琦担任教务长。他将普通科改为学系制,将基础训练缩短为一年,大学改为四年一贯制,修业期满后授予学士学位。大学部依社会需要设17个学系,将全校教师按学历专长分为教授、讲师、教员、助教,分属各系;制定"组织大纲"和"学程大纲"。梅贻琦发表《清华学校的教育方针》和《赠大一诸君》等文章,阐明他在大学教育方面的一些理论、观点和方针。是年,梅贻琦认为整理国故科学化,与西洋文化沟通,意义重大,故派学校英文教授为国学研究院筹备委员会主委,先后聘请王国维、梁启超、陈寅恪、赵元任担任研究院导师。另聘李济博士为讲师,吴宓为研究院秘书,办理学术研究事务。招收大学毕业研究生,先后有73人,学制模仿中国"书院"和英国大学,采用导师制,研究期限为一年,1927年结束。

1928年夏,南京政府控制北京,梅贻琦出任教育部高等教育司司长,9月,南京国民政府委任他为清华大学代理校长,不久罗家伦接任校长,校名改为国立清华大学。11月,梅贻琦被派赴美接任留美监督。1930年,罗家伦去职,梅贻琦奉调回国,于1931年12月3日接任校长。在就职典礼上,梅贻琦谈及办校方针时说,办大学应有两种目的:一是研究学问,一是造就人材。为了达到这两个目的,须抓住两个基本环节,就是广聘名师和学术自由。[①]任校长期间,梅贻琦从实践中总结经验,提出了一些办好大学的理论观点:

一曰"大师论"。"所谓大学者,非谓有大楼之谓也,有大师之谓也。"根据这个论点,在他任校长期间,千方百计地罗致当代各门学科的著名专家和权威学者为教授,始终汇聚着一支高水平的师资队伍,为推动清华的教学和学术研究走向世界奠定了牢固的基础。二曰"教授治校"。从"大师论"出发,他坚持"教授治校"的办学方针,把校长摆在"公仆"的位置上,努力为教授服务,为学生服务,为国家教育的长远利益服务。他把校长比作京剧中的"王帽",即演帝王的角色。对于办学上的重大措施,他注意听取在清华有威望和影响力的教授的意见:设立一些专门性常设委员会,让教授们参与教学行政管理工作。清华

①天津市政协文史委编:《近代天津十二大教育家》,天津人民出版社,1999年,第258页。

远处郊外，并规定不能在外兼课。梅贻琦任校长后，把教授待遇从160—360元，提高到300—400元，有的可达500元。有家属的教职员逐渐都有一幢住宅，其标准与分配给美国教师的相同。另外，每6年教授可以休假一年，并资助出国进修。三曰"通才教育""全人格"教育。梅贻琦主张大学阶段要重视各种基础课的学习，知识面要广，以奠定进行专、深研究的基础。对学生主张进行"德、智、体、美、劳、群"的全人格教育和熏陶，以造就为国家服务有真才实学的人才。四曰"主张学术自由、兼容并包"。梅贻琦引宋人胡瑗的一段话："艮言思不出其位，正以戒在位者也。若夫学者，则无所不思，无所不言，以其无责，可以行其志也。若云思不出其位，是自弃于浅陋之学也。"在这种思想的指导下，他在20世纪30年代白色恐怖正浓时，允许冯友兰去苏联参观考察，归来后在全系大会上公开宣讲苏联之种种优越制度；在40年代，他可以允许吴晗、闻一多等在校园内公开进行革命宣传，并无视"上面"的压力，多次卫护他们的安全。

梅贻琦就任校长不久，即向全校宣布"本校拟向工程科学方面发展"，随即呈请教育部，在原有土木工程系的基础上增加机械、电机两系，组成清华工学院。并从1934年夏季起，与资源委员会合作开设航空讲坛，进行航空实验，建立了亚洲最大的航空实验风洞等，这既是清华航空系的前身，又是旧中国航空工程教育的开端。梅贻琦注重与国外进行学术交流。1933年，与德国远东协会交换处及中国文化基金会约定互派研究生，设置科学讲座制度，请国外一流学者来校作长期或短期教学。1934年10月，梅贻琦函请教育部同意，陆续创办了农业、航空、无线电三个特种研究所。抗战期间又在昆明兴办国情普查和金属两个研究所。

在梅贻琦任校长期间，清华出的人才特别多。冯友兰教授在纪念清华80年校庆时，曾发表论文说："清华发展的过程就是中国近代学术走向独立的过程，清华校史不仅有一校的意义，而且是反映中国近代学术逐渐走向独立的历史。"在梅贻琦任校长的20年间，完成了这个过程。我国当代文、理、法、工、农各门类独立的学科或技术的创建人、奠基者,大都产生或荟聚于这个时期的清华园。

梅贻琦除致力于发展大学本科外,对创办各学科研究所也非常重视,特别对与国防有关的研究所更积极筹办。继成立文、法、理各学院,1933年,将原属理学院的土木工程学系扩充,增设电机工程、机械工程二系,成立工学院,先后延揽工程界成名的专家任教。据统计,在全国各大学设立的研究所中,清华几占半数。

在清华的基本建设方面,梅贻琦任校长后,建起了化学馆、生物馆、气象台、机械馆、电机馆、航空馆,又扩建图书馆、学生宿舍,又接收圆明园旧址(约5000亩)及松堂,筹设农事实验场,建设金工、木工、锻铸等工场,又建能容1500人的自取制大食堂,增建教职员住宅数十所,加筑围墙、航空实验馆和飞机库房。

1937年七七事变爆发时,梅贻琦正在庐山参加会议,次日立即电话通知教务长张子高和外语系教授:组织北平校产保管委员会分别应变;通知教职员及暑假回家的学生,尽快集中于长沙。梅贻琦在庐山与北大校长蒋梦麟、南开校长张伯苓,交换平津沦陷后的计划,并同赴长沙参观清华预建的校舍,又与湖南教育厅厅长朱经农洽商,借当地文化教育或宗教机构的房屋,设法收容三大学的师生,联合组成临时大学,命名为国立长沙临时大学,并组成校务委员会。

1938年,梅贻琦出任清华大学、北京大学、南开大学联合组建的国立西南联合大学校务委员会常务委员兼主席。鉴于形势,他以务实的精神,及时有效地处理了一些应该当机立断的问题,使西南联大成为当时国内规模最大的高等学府。在1938年至1946年的8年间,毕业生2522人,日后成为蜚声国际的科学家与国内著名学者之人,较之国内其他大学都多。北大、清华、南开三校虽然历史和学风不同,而8年合作无间,取长补短,相得益彰。梅贻琦校长主持期间,以集思广益、兼容并包之精神,内创学术自由之规模,外树民主堡垒之称号,完成了战时教育的使命。

1948 年,梅贻琦出任教育部部长。北京解放前夕,梅贻琦从南京取道上海到香港,1949 年 10 月飞往纽约。后在华美协进社内设立办公室,负责保管清华基金。华美协进社是中华教育文化基金会的驻美机构,清华大学在美的一大笔庚款基金就由梅贻琦管理。从 1951 年起,梅贻琦在纽约组织"清华大学在美文化事业顾问委员会",以清华的基金利息协助在美华籍学人研究。

1955 年 11 月,梅贻琦去台湾筹建台湾新竹"清华大学"并担任校长,开始用清华基金款筹办"清华"原子科学研究所,订出"复校"步骤:先恢复研究院,以原子科学为主,设立 3—5 个研究所。1956 年 1 月起,在新竹清理基地,兴建第一批校舍。1958 年在台湾出任"教育部长"。1961 年 2 月奉准辞职。1962 年 2 月当选为台北"中央研究院"院士。同年 5 月 19 日因病逝世,终年 73 岁。

参考文献:

邵宝仁、柴寿安:《主持清华校政 30 年的梅贻琦》,载天津市政协文史资料委员会编:《近代天津十二大教育家》,天津人民出版社,1999 年。

孙海麟:《怀念教育大家梅贻琦先生》(之一、二、三、四),《今晚报》,2012 年 5 月 9—12 日。

张绍祖主编:《近代天津教育图志》,天津古籍出版社,2013 年。

韩吉辰:《从天津走出的梅贻琦》,《天津老年时报》,2009 年 3 月 16 日。

智效民:《张伯苓与梅贻琦的一则轶事》,《今晚报》,2009 年 11 月 19 日。

(张绍祖)

孟 恩 远

　　孟恩远(1856—1933),字曙村(又作树椿、树村),天津西泥沽村人,早年生活艰苦,后投淮军,在正定练军叶志超麾下当兵。1888年升任先锋队左营哨长,1891年升任哨官。1894年春,随叶志超部入朝鲜,镇压东学党起义。

　　1894年,孟恩远入胡燏棻菜定武军任亲军马队哨官。1895年12月,袁世凯奉命到天津小站操练新军,孟恩远任新建陆军右翼骑兵营队官,不久随袁世凯赴山东镇压义和团起义。1902年任武卫右军保阳马队正中副营统领。1904年任北洋常备军第二镇骑兵第二标标统。1905年任马队第一协协统。后出任直隶巡防营统领、河南省南阳镇总兵。1907年,孟恩远随徐世昌赴东北,任吉林巡防营翼长、记名提督,并任吉林督办剿防事宜。1910年,任陆军第二十三镇统制。

　　1911年10月辛亥革命爆发,孟恩远任吉林保安会副会长。1912年中华民国建立后,军制改镇协为师旅,第二十三镇改为第二十三师,孟恩远仍任师长。同年8月,内蒙古札萨克图旗郡王乌泰举兵叛乱,二十三师参与平叛,9月授陆军中将衔。11月,孟恩远被任命为吉林护军使。1913年9月,湖北省革命党人季雨霖在长春组织救国社被捕,孟恩远奉袁世凯密令将其杀害,不久孟加陆军上将衔。孟恩远自任吉林护军使后,积极整顿军队,颁布"服从、礼节、军纪、风纪、称呼、卫生"等六项条令。

　　1914年6月,北京政府裁撤各省都督,于北京建将军府,派将军分驻各省督理军务,孟恩远任镇安右将军,督理吉林军务。他针对吉林匪患猖獗、地方不靖的现状,为严格约束军队,特颁令八条:门禁、停补兵丁、严查客店、取缔娼窑、棱巡街市、免除请假、加紧操练、奖赏有功。

袁世凯为恢复帝制,除指示党羽亲信联名发起成立"筹安会"为其推动帝制外,又假借民意上书改变国体,使其称帝合法化。孟恩远心领神会,于1915年9月致电参政院,要求改变国体,攻击民主共和"不适国情人人皆知",而帝制君宪"尤为人人公认,情至理归"。随后与段芝贵、朱庆澜等联合11位将军,劝袁世凯"速正大位",表示拥护帝制。袁世凯称帝时,孟思远被封为一等伯。

1916年6月,袁世凯病死,黎元洪继任大总统,同年7月,各省将军改成督军,孟思远为吉林督军。1917年7月,张勋复辟,孟思远被封为吉林巡抚。段祺瑞马厂誓师后,"讨逆军"逼近京师,正在北京的孟恩远仓皇出逃。因参与张勋复辟,孟思远威信一落千丈,遭受弹劾,不得已提出辞呈。同年10月18日,段祺瑞经过权衡后正式向孟思远发出革职令,同时特任孟恩远为诚威将军来京候用。而孟派系之党羽并不应允,22日,吉林宣布"独立"脱离中央。经过协商,北京政府准允孟恩远延长督军两个月,吉林也因此取消"独立"。11月,俄国爆发十月革命,波及在哈尔滨和中东铁路的俄国工人和士兵,孟恩远率兵前往镇压有功,得以继续留任督军。

1918年9月,北京政府任命张作霖为东三省巡阅使。孟恩远表示反对。1919年7月,北京政府明令调孟恩远为惠威将军来京候职,孟恩远拒不赴任。张作霖伙同日本驻吉林部队制造宽城子事件,向北京政府示威,并派吴俊升、孙烈臣率军夹击吉林。孟恩远被迫退让,卸任离职,后举家寓居天津,仍意图重新夺取权力。1922年第一次直奉战争奉军败北,吴佩孚和孟恩远曾指使高士傧在后方绥芬河策动旧部进攻哈尔滨,后失败。孟恩远在天津购买了大量土地,投资经营房地产、面粉厂、棉纱厂等。

1933年,孟恩远病逝于天津,终年77岁。

参考文献：

《孟恩远》,载沈阳市政协文史委编:《沈阳文史资料》第21辑,1994年内部印行。

《孟恩远》,载吉林市地方志编纂委员会编著:《吉林市志·军事志》,吉林文史出版社,2001年。

《孟恩远旧居》,载金彭育、金朝:《五大道》,天津人民出版社,2015年。

《孟恩远》,载王雄康:《历史的碎片——小站大人物》,团结出版社,2015年。

（欧阳康）

孟 少 臣

孟少臣(1883—1945),又名继安,天津南仓人。幼时家贫,十几岁只身到东北等地挖煤谋生。

孟少臣17岁始随叔父在天津、石家庄学做生意。1900年迁居天津河北大街,以卖煤油箱子为生,后到石家庄的一个货栈当伙计。1910年,他联合亲属在石家庄开设晋阳客货栈,自任经理,经营颇有起色。1915年,孟少臣回到天津,在天津火车站开设群贤旅馆。由于生意兴隆,旅馆规模不断扩大,后在山西太原设分号。1931年,孟少臣等人利用惠中饭店大股东李魁元退股之机接办了惠中饭店,孟少臣任经理。

孟少臣经商多年,与社会各界人士都有交往。他与著名京剧表演艺术家周信芳关系十分密切。周信芳经常在天津北洋大戏院、北方戏院演出,感觉这些戏院场地狭小、设备落后,不能满足观众的要求,建议孟少臣牵头筹资,在天津兴建一座全国一流的现代化戏院。孟少臣认为这是利民利己的大好事,遂牵头呼吁工商界人士为创建戏院集资。

孟少臣的提议得到了社会各界的积极响应,很快就募集到资金50余万银元,同时向社会公开出售股票。全国京剧界得知天津工商业支持民族艺术的义举后,马连良、周信芳、姜妙春、尚绮霞等大师名家都积极参股投资。

为建成全国一流的大戏院,孟少臣聘请了法国著名工程设计师荣利设计,又征求了周信芳等艺术家的意见。1934年,由瑞士、美国合资的乐利工程公司负责施工,于1936年七八月间主体工程告竣。

该戏院为五层混凝土结构建筑,占地面积2700平方米,建筑面积7798平方米,国民政府外交部长、巴黎和会首席谈判代表顾维钧自愿出让自己名下的土地作为建设用地,定名为中国大戏院。其主要特点是剧场内没有一根顶梁主柱,不影响观众视线,音响传播效果较好。一至三层均设观众席,二楼正面设包厢30个,东西两侧为特别座,可容纳2380人。二楼还设有会客厅和173平方米的休息厅,四至五层为舞池和室内电影厅。屋顶上为露天电影院和花园。

1936年9月19日举行了戏院开幕典礼,由马连良主持,孟少臣的夫人在大门前剪彩,总经理孟少臣致开幕词,天津市市长张自忠及天津商会会长、法国领事等亲临,来宾2000余人。马连良代表中国大戏院致谢辞,之后正式开锣演戏。以后,许多著名京剧艺员接踵而至,纷纷登台献艺。戏院的内部组织和管理十分严密:戏院设董事会,在法国工部局供职的周振东兼任董事长,孟少臣任常务副董事长兼总经理,持有一定股份的尚小云、周信芳、谭小培等著名戏曲演员也是董事会的成员。中国大戏院开业后,兴盛不衰。

1945年,孟少臣病逝于天津,终年62岁。中国大戏院由孟少臣之子孟广铭继任经理。1949年天津解放后,中国大戏院改为国营。

参考文献:

天津市北辰区政协文史委编:《北辰文史资料》第9辑,天津古籍出版社,2003年。

卞瑞明主编:《天津老字号》(下),中国商业出版社,2007年。

天津市北辰区地方志编修委员会编著:《典籍中的北辰》,天津古籍出版社,2007年。

周利成:《民国风尚志》,花山文艺出版社,2015年。

（高　鹏）

孟养轩

孟养轩(1891—1955)，名广宦，字养轩，以字行，乳名衡柱子，山东章丘旧军人，出生于商业望族，为孟氏"祥字号"进修堂堂主孟继顨的庶出之子。孟养轩3岁时，父亲在汉口开设"谦祥益"分号，并以其乳名命名为"衡记"。

孟养轩幼年丧父，在老夫人耿氏和经理董连元的帮助下经营谦祥益。他们一方面扩大经营种类，从之前的土布专营扩大为丝绸棉布、颜料批发、棉布漂染加工与外销，以及呢绒、洋布和皮货经营等等；一方面以货真价实、薄利多销的原则开拓市场，谦祥益得以迅速发展，1902年在北京鼓楼设谦祥益西号，1909年设廊坊谦祥益。

民国初年，谦祥益在济南的分号受到洋布市场的冲击，孟养轩因势利导，将山东周村的总号迁至北京，并将济南、周村的部分字号转营茶庄，以图发展。1911年重建青岛分号时，学习德国洋行的店面装饰风格，使其成为当时青岛中国人开办的最大的现代化商店。

与此同时，孟养轩委托其岳父陈建侯在天津针市街开设谦祥益布店，陈建侯时任直隶建造局总办。谦祥益布店最初是以经营内局（批发）为主，为了方便管理，孟养轩不定期到天津意租界孟氏家庙小住，在其管理下，内局营业状况良好。

1915年前后，孟养轩的独子孟昭斌出生，天津内局生意也逐渐扩大，于是孟养轩决定在津开设一家批发兼零售的大型绸布店，并以其子之乳名命名为"天津谦祥益保记"。孟养轩在经营保记时，注意利用宗族和同乡关系对店员进行管理。他任用同辈兄弟孟光宦为经理，并在章丘当地招收合格学徒,这样既方便管理,利益又不会外流。孟养轩依仗雄厚资金,不惜斥重金买地盖房,兴建保记。保记开业后,孟养轩又投入银元20万元购置商品,从日常的棉布,到奢华的水獭、海龙、貂皮、貉绒等皮货,乃至进口的棉布、棉纱,保记应有尽有,严格按照北京工艺加工京青市布、月色市布等绸布品种。同时在营销中讲究"加大放尺,让尺不让价"的促销手段和"顾客至上"的服务理念。在孟养轩的苦心经营之下,保记在二三十年代达到鼎盛,1924年其利润高达白银10万两,1928年保记员工发展到150人。此外,保记还设有金柜,经营金银首饰。

孟养轩作为驰名津沽的大商家,也积极参与天津商界的维权、慈善活动。1922年,天津警察厅意欲迁移估衣街晓市时,孟养轩的保记联合天津敦庆隆、元隆等40多家商号联名上书警厅,陈明摊贩事关国家民生、经济命脉,估衣街晓市摊贩得以保留。

1928年,军阀孙殿英夜袭章丘旧军镇,纵火焚烧了孟氏几大堂号的住宅,孟养轩由此迁居天津意租界。寓居天津后,孟养轩通过陈建侯与官场打交道。各地谦祥益分号业务又有较大发展。1930年增设了济南隆祥布店西号,1934年隆祥老号翻新后重新开张,并增设百货柜、金柜和金银首饰作坊。

1937年日本全面侵华,谦祥益各地分号蒙受了巨大损失。孟养轩趁市面动荡不安、各界人士纷纷涌入租界避难之机,在法租界开设临时售货处。因其信誉良好,商品齐全,生意一直比较兴旺。1938年又置地建起三层大楼,开设"谦祥益辰记"。此时的谦祥益,有周村、上海、北平、天津、济南、汉口、青岛等地分号有20多处,形成了庞大的商业集团。

抗战期间,孟养轩保持了民族气节。青岛分号经理时品三因支援崂山抗日游击队而被日本宪兵队抓捕,关押施刑。孟养轩授意分号当即出钱上下打点,最终将时品三解救出来,此事在青岛广为传播,提高了孟养轩和谦祥益的声望。

1952年"五反"运动开始后,天津市和平区工商局定谦祥益辰记为守法户,并颁发证书。不久,《人民日报》对谦祥益的事迹进行了报道,全国各种报刊先后转载。

1955年,孟养轩病逝于天津,终年64岁。

参考文献:

仙舟:《谦祥益生活五十年》;宋广林:《天津谦祥益》,载章丘市政协文史委编:《文史资料选辑》第4辑《章丘旧军孟》,1987年内部印行。

卞瑞明:《天津老字号》,中国商业出版社,2007年。

桑邑总主编:《回望的目光》,山东大学出版社,2007年。

山东省政协文史委、济南市政协文史委编:《济南老字号》,济南出版社,1990年。

天津市档案馆等编:《天津商会档案汇编(1912—1928)》(2),天津人民出版社,1994年。

（王　静）

牟廷芳

牟廷芳（1902—1955），贵州郎岱人。年少时离家至昆明恒兴益商号当学徒，由于吃苦耐劳、精明能干，深受老板赏识，1921年转到上海总店做工。1924年，在上海结识了郎岱同乡、辛亥革命元老、时任孙中山大元帅府咨议的安健，被推荐至黄埔军校学习，编入第一期。

牟廷芳在军校学习期间，勤学苦练，成绩优异，成为军校的优等生。毕业后分到国民革命军教导第一团任少尉排长。1924年冬，参与平定商团叛乱。1925年，牟廷芳参加国民革命军东征，在克复惠州战斗中立功，受到蒋介石、何应钦的表扬。1926年北伐时，编入国民革命军第十四师，先后担任少校营长、上校团长，屡立战功。1928年，蒋介石从日本归来重新上台后，认为牟廷芳等贵州籍军官是何应钦派人物，一律罢免兵权，牟廷芳被调任第十四师政治部主任，随后赴日本步兵专门学校学习。1930年毕业回国，任十四师独立旅上校团长。国民党在江西对红军发动"围剿"，牟廷芳在修水战斗中，弹片嵌入瞳仁，致盲一眼。

不久，蒋介石改造地方部队，将牟廷芳调到云南，参与筹办中央军校昆明分校，由龙云兼任主任，牟廷芳任副主任。训练完两期学生后，牟廷芳认为自己处在蒋介石、龙云明争暗斗的旋涡中，不是长久之计，便借送母亲回籍为由请假，途中牟母病故，故报请回籍丁忧。假满后调任贵州省保安处副处长。

1935年夏，牟廷芳被任命为陆军一二一师副师长，先后调驻湖南、江西、湖北、安徽、河南等地。1937年八一三淞沪抗战爆发，牟廷芳奉命带领一二一师赴上海参战，与一〇三师共同防守江阴要塞。牟廷芳率部重创日军。但在敌人海陆空联合攻击之下，一二一师损失惨重，后奉命撤离战场，退往南京、芜湖等地，后又撤至湖南芷江一带。此期间，牟廷芳升任一二一师师长。后该师被编入第六战区防军九十四军，成为江防主力。牟廷芳因作战英勇多次受嘉奖。1938年7月，为防日军进攻宜昌，一二一师奉命守襄河一线。牟廷芳与大洪山区的新四军取得联系，在田店战役中联合作战，击败日军。胜利后，牟廷芳亲自到新四军防线，慰问受伤将士，并向其致意。1939年，牟廷芳升任九十四军副军长兼一二一师师长，1940年，升任九十四军军长。在其率领下，九十四军奋勇抗战，转战鄂、湘、桂，屡建战功。1945年7月27日，牟廷芳率九十四军攻克桂林。

抗战胜利后，九十四军成为首批接收部队。1946年6月，牟廷芳担任冀东"绥靖区"司令官。牟廷芳部接收上海不久，又奉派接收天津，牟廷芳兼任天津警备司令，并当选"制宪国民大会"代表。1947年，牟廷芳因在接收上海、天津期间的贪腐行为被撤职。后闲居上海，1949年移居香港。

1955年3月31日，牟廷芳病逝，终年53岁。

参考文献：

张法孙：《牟廷芳事略漫记》，载贵州省六盘水市政协编：《六盘水文史资料》第3辑，1988年内部印行。

程昭星：《牟廷芳》，载贵州省六盘水市政协编：《六盘水文史资料》第4辑，1991年内部印行。

《牟廷芳》，载刘国铭主编：《中国国民党百年人物全书》（上），团结出版社，2005年。

高守亚：《铁血将军牟廷芳》，《黔中早报》，2016年9月12日。

（欧阳康）

慕　乐

　　慕乐(生卒年不详),全名保罗·慕乐(Paul Muller),20世纪上半叶活跃于中国的著名法籍建筑师,在京津等地留下了许多优秀的建筑设计作品。

　　慕乐曾就读于建筑教育的大本营——法国巴黎美术学院建筑系。20世纪20年代前,慕乐到过中国,参与设计了北京大饭店①的扩建工程(今北京饭店中楼)。此后,他来到天津,就职于法租界公议局工程处,还是法商永和营造管理公司最主要的建筑师。

　　法租界公议局下设的工程处,负责租界内的土木建筑工程,并有审批建筑蓝图及检验工程质量的权力。租界内的建筑须先由法商营造公司的工程师设计绘图,然后呈请工程处审核批准方可实施。

　　20世纪初,尤其是第一次世界大战结束后的20年代,天津城市建筑近代化步伐大大加快,来津淘金的外国人日益增多。租界内的房地产投资是攫取财富的重要手段,英商先农公司、法商义隆公司、比商仪品公司等外资房地产商纷纷涌入,同时也带来了一大批工程师、建筑师等专业技术人员。法商永和营造管理公司和建筑师慕乐在天津的建筑活动,主要集中在这一时期的法租界内以及其他区内法商投资建设的项目。

　　永和营造管理公司1915年前由波罗沙及摩便合伙开办,本部在西贡,西名 Brossard & Mopin。在新加坡、香港、北京、天津、上海均设

---

①业主为中法实业银行。

有分号或代理处。1918年前后改组,更名为Brossard, Mopin & Cie,总号迁入天津,中文名称为永和营造公司,资本90万元。香港、北京、上海、广州、云南、海参崴及西贡、新加坡、海防、巴黎、纽约等地先后设分号或代理处。天津设有船坞,承包土木建筑设计、测绘、钢筋混凝土、造船及各种公共工程,经营通用铁工机械业务,兼营工程材料进出口贸易,并代理几家欧美厂商公司。1920年左右迁总号于巴黎,启用新名称Société d'Exploitation des Etablissements Brossard-Mopin,在香港、天津及西贡、新加坡等地设代理处。中文名改称永和营造管理公司。1928年至1929年总号迁回西贡。①作为一家跨国建筑工程公司,永和营造管理公司的业务范围涉及建筑、基础、桥梁、码头、烟囱、水库、挡土墙、海堤等多个领域的设计、估价、建造等业务。

慕乐与永和营造管理公司合作,在天津等地设计建造的项目主要集中在20世纪二三十年代。1935年,天津市工务局注册登记建筑技师,慕乐所登录的建筑设计项目包括天津工商学院、中法工商银行、法租界劝业场、交通旅馆、辽宁东北大学校舍、法国领事馆,以及北平北京大饭店、辅仁大学校等工程。②此后,慕乐还设计了渤海大楼、利华大楼等,这些建筑当时在天津都属于规模很大的工程项目。

在津期间,慕乐除了在法租界公议局工程处和永和营造管理公司任职外,还任教于天津工商学院土木工程系。

天津工商学院是由法国天主教耶稣会于1921年创办的教会大学,慕乐曾承担了工商学院教学楼和宿舍楼的设计工作。1930年后,工商学院土木工程系聘请慕乐讲授房屋建筑学课程。1937年9月,工商学院成立建筑工程系,慕乐在建筑工程系讲授内部装饰学并指导建筑设计课程。工商学院建筑工程系1940年的毕业生,曾描述当时的

①黄光域:《外国在华工商企业辞典》,四川人民出版社,1995年,第227页。
②《天津市工务局1935年业务报告·天津市建筑技师副登记录》,天津市档案馆藏。

学习状况:"上面就说过了四年级上课的时间少,研究的时间多,但建筑设计就够受了,计划的都是大建筑,虽然是纸上谈兵,但必须自圆其说,如果教授是Mr.Muller那就更难了……草样须要几十个,才能得到最后的终结,本来美术建筑图样是没有Perfect的。"[1]这一记载反映出慕乐严谨治学和严格教学的态度。

七七事变后天津被日军占领,租界内基本停止了建设活动,慕乐在天津的建筑设计生涯也基本结束。1941年太平洋战争爆发后,日军进驻了天津英、法租界。1943年5月,法国维希政府将天津的法租界交还天津市汪伪政权。随着法租界的归还,法租界公议局和永和营造管理公司也结束了在天津的使命,慕乐随之也回到法国。

参考文献:

天津市政协文史委编:《天津文史资料选辑》第24辑,天津人民出版社,1983年。

黄光域:《外国在华工商企业辞典》,四川人民出版社,1995年。

（宋昆　武求实）

---

[1]温绍澂:《建筑工程系素描》,见天津市档案馆藏《工商学院1940班毕业纪念册》。

穆　旦

　　穆旦(1918—1977),本名查良铮,曾用笔名梁真,祖籍浙江省海宁袁花镇,出生于天津。查姓是海宁的世家大族,查良铮的曾祖父带领海宁查氏的一支定居天津。在天津查家也曾是个大家族,但到查良铮出生时家族已败落。查良铮的父亲憨厚老实,母亲精明强干,家庭境遇造就了他坚韧、好强、敏感、细心的个性。

　　1923年,查良铮进入天津市北马路城隍庙小学读书。他读书勤奋、认真,开始对文学萌发了兴趣,经常利用午休时间到图书馆阅读《小说月报》《东方杂志》等刊物,作文常被国文老师在课堂上朗诵。二年级时他的作文《不是这样讲》,选登在邓颖超、刘清扬主编的《妇女日报》上。1929年9月查良铮考入南开中学,在这里开始了诗歌创作,在就读高二、高三的两年时间里,他先后在《南开高中生》上发表了新诗《流浪人》《两个世界》《夏夜》《神秘》《一个老木匠》《前夕》《冬夜》《哀国难》,杂感《梦》,散文《事业与努力》,论文《亚洲弱小民族及其独立运动》,以及长达8000余字的学术论文《〈诗经〉六十篇之文学评鉴》。高三下学期时,查良铮担任《南开高中生》主编。

　　查良铮就读南开中学期间,正值国家遭受日本帝国主义疯狂入侵的多事之秋。他写下了诗歌《哀国难》,大声疾呼:眼看祖先们的血汗化成了轻烟,/铁鸟击碎了故去英雄们的笑脸! /眼看四千年的光辉一旦塌沉,/铁蹄更翻起了敌人的凶焰! 1934年,查良铮将“查”姓上下拆分,“木”与“穆”谐音,得“穆旦”(最初写作“慕旦”)的笔名。

　　1935年7月,穆旦从南开中学毕业,进入清华大学外文系学习。

12月9日，他参加了北平6000多名学生在新华门前的集会游行，高呼口号："停止内战，一致对外！""打倒日本帝国主义"！在给高中同学的信中，他详细描述了一二·九运动的情景。此外，他还参加了左翼作家联盟成立的清华园小组。清华大学聚集着一大批热衷文学的青年，成立了很多学术、文艺社团，还创办了《清华学刊》等刊物。穆旦在这里继续读书、写作，并陆续在《清华学刊》上发表诗歌。穆旦创作的《更夫》，发表在《清华学刊》第45卷第4期上，1937年又创作了长诗《玫瑰的故事》和诗歌《古墙》。

1937年7月七七事变爆发后，清华大学、北京大学和南开大学迁至湖南长沙，组建国立长沙临时大学。穆旦是清华大学"护校队员"，他和80多名同学辗转乘车到国立长沙临时大学南岳分校上课。他选修了英籍教师燕卜荪和吴宓的课，旁听了冯友兰的"中国哲学史"。他的诗作《野兽》刊登在南岳分校其中一期诗歌墙报上。在昆明西南联大，他参加了"南湖诗社"，和同学组织了青鸟社、高原社、南荒社等文艺社团，在国内各报刊上陆续发表自己的诗作。

1939年，穆旦创作了《合唱二章》《防空洞里的抒情诗》《劝友人》《从空虚到充实》《童年》《蛇的诱惑》《玫瑰之歌》《漫漫长夜》等，有的还是长诗，一部分发表在香港《大公报》的文艺副刊上，有的收进了他后来出版的诗集《探险队》和自选集《穆旦诗集》。组诗《窗》和《出行》，显示了他的创造性诗才。

1940年7月，穆旦以优异的成绩从西南联大毕业，留校任助教，还推出诗作《在旷野》《不幸的人们》《悲观论者的画像》《还原作用》《我》《智慧的来临》等。

1942年2月，穆旦作出了一个惊人的决定——投笔从戎。24岁的穆旦响应国民政府"青年知识分子入伍"的号召，以助教的身份报名参加中国入缅远征军，以杜聿明部中校翻译官的身份随军奔赴缅甸抗日战场。4月，中国远征军战事失利并被日军切断了回国的主要通道，奉命撤退至印度。5月至9月，穆旦随杜聿明率领的第五军军部和新二十二师撤退，穿越野人山原始森林无人区，上有日军的飞机，下有追兵，又恰逢6月森林雨季，山洪暴发，部队给养严重不足，历时4个多月，可谓九死一生。11月部队抵达印度，穆旦在中国军营中养病，回国后退役。

1945年9月，穆旦根据入缅作战的经历，创作了中国现代主义诗歌史上的著名诗篇——《森林之魅——祭胡康河谷上的白骨》，创作了《阻滞的路》《活下去》。同年穆旦来到沈阳，创办《新报》，并担任总编辑。这一年，昆明文聚社出版了穆旦的第一部诗集《探险队》，收录诗作24首，署名穆旦。1947年5月，穆旦自印出版《穆旦诗集（1939—1945）》，收入诗歌58首。1948年4月，穆旦的诗集《旗》列入巴金主编的《文学丛刊》第9集，由文化生活出版社出版，收录诗歌25首。20世纪40年代，穆旦与唐湜、辛笛等诗人合出诗集《九叶集》，因而得名"九叶派诗人"。

1949年8月穆旦赴美留学，进入芝加哥大学英语系学习，攻读硕士学位，并刻苦学习俄语，选修了俄罗斯文学课程。12月23日在美国与周与良喜结连理。1950年获文学硕士学位。

1953年初，穆旦夫妇几经辗转回到北京。后经教育部分配，夫妇俩均到南开大学任教。穆旦在外文系英文组，周与良在生物系微生物教研室。除了日常教学，穆旦开始翻译苏联文学作品，出版了季摩菲耶夫所著《文学原理》、普希金的《波尔塔瓦》等诗歌作品。50年代中期以后，穆旦遭到错误批判，身心受到严重摧残。1975年，他恢复诗歌创作，写出了《智慧之歌》《停电以后》《冬》等近30首作品。

1977年2月，穆旦因病在天津逝世，终年59岁。

穆旦的主要作品集有《探险队》（1945）、《穆旦诗集（1939—1945）》（1947）、《旗》（1948）、《穆旦诗选》（1986）、《穆旦诗文集》（1996）等。主要译著有俄国普希金的作品《青铜骑士》《普希金抒情诗集》，英国雪莱的《云雀》《雪莱抒情诗选》,拜伦的《唐璜》《拜伦抒情诗选》《拜伦诗选》及《布莱克诗选》《济慈诗选》等。

参考文献:

陈伯良:《穆旦传》,世界知识出版社,2006年。

易彬:《穆旦年谱》,中国社会科学出版社,2010年。

王之望、闫立飞主编:《天津文学史》,天津人民出版社,2011年。

郝岚等:《世界文学与20世纪天津》,中国社会科学出版社,2011年。

南开大学办公室编:《南开人物志》,南开大学出版社,1999年。

（冯智强　赵云利）

穆 倩

穆倩(1855—1927),谱名云湘,字楚帆,号芝沅,回族,天津人,祖籍浙江钱塘县,出身于"天津八大家"之一的正兴德穆家。

穆家世代经商,但是十分重视文化教育,秉承着"诗书传家、礼义继世"的传统理念。穆倩幼年入私塾读书,学习中华传统文化。稍长进清真寺念经,学习民族文化。穆倩学有所长,尤其擅长书画,钟爱丹青,在艺术道路上的探索用力最勤。

1884年(清光绪十年)刊行的《津门杂记》一书说:"穆楚帆倩画花卉兼翎毛草虫,师追正叔①,别具风神。"穆倩是恽寿平的私淑弟子,仰慕其画风,临摹其画作。虽师古,但不泥古。在继承的基础上并有所发扬,达到"咫幅千里,烟云万态"的意境。穆倩画花卉完全采用了恽氏在花卉写生方面创造出的"纯没骨"画法,从根本上变革了传统的先勾线、后填色的"勾勒法",不仅花、叶纯用彩色描画,石头也渗以花青、淡赭。在用笔上亦极精工细致,区别于信笔挥洒的写意。在用墨上亦继承了恽氏"淡雅清静"的主张。穆倩所画翎毛草虫,也受恽寿平的影响,以恽氏为代表的常州画派的花鸟画技法的影响贯穿了有清一代。穆倩"不恒作画,每作必精妙超逸,颇有南田意趣,设色亦淡雅可喜"②。正因为穆倩不经常作画,所以其传世的墨宝十分罕见。

---

①即清初名画家恽寿平(1633—1690),江苏武进人(今常州),原名格,字寿平,以字行,后改字正叔,号南田。

②刘芷清:《津沽画家传略》,载天津市政协文史委编:《天津文史资料选辑》第49辑,天津人民出版社,1990年。

穆倩富于收藏，不惜重金收藏历代名家书画。天津穆家共分四门，其中第三门素有"大楼穆"之称，穆倩就是"大楼穆"的第四代，他用楼房5间尽储名画，从来不轻易示人。清初山水画家"四王"（王时敏、王鉴、王翚、王原祁四人的合称）的墨迹，尽为所藏，十分珍贵。其中，王翚、黄鼎的长卷，皆为不可多得的神品。穆倩收藏这些名家的传世之作，欣赏观览之余便心慕手追，达到心娴手敏的程度，不难看出穆倩在书画创作上的艺术走向及文化追求。

穆倩为人和蔼可亲，平易近人，还善于发现绘画人才及艺术新秀，不少人得到其奖掖和提携，后学皆趋之。知名书画家刘芷清回忆说："余得见四王墨迹，皆由先生处，又许人临摹，获益殊多。"穆倩年高德劭，品端学粹，得到时人的爱戴。清末民初以来，津门画界将穆倩、梅振瀛、尹澄甫、刘小亭并称为"津门四皓"[①]，足见穆倩在天津画坛的名望和地位。

1857年，天津穆家将正兴德茶叶店分给第三门经营。确切地讲，正兴德茶叶店的经营管理权，是由第三门按长子长孙的嫡系后裔掌理，而第三门的旁系后裔只是分得了正兴德茶叶店的一部分股份，坐享分红而已。穆倩与其他三门旁系的堂兄从弟一样，过着衣食不愁、养尊处优的生活。然而穆倩不甘寂寞，一心想着如何广开财路、扩大生产、创业增收。

穆倩除了继承祖业外，还在沧县购买了一处100多顷的田庄，又在大伙巷先春园大街开设裕兴当一处。1894年，又与河南人谭再田、北京人杜衡斋合伙接办了直隶正定、灵寿两县引地，在天津设有永德茂盐商津店。1904年，穆倩还开设了德瑞钱铺等。虽然购买了田庄，开设了字号，但穆倩家里无一人参加管理，所有的经营都是依靠经理人负责，不多年买卖都先后倒闭，分到的正兴德茶叶店的股份，也作价

---

① 张今声：《津门回族画界二刘》，《新天津》总第6期，2014年。

转让给本门五代穆逢熙管业。穆逢熙是天津穆家第三门正枝正叶的嫡裔,是正兴德茶叶店的最后一位资方代表,掌握着经营管理之权。1954年,国家试行企业公私合营,穆逢熙主动向政府要求公私合营。1956年资本主义工商业完成社会主义改造,正兴德茶叶店转变为社会主义企业。

穆倩热爱回族文化教育事业。1909年,他看到清真寺周围回族聚居地方穷苦家庭的孩子无力上学,于是专为贫困回民儿童创办了天津私立清真寺小学,自任校董,这是天津最早的回民小学。[1]校舍就在清真大寺的南跨院,为初级小学,学制四年,课程安排有国学、算学、阿拉伯文基础。1948年,为纪念穆倩创办该小学,校名曾改为私立云湘小学。新中国成立后,该校隶属于二道街回民小学一分校,改为完全小学,学制六年。1959年,二道街回民小学与坐落在文昌宫内的八区第二十三小学合并,改称为天津市红桥区西北角回民小学,校舍就在昔日文昌宫辅仁书院旧址,后改名文昌宫民族小学。穆倩在天津回教联合会工作期间,先后担任天津回教联合会主办的木工学校校董、清真寺国民学校校董、成人补习夜校校长等职。在他的影响下,天津穆家多人成为教师走上讲台,从事社会教育工作。

穆倩是一位爱国爱教的开明乡绅。1919年五四爱国运动在北京爆发,天津学生联合会、女界爱国同志会等组织先后成立。5月底6月初,天津回教联合会成立,积极加入天津各界联合会,投身"外争主权,内除国贼"的爱国行动中。穆倩被推举为第一届会长。穆倩是一位虔诚的穆斯林,他十分热爱伊斯兰文化。他精通阿拉伯文和波斯文,精心钻研伊斯兰教典籍,与堂兄弟穆子清合作,从波斯文本编译了中国伊斯兰教教律学名著《汉译伊雷沙德》,[2]由北平清真书报社出版。这

---

①参见张绍祖:《天津最早的回民小学》,《今晚报》,1988年6月24日。

②参见余振贵、杨怀中:《中国伊斯兰文献著译提要》,宁夏人民出版社,1993年,第162页。

是一部内容比较完整的伊斯兰教教律著作,流传至今,弥足珍贵。

穆倩于1927年去世,终年72岁。

参考文献:

天津市政协文史委编:《天津文史资料选辑》第20辑,天津人民出版社,1982年。

杨金鼎主编:《中国文化史词典》,浙江古籍出版社,1987年。

《回族研究》,1992年第4期。

(尹忠田)

穆 雅 田

穆雅田(1859—1939),名文盛,字雅田,以字行,回族,天津人。出生于天津穆庄子一个贫寒的回民家庭。

穆雅田读过三年民塾。1874年,穆雅田到天津正兴德茶庄当学徒,最初在茶庄的西栈货房做管货工人。由于他为人殷勤诚恳、忠于职守,善于改进工作,为正兴德第四代传人穆浚源所赏识,逐渐被拔擢为栈主任,开始吃浮股分红。[①]1894年,刚刚35岁的穆雅田破格试任正兴德茶庄经理。在大东家穆浚源的支持下,穆雅田大胆整顿,经过一年的试任,穆雅田事事负责、日夜辛勤,终于取得了上下一致的认可和推崇,被委任为正兴德经理,掌握了茶庄的经营管理权。东家穆浚源除每年从店中支取64%利润以外,其余之事一概不问。穆雅田常年食宿在店,苦心经营,使正兴德茶庄的生意越来越好。

穆雅田业务极为娴熟,记忆力也很强,因此对正兴德所拥有的价值百万的货物能做到心中有数。甚至某处存货多少、内外账目多少,均在其掌握之中。他鉴别茶叶既快又准,口述某某茶名、价目速度之快,即使是熟练的会计也望尘莫及。穆雅田在经营决策上也有其独到之处,他认为"货贱无忧",主张"见新不买老"。买货时讲价一口快、付款快,遇到便宜行市割得快(即压价狠)。卖货时,赊销的货物一经言价,即不还价。

[①]慕羽:《正兴德茶庄经理穆雅田》,载天津市政协文史委编:《天津文史资料选辑》第93辑,天津人民出版社,2002年,第186页。

穆雅田知人善任，唯才是举，他用人的标准是"能干、朴实、勤劳"，只要具备这6个字，他就大胆提拔，越级支付工资，馈送花红。在经营管理方面，他悉心听取职工的意见，平等对待职工，关心职工生活，尽量搞好职工的生活和待遇。"正兴德"职工的工资虽然不高，但额外收入却较多。每到年终，茶庄视盈利的多少，按职工的级别、工作态度和出勤情况分配馈送花红。穆雅田对所有管理人员、各庄采办人均有额外馈送。

为了确保茶叶质量，穆雅田派范相臣去河南周口镇设厂，用茉莉花熏制六安大香片，为正兴德茶叶赢得了"花大叶香"的名声。他还派人去安徽六安、黄山，浙江杭州等产地采办茶叶，就地设厂制茶，确保高档茶叶的正当渠道和上乘质量。

正兴德茶庄不但总店生意好，还设立了很多批发及外地分号，如北京分号、保定分号、沧州分号、泊头分号等。无论本地还是外埠的经销、代销商一律采取赊销方式，旧欠可接新欠，使得华北大部分茶商无力与之抗衡。

1926年，穆雅田开始筹建天津市法租界梨栈街第一支店，开业当年年终就回本盈利。穆雅田重视品牌效应，他把"绿竹"商标高档茶品推向多种博览会，1928年获得了天津市第一次国货展览会优等奖章，1934年获第三届铁路沿线出产展览会超等奖，后来又参加美国芝加哥百年竞进展，深受欢迎。1935年，在穆雅田的努力下，正兴德茶庄进入了鼎盛时期，茶庄总、分号共8处，茶厂12处，仓库6处，包装罐制造部1处；拥有职工近300人，资金百万元，年营业额达200万元[1]，年纯利最高时达20万元。

股东对穆雅田非常信任，所有财产支配、业务管理、人事调动都由

---

[1] 天津市地方志编修委员会编：《天津地方志资料丛书》（专辑一），天津古籍出版社，2007年，第211页。

他决定,不用向股东请示,只有一年一度交待红单见一次股东代表。1935年,正兴德茶庄在天津东北角新设第二支店,由满仲梧主持计划。该支店设施较一支店更好,全部是楼房,有职工餐厅、宿舍、娱乐厅等。这在旧社会是很少见的。

1936年,由于穆雅田视力减退、身体虚弱,他委托范相臣、满仲梧为正副经理,自己退居二线。后因各股东意见不合,造成满仲梧等十几位骨干辞职。他们成立了成兴茶庄,与正兴德茶庄对抗营业,使后者生意大受影响。再加上日伪统治时期币制的变化,正兴德这个老商号开始走下坡路。

穆雅田在正兴德茶庄只有人身浮股7.5%,每年可分红1~15万元,因穆雅田系穆斯林,所以他不吃利息。穆雅田在生活上极为俭朴,无任何嗜好,每年得利后,穆雅田只用来置办房产或捐助清真寺,资助贫穷亲友。1928年,天津茶商同业公会成立,穆雅田为首任主任委员,后连任多年。[①]20世纪30年代,穆雅田等捐助巨款,建成穆庄子清真寺(后被国民党焚毁)。

1939年,穆雅田去世,终年80岁。

参考文献:

天津市政协文史委编:《天津文史资料选辑》第44辑,天津人民出版社,1988年。

天津市北辰区政协文史委编:《北辰文史资料》第11辑,2006年内部印行。

杨光祥主编:《典籍中的北辰》,天津古籍出版社,2007年。

(高　鹏)

---

①天津市地方志编修委员会办公室、天津二商集团有限公司编著:《天津通志·二商志》,天津社会科学院出版社,2005年,第435页。

穆竹荪

穆竹荪(1880—1957),名逢熙,字竹荪、竹孙,号祝荀,回族,1880年6月15日(清光绪六年五月初八日)出生于天津。父亲穆云澍于其出生前九天病故,其由母亲闵氏抚养成人。其高祖穆兴永曾开设粮店,家道日丰。曾祖穆文英于竹竿巷开设正兴德茶庄。祖父穆时荣字竹轩,继承经营茶店首创"绿竹"商标。

穆竹荪幼年时即继承了正兴德茶庄1/3股份,成为该店最大股东,其母闵氏督之甚严,一心使其继承祖业悉心经商。穆竹荪以茶店分红累年增加所得为基础,自青年时代起即致力于购置房产出租经营,先后购得今估衣街、东马路、北马路、太平街、河北路大片产业,或以铺面或以住户出租。20世纪20年代,穆竹荪于太平街老宅旁新建意式楼房一幢,成为这一带的首富。

穆竹荪作为正兴德茶庄最大的股东,深感扩大营业面积之必要。茶庄老号所在的竹竿巷,在民国时期已经因运河水枯竭而逐渐失去了繁华的景象。正兴德茶庄遂于法租界梨栈大街开设一处分店,扩充经营。又于东马路、北马路交口处,请建筑师葛洪文设计出一幢上有三面钟楼的四层楼房。该楼房于1933年正式落成,命名为"正兴德茶庄第二支店"。穆竹荪请著名书法家华世奎及民国前大总统徐世昌等人为店铺题写了匾额。1935年,穆竹荪将其部分房产改建成商店门面铺房,分别租给正兴德茶庄第二支店、四远香糕点店、五和百货店、交通鲜货店、同升和鞋帽店、乐仁堂药店、凯记礼品店。

穆竹荪对子女教育相当重视。1935年举家迁京,定居于和平门内顺城街宅第。

抗战时期,日本人对正兴德茶庄有觊觎之心,几次托人找到穆竹苏游说,希望搞一个中日联营的茶叶株式会社。穆竹苏以大股东身份坚决反对,才使得已有近200年历史的正兴德茶庄未沦入日本人之手。抗战胜利后,国民党天津警备司令部又对正兴德茶庄敲诈勒索,以"通匪"罪名一度将茶庄封门,使茶庄元气大伤。

穆竹苏一生虔奉伊斯兰教,致力于经商。穆竹苏喜好书法、绘画。1908年,他在天津参加绘画比赛,两幅作品分获优等奖与头等奖,由官方授以奖状。穆竹苏书法宗赵孟頫,颇有功力,可惜除少量私人互赠之扇面外,传世甚少。

培育花卉是穆竹苏的另一大爱好,每到秋季,他便在花园中展出各种菊花供族人亲友观赏。穆竹苏热心慈善事业,常有冬送寒衣、夏舍暑汤之举,并经常捐助清真大寺。

新中国成立后,穆竹苏已届晚年,体弱多病,但思想进步。1954年,他主动向政府提出将正兴德茶庄公私合营。

1957年1月11日,穆竹苏病逝于北京,终年77岁。

参考文献:

穆守荫供稿,穆伊光整理:《津门回族首富穆逢熙》,载天津市河东区政协文史委编:《天津市河东区文史资料》第3辑,1991年内部印行。

杨光祥主编:《典籍中的北辰》,天津古籍出版社,2007年。

天津市政协文史委编:《天津近代人物录》,天津市地方史志编修委员会总编辑室,1987年内部印行。

（张慕洋）

那　森

　　那森(1867—1940)，全名沃尔特·西米恩·那森(Walter Simeon Nathan)，英国籍犹太人。其姓名的中文音译较多，如纳森、内森等。那森是英籍德国人、津海关税务司德璀琳的四女婿，又是后任开滦矿务总局英方总经理那森爱德的叔叔，因之被称为"老那森"。

　　那森初在英国任工程师。1899年10月，英国发动南非战争，那森参战并晋升为陆军工兵少校，其间结识胡佛[①]。南非战争结束后，那森得到胡佛和德璀琳的推荐，来华加入福公司(北京辛迪加)。[②]后经英国陆军部批准，那森被任命为开平公司总办，接替原总办威英。

　　1903年11月25日，那森赴天津上任之时，正值清政府与英方交涉收回开平煤矿之际。直隶总督兼北洋大臣袁世凯相继三次奏参张翼将开平煤矿和秦皇岛港口卖给英国公司执管。清廷将张翼革职，命袁世凯督促张翼与英方谈判，以求挽回利权。

　　那森就任后，主动调整与中方交涉策略，竭力维护张翼受英商蒙蔽、私自改为中英合办的骗局，巩固英方利益。在与中方博弈中，他一面舒缓与中方的关系，拉拢津海关道唐绍仪，利用袁世凯与张翼之间的矛盾打压张翼，一面又私下里与张翼接触，阻止其诉讼进程。

---

　　①即赫伯特·克拉克·胡佛(Herbett Clark Hoovr，1874—1964)，他1899年来华，成为毕威克-墨林采矿公司驻天津的代理人。1900—1901年任开平公司总办兼总矿师，与德璀琳、墨林等骗占开平煤矿股份。后任美国第31任总统(任期为1929—1933年)。

　　②[澳]骆惠敏编：《清末民初政情内幕：〈泰晤士报〉驻北京记者、袁世凯政治顾问乔·尼·莫理循书信集(1895—1912)》上卷，刘桂梁等译，知识出版社，1986年，第459页。

1904年11月,清政府责令张翼向英国伦敦高等法院起诉墨林公司和开平公司后,那森无视英方骗占开平矿权的事实,仍颠倒黑白,声称"不认可中方收回开平矿务有限公司的说法,中英交涉陷入僵局的责任在张翼"。1905年3月,伦敦高等法院虽然判决中方胜诉,但英方却以"《副约》不构成强制执行的合同"为由拒不执行,结果并未达到中方限期收回开平矿权的预期效果。那森的地位因之愈加巩固,开平公司"大小事务"的管理权均掌控在他手中。

1905年12月2日,那森与日本驻华公使内田康哉签订《秦皇岛地亩出租契约书》,规定:"开平矿务有限公司对日本营盘和海军信号所占用的土地,无限期地租给日本帝国政府,并不得妨碍日本在秦皇岛港的利益";"日本陆海军或其日本官方在秦皇岛码头卸货装船,尽量给予方便,应收取最少限度之费用";"对于日本商船进出秦皇岛港口,给以公平征税的必要方便"。①这为九一八事变后侵华日军控制秦皇岛港埋下祸根。1907年那森还代表开平公司与德国驻华公使雷克斯签订秦皇岛土地租约,且租期无限。这些私相授受的契约严重侵犯了中国主权。

那森担任开平公司总办之初,还与胡佛大肆招募输出华工。南非战争结束后,南非德兰士瓦和惠梯瓦特斯兰德的金矿亟待补充劳动力。出使英国大臣张德彝认为:"该英属现时之急需外国工人","本国人民外出工作,本属自主之政、通行之例"。②1904年2月,胡佛从澳大利亚来到英国伦敦,得悉南非招工计划后,便自告奋勇,参与其事,并为之四处奔走,取得了经手招募、运输华工的部分专利权。1904年5月13日,中英双方在伦敦签订《中英会订南非招工条约》和章程后,胡

---

①《秦皇岛港史(修订本)》编委会编:《秦皇岛港史(修订本)》,人民交通出版社,1993年,第221页。

②《出使英国大臣张德彝致清政府外务部函》,台湾"中央研究院"近代史研究所藏档案,02-12-010-02-045。

佛与那森每招一名华工赚取10元经手费,因之发了大财。

开平公司多次与陈庆凯公司、天津英商和记洋行等签订华工招雇合同。仅从1904年2月至1906年2月,开平公司代招华工所得收入就达94771元。华工不堪虐待和剥削,开展了反抗殖民奴役和压迫的斗争,1908年至1910年,幸存华工陆续回国。

1907年,袁世凯委派周学熙创办官督商办的北洋滦州官矿有限公司(以下简称滦州公司),以期与开平公司分庭抗礼。那森闻讯设法阻止,并通过英国驻华公使朱尔典向中方交涉,双方争议不断。1909年2月,清政府外务部英籍顾问沃特·希立儿提出开平、滦州两煤矿合并的建议,双方谈判无果后,两矿开始在煤炭销售上削价竞争。1910年11月起,那森凭借开平公司财力雄厚的优势,不惜损失,挤占市场,通过不正当竞争,打压、扼制滦州矿。那森把售价压得比滦矿煤在井口的售价还低,还阻止滦矿的煤品通过铁路外销,又在天津广设售煤点,为天津用户改造炉灶提供补贴,倾销开平煤。

1911年初,直隶总督陈夔龙提出通过发行国家担保债票收回开平煤矿的方案,未被清政府采纳。两矿不断升级的削价竞争导致滦州矿损失惨重。1911年三四月间,滦州公司董事内部人心动摇,出现分化,遂通过中间人天津商会会长王竹林与开平公司妥协,那森成为“两矿联合”谈判的英方代表。当时还在英国的那森电告帮办萨敦与中方交涉时:“协议的修改既要符合开平公司董事会的意见,又不能使中国方面不能接受。在措辞上要达到:在名义上掌管天津事务的地方议事部(议董部)中如发生争执,由伦敦董事部裁决;如果必须花钱的话,可以筹款送给中国当局,或者滦州公司或者张翼。”那森趁机大肆行贿、拉拢收买,行贿款额达20万两白银。如为天津商会副会长宁星普购买股票,让其收集内部情报、充当说客;给王竹林借款50万两白银,以此为诱饵拉拢其为签订“两矿联合”协议服务。

1911年11月初,那森与滦州公司董事李希明拟定合并协议10条,

1062

但未获滦州公司董事会通过。同年12月,那森向伦敦董事会建议再次降低售煤价格,以进一步施压。此举使滦州公司陷入困境,当时,辛亥革命已爆发,时局动荡,滦州公司已难以为继。12月29日,周学熙与那森谈判,提出按照"滦四开六"分利的合并条件。那森认为:"这是一个无须过分引人注意便可达成协议的有利时机,'四六分利'对开平公司来说,得大于失。"1912年1月2日,那森向伦敦董事部报告,希望放宽谈判条件,抓住这一千载难逢的好时机。

1912年1月27日,那森代表开平公司与滦州公司签订《开滦矿务总局联合办理草合同》和《附件》,两矿组成开滦矿务总局。合同规定,头10年由英方担任总理,以后英方仍可继续掌握。从此,滦州矿亦被英商控制。那森对合并滦州公司颇为得意:"我们让了一部分利润,但换来了整个开滦矿权。"

1912年7月1日,那森出任开滦矿务总局第一任总理后,延伸开发矿井,更新生产设备,扩大生产规模,开滦煤炭产量逐年上升。为提高竞争能力,那森施行"以销定产"的策略,依据用户需要不断优化产品结构,提高煤质;拓宽煤炭销售渠道,在外埠码头设立销售点或雇佣私人销售。在其担任总理11年间,开滦矿务总局逐渐形成市场垄断地位,成为英国在华重要利源。至1932年,英方20年直接掠走的纯利润总额达到5698万元之多。

1920年1月21日,那森提出在天津建造开滦矿务总局办公大楼。这一工程共投资53万两白银,位于天津英租界咪哆士道,为三层楼房,建筑面积约9000平方米。由英商同和工程司设计。[1]1922年3月31日,开滦矿务总局新楼落成。那森还为开滦设计了"双环加黑钻"的标识,图案中左右交叉的"两圆环"代表开平、滦州两矿联合,"黑钻"是煤炭业的标志。同年3月,那森还倡办耀华机器制造玻璃股份有限公

---

[1]天津市人民政府编著:《天津历史风貌建筑》,天津大学出版社,2010年,第87页。

司,并在天津英租界设立董事会和总事务所,那森兼任比利时一方的协董。

那森还曾参与天津英租界行政管理事务,1910—1911年、1918年任天津英租界推广租界地董事会董事,1919年任天津英租界董事会董事,1921年任董事长。

1923年11月,那森辞去开滦矿务总局总理职务。卸任回国后,那森居于伦敦,继续担任开平公司伦敦董事部董事。那森还兼任北平中英银公司及大昌实业公司董事,继续插手中国矿业事务。

那森在华任职20年间,不仅把开滦打造成英国在华攫取财富的桥头堡,自己也因此发迹,获利颇丰,不但其年薪由4000英镑增至1万英镑,而且因"保护开滦有功",于1920年9月获赠1.1万英镑。那森离任时还获赠1.1万银元。1924年,他又被滦矿聘为顾问,年薪1000英镑(1932年改为年薪1万银元)。此后来华时,又获3万银元赠金。

1940年11月,那森在英国去世,终年73岁。

参考文献:

周利成、王勇则编著:《外国人在旧天津》,天津人民出版社,2007年。

金彭育:《纳森和开滦煤矿》,载天津市和平区政协文史委编:《近代中国天津名人故居》,天津人民出版社,2002年。

李志龙主编:《开滦史鉴撷萃》(上),河北人民出版社,2011年。

杨磊主编:《开滦130年人物纪事》,新华出版社,2008年。

（王勇则）

那森爱德

那森爱德(1890—1962),全名爱德华·乔纳·那森(Edward Jonah Nathan),英籍犹太人,为沃尔特·西米恩·那森之侄。那森曾任开平矿务有限公司总办、开滦矿务总局第一任总理,因此那森爱德也被称为"小那森""那少森"。那森叔侄二人携手操控开平、滦州两煤矿长达40年之久。

那森爱德毕业于英国牛津大学。1910年,凭借开平公司总办那森的关系来华,进入开平公司工作,1910年8月至1912年2月任总办助理秘书。

从1912年3月起,那森爱德先后担任开平公司采买部经理、营业部经理、上海经理处副经理。第一次世界大战爆发后,那森爱德返回英国服兵役,任职于英国陆军部。1919年9月返华,任开滦矿务总局营业部部长,1922年5月任总局帮办,1923年11月后任总局帮理。其间参与天津英租界管理事务,曾任天津英租界董事会董事。1926年3月至8月,开滦矿务总局总经理杨嘉立休假5个月,那森爱德代理总经理之职。

1931年11月4日,那森爱德接替杨嘉立担任开滦矿务总局总理兼开平公司驻中国代理人,完全继承了其叔那森的衣钵。那森爱德受叔叔影响较大,以通晓中国人情自居,善于察言观色。那森爱德上任伊始,即在开滦矿务总局与南京国民政府的矿权纠纷中施展手段。1931年12月2日,国民政府实业部训令开平、滦州两公司按照新颁《矿业法》之规定设定矿权,并缴纳所欠税金。那森爱德从维护英方在开滦既得利益出发,以新《矿业法》未得到列强认可且合同未写明为由拒绝交税。僵持数日后,由属下中方经理顾振私下与实业部达成如下协议:如果与财政部就矿产税磋商有了圆满结果,开滦矿务总局同意放弃已垫付的矿区税款27万元,并垫付100万元作为未来10年应交矿区税款;实业部按照第6017号矿界图内所载全区准予总局40年的采矿权(继续期限另商),并且允许将历年欠交矿税一律放弃。

在开滦矿务总局与国民政府实业部进行矿权交涉的过程中,滦州公司董事部提出修改1912年联合办理合同的要求。1934年3月,开平公司同意放弃1912年订立的联合办理合同。那森爱德与顾振经过协商,同意开平、滦州两公司一切权力、资产与管理权平等,双方于1934年8月10日订立"修正联合合同"。1934年9月22日,实业部批准《开滦矿务总局修正联合合同》,根据这一合同,实业部准允发给开滦矿务总局矿照。当日,那森爱德致信开平公司英方董事部,称英国人在开滦的地位已"安若磐石"。

那森爱德在开滦矿务总局的第一届任期应于1936年11月4日结束,但按照修订后的联合办理合同,中英双方应各设一名总经理。开滦矿务总局议事部决定自1935年4月15日起,那森爱德任开滦矿务总局英方总经理。

20世纪30年代初,受世界经济危机的影响,开滦矿务总局煤炭销量锐减,利润严重下滑,加之开滦矿区处在侵华日军占领区内,局势动荡,而矿区工人为争取合法权益不断举行罢工。1934年1月至5月的罢工规模最大,开滦煤矿所属的唐山、赵各庄、林西、马家沟、唐家庄五矿3万多名工人要求恢复工会、改善生活待遇,举行大罢工。

那森爱德为保住开滦的原有竞争优势不遗余力,他先是授意营业部门有组织地搜集各地营业情报,并依靠开滦本身地理、交通、运输、财力等优势,采取各种促销手段,保住了其在华北等地的垄断地位。为稳定矿区局势,在采取关闭矿井、镇压罢工等手段的同时,适当对工人做出让步。那森爱德诡计多端,试图通过依附日本人来维持局面。对于日方势力,那森爱德采取妥协态度,百般逢迎,卑躬屈膝。他为日军提供测量船和资料,还允许日军在秦皇岛港设立兵营并使用秦皇岛码头。

1938年,他代表英方在唐山各矿实行"井下记工制度",引起矿工们的强烈不满。在中国共产党的领导下,以赵各庄为首的唐山五大矿区的矿工,砸了井下牌子房,联合举行了为期50天的大罢工。那森爱德迫于压力,答应了工人们提出的条件。但他又暗中勾结日军,在罢工之后的第三天,就和日本人签订了由日本人接管煤矿的"包销权"。日本人全面进入开滦矿区,并大肆抓捕罢工组织者。矿工们被迫拿起武器,走上抗日武装斗争的道路,这就是开滦五矿大罢工和冀东大暴动的重要起因。

那森爱德与日本陆军省次官梅津美治郎密谈不久后,驻京的华北方面军司令部下令对工运实施血腥镇压。那森爱德的副职裴利耶得意地炫耀:"我们背后有必要的支持。"那森爱德在1940—1941年度的开滦总理年报中吹嘘:"各矿区当局与各矿区的中日军政人员的关系之正确和适宜,是再好不过的了。"1941年,那森爱德再次赴日本访问,与日本公司洽谈合作。1941年10月2日,那森爱德向日方承诺在日英两国宣战时将开滦移交给日本军方。1941年12月8日太平洋战争爆发当天,日军强行占领开滦,实行"军管"。

那森爱德表示尽力协助侵华日军接收开滦。移交后,侵华日军当局多次让他留任,1942年1月10日,日本华北派遣军任命他为开滦矿务总局总经理最高顾问,协助总经理工作。1月14日,那森爱德正式辞去总经理职务。1942年8月31日,又被侵华日军当局改任为"嘱托"(顾问)。由于英、日为交战国,1943年3月,那森爱德被押往山东潍县集中营囚禁。抗战胜利后,那森爱德于1945年9月30日回到天津。1945年10月17日,那森爱德参加开滦矿务总局董监事联席会议后返回英国。

那森爱德在华期间还参与耀华机器制造玻璃股份有限公司(以下简称耀华公司)的创办。1922年3月,耀华公司成立后,在天津英租界设立董事会和总事务所。那森爱德兼任总事务所总理,后兼耀华公司协董,成为耀华公司董事会比利时一方驻中国的代理人。1936年,那森爱德欺骗耀华公司的华方董事,指使比方私下在巴黎与日商秘密谈判,把比方的全部股权出售给日人。中日合办耀华公司后,那森爱德仍任协董,直到太平洋战争爆发后,才被侵华日军当局解除职务。

那森爱德在开滦任职长达35年,待遇优厚,其薪金是矿区工人平均工资的850倍。那森爱德在开滦矿局任职期间的年薪和在开平公司的津贴共计1万英镑。1942年那森爱德被迫离任时,开滦矿局董事还赠与其额外酬劳金1.5万英镑。

1946年5月15日,那森爱德在伦敦任开平矿务有限公司董事会主席。1962年卒于英国,终年72岁。

参考文献:

熊性美、阎光华主编:《开滦煤矿矿权史料》,南开大学出版社,2004年。

开滦矿务局史志办公室编:《开滦煤矿志(1878—1988)》第1—5卷,新华出版社,1992—1998年。

马世平:《那森爱德阻止同胞回国抵抗法西斯》,载李志龙主编:《开滦史鉴撷萃》(上),河北人民出版社,2011年。

王冠东:《英帝统治下的开滦煤矿》,载全国政协文史委编:《文史资料选辑》第63辑,中华书局,1979年。

南开大学经济研究所经济史研究室编:《旧中国开滦煤矿的工资制度和包工制度》,天津人民出版社,1983年。

(王勇则)

那 桐

那桐(1857—1925),叶赫那拉氏,字琴轩,一字凤栖,满洲镶黄旗人。那桐出身内务府旗籍官宦世家,幼年丧父,叔父铭安对其视若己出,那桐则事叔如父。他年少自强,14岁即能处理家事,支撑门户,且少年聪慧,过目成诵。1885年那桐参加乙酉科顺天乡试,中第112名举人,签分户部主事。翌年,考试总理各国事务衙门章京,取中第19名,保送会典馆纂修官。

那桐中举前即在户部北档房当差,之后亦长期任职户部。1888年,被点派户部南档房帮办,北档房总办。因规复制钱出力,赏加四品衔。光绪大婚期间,因襄办典礼异常出力,被保奏"遇缺即补"。1893年、1896年两次京察,均列一等,考语"有才有识""品端学裕"。又经福锟、翁同龢保奏,提升户部员外郎、郎中。1898年,因任会典馆提调官办事得力,以四品京堂候补,补授鸿胪寺卿,遂位列京卿。1899年,经庆亲王奕劻举荐,充制造银元铜钱局提调。后补授内阁学士兼礼部侍郎衔,始入内阁中枢。

1900年,义和团拳民涌入京城,高呼"扶清灭洋"。那桐与端郡王载漪等亲贵临危受命,任职总理各国事务衙门。北京城陷落前夕,慈禧携光绪仓皇西逃,那桐等受命为留京办事大臣,协助全权大臣李鸿章和庆亲王奕劻展开议和。1901年,那桐奉旨加头品顶戴,授为专使大臣赴日本为该国驻京使馆书记被杀致歉。访日期间,他参观了日本各行业。1902年,与载振等再赴日本参加大阪博览会,受命详考银行、税务、造币局、炮兵工厂、女子师范学校、农事试验场等,以为中国新政之借鉴。归国后翌年,补授户部尚书。不久,调补外务部尚书兼步兵统领,管工巡局事,所任皆为要职,颇受清廷倚重。

那桐任职步兵统领、管理工巡局事务期间,为维系京城治安,奉旨推行巡警管理五城事宜,后设立巡警部。那桐仿日本监狱学校,创办京师习艺所,收纳罪犯与贫民,教导其工艺技术与谋生技能,亲自挑选管理人员送往日本受训。开辟新式马路,修建东安市场,使首善之区面貌一新。平反王维勤冤狱,亦广受赞颂。①

在天津设立户部造币总厂,那桐贡献良多。庚子事变之前,那桐曾任职制造银元铜钱局提调,两次出访日本考察。任户部尚书后,参与在京师筹设铸造银钱总厂。后几经周折,确定在天津设厂。1903年9月,那桐赴津参加开工仪式,还作为会同户部办理财政事宜的大臣,多次专程来津,视察造币总厂。直至1905年,那桐授为体仁阁大学士,并充国史馆总裁,才较少参与财政事务。

1906年7月,那桐五十岁生辰,慈禧、光绪帝分别颁赏“亮工锡羡”“台衡星曜”匾额。此后,那桐历任民政部尚书(兼署)、钦派查验询问保荐人才大臣、钦派考试陆军游学毕业生大臣等要职。1908年,光绪驾崩,那桐派充恭办丧礼大臣,尽心竭力,赏加太子少保衔。1909年,补授军机大臣,派充实录馆总裁。闰二月,因丁母忧,而所司一切职务均属重要,关系大局,上谕令其“务当移孝作忠”。百日孝满,他恳请终制,上谕“照常入值,毋许固辞”,并加恩在紫禁城内赏坐二人肩舆,②可谓荣宠至极。

1909年6月,那桐署理直隶总督兼北洋大臣。甫一上任,即果断处理李德顺③贪赃枉法案,不及月余即行查明,定案上报,相关人员均遭惩处。

①赵尔巽等编:《清史稿》,中华书局,1977年,第446卷,第1416页。
②《那桐日记》下册,新华出版社,2006年,第1082页。
③李德顺系前直隶总督杨士骧亲信。

1911年5月,清廷宣布实行内阁制,那桐被授为内阁协理大臣,后又授文渊阁大学士,兼任弼德院顾问大臣,后因患中风辞官隐退。清帝逊位后,那桐长期寓居津门。他先租住于德租界,同时在英租界孟家庄购地数亩建造房屋。

那桐在京津两地往来居住,生活富足而闲适。他喜好戏曲,在津常去奥租界东天仙戏园听戏。民国后他虽远离政界,但社会交往颇多,尤其与姻亲过往甚密,与华世奎、荣庆等时相往来。每逢新年,则去各国领事馆、租界工部局、外国银行等处贺年,与各国外交官、金融界人士私交密切,还曾在张镇芳创办的盐业银行投资并任董事。他与清王室交往也仅出于礼仪,接触外界较少,不再参与政治。

1925年6月28日,那桐病逝于北京金鱼胡同寓所,时年68岁。有《那桐日记》《那桐奏折存稿》等存世。

参考文献:

赵尔巽等编:《清史稿》,中华书局,1977年。

邵华:《军机大臣那桐故居》,天津市和平区政协文史委编:《近代中国天津名人故居》,天津人民出版社,2002年。

张俊英主编:《造币总厂——清末民初中国机制币铸造中心》,天津教育出版社,2010年。

孙燕京:《从〈那桐日记〉看清末权贵心态》,载朱诚如、王天有主编:《明清论丛》第9辑,紫禁城出版社,2009年。

（徐燕卿）

南 汉 宸

南汉宸(1895—1967),1895年12月14日(清光绪二十一年十月二十八日)出生于山西省洪洞县韩家庄,11岁在本村私塾念书。1911年南汉宸到太原,入官费第一师范学校读书,结识同盟会山西负责人王用宾,加入同盟会参加民主革命活动。

辛亥革命爆发后,南汉宸和十几个同学被派回晋南,到赵城、洪洞、汾西一带招兵。南汉宸回到家乡,很快就参加了哥老会,利用哥老会的关系,不到半月就集合了两千余人。他们把这两千多人带到太原,队伍番号是义务敢死队,开拔到娘子关,归新军一路统领杨潜夫指挥。不久,南北议和,阎锡山投靠袁世凯。1912年,部队遣散,南汉宸重回师范学校读书,后又考入官费太原高级工业专门学校。

南汉宸在太原高级工业专门学校为班长兼斋长,常常组织学生们闹学潮,因此他被学校当局视为眼中钉,在1913年间的两个月中就被开除3次。1915年南汉宸回乡教书。1917年,晋南革命人士不堪忍受阎锡山的统治,联络陕西革命志士郭坚攻打山西。南汉宸参加了赵城的反阎内应活动。他们在赵城集合百余人,趁黑夜进入安泽县,缴了公安局的70余支枪,又抵霍县缴枪60余支,后因郭坚部被陕西督军陈树藩勾结阎锡山进行堵截,活动以惨败而告终。

南汉宸返回家乡,欲向实业方面努力。经和友人商议,大家集资5000元在赵城东山办义集煤炭公司,南汉宸被推为经理。公司于1920年正式开业,同时还经营水力纺织和轧花。但由于资金不足,交通不便,无力与大企业竞争,两年后停办。

1923年，南汉宸抵达天津，参加陕军第一师，重新投入反对北洋军阀的斗争。1924年北京政变后，冯玉祥、胡景翼、孙岳三方改编为国民军第一、第二、第三军，南汉宸参加了孙岳的第三军，任军需官，不久奉孙岳令到郑州招集兵马。1925年秋，南汉宸又被派到第三军训练处任处长，培训10个队的学员。津浦路战争爆发，国民军开赴天津，训练处的8个队随军作战，南汉宸率其余两队到河北灵寿、平山一带招募新队员。1926年春，南汉宸带6个队新兵开到津浦线泊头镇参战。国民军屡战屡败，南汉宸和训练处辗转保定等地，后与胡德夫旅的训练处合为第六混成旅，续范亭任旅长，南汉宸为参议。

1926年9月，冯玉祥由苏联回到五原，在五原誓师大会上就任国民军联军总司令。冯玉祥此时执行亲苏政策，成立了以共产党人刘伯坚为副部长的总政治部；各军也成立了政治工作委员会，南汉宸担任第三军政治工作委员会委员长。在随国民军联军转战的两年中，南汉宸曾与共产党员王一飞、卢绍亭等一同共事，阅读了《新青年》《向导》上刊载的大量文章，对共产主义有了较深刻的认识，认为只有共产党才能救中国，提出了加入中国共产党的申请。不久，南汉宸由刘伯坚和高敬轩介绍加入中国共产党。11月，南汉宸参加国民军联军参观团访问苏联，在莫斯科、列宁格勒等地旅行3个月，参观了许多机关、学校、军队和农村，听取了苏方关于十月革命历史经验和社会主义建设成就的报告，受到鼓舞和启发。

1927年6月，南汉宸回到西安。这一时期，冯玉祥先后参加汪精卫、蒋介石召开的郑州会议和徐州会议，公开投靠蒋介石，准备在所属部队反共"清党"，刘伯坚嘱咐南汉宸尽力留下工作。随后南汉宸随鹿钟麟到开封，任河南省政府秘书主任兼第一科科长，党内受河南省委负责人任作民领导。南汉宸写了一本16万字的《游俄视察记》，介绍苏联十月革命的历史经验和革命后的建设成就，并指出人类社会的光明前途。本书以鹿钟麟的名义印了5000册散发，影响颇大。不久，冯玉祥电令烧毁此书。

1927年夏,杨虎城的国民革命军第十军在陇海路东段与直鲁联军张宗昌、褚玉璞作战失利,退到皖北太和。杨虎城部和原驻太和的第十七军高桂滋部的共产党员,在军内外积极开展革命活动。同年冬,为加强党对皖北工作的领导,中共河南省委决定派南汉宸带一批共产党员去皖北。南汉宸接到通知后,以"有病"为由向鹿钟麟告假。南汉宸等到皖北后,向驻军和地方党组织传达了党的八七会议精神,同共产党员魏野畴一起,积极做杨虎城的工作。按照南汉宸的建议,杨虎城决定从基层军官中选择400多名进步青年,成立革命军事干部学校,并任命南汉宸为校长。这所学校建立后,为第十军训练出大批军政干部,并在其中发展了一批共产党员。

1927年12月,中共皖北第二届特别委员会在太和成立,南汉宸任特委书记。在皖北特委的领导下,太和等县发动农运,同国民党反革命派进行尖锐的斗争。杨虎城的夫人谢葆真作为妇女工作领导人,也参加了这场轰轰烈烈的运动。

1928年4月8日,南汉宸领导太和起义,由于敌我力量悬殊,激战两日后失败。这时河南省委也遭到破坏,南汉宸只身在开封隐蔽十余天,不得已又找到国民革命军第二集团军前线总司令鹿钟麟,等待机会。不久,河南省代主席邓哲煦任命南汉宸担任豫南赈灾委员会主任委员。1928年10月,山东军阀韩复榘接任河南省主席,经鹿钟麟举荐,南汉宸任信阳县县长。在县长任内,南汉宸理政有序,一时传为佳话。他还利用合法职权,掩护了许多革命同志。1929年夏,南汉宸调任省政府主任秘书、行政人员训练所主任和区长训练所教育长等职。南汉宸设法营救了开封监狱里关押的近百名共产党员。

1930年,南汉宸奉鹿钟麟命令去南阳联络杨虎城,被杨虎城委任为陕西省政府秘书长。南汉宸到西安后,以秘书长身份及杨虎城所授之权整顿陕政。他根据杨虎城释放政治犯的命令,释放和安置了大批被关押的中共党员,有的就被安排到第十七路军和各地、县部门工作。1931年春,刘志丹被捕。南汉宸得知后,力劝杨虎城下令放人,刘志丹终得出狱。在南汉宸的协助下,杨虎城采取整顿经济、肃清吏治、安定秩序、改革文教等措施,陕西各方面政事焕然一新。杨虎城更加器重南汉宸,省府一般事务都交由南汉宸全权负责。1932年夏,国民党行政院电告杨虎城,南汉宸是共产党员,证据确凿。但杨虎城托病不理,南汉宸和夫人王友兰赴日本避难。

1933年夏,察哈尔民众抗日同盟军在张家口誓师,吉鸿昌电邀南汉宸回国共商抗日大计。南汉宸于8月回国。同盟军失败后,南汉宸住在天津租界,寻找党的组织,继续开展抗日斗争。1933年冬,中共中央批准南汉宸前往孙殿英部开展统战工作,担任高等顾问。南汉宸积极争取孙殿英,帮助他加强同红军和杨虎城的联系,并动员孙殿英送给陕北红军两千余支枪,约定陕北红军派遣部队前往黄河渡口接应。然而,孙殿英企图孤军突进与马家军决战,最终失败。

南汉宸于1934年四五月间回到天津后,奉上海中央局指示,到泰山访晤了冯玉祥,共商抗日大业。很快,冯玉祥领导成立了中国人民反法西斯大同盟,南汉宸任同盟中央委员会秘书长。11月,南汉宸调往上海工作,扮作商人登车南下。中途,获悉吉鸿昌被捕,迅即返回天津组织营救吉鸿昌。吉鸿昌牺牲后,南汉宸回到上海,在上海中央局工作,负责编辑国际情报。

1935年,上海中央局遭到破坏,同党中央、共产国际失去联系。为保存党的力量,上海中央局人员转移到天津。1935年7月,南汉宸从上海抵达天津后,到北方局下属的联络局工作,主持情报收集和兵运工作。东北军退入关内后,东北军将领马占山把所部军官集中到天津由南汉宸训练,并组织了抗日同志会,由南汉宸负责。

1936年12月,张学良和杨虎城发动西安事变。中共代表团到达西安后,周恩来征得杨虎城同意,决定调南汉宸来西安协助代表团工作。南汉宸到达西安后，根据周恩来的指示，在杨虎城的第十七路军总部处理第十七路军和西安绥靖公署的公务，并参加了因西安事变而专门成立的委员会。张学良遭到软禁后，南汉宸奉命前去做杨虎城的工作，反复宣传中共关于和平解决西安事变的方针。

中共代表团返回陕北后，南汉宸受党的委托，代表第十七路军参加抗日联军西北委员会联合办公厅工作，处理西安事变善后事宜。此后，南汉宸按照周恩来的指示，到华北开展统战工作。他帮助东北籍人士建立了东北抗日总会。

1937年七七事变后，南汉宸随周恩来、彭德怀等前往太原会见阎锡山，商谈在山西建立合作抗日组织事宜。1937年10月1日，由各党、各派、各军及晋、绥、察各省政府代表组成的战区总动员委员会（简称“动委会”）在太原成立，续范亭任主任委员，南汉宸任组织部副部长。动委会积极配合八路军一二〇师开辟晋西北根据地，续范亭任保安司令后，动委会实际由南汉宸主持。1938年5月，阎锡山强行解散动委会。不久，党中央指示动委会的我方同志到晋察冀边区工作，南汉宸奉命处理善后。9月，南汉宸回到延安，担任中共中央统战部副部长。不久，南汉宸到驻榆林的东北军何柱国部动员抗日。1940年3月奉中央指示又到榆林，做晋陕绥边区总司令邓宝珊的工作，后返晋西北帮助新军总指挥续范亭筹划建立行政公署和地区经济局、银行。

1941年，由于日寇的进攻和残酷“扫荡”，以及国民党顽固派的军事包围和经济封锁，各抗日根据地的财政和经济遇到了极为严重的困难。中央决定南汉宸任边区财政厅厅长。为了保证供给，解决财政与发展生产所需的资本，南汉宸提出禁止法币流通，由边区银行发行边币的建议，对克服边区财政困难，促进边区生产，起了很大的作用。

为了搞好商品流通，南汉宸建立健全边区的税收政策。在调查研究的基础上，他主持起草了各项税务政策和粮食征收章程，改进征税征粮办法，吸收商人参加商会。同时采取与胡宗南、阎锡山的部队以物易物等一系列特殊措施,解决了陕甘宁边区的物资困难问题。

抗日战争胜利后,南汉宸被派往张家口,任晋察冀边区政府财政处处长。不久,应董必武的邀请到河北平山,任中共中央工委财委副主任,后又调任华北财经办事处副主任、华北银行总经理,为统一华北、西北、华东和东北等解放区的财政、经济和货币殚精竭虑,有力支援了人民解放战争。

1948年12月1日,中国人民银行成立,南汉宸任行长,全力建立新中国金融体系,如调整金融业中的公私关系和劳资关系、金融业与工商业的关系,开展金融系统的社会主义改造等。

为发展对外贸易,中央决定建立中国国际贸易促进会。1952年春,周恩来派南汉宸主持贸促会工作,担任贸促会主席。南汉宸首先与日本议员接触,友好协商签订了第一个中日民间贸易协定,打破了中日关系的禁锢局面。此后,南汉宸率代表团多次出访亚非各国,增进了国家间的友谊。南汉宸还担任民主建国会副主任委员、党组书记,全国工商联副主任委员、党组书记,中非友好协会副会长,中日友好协会副会长。当选第一至第三届全国人大常委会委员。

"文化大革命"期间,南汉宸遭到迫害。1967年1月27日含冤逝世,终年72岁。1979年1月24日,中共中央为南汉宸平反昭雪,邓小平和中央其他领导同志参加了他的追悼会。

参考文献:

中共党史人物研究会编:《中共党史人物传》第26卷,陕西人民出版社,1985年。

(周　巍)

倪嗣冲

倪嗣冲(1868—1924),曾用名毓桂,字丹忱,安徽阜阳人。1868年2月6日(清同治七年正月十三日)出生于一个官宦之家,其曾祖父、祖父都是清朝的官吏,父亲倪淑是清末举人,曾受聘于袁世凯的养父袁保庆,做过袁家的家庭教师,官至四川开州知县。

倪嗣冲少年时随父在四川任所读书,1893年还乡参加科举,中秀才。以后屡次参加举人考试,均未考中,无奈之下出资捐官,迁升为山东陵县知县,入淮军幕。倪嗣冲深知官场内幕,善于钻营,得到山东巡抚袁世凯的赏识。1901年袁世凯调任直隶总督,倪嗣冲随之来到天津,参与小站练兵,身兼总理营务、行营营务、发审营务三处要职,成为袁世凯编练新军的得力干将。后被袁世凯保举升为知府。1902年,倪嗣冲参加镇压直隶广宗县景廷宾起义,以战功加二品冠服。

1907年,袁世凯将倪嗣冲转荐给东三省总督徐世昌,任东三省民政司长、奉天提法使等职,不久升任黑龙江布政使兼巡防军翼长,主管军政、垦荒和盐务。辛亥革命后,倪嗣冲率武卫右军行营左翼驻守河南周口,帮办河南军务。不久,任河南布政使,并兼武卫右军左翼统领参赞军备。1912年1月,倪嗣冲率军攻占安徽阜阳,将所部扩充到40营之多,成为北洋军阀一支重要的武装。12月,北洋政府授倪嗣冲为陆军中将,加上将衔。1913年7月,袁世凯任命倪嗣冲为安徽都督兼民政长,倪从此掌握了安徽的军政大权。倪嗣冲大肆搜刮民脂民膏,暴敛致富,在阜阳、阜南一带广置田地达3万余亩。1920年1月,授陆军上将。7月,直皖战争爆发,皖系失败。9月,倪嗣冲被免去长江巡阅使、安徽督军等职,到天津英租界隐居。

北洋政府时期倪嗣冲在天津的投资总额达800万元,成为裕元纺织公司、金城银行、丹华火柴公司等著名企业的最大股东。他在北京、安徽、上海等地也有很多的投资,涉及银行、工矿、粮油等行业。

倪嗣冲投资工商业,始终以粮食业为主,从农田收获、粮食加工、内地贩运到对外出口,形成生产、销售的经营链条。他投资20余万元,以其子倪道杰(字幼丹)为董事长,在天津开办大丰机器面粉公司。后来,倪道杰又与天津粮食业的孙俊卿、杨西园联合三津磨坊公会,收购了寿星、民生和嘉瑞等面粉公司,成立寿丰面粉公司第一、二、三厂,基本垄断了天津的面粉业,总资本额达170余万元,其中,倪家的投资占了大半。

1924年,倪道杰和天津盐商"李善人"的后人李颂臣合办恒益粮店,投入的资本仅8万元,但系无限责任营业,经营的业务主要是从东北购进大豆、杂粮和米面,买卖做得很大,与公兴存、德发等大粮号齐名。恒益粮店一方面在市场上销售,一方面供应有关系的军队,因而获利甚巨。1931年,李颂臣主动提出退股,倪嗣冲的女婿王普趁机买下其股份,改店名为益生粮店。后来与军队的业务逐渐减少,粮店就在南方的一些地方设立分店,从事东北大米、面粉、大豆、杂粮的贩运,借助官方的势力,在购、销、运方面提供方便,年营业额达200余万元。

倪嗣冲在天津俄租界八经路一带拥有大片地产,他以此地产作价,由其三子倪道熹与东北军将领万福麟之子万国宾在天津河东创办利中酸厂,由于产品迎合市场需求,行销到华北各地,受到客户的欢迎。

天津粮商王郅隆认为与军队做投机买卖终非长久之计,极力主张倪嗣冲投资工商业,并亲自到上海向"棉纱大王"荣宗敬请教办厂秘诀。此时,随着民族工商业的发展,收益见效快的纺织、食品及化学工业吸引了大批的投资。裕元纱厂是倪嗣冲投资最多的一个企业,1915

年11月工厂在北洋政府农商部注册,定名为裕元纺织股份有限公司。1916年,倪嗣冲在天津小刘庄购地262亩,开工建设裕元纱厂,1917年8月建成。董事会由段祺瑞、倪嗣冲等7人组成。倪嗣冲投资100万元,倪道杰、王克敏、陆宗舆、王郅隆等人共投资100万元。除自建厂房、购置机器、安装设备外,还接办汉沽茶淀的开源农场,利用大片的盐碱地种植棉花,使纱厂有了充足的原料供应。1918年4月,纱厂正式投产时,有纱锭7.5万枚,织布机500台,设备全部由美商慎昌洋行购进并安装。1918年至1922年间,裕元纱厂盈利600余万元,其中500余万元作为股利、股红分给股东。裕元纱厂成为当时天津资本最为雄厚、纱锭最多、获利最丰的纱厂。

1917年,倪嗣冲与王郅隆合办裕庆公银号,初衷是吸收社会游资,供给自身企业特别是裕元纱厂周转使用。在银号发展过程中,王郅隆产生了办银行的想法,他与交通银行芜湖分行经理周作民交情深厚,两人很快达成共识,倪嗣冲成为金城银行发起人之一。1917年5月15日,金城银行正式成立,总行设在天津法租界,资本额为200万元,实收50万元。其中,倪嗣冲投资17万元,王郅隆投资10万元,其他军政人士投资16余万元,工商业者及一般散户投资6万余元,倪道杰、徐树铮、曲卓新、任凤苞、倪道烺、段永彬等人为董事,王郅隆为总董,周作民任总经理。[1]金城银行的存款额一度雄居全国商业银行之首,在华北地区与中国银行、交通银行和盐业银行并驾齐驱。1918年,金城银行在上海设立分行。20世纪20年代,金城银行与中南银行、大陆银行及盐业银行建立四行储蓄会,合称"北四行"。1936年,金城银行总行由天津迁往上海。

1924年7月12日,倪嗣冲病逝于天津,终年56岁。

---

①天津市政协文史委编:《天津文史资料选辑》第13辑,天津人民出版社,1981年,第105页。

参考文献:

天津市政协文史委编:《近代天津十大寓公》,天津人民出版社,1999年。

苏全有、何亚丽:《对倪嗣冲研究的回顾与反思》,《洛阳师范学院学报》,2012年第1期。

纪华:《倪嗣冲和他在天津的投资》,载中国社会科学院近代史研究所近代史资料编辑组编:《近代史资料》(36),中华书局,1978年。

（郭登浩）

倪 幼 丹

倪幼丹(1890—1942),名道杰,字幼丹,以字行,安徽省阜阳人,民国初年安徽督军倪嗣冲的长子。倪嗣冲利用督皖期间(1913—1920)聚敛的巨额财富,在天津、安徽等地投资,其中在天津的投资涉及纺织、面粉、火柴、油漆、金融等行业。由于倪嗣冲忙于皖省军政事务,投资由倪幼丹代理。

1917年,倪嗣冲以其子倪幼丹为代表,与好友王郅隆共同出面,联合社会上一批有实力的军政商界人士共同集资,在天津创办金城银行。金城银行于5月15日正式成立,王郅隆任董事长,倪幼丹任董事。倪幼丹还与法国某金融界人士合办北京中法振业银行,后因经营不善而倒闭。

1918年,北京京师丹凤火柴股份有限公司与天津华昌火柴公司合并,倪氏财团独自投资成立了丹华火柴股份有限公司,倪幼丹任董事长。该公司分京、津两厂,1920年又在辽宁安东增设一处,是为东厂。1925年前主要生产安全性差且有剧毒的黄磷火柴,后改产硫化磷安全火柴。丹华公司津厂开设于西沽村(华昌原址),其主要火柴商标有"清真""玉手""福利""佛手""电风扇""醒狮"等。其中一种叫"手牌"的火花卷标,以16种不同手指变化图构成,为我国第一套成套火花,弥足珍贵。丹华火柴公司在华北市场占有主导性份额。

1918年,倪嗣冲联合段祺瑞、王郅隆、徐树铮、曹汝霖等人设立的裕元纱厂正式投产,实收资本200万元,倪嗣冲投资110万元。在当时,裕元纱厂是天津规模最大的纺织厂,后来经过几次增资,它的生产规模一直居于领先地位。1920 年,皖系在直皖战争中失利,安福系成员王郅隆被通缉,赵聘卿等人亦辞职,裕元纱厂改聘倪幼丹为经理。

1920 年,倪嗣冲等人出资创办了天津大丰机器面粉公司,倪幼丹出任公司董事长,后由三津寿丰面粉厂经理孙俊卿和杨西园代为经营。1929 年,并入三津寿丰面粉公司,改名三津永年面粉公司。1925 年,倪幼丹与增兴厚米谷店的孙俊卿、立德米谷店的杨西园和部分三津磨房业成员,共同出资收购了中日合办的寿星面粉厂,改名为三津寿丰面粉公司,后称为寿丰面粉公司一厂。1932 年将三津永年面粉公司改名为寿丰面粉公司二厂,同年又收购了民丰年记面粉厂,改名为寿丰面粉公司三厂。寿丰一、二、三厂的资本合计 170 多万元,其中倪氏财团的投资约为 90 万元。

另外,倪幼丹投资 20 万元在天津东乡唐家口创设了天津大成油漆公司,该公司引进德国技术,聘用德国技师。据说,大成公司是继上海开林油漆公司之后的中国第二家油漆厂。后因经营不善转手他人。

第一次世界大战后,天津德租界被收回,改为特别第一区。当时周边居民逐渐增多,原德国电灯房发电能力有限,勉强依赖英租界电灯房维持。倪幼丹与特一区有关机构协商,取得营业权,投资成立了北辰电气公司,经营状况颇佳。1928 年天津改为特别市,北辰电气公司归政府经营,倪幼丹损失颇重。

为了赢得社会威望,倪幼丹遵奉父亲的遗命,乐善好施,经常捐助天津和家乡的善堂等慈善救济事业。倪幼丹还资助天津的教育事业,在社会各界名流筹建耀华学校时,倪幼丹数次捐款。学校建成后,倪幼丹连续多年担任学校董事会董事,直至去世。

晚年的倪幼丹皈依佛门。1935 年,倪幼丹偕同妻子到苏州,皈依印光大师,法名慧杰,每日礼拜念佛。1942 年倪幼丹病逝,终年 52 岁。

参考文献：

李良玉、陈雷主编：《倪嗣冲函电集》，社会科学文献出版社，2011年。

张宪文、方庆秋、黄美真主编：《中华民国史大辞典》，江苏古籍出版社，2001年。

李良玉、吴修申编：《倪嗣冲与北洋军阀》，黄山书社，2012年。

（张慕洋）

聂 士 成

聂士成(1836—1900),字功亭,安徽合肥人。初以武童生报效团练大臣袁甲三庐州军营,1862年入淮军,参与镇压太平军和捻军。1863年改隶淮军刘铭传部,升为守备,次年升都司加游击衔。1866年以副将补用,次年赏"力勇巴图鲁"勇号。1868年以总兵记名简放,同年再以提督记名简放。1870年,以两江补用记名提督调赴直隶办理海防。1883年中法战争爆发,随驻守台湾的福建巡抚刘铭传"奋摩敌垒,连战克捷"①。战后,率部驻扎旅顺。1891年,在直隶提督叶志超率领下,参与镇压热河朝阳金丹教起义。次年,因功赏换"巴图隆阿巴图鲁"勇号,实授太原镇总兵。1893年,奉调率军驻扎天津芦台镇以卫京师。

1894年中日甲午战争爆发。聂士成奉命领兵赴朝鲜抵抗日军。成欢驿之役,聂士成因战功赏换"刚安巴图鲁"勇号。后又率部退入国境,扼守摩天岭、连山关4个多月,苦战10余次,坚守阵地,未曾败退。1895年,聂士成以战功彰著,晋升直隶提督,率军仍驻芦台。

在芦台,他奉旨以所部为骨干,从直隶驻防淮军中选练及新募马、步队30营,仿照德国营制,参用西法编练武毅军,聘请德国和俄国教习教练步队和马队,指导编订了《淮军武毅各军课程》《武毅先锋马队操练教程》《武毅军练兵图说》《芦阳剩稿》等作为训练教材。

---

①周馥:《提督聂忠节公传》,载《秋浦周尚书(玉山)全集》,台湾文海出版社,1999年,第1035页。

为将武毅军训练成一支劲旅,聂士成在《淮军武毅各军课程》一书中,对各兵种训练、作战方法及协同作战等都作了详尽的规定。[①]同时,为使"各营弁勇,咸知临敌机宜及行军、扎营、侦察诸法,一旦有事,庶不致茫无把握",他拟定了春、秋两季定期率部出防、试演行队操练计划:"由芦台起身,循铁道迤东之宁河、丰润、卢龙、昌黎、抚宁、临榆等县而至山海关,复循铁道迤西之临榆、昌黎、乐亭、滦州沿海一带折返。沿途严加督率,整队徐行,遇有宽敞隙地即操练战守、攻取、进止、包抄、埋伏各技艺,并演放枪炮,传递号令、旗语等事,夜则按行军章程择空旷之地,驻扎营垒,支架帐房,并教练巡营、探哨、灯号等事","一年两操,岁以为常",藉此令官弁兵丁"习勤劳而生勇敢之气"。[②]

在聂士成的训练下,武毅军很快成为清末新式军队的一支劲旅。1896年6月18日,清廷协办大学士、兵部尚书兼步军统帅荣禄奉旨驰往芦台阅兵。荣禄以"操演大队,迎面阅看,仅能见其旗帜鲜明,听其声音联络,不若演练行军遇敌攻守之势较为真切"为由,令武毅军马步各队按行军之法演练,"见其发号施令甚为迅速,调度布置咸合机宜",荣禄阅后大加赞扬。[③]1897年4月19日,直隶总督兼北洋大臣王文韶乘火车抵芦台,亲加校阅后盛赞武毅军:"军容整肃,号令严明,于攻守进退诸法,各极其胜,较之寻常队伍,气象迥自不同。"[④]1899年3月22日,荣禄会同直隶总督裕禄,以北洋武毅军训练三年有成,他对武毅军西法操练、中国武功、身法手法、兵法讲授及野战演习等项目,与实践无异,尤对工兵支舟搭桥、马队登山踰涧,更为赞赏,故奏报武毅军已成北洋劲旅。聂士成以悉心擘划、调理精详与公忠笃实、办事认真,交

①王兆春:《中国火器史》,军事科学出版社,1991年,第433—434页。
②③④天津市地方志编修委员会编著:《天津通志·军事志》,天津社会科学院出版社,2001年,第326页。

吏部从优议叙,该军得力官兵,由荣禄与聂士成择优进行褒奖。^①

1898年12月7日,清廷允准军机大臣荣禄成立武卫军。1899年初正式成军。武卫军分为前、后、左、右、中五军,聂士成部武毅军改称武卫前军,聂士成以直隶提督兼武卫前军总统,率武卫前军之路统领周鼎臣、后路统领胡殿甲、右路统领姚良才、左路统领杨慕时等部,驻芦台,兼顾大沽、北塘、扼守北洋门户。^②

1900年,山东义和团主力与直隶义和团会合,迅速向天津、北京推进。北京的外国使馆借口受到义和团的威胁,由英、法、俄等8个国家组成"八国联军",发动侵华战争。当时,清廷在对待义和团问题上,分为主剿和主抚两派,聂士成先是受命保护京津和卢汉铁路,镇压义和团。大沽炮台被八国联军攻陷后,率部回守天津,"以十营护铁路,以十营留芦台,而自率五千人赴津防堵"^③,驻城东老龙头火车站、城南广仁堂、机器西局和海光寺。战前,他曾向直隶总督荣禄表示:"士成在一日,天津有一日,天津如失守,士成不见大帅。"^④

1900年6月17日,为解租界之围,2800名八国联军增援天津,途经军粮城与陈家沟之间,聂士成率前路统帅周鼎臣部与之交战。^⑤在联军增兵天津租界的同时,聂士成部除留下五营驻守芦台外,全部投入天津之战。20日,负责保护京津铁路的武卫前军和义和团在落垡与联军交火,联军伤亡惨重。23日,联军分两路夹击机器东局。守卫东局的武卫前军猛烈还击,打退了联军的首次进攻。当晚,联军利用夜色,又多次发动进攻,均被击退。27日,联军增兵至2000多人,从三面

---

①刘凤翰:《武卫军》,台湾"中央研究院"近代史研究所专刊(38),1978年。

②《京报》(邸报)(135),全国图书馆文献缩微复制中心,2003年,第107页。

③蔡冠洛编著:《清代七百名人传》中册,中国书店,1984年。

④刘凤翰:《武卫军》,台湾"中央研究院"近代史研究所专刊(38),1978年,第676页。

⑤故宫博物院明清档案部编:《义和团档案史料》(上),中华书局,1959年,第157—159页。

围攻东局,在久攻不进的情况下,以火炮密集轰击,炮弹击中弹药库,起火爆炸,联军乘势攻入,武卫前军守军被迫撤出。7月2日,聂士成率两个步兵营和一个炮兵营,在陈家沟击退联军的援兵。前路统领周鼎臣则率三个营,在盐坨一带与联军苦战。

7月5日,直隶总督荣禄与聂士成、马玉昆商定了对租界的"三面进攻之计",聂士成部负责从西南进攻租界。6日,聂士成在西南城墙土台上架设的大炮首先轰击租界,并精选勇弁100人,组成突击队,潜入跑马场,同联军展开激战,占领跑马场和八里台,攻下租界东南的小营门炮台。聂士成亲率武卫前军围攻紫竹林租界,联军受到沉重打击,遂调集重兵进攻聂士成部。聂士成终因寡不敌众,退至八里台一带。9日,联军分两路向八里台反扑,聂士成率部迎战,被联军重兵包围,因力量悬殊,恶战4小时之久,弹药耗尽,退至八里台桥旁。此时,聂士成两腿负伤,身上多处中弹,"腹破肠出,犹挥军前进"[①],终至血肉糜烂而殉国。所部作战官兵"几无一生者,唯见尸身仆于血泊中"[②]。14日,天津沦陷。

聂士成阵亡后,直隶司道周馥、杨士骧、张莲芬暨北洋各军统领请求署理直隶总督兼北洋大臣袁世凯代为请恤。1904年,清廷上谕对聂士成"赠太子少保,谥忠节,建专祠"[③]。聂士成祠堂约建于1904年,位于现红桥区东南部,博物馆街东侧,坐北面南,占地约3.2亩。

1905年,清政府与天津绅民在聂士成阵亡处八里台立碑纪念,碑高2.4米,碑正面镌刻"聂忠节公殉难处"七个大字。两侧立柱上镌刻着挽联:"勇烈贯长虹,想当年马革裹尸,一片丹心忍作怒涛飞海上;精

---

①中国史学会主编:中国近代史资料丛刊《义和团》第2册,上海人民出版社,1957年,第155页。

②中国史学会主编:中国近代史资料丛刊《义和团》第1册,上海人民出版社,1957年,第150页。

③赵尔巽等编:《清史稿》,吉林人民出版社,1998年,第9752页。

诚留碧血,看今日虫沙历劫,三军白骨悲歌乐府战城南",横额为"正气凛然"。八里台桥被称为"聂公桥"。

1983年3月20日,天津市人民政府批准复立聂士成殉难纪念碑,碑址占地108.16平方米。2000年,在聂公碑处塑立聂士成横刀跃马的铜像,安放在花岗岩砌筑的基座上,供人们瞻仰和凭吊。

参考文献:

天津图书馆、天津社会科学院历史研究所编:《袁世凯奏议》(上),天津古籍出版社,1987年。

闵尔昌纂录:《碑传集补》,明文书局,1986年。

戴逸等主编,清史编委会编:《清代人物传稿》下编第1卷,辽宁人民出版社,1984年。

来新夏主编:《天津近代史》,南开大学出版社,1987年。

天津市地方志编修委员会编著:《天津通志·军事志》,天津社会科学院出版社,2001年。

(李家璘)

宁 星 普

宁星普(1842—1928)，名世福，字星普，以字行，河北青县人。1842年2月22日(清道光二十二年正月十三日)，宁星普出生于青县大兴口一个穷苦的农民家庭。宁星普5岁丧父，家境贫寒，从小为地主当佃户，终日辛勤劳作但难以温饱。为贴补家用，宁星普稍长便趁农闲帮工卖草帽缏、缠缏子把儿、卖开水、贩粮食、倒私盐等。曾与同村人闯荡宁夏，贩卖日用杂货。当时中国出口的草帽缏物美价廉，因而占领了欧洲市场。宁星普有了一定积蓄后，瞅准商机，自立门户，专门经营草帽缏的长途运输。当时宁星普的业务主要是招揽生意、组织车队，然后将直隶、山东、河南等地的草帽缏拉到天津洋行出口。由于勤恳诚实，宁星普逐渐与天津多家洋行建立了长期合作关系，并得到太古洋行买办郑翼之的赏识。在郑翼之的保举下，宁星普当上了太古洋行的"外柜"把头，负责仓储、管理工人和临时雇工、轮船装卸及运输等事宜。

太古洋行因海外贸易往来多，故有很多海外欠款需要催讨。但由于时局动荡，很少有职员愿意承担此任务。宁星普在郑翼之的保荐下，自告奋勇去伦敦讨债，并得到洋商用收回欠款的一半付给报酬的承诺。机缘巧合之下，宁星普在前往伦敦的轮船上偶遇英国驻津领事。在英领事的帮助下，宁星普借助英女王和当地媒体之力量追得欠款，而且还购买了一船毛呢。宁星普功成回国后，洋商兑现了承诺。这成为宁星普赚取的人生第一桶金。1876年，英国"皇家四大行"之一的新泰兴洋行在津成立。鉴于宁星普在商界的社交能力和经营才能，英商维利参聘请宁星普为新泰兴洋行买办，主要经营草帽缏、皮毛等土特产品出口贸易。在宁星普服务新泰兴洋行的20年间，该洋行生意日益兴隆。即使是在第一次世界大战维利参离津回国期间，宁星普也不负委托，不仅账目清楚，而且财产无任何流失。宁星普发迹后，先后在法国花园（现中心公园）附近仁义里置购多处房产，修建占地23亩的宁家大院，在老家青县购置了60多顷土地，成为津门巨富。

宁星普热心社会慈善事业。1893年，宁星普在家乡青县购得民地1000亩，选派公正族人经理，每年都拿出部分收益分赡族中鳏寡孤独，并供其丧葬之费用。同时购买义地87亩，供穷苦乡亲安葬之用。他还设立慈幼义塾，招收本村及附近贫寒子弟入塾读书，以俾明义理。1895年直隶旱灾，1902年天津成立保卫医院防治瘟疫，1911年东三省鼠疫，1915年直隶濮阳地区黄河决口，1917年直隶105个县灾荒，在这些赈灾公益活动中他都捐出巨资，有时还令其子宁奎章亲送灾区，救济灾民。尤为津门各界赞佩的是，1900年八国联军攻打天津时，为使天津百姓免遭屠杀，宁星普以近六旬的年龄，不顾生死前往英军营交涉。

1902年，宁星普当选为天津商务总会会董，他以"保商、振商"为宗旨，积极为天津商界谋求利益。

1904年，美国强加中国的《华工条约》期满，旅美华侨10余万人联名上书清廷，请求废约，但遭到美国的强烈反对，并变本加厉地威胁清廷，要续订新约，由此引起举国上下的愤怒，以天津、上海等大城市为首的全国各地掀起了"反对续约、抵制美货"的浪潮。身为商会会董的宁星普联合商会会长王竹林，组织200余位商界代表签字画押，宣誓决不买美国货，如有违者，甘愿受罚。同时宁星普亲力亲为，每天出入天津各大小商店，一面宣传，一面检查商店抵制美国货的情况。

1907年，为鼓励发展民族工业，宁星普积极推动商会举办了第一届商业劝工会，得到天津各界人士的赞誉。当时各商报、日报也都发表了报道与评论，给予了高度评价，宁星普在津的声誉与日俱增。

19世纪末，兴办教育成为地方绅商最乐于解囊相助的公益事业，宁星普也不例外。1893年和1895年，宁星普在青县徐李庄购买15顷地，两次捐银共3000两，支持兴办青县永安书院，以及县立初高级小学堂。废科举后，宁星普又于1906年在兴济修建了一座拥有34间校舍的初高级小学——惠诚小学，并承担一切开支。宁星普提倡慈善与实业教育相结合。1906年9月，时任天津商务总会协理宁星普上书商部，提出创办中等商业学堂，招收各行商子弟入学，经费由商会会董、各行商董摊筹，该倡议得到商部批准。1915年，他将育黎堂改组为天津教养院，并在育黎堂、栖流所旧址和东南城角草厂庵学棚三处设立教养院。天津教养院除收容老残外，兼收游民，主张将慈善与技术教育结合，开设织科、染科、木工科、编席科、石印科、铁工科等科目，施行教养兼施，教授灾民各种生活技能，培养其自食其力的能力。

宁星普积极投身实业，于1904年创办了织染缝纫公司。1908年，宁星普出资50万两白银，在吉林兴办垦殖场。他积极学习西方管理制度，率先实行工薪制。

宁星普乐善好施，热心慈善和公益事业，为津门各界所称道，深孚众望。1918年天津商会改组时，他虽已77岁高龄，但仍当选为特别会董。

1928年5月21日，宁星普病逝于天津，终年86岁。

参考文献：

天津市政协文史委、南开区政协文史委编：《天津老城忆旧》，天津人民出版社，1997年。

李少军编译：《武昌起义前后在华日本人见闻集》，武汉大学出版社，2011年。

牛一兵、王宏主编：《天津小洋楼：名人故居完全档案》第4卷，天津教育出版社，2011年。

（王　静）

钮 传 善

钮传善(1877—1941)[①],字元伯、瑗伯,江西九江人。钮传善自幼接受中国传统教育,以优附贡生进入北京国子监学习,后又获公费赴日本游学。回国后初任光禄寺署正,改捐知县。曾为北洋大臣杨士骧幕僚,袁世凯督直隶时任津海关道。后调任直隶州营务处提调兼巡防军统领,署四川重庆府知府兼水陆巡警总办,兼授云南丽江府知府。1911年辛亥革命爆发,钮传善在重庆被革命党捉拿,在朝天观群众大会上跪地投降,缴出官印,并被当众剪去了发辫。

民国后,钮传善以与张勋同属赣籍之谊,得到张勋的大力举荐,从而获得袁世凯信任。1913年任江西赣北观察使,1914年改任陕西汉中道观察使,并署陕西省财政厅厅长,同年7月署理陕西巡按使。

1915年,袁世凯意图称帝,但财政困难,便责成财政部长周学熙研究对策。4月26日,周学熙在给袁世凯的呈文中说:"兹拟在部中特设烟酒公卖局,由部长督饬办理,另请简任总办一员,俾得专意进行。"他还举荐卸任的陕西省财政厅厅长钮传善担任总办。5月29日,袁世凯批准成立全国烟酒公卖局,同时任命钮传善为全国烟酒公卖局总办。

1916年6月袁世凯过世后,原第一任副总统黎元洪依法继任大总统,段祺瑞任国务总理。1916年至1917年,黎、段二人陷入府院之争,僵持不下。黎元洪电邀张勋进京调节。1917年6月14日,张勋到达北

---

① 陈玉堂编:《中国近现代人物名号大辞典》(全编增订本),浙江古籍出版社,2005年,第913页。

京,钮传善随众前往迎接。6月30日,张勋派兵控制京城,发布清帝复辟谕。钮传善以自己和张勋既是同乡又是熟人,积极参与张勋复辟的活动。7月1日,清帝复辟,张勋率钮传善等1000多人殿前谢恩。7月3日,段祺瑞的讨逆军在天津马厂誓师,消息传入京城,钮传善十分惶恐,逃至天津。为了洗刷自己,钮传善向段祺瑞的总司令部进献巨款,还多次想拜见段祺瑞,均被段祺瑞拒绝。钮传善更加恐慌,无奈之下,在天津《大公报》上连登三份告白,洗刷自己。

1917年7月12日,张勋军败逃,清帝再次宣布退位。14日,段祺瑞返回北京,重新担任国务总理。7月25日,段祺瑞政府设全国烟酒公卖局,办理全国烟酒公卖及税捐征收事宜,胡汝麟任总办,钮传善被撤职。9月24日,钮传善因与洋商订立合同丧失利权,及派员购地舞弊等违法行为,被交法庭依法办理。钮传善设法得到两广讨逆军总司令陆荣廷的保护,通缉令才被取消。此后,钮传善一直避居天津做寓公。

1935年,日本人开始策划华北自治。在天津的日本特务机关大举网罗在津朝野要人、军阀政客、巨商富贾,建立亲日组织。具有赴日游学身份的钮传善加入日本人建立的"三同会"之一的同道会,组织"中日密教研究会"。1935年8月,日本人授意钮传善和沈同午等人,在天津日租界发起成立"东亚经济协会",宣称以"联络中日和平亲善,实行经济合作"为宗旨,实行"中日经济合作,尤须先从华北开发入手"。10月20日,"东亚经济协会"在天津日租界成立,钮传善被推举为理事,他宣称"东亚经济协会"主要注重路、矿、棉三事。[①]

1937年7月25日,由天津日本驻屯军头目茂川秀和少佐主持,在日租界召开建立伪天津市治安维持会预备会议,钮传善受邀参加。28

---

① 中国社会科学院近代史研究所中华民国史研究室编:《中华民国史资料丛稿·大事记》第21辑,中华书局,1981年,第154页。

日,伪治安维持会的组成人员确定为10个委员,钮传善名列其中。7月29日,日军占领天津。8月1日,伪天津市治安维持会宣布成立,钮传善当选为委员兼伪社会局局长。12月17日,伪天津特别市公署成立,钮传善先后出任社会局局长、教育局局长。

1941年,钮传善在天津去世,终年64岁。

参考文献:

杨国安编:《中国烟业史汇典》,光明日报出版社,2002年。

林伟功主编:《林白水文集》上,福建省历史名人研究会林白水分会,2006年内部印行。

(赵云利)

潘 承 孝

潘承孝(1897—2003),字永言,江苏吴县人。1897年3月7日(清光绪二十三年二月初五日),潘承孝出生于江苏省苏州一个书香门第的大户家庭,幼年时过继给伯父,四五岁时开始在潘氏家族所办义庄的松麟小学堂读书,[①]小学和初中时期都是在苏州度过的。

1912年潘承孝转到北京汇文中学学习,1915年考入当时知名的唐山工业专门学校。1921年以机械系第一名的优秀成绩毕业,被交通部保送官费留学美国。到康奈尔大学后,他没有直接进入研究生院学习,而是主动要求到机械系四年级,选修内燃机、汽车等几门国内尚未开设的专业课程。1923年毕业后,他到著名的工厂阿列斯-查尔麦做工,学习工厂的实际知识。1924年夏转入威斯康星大学研究生院攻读硕士学位,1925年夏获得硕士学位。官费留学三年期满后,他又延长一年到赫泼汽车厂做工。回国前,他到美国各地的工厂参观,以广见识。

1927年2月,潘承孝学成回国。在等待分配期间,直隶公立工业专门学校邀请他代课。潘承孝从此走上讲坛,进入教育界。

潘承孝在直隶公立工业专门学校教课仅3个月,奉系军阀即占领天津,将校舍强占为兵营,校方不得不宣布停课。1927年8月,潘承孝经朋友介绍赴奉天,受聘于私立冯庸大学,担任机械系教授。由于冯

---

①天津市政协文史委编:《近代天津十二大自然科学家》,天津人民出版社,2011年,第177页。

庸同其父冯麟阁受日本帝国主义唆使,出兵与苏联军队作战,引起国人的不满,潘承孝因此谢绝了冯庸大学的续聘。1929年暑假后,受聘于张学良任校长的东北大学工学院,任机械工程系教授。1931年九一八事变后,潘承孝随同东北大学流亡北平。1932年暑假后到北平大学工学院任教授兼机械系主任,主讲内燃机学、汽车学、汽轮机学等课程,是我国最早讲授这些课程的教授之一。

1937年七七事变后,北平大学、北平师范大学和北洋工学院奉教育部令迁往西安,成立西北临时大学,不久南迁陕西城固。1938年,西北临时大学解散,北平大学工学院、北洋工学院和迁往抗日后方的焦作工学院、东北大学工学院合并,在城固成立国立西北工学院。从1938年西北工学院成立起,潘承孝先后担任机械系主任、教务主任,1944年1月任院长。1945年抗日战争胜利后,潘承孝为迁校、建设新学校奔走于西安、南京之间,最后决定在咸阳建设新学校。在西北的10年中,潘承孝工作繁重,心力交瘁,贫血严重,1948年秋,他不得不辞去院长职务,回天津居家养病。在天津养病期间,就近接受北洋大学之聘,担任工学院机械工程系教授。

1949年1月天津解放,潘承孝担任北洋大学校务委员兼机械工程系主任。潘承孝主张理工结合,强调基础理论的教育和实践能力的培养,走教学、科研、生产三结合的道路,培养出一批国内外知名的内燃机专家、学者、中国科学院院士、中国工程院院士。1950年,在重工业部领导下成立"汽车工业筹备组",初期只有十余人,其中就有4人是潘承孝的学生。

1951年,全国院系调整,北洋大学与河北工学院合并成立天津大学,潘承孝担任教务长,创办了天津大学的内燃机专业和实验室,并积极建议天津市与天津大学合办天津内燃机研究所,开展内燃机的科研工作。

1958年春,河北省决定在天津恢复河北工学院,任命潘承孝为院长。当时潘承孝已年过花甲,为筹建这所新学校,潘承孝从专业设置、校园规划,到办学规模和建筑布局等方面精心规划,倾其一生办学的经验,指导和亲自布置建校工作,在全面分析国内外科技发展形势的基础上,确立河北工学院重点发展机械系、化工系、电力系等。潘承孝结合师资和学校的实际情况,确定船舶制造、机械工艺、化学生产设备机器、机床制造、合成橡胶、石油炼制、化学肥料和电机电器制造等8个专业。他为新的工学院制定了切合河北省需要的系和专业的发展规划。

1963年,潘承孝接受第一机械工业部下达的劣质燃料的应用课题,他从研究分层燃烧原理入手,设计烧球式燃烧室,并试制出一台5马力的低速样机,在一机部召开的会议上得到肯定。"文化大革命"中潘承孝受到冲击,教学与研究工作被迫中断。"文化大革命"结束后,潘承孝恢复了河北工学院的领导职务,年已八旬的潘承孝兢兢业业,一心扑在工作上。1979年12月,潘承孝以82岁高龄加入中国共产党,实现了他多年的夙愿。

1983年11月,潘承孝86岁,担任河北工学院名誉院长。

潘承孝不仅是一位专家学者,也是我国汽车、内燃机学科的开拓者之一。他曾经当选天津市第一届人大代表,河北省人大第二至第七届代表和第五、第六届常委、常委会副主任,全国人大第二至第六届代表,任天津市和河北省政协第二、第三届委员,全国政协第二届委员。1952年加入中国民主促进会后,历任民进天津市委第一、第二届副主委,第三届主委,民进河北省委主委、顾问、名誉主委,民进中央委员、常委和参议委员会副主任。他还曾任中国机械工程学会常务理事、中国内燃机学会顾问、中国汽车学会名誉理事长、河北省和天津市机械工程学会名誉理事长。

2003年12月22日,潘承孝在天津逝世,终年106岁。

参考文献：

《科学家传记大辞典》编辑组编:《中国现代科学家传记》第5集,科学出版社,1994年。

佘之祥主编:《江苏历代名人录·科技卷》,江苏人民出版社,2011年。

孔德洋、何瑛编著:《汽车风云人物》,同济大学出版社,2012年。

谈丽华、印德彬主编:《汽车文化》,东南大学出版社,2014年。

（郭嘉宁）

潘　复

　　潘复(1883—1936)，字馨航，山东济宁人，1883年11月22日(清光绪九年十月二十三日)出生于累世为官的名门望族，其父潘守廉为光绪十五年(1889)进士，曾任河南邓州知州。潘复乳母为民国总理靳云鹏之母。潘复天资聪敏，颇有才华，不仅学业颇有成就，还深通时务，为当时的士大夫所推许，早年即为江苏布政使幕僚。

　　1898年，清廷计划修建"津镇铁路"(天津至镇江)，路线经兖州东门折而向西至济宁，再东行取道邹县，直达鲁南。1908年，"津镇铁路"改为"津浦铁路"，不再经过济宁。济宁各界人士闻讯后俱感惊诧失望，当即推举潘复等人赴北京请愿。经据理力争，邮传部会商决定，干线不动，另修"兖济支线"，并于1912年通车。

　　1912年，潘复在南京临时政府财政部任职，不久升任江苏都督程德全秘书。1913年，潘复被委任为山东实业司司长，主持举办了山东首次物品展览会。1914年，潘复改任山东运河疏浚局筹备主任。1914年，靳云鹏加封泰武将军衔，督理山东军务，潘复与靳家兄弟结为异姓兄弟，后来又结成儿女亲家。潘复利用靳云鹏的关系，周旋于北洋军阀各派系之间。1915年任财政部参事。1916年5月，潘复出任全国水利局副总裁，署理总裁。1919年11月，靳云鹏奉大总统徐世昌之命组织内阁，推荐潘复做财政次长，自此，潘复正式步入了北京政坛。1920年8月，靳云鹏再度组阁，任潘复为财政次长兼盐务署署长。1921年5月靳云鹏第三次组阁时，潘复再次任财政次长并代理部务。至12月，因财政困难靳云鹏辞职，潘复亦随之离职，不久移居天津。

1922年潘复下野寓居天津以后,并未打消当官的念头,便借打牌听戏之际进行活动,每星期在家里举行一次丰盛的聚餐。"座上客常满,樽中酒不空",朝野上下,各路政客云集,如张学良、李景林、张廷谔等人,都是潘复的座上宾。聚餐以后潘复再以重礼奉送,因此与朝野官僚的关系更加密切。

1925年,张宗昌任山东军务督办,委任潘复为督署总参议。1926年4月,张作霖入京主政,10月潘复任财政总长。1927年6月,张作霖组织安国军政府,任命潘复为内阁总理兼交通总长,他登上了仕途的最高峰,当上了北洋政府第32任国务总理。1928年6月,北伐军节节胜利,张作霖下令退出北京,潘复内阁也随之倒台。潘复卸任后,曾为张学良做了一段时间的高级顾问,之后便一直蛰居津门做了寓公。

潘复在天津居住期间,做了两件比较有意义的事。一是劝退吴佩孚。1924年直奉战争中,冯玉祥倒戈,吴佩孚撤到天津火车站,扬言要和张作霖一决雌雄。天津人民成立保护天津后援会,潘复被选举为主任,与吴佩孚谈判。因与吴佩孚是老乡,另外潘复夫人和吴佩孚夫人张佩兰是干姐妹,吴佩孚终被说服退兵,天津免于一场战火。第二件事是潘复对文化事业的贡献。潘复组织购买了晚清四大私人藏书楼之一的山东聊城海源阁藏书,寄存起来。1945年宋子文访问天津,以国家名义收购了这批被认定为国家一级文物的书籍。

1936年春,潘复患病渐重,赴北平就医,9月12日,在北平去世,终年53岁。

参考文献:

天津市档案馆、天津市和平区档案馆编:《天津五大道名人轶事》,天津人民出版社,2008年。

李新等主编:《中华民国史·人物传》第5卷,中华书局,2011年。

(郭以正)

潘 子 欣

潘子欣(1876—1951),名志憘,字和仲,号子欣,江苏苏州人。潘子欣之父潘澎有子女7人,潘子欣最小。1881年子欣5岁,父亲去世,由母亲沈氏抚养管教。潘母沈氏出身江南名家,文学功底好,对子女管教甚严,1888年去世。大伯潘蔚爱侄胜过爱子。潘蔚,字伟如,曾任福建按察使、福建布政使兼管台湾防务、湖北布政使、湖北巡抚、江西巡抚,1884年出任贵州巡抚,潘子欣随其前往贵州。潘蔚对子侄们管理非常严格,把他们安排在巡抚衙门中读书,并派亲兵每日在操场上教他们学习打拳、骑马、射箭等。1891年,潘蔚辞职回归乡里,潘子欣随其回到苏州。

1893年,潘子欣完婚,开始独立生活。潘子欣性格特立独行,1902年在苏州第一个剪去辫子,惹得族人大怒,但他依然我行我素。不久,他携夫人一同去日本东京高等蚕丝专门学校留学。赴日留学期间,潘子欣结识了秋瑾,并受其影响。学成回国后,潘子欣应学部考试,获得举人头衔,被派到顺天府黄村农务学堂做教习,他的夫人当时亦在北京学部官立的女子师范讲习所做教习。

1909年,潘子欣得即用知县衔,分发到直隶天津,自此迁居天津生活。1917年,潘子欣与天津著名实业家范旭东等人一起创办塘沽永利碱厂。1922年,潘子欣与天津美丰洋行买办兼三北轮船公司华北总经理李正卿,租用瑞士人鲁伯那的地皮,兴建国民饭店。投资方式是先租地造房,交外商经营,分15年全部收回资金和利润,然后产权归经营者所有,这种投资方式为当时国内所罕见。1923年国民饭店建成开业,是当时天津为数不多的高档饭店之一。饭店开业后不久,潘子欣以5.5万元的价格从李正卿手中接兑过来,自任董事长,开始独自经营。1929年,他与陈调甫一起集资创办永明油漆厂,生产"飞艇牌""仙鹤牌""灯塔牌"油漆。他还投资火柴厂等实业,成为天津活跃的实业家。

潘子欣善于交际,待人接物有其独到之处。潘子欣久居天津,皇室遗老、北洋军阀、特务汉奸,三教九流无所不交。他乐于为人排忧解难,被北方人称为"潘七爷"。他在调解纠纷中与帮会人物逐渐熟识,结识了不少帮派中的头面人物,且交情深厚,经常出入帮派之间,人们误认为潘子欣也是帮会中人,其实他不入帮,也不收弟子。遇到有求于他的人,潘子欣来者不拒,事成之后也不接受酬金。潘子欣逐步在天津树立了地位和威望,天津各帮派都要买"七爷"面子。他与袁世凯次子、青帮"大"字辈袁寒云来往最为密切。上海三大亨——杜月笙、黄金荣、张啸林经常托他处理北方的各种事务,上海青帮中的人出了问题,通过潘子欣均能在天津落脚,因此上海三大亨对潘子欣很尊重。

30年代初,罗隆基应南开大学之聘担任政治学教授,并兼任天津《益世报》主笔,经常撰文批评蒋介石。1933年7月,蒋指派4名特务前往天津刺杀罗隆基。特务们到天津后先谒见潘子欣说明来意,潘子欣敷衍特务,表示不认识罗隆基,需要考虑一下再行答复。潘子欣把特务送走后,立即派人到罗隆基在天津英租界贵州路津中里的住处通风报信。潘子欣敬慕罗隆基不避安危、力主抗日的文人骨气。他的目的是拖延时间,稳住刺客,让罗隆基早行躲避。

潘子欣作为留日归国的实业家、社会活动家,非常受日本驻天津领事的重视。1933年,日军妄图袭击天津警备司令部,潘子欣事先得知,密告天津当局早作准备,日军最终未能得逞。1935年春夏之交,潘子欣与"中华民族复兴社"(又名"蓝衣社")特务处处长戴笠取得了联系,日本宪兵队探知后,开始派特务监视他的行动。潘子欣在各帮弟兄的协助下,星夜化装逃往上海。

1937年淞沪抗战爆发后,潘子欣和敌伪一些人物亦多有往来,他的朋友中也有各界爱国人士。上海沦陷后,日本的封锁甚严,潘子欣寓所成为中共地下人员秘密接头地,直到抗战胜利。解放战争期间,他多方营救被捕的中共地下工作者。解放后,上海市副市长潘汉年亲自登门拜访潘子欣,上海军管会也对他的生活给予多方照顾。1950年,潘子欣的旧病肺结核复发,急需盘尼西林针剂,当时此药完全依赖进口,不但价格昂贵,而且市上有价无货,上海军管会想方设法搞到药送来。

1951年1月,潘子欣因病逝世,终年75岁。

参考文献:

张绍祖:《"奇才"潘子欣:天津"杜月笙"》,《天津政协公报》,2009年第3期。

顾荣木:《回忆舅公潘子欣》,载上海市政协文史委编:《上海文史资料选辑》,2002年第2期。

潘家怡、任嘉尧:《关于潘子欣生平的几点补充》,载苏州市地方志编纂委员会办公室、苏州市政协文史委编:《苏州史志·资料选辑》,2000年。

徐傅霖:《潘子欣》,载苏州市地方志编纂委员会办公室、苏州市政协文史委编:《苏州史志·资料选辑》,1999年。

(高　鹏)

裴 百 纳

裴百纳(1889—1962),字有容,外文名 A.Bernard,出生于法国里尔。1906年为耶稣会士、天主教神父。法国里尔大学文学士、哲学博士。1921年11月24日来到中国。1923年到天津工商大学任教,历任方言、哲学、数学教授。

1925年7月3日,裴百纳任耶稣会天津会院院长、工商大学第二任校长。是年,工商大学开始招收本科生,设工、商两科。在他任职期间,1926年工商大学教学主楼竣工,图书馆、藏书室落成,购置中外图书1万余册,订购大量国内外著名学术刊物、报纸。1928年,裴百纳任学监,努力置办体育设施,组织各项学生运动队,该校体育运动得到突飞猛进的发展。1928年,该校首届本科11名学生毕业(工科7名,商科4名),其中3名获学士文凭。此时工商大学已初具规模,成为华北最为著名的工商专门大学。

裴百纳谙熟英语,博通数理,对待学生态度和蔼,颇受钦仰。他重视培养学生的自立精神和任事能力,注重联系实际启发学生学习的热情与主动性,并极其重视实践和动手能力的培养,积极组织工厂参观、假期实习、统计图表、打字练习等课外教学活动。

为谋求工商大学的发展,裴百纳于1929年6月25日至12月31日在欧美进行了长达半年的考察,其间,他大半时间在法国认真搜集教育、经济及社会诸问题的有关材料,在巴黎采购物理、化学试验室仪器设备,还聘定欧美名人里尔大学校长杜布瓦教授主持工商大学教务。在罗马,他拜见耶稣会最高机关,呈报工商大学工作成绩及未来发展计划,觐见教皇并座谈,参观当地最知名的大学,与教授们晤谈甚洽,备受欢迎。在日内瓦,与当地国际盟会、万国工业会、教育影片会及众多私人团体联络,广泛建立书籍等学术资源交流关系。在美国纽约、华盛顿、芝加哥、旧金山等地,他参观耶稣会创办的著名高等学府,参观了科学馆、图书馆,观摩了各种体育比赛,多次接受多家著名杂志编辑、报纸主笔采访。在日本参观耶稣会在东京设立的上智大学,了解日本的教育制度。裴百纳的出访活动,扩大了工商大学在欧美的影响,此行他为学校购置的大型地震仪,在当时中国大专院校中绝无仅有。回校后,他采用当时最先进的高校管理办法改革学校管理。

1931年5月,裴百纳因病辞去校长职务归国,这一年天津工商大学在校生人数达到600余人。1946至1948年他一度回校任教,1948至1950年在北京从事歌剧创作,1950年返回法国。此后在法国兰斯、里尔等地工作。1962年在法国布伦会院任院长。

1962年,裴百纳逝世,葬于布伦,终年73岁。

参考文献:

吕志毅主编:《河北大学史》,河北大学出版社,2001年。

秦颖:《天津近代教育家裴百纳》,载刘开基主编:《天津河西老学校》,中国文史出版社,2008年。

张建虹:《天津近代教育家裴百纳》,载中共天津市河西区委宣传部、天津市河西区档案馆编:《天津河西历史文化名人传略》,线装书局,2013年。

(张绍祖)

彭 家 珍

　　彭家珍(1888—1912),字席儒,1888年4月9日(清光绪十四年二月二十八日)生于四川省金堂县。其父彭士勋任清朝主事,曾到过日本考察,在四川首倡新学。

　　1903年2月,彭家珍考入四川成都陆军武备学堂炮科,1905年冬毕业,因考试成绩优异列入最优等,为四川总督锡良所赏识,奉派赴日本考察军事。这时,留日学生中的革命派很多,他常与进步同学交游,秘密加入中国同盟会。回国后,充任四川新军第六十六标第一营左队排长,后又升任该营左队队官。1906年夏,革命党人谢奉琦等在四川叙州府一带起义,未成。清政府大肆搜捕革命党人,彭家珍所部表面上戒备森严,暗中却通知革命党人逃避。此事后来被协统朱庆澜知晓,彭家珍被迫于1909年5月离开四川入云南,充任云南新军第十九镇随营学堂管带兼教练官。同年9月,升任本堂提调。

　　1910年4月,彭家珍随锡良入东三省,充任奉天讲武堂学兵营队官兼教习。在清廷陆军部考绩中,他被列为一等第一名,被授予相当四品的正军校衔。1911年夏,任东三省天津兵站副站长,代理标统之职。

　　1911年10月,武昌首义爆发后,清廷急派军队南下镇压,又从欧洲购来大批军械,经西伯利亚运抵国内,由满洲里沿京奉铁路南运,东三省总督赵尔巽派彭家珍、刘其达、张允仁等负责押运。这时,新军第二十镇统制张绍曾于10月29日率领部下通电清廷,要求实行立宪。彭家珍途经滦州,遂与其学生商震、程起陆、熊斌、刘骥等商定密电张绍曾,请其在滦州扣留军械。张绍曾得电,即将军械截留。

彭家珍以天津兵站为清军购买军械的名义,带着军饷到南方与革命党人联络,把饷银供给革命军使用,然后又回到北方。11月中旬,同盟会京津保支部成立,彭家珍被推举为军事部长。这时,东三省总督发现军饷短缺,急欲逮捕彭家珍。彭家珍闻讯后,马上离开天津兵站,化名朋嘉桢,号锡三,仍坚持在北京及附近一带从事秘密活动。

当时,清廷在北京设立了资政院,把清室王公权贵们集中起来,商讨挽救清王朝末日厄运和镇压革命党人的办法。彭家珍决定到资政院投弹,将王公们全部除掉。但是当他弄到一张1月19日的入场券,匆忙赶到时,资政院已宣布散会,他的计划落空。

彭家珍对清王朝权贵们组织的反对清帝退位、反对革命政府的宗社党极为注意,准备拼死用炸弹炸死宗社党党魁良弼。投弹资政院未成后,他继续了解到清廷将于1912年1月26日(农历腊八节),以赏赐腊八粥为名,召集亲贵集会,继续商讨进击南方革命军的策略。他决计投炸弹击毙良弼。

1月25日,彭家珍在炸良弼前已抱定一死决心。他写好遗嘱,并将他经手的经费账目整理清楚,与同志诀别。他在绝命书中写道:“共和成,虽死亦荣;共和不成,虽生亦辱。与其生受辱,不如死得荣。”[1]

事前,彭家珍调查了良弼在北京的几所住宅、办公地点、来去路线及其日常活动规律、交往的王公大臣。然后决定伪装成崇恭去谒见良弼,因为他在奉天时熟悉崇恭,又知其与良弼关系密切。

26日晚,彭家珍开始行动。他探到当晚良弼去耆善处议事,就去隐蔽地点取出炸弹,回中西旅馆寓所化装。将两枚炸弹藏于外套中,一支新式手枪插在腰间。他告诉仆人:“我有要事离京他往,能否短期

---

①曾永玲:《拼将身躯易共和——舍身炸良弼的彭家珍》,载赵矢元主编:《中国近代爱国者百人传》,黑龙江人民出版社,1985年,第395页。

回来未能预定,明晨你可搭车去天津,将我的全部行李衣物交《民意报》赵铁桥先生,并住在那里等我。"①他乘车到金台旅馆,持崇恭名片,在旅馆安排了房间,然后口称有要事外出。事后清政府追查,到金台旅馆线索即断,住中西旅馆的革命党人安然无涉。

彭家珍驱车先到良弼办事处军咨府和旧宅询问,门房答未去,并告"良大人一般是回红罗厂新宅住宿"。于是彭家珍转向红罗厂,良弼尚未回家。彭家珍在客厅等候多时,良仍未回,决定驱车去迎。出门不远,望见军咨使灯笼,知是良弼回来。赶紧回车,到良弼门前。良弼车到,彭家珍拦车行礼,由仆人送上崇恭名片。彭家珍礼毕即右手掏炸弹。良弼下车,灯光下看来者不像崇恭,顿生疑虑,急欲躲避。这时彭家珍已将炸弹掷出,轰然一声巨响,良弼左膝炸断,周身受伤,昏死在地。弹片从下马石弹回,正击中彭家珍头部,他当场牺牲。良弼于28日身亡。良弼被刺后,皇室顽固派争相逃离北京,潜往天津、大连、青岛等地租界。2月12日,清帝宣布退位。

彭家珍刺杀良弼的义举受到社会各界的广泛赞誉,中华民国临时大总统孙中山追赠彭家珍为大将军,谥义烈公。1912年3月29日,孙中山在《临时政府公报》第五十一号发布《令陆军部抚恤邹谢喻彭四烈士文》,表彰"彭家珍则歼除大憝,以收统一之速。着改照左将军阵亡例赐恤,仍准崇祀忠烈祠,以慰忠魂而不朽"②。8月29日,彭家珍与因弹击袁世凯而牺牲的张先培、黄之萌、杨禹昌诸烈士的遗体,葬于北京西郊万牲园。孙中山亲临送葬,与群众一起伫立棺木前,沉痛哀悼为革命牺牲的同志。9月24日,黄兴偕宋教仁、陈其美、谭人凤等前往

①曾永玲:《拼将身躯易共和——舍身炸良弼的彭家珍》,载赵矢元主编:《中国近代爱国者百人传》,黑龙江人民出版社,1985年,第395页。

②中国社会科学院近代史研究所中华民国史研究室、中山大学历史系孙中山研究室、广东省社会科学院历史研究室合编:《孙中山全集》第2卷,中华书局,1982年,第293页。

祭奠。

　　彭家珍的遗体由其家属运回四川省金堂县安葬,所以北京西郊万牲园烈士墓仅是他的衣冠冢。四川省成都市有彭家珍的纪念碑和专祠,现列为四川省重点保护文物。新中国成立后,政府向彭家珍烈士亲属颁发印有毛泽东手书"永垂不朽"四字的光荣纪念证书,肯定了彭家珍的历史功绩。

参考文献:

　　宋志文、朱信泉主编:《中华民国史资料丛稿·民国人物传》第3卷,中华书局,1981年。

　　黄真、姚维斗、陈致宽:《辛亥革命北方英烈小传》,北京出版社,1984年。

　　全国政协文史委编:《辛亥革命回忆录》第6册,文史资料出版社,1981年。

　　萧平编,吴小如注:《辛亥革命烈士诗选》,中华书局,1962年。

（葛培林）

彭　真

彭真(1902—1997),本名傅懋恭,1937年改名彭真,山西省曲沃县人。彭真幼年时家境贫寒,12岁入私塾读书。1919年考入曲沃县立第二高等小学,受五四运动影响,他萌发了强烈的反帝爱国思想,带领同学进行反帝爱国宣传,1920年被推选为学生会主席。1922年彭真考入山西省立第一中学。在这期间,他阅读了大量进步书刊,参加进步学生组织的青年学会,并成为一名坚定的马克思主义者。1923年,彭真任青年学会所办平民小学校长,并在平民小学内增设成人夜校,组织工人、市民、店员等学习知识,接受革命道理的教育。5月,彭真经张育麟、李毓堂介绍加入中国社会主义青年团,同年冬加入中国共产党,是山西省共产党组织的创建人之一。

1924年初,彭真与高宇君等人组建了山西第一个党支部——中共太原支部,彭真任组织委员。3月,彭真当选太原支部书记、太原学联副主席,领导太原和山西的革命运动。1924年,彭真参与筹建国民党山西省党部,积极开展国共合作,坚决同国民党右派排斥共产党员的活动进行斗争,并参加领导成立了太原和陕西省国民会议促成会。

1925年元旦,彭真组织成立山西工人联合会,后又指导成立太原总工会和太原纺织工会等各行业工会,领导山西的工人阶级走上革命的历史舞台。5月,中共太原支部发动了声势浩大的反房税运动。彭真带领学生在校园贴墙报,率领青年学生和市民到省政府请愿,迫使阎锡山取消房屋估价税。五卅惨案发生后,彭真发动山西各界举行声援上海工人、学生的反帝斗争。

彭真的革命活动引起了当局的注意,党组织决定将彭真调离山西。1925年8月下旬,彭真奉调石家庄,化名傅茂公,任正太铁路总工会秘书,组织领导工人运动。11月,冯玉祥的国民军占领石家庄,彭真把握这一有利时机,将工人运动推向高潮。12月初,正太铁路总工会恢复公开活动,彭真与王鹤寿领导成立京汉铁路石家庄分工会,石家庄工人运动力量不断扩大。1926年1月10日,召开正太铁路总工会、京汉铁路石家庄分工会以及驻石家庄国民军联席大会,彭真在会上发言,这标志着正太铁路和石家庄工人运动进入一个新的发展阶段。同时,彭真与王鹤寿、王斐然组建中共石家庄特别支部,在北方地区产生广泛影响。3月中旬,国民军撤出石家庄,正太铁路总工会被查封,彭真转赴天津继续从事革命活动。

为响应北伐战争,天津地委于1926年8月召开扩大会议,决定重点在一部委领导下的河西区开展工人运动,任命彭真为一部委书记兼宣传委员。彭真到任后,深入工厂组织发动群众,动员工人起来斗争,恢复各厂工会,建立党的基层组织,并胜利领导了北洋纱厂、裕元纱厂的罢工斗争。彭真通过纱厂工人结识了附近五村①的农民,为团结他们参加国民革命,彭真在西楼成立国术馆,向工人、农民宣传革命道理。在彭真的帮助下,建立了中共五村党支部。

1926年11月23日,天津地委组织委员江震寰等被捕。在此紧急情况下,12月上旬天津地委改组,彭真调往斗争复杂的三部委任书记。到任后,彭真利用租界做掩护,加强了租界内的秘密斗争。1927年1月,天津市委在法租界普爱里秘密召开纪念列宁逝世3周年大会,彭真等30余人全部被捕,后经李大钊等人营救获释。

1927年,北伐战争和上海工人武装起义取得胜利,天津地委决定调彭真回地委任职工运动委员,负责领导天津地区的工人运动。4月

①指纱厂附近的小刘庄、小滑庄、东楼、西楼、贺家口五个村庄。

6日李大钊被捕,北方区委遭到严重破坏。中共五大后,党决定建立中共顺直省委,执行北方区委职权,领导北方地区党的工作,彭真参与了筹备工作。1927年八七会议后,中共中央决定成立北方局,以加强对北方工作的领导,并将中共天津地委改为天津市委,彭真任宣传部长。8月中旬,市委成立不久即遭到严重破坏,彭真先后任天津市委代理书记、书记。

1929年2月,彭真任中共天津工作会议书记。此时天津党组织遭到严重破坏,彭真恢复重建了各区委领导班子和基层党组织,建立健全下边、河北、河东区委,恢复裕元、北洋两个纱厂的党支部,领导和开展了裕元、北洋、裕大纱厂和平奉路、津浦路的斗争。1929年4月14日,顺直省委向中央报告《天津工作情形与本身工作》,肯定了天津党组织的工作。

1929年6月10日,由于叛徒出卖,彭真被反动当局逮捕,在河北省第三监狱关押。在狱中,经顺直省委批准,彭真组建第三监狱秘密党支部并任书记。彭真根据法律条例进行有理有据的斗争。1930年春,被捕人员中11人刑满释放出狱,彭真被判9年零11个月的徒刑,避免了因刑讯逼供造成的损失,保护了顺直省委及天津党组织。

1930年4月,第三监狱发生了政治犯程秉义因病不治死亡和左镇南被捕头折磨致死事件。彭真抓住这一机会,立即组织人员将两人的材料写成诉状送给法官,并秘密送往狱外报纸公开发表,引起社会舆论的谴责,促进了第三监狱犯人的团结。5月,顺直省委、天津市委再遭破坏,第三监狱的政治犯增加。彭真与党支部成员研究了适值中原大战的华北和天津形势,在7月与9月组织了两次大规模的绝食斗争,彭真虽在斗争中途被转往陆军医院,但在三监党支部的领导下,在顺直省委和社会各界的广泛支持下,两次绝食斗争都取得了胜利。中原大战结束后,政治犯均获减刑3年。

彭真等人于1931年2月23日被转押回第三监狱。彭真利用绝食斗争的契机,加强政治犯的政治理论学习,建立党小组,开展狱中组织生活,培养和发展共产党员、共青团员。这些在狱中入党、转党和受到培养的同志,后来大多成为革命骨干。1931年5月,天津当局将第三监狱内政治犯分散关押,彭真等人被送到河北省第二监狱。在狱中,彭真继续组织政治学习和文化学习,成立第二监狱党支部,彭真为支部委员,积极做好政治犯的工作。

1935年8月,彭真因减刑出狱回到天津,化名老魏,负责恢复天津党组织的工作。1936年春,刘少奇任北方局书记,彭真调入北方局工作,并被派往唐山恢复冀东党的组织和领导抗日救亡运动。夏末,彭真回天津任北方局组织部长。

1936年9月,彭真以北方局代表身份到北平工作,纠正了北平党组织"左"的错误,指导成立了中共北平学生工作委员会,改组中共北平市委,在北方局机关刊物《火线》上连续发表文章,宣传党的抗日民族统一战线政策,批评关门主义及投降主义两种错误倾向。西安事变后,北方局委派彭真在北平开展对著名人士的统战工作,力促西安事变的和平解决。

1937年2月,彭真被派往山西开展上层统一战线和营救王若飞的工作。5月,彭真作为白区代表团主席,参加在延安召开的党的全国代表会议,同时参加中共中央白区工作会议和中央政治局会议,他提出党在白区的工作要充分运用统一战线形式,广泛组织发动各界群众共同抗日,同时必须坚持党的独立性。

1937年8月洛川会议后,彭真协助刘少奇部署党在华北的各项工作,调整建立各地党组织,组建中共晋察冀省委。11月初,晋察冀军区宣告成立。1938年3月,彭真以北方局代表身份参与晋察冀抗日根据地的创建工作。4月,彭真被任命为晋察冀省委书记,与聂荣臻共同主持召开边区党的第一次代表大会,制定"巩固和扩大边区,团结各阶层人民共同抗日"的正确方针。11月,成立北方局晋察冀分局,彭真任分局书记。

在晋察冀抗日根据地建立、巩固和发展过程中,彭真创造性地执行党中央关于抗日战争的战略方针和基本政策,放手发动群众,壮大人民力量,主持制定《中共中央北方分局关于晋察冀边区目前施政纲领》,提出并实施了根据地党的建设、政权建设、武装建设,以及土地、经济、劳动、金融等方面的政策。彭真在调查研究、广泛征求各阶层抗日人士意见的基础上制定《双十纲领》,加快推动了晋察冀边区的新民主主义建设,同时将纲领中提出的各项政策以法律形式公布实施,使边区建设向法制化迈进。晋察冀抗日根据地被党中央誉为"敌后模范的抗日根据地及统一战线的模范区"。晋察冀边区各项具体政策及党的建设经验,得到毛泽东同志的高度评价。1941年1月,晋察冀分局撤销,成立中共中央北方局分局,彭真任书记。

1942年2月28日,延安整风运动开始不久,彭真被任命为中央党校教育长,并任中央党校《学习报》负责人。他详细制定学习计划和整风运动工作计划,对中央党校进行了认真的整顿,使中央党校各项工作都有较大提高,1943年3月彭真任中央党校副校长。

1944年3月,彭真任中央组织部代理部长,参加扩大的党的六届七中全会,参与起草了《关于若干历史问题的决议》和《关于修改党的章程的报告》。6月5日,中共中央决定成立中央城市工作委员会,彭真任主任。9月1日,任中央城市工作部主任。1945年4月20日,彭真任中共七大代表资格审查委员会主任,在中共七大上当选为中央委员,并作《关于敌占区的城市工作》的重要发言,系统总结了我党城市斗争的历史经验,对开展敌占区城市工作起到重要的指导作用。6月19日,彭真出席七届一中全会,当选中央政治局委员,后任中央组织部部长兼中央党校校长。8月23日,在中共中央政治局扩大会议上,增补为中央书记处书记。他为总结党的历史经验,把全党思想统一到以毛泽东同志为代表的正确路线上来,在全党确立毛泽东思想的领导地位,为培养党的领导干部,为开展敌占区、国统区地下工作做出重大贡献。

抗日战争胜利后,彭真任中共中央东北局书记、东北民主联军政治委员。他放手发动群众,壮大人民力量,建立各级政权,巩固了东北根据地。1946年6月,根据东北形势的发展和工作的需要,中共中央对东北局主要领导重新分工,彭真任东北局副书记兼副政委,负责城市、社会部工作,并具体指导哈尔滨市的工作。

1947年4月,彭真任中央工作委员会常委,7月参加全国土地会议,参与起草《中国土地法大纲》。会后,中央决定,彭真以中央政治局委员身份指导晋察冀工作。1948年5月起,彭真任中共中央华北局常委、中组部部长、政研室主任。他明确提出党的组织工作的目标,大批调配干部,为新中国成立从组织上做好准备。12月,彭真任中共北平市委书记,在很短的时间内,部署开展了北平的接管工作,建立巩固政权,整理和发展党组织,巩固社会秩序,稳定金融,平抑物价,领导郊区土地改革,使北平建立了新的社会秩序。1949年9月,彭真参加中国人民政治协商会议第一次全体会议,当选为全国政协委员、中央人民政府委员。

新中国成立后,彭真任中央人民政府委员,政务院政治法律委员会副主任、党组书记,后任中央政法小组组长。1951年2月,彭真兼任北京市市长,他在开展城乡贸易、恢复生产、整党整风、抗美援朝、镇压反革命等方面为全国创造了成功的经验。1958年,彭真领导制定了北京十大建筑建设规划、天安门广场建设规划和《北京城市建设总体规划初步方案》,为首都城市规划和建设确定了基本框架。从1954年起,彭真任第一至第三届全国人大常委会副委员长和第二至第四届全国政协副主席,为建立和完善人民代表大会制度,发展社会主义民主,建立社会主义法制不懈努力。1956年在党的八大和八届一中全会上当选中央委员、中央政治局委员、中央书记处书记。

"文化大革命"期间,彭真同志遭到错误批判和林彪、江青一伙的迫害,失去了党内外一切职务,并被关进监狱。

1979年2月17日,中共中央发出《关于为彭真同志平反的通知》,决定恢复彭真党的组织生活,分配工作。1979年2月,彭真被任命为全国人大常委会法制委员会主任,着手开展立法工作。6月,在五届人大二次会议上彭真被补选为全国人大常委会副委员长,主持日常工作。9月,在党的十一届四中全会上被补选为中央委员、中央政治局委员,连任党的第十二届中央委员、中央政治局委员。1980年1月,彭真任中央政法委员会书记、"两案"审判指导委员会主任,统一领导审判林彪、江青两个反革命集团的工作。担任宪法修改委员会副主任委员,直接主持了宪法修订工作。1983年6月在六届全国人大一次会议上,彭真当选为全国人大常委会委员长。

从1976年至1988年,彭真领导制定了55部中国的社会主义法律,在我国初步形成了以宪法为核心的有中国特色的社会主义法律体系。

彭真一生著述颇多,其中相当一部分是专门论述或涉及民主和法制问题的,主要存于《论新时期的社会主义民主与法制建设》《彭真文选》和《论新中国的政法工作》三部著述中。

1997年4月26日,彭真在北京逝世,终年95岁。

参考文献:

田酉如:《彭真传略》,人民出版社,2007年。

《缅怀彭真》编辑组编:《缅怀彭真》,中央文献出版社,1998年。

中共山西省委党史研究室编:《彭真生平大事年表》,中共党史出版社,1992年。

(孟　罡)

齐 国 梁

　　齐国梁(1884—1968)，字璧亭，直隶宁津县人，父亲齐俊元是一位开明士绅。1884年齐国梁出生于宁津县城，有四个兄弟。他自幼天资聪慧，勤奋好学，熟读经书，写得一笔好字，很早便中了秀才。后离开家乡到省会保定高等师范学堂求学，学习刻苦。毕业时，县长还赠以铜墨盒一个，以示鼓励。

　　1907年齐国梁从保定高等师范学堂毕业后，考入北洋大学堂师范科，1909年毕业，公费留学日本广岛高等师范学校。1911年冬回国参加辛亥革命，先后任宁津县高等小学、广平县中学、保定高等师范教员。1913年再赴日本，1915年以优异成绩完成了日本广岛高等师范的学业，获得学士学位，继续进入研究科深造。留学期间，他调研了日本的师范教育，特别是日本的女子师范教育。当时在日本兴起的家政学科主要开设于女校，是使女学生学会科学管理家庭、料理好家务、教育好子女的基本技能，为提高妇女在家庭与社会中的地位，使妇女顺利走出家庭、谋求独立生活创造了条件。齐国梁由此萌生了在中国兴办家政学科的念头。

　　齐国梁主张男女教育应相辅而行，不能重此轻彼。但男女又是有差别的，"男女之身心必各殊，其天职亦异，故教育宜于男子者未必宜于女子"，所以应"察其特性、审其天职，因物付物，然后可收改良之结果"。对于女子教育，他反对单纯的书本教育，而是重视智、德、体的全面发展。①

----

①齐文颖：《毕生从事师范教育的齐国梁》，载天津市政协文史委编：《近代天津十二大教育家》，天津人民出版社，1999年，第175页。

1916年1月,受张伯苓的推荐,齐国梁担任设于天津的直隶第一女子师范学校(以下简称女师)校长。女师成为齐国梁实践教育救国理想的一个基地。他首先调整学校的管理层,起用赞成妇女解放、提倡妇女走出家门入学堂接受新式教育的马千里先生协助其主持校务,还给马千里创造条件到日本短期参观访问。齐国梁对教师队伍也进行了调整,聘请了一批思想新、学问好、责任心强、赞成男女平等和妇女解放的教师,并根据每位教师的专长,重新安排了课程内容。以国文课为例,过去的教学只重视古典文学,特别是古代女性诗词的讲授。而齐国梁则加强了新文学著作的选读,并给教师以自由空间,根据本人所长自选教材、自编讲义。其他文科课程如英文、史地等情况也都类似。

齐国梁也十分重视理科的师资与设备条件,聘请第一流的中学教师来校任课。学校设立了宽敞明亮的实验室,实验设备一应俱全。在课堂上除由教师演示外,还安排学生亲自实验,每周两小时,连在一起以利操作。化学实验用品每人一份,每个学生都有自己的柜子用来放实验用品。生物实验室四壁都是标本和挂图,显微镜每两人一架,观看动植物的组织结构,然后画出图来,写出观察结果。动物课上还让学生解剖青蛙、鸽子、兔子、鱼等,这在当时是很先进的。

齐国梁对音乐、美术、体育等课程也十分重视。女师的初中音乐课程除注意教授中外名曲及乐理外,还经常让同学们欣赏各种器乐演奏与中外唱片,以提高音乐修养,同时也很注意民歌、民谣的教唱与欣赏。高中时期,重点是乐器训练,设有专门的练琴室,供学生练习之用。美术课程包括国画、油画、水彩画、粉笔画等,都由造诣较高的教师教授,理论与实践并重。体育课程从体操、国术直至田径、球类都有专门设置,并有专门场地练习。为满足当时部分同学滑冰、骑自行车的要求,学校设有专门的冰场、自行车场、旱冰场,备有一定数量的冰鞋、旱冰鞋、自行车等供学生练习使用。这在当时的学校中是不多见的。

齐国梁的夙愿是把国外新兴的家政学科介绍到中国，与国内的女子师范教育结合起来，开设专门课程，培养新型的女性师资和兼顾家庭的合格主妇。1917年经省政府批准，女师正式设置了家事专修科，并开始招生。五四运动时期天津学运及妇女运动著名领袖郭隆真，即为该专修科的第一批学生。由于家政学在国内是首创，既无先例可循，又没有现成的师资可聘。他特地从日本聘请了东京高等师范家事科毕业生佐竹、加滕两位女士担任课程讲授，为了解决学生不懂日文、教师不会中文的矛盾，他亲自担任课堂及课外辅导的翻译。经过艰苦的努力，家政学科终于在女师创建起来了，并成为国内培养家政师资的重要基地。

在齐国梁的带领下，女师培养了大批优秀的小学及幼儿园教师。该校还涌现出一大批爱国革命运动领袖和妇女运动领袖与积极分子，如邓颖超、许广平、郭隆真、张若名、刘清扬、李峙山、王贞儒等。女师的学生为中国革命做出了贡献，甚至成为当时天津妇女运动的核心。

1921年，齐国梁向教育厅请假赴美深造，先入斯坦福大学教育系本科学习，后入哥伦比亚大学，获硕士学位。留学期间，他特地考察了美国学校中的家政学科。其中，哥伦比亚大学师范学院内设置的实用艺术部，把家政学、看护学、食品学、服装学及图案、音乐、体育等科作为其重要组成部分。在美国五年的学习，使他深切感到设立家政学专科学院对于充实女子智能、改进家庭的重要性。

1926年8月，齐国梁留美归来，任女师校长，并向省教育厅建议增设女子家政艺术学院。但因当时连年战争，经费拮据，难以实现。1928年春，他再次建议。同年9月，齐国梁赴河北省教育厅任职，教务主任杨鹤升代理校长。此时，直隶省改为河北省，校名改为"河北省立第一女子师范学校"。不久，齐国梁又回校任校长。1929年4月23日，齐国梁的建议经河北省政府第85次会议通过，以河北省立第一女子示范学校的一部分为校址成立省立女子师范学院，齐国梁为院长，学院下设国文、家政两系。1930年9月，齐国梁因院校并立，于行政不便，呈准院校合并，总称河北省立女子师范学院（以下简称女师学院）。该院除设学院部外，又设师范、中学、小学、幼稚园4部。

女师学院是当时全国女子院校中规模最大、科系最全、经费最多、设备也最为完善的。学院增建了科学馆、音乐馆、体育馆、染织工厂及大型的烹饪室，并开辟园艺场地，设置实习家庭，充实图书馆。到1936年，女师学院陆续开设了家政、国文、史地、英文、教育、生物、理化、数学、音乐、体育、图画等11个系23个班级，面向全国招生，学生经常保持在350人左右，连同它所属的师范部、女中部、小学部、幼稚园部，共有在校生1826人。

为把女师学院办成国内一流的女子教育机构，齐国梁聘请了许多著名学者、专家、教授来校任教，还聘请外籍教师讲授外国语言、文学等。为加强对学生的毕业实习指导，学院还设有"毕业试验校外委员"制度。齐国梁还经常邀请校外人士来校演讲，以活跃学术气氛，扩大学生的知识面和眼界。

努力办好家政系，是齐国梁自日本留学归来始终坚持的理想。为此，他聘请留美归来的家政学专家孙家玉为女师学院家政系主任，参照国外标准，结合中国的经验制定教学规划，安排课程。为了配合家政系的课程，女师学院在科学馆内建起了先进的化学及营养分析实验室，还专门辟有烹调用的中、西餐大厨房，以及家庭管理实习用的"家宅"。毕业生服务各地，成绩斐然。在齐国梁主持下的女师学院及所属各部都出版各自的刊物，这也是其办学的一大特点。

1937年七七事变爆发后，7月29日，日军向女师学院投下4枚炸弹，学校无法续办。齐国梁亲自带领部分师生离开天津，辗转到达甘肃兰州，先后与西北联合大学及国立西北师范学院合作办学，并任国立西北师范学院分院院长兼家政系主任。其间，他得到了教育部特批的中英文化教育基金的资助，并多次被邀请到四川省讲授家政学，推进了大后方的家政教育。

抗日战争胜利后,女师学院于1946年初复校。6月15日,齐国梁返回天津,继续担任女师学院院长。当即商请驻军移出教舍,修葺房舍,聘请教员,筹划招生。复校后的女师学院设国文、教育、家政、音乐、体育5系,首批招收新生共106名。到1948年,该院已发展到5个本科系,各类学生1500多名,除校本部外,还附设中等师范、中学、小学、幼稚园四部。

1949年1月15日,天津解放。4月,军管会接管了女师学院的工作,建立了党支部,进行组织整顿,实行教学改革,将家政系改为教育系。8月,国立国术体育师范专科学校并入女师学院,校名更改为河北师范学院,男女生兼收,设教育、中文、体育、艺术4系。10月,由当时的河北省主席杨秀峰兼任院长,齐国梁调往保定,后曾任河北省人民政府参议,第一届河北省人民代表大会代表,第一至第三届河北省政协副主席,中国国民党革命委员会河北省分部副主任,国务院参事室参事等职。

1968年,齐国梁在天津逝世,终年84岁。

参考文献:

潘强主编:《天津近现代著名教育家传略》,天津教育史研究会,1995年内部印行。

天津市政协文史委编:《天津近代人物录》,天津市地方史志编修委员会总编辑室,1987年内部印行。

张绍祖编著:《津门校史百汇》,天津人民出版社,1994年。

(张绍祖)

齐 继 贤

齐继贤(1879—1947),河北容城人。1912年,33岁的齐继贤到天津东门里源丰杂货铺学做生意。源丰杂货铺由苏泽臣开设,专卖煤油、火柴、草纸、针线等日用品。齐继贤精明能干,为苏泽臣所赏识。后来源丰杂货铺改名为源丰线店(即百货店)。

1920年,在苏泽臣的苦心经营下,源丰线店已具有相当规模,为以后的进一步发展奠定了良好的基础。此时,年老体衰的苏泽臣开始退居家中,把业务委托给徒弟齐继贤掌管,任齐继贤为经理。齐继贤为人正派、诚实守信,富于开拓精神。他接手源丰之后,首先扩大了经营范围,不但增加了商品种类,还兼批发、代销和包销业务。与此同时,他还专门派人做市场调查,举凡货源来路、商品销路、市场动态、货品价格,都在他调查了解的范围之内。这样,源丰线店就可以把商品价格定得略低一些,薄利多销,不仅盈利多,而且还赢得了"源丰的货品比别家便宜"的信誉。

在货物品相方面,齐继贤严格验货,绝不进假货和冒牌货。当时有的工厂冒用名牌商标制作假货,以低价出售,牟取暴利。源丰线店从来不做这种生意,顾客到源丰线店买货都很放心,这也为源丰赢得了货真价实的信誉。

在齐继贤的主持下,源丰线店得到了快速发展,店房面积有很大扩充,职工达110多人。经营品种有呢绒绸缎、针棉织品、搪瓷器皿、化妆用品、儿童玩具、成人衣帽、儿童服装、电料灯泡,等等,应有尽有,成为天津远近驰名的百货商店,店名亦改称源丰百货商店。

1922年，源丰百货商店在济南普利门外开设分店。济南分店除经营百货外，还包销美国棕榄公司所产棕榄香皂、上海先施公司的各种名牌化妆品、广州生产的双妹牌各种化妆品。同时商店还千方百计扩大宣传，优化经营环境，招徕生意。例如，在济南分店门口建筑天女散花雕像喷水池，由仙女指尖上喷出香水，马路上香味洋溢。这一营销方式震动了济南全市，一时顾客盈门，生意兴隆，日营业额与天津总店相差无几。

1938年，源丰百货商店又在天津东门外开设分店，由总店派出杨近仁、路敬之、王竹波、张瑞等4位副理负责，有铺面30多间、职工70多人。当时日军已进占天津，为稳妥起见，齐继贤在英租界租赁库房30多间。总店和分店的人事、会计、资金等均由齐继贤统一指挥。

这时候，源丰总店还兼营批发业务。批发部与新疆的喀什、迪化（现乌鲁木齐）、哈密，甘肃的兰州、凉州，宁夏银川，外蒙古库伦，东北的哈尔滨、长春、沈阳、锦州、延吉，山西的榆次、大同、太原，以及河北、山东等地的各大中城市均有贸易往来。源丰百货商店的批发业务之所以遍布各地，是因为其坚持信誉第一、物美价廉，取得了外地客商的信赖。加之外地客商原籍多系天津或华北地区，对源丰百货商店的经营作风早有耳闻。如新疆广兴、天迪两家商行多杨柳青人，兰州、凉州的商号以交河、阜城县人居多，银川的商号武清县人较多，外蒙古库伦的客户多是宁津县人。这些商人往返一次往往费时半年左右。因此，他们春夏来时买秋冬货，秋冬来时买春夏货。这样，源丰百货商店的过时货、积压货就大量销售给他们，有时不敷需求，还要替他们到别处代购，从而给源丰百货商店带来很大的利润。而东北、华北各地客户因为交通方便，特别是铁路沿线的大小百货商店大都与源丰百货商店有业务关系。这些商家交易迅速，来往频繁，使源丰百货商店的批发业务更加兴隆。

此外，源丰百货商店的包销、代销业务也很多。由于源丰百货商店在资金、信誉、经营等方面都具备资质,所以赢得委托商户的信任。如包销美国永备公司生产的"永备"牌手电筒、电池、灯泡等,上海梁新化工厂生产的"双十"牌各类牙刷,上海汇明电池厂生产的"大无畏"牌手电筒、电池、灯泡等,上海明艺袜厂生产的"蟹美"牌各种男女线袜、麻纱袜。除去包销之外,源丰百货商店还代销上海正兴电池厂、耀华电珠厂、中和电器厂三家的电池、电珠、收音机和各种电器用品等,以及上海五和厂生产的"鸭"牌汗衫、绒衣,上海正泰厂生产的各类球鞋和运动鞋,大中华橡胶厂生产的各种球鞋和胶鞋,上海中华第一针织厂生产的"墨菊"牌男女线袜等。1938年前后,源丰百货商店的日营业额达万元左右,每年获利约10万元之多。

1942年,齐继贤因年老多病,主动辞去经理职务,交由少东家管理。

1947年,齐继贤去世,终年68岁。

参考文献:

民建天津市委会、天津市工商联文史委编:《天津工商史料丛刊》第5辑,1986年内部印行。

傅立民、贺名仑主编:《中国商业文化大辞典》(上下),中国发展出版社,1994年。

天津市政协文史委编:《天津文史资料选辑》第92辑,天津人民出版社,2001年。

(王社庄)

齐协民

　　齐协民(1893—1977),名为,字协民,以字行,浙江杭州人,出生于一个官宦家庭,其父曾担任余杭、归仁和钱塘等县的知县,清末做过宁波府知府。齐家家教甚严,注重对子弟的教育。齐协民很小就进入杭州小学学习,后来由于家道中落,继续求学有困难,在舅父康绳武的资助下,齐协民进入美国人开办的上海尚贤学堂读书。在这个学堂中,齐协民接触到民族民主革命的思想,看到孙中山先生写的宣传反满革命思想的小册子,又受到徐锡麟和秋瑾烈士为革命献身的影响,他在思想上倾向革命,常常撰写一些鼓吹民主革命的文章,陆续发表在于右任主办的《民主报》上。齐父知晓此事后认为,齐家世受皇恩,反清实乃是大逆不道之事,齐家子孙断不可为,他迫令齐协民退学,回到杭州家中。

　　1911年,借祝贺外祖父六十寿辰之便,齐协民随母亲北上省亲。当时,正值武昌起义之后,革命浪潮汹涌澎湃,年轻的齐协民向往革命,在北京托亲戚李石曾代谋工作。李石曾介绍齐协民到天津《民意报》工作,担任《民意报》驻北京记者。经过一段时间的观察,李石曾、杨杏佛、廖仲恺介绍齐协民加入同盟会。[1]齐协民与杨杏佛同住在永光寺中街的京社里,后经杨杏佛介绍,担任北京《民命报》的主编。[2]

---

[1]天津市政协文史委编:《天津文史资料选辑》第37辑,天津人民出版社,1986年,第38页。

[2]天津市政协文史委编:《天津文史资料选辑》第11辑,天津人民出版社,1980年,第142页。

1913年,袁世凯迫害国民党人士,一些知名的国民党人士陆续离开北京。正当齐协民犹豫是否离开北京时,接到杨杏佛、李元箸由上海转来孙中山签署的委任状,并附有杨杏佛的手书,大意是:"孙总理密谕,派吾弟任欢迎国会团总代表,希速欢迎我党议员星夜南下……"①齐协民暗中通知并安排国民党籍的国会议员迅速离开北京,经天津转赴上海,先后送走二十余人。此事被北京军政执法处侦知,下令通缉有关人员。齐协民得知消息,迅即避入天津租界,后转赴大连。

1916年袁世凯死后,齐协民回到北京,接受前法制局参事姜澧兰邀请,担任《民生报》总编辑。该报由黎元洪提供资助,替黎元洪做宣传。此后不久,齐协民又办了《太阳周刊》,接受冯国璋的资助,也替冯国璋做宣传。凭借这两个刊物作媒介,齐协民与当时政界许多人物有了交往。1917年,他当选为顺直省议员。张勋复辟平定后,冯国璋进京继任大总统之职,因替冯国璋宣传有"功",齐协民被介绍给江西督军陈光远,被委任为江西督军公署驻京办事处处长,后又兼任江西涂家埠统税局局长。1920年直皖战争后,齐协民的议员一职被免。1922年,江西督军陈光远垮台,江西督军公署驻京办事处的牌匾被摘掉,齐协民所任江西涂家埠统税局局长之职也被迫让位。

齐协民随同陈光远回到天津,住在英租界的寓所里。短暂的政治生涯,使齐协民感触颇深,他厌倦了"城头变幻大王旗"的乱世风云,转向投资经营。齐协民认为,做生意的先决条件就是要消息灵通,熟悉政局的变化情况,否则就不可能赚到钱。为达此目的,齐协民一面广泛地结交在朝在野的权贵显要、军阀政客,一面与经济界闻人深相结纳,谋求内幕情报和政情变化的动向,以此来决定自己的投资方向,同时极力拉拢银行业的金融家,作为自己经济上周转的支持者。在齐

①天津市政协文史委编:《天津文史资料选辑》第11辑,天津人民出版社,1980年,第142页。

家的客厅里,有齐协民自己手书的一副对联:"托意在经济,忘形向友朋。"这正是齐协民这种心态的真实写照。齐协民周旋于军阀、官僚、巨商、买办及其内线、外线人物之间,经常与他们一起吃喝玩乐,凡是军阀、政客、买办以及银行等财商界知名人士,不管他们是台上台下,也不管他们是哪党哪派,他都一律广为结交。

齐协民酷爱京剧,"走红优伶,一时间都成了齐家的座上客。像梅兰芳、马连良、尚小云、裘盛戎、李少春、袁世海、张君秋等京剧名角及国画大师齐白石都是齐家的座上宾朋"[1]。闲来谈谈戏曲,吊吊嗓子,成为齐家常事。在这种艺术环境与文化氛围中,齐协民的女儿齐啸云从小就受到戏曲艺术的熏陶,耳濡目染,与京剧结下了不解之缘,后来成为著名京剧表演艺术家。

抗日战争期间,齐协民寓居天津法租界,与"天津一班所谓退隐士绅、下野军阀、闻人后裔和银行巨子等,酒食征逐,消磨岁月。他们组织了一个'二五聚餐会'(每星期二、五聚会),轮流在自家坐东"[2]。

1945年8月,齐协民接办《中华日报》,自任发行人兼社长。《中华日报》为四开四版小报,到1947年底,由于人员流散,《中华日报》被迫停刊。[3]

新中国成立后,齐协民以自己周旋于军阀、官僚之间的亲身经历,撰写了大量的回忆文章,披露了许多鲜为人知的史料。

1977年,齐协民去世,终年84岁。

---

①吴前进:《志齐青云 啸傲菊坛——记中国和平统一促进会理事齐啸云》,《统一论坛》,2003年第2期。

②刘仰东编:《去趟民国:1912—1949年间的私人生活》,生活·读书·新知三联书店,2012年,第208页。

③天津市政协文史委编:《天津文史资料选辑》第42辑,天津人民出版社,1987年,第153页。

参考文献:

全国政协文史委编:《中华文史资料文库·军政人物编》第10卷,中国文史出版社,1996年。

天津市政协文史委编:天津史志丛刊(二)《天津近代人物录》,天津市地方史志编修委员会总编辑室,1987年内部印行。

天津市政协文史委编:《天津文史资料选辑》第37辑,天津人民出版社,1986年。

（郭登浩）

齐燮元

齐燮元(1879—1946),原名齐英,字抚万,号耀珊,投身军旅后改名为燮元,天津宁河县人。齐燮元幼年家境寒苦,父亲齐茂林在县衙当仆役,收入微薄。

齐燮元天资聪颖,被一位姓季的私塾先生免费收入私塾,他勤奋好学,清光绪年间考中秀才。后投笔从戎,考入保定陆军速成学堂步兵科学习,毕业后进入北洋新军第六镇实习,后又选送入北洋陆军学堂、陆军大学第三期学习军事,以优异的成绩毕业后又回到第六镇任职。当时,第六镇驻扎在石家庄,统制为吴禄贞,对齐十分赏识。辛亥革命爆发后,吴禄贞事先与晋军联系响应起义。齐奉命在石家庄车站一带截击运兵南下的清军列车,一举成功,被提升为营长。吴禄贞被袁世凯刺杀后,第六镇改编为北洋陆军第六师,师长为李纯,李纯对齐燮元也十分赏识。1913年,齐燮元担任北洋陆军第六师十二旅旅长,后又担任该师参谋长,转调江南,这成为其在北洋军界中发迹的起点。

1916年,齐燮元升任第六师师长兼江西督军六署参谋长,从此手握实权,为其日后发达创造了条件。1917至1920年,第六师被北洋政府调入江苏,齐燮元担任江苏督军参谋长兼江宁镇守使。1920年10月,齐燮元代理江苏督军,不久正式担任江苏督军兼苏皖赣三省巡阅使,成为直系军阀的重要人物。

1924年9月,齐燮元与皖系的浙江督军卢永祥之间爆发了一场战争,史称"江浙战争",这是直皖两派军阀在列强支持下为瓜分势力范围而进行的一场争战。双方大战40天,始终胶着在上海附近的黄渡、浏河一带,百姓损失惨重。在福建督军孙传芳的支援下,齐燮元大败卢永祥,兼任淞沪护军使,控制了上海。

江浙战争结束没多久,第二次直奉战争爆发,冯玉祥发动北京政变,吴佩孚在榆关战役中兵败登舰南逃。齐燮元曾发电助吴讨冯,并派军北上助吴,受阻后转而组织苏皖赣浙闽陕豫川湘鄂十省大同盟,以求自保。这时,段祺瑞又出山执政,由于张作霖不愿把长江各省置于直系控制之下,要求段祺瑞下令撤去齐燮元江苏督军职务。齐燮元拒不交权,奉系张宗昌南下进攻,迅速占领南京。齐燮元兵败,被迫逃亡日本。1926年,吴佩孚召集直系旧部组织"十四省讨贼联军"谋划驱逐段祺瑞,企图拥护曹锟为大总统,并电请齐燮元回国参战。消息传来,齐燮元十分兴奋,紧急回国,担任了讨贼联军副总司令,驻长辛店易州一带。不久,张作霖的奉军进关,局势突变,吴佩孚和齐燮元二人再次被击败。1930年中原大战中,齐燮元又投奔阎锡山,被其委任为江北招讨使。10月,中原大战失败后,齐燮元无奈隐居于天津英租界。

1931年九一八事变之后,国民政府设立军事委员会北平分会。为加强华北防务,邀请齐燮元担任北平分会顾问。1935年,因日方压力,北平分会被迫撤销,由冀察政务委员会接手分会工作,政委会中有很多亲日的北洋军人和北洋政客。齐燮元被南京政府任命为冀察政务委员会委员。1937年7月七七事变爆发后,华北大片领土被日军所占,北平汉奸纷纷出笼,粉墨登场。齐燮元伙同王克敏等人在北京饭店设立"政府筹备处",筹划成立伪华北临时政府,下设行政、治安、法制、赈济4个部门,齐燮元亲自担任伪治安部部长,负责军队、警察事务。

1940年1月,齐燮元参加青岛会议,会议决定成立一个由汪精卫主持的包括各占领区的伪政权机构,并将伪华北临时政府改为区域自治的伪华北政务委员会,组建伪治安军,协助日军维持占领区的社会秩序。1940年1月14日,伪华北治安军在北平正式成立,齐燮元担任司令,其部队主要指挥人员出自日本人控制的通县陆军军官学校,兵员来自原华北"剿共"军以及在日军占领区招募的人员。此后,他又先后任汪伪南京政府华北绥靖总司令、伪华北政务委员会委员和伪治安公署督办。1943年2月,齐燮元代行伪华北政务委员会委员长职务,他推荐其部下杜锡钧为伪河北省省长,田炳文为伪河南省省长。

1945年8月,抗日战争胜利后,齐燮元被国民政府以汉奸罪逮捕。1946年在南京雨花台被处决,终年67岁。

参考文献:

刘斌:《齐燮元的生平事略》,载天津市宁河县政协文史委编:《宁河文史资料》第1辑,1988年内部印行。

李鹏图:《我所知道的齐燮元》,载全国政协文史委编:《文史资料存稿选编》第2辑,中国文史出版社,2002年。

朱汉国、杨群主编:《中华民国史》第6册,四川人民出版社,2006年。

（王建明）

起 士 林

起士林（1876—1955），全名阿尔伯特·起士林（Albert Kiessling），德国人，1876年出生于德国威悉河畔一个普通的农民家庭，幼年丧母，父亲长年在外经商，随祖父长大。祖父是犹太人，信奉基督教，以种植甜菜为业。童年时，起士林常跟祖父到教堂去做礼拜，教堂里有个老牧师，年轻时到过中国，还带回不少中国古籍，如《道德经》《诗经》《尚书》《周易》《礼记》以及唐宋诗词集等。在牧师的书籍中，起士林知道了在遥远的东方有个国度叫中国，那是一个令人向往的有着悠久历史的文明古国。

自12岁起，起士林便在一家面点房做学徒。他聪颖刻苦，一心钻研厨艺，到18岁时，已是当地小有名气的面点厨师，被人们称为"蛋糕大王"。后来，起士林在远洋轮船上做厨师，跟着轮船环游世界，这使他有机会接触并熟悉西方各国的名菜风味。年轻的起士林一直有一个梦想，就是希望有朝一日能拥有一家以自己姓氏命名的餐厅。

大约1904年，起士林随船到了香港，在一家德国人开的西餐厅做厨师。1906年，他来到天津，先是在一家希腊人开的餐馆里做厨师。后来他在法租界开了一家小西餐厅，并以自己的名字"起士林"命名。[①]当时，天津租界里的西方人很多，起士林糕点又是地道的欧洲口味，很快便吸引了大批常客，生意很好。

---

①刘航鹰：《起士林——天津的味蕾》，载《民间影像》第1辑，同济大学出版社，2012年，第42—47页。

袁世凯任直隶总督后,为与各国驻津外交官联络关系,经常在天津举行酒会。一次他想以西餐宴请客人,就请来起士林帮忙。起士林从各国菜系中精选法、德、俄等国拿手菜,冷菜、热菜互相搭配,补充口味,又精心调配了开胃的红菜汤,宾客皆大欢喜。袁世凯非常满意,对起士林大加夸赞。此事一经传出,起士林名声大震。

不久,起士林的妻子菲蒂从德国来津,两人便一起开店。偶然机会,起士林夫妇结识了天津买办高星桥。在高星桥的帮助下,起士林承包了津浦铁路餐饮部,专销面包、点心。随着铁路线的延伸,起士林的名声更是传遍各地。地道的手艺、诚信的经营,再加上顾客至上的服务态度,使得起士林拥有了同行不可企及的知名度。到起士林餐厅就餐、定制糕点,一时成为天津上层社会的风尚。

起士林餐厅因靠近法租界公议局,法国食客较多。一天,两名衣着不整的法国士兵进了餐厅。西餐厅讲究温文尔雅、仪态端庄,看到两个法国兵的样子,菲蒂赶忙前去劝阻。没想到,法国兵不但不听,反而对菲蒂和餐厅大加指责和羞辱。起士林怒不可遏,就与法国士兵厮打起来,结果惹恼了法租界官员,限他三天之内将餐厅迁出法租界,否则他们将强制执行。无奈之下,起士林将店铺搬到德租界威廉街,店面面积增加到了500平方米,并正式起名为"起士林餐厅"。起士林新店开张后,生意不但没受影响,反而更加火爆。除了各国侨民和官员经常光顾外,天津的达官显贵对起士林也格外偏爱。

1913年,起士林妻弟①弗里特里希·巴德(Friedrich Bader)来到天津投奔姐姐菲蒂,并要求参股起士林西餐厅,自此店名改为Kiessling & Bader(起士林-巴德)。起士林精通做菜和做面点,巴德则是一位烤制西点专家,他们精湛的技艺珠联璧合,获得了新老顾客的青睐。当时在天津生活的英国侨民子弟布莱恩·鲍尔曾这样描写起士林:"胖胖的

①一说是起士林好友。

1134

长着双下巴的赫尔·起士林架子十足地在他咖啡厅的大堂里走来走去。他用德语跟我妈妈打招呼……这给她的朋友们留下了深刻的印象。"①

第一次世界大战结束后,德国战败。亚洲的德国侨民全部遭到了战俘式的遣返,起士林未能幸免,被迫回国。而巴德则隐藏起来,一直留在中国。没多久,起士林返回中国,继续经营餐厅。

1920年左右,起士林招收了两名年轻人:一位是来自奥地利的罗伯特·托比希,一位是来自德国的曾受过糖果点心业专门教育的制点技师瓦尔特·瑞却尔。很快,托比希以其出色的经营管理赢得了起士林的信任,起士林将自己的妻妹洛蒂嫁给了他。瑞却尔出色的技艺也得到了顾客的广泛好评。1934年4月1日,起士林和巴德将起士林-巴德西餐厅转兑给托比希和瑞却尔,托比希占股权为51%,瑞却尔为49%,合同还规定,该店仍沿用起士林原名。同年9月,巴德离开天津回国。起士林则留在了中国。

托比希和瑞却尔接手后,很快在南京开设了分店。但两年后,南京分店被日军炸毁。1938年,他们移地上海静安寺路72号设立分店。因生意兴隆,供不应求,遂于1941年又在愚园路赫德路225号开设了第二家分店,雇佣德国人谢尔为经理。同年还在北戴河开设了一家分店。至此,起士林餐厅的经营达到鼎盛,成为西餐业的名店。

抗战胜利后,1945年10月,起士林餐厅被美军第一师接收,但产权仍为托比希和瑞却尔所有。1947年8月23日,两家人被遣送回国。1952年,起士林也离开了中国,于1955年1月11日在德国去世,终年79岁。

---

① 赫尔·起士林即阿尔伯特·起士林,参见[英]布莱恩·鲍尔(Brain Power):《租界生活:一个英国人在天津的童年(1918—1936)》,刘国强译,天津人民出版社,2007年,第36页。

参考文献:

周利成、王勇则编著:《外国人在旧天津》,天津人民出版社,2007年。

冯树合编著:《北戴河史迹》,中央文献出版社,2008年。

天津市河西区政协文史委编:《河西文史资料选辑》第5辑,中国文史出版社,2004年。

孙加祺:《起士林跨越世纪的传奇》,天津人民出版社,2011年。

（罗海燕）

乔 清 秀

乔清秀(1910—1944)，本名袁金秀，河南省内黄县马上乡店集村人。袁金秀从小家境贫寒，父病早死，母亲改嫁。生活艰苦的童年，使袁金秀养成了沉默寡言、内向孤僻的性格。但她很有演唱的天赋，1923年她被艺人乔利元发现并收为徒弟，走上了演唱河南坠子的从艺之路。

河南坠子俗称"坠子书""简板书""响板书"，因使用河南坠子弦（又名坠琴）伴奏而得名。其前身是流行于河南的"道情"，1900年左右与流行于山东、河南的莺歌柳书相融合，在唱腔和音乐方面出现了很大的变化，河南坠子由此形成。当时坠子是以唱大书（即中长篇书）为主，袁金秀自然也从学唱大书开始。她天赋惊人，一天能记下七八百句唱词，记下了便不会忘记。更可贵的是她不拘泥于原有的音乐唱腔，在学习中总能创造一些新唱腔。乔利元决心好好培养袁金秀，专门聘了名弦师康元林给她伴奏，并请来名家潘春聚和张金忠做她的老师。在他们的帮助下，袁金秀对坠子原有唱腔进行了大胆改造。乔利元是由山东大鼓改唱坠子的，故其腔调中或多或少还有山东大鼓的味道。袁金秀彻底将"山东大鼓味儿"剔除，保持了坠子音腔的纯洁。在袁金秀之前学唱坠子的女艺人，对男艺人的演唱方法亦步亦趋，没什么特殊变化。袁金秀则变男声唱腔为女声唱腔，发挥了女性的嗓音优势。经过一番努力，她成为第一个有所作为的坠子女艺人。她和乔利元搭档在河南、山东、河北的一些中小城市和乡镇演出，好评如潮。

1926年，袁金秀和乔利元结为夫妻，并正式改名为乔清秀，在河南、河北等地渐渐有了名气,开始在石家庄演出。请他们演出的书场在未告知他们的情况下,在门前牌子上乔清秀的名字前冠上了"盖河南"三个字。好事的人特意从河南和河北南部邀请来一些名艺人到石家庄,要在艺术上压倒乔清秀。然而,艺术较量的结果,乔清秀占了绝对的上风。

1929年,乔清秀应天津著名曲艺园子"北海楼"的邀约来演出。这个茶楼有着极佳的服务,观众很多,在此演出的多为平津两地的著名艺人。为了吸引天津观众,她在丈夫乔利元、琴师康元林、老艺人潘春聚的帮助下,不仅移植了大量在天津流行的曲目,还对已有曲目进行调整,增加天津地方色彩,灵活运用京音、津音与河南乡音,加强与观众的交流。并以传统的河南坠子唱腔为基础,对唱腔去粗取精、博采众长,大胆地从梨花大鼓、京韵大鼓、天津时调及其他民间曲艺中吸取营养,逐步创立了清新明快、独具风格的"乔派"唱腔。"乔派"是河南坠子艺术形成的第一个流派,主要特点是演唱风格清新,行腔明快婉约,特别注重高音、中音、变音的应用,既有大鼓书里的"京口儿",又不失中州的尖团音,兼有一股音调上的俏丽和脆劲儿。她有许多拿手的曲目,如《凤仪亭》《问路斩樵》《王二姐思夫》《小天台》《韩湘子度林英》《三堂会审》《小黑驴》《宝玉探病》《黛玉悲秋》《黛玉焚稿》《哭长城》《打芦花》《游湖借伞》《李三娘打水》《双锁山》和小段《哀公问政》等。中长篇书目也有不少,有《包公案》《杨家将》《刘统勋私访》《刘公案》《五虎平西》《呼延庆征西》等。无论是中长篇还是小段,都很受欢迎。

乔清秀赢得了"坠子皇后"的美誉,她在哪里演出,哪里就要换上很讲究的桌帷子,上边绣有"乔清秀"三个大字。观众捧她,就送了许多的锦旗、绣幛,分别绣有"坠子皇后""余音绕梁""天赋歌喉""高台教化"等赞誉之词。锦旗、绣幛就悬挂在场子的墙上,而台前摆满了观众献上的花篮,一时出现了"满城争说乔清秀"的盛况。30年代中期,她和乔利元在昆仑公司、胜利公司、美国亚尔西爱唱片公司等多次灌制唱片,分别是她独唱或与乔利元合作演唱的《洛阳桥》《改良拴娃娃》《宝钗扑蝶》《白猿偷桃》《李存孝夺篙》《马前泼水》《独占花魁》《河北寻兄》《小寡妇上坟》《吕蒙正赶斋》《关王庙》《芈建游宫》《昭君出塞》《因果报》《蓝桥会》等唱片,共计20张。唱片的发行使乔派坠子风行大江南北。

1941年新春,乔清秀到沈阳演出,轰动了沈阳城。但演出的第二天,他们便收到了伪满洲国宪兵送来的请柬,请她带着月楼、喜楼、凤楼三个义女去陪酒,她当场以有演出为名拒绝了。宪兵队恼羞成怒,竟然以怀疑乔家有"赤党"为名将乔利元、乔清秀关进了宪兵队。乔利元在宪兵队被折磨致死,乔清秀虽被释放出来,但从此患上了精神分裂症。在沈阳艺人们的帮助下,乔清秀于1941年冬回到天津。

乔清秀的病不时发作,便极少登台演出了。离开舞台后她的生活陷入了困境。1944年,乔清秀在贫病交加中去世,年仅34岁。

参考文献:

中国曲艺志全国编辑委员会、《中国曲艺志·天津卷》编辑委员会编著:《中国曲艺志·天津卷》,中国ISBN中心,2009年。

《乔清秀到津》,《游艺画刊》,1941年第3卷第9期。

《小彩舞停演 乔清秀登台》,《庸报》,1941年1月25日。

（高玉琮　朱健铭）

秦 凤 云

　　秦凤云（1902—1982），原名志贞，祖籍安徽颍州，生于天津。父亲秦得胜，曾履军籍。秦凤云幼时家境贫寒，12岁到北京拜河北梆子男伶文和（艺名青菊花）为师，专习青衣、花旦，并得到小双屏、宋玉春等前辈艺人传授。13岁在北京中和园首登舞台，14岁入张家口庆丰戏院班当演员。1917年她回到天津，在第一舞台和大舞台戏院为享有"梆子大王"美誉的金钢钻演开场戏。金钢钻爱其聪颖，常为她指点艺事。河北梆子女演员鲜灵芝、张小仙也跟秦凤云情趣相投，秦凤云在演唱方面得到她们的指教，进步很快。

　　秦凤云仪表端庄、扮相漂亮，嗓音清越、甜美，在天津演戏大得时誉。尤其是她受"卫派"名角们锐意革新梆子艺术的影响，在声腔、念白中将直隶派保持的山陕音韵改以北京字音为基础，注意因字生腔、字正腔圆。这些艺术改革受到观众的欢迎，使得她成为继金钢钻之后在天津极有影响力的旦角演员，天津群众称其为"小金钢钻"。秦凤云在天津常演的剧目有《秦香莲》《蝴蝶杯》《玉虎坠》《三娘教子》《忠孝牌》《桑园会》等。

　　20年代初期，秦凤云离开天津赴北京唱戏。1921年，秦凤云加入奎德社，在奎德社8年间排演的时装新戏有80余出，如《一封书》《丐侠记》《一圆钱》《荆花泪》《梁武帝》等。这些时装新戏的内容或直言或隐寓，针砭时弊，提倡移风易俗。在演出形式方面也与传统演法不同，融入了更接近现实生活的新的形体动作。声腔方面是新剧旧唱，新旧结合，一方面套用河北梆子原有板腔，一方面吸收本剧种以外的曲调和板式。舞台大都采用新式布景、五色灯光和音响设备,强调写实逼真。秦凤云虽然是学习传统河北梆子出身,但演时装新戏驾轻就熟、自然得体。天津报刊称秦凤云"扮相秀丽,装饰幽雅,唱腔淋漓动听,做派整齐,台步活泼,演做逼真"①。

这一时期,京津戏迷中的文人墨客先后把"和硕亲王""凤艳亲王"徽号封赠秦凤云,并为她出版纪念专辑。秦凤云一生灌制有数十张河北梆子唱片,分别为百代、高亭等唱片公司出品。

1929年,秦凤云因婚嫁脱离了演戏生涯,在天津闲居。1937年春,秦凤云为了生计在天津组织坤班复兴社,重登舞台,在北洋戏院以演时装新戏为号召,所演《苦果》《女侦探》《银秀才》等剧目,社会影响十分广泛。平津沪多家报刊连篇报道她在天津的复出情况。

1939年以后,由于时装新戏缺少剧本,秦凤云改以古装戏为主,上座仍然良好。在日本占领下的天津,戏曲演出大都不很景气,然而秦凤云在天津演出,每次登台仍拥有众多观众。

秦凤云在天津所演传统古装剧目,一般也都经过了较大改动。1939年,她在友人帮助下新排《秦雪梅》全剧,改变了以往仅演《吊孝》一折的传统。同时在唱腔、音乐及表演方面有许多新的设计,并在电台做了实况转播。此后该剧久演不衰,风靡一时。河北梆子同行姐妹纷纷学演,《秦雪梅》成了河北梆子班社无一不演的剧目。秦凤云不仅新旧剧皆擅,而且青衣、花旦、老旦诸行皆能。她演全本《蝴蝶杯》,能够一人分饰几角,颇受观众欢迎,业内同行对她羡慕不已。1945年后,她再次辍演,生活清贫,靠变卖家物度日。

1951年,秦凤云在北京与李桂云共组丹声社(不久后更名为新中华秦腔剧团),河北梆子在北京得以复苏。1952年,为培养河北梆子接

---

① 中国戏曲志编辑委员会编:《中国戏曲志·天津卷》,文化艺术出版社,1990年,第474页。

班人,中国戏曲学校设置地方剧科,秦凤云服从组织调动前去任教。1954年,秦凤云被借调到保定,支援河北省戏校河北梆子教学。在此期间,秦凤云曾任河北省政协委员,并被选为中国文联委员、中国戏剧家协会理事。1956年,秦凤云返京,继续在中国戏曲学校任教。1965年退休。

1982年2月11日,秦凤云病逝于北京,终年80岁。

参考文献:

刘波主编:《中国当代文化艺术名人大辞典》,国际文化出版公司,1993年。

路闻捷、石宏图、贾克勤主编:《中国戏剧家大辞典》,中国戏剧出版社,2003年。

(甄光俊)

邱宗岳

邱宗岳(1890—1975),学名崇彦,字宗岳,1890年4月18日(清光绪十六年二月二十九日)出生于浙江诸暨县宜东乡邱村,家中兄弟五人,姊妹三人,邱宗岳居长。

1896年,邱宗岳在本村家塾学习,1905年考中秀才,居全县榜首,1906年就读于杭州府学堂,1910年考取留美预备班,1911年7月赴美留学,成为清末最早的理工科留学生之一。1911—1920年,先后在美国加利福尼亚大学、芝加哥大学、麻省理工学院、哥伦比亚大学、克拉克大学学习,在克拉克大学学习时,从事过热力学与相律学研究,深受当时理论化学权威、美国著名化学家路易斯器重,最终获化学科学硕士和哲学博士学位。

1920年回国后,他先在开封留学欧美预备学校任教授,后应南开大学校长张伯苓之邀,赴南开大学任教,开始投身于南开大学化学系的建设。1922年发起创建南开大学理学院,任南开大学教授兼化学系主任、理学院院长和大学部主任。邱宗岳长期从事理论化学、热力学、相律学教学和研究,在南开大学执教40年之久,培养出大批化学研究人才。

南开大学化学系初创时期面临非常大的困难,经费主要靠募捐,十分紧张,连最简单的玻璃器皿都很难购置,邱宗岳总是把一个钱当作两个钱来用,购买软木塞都亲自去逐个地挑选。实验室则需借用南开中学的实验室。创系之初,邱宗岳和杨石先决定化学系的发展方向是先以有机化学为重点,然后逐渐全面发展。杨石先到美国去访问,为南开化学系邀请了物理有机化学家高振衡、金属有机化学家王积涛、有机化学家陈天池、高分子化学家何炳林和农药化学家陈茹玉等教授前来执教。最初只开设有定性分析、高等无机化学及实验课,后又相继开设热力学、定量分析、相论、理论化学、普通化学等课程。到七七事变爆发前夕,南开大学化学系已初具规模,先后又聘请了10多位教师,开设各类专业课程15门,每门课程都配有实验室。建立了无机化学及定性分析实验室、有机化学实验室、定量分析、理论化学实验室及工业化学实验室等。配备有各种仪器约400种,试剂700种,图书700余册和期刊数十种。南开大学化学系有机化学的师资力量非常雄厚,并且以注重学生的基础理论教育和实验训练而闻名全国,成为当时我国主要的化学教育基地之一,为国家培养出一大批化学专门人才。

1922年底,美国洛克菲勒基金会拟捐助南开大学理科教学,提出要亲自听中国教师讲课。邱宗岳为驻华代表讲了定性分析课,得到高度评价,后基金会决定为南开大学建筑科学馆提供费用,并捐助科学馆仪器设备。邱宗岳亲手设计和督建了这一建筑,1923年10月科学馆竣工,命名为"思源堂"。后人赞道:邱先生一堂课给南开赢来了一座楼。[1]如今思源堂是南开园里仅存的张伯苓时代的建筑。

邱宗岳除负责行政管理外,还亲自给学生授课。他讲课以严著称。对于已讲授几十年的课程,他每次讲时都像对待一门新开课程那样认真准备,学生的习题和小考试卷助教改过之后,他还要亲自再看一遍,大考试卷则总是自己亲自批改。他经常告诫青年教师:"要想检查自己的教学效果,除了看自己已经讲了多少、讲清楚了多少以外,更主要的是要看同学们吸收掌握了多少。"他曾说过:"我即使培养不出高水平的研究生,也要培养出更多的合格的本科生。"

1937年全民族抗战爆发后,南开大学、北京大学、清华大学迁往云

---

[1]中国教育报刊社组编,南开大学撰稿:《漫游中国大学——南开大学》,重庆大学出版社,2007年,第59页。

南昆明,合并组成西南联合大学,邱宗岳随校前往继续任教。

邱宗岳在南开大学执教40多年,桃李满园。到20世纪60年代,南开大学化学系中已有七八代教师大都是邱宗岳的学生,从系副主任、教研组主任、著名的教授直至刚毕业的青年教师,90%以上都师从于他。可以说,南开大学物理化学教研室的教师基本都是他培养出来的。

1952年,邱宗岳加入中国民主促进会,任民进天津市委会委员,他还是天津市政协第一至第三届委员,第三届全国人大代表。

邱宗岳作风朴实,平易近人,毕生致力于教育事业。在生活上他更是严格要求自己,衣食住行都很节俭,平日里总穿夫人做的长袍,上面打了无数补丁,几乎从不购置新衣。1964年,邱宗岳出席第三届全国人大时,才破例做了一身衣服。邱宗岳自己节俭,但他曾将1万多元存款捐献给家乡。[1]

1961年,在邱宗岳执教南开大学40周年之际,南开大学为他做寿开纪念会,《人民日报》及天津的报纸都撰文给予他高度评价。

1975年7月8日,邱宗岳病逝于上海,终年85岁。

参考文献:

浙江省诸暨市政协文史委编:《诸暨文史资料》第3辑,1988年内部印行。

汪明义编著:《大学理念与实践——民办高校视角》,高等教育出版社,2008年。

宋立志编著:《名校精英:武汉大学·南开大学》,京华出版社,2010年。

尉志武、李兆陇主编:《清华化学历史人物》,清华大学出版社,2011年。

（张雅男）

---

[1]参见宋立志编著:《名校精英:武汉大学·南开大学》,京华出版社,2010年,第199页。

裘 爱 花

裘爱花(1923—1990)，出生于浙江省嵊县石蟥村。3岁时父亲去世，后随母改嫁。10岁离家，加入临安鲁家班学演越剧。四年半后，裘爱花开始搭班唱戏。裘爱花很善于学习，经常借鉴别人的戏路、技巧，默记别人的声腔，把别人的特色、长处牢记在心，经过吸收消化，很快成为当地的知名演员，擅长演出《李三娘》《陶三春》《坐宫》等戏。

1938年，裘爱花应邀到上海演出，她与傅全香、尹桂芳合演了《黄金与美人》《难为情》《红粉飘零》等新剧目。她扮相青春靓丽，表演朴实细腻，声腔以传统技法为根本，根据自身的嗓音条件有所创新，唱出来别具韵味，深受观众喜爱。

抗战胜利后，裘爱花开始挑大梁，与小生陈少鹏、毕春芳合演《苏小妹》《泪洒相思地》。1948年，她自己组建民声越剧团，与筱少卿、陈佩君合演《白蛇传》《孟姜女》等剧。早先演越剧没有固定的剧本，也没有固定的演出服装和布景，演员可以自由发挥，演出很不规范。为改变这种落后状况，裘爱花自己花钱为剧团请来编剧、导演及舞台美术工作人员。此时，她的舞台表演艺术已经成熟，但她依然随时借鉴昆曲、话剧和电影的表演手法，以充实越剧的表现力，促使越剧的舞台艺术更臻完美。

新中国成立之初，上海新生女子越剧团赴天津做短期演出，天津群众第一次在自己的家门口观看越剧，其热情程度出乎意料。1950年3月，天津天华景戏院经理高渤海派人赴上海，邀请裘爱花、筱少卿、邢湘麟等组成上海联合女子越剧团，到天津演出现代戏《红花果》及一批古装传统戏。越剧唱腔抒情、优美,服饰绚丽多彩,舞台美术虚实相兼,令天津观众耳目一新。剧团每天演日夜两场,场场爆满。演出合同期满,观众仍一再挽留,联合女子越剧团在天津一连演了几年,创造了外来剧种在一家戏院久演不衰的奇迹。1953年6月,裘爱花、筱少卿等来自上海的越剧艺人,以天津市越剧团的名义,慰问抗美援朝志愿军战士,历时3个多月。

1954年1月,天津市举办第一届戏曲观摩演出大会,裘爱花、筱少卿合作演出《梁山伯与祝英台》,获一等演员奖。周扬、田汉、张光年、郭汉城等戏曲界名家对她们的演技给予高度评价。会演结束后,经天津市政府批准,这个民营戏曲团体正式组建为民营公助天津市越剧团,开创了越剧"南花北移"的先河。

天津市越剧团成立后,裘爱花为了提高自身艺术水平,拜"北昆笛王"田瑞亭为师,刻苦学习昆曲名家韩世昌的《思凡》《游园惊梦》《春草闯堂》等剧目,学习昆曲旦角的艺术技巧,糅化到越剧表演之中。她还虚心向梅兰芳、马连良、谭富英等京剧前辈请益,经名家点拨,她个人的艺术修养有了明显提高,越剧戏路得以拓宽。

1954年,裘爱花扮演《红楼梦》里的林黛玉,在北京演出大受欢迎。中央戏剧学院院长欧阳予倩亲自为裘爱花加工了"葬花"一折,将他的心得体验倾囊相授。戏剧导演焦菊隐运用戏剧理论,帮助裘爱花塑造人物。经过名师指点,裘爱花对剧中人物的理解及舞台形象的塑造产生了质的飞跃。《红楼梦》在北京连续演出3个月,观众热情不减。天津市越剧团把宝玉和黛玉的爱情故事搬上舞台,在越剧史上是第一次,而且为后来越剧电影《红楼梦》的问世,提供了可资借鉴的经验。此后,裘爱花又先后主演了《孔雀胆》《叶香盗印》《孟丽君》《文成公主》等历史剧,均取得了很大的成功。

裘爱花还主演了许多其他的新编剧目,如由同名歌剧改编的《刘三姐》,根据朝鲜同名歌剧改编的《红色宣传员》,从京剧移植的《黛诺》,从沪剧移植的《芦荡火种》等。她主演这些既有古代题材也有当代题材的新戏,在艺术表现方面多有创新尝试,受到观众喜爱。她在舞台上塑造的一个个感人至深的艺术形象,给各地观众留下难忘的印象。

60年代初,天津市越剧团招收了一批少年学员,裴爱花为培养年轻人倾注了大量的心血。她为学员排演的大型神话剧《宝莲灯》,在北京演出后受到马少波等戏剧专家及观众的普遍好评。裴爱花对越剧事业的无私奉献,赢得人们的尊敬和爱戴,1954年她当选天津市第一届人大代表;长期担任市文联委员、天津市戏剧家协会理事;1962年加入中国共产党,同年被评为天津市劳动模范;1965年应邀出席天安门国庆观礼。

1978年7月,裴爱花被调到天津市文化局戏剧研究室工作。"文化大革命"结束后,越剧团重新恢复,此时裴爱花已经年近花甲,为了补回被"文化大革命"耽误的宝贵时间,她努力拼搏,时隔多年重新上演原创剧目《文成公主》。观众看到舞台上的裴爱花依然精神抖擞,风采不减当年,全场报以热烈的掌声。

1986年,裴爱花被评为国家一级演员,同年,调入新成立的天津市表演艺术咨询委员会任委员。1990年,裴爱花因病在天津逝世,终年67岁。

参考文献:

本文部分内容由裴爱花的爱人高其声口述,部分内容根据采访天津市越剧团筱少卿、陈佩君等老艺术家的笔记加工整理。

中国戏曲志编辑委员会编:《中国戏曲志·天津卷》,文化艺术出版社,1990年。

(甄光俊)

屈 秀 章

屈秀章（1901—1981），天津人。早年入天津新学书院读书，1916年毕业后进入粮行，最早在天津西集的怡和斗店任事。由于他头脑清楚，有工作能力，在粮行中受到斗店经理的器重，累升至总稽核。

1937年9月，屈秀章联合李树棠（中法合办仪兴轮船公司副经理）、傅淳熙（本名傅同乐，系河北省立水产专科学校教务主任）、赵星久（久成汽车零件商店经理）、张玉庆（开有煤厂、大车店，并有玉庆里、玉庆东里等大片房地产），开办了启泰粮栈。启泰粮栈设在海河东岸大王庄，注册资金法币2万元，约合面粉1万袋，由5股组成，每股4000元，5位股东分别持有1股。经股东会商定，由屈秀章任经理，聘请安焕章任副经理。

启泰粮栈地址在英商太古洋行码头，用地产权为英商太古驳船公司所有。启泰粮栈租用时，除办公用房外，粮食进栈则露天堆存，每月按实际使用面积向太古驳船公司丈量交租。经纪人每天代客探样、进栈交易，栈方外柜同时也代客商洽谈成交。从铁路运来的粮食，有专用支线直接卸车，其他渠道来粮则由汽车、畜力大车、地扒车装运入库。扛包、码垛、封席、装运等均人背肩扛，纯系人工作业。启泰粮栈的业务范围，除面粉一项由金城银行仓库成交外，其他所有粮米无不包括。其经营方式主要有代客垫款、代客报验、代客报关，以及提供船舶、列车班次等信息服务。

启泰粮栈开业时仅有2万元资金，不敷周转运营。由于屈秀章任天津裕兴银号监理、福中贸易公司总经理，在进出口贸易及银钱业中也有一定声誉,启泰粮栈与多家银号建立了透支关系。启泰粮栈经营步入正轨后,屈秀章有了建立全市性杂粮交易市场的想法,于是他联合了东帮兴隆栈经理岳福臣、山东帮泰丰栈经理邹馨泉等,发起组织以本地帮、东帮、山东帮为主体的天津市杂粮业同业公会。该同业公会于1938年正式成立,屈秀章当选为会长。经过公会决议,指定在启泰粮栈成立杂粮交易市场。

启泰粮栈成立杂粮交易市场后,与西集、北集的五大斗店保持密切联系,每天第一盘开出,立即通过电话向各处传播,同时也能听到西集、北集的行情,行情变化随时打招呼通气。杂粮产地北起长春,南到沪、粤,对于各地丰歉情况,粮栈通过各种渠道了如指掌。启泰粮栈还通过进出口贸易渠道,搜集国际市场行情,如澳洲、加拿大、伦敦、利物浦的小麦行情,香港、大阪、新加坡、马来西亚的大豆行情等,随时向客户提供参考。粮栈代客买卖,坐收佣金,无论涨落,旱涝保收。

1939年天津大水灾以后,各地来粮减少,粮价直线上升。日本侵略军为巩固侵华战争基地,开始实行粮食统制。在日本陆军特务机关操纵下,在天津成立"米谷组合",强迫粮商、粮栈参加,启泰粮栈首当其冲。同时,由日商三井洋行、三菱洋行和增幸洋行出面,在市场上代日本军方抢购稻米、小麦、杂粮等以充实军需。

1940年8月29日,伪天津特别市公署市长温世珍令天津商会改选,9月30日改选完毕,刘静山当选会长,焦世卿、屈秀章等4人为常务董事。1940年12月,天津商会组织公断委员会,推举屈秀章等7人为委员会评议员,并公推屈秀章为主任。1942年底刘静山因病请辞会长职务。1943年1月24日,天津商会在伪社会局局长蓝振德监督之下进行改选,屈秀章等5人当选常务董事,屈秀章当选会长。1月25日,举行新职员就职典礼,日军特务机关长、日本商工会议所头目、新民会事务部长等出席会议,屈秀章致就职辞,引起社会哗然。1944年3月20日,屈秀章离会出走,后辗转到了重庆。

1948年底,屈秀章偕家眷到了台湾。1981年,屈秀章因病在台湾去世,终年80岁。

参考文献:

刘勋:《屈秀章与启泰栈杂粮市场》,载天津市河东区政协文史委编:《天津市河东区文史资料》第2辑,1989年内部印行。

天津市档案馆等编:《天津商会档案汇编(1937—1945)》,天津人民出版社,1997年。

天津市档案馆等编:《天津商会档案汇编(1945—1950)》,天津人民出版社,1998年。

孔令仁、李德征主编:《中国老字号》(陆),高等教育出版社,1998年。

(高　鹏)

饶毓泰

饶毓泰(1891—1968),名俭如,字树人,江西临川人。饶毓泰的父亲饶之麟是清朝举人,拔贡生,曾任户部主事,其母余娥之。幼年时期,其父教他国学。1905年,14岁的饶毓泰只身来到上海,就读于中国公学。当时,胡适正在这个学校读书,后来中国新公学成立,由于缺少教员,该校聘请胡适担任教员。不久,饶毓泰转到中国新公学读书,胡适曾经教过他英语。

饶毓泰毕业后回到江西,于1912年担任江西临汝中学英语教师。1913年2月,饶毓泰考取了江西省公费留学美国。最初在加州大学,后到芝加哥大学学习物理学,并于1917年获得了学士学位。此后,饶毓泰转到普林斯顿大学,在K.T.康普顿教授的指导下从事气体放电的研究。当时,这个研究方向是物理学界研究的前沿。1920年,饶毓泰与朱毅农结婚。1921年,饶毓泰获美国普林斯顿大学硕士学位,1922年6月获得该校授予的博士学位。他的博士论文《关于水银蒸汽的低压弧光和它对荧光的影响》发表在当年美国的《物理评论》上,这是当时气体导电研究的一项新成就。

1922年初,饶毓泰在美国攻读博士学位时,接到南开大学校长张伯苓的聘请。获得博士学位两个月之后,他在1922年8月回国任南开大学教授兼物理系主任,还兼任南开大学理学院院长,成为南开大学物理学的创建人。任教南开期间,饶毓泰开设普通物理、分析力学、初步光学等课程。他采取启发式教学方法,讲课时既突出重点和基本概念,同时辅以科学史论证,使学生获益匪浅。他注重将教学与科研相结合,将最新研究成果融入教学,讲稿几乎每年修改。

饶毓泰十分关心人才的发现与培养,对青年人多予鼓励和帮助,在南开大学任教期间培养了一批人才。当时,南开大学数学、物理、化学等系学生,很多曾受教于饶毓泰,多人后来成为国内外知名学者,如刘晋年、江泽涵、吴大猷、吴大任、陈省身、郑华炽等。

1929年,饶毓泰利用学术休假的机会,并得到中华教育基金会的资助去德国留学,先后在莱比锡大学和波兹坦天体物理研究所从事科学研究。1931年他与朱毅农离婚。1932年8月,饶毓泰由德国归来,先在北平研究院物理学研究所任专职研究员,次年6月受聘于北京大学,任研究教授、物理学系主任,兼任理学院院长。饶毓泰还是当时中国物理学会常务副理事长、《中国物理学报》编委。

饶毓泰在北大除了亲自给学生讲课和指导实验外,还制定计划,采取一系列措施,加强了教学和科研工作。他特别重视实验室建设和开展实验研究工作,与吴大猷、沈寿春等人开展了斯塔克效应和喇曼光谱等研究工作;建立了金工车间,利用进口摄谱仪的光学元件自制大型摄谱仪一台。当时系里教师少,教学任务繁重,饶毓泰就同时讲授两三门课。饶毓泰强调高等学校的教师一定要做科学研究,坚持教学和科研并举,不可偏废。在他的领导下,系里教师积极从事科学研究,在分子光谱理论和光谱学实验研究等方面取得了不少有价值的成果。在教学上,他重视演示实验,并决定把原北大理学院的一个小礼堂改为阶梯教室,建立了演示实验室。1937年5月底,被誉为"现代理论物理大师"的丹麦物理学家N.波尔来北大演讲。据郑华炽教授回忆,演讲前N.波尔参观了物理系的实验室,他看到我国竟能制造这样大型先进的光谱仪,并能拍照出984谱线时,给予了很高的评价。1934年,饶毓泰与张因明结婚。

抗日战争时期,清华大学、北京大学和南开大学在湖南长沙组成长沙临时大学,后来在昆明组成西南联合大学,饶毓泰先后担任长沙临时大学和西南联大物理学系主任、理学院院长。饶毓泰患有胃溃疡病，胃痛经常折磨着他，妻子张因明又在上海感染伤寒而去世。面对种种困难和痛苦，怀着对亲人深切又痛苦的思念，饶毓泰始终坚持在第一线，领导全系教师认真教学，并进行科学研究。饶毓泰住在离校很远的乡间，交通又不便，他只能坐农村的马车或步行到校上课或办公，还亲自讲授"光学"和"光的电磁理论"等课程。他主张在艰苦的条件下也不要放弃科研，教师把棱镜装置在木架上拼凑一台光谱仪就进行喇曼效应实验研究。他严格督促青年助教写出论文，有的论文在《中国物理学报》或美国《物理评论》上发表。饶毓泰一如既往地关爱学生，去上海看望女儿时，还替曾经的学生吴大猷校对专著《多原分子的结构及其振动光谱》，后该书获丁文江奖金而饮誉海内外。他关怀流落在沦陷区北平的研究生虞福春，帮助他辗转到昆明任教。为了扶植物理学后起之秀黄昆，他设法腾出编制，聘其为助教。

1944年饶毓泰自费赴美国，先后在麻省理工学院、普林斯顿大学和俄亥俄州州立大学工作，历时3年。1947年初回国后，受北京大学校长胡适的聘请，任北京大学教授、理学院院长，兼任物理学系主任。1948年，饶毓泰教授当选为中央研究院院士。北平解放前夕，胡适多次找到饶毓泰，力劝他跟随国民党南下，但饶毓泰坚持留在北平，迎接解放。

新中国成立后，饶毓泰积极投身于新中国的科学和教育事业。1952年全国高等院校进行院系调整。这时饶毓泰已年逾花甲，加之长期患有胃溃疡，身体虚弱多病，医生只允许他半日工作。虽然他不再担任领导职务，但仍然时刻关心物理学系的工作，并亲自参加光学专门组的建设，使北京大学物理学系光学专门组成为我国最早成立的光学专门组之一。1955年，饶毓泰当选为中国科学院首批学部委员，他还是全国政协第二、第三届委员，第四届全国政协常委。

1966年"文化大革命"开始不久，中央通知北京大学，明确指示，饶毓泰同志是保护对象之一。但饶毓泰还是遭到打击和迫害,1968年10月,饶毓泰在北京逝世,终年77岁。

1978年9月7日,在北京八宝山革命公墓礼堂,为饶毓泰举行了隆重的追悼会。

参考文献:

范群:《中国现代物理学奠基人饶毓泰》,载南开大学办公室编:《南开人物志》,南开大学出版社,1994年。

白金骙:《中国现代物理学奠基人饶毓泰》,载天津市政协文史委编:《近代天津十二大自然科学家》,天津人民出版社,2011年。

(张绍祖)

任风苞

任风苞(1876—1953)，字振采，号适庐，江苏宜兴人。任氏为宜兴望族、官宦世家。任风苞幼时入塾读书，受到良好的教育，稍长随父宦游在外，增广见闻。清末任风苞北上京城，以监生出身历任清廷光禄寺署正、江西补用道、直隶候补道、邮传部路政司行走丞。

1914年10月，中国、交通两行筹组新华储蓄银行，1915年2月开业，任风苞任董事。同年，税务督办兼交通银行总经理梁士诒聘请任风苞为协理。任风苞协助梁士诒积极拓展业务，广设分行，并为政府募集公债。1916年，袁世凯复辟帝制失败，梁士诒被通缉，交通银行董事会公举任风苞暂行兼理总经理事务。1917年，曹汝霖任交行总经理后，任风苞改任协理。1917年5月起，任风苞先后任金城银行董事、盐业银行董事、中日合办中华汇业银行监事。曹汝霖执掌交通银行时，委托任风苞掌握银行实权，任成为"交通系"的重要人物，有"小财神"之称。1919年，曹汝霖下台，任风苞随之辞职。

1928年，任风苞迁居天津法租界，开始投资银行业，曾任天津金城银行终身董事、北四行(盐业、金城、中南、大陆四家银行总称)储蓄会和信托部执行委员、耀华学校校董等职。抗战爆发后，盐业银行总经理吴鼎昌调任贵州省主席，任风苞代理盐业银行董事长兼总经理。抗战期间，任风苞隐居不出，拒任伪职，洁身自好，寄情于方志、古物、古书的收藏和鉴赏，保持了民族气节。抗战胜利后，任风苞继任盐业银行董事长，同时兼四行储蓄会执行委员。

任风苞资财雄厚，他急公好义、乐善好施。1924年，他出资在家乡宜兴任氏宗祠内创办履善小学,原为培养任氏子弟,后以办学优良,名声卓著,异姓学生纷纷入学。由于学校为高年级学生提供膳宿,临近的溧阳、武进、长兴等地均有学生前来求学。任凤苞还与士绅沙彦楷、贾士毅等出资创办了宜兴中学,聘请无锡的留日教育家胡雨人为校长。1931年,该校改称江苏省立农林职业学校。这两所学校为国家和地方培养了许多人才。

任凤苞还是一位专门收藏地方志书的藏书家,其藏书楼称为"天春园"。任凤苞从粗解文字之时就喜欢收藏图书。随着阅历的增加,知识越来越丰富,交游越来越广泛,图书收藏的兴趣也越来越浓厚。最初他的收藏并没有明确的目的,只是博取众收,无所选择。后来他决定专门收藏地理类图书中的地方志,他认为地方志是构成一国历史的基本材料,具有独特的意义;地方志可以充分反映出各个时代的典章制度,反映出各个地方的风俗、物产、气候、水文等情况,具有重要的史料价值。他心力尽瘁、专心致志,只要有珍贵的地方志就定要争取收藏。

经过30余年的不懈努力,任凤苞收藏地方志多达2500余种,成为名副其实的地方志收藏第一人。他十分重视收藏孤本、珍本志书,同时致力于搜罗清乾隆以后乃至民国年间编纂的省府州县志、乡镇志、乡土志。他收得清嘉庆以后的志书多达1704种,其中民国志书达210种,乡土志23种。任凤苞的收藏量多、质精、类全,保存了大量的文化典籍,反映了中国志书的连续性特征。

20世纪30年代,美国人愿出重金悉数收购天春园所藏志书,遭到任凤苞的拒绝。日本占领天津后,也觊觎天春园的收藏。然而任凤苞既不为名利所动,也不惧怕胁迫威逼,把收藏的全部志书存放在中南银行三楼银库中,直到抗战胜利。

1949年1月天津解放,任凤苞激动不已,他积极参加国民经济的恢复工作。1953年,任凤苞经过慎重考虑,将天春园收藏的全部志书捐献给天津市人民政府,藏于天津市人民图书馆(1982年更名为天津图书馆)。在该馆所藏3686种方志中,任氏旧藏有2591种,占总数的70%以上,使该馆以收藏志书丰富而闻名。任凤苞化私为公、嘉惠后人的善举也得到了政府的嘉奖。

1953年,任凤苞逝世,终年77岁。

参考文献:

江庆柏:《近代江苏藏书研究》,安徽文艺出版社,2000年。

张宪文、方庆秋、黄美真主编:《中华民国史大辞典》,江苏古籍出版社,2001年。

牛一兵、王宏主编:《天津小洋楼:名人故居完全档案》第3卷,天津教育出版社,2011年。

刘尚恒:《二馀斋文集》,天津古籍出版社,2013年。

(王社庄)

荣　禄

　　荣禄(1836—1903),字仲华,号略园,别号田舍主人。瓜尔佳氏,满洲正白旗人。其祖父塔思哈于清道光初年任喀什噶尔帮办大臣,授骑都尉世职。其父长寿(甘肃凉州镇总兵)跟随钦差大臣、文华殿大学士赛尚阿赴广西追剿太平军,在昭平龙寮岭大洞山战役中战死,谥"勤勇"。

　　1852年12月,荣禄以荫生资格赏主事衔,任职于工部。不久承袭骑都尉兼云骑尉。1858年升员外郎,次年调任户部银库员外郎。

　　1861年,荣禄捐输军饷奖为候补道,充任京畿巡防处总办。1862年,调任神机营文案处翼长。1864年,升神机营全营翼长。1865年,统带神机营与健锐营去直隶蓟州东部剿匪,以军功赏副都统衔,兼管健锐营事务。回京后,因督练官兵有功,赏戴花翎,任神机营、健锐营马队专操大臣。1866年,署理正蓝旗蒙古副都统,同年底调镶白旗满洲副都统。1868年,因剿平西捻军张宗禹部赏戴头品顶戴。后补授镶黄旗满洲副都统。1871年,补授工部右侍郎。1873年,升任户部左侍郎,兼管三库事务。次年,兼署吏部左侍郎,授满洲正蓝旗护军统领,兼总管内务府大臣。著加太子太保衔,并赏戴双眼花翎。1875年4月,兼署九门提督。1877年2月19日,兼九门提督,其本职仍为户部左侍郎。1878年6月2日,升为都察院左都御史,15日,再升为工部尚书,仍兼总管内务府大臣和九门提督之职。1879年1月19日,因得罪醇亲王奕譞和协办大学士、军机大臣、兵部尚书沈桂芬等人,被开去总管内务府大臣和工部尚书职务。1879年12月21日,再被褫夺九门提督,从此心灰意冷,"杜门却扫,折节读书,著有世笃忠贞录诸书,屏居十余年"①。

1887年,荣禄教授光绪帝骑射,得到慈禧赞许,遂下旨对荣禄加恩开复处分,随即授镶蓝旗蒙古都统。从此,荣禄成为慈禧心腹。后因遭到领班军机大臣、礼亲王世铎忌恨,1891年12月外放西安将军。

1894年11月,慈禧六十大寿,荣禄以祝寿为名进京。此时,中日甲午战争激战正酣,慈禧素知荣禄熟谙兵事,遂将其留在京中,任为九门提督兼督办军务处大臣,不久又任命为总理各国事务衙门大臣。1895年8月11日,升任兵部尚书,仍兼九门提督、督办军务处大臣、总理各国事务衙门大臣。1896年6月4日,授协办大学士。1898年6月10日,授文渊阁大学士,15日,署理直隶总督兼北洋大臣,6月23日,实授。

荣禄在天津任职期间,正值维新变法时期。1898年1月24日,按照光绪帝谕旨,总理各国事务衙门五位大臣李鸿章、翁同龢、荣禄、廖寿恒和张荫桓,在总理各国事务衙门西花厅接见了工部主事康有为。荣禄先发制人,态度冷傲地说:"祖宗之法不能变",遭到康有为的反驳。荣禄对康有为怀有极大的成见,没等接见完毕,即先行离开。②5月下旬,荣禄遍邀王公大臣联衔恳请慈禧垂帘训政,慈禧没有同意。荣禄这些示忠的举动更加得到慈禧宠信。6月16日晨,康有为前往仁寿殿朝见光绪帝,先到朝房等待,与荣禄不期而遇。荣禄傲慢地对康有为说:"以子之槃槃大才,亦将有补救时局之术否?"康有为以"非变法不可"应答。荣禄又说:"固知法当变也,但一二百年之成法,一旦能遽变乎?"康有为岔然说:"杀几个一品大员,法即变矣。"荣禄十分愤

①孙葆田:《文华殿大学士赠太傅晋封一等男爵瓜尔佳氏文忠公神道碑》,载闵尔昌纂录:《碑传集补》,台湾明文书局,1986年,第20页。
②康有为:《康南海自编年谱》,载中国史学会主编:中国近代史资料丛刊《戊戌变法》第4册,上海人民出版社,1957年,第140页。

怒,杀心陡起。①

荣禄在即将出京前往天津时,再三请求慈禧垂帘训政。慈禧心有顾忌地说:"非图安逸,恐又招揽权之讥。"荣禄答道:"揽权者,臣下之谓也,非所谕于太后,明事人断无是言,不明事者何足重轻。"②慈禧深感荣禄对自己的忠心,益发宠信。

荣禄在天津就职后,首要之事就是紧抓军权。为此,他对驻扎宁河县芦台镇的武毅军首领聂士成、驻扎天津县小站镇的新建陆军首领袁世凯和驻扎北京东南郊的甘军首领董福祥等人加意笼络。

9月上旬,反对维新变法运动的守旧派们加紧鼓动慈禧再次垂帘训政,镇压变法。9月13日,广西道监察御史杨崇伊前往天津,与荣禄密商对策。维新派认识到形势的急迫,遂将希望寄托在袁世凯身上。9月11日,光绪帝发布上谕:"电寄荣禄,著传知袁世凯,即行来京陛见。"③9月16日,光绪帝召见袁世凯,"垂询军事甚详"④,并下旨提拔袁世凯为候补侍郎。次日,光绪帝再次召见袁世凯,明确表明袁世凯可不必听荣禄指挥,而应直接听命于皇帝。

袁世凯进京"陛见"和超擢,引起了荣禄的警觉。趁袁世凯只身进京谢恩之机,以预防英军入侵为名,荣禄"即调聂士成守天津,以断袁军入京之路"⑤。9月20日晚,袁世凯回津后,为自保拜见了荣禄,将"围园捕后"的密谋合盘托出。9月21日戊戌政变,慈禧将光绪帝囚禁

①苏继祖:《清廷戊戌朝变记》,载中国史学会主编:中国近代史资料丛刊《戊戌变法》第1册,上海人民出版社,1957年,第354页。

②苏继祖:《清廷戊戌朝变记》,载中国史学会主编:中国近代史资料丛刊《戊戌变法》第1册,上海人民出版社,1957年,第333页。

③《上谕二一一》,载中国史学会主编:中国近代史资料丛刊《戊戌变法》第2册,上海人民出版社,1957年,第84页。

④袁世凯:《戊戌日记》,载中国史学会主编:中国近代史资料丛刊《戊戌变法》第1册,上海人民出版社,1957年,第549页。

⑤《康南海自编年谱》,载中国史学会主编:中国近代史资料丛刊《戊戌变法》第4册,上海人民出版社,1957年,第160页。

于中南海之瀛台,并下旨捉拿康有为、康广仁二人。9月24日,慈禧以光绪帝名义下达谕旨,捉拿维新派。①

维新变法失败后,慈禧更加信任荣禄。9月28日,慈禧以光绪帝的名义下诏,任命荣禄为军机大臣,管理兵部事务。10月11日,慈禧以光绪帝名义下旨:"现在时事艰难,以练兵为第一要务,是以特简荣禄为钦差大臣,所有提督宋庆所部毅军、提督董福祥所部甘军、提督聂士成所部武毅军、候补侍郎袁世凯所部新建陆军以及北洋各军,悉归荣禄节制,以一事权。"②

1899年3月31日,为拱卫京师,经清廷批准,正式成立武卫军,荣禄为全军总统。武卫军训练有素、装备精良、人数众多,由德国、挪威、俄国等外国教习和中国教习对官兵进行训练,是当时中国最精锐的一支国防军,也是慈禧手中的一张王牌。

1900年1月24日,慈禧以光绪帝名义下诏,"以多罗端郡王载漪之子溥儁承继为穆宗毅皇帝之子""以为将来大统之归"③。端郡王载漪急于废黜光绪的帝位,以使溥儁早日登基。为此联结一批守旧派大臣,欲借义和团之手,将光绪帝赶下台。

此时的荣禄感到左右为难:一方面,他认为义和团是"匪",必须镇压;另一方面,他又不愿得罪权倾朝野的端郡王载漪,遂以治疗"手足之疾"为借口,于1900年4月至5月请假60天。

面对西方列强越来越明显的侵华态势,假期中的荣禄感到形势危急,遂从5月29日至6月4日连上7道奏折,力主全力镇压义和团,但却遭到"不得孟浪行事"的训斥。6月6日,荣禄销假出山,立即电告身

①朱寿朋编:《光绪朝东华录》第4册,中华书局,1984年,总第4201页。
②中国社会科学院近代史研究所中华民国史组编:《中华民国史资料丛稿·专题资料选辑》第2辑《清末新军编练沿革》,中华书局,1978年,第24—25页。
③《清实录·德宗实录》卷457,光绪二十五年十二月(下),中华书局,1987年,第1026页。

处镇压义和团第一线的聂士成,要求他切实保护铁路和洋人,以避免西方列强借助剿之名发动侵华战争。①聂士成护路保洋的做法遭到守旧派的申斥。10日,八国联军侵华战争正式爆发。16日上午,义和团误将北京最繁华的大栅栏地区焚毁。下午,慈禧召开御前会议,讨论时局,并下谕旨,要求荣禄"速派武卫中军得力队伍,即日前往东交民巷一带,将各使馆实力保护,不得稍有疏虞"②。19日,慈禧在第四次御前会议上,决定"用拳抗洋"。20日,清廷派遣武卫后军攻打使馆区。21日,清政府向英国、美国、法国、德国、意大利、俄国、日本、奥匈帝国、西班牙、比利时、荷兰十一个国家宣战。

虽然清廷已向十一个国家宣战,荣禄却想留条后路。7月17日,武卫后军停止进攻。一名法国士兵进入清军阵地,见到荣禄。荣禄了解到使馆区内缺少水果时,"即取桃子置于此人之袋中,又送西瓜令其带回,并言其部下之兵可以保护使馆"③。

荣禄虽想极力保护使馆,以为将来谈判留一线生机,却无法阻挡八国联军进军北京的步伐。随着形势的不断恶化,8月15日,慈禧胁迫光绪帝逃往西安,次日,北京失守。当晚,荣禄从西直门逃出北京,8月20日抵达保定。后奉诏前往西安。荣禄到达西安后,慈禧对其宠信有加,赏穿黄马褂,赐双眼花翎和紫缰。

1901年4月21日,清廷成立督办政务处,委任荣禄、奕劻、李鸿章等为督办政务处大臣。7月25日,荣禄兼管户部。8月16日,成为领班军机大臣。1902年1月7日,荣禄随慈禧、光绪帝同回北京,被赏加太子太保衔,2月2日转为文华殿大学士,埋头于整理汉文和满文

①《荣中堂(禄)急电》(光绪二十六年五月初十),载北京大学历史系中国近现代史教研室编:《义和团运动史料丛编》第2辑,中华书局,1964年,第169页。

②《清实录·德宗实录》卷464,光绪二十六年五月下,中华书局,1987年,第75页。

③[英]普特南·威尔(Putnam Weale):《庚子使馆被围记》中卷,冷汰、陈诒先译,上海书店出版社,2000年,第102页。

档案。

1903年4月11日,荣禄病逝,终年67岁。谥文忠,追赠太傅,晋封一等男爵,入祀贤良祠,生平事迹宣付国史馆立传。

荣禄有《荣文忠公集》《荣禄存札》等存世。

参考文献:

闵尔昌纂录:《碑传集补》,台湾明文书局,1986年。

中国史学会主编:中国近代史资料丛刊《戊戌变法》第4册,上海人民出版社,1957年。

杜春和、耿来金、张秀清编:《义和团资料丛编》,齐鲁书社,1986年版。

[英]普特南·威尔(Putnam Weale):《庚子使馆被围记》中卷,冷汰、陈诒先译,上海书店出版社,2000年。

赵尔巽等编:《清史稿》,中华书局,1977年。

（涂小元）

阮 务 德

阮务德(1914—1939),曾化名张德民,1914年3月24日出生于河北省山海关一个教会家庭。阮务德的父母都是知识分子,曾参加过辛亥革命,他幼年经常听父母讲辛亥革命的故事。在长辈的影响教育下,他幼小的心灵便播下了爱国主义的种子。

阮务德1922年起上小学、中学,在校属于品学兼优的好学生。1933年春,日军占领热河,大片国土沦丧于日本侵略者的铁蹄之下。此时,阮务德正值高中毕业,他由山海关逃到天津,后考入天津河北省立法商学院大学部的法律系。在该院任教老师、地下党员杨秀峰等的指导下,阮务德积极参加进步学生组织的"经济学会""政治学会"和"时事座谈会"等进步团体,积极开展抗日救亡宣传活动。由于工作出色,当选为学院学生自治会的负责人之一。同时,阮务德还利用法商学院学生会负责人的身份,帮助汇文中学成立抗日救亡的学生自治会,后来这里成为天津市学联开会的秘密地点之一。

1935年一二·九运动爆发后,天津各院校代表立即召开联席会议,决定在12月18日举行天津市学生游行。12月18日下午,游行队伍在南开中学操场召开全市学生大会,宣布成立"天津市学生联合会",阮务德参加了学联的工作,主要负责联络工作。1936年初,阮务德经学联党团工作负责人朱纪章介绍加入中国共产党。入党后,阮务德深入各院校联络,对青年人进行耐心的教育和培养,为党在天津开展抗日救亡运动壮大了骨干队伍。

1936年,根据中共中央北方局的指示,天津党组织决定再次组织学生和群众示威游行,壮大抗日力量,打击日本帝国主义的侵略气焰。5月28日,天津学生和各界群众在党组织的领导下,走上街头,高呼抗日口号,展现了爱国群众的伟大力量。在游行中阮务德发表了演讲,号召各界群众加强团结一致对外。在官银号召开了市民大会,会议通过了《反对华北特殊化》等议案,并宣布从次日起全市学生罢课三天。后游行队伍前进到南开中学操场,阮务德又发表演说,阐述了此次游行示威的重大意义,号召为抗日救国努力奋斗。"五二八"大游行后,阮务德开始负责天津学联的工作。

1936年10月下旬,阮务德被市公安局传讯,学生会、学联闻讯后立即组织营救。反动当局惧怕事态扩大,将阮务德等秘密押往北平监狱,在狱中他经受了各种酷刑。1937年全民族抗战爆发后,经党组织多方营救出狱。出狱后,他参加了北平西山抗日游击队,后在战斗中腿部受伤,遂化名张德民辗转多地养伤,同时坚持向群众宣传抗日思想。

1938年7月,阮务德参加冀东抗日武装暴动,在冀东抗日联军第五总队政治部工作。1939年初,第五总队一、二支队与滦县南部一带暴动队伍高志远部会合后攻下乐亭县城。后阮务德担任二十三总队政治部主任,由于他讲求工作方法,关心同志,深受干部战士的敬佩。11月初,抗联二十三总队奉命返回丰(润)滦(县)迁(西)地区坚持游击斗争,在滦县的东安河和杨庄附近与日伪军遭遇。8日,在率领部队突围时,阮务德壮烈牺牲,年仅25岁。战斗结束后,当地人民在掩埋烈士遗体时,发现在阮务德身旁有一堆纸屑,那是他在生命最后一息,忍着伤口剧痛销毁的身上携带的文件和名册。

参考文献:

中共天津市委党史资料征集委员会编:《天津抗日英烈》,天津古籍出版社,1995年。

(孟　罡)

桑 志 华

桑志华(1876—1952)，全名保罗·埃米尔·黎桑(Paul Emile Licent)，1876年生于法国。他从青年时代就致力于地质生物学研究，1912年获得法国科学院动物学博士学位后，便萌生了到中国考察探险的想法。

1914年3月，桑志华以法国天主教耶稣会神父的身份来到天津。在法国设立的直隶省东南教区(设在献县)耶稣会会长戈迪萨尔神父的支持下，以坐落在天津法租界内的圣路易斯路18号的崇德堂作为活动基地，开始了他长达二十年在我国北方地区的考察活动。

1914年至1917年的四年里，他分别到河北、山西、陕西考察，采集的大都为动物和植物标本，其中，1915年3月，还到天津北塘附近，对鱼类和海洋动物进行了考察。

自1918年春天开始，桑志华的足迹开始向西北腹地延伸，他横穿山西西部，经榆林到达甘肃靖远、兰州，进而向西进入青海西宁。一路上跋山涉水，风餐露宿，采集了许多珍稀的动植物、岩矿和化石标本。在甘肃庆阳以北的辛家沟，首次发现了以中国麒麟鹿、三趾马和鬣狗三大类为主的晚第三纪(距今1千万年前)上新世动物化石群，"开创了中国古哺乳动物学的新纪元"。1919年8月，桑志华用了7辆马车和18匹骡子将全部标本运回天津。

1920年5月，桑志华途经山西返回甘肃庆阳，进行大规模的采掘活动，这期间发现了旧石器时代的石核、石片。这是我国境内首次发现旧石器时代器物，揭开了中国旧石器时代古人类研究的序幕。

1921年,桑志华在山东省沿海一带进行了短暂的考察,采集了部分海洋动物标本。1922年9月,他在内蒙古萨拉乌苏河发现了更新世(距今3万年前)的哺乳动物化石群和石器,共有40多种(含4个新种),包括披毛犀、野马、野驴、纳玛象、羚羊等。

桑志华在内蒙古萨拉乌苏河挖掘化石标本时,意外地发现了河套人牙齿化石,这是中国发现的第一个古人类牙齿化石。他在中国的重大考古发现,以及送回法国的化石标本,引起西方学者的极大兴趣。1922年,法国自然历史博物馆、法国科学院及法国教育部提供资助,由德日进、桑志华组成的"法国古生物考察团"来到中国,先后在宁夏水洞沟、陕西榆林、辽宁锦州、内蒙古赤峰等地进行了三年的考察活动,挖掘到4000块石器。他们共同撰写了《关于内蒙古和陕北第一次发现旧石器文化初步报告》,出版了《中国的旧石器时代》等专著。

1925年4月,桑志华在河北阳原县泥河湾村发现了第四纪早更新世时期(距今约240万年前)的真马——三趾马动物化石群。主要动物有三趾马、板齿犀、剑齿虎、原始鬣狗等。如今,建立在泥河湾动物群基础上的泥河湾地层剖面,已成为国际第四纪标准层型剖面。

随着考察工作的进展,崇德堂已无法容纳如此多的标本。在桑志华建议下,经法国耶稣会、献县教区及法租界当局商议,在紧靠英租界的马厂道南侧、毗邻工商学院划出一块地方建博物院。1922年,博物院第一座馆舍(北楼)正式落成,该楼为三层,由比利时仪品地产公司工程部建筑师毕奈设计并监造。桑志华为其取名"MUSEE HOANG-HO PAIHO",意为"黄河白河博物院",中文名为"北疆博物院"。

为了满足工商学院教学及向公众开放的需要,1925年,桑志华委托法商永和营造公司,由工程师柯基尔斯基设计,在博物院北楼西端开始建造陈列厅,并与北楼相连,于1928年正式对外开放。一楼陈列岩矿标本(包括黄铁矿、石英、水晶等晶体)、古生物及古人类标本,如披毛犀、古象、鹿角等,还有许多宗教用品、民俗用品。二楼陈列动植物标本,包括400种鸟类及成千上万种昆虫标本。1929、1930年分两期对博物院进行扩建,仍由永和公司设计施工,在北楼南面又增加了一座两层新楼(南楼),在二楼增加了通道,这样,一座包括北楼、南楼和陈列厅在内的博物馆正式建成。北疆博物院是中国最早的博物馆之一,在中国博物馆史上占有重要地位。北疆博物院的丰富馆藏,后来为天津自然博物馆的建立奠定了雄厚的基础。

1925年10月,桑志华返回法国。1926年春天与德日进结伴回到天津,开始新一轮的考察活动:1927年4月在承德、赤峰、周口店考察,1928年至1929年在哈尔滨、长春、沈阳、大连考察,1930年在京津一带考察,1931年在张家口、辽东半岛考察,1932年在陕西考察,1933年在山西考察。

1934年,在经历几年的平淡期后,桑志华与汤道平在山西省东南的榆社盆地的武乡、沁县及长治一带,挖掘出具有编年史特点的哺乳动物化石群,其年代约在距今800—400万年前,即从新第三纪到早更新世晚期,包括成批的三趾马、犀牛、古象、羚羊等动物骨架化石。1935年至1938年,又先后在山东、山西、内蒙古等地考察。

这期间他还指导开凿了天津第一口地热井,在天津温泉开发史上书写了重要一页。该地热深井也是"津市唯一自流井",坐落在法租界老西开教堂附近,井深861米,出口水温29℃~30℃(另有记载为34℃),井口每小时自流量6000加仑(相当于27.3吨),若用水泵抽水则可达每小时2万加仑(相当于91吨)。据地质工作者调查,该井于1972年停止自流,1992年前后因房地产开发而封闭填埋。

桑志华根据开凿这眼自流井的成功经验,推断我国西北干旱地区一样可以开凿地下承压水。他认为,陕甘地质与河北绝对相同,西北平原荒歉连年,倘能多打自流井,开发水利,则农事之水源问题,全可解决。他的推断对于我国西北地区寻找地下水源,无疑具有重要的指导意义。

桑志华在海河流域考察的这一时期，正是中国现代自然科学的形成阶段，因此他对成长中的中国现代地质学、动物学、植物学、古人类学的贡献是显而易见的。

1937年七七事变爆发后，桑志华的考察活动被迫终止，于1938年返回法国，并将许多化石转送到巴黎法国国家自然历史博物馆。

1952年，桑志华在法国去世，终年76岁。

参考文献：

[法]桑志华(Paul Emile Licent)：《黄河流域十年实地调查记目录》，天津法文图书馆印行。

陈锡欣：《天津自然博物馆八十周年》，天津科学技术出版社，1994年。

孙景云：《天津自然博物馆建馆90周年文集》，天津科学技术出版社，2004年。

《津市唯一自流井开凿完竣成绩优良》，《益世报》，1936年5月13日。

《西开自流井完成后桑志华博士发表研究成果》，《益世报》，1936年5月18日。

（侯福志）

尚 和 玉

尚和玉(1873—1959),名尚壁,字和玉,以字行。天津宝坻人,1873年2月24日(清同治十二年正月二十七日)出生于宝坻县大套村的一户贫困农家。7岁时,入玉田县石门镇王九成主办的"九和春"科班学戏。因其生性好动,自幼就喜欢舞枪弄棒,到戏班后他开始学习武生。他练功刻苦,很快学会了《花蝴蝶》《四杰村》《蜈蚣岭》等短打戏。10岁登台时便得到了观众的喜爱。15岁科满,但因岁数尚小,又继续在科班三年。十年的科班学习为他打下了坚实的武功基础,到了20岁左右就在所演之地有了"活赵云"的称号。

随着舞台实践的增多,尚和玉的视野逐渐开阔,他毅然来到京城,进入了田际云的"玉成班"充当班底。但在京城的艺术之路并没有如他想象的那样一帆风顺,于是他辞去班社离开北京,一边到农村搭野台子"跑帘外",一边刻苦练功。三伏天,"铠甲""胖袄"不离身,一身的汗水流不尽,浑身长满了痱子,但每天要练习的"翻跟头""铁门坎"等基本功,仍是雷打不动;三九天,他在冻成镜面一样的冰上走圆场、练云手,滑倒摔跟头使身上青一块紫一块,但最终使他练就了在光滑的冰上一举一动稳如泰山的超级功夫。当他二进京城"玉成班"时,身扎大靠,脚穿厚底靴,从三张桌子上一个"云里翻"稳稳落地,让观众大饱眼福,他的演出大获成功。

尚和玉在对武生三大派之一的"俞派"创始人俞菊笙的表演艺术情有独钟,于是他就开始大量地观看俞菊笙的演出,回去后认真体会,仔细琢磨,努力学习,并在舞台上演出了这些剧目。但因其没有正式拜师,一些观众还没看他的演出,就对他进行讥讽,对他的表演表示出极大的不屑。

在那时的戏曲界,拜师需要托人找关系,而且还要有一笔不菲的拜师费用,这对于家中祖祖辈辈务农的尚和玉来说,是件非常不容易的事情。为此,他整天心事重重,闷闷不乐。然而老天总是眷顾有心人,一次偶然的机会,他终于拜了俞菊笙的内弟张玉贵的门下。张玉贵是"春台班"管事,也是以武功稳准、扎实见长,对俞菊笙的武艺也是非常的喜爱,因此凡是俞菊笙的戏,他基本上都很熟悉。在张玉贵的介绍下,尚和玉终于如愿以偿地得到了俞菊笙的指点。

尚和玉学戏善于思考,能从师父的教导中举一反三,并能引申到自己的艺术创造之中。这一点得到了俞菊笙的认可,成为尚和玉在艺术上更加积极求进的动力。

1900年,八国联军入侵北京,戏园演出萧条,尚和玉无奈再次离京去往山东烟台等地演出,在那里结识了李吉瑞、薛凤池等著名武生演员,后与他们一起回天津演出,并寓居天津。有时他也到北京、上海等地演出,曾与周信芳同台演出,获得观众的青睐。

民国初年,尚和玉在天津收下了第一个"手把徒弟"韩长宝,不仅教了他很多剧目,而且还将自己的经验、秘诀毫无保留地传给徒弟。1920年,尚和玉受邀到张勋在天津英租界的私家寓所办的堂会演出,一同受邀的演员还有余叔岩、杨小楼、梅兰芳、陈德霖、龚云甫、侯喜瑞、王凤卿等。1923年,程砚秋来到天津,邀请尚和玉一同演出,之后应程砚秋的邀请加入"秋声社",从此举家迁往北京,后长期驰骋于京城舞台。1926年,尚和玉应梅兰芳之约加入"承华社"。在梅兰芳与杨小楼分裂后,他便代替了杨的位置,先后与梅兰芳合作演出了《长坂坡》《金山寺》《凤还巢》《太真外传》等剧目。这一时期的尚和玉已然形成武功瓷实、艺术淳朴的特色。比如要"大刀花",难度很大,一般武生演员只演半个大刀花,还总出现碰靠旗、绕飘带等失误,而尚和玉的大刀花由"回花""上花""轧花"等招数组成,刀头与刀尾在身体的右侧各运行360°的整个大刀花,其难度更大,武生演员中很少有能做到的。

尚和玉在演出传统剧目时,往往能举一反三,根据剧情在表演上有所创造。比如他在演出《铁笼山》时,剧中主人公姜维兵败吐血。别人演基本上都是低头"唔、唔、唔"地往外吐。尚和玉则通过自己的感受,将这个情节改为:正说着话,一阵难受涌来,他很自然地右手捂胸,头向上仰,"噗"的一声"喷出"一口鲜血,既表现出主人公失败后又气又急、心火上攻,又不失主人公的大将风度。由于他准确地演绎了主人公的心理状态,因此他的改动,让看惯了传统演法的观众无不兴奋地为其喝彩。

尚和玉对艺术的观察是非常细腻的,如金兀术对岳飞说:"依孤相劝,不若归顺孤家。"这句台词不是尚和玉的,但他注意到,金兀术上台时就表明是奉了老王之命,统领人马,夺取宋室天下。也就是说,此时老王还在,金兀术仅是大金邦四太子,此时他就用"孤"来称自己是不合适的,于是就将其改为"不若归顺金邦"。仅仅是两个字,使人物身份与语言达到了统一。这种细腻的观察,在《艳阳楼》中也有多处体现:主人公高登是当时势力显赫的太尉高俅之义子,虽然没有什么真本事,却趾高气扬、耀武扬威。为了突出这个特点,尚和玉按传统的方法,身着箭衣,然后又在外面增加一件开氅,使其透露出一种"气派"。花逢春、呼延豹、秦仁到高府去救许佩珠时,有一段开打。一般演法都是高登穿戴"套子""小袖"应战,但尚和玉却将这些一律免去。他的理由是高登喝醉了酒,并从梦中惊醒而仓促应战,是没有充裕的时间,也没有足够的精力去穿戴整齐的。

尚和玉的代表剧目有《四平山》《挑滑车》《战滁州》《金钱豹》《艳阳楼》《铁笼山》《收关胜》《金沙滩》《窃符救赵》等。他在塑造人物外部形象时,善于从人物内在心理入手。四本《李元霸》是尚和玉的拿手好戏之一,主人公李元霸是李渊的儿子,由于这个特殊的身份,使他犹如初生的牛犊天不怕地不怕,但又的确是一条好汉。尚和玉把他看做一只猛虎,于是便根据老虎的脖子梗直、强劲的特点,设计李元霸回头看人时,也是头与整个身子一起转动,舞动双锤时总是扫着眉毛尖,以显示他敢于冒险、勇于厮杀的性格。但尚和玉却极其反对一些演员把李元霸的双锤玩得上下翻飞滴溜儿转的演法。他认为,这样只能适得其反,让观众感到锤的分量很轻。而他的演出效果则恰到好处地反映出此锤太重,不易随意舞动,但李元霸年富力强,活泼好动,不能玩也要玩玩。看过小说《隋唐演义》的观众非常佩服地说:尚和玉的舞台形象与小说中描写的李元霸形象一模一样。就连杨小楼看过尚和玉的演出之后也说:"和玉哥的元霸实在是比我强。"的确,在当时的评论界也有这样的言论:在《晋阳宫》中,尚和玉的形象、功力比杨小楼更胜一筹。同时他在脸谱方面、"武戏文唱"方面也都有自己独到的见解,并都付诸实践。尚和玉虽然文化水平很低,却能开动脑筋,把一些繁难动作与艺术技巧加以总结,提炼成语句通顺、形象好记的口诀,使人能很好很快地掌握。有的高难度动作还成为他的绝活。这一切使他最终成为具有独特艺术风格的流派创始人。

新中国成立后,尚和玉应聘到中国戏曲学校任教。周恩来总理曾对他说:"你年纪这么大了,还在为培养下一代做贡献,真感谢你呀!"[1]在全国戏曲界发起的捐献飞机为抗美援朝做贡献的活动中,年近八旬的尚和玉演出了他40年来没演出过的《晋阳宫》,舞台风范不减当年,一系列高难度动作令人折服。其培养出的弟子众多,有韩长宝、杨瑞亭、张德发、朱小义、傅德威、侯永奎、娄廷玉、蔡宝华等。

1959年,尚和玉于北京逝世,终年86岁。

---

①天津市政协文史委编:《京剧艺术在天津》,天津人民出版社,1995年,第74页。

参考文献:

《立言画刊》,1938—1945年。

王庾生讲述,吴同宾、李祖心整理:《京剧生行艺术家浅论》,中国戏剧出版社,1981年。

中国戏曲志编辑委员会编:《中国戏曲志·天津卷》,文化艺术出版社,1990年。

学苑出版社编:《民国京昆史料丛书》第2辑《歌舞春秋》,学苑出版社,2008年。

学苑出版社编:《民国京昆史料丛书》第3辑《京剧二百年之历史》,学苑出版社,2008年。

(齐会英)

沈 从 文

沈从文(1902—1988),原名沈岳焕,乳名茂林,字崇文,后改名从文,有休芸芸、甲辰、上官碧等多个笔名,祖籍贵州铜仁,出生于湖南凤凰县的一个官宦家庭。

沈从文的父亲沈宗嗣自幼学文习武,曾参加抗击八国联军、保卫大沽口的战役。辛亥革命爆发后,沈宗嗣在家乡两度参与领导反清武装起义。1919年出任过湘西地方军队的军医正(相当于校级的军衔)。沈从文的母亲出身于读书人家,沈从文在家中排行第三,有兄弟姊妹各一人。

1915年2月,沈从文由私塾转入新式小学就读。由于受家庭熏陶和环境影响,沈从文自幼憧憬军旅生活,15岁时就加入当地的一个预备兵技术班接受训练。1918年8月,他加入了湘西的地方军队“靖国联军”,闯荡于湘、鄂、川、黔等地,先后当过士兵、班长和上士司书。部队溃败而被遣散后,沈从文又做过警察所的办事员、团防局的收税员。1922年2月,沈从文再次入伍,做了湘西军阀陈渠珍的书记官,为陈保管过书籍、书画、碑帖、瓷器等古董,这段经历为他日后从事文学创作和文物研究打下了基础。一年之后,沈从文调到陈渠珍办的报馆中做校对工作,接触到一些宣传进步思想的报刊和书籍,开始向往外面的世界。

1923年8月,沈从文离开部队,与朋友结伴到北京求学。他在贫困潦倒、读书深造无望的情况下,寄宿在湖南会馆,坚持刻苦自学,练笔不辍,从1924年12月起陆续在《晨报·副刊》等刊物上发表作品,逐渐成为一名年轻作家,并参与了《京报·副刊》等文学刊物的编辑工作。他以休芸芸、懋琳、璇若等笔名,在《晨报·副刊》《现代评论》《小说月报》《语丝》等报刊陆续发表作品。1926年北新书局出版了他的合集《鸭子》。次年,新月书店出版了他的短篇小说集《蜜柑》。

1928年,沈从文南迁上海从事写作,并与胡也频、丁玲夫妇一起创办了"红黑出版处"和《红黑》月刊,但不久即破产停办。1929年8月,经徐志摩推荐,沈从文被时任中国公学校长胡适聘任为该校文学系讲师。从1930年9月起,沈从文先后在武汉大学、青岛大学任教。1933年7月,沈从文辞去青岛大学教职,应杨振声之邀到北平从事由教育部组织的中小学教科书编辑工作。1933年9月,沈从文与张兆和在北平举行了婚礼。

当时,天津《大公报》经理胡政之正在为该报的文学副刊物色编辑人选,经杨振声推荐,沈从文得以入选。《大公报·文艺副刊》于1933年9月23日创刊,编委会由杨振声、沈从文、朱自清、林徽因、邓以蛰和周作人组成,日常编务主要由沈从文主持。从1935年9月起,《文艺副刊》更名为《文艺》,由沈从文和萧乾合编,1936年4月后由萧乾单独署名编辑,但沈从文仍参与了部分组稿和编辑工作。[①]以《大公报·文艺副刊》为纽带,形成了一个在中国文坛上颇具影响的"京派"文人群体。天津《大公报》的社会影响随之大增。沈从文主持《大公报·文艺副刊》,不仅对刊物本身的发展,而且对天津的文坛都产生了深远的影响。

1937年7月北平沦陷。8月中旬,沈从文按教育部要求与北大、清华的部分教授一起撤离北平,于9月初辗转到达武汉,在非常困难的条件下,仍与杨振声等人继续坚持教科书编辑工作。同年底,沈从文

---

① 郭武群:《打开历史的尘封——民国报纸文艺副刊研究》,百花文艺出版社,2007年,第65页。

与曹禺、萧乾、孙伏园等人到长沙的八路军办事处拜访了徐特立。1938年春,沈从文经贵州到达昆明,边从事教科书编辑边进行写作。1939年6月,西南联大聘请沈从文担任该校师范学院国文系副教授,1943年7月改聘为教授。

抗战胜利后,1946年6月,沈从文被北京大学聘为文学院教授,7月中旬赴北平就职。回到北平后,沈从文除在北大任教之外还兼任辅仁大学的课程。他在教学之余仍从事写作,并参与了天津《益世报·文学周刊》和复刊后的《大公报·文艺副刊》的编辑工作。

1947年,北京大学成立了博物馆筹备委员会,并决定建立博物馆专修科,沈从文对此给予很大支持,他不仅把自己收藏的文物借给博物馆展出,还向学校捐赠了部分藏品和图书资料。这一时期,沈从文除了讲授"新文学研究""小说习作""现代中国文学"和"中国小说史"等文学专业的课程,从1948年起,他为北大博物馆专修科讲授了"陶瓷史"课程,这为他此后转行文物研究打下了基础。

从20世纪20年代至40年代,沈从文是一位"高产"的作家,其作品的风格及题材也是多样化的,其中最具特色的当属那些描写湘西风土人情和旧军队军旅生活的作品。其代表作有中篇小说《边城》,长篇小说《旧梦》《长河》,散文集《从文自传》《湘行散记》《湘西》等。他的作品被翻译成英、日、德、法等多种语言,在国外享有很高的声誉。

1949年以后,沈从文经郑振铎介绍,由北京大学转到新成立的中国历史博物馆工作。起初,他从事清点馆藏文物、书写陈列品标签和说明员等工作,并被抽调参加北京古董店的清查整顿,后来转行从事工艺美术史研究。基于深厚的学术功力、执着的治学精神和科学的研究方法,沈从文很快取得了令人瞩目的研究成果,成为工艺美术史领域的著名专家,出版的学术著作主要有《唐宋铜镜》《中国丝绸图案》《龙凤艺术》《中国古代服饰研究》等。"文化大革命"结束后,沈从文调到中国社会科学院历史研究所工作。1980年,沈从文应邀赴美国讲学,引起很大反响。这一时期,国内文学界也出现了"沈从文热"。

1988年5月10日,沈从文病逝于北京家中,终年86岁。

参考文献:

黄永玉:《沈从文与我》,湖南美术出版社,2015年。

《作家文摘》编辑部编:《家国往事》,现代出版社,2014年。

沈从文:《沈从文家书》,译林出版社,2015年。

苏晋:《沈从文》,载朱汉国、杨群总主编:《中华民国史》第9册,四川人民出版社,2006年。

（刘植才）

沈　浮

沈浮(1905—1994),原名沈恩吉,天津人。1905年3月23日(清光绪三十一年二月十八日),沈浮出生在天津南门东一个穷苦的码头工人家庭。

沈浮到了上学年龄,父母想方设法筹措学费送他入天津河北一所小学读书。沈浮学习非常刻苦,深受老师喜爱。小学毕业后,因家境艰难,他面临失学的困境。后靠着乡亲的帮助和自己打工筹集学费,才勉强进入觉民中学读书。该校以黄花岗起义烈士林觉民的名字命名,校风淳朴,对沈浮一生的事业产生了良好的影响。不久,父亲因病失业,沈浮辍学到一家照相馆当学徒。由于他对摄影着迷,经常违背老板的规定而偷偷学艺,没过多久就被辞退。此后他当过兵,吹过号,最终还是对影像艺术情有独钟,走上了一条从影之路。

1924年,天津创办了北方影片公司,招考电影演员。沈浮从小就对影像感兴趣,自然不会放过这次机会。他用笔名沈哀鹃报名,面试时一举通过,成为临时演员。北方影片公司只拍了《血手印》《永不归》两部片子就解散了。1925年,沈浮联合黄山客等人又创办了天津渤海影片公司,沈浮自编、自导、自演了滑稽讽刺短片《沈少爷》,首映是在光明社,这是沈浮的电影处女作。渤海影片公司在拍摄完《沈少爷》后,因经济拮据而倒闭,沈浮只好另谋出路。为生存沈浮曾靠抄写度日,还创办了《小钟报》,并担任天津《国强报》副刊《鲜货店》的主编,经常刊载影剧评论,深受读者欢迎。他曾以沈哀鹃的笔名,创作了小说《烽燹鸳鸯血》,连载于《国强报》,后来该小说单独出版发行,改名《火线外》。著名喜剧导演谢添曾是《鲜货店》忠实的撰稿人,每次去报社领取稿费,他都能见到沈浮,两人总有说不完的话。

1930年8月,著名电影事业家罗明佑以设在天津的华北电影有限公司为基础,在上海创建了联华影业公司。沈浮因喜欢联华的《故都春梦》《野草闲花》等影片,开始撰写影评文章寄给罗明佑。1933年,罗明佑读了沈浮的小说《火线外》,联想到他对联华影片提出不少中肯意见,便函聘他到上海联华影业公司工作。开始,他担任《联华画报》编辑。此时他更加如饥似渴地学习电影业务,并学以致用,先后导演了《出路》《三人行》《狼山喋血记》等影片。这期间,他当导演正式启用沈浮这个名字,编写剧本仍沿用笔名沈哀鹃,演戏则用艺名沈白宁。做了导演以后,他念念不忘家乡故友,先后把谢添、魏鹤龄、殷秀岑从天津邀到上海。

沈浮的电影生涯可分为三个阶段:

1937年七七事变爆发之前是第一个阶段。这一时期,中国共产党的地下组织在上海建立了电影小组,确立了党对电影运动的领导。沈浮、蔡楚生、孙瑜等人参加了联华二厂的电影创作工作,接受了以夏衍为首的党的电影小组的影响和领导,使联华二厂呈现出崭新的气象。这期间,沈浮创作了近10部影片,其中以《出路》《狼山喋血记》《天作之合》为代表反映了沈浮的创作思想。其作品大多数基于他自身的坎坷经历和周围环境的影响,作品对黑暗腐败的社会现实进行抨击和讽刺,带有朴素的现实主义色彩。这一时期,沈浮的喜剧才华也得以展现,他亲自编导的《天作之合》《自由天地》均为喜剧片,或多或少地吸取了卓别林喜剧电影的一些手法,既夸张适度、节奏明快,又不失讽刺、滑稽效果,有效地将喜剧形式与对穷苦人民的关怀和对旧社会黑暗的抨击结合了起来。

从1937年至1949年新中国成立是沈浮电影创作的第二个阶段。这一时期,他积极靠近进步力量,接受党的领导,使他的现实主义创作手法日趋成熟。他同陈白尘、白杨等进步电影工作者组织了"上海影人剧团",开展抗日演剧宣传工作,并于1938年前后辗转到达重庆、成都,加入西北影业公司。他与瞿白音、贺孟斧任编导,吴雪、谢添、欧阳红缨、金淑芝等人担任演员,亲自编导拍摄了故事片《老百姓万岁》。这是抗战时期唯一一部正面描写根据地人民坚强不屈抗击侵略的故事片。遗憾的是影片只完成了80%,西北影业公司就被阎锡山下令停办了。

西北影业公司停办后,沈浮和绝大多数电影工作者一样转移到戏剧战线上来,开展抗战戏剧运动。他利用"上海业余剧人剧团"这块阵地,在阳翰笙的支持和指导下,编导创作了《重庆二十四小时》《金玉满堂》《小人物狂想曲》《雾重庆》等话剧。导演了阳翰笙创作的话剧《草莽英雄》《两面人》,曹禺创作的话剧《日出》《雷雨》《原野》等。排练陈白尘编剧的《群魔乱舞》,显露出他非凡的导演艺术才华。

抗战胜利后,沈浮来到北平中央电影公司三厂任副厂长、导演和编导委员等职。1946年11月,沈浮拍摄了故事片《圣城记》,受到评论界的批评,为此他很是不解和苦恼。他跟叶剑英谈了自己的想法,叶剑英帮他做了分析,让他正确地领会报纸上的批评,使他领悟到创作只有生活还不行,必须有正确思想做指导。1947年,沈浮创作了反映知识分子抗日斗争的电影剧本《希望在人间》,编导了故事片《追》。在《追》这部影片中,他起用了天津籍演员谢添、魏鹤龄、黄宗英担任主演,他们的表演给观众留下了深刻印象。当时电影评论界一致认为,《追》真实地反映了战后官僚买办资产阶级压迫民族工业致其破产的社会现实,并肯定了沈浮从《圣城记》到《追》的进步。

拍完《追》后,沈浮加入党的地下组织领导的上海昆仑影业公司,从此开始进步电影的创作。昆仑影业公司继承和发扬了党领导电影的成功经验,成立了以沈浮、阳翰笙、蔡楚生、史东山、陈白尘、郑君里等担任编导的委员会。在昆仑影业公司,沈浮的创作无论在思想上还是艺术上都发生了显著变化,这段时期成为新中国成立之前他电影创作的高峰期。1948年,他和阳翰笙首次合作创作了电影剧本《新合家欢》,后改为《万家灯火》,由沈浮导演,朱今明摄影,蓝马、上官云珠、吴茵等主演。这是一部思想内涵深刻、具有独特艺术表现力的现实主义佳作,获得当时进步电影舆论很高的赞誉。同年,沈浮与陈白尘、郑君里集体创作了《乌鸦与麻雀》,由郑君里导演,于新中国成立初期摄制完成上映。这是一部十分优秀的影片,创作者以饱满的革命热情、敏锐的社会观察力、娴熟的艺术技巧和辛辣的政治讽刺,真实生动地再现了新中国成立前夕国民党统治区的混乱黑暗,以及光明即将来临的社会面貌。

　　1949年新中国成立后是沈浮电影创作较为活跃和旺盛的第三个阶段。这一阶段,他的创作题材广泛,样式多样,成就显著。1949年7月25日,中华全国电影艺术工作者协会在北平成立,沈浮当选为全国委员会委员。1959年,他加入中国共产党,并担任上海海燕电影制片厂厂长,主要从事导演工作。这一时期,他陆续拍摄了《李时珍》《老兵新传》《万紫千红总是春》《北国江南》《曙光》等10多部影片。其中影片《老兵新传》于1959年获第一届莫斯科国际电影节技术成就银奖。"文化大革命"时期,沈浮遭到残酷迫害,再回影坛时已是古稀之年。1979年,他不顾年迈体弱,担任了彩色故事片《曙光》的总导演,这是沈浮电影生涯的最后一部影片。该片获文化部1979年优秀影片奖。

　　沈浮是一个非常重感情的人,对家乡、亲人、友人总是怀着一颗真诚、炽热的心。他的思乡之情常溢于言表,他说他投身艺术事业是从天津开始的,和天津有着深厚的渊源,见到天津的亲人和朋友,总有说不完的话。有一次,他去北京参加政协会后,顺道回天津看望亲人,时隔多年,他仍然记得南开一纬路的老宅住处,对童年时大街上的叫卖声记忆犹新,失业后帮妈妈喂养小毛驴和在墙子河畔放牲口的情景历历在目。他喜欢天津曲艺,特意让侄子陪同去人民剧场观看曲艺表演。他对待需要帮助的朋友、职工关怀备至。著名导演鲁韧先生,一度生活窘迫,沈浮得知后便多加留意,不久便邀请他参加自己导演的《万家灯火》《希望在人间》的拍摄工作。一次鲁韧充满感情地向人介绍说:"沈浮看不得一个人饿饭,如果他得知有人饿饭,自己首先心慌了。他有着菩萨心肠,是名副其实值得信赖的沈大哥。"

1994年,沈浮荣获第一届中国电影导演协会年会终身成就奖。同年4月27日,沈浮逝世,终年89岁。

参考文献:

天津市政协文史委编:《近代天津十大影剧家》,天津人民出版社,2000年。

天津市地方志编修委员会办公室、天津市广播电视电影局、天津广播电视电影集团编著:《天津通志·广播电视电影志(1924—2003)》,天津社会科学院出版社,2004年。

任大星主编:《中国天津电影史话》,中国文史出版社,2005年。

(杨秀玲)

沈 华 亭

沈华亭(1881—1969)，本名沈光第，天津人。他从小就是曲艺迷，自学了三弦、四胡、琵琶等多种乐器的演奏，以及时调、梅花调、京韵大鼓等多个曲种的演唱。尤其是演唱当时已很流行的西城板，达到了一定的水平，受到天津市民的欢迎。

西城板源于北京的清音子弟书，大约产生于清乾隆年间，有东韵、西韵之分，但均无音响资料留存。因西韵最初流行于北京西城根一带，故名西城板。西韵子弟书传入天津后，渐有艺人用天津语音演唱，至清光绪初年出现了"津子弟书"的称谓，也称"卫子弟书"，在清同治中期基本定型。

1912年，沈华亭拜西城板艺人许景魁为师。沈华亭长期在一家落子馆里伴奏，是位著名的"坐弦"。"坐弦"会的曲目要多，会的乐器也要多，因在一场曲艺演出中，"坐弦"要从头至尾为多名艺人、多个曲种伴奏。虽然他已是一位出名的"坐弦"了，偶尔也"票"段儿时调、梅花调，但他更喜欢西城板。为了深造，沈华亭又拜与许景魁齐名的西城板艺人郭景春为师。郭景春与沈华亭本以"兄弟"相称，虽郭景春年长近10岁，也不敢收这位"名弦"为徒。沈华亭就在天津菜馆聚合成要了有名的"八大碗"，还有天津人爱喝的大直沽二锅头，专请郭景春。由此打动了郭景春，决定收下他，并开始倾心授艺。

西城板虽是来源于西韵子弟书，但却不用子弟书的曲目。因为子弟书的曲目非常文雅，不适合西城板演唱，所以艺人们选择了其他曲种的一些书目和曲目，并分长篇大书和短段儿两类。长篇大书有《水浒传》《五女七贞》《三侠五义》《清列传》《施公案》等。短篇多是长篇书中的"赞儿",以唱"赞儿"或片断(称唱"篇儿")渲染气氛,几乎全部取自评书与西河大鼓等曲种。"赞儿"根据内容分为大、小、文、武,有兵器赞儿、人物赞儿、风景赞儿、公堂赞儿、街市赞儿,等等。当时的评书艺人郝俊山曾在天津县衙里当过书吏,见闻较广,他在说书时常常说些逸闻趣事;而沈华亭的嗓子好,就以唱为主。因此,听众对他二人有"听书郝俊山,听唱沈华亭"的评论。

沈华亭的嗓音条件极好,音色甜、脆、美,还精通音律。为了丰富西城板的曲目,他与在津的评书、西河大鼓艺人经常切磋,从艺人处得到了许多"赞儿",他认真进行记录整理,把一些水词儿变得稍微文雅一些,唱起来观众就接受了。而且,他还唱了不少新创作的曲目。

民国建立之后,天津当局和有识之士认识到曲艺说唱教育民众的作用和价值,倡导培训盲生演唱词曲。1915年,直隶省教育会、直隶省学务会设立了天津社会教育办事处,办事处成立了盲生词曲传习所。培训的主要曲种有西城板、卫子弟书、子弟书,后来又增加了时调、大鼓和单弦等。培训师有陈凤鸣、吴静山、沈华亭等。

在盲生词曲传习所任教期间,沈华亭结识了曲艺作者李金藻。李曾任河北省教育厅义务教育委员及天津广智馆馆长。他热爱曲艺,为开展社会及民众教育,创作了大量曲艺作品。二人结识后,李金藻创作的西城板段子,全部交给沈华亭演唱,如《花园赞》《四季赞》等。李金藻精通曲艺中的多个曲种,认为评书《三侠五义》有封建愚忠思想,据此他创作了西城板《欧阳春看破绿林》,在曲词中对愚忠思想进行尖锐的批评,其成为沈华亭的代表曲目之一。

沈华亭在园子演出,也在电台播唱。在无人伴奏时,他就自弹自唱,极受欢迎。他的曲目极多,代表曲目短篇有《贺龙衣》《送崔通》《九春楼》《大上寿》《天霸夸功》《镖打秦尤》《铜网阵》《打老道》等;"赞儿"有《风雪赞儿》《学校赞儿》《春光赞儿》《李刚赞儿》《尼姑赞儿》《书房赞儿》《叹鞭》《叹拐》等。

1957年,沈华亭参加了天津市第一届曲艺杂技会演,演出了西城板《镖打秦尤》,获得一等奖。此后他便把全部精力投入西城板曲目的收集整理工作,将几乎全部曲目、书目用小楷亲手抄录下来。

20世纪40年代西城板开始衰落,新中国成立后有艺人沈华亭、吴静山及李永泉,"文化大革命"后还有高小川、刘小江教唱传播,但流传不广,近于失传。

1969年,沈华亭因病逝世,终年88岁。

参考文献：

中国曲艺志全国编辑委员会、《中国曲艺志·天津卷》编辑委员会编著:《中国曲艺志·天津卷》,中国ISBN中心,2009年。

采访高玉琮的口述材料。

（刘　雷）

沈 理 源

沈理源(1890—1951),字锡爵,浙江杭州人,1890年7月12日(清光绪十六年五月二十六日)出生于浙江余杭的一个盐官家庭。

沈理源的中学时代在上海著名的南洋中学度过。1909年,他考入意大利拿波里工业大学,攻读水利工程,后来改学建筑。意大利众多古建筑的感染力,以及人们对建筑文化的重视和对古迹的保护,深深影响着来此求学的沈理源。他对西洋古建筑,尤其是文艺复兴建筑的形式与营造产生了浓厚的兴趣。在刻苦学习的同时,他积累了大量原版建筑资料,这些图版资料为他回国后从事的建筑设计奠定了坚实的基础。

1915年,沈理源学成回国。回国之初,沈理源就任北洋政府黄河水利委员会工程师。1916年沈理源离开政府部门,投身到自己热爱的建筑行业。沈理源最初在北京和一位结构工程师合作,完成了前门外劝业场的重建设计,以及东安门大街真光电影院的设计,后到天津外国人开办的华信工程司从事建筑设计工作。1931年,沈理源独立经营华信工程司,在平津一带从事建筑师业务。

沈理源的建筑设计主要集中在平津沪杭等地。20世纪30年代,沈理源在上海进行过大量建筑活动,较著名的有上海中华劝工银行、愚园路住宅、三民路住宅、政同路住宅等。1940年以后,沈理源长期居住在北平,在繁华的大栅栏一带设计了盐业银行北平分行、开明电影院等建筑,后来为清华大学设计建造了化学馆、机械馆、电气馆、航空馆等系列教学楼,以及大饭厅和新南院教员住宅区。

沈理源在天津的建筑设计作品最多,时间多在20世纪二三十年代,既有名人府邸和住宅,也有里弄式住宅,还有公司和银行等公共建筑。

当时,达官贵人、督军政客和遗老遗少聚集天津,多在各国租界内兴建寓居之所,为沈理源等建筑师提供了展示才华的舞台。如现和平区泰安道15号孙传芳住宅、和平区睦南道11号张作霖三姨太许氏住宅、和平区大理道62号王占元住宅等建筑,汇集了不同年代的多种风格,属于折中主义建筑。现和平区常德道民园西里里弄式住宅是沈理源1939年的作品,因为位于民园体育场西侧而得名。全里弄三幢三层楼房,每幢房屋由分户单元联排组成,为当时中产阶层住宅。外檐为琉缸砖清水砖墙,大筒瓦坡屋顶,朴素大方。建筑外形简洁,功能合理,体量感强,表现出现代主义特点。现和平区洛阳道的积善里里弄式住宅是沈理源1936年的作品,也是华信工程司在天津的地址,一层办公,二层居住。沈理源没有为政府部门设计建筑,但也参与了一些有关工作。1928年,上海市工务局征求房屋标准图样,沈理源为其绘制了正面和剖面图等。1928年"上海市市中心区域计划"启动,向国内外征集设计方案,沈理源参加了规划竞赛。

沈理源作品中最有代表性的是银行建筑。这些银行建筑具有西洋古典或现代主义风格,既有庄重、大气的共性,又有典雅、细腻的个性,成为近代天津标志性的建筑。他设计的第一个银行是1922年兴建的浙江兴业银行。当年浙江兴业银行请他设计,无疑与他是浙江人有关。作为银行设计的开山之作,沈理源不负众望,将自己的理念与银行的属性有机地结合起来,建成后被人们誉为"标准的银行"。此后,他还设计了天津盐业银行、中华汇业银行、新华信托储蓄银行、金城银行、中南银行、中国联合准备银行、国华银行等,为此,沈理源获得"银行建筑师"之美誉。其中,盐业银行大楼1991年被国家建设部、国家文物局、中国建设学会评定为近代优秀建筑、国家重点文物保护单位。该银行大楼还是天津唯一载入西方著名学者班尼斯特·弗莱彻所著《建筑史》(第19版)的建筑实例。

在沈理源经营的华信工程司中工作的,有其在大学培养的学生,也有经过实践训练的徒弟。为了把工程构思表现得生动完整,沈理源专门雇用了一位意大利人画建筑效果图。西洋古典建筑以其繁琐的雕饰为特色,需要手艺高超的木匠才能做出效果,沈理源特意聘请了一位南方木匠,以求把自己的设计构想表现充分。沈理源对绘制施工图的要求也非常严格,那时候做设计没有参考图集,所有细节都要仔细画出来。施工图交付后,沈理源都要派设计代表在施工现场协调工作,保证工程顺利进行。沈理源对重要工程的施工单位也是专门挑选,一般选择木工技术水平比较高的南方施工队伍。盐业银行大楼和清华大学化学馆的施工,就是与沈理源有长期合作关系的申泰木厂完成的。

除了主持华信工程司的工作,沈理源还担任国立北平大学艺术学院建筑系、天津工商学院建筑系(后来并入天津大学建筑系)的教授。他既有丰富的建筑设计实践经验,又有建筑艺术和建筑历史的深厚功底,他的教学深受学生喜爱。他把自己擅长西洋古典建筑这一优势体现在教学中,如班尼斯特·弗莱彻《比较建筑史》是建筑史的经典,为了教学需要,他和弟子们在日伪时期生活拮据的情况下,把该书第10版(1939年)的"西洋建筑"部分编译为《西洋建筑史》,这是我国最早介绍西洋建筑艺术的经典书籍,使得西洋古典建筑的规则和特点在中国得到普及,我国建筑系学生也拥有了第一本中文版的世界建筑史教材。三四十年代,沈理源身兼天津工商学院和国立北平大学的建筑系主任,聘请来自社会上经验丰富的建筑师授课,以保障学生理论与实践的结合。他还十分强调教学质量和基本功的训练。如测绘图最显功底,他不仅要求教师动手改图,还亲自动手指导和修改学生的绘图。1944—1946年间,他组织北平大学工学院的师生参与测绘了天安门、故宫三大殿、天坛祈年殿等几十处古建筑,留下了珍贵的资料。他还重视中国古建筑的保护和测绘,带领天津工商学院建筑系的学生和部分讲师参加北京故宫中轴线测绘工作,工作质量被业内评价为:工作认真、功底深厚、测量翔实、绘制精细,由此开创了天津工商学院建筑系测绘中国古建筑的历史,为后来天津大学建筑系在这个领域保持领先地位奠定了坚实的基础。

新中国成立后,沈理源先后担任国家纺织工业部总工程师、天津市人民政府建设局总工程师、天津市政建设委员会总工程师等职,并担任天津市第二届各界人民代表会议协商委员会委员。

1951年11月21日,沈理源因病在北京去世,终年61岁。

参考文献:

沈理源:《西洋建筑史》,天津源记文具商行,1944年。

沈振森、顾放:《沈理源》,中国建筑工业出版社,2012年。

邹德侬:《中国现代建筑史》,天津科学技术出版社,2001年。

张云芳:《银行建筑设计大师沈理源》,载天津市和平区政协编:《天津市和平区历史文化名人》,2013年内部印行。

（顾　放）

盛 宣 怀

　　盛宣怀(1844—1916),字杏荪,又字幼勖、荇生、杏生,号次沂,又号补楼,别署愚斋,晚年自号止叟。江苏武进人。1844年11月4日(清道光二十四年九月二十四日),出生于常州武进县一个官僚地主家庭。1860年2月,太平军将攻到常州,盛宣怀随父母逃往江阴长泾镇,再逃至盐城。1862年盛宣怀之父盛康任湖北盐法道。1866年盛宣怀与二弟一起回武进县应童子试,双双入泮,补县学生。1867年因乡试落第,意颇快快。

　　1870年,盛宣怀经杨宗濂推荐,投入李鸿章幕下,任行营内文案兼充营务处会办。由于盛的父亲和李的关系深厚,盛宣怀迅速取得李的信任。同年秋,李鸿章调任直隶总督,自此以后,盛宣怀不断受到李鸿章提拔。

　　盛宣怀是李鸿章兴办洋务的得力助手。1872年,盛宣怀建议李鸿章以建造商船经营航运来提供建造兵舰的费用,被李鸿章采纳。李鸿章委任盛宣怀办理中国第一家轮船航运企业——轮船招商局,这是盛办理轮船航运的开始。同年,盛宣怀拟定中国第一个集商资商办的《轮船招商章程》。1873年,轮船招商局正式营业,盛宣怀担任会办。从此他正式成为清末洋务运动的核心人物之一。

　　1875年,李鸿章又委任盛宣怀办理湖北煤铁矿务,盛宣怀在湖北广济盘塘设立"开采湖北煤铁总局",雇英国矿师郭师敦查勘湖北煤铁矿藏。1877年7月,郭师敦等勘得大冶铁矿。11月,盛宣怀赴黄石港会同大冶知县林佐等,对铁山土地产权进行详勘。盛宣怀又自民间购得部分铁山土地产权,准备在黄石港东吴王庙旁(今沈家营)设炼铁厂,后因经费难筹,未获李鸿章批准。1879年,盛宣怀任天津河间兵备道。1880年,盛宣怀向李鸿章建议仿照轮船招商局办法筹办中国第一个电报局——天津电报局,次年被派为电报局总办。1886年,盛宣怀任山东登莱青兵备道兼东海关监督,创办中国第一个山东内河小火轮公司。

1889年8月,张之洞决定将原准备在广东兴建的炼铁厂迁至湖北。适逢盛宣怀以事谒见张之洞,言及炼钢之事。张之洞提到尚无铁矿,盛宣怀当即表示愿将原在大冶购得之铁山矿交给张之洞开办。1889年底,盛宣怀又和张之洞面谈开办铁矿事宜,为张之洞出谋划策。张之洞遂兴建汉阳钢铁厂,开办大冶铁矿。大冶铁矿成为中国历史上第一座用机器开采的大型铁矿。

1892年,盛宣怀任直隶津海关道兼津海关监督。1895年10月2日,盛宣怀通过直隶总督王文韶,禀奏光绪皇帝设立新式学堂。获准后成立天津北洋西学学堂,后更名为北洋大学堂,此为中国近代史上的第一所官办大学,也是天津大学的前身。北洋大学堂创建后,盛宣怀秉承"事事研求"的宗旨,不断丰富和完善"中学为体,西学为用"的办学方针,形成了"西学体用"的思想理念。他聘请美国教育家丁家立具体掌管大学堂,并聘请了一批外籍教员。针对当时清王朝在处理内政外交上急需熟悉法律的人才,以及急需开发矿业资源、发展机械加工业的实际,开设了法律、土木工程、采矿冶金、机械工程等学科。盛宣怀注意因材施教,培养专门人才。学生入头等学堂第一年先学习基础功课,学完后由总办、总教习考察每一个学生的资质,酌定今后的学习内容,即便是出国留学,也要根据每人的资质,选其专门学科去深造。

1896年,盛宣怀任芦汉铁路公司督办,接办汉阳铁厂、大冶铁矿,奏设南洋公学(上海交通大学前身)于上海。1897年,盛宣怀创建中国通商银行。1904年春,盛宣怀在上海创办红十字会,并被清政府任命为中国红十字会第一任会长。

1908年，因汉阳铁厂受制于日本而无法获利，盛宣怀遂将汉阳铁厂、大冶铁矿、萍乡煤矿合并，成立汉冶萍煤铁厂矿有限公司，盛宣怀被荐举为公司总经理，并在冶、萍两矿设总办，与汉阳铁厂鼎峙而三，广招商股，以解决扩大生产的资金。1909年，盛宣怀鉴于"商业振兴，必借航业，航业发达，端赖人才"，在南洋公学增设航政科，办航海一班，后于1912年独立成为吴淞商船学院，其为大连海事大学、上海海事大学前身。

1912年初，盛宣怀在日本看到民国政府需款作军费，便以中日"合办"汉冶萍公司的办法取得日本借款，与民国政府搭上关系。盛宣怀与日本有关方面秘密策划，民国政府分别在神户和南京同三井财团和正金财团签订两个性质相同的汉冶萍中日"合办"草约。2月12日，盛宣怀从日本正金银行提取300万日元借款，把这笔钱的一部分转入三井洋行，又通过三井洋行转给南京政府约250万日元。消息传出，举国哗然。盛宣怀在国内的强大压力下，被迫同意废约，并辞去汉冶萍公司总经理职务。

1913年5月，盛宣怀又出任汉冶萍公司董事长，重新掌握汉冶萍公司大权。盛宣怀根据1909年第一届公司股东大会的决议，着手兴建大冶铁厂，扩大生产规模。为解决基建资金，盛宣怀于同年12月2日，与日本制铁所、横滨正金银行签订5个合同，以汉冶萍公司全部财产作抵押，借款1500万日元，其中900万日元用于兴建大冶铁厂，600万日元偿还日本旧债，订明用头等矿产1500万吨、生铁800万吨供给日本，作为偿还之用，40年为期。这些合同使日本制铁所将汉冶萍公司的经营管理权完全控制在手中，汉冶萍公司逐步走向没落。

1916年4月27日，盛宣怀在上海病逝，终年68岁。有《愚斋存稿》100卷及《盛宣怀未刊信稿》等存世。

参考文献：

夏东元:《盛宣怀传(图文版)》,上海交通大学出版社,2007年。

宋路霞:《盛宣怀家族》,上海科学技术文献出版社,2009年。

上海图书馆编:《上海图书馆藏盛宣怀档案萃编》,上海古籍出版社,2008年。

盛承洪主编,易惠莉编著:《盛宣怀与日本——晚清中日关系之多面相》,上海书店出版社,2014年。

李新等主编:《中华民国史·人物卷》,中华书局,2011年。

（王　进）

石 挥

石挥(1915—1957),本名石毓涛,天津人,出生于"津门八大家"之一的石家。清雍正年间,石挥的先人因经营漕运在天津杨柳青落户。随着资产积累日益雄厚,石家开始大量购置良田,开设的当铺遍及静海、武清、大城、永安等县,并由一个船户、粮商又步入仕途,社会地位有了进一步提高。

民国成立后,石氏各门家族子弟不事生产,家道渐至败落。1915年,石挥的父亲石博泉预感前程无望,迫于生计,将仅有的几间住房、家具及部分土地卖掉,夫妇二人携两个儿子迁居北京,此时,石挥出生才4个月。

迁居北京后,全家靠父亲在北京高等师范学校任职的微薄收入生活。石挥的父亲是个戏迷,石挥从4岁开始就经常被父亲带着去听戏,一年中至少有200天是在广和楼度过的,因此他渐渐对演戏产生了兴趣,喜欢唱京戏、拉胡琴。6岁那年,石挥进北京和平门外师范大学男附小读书。该校钱贯一老师思想进步,积极拥护新文化运动,对石挥的影响很大,使他的艺术才华在小学时就显露出来。

小学毕业后,石挥又进入北京群化中学读书,与日后的著名演员蓝马成了同窗好友。不久,石挥的父亲病故,母亲带着他们兄弟五人相依为命。1930年,读到初中三年级的石挥,不愿再增加母亲的负担,辍学报考北京铁路车童训练班,做了一名车童工。为了谋生,此后石挥干过很多被人认为微贱的职业,正因如此,他接触了社会上形形色色的人物,为他日后在舞台和银幕上塑造人物形象,打下了坚实的基础。

青少年时代的石挥,对话剧一窍不通。一天,蓝马来找石挥,问他要不要演戏,石挥误以为演戏就是唱京戏,连说:"嗓子不灵,唱不上调儿。"蓝马解释道:"不是京戏,是话剧。"这时石挥连温饱问题都解决不了,根本没心思去搞话剧。后来蓝马说明剧团管一顿午饭,石挥才被说服。石挥最早加入的剧团叫"明日剧团"。一天,剧团到天津新戏院演出,饰演茶房一角的演员没来,团长苦于无人顶上,就让石挥来演。台词一共只有三句,都是一个"是!",就是这次上台演戏,激发了石挥演戏的梦想和对舞台的憧憬。1934年7月,唐槐秋领导的中国旅行剧团北上北平、天津等地巡回演出,蓝马也正巧在该剧团当演员。于是,经蓝马介绍,石挥进入中国旅行剧团当了一名正式演员。

1938年夏,业余话剧团体北京剧社成立,石挥担任剧务部长一职。他为了演好曹禺名剧《雷雨》中鲁贵的角色,几乎走遍了北京城。仔细观察在树荫下、门前、街口躺在藤椅上,一边挥扇一边喝茶聊天的人们,从中寻找剧中人鲁贵的形象,因饰演出色,由此获得"活鲁贵"的美誉。

1940年,石挥来到上海,此时上海已经沦陷,但市中心的公共租界和法租界,尚未被日本侵略军占领,中共领导的抗日戏剧运动,在这个"孤岛"上继续坚守着阵地。石挥到上海后不久,中国旅行剧团也到了上海,其艺术倾向从为艺术而艺术转向为救亡而艺术。富有爱国心的石挥,再次参加了中国旅行剧团。他演的第一出戏是根据奥斯特洛夫斯基的代表作改编的《大雷雨》。石挥多才多艺,平时喜欢弹弹六弦琴、拉拉小提琴,当他饰演的库里金坐在河边弹吉他时,那神态、那表情,一下子就抓住了观众的心。除《大雷雨》外,石挥还演过《欲魔》《日出》《花木兰》《梅萝香》等。由于剧团演出的都是爱国戏剧,引起了日伪特务机关的注意,不得已剧团只好远走北平、天津演出。

不久,石挥又在进步剧人的动员下,加入了于伶领导的上海剧艺社,饰演过《家》里的高老太爷,《鸳鸯劫》里的哥哥岐司、《愁城记》中的林梦平和《正气歌》中的文天祥等。为了表现文天祥宁死不屈的民族气节,他融合了京剧表演的某些招式,台词说得铿锵有力。许多观众含着热泪看完了他的表演,最终用雷鸣般的掌声,来表达他们的心情和感受,从此石挥在"十里洋场"的上海出了名。

石挥一直向往着能有一个有艺术追求、有效率、有风格、拥有自己观众的职业剧团。1942年3月,石挥与黄佐临、吴仞之等部分导演、演员离开上海剧艺社,在黄佐临的领导下,组建了上海职业剧团。从此,石挥的表演才华进一步得到发挥,他先后在《蜕变》《阿Q正传》等剧中饰演不同角色。此时日军全部占领了上海,上海剧艺社和上海职业剧团相继停演。

1943年,石挥参加了由导演黄佐临、吴仞之、姚克等人组成的职业剧团——苦干剧团。在苦干剧团的六七年里,他共出演了18部戏,主要有《蜕变》《大马戏团》《林冲》《秋海棠》《梁上君子》《乱世英雄》《夜店》等,成功塑造了许多身份不同、性格迥异的人物形象。其中最成功的,要数《大马戏团》中的慕容天赐和《秋海棠》中的秋海棠。为了把秋海棠演好,他多次拜访梅兰芳、黄桂秋、程砚秋等京剧名旦,一方面求教唱腔,一方面观察他们在现实生活中的形态仪表、举止言谈,揣摩旦角演员的心理。当演到秋海棠隐姓埋名、沦为龙套、潦倒濒死情境中唱的"酒逢知己千杯少……玉堂春此去九死一生"时,他运用程派唱腔委婉曲折、如泣如诉的旋律特点,使秋海棠后半生凄凉的悲剧命运淋漓尽致展现出来。他唱的是苏三的冤枉遭遇,感触的是秋海棠自己的悲惨身世,他终于再也按捺不住自己的感情,以致泣不成声。全场观众鸦雀无声,泪水夺眶而出,梅兰芳、程砚秋两位艺术大师看后,也禁不住弹泪,并为他鼓掌喝彩。他在《秋海棠》和《大马戏团》中的演技达到了炉火纯青的境界,由此赢得了"话剧皇帝"的美誉。

1941年12月太平洋战争爆发后,上海一大批从事话剧工作的艺术家先后转向电影界,石挥是其中的一个。他先在合众影片公司拍摄的《返魂香》中饰演警官,后又在金星影片公司拍摄的《乱世风光》中扮演在抗战中从事投机而堕落的男主人公孙伯修。1946年8月,吴性栽创办了文华影业公司,其创作人员大部分来自苦干剧团,如黄佐临、石挥、柯灵、张伐、叶明等。从1947年至1951年,在文华影业公司工作的5年中,石挥先后主演了《太太万岁》《夜店》《艳阳天》等12部影片,导演了3部影片。其间,石挥饰演最成功的当推桑弧导演的《哀乐中年》中的小学校长。在桑弧编剧、黄佐临导演的《假凤虚凰》中,石挥充分展示了喜剧表演才华。而《母亲》《我这一辈子》《关连长》,则是石挥集编、导、演于一身的三部作品。在影片《母亲》摄制期间,人到中年的石挥认识了著名京剧演员童芷苓的妹妹童葆苓,并与之结为夫妻。

新中国成立后,石挥将满腔热情投入到电影创作中去,先后参加了《姊姊妹妹站起来》《光辉灿烂》《美国之窗》《宋景诗》等影片的演出。他在电影表演上的杰出之作,当推1950年根据老舍原著改编,由他导演并主演的影片《我这一辈子》。他把老巡警的正直、憨厚、善良的性格,刻画得细致入微、京味十足。当这"老好人"最后躺在雪地上,说出最后一句话"唉,我这一辈子啊!"时,把一种浓郁而凄凉的人生沧桑,升华到悲壮的诗意境界,感人至深。在上海电影制片厂,他先后导演了《鸡毛信》《天仙配》《雾海夜航》三部影片。

1957年,石挥在"反右"运动中含冤而死,时年42岁。石挥生前演的最后一个角色,是1957年徐昌霖编剧的《情长谊深》,编导的最后一部电影是《雾海夜航》,导演的最后一部话剧是老舍的《西望长安》。石挥在舞台和银幕上,塑造了四五十个性格迥异、特色鲜明的人物形象。

1982年,在意大利举行了"中国电影五十年回顾展",国际知名的电影艺术家、评论家观看了半个世纪以来的中国影片后,对石挥主演或编导的影片如《哀乐中年》《假凤虚凰》《我这一辈子》《鸡毛信》,以及戏曲艺术片《天仙配》等极为赞赏。法国电影史学家特里惊叹:"我参加了这次回顾展,发现了中国电影,也发现了石挥!"日本电影评论家佐藤忠男说:"过去我只知道中国有个赵丹,现在我发现还有石挥。"

参考文献：

王子羽:《杨柳青"八大家"》,载天津市西青区政协文史委编:《津西古今采珍》,百花文艺出版社,1993年。

陈同艺:《表演艺术家石挥》,《影视春秋》,1981年第1期。

魏绍昌编:《石挥谈艺录》,上海文艺出版社,1982年。

天津市政协文史委编:《近代天津十大影剧家》,天津人民出版社,2001年。

（杨秀玲）

石 慧 儒

石慧儒(1923—1967),北京人,幼时随父母移居天津。由于家贫,12岁时拜花连仲(又名华连仲)为师,学唱单弦。

石慧儒仅仅学习了8个月,就开始在燕乐戏院登台演出,并一炮打响。"燕乐"是名角儿演出的场子,石慧儒演唱了《青石山》,台下叫好声、掌声不绝于耳。看到这样一位艺技不凡的13岁女角儿,台下花连仲请来的天津中华电台的人兴奋不已。当场邀请初出茅庐的石慧儒到电台广播演唱,曲目有《五圣朝天》《水莽草》《乌龙院》《宁武关》《巧娘》《庄子扇坟》《杜十娘》《金山寺》《青石山》《葛巾》《翠屏山》,以及《武十回》中的《戏叔》《挑帘》《十分光》《裁衣》《开吊杀嫂》等十几个中、短篇曲目。

从此以后,天津的中高档曲艺园子竞相约请她,而且其排名也在不断上升,收入不断增加。在这期间,石慧儒的演唱更加精湛,还增加了许多新曲目,花连仲做出了一个惊人的决定,打破师父在世不再拜师的陈规,让石慧儒再拜师谢芮芝学戏,为石慧儒日后开创新的流派奠定了坚实基础。

谢芮芝是"谢派"单弦的创立者,与"荣(剑尘)派""常(澍田)派"三足鼎立。1937年3月,谢芮芝定居天津。他的嗓音宽亮响堂,膛音厚实,唱腔唱法自成一家,以幽默滑稽见长。他编写曲目,即使是与他人合编的曲目,也都根据自己的演唱特性进行加工,使之诙谐风趣。石慧儒拜师后,谢芮芝倾心相授,她的演唱进步很快。1943年,20岁的石慧儒已在玉壶春茶楼担当大梁。这一时期,她演唱了《沉香床》《卓二娘》《舍命全交》《两县令竞义婚孤女》《战岱州》《乌龙院》《珍珠衫》《瑞云》《画皮》《成仙》《庄公点化》《敬德打朝》《铁冠图》《穷逛市场》《蝴蝶梦》等曲目，个人风格也愈加凸显，报刊媒体一致称她为"单弦女王"。

新中国成立后，石慧儒于1952年参加了天津市曲艺工作团（天津市曲艺团的前身），担任主要演员。50年代，曲艺界掀起了说新唱新的时代热潮，她上演了大量新编曲目，如《大生产》《好夫妻》《电灯费》《二上庐山》《地下苍松》等，岔曲《赞雷锋》《沁园春·雪》《红军过草原》等，整理改编了传统曲目《杜十娘》《游春》《鞭打芦花》《金山寺》《花木兰》《孔雀东南飞》等。她还在《中秋之夜》等多部曲艺剧中扮演女一号，塑造了众多鲜活的人物。

石慧儒还善于创新。她在花连仲传授的唱腔基础上，融各家之长，又保留了自己华贵圆润、轻灵流畅的特点，华丽而不花哨，俏皮而不轻浮，庄重而不涩滞，委婉而不柔靡，得一个"正"字。在多种表演手段当中，她首先注重的是以唱塑造人物，如在她的整理本《杜十娘》中，她从不以张扬个人的天赋与能力来取悦观众，更不滥用眼神、手势，但凡表演均有点睛之效，这也是她的标志性特色。她的嗓音醇厚圆润，吐字轻盈明晰，唱腔如行云流水。由于注入了饱满的感情，演艺达到了新的境界。凡经她演唱的曲目总能令人耳目一新。

石慧儒创立的"石派"单弦，是单弦史上第一个女声流派，仿学者众多。1967年，石慧儒去世，时年44岁。

参考文献：

中国曲艺志全国编辑委员会、《中国曲艺志·天津卷》编辑委员会编著：《中国曲艺志·天津卷》，中国ISBN中心，2009年。

采访高玉琮的口述材料。

（刘　雷）

石 友 三

石友三(1891—1940),字汉章,吉林省九台市人。幼时家境贫寒,靠父亲给地主家赶大车度日,石友三曾在长春的粮坊学徒,后入长春东关龙王庙小学就读。

1908年,石友三辍学从军。1912年初加入冯玉祥军队做马夫,得到冯玉祥的赏识与提拔。冯玉祥战败后,石友三改投晋系。1927年又回冯玉祥部任师长。1928年3月,建国军樊钟秀趁冯玉祥的国民军后方空虚,夺占了巩县及偃师县,但不久被石友三夺回。樊钟秀南撤,转攻登封县城,其司令部即设在少林寺内。石友三部向南追击,少林寺僧助樊狙击,终不敌而溃。3月15日,石友三追至少林寺,纵火焚烧法堂。次日,驻防登封的国民军(冯玉祥部)旅长苏明启,命军士抬煤油到寺中,将整个少林寺尽付一炬。千载少林寺之精华,悉遭石友三等浩劫,对佛教事业及文物造成巨大损失。[①]

1929年石友三叛冯投蒋,任安徽省主席。不久再投冯,中原大战时任冯军第四方面军总司令及山东省政府主席,在战争关键时刻又宣布拥护蒋介石。1931年背叛蒋介石,改投桂系李宗仁部。同年,在冯玉祥、蒋介石两面夹击下全军覆灭。石友三几经辗转,见大势已去,带着残兵败将投奔山东韩复榘。而石友三并不甘于寄人篱下,总想寻找机会东山再起。1932年,在日本特务的保护下,石友三由山东偷偷潜伏到天津住进日租界,与日本特务头目土肥原勾结,借助日本势力,联

---

①李正中主编:《近代中国天津名人故居》,天津人民出版社,2002年,第16页。

合当地土匪汉奸,组织队伍在冀东活动,为日本侵略行为掩护。

石友三在天津购置了大量房产,日租界、法租界均有他的房产,他还在英租界的伦敦路(现成都道)建起了专用于出租的12所砖木结构的楼房,命名为"世界里",现保存完好。石友三为自己精心选择的住所,地点在英租界内,而且与法租界及日租界临近,方便他进行通敌卖国的活动。天津日租界内日本特务机关众多,石友三与其中的茂川公馆的茂川秀和、松井公馆的松井静观来往非常密切,一起策划过许多阴谋活动。石友三利用自己在军界的一定名气,广泛联络,经营部分地产与金融业,获利颇丰,为自己的卖国活动提供资金。

1935年,在土肥原策动下,石友三在天津与白坚武组建"华北正义自治军",攻打北平未遂。1936年,石友三任冀北保安司令,1937年全民族抗战爆发后,石友三部扩编为一八一师,他先后任师长、军长、军团长。石友三受命在山东敌后抗战,初期他积极和共产党八路军取得联系,并聘请共产党人张克威、张友渔任军政治部主任,吸收进步青年到团、营、连充当政工人员。

1938年,为独霸华北,他摇身一变,由联共变为反共,大力排斥和清除共产党人及进步人士,在开封与日本驻军司令佐佐木签订互不侵犯协议,积极配合日伪军进犯八路军根据地。还要挟驻河南濮阳的新八军军长高树勋跟他共同投敌,高树勋以民族大义予以斥责,石友三由此怀恨在心,便挑动日军袭击高部,石、高矛盾激化。看到石友三公开投敌只是时日问题,石友三部第六十九军政治部主任臧伯风及总参议毕广垣与高树勋策划,寻机杀掉石友三。

1940年11月,臧伯风、毕广垣、高树勋决定尽早行动。他们请出原西北军将领、时任鲁西行署主任兼游击主任的孙良诚,以消除石、高隔阂为由,出面请石友三到高树勋部驻地河南濮阳柳下屯面谈,石友三见是老长官出面邀请,便表示同意。

1940年12月1日,石友三率一连骑兵随孙良诚到达高树勋部,高树勋在酒宴大厅将石友三逮捕,并将其活埋于黄河岸边。①石友三时年49岁。

参考文献:

胡必林、方灏编:《民国高级将领列传》,解放军出版社,2006年。

沉度、应列等编:《国民党高级将领传略》,华文出版社,2005年。

刘国铭主编:《中国国民党百年人物全书》(上),团结出版社,2005年。

(丁舺尧)

---

① 梁书达:《我所知道的石友三》,载天津市政协文史委编:《天津文史资料选辑》第61辑,天津人民出版社,1994年,第27页。

石 元 仕

石元仕（1849—1919），字次卿，出生于天津杨柳青，祖籍山东莱州。其先辈依靠漕运发家，在清乾隆年间定居杨柳青。至道光初年，石家在杨柳青已家资累万。1823年，石元仕的父辈们家分四门，其父石宝珩立堂名为尊美堂。石元仕兄弟三个，石元仕行二。1884年，石元俊病故，石元仕依照兄长遗嘱接管尊美堂。

石元仕全力经营父兄留下的土地、当铺，以及在天津先后创办的万有姜厂、万有酱园、万源炉房、美善成银号、东万盛煤灰厂、西万盛煤灰厂、万庆成绸布棉纱庄等企业，使家业又有了进一步的扩展。除杨柳青镇外，又在静海、武清、文安、霸县、安次、固安等地购买土地。他将土地出租给佃农，每年可收租钱。他继其父兄之后成为石氏族长，管理着家族万兴公祭田等产业。1894年中日甲午战争爆发，当局要求四乡组织地方武装。此时的石元仕是杨柳青首富，还是花翎捐职道员，因此被推举组织保甲局。石元仕在天津杨柳青镇首创地主武装团体。

1900年，义和团运动爆发，石元仕和地方乡绅再次成立了保甲局，雇丁壮300名，每夜由乡绅带领绕村巡查，保甲局的办公地点就设在石元仕家的账房。

1900年八国联军入侵天津后，石元仕迎合清政府的媚外政策，6月初在尊美堂院内成立了杨柳青支应局，拟对侵华八国联军办理支应，一切财物开支皆由石元仕承担。石元仕还以杨柳青绅董的名义发邀请函，请津府、道、县各驻津办事衙门及在津亲朋好友等暂来杨柳青避难。7月14日,天津失守,大小官吏便纷纷来杨柳青避难。八国联军占领天津后,派兵驻扎杨柳青,支应局负责供应驻境侵略军的日常所需,以及过境侵略军的车、船、马匹等。对于逃难来到杨柳青的难民,石元仕也多方接济,不时设粥厂放赈。随后,石元仕结识了天津都统衙门文案处的美国人丁家立,获得了一纸责令联军保护杨柳青的护照,杨柳青得以免遭战火涂炭。丁家立离任后,石元仕联合乡绅送其一块"惠心有孚"的匾,以示感谢。此后,联军驻扎杨柳青的军官先后换为濮吉飚和吴德瑞,石元仕又通过这两个人弄来了40条枪,发给保甲局作为武器。

1901年《辛丑条约》签订后,清廷表彰石元仕维护地方平安,授给四品卿衔湖北试用道,后经慈禧太后召见,光绪皇帝钦加三品衔,赏戴花翎。

石元仕热心创办公益学堂。1901年8月,石元仕和杨柳青其他乡绅认为中外交涉语言不通,议决腾出官斗局厢房3间,聘请通晓英语的人教习洋文洋语,招收学生15名,每日午后学习3小时,后因款项不足而中止。石元仕支持和赞助在尊美堂西院创办了天津私立第二中学,也叫杨柳青石氏中学,另创办了初等商业艺徒学校,还成立了杨柳青公立第一两等小学堂,以及一所蒙养院。

1906年清朝政府推行宪政,实行地方自治,天津县成立议事会,石元仕被选为议员和第一任副议长。进入民国后,石元仕结识了天津警察厅厅长杨以德,又与直隶省长、大总统曹锟之弟曹锐联姻,把女儿嫁给了曹锐的儿子。不久,石元仕当选为杨柳青镇公议局的议长。

1912年"壬子兵变"爆发。石元仕一方面给当地驻军送去了1000元的犒赏,一方面通过一名日本商人的介绍,见到了天津日本驻屯军司令官。后来日本驻屯军派出一个排(30人)的兵力,以野外演习为名,驻扎在尊美堂西院的石元仕出资兴办的学校内,杨柳青镇又得以安然无恙。

石元仕热心公益。自从他主持尊美堂后，每遇冬季下大雪，他都雇用贫苦人清扫由杨柳青至天津河道的积雪，以利冰床通行，方便来往路人。此外，每遇灾荒之年，石元仕也积极实施赈济。1891年，杨柳青先旱后涝，颗粒无收，饥民纷纷抢石家柴场以御寒。石元仕不但没有责怪，还拨款项，赈放棉衣、设场施粥，使饥民赖以存活。1917年杨柳青闹大水，石元仕在年终时又一次开赈，并宣布佃农受灾户3年不收租金。

1919年，石元仕病逝于天津，终年70岁。

参考文献：

天津市西青区地方志编修委员会编著：《西青区志》，天津社会科学院出版社，2000年。

罗澍伟编著：《天津的名门世家》，天津古籍出版社，2004年。

宫桂桐、韩志勇：《杨柳青石家大院》，新蕾出版社，2007年。

来新夏、郭凤岐主编：《天津大辞典》，天津社会科学院出版社，2001年。

（赵云利）

史 迪 威

史迪威(1883—1946),全名约瑟夫·沃伦·史迪威(Joseph Warren Stilwell),美国人,1883年3月19日出生于美国佛罗里达州帕拉特卡。1904年毕业于美国陆军军官学校(西点军校),成绩名列前茅,获得少尉军衔。毕业后在菲律宾马尼拉的美国第十二步兵团服役。1906年2月被调回西点军校任现代语系教官。

1911年3月,史迪威晋升为中尉,再次赴菲律宾服役。同年11月,他第一次来到中国,游历上海、香港、广州、梧州等地,在中国逗留了17天。

第一次世界大战期间史迪威赴欧,任第四集团军首席情报官,负责为美军参战做各种情报搜集准备工作,表现出非凡的才干,获优异服务勋章。

1919年8月,史迪威被任命为美国陆军的驻华首任语言教官,并在伯克利的加利福尼亚大学学习了一年汉语。

1920年,史迪威晋升为少校,偕家眷乘船来到中国,在秦皇岛登陆后,坐火车经天津抵达北京。在北京,史迪威继续在华北协和语言学校学习汉语,课余关心中国事务,喜爱中国文化。1921年4月,史迪威由国际赈灾委员会借调到山西参与筑路工程,修筑了一条从汾阳到军渡的公路。此次在中国工作的4年时间里,他曾到奉天、哈尔滨、海参崴(符拉迪沃斯托克)、日本、朝鲜、外蒙古执行访问任务,并独自到浙江、江西、湖南及杭州、上海等地旅行。1923年7月,他结束语言教官的任期回国。

1926 年 8 月,史迪威奉命到天津担任第十五步兵团营长。第十五步兵团在天津的兵营,俗称"美国大院",位于当时的德租界。美国大院除了营房和一个练兵场,还有配套的驻地医院、军人俱乐部等,军官们工作之余,可以参加茶会、晚餐会、舞会,到赛马俱乐部打马球以及观看电影。官兵每天上午进行操练,定期举行急行军训练和野外演习。每周还有几次例行的中文课,由会中文的军官教授。史迪威每月为团里作一次有关中国形势的报告,每周写一篇关于"中国局势中的风云人物"的文章,刊登在该团出版的周刊《哨兵报》头版,其中介绍张作霖、蒋介石等中国军政人物的文章,有一定见地。由此,史迪威成为享誉美国军方的中国和远东问题专家。①

1927 年 5 月,国民党的北伐军队逼近华北,史迪威被派往徐州地区进行调查。从 5 月 26 日搭车赴徐州,经过一个月危险的调查工作,历经艰险,抵达上海。这期间,他看到了旧军阀部队底层士兵与难民的悲惨状况,对他们的遭遇感到悲愤与怜悯。后来,在提交的报告中他以客观的描述给予北伐军队很好的评价,并就战事情况做出了正确的军事上的判断。

1928 年,史迪威由连队调到总司令部任参谋长,并晋升为中校。

1929 年 4 月,史迪威结束第三次中国之行,回到美国。应马歇尔之邀,到本宁堡步兵学校任战术科主任,任期 4 年。乔治·卡特利特·马歇尔中校曾在驻天津第十五步兵团任执行长,先于 1927 年 5 月回国,史迪威与他在天津有 8 个月的共事时间,两人相互欣赏与尊重,结下了友谊。在本宁堡,史迪威以教学严苛著称。他的工作能力与务实严谨的作风得到了马歇尔的高度评价。

1935 年 1 月,史迪威被任命为驻北平外交武官,并晋升为上校。当年 7 月全家又回到北平。作为军事观察家,为了真实了解蒋介石政

---

① 冯嘉琳:《史迪威将军在中国》,《红岩春秋》,2012 年第 1 期。

府对日抵抗的准备情况,从1936年4月开始,他进行了一系列的旅行考察,从广州到东北,足迹遍布大半个中国。通过这次考察,他形成了对蒋介石军事领导才能的极坏评价。①七七事变后,他同情中国人,对中国面临的危机十分关注。1937年12月,他跟随外交使团西迁到汉口,在随后一年半的时间里,史迪威深入中原及南方各省前线的部队考察,结交抗日将领,还拜访了周恩来、叶剑英。他认为中国士兵具有优良的素质,个别军官能力很强,但对国民政府的军事领导层评价很低,他已看到了蒋介石军事指挥系统的混乱。

1939年5月,史迪威结束任职,从天津大沽乘船回国。此时,马歇尔刚被任命为美国陆军参谋长,他注重任用具有实干与开拓精神的人。经过三个月的航行,船到檀香山的时候,史迪威从广播中听到了他被晋升为准将的消息。

1940年7月1日,史迪威被任命为第七师指挥官。9月,晋升少将。在训练军官及新兵的时候,他经常去观看学员操练,向军官耐心讲解战场问题,甚至亲自示范,由此得了新的外号"乔大叔"。由于他训练的队伍在演习中表现出色,1941年晋升为第三军军长,被认为是美国陆军最优秀的军长。

1942年1月,史迪威晋升为中将。他被任命为中缅印战区美军司令、中国战区统帅部参谋长、援华租借法案物资监理人和联合军事委员会的美方代表。②他的职能和任务是"保障滇缅公路畅通无阻,指挥可能划归给他的中国军队,帮助提高中国军队的战斗力,提高美国对中国政府援助的效用"③。3月6日,史迪威带着他的新任务飞到重庆向蒋介石报到,这是他第五次来到中国。

①冯嘉琳:《史迪威将军在中国》,《红岩春秋》,2012年第1期。

②[美]巴巴拉·W.塔奇曼:《逆风沙——史迪威与美国在华经验》,汪溪等译,重庆出版社,1994年,第321页。

③[美]约翰·伊斯特布鲁克:《史迪威将军》,《新远见》,2012年第1期。

史迪威到任后,迅速投入组织缅甸军事行动计划,但现实情况与他的计划相去甚远。蒋介石表面上答应让他指挥在缅甸的中国军队,实际上这些部队都受蒋的直接操控,史迪威根本无力调动。[①]1942年5月,在缅北大撤退中,史迪威拒绝乘坐空军运输机离开,而是带领114人穿过缅甸酷热潮湿的密林,躲过日军的追击,经半个多月丛林行军,安全撤退到印度。此后,他不屈不挠地策划收复缅甸的战役,一边督促缅印战区的军事集结与训练工作,一边与重庆国民党政府中以蒋介石为首的各色人物周旋,尽全力推动他们与日本人作战。他经常乘坐轰炸机飞越平均海拔6000多米的喜马拉雅山脉,来往于印度德里与中国重庆总部之间。

1943年,史迪威陪同蒋介石参加开罗会议后,从当年12月末到1944年7月,一直在缅甸丛林里修公路,组织战役。他身临前线,同普通士兵一起生活,给中国军官留下了深刻印象。8月从日军手里夺回了缅北重镇密支那。

在华任职期间,史迪威逐步认识到,无论从政治、经济还是军事方面来看,都很难依靠国民党去战胜日本侵略者。同时,他认为中国共产党代表中国的新兴力量,便更加关注中共领导的抗日力量。他积极领导组建了密码代号为"狄克西使团"的美军观察组。1944年7月22日,第一批美军观察组成员终于抵达延安。

1944年7月,罗斯福给蒋介石发电报,晋升史迪威为四星上将,要求史全权指挥中国抗日军队。这使史迪威与蒋介石本已恶化的关系彻底崩盘。在蒋介石的坚决要求与美政府内部错综矛盾的合力下,10月史迪威被召回。他离开之前拒绝接受蒋介石授予他的青天白日特别勋章。[②]

---

①章百家:《抗战时期中美合作的历史经验——由史迪威在华经历所想到的》,《新远见》,2012年第1期。

②吕德润:《史迪威:与中国士兵并肩抗战的美国将军》,《传承》,2010年第9期。

为抗击日本对中国陆路的战略封锁，从1942年11月起，在史迪威领导下，中美开始合作兴建西起印度利多镇，东至云南边境畹町的公路，称为利多公路。史迪威离开后，1945年1月利多公路正式通车，与缅甸公路对接，第一批车队进入昆明。这条贯通印度、缅甸、中国云南的公路被命名为史迪威公路。2月，美军授予史迪威荣誉军团勋章，以表彰他"意志坚定，热情不倦"，同时授予陆军优异服务的橡叶勋章，表彰他在打通滇缅公路中功绩之"巨大和复杂"。

1945年6月，史迪威任驻冲绳美国第十集团军司令，8月接受琉球群岛日军投降。1946年3月任美国第六集团军司令。

1946年10月12日，史迪威在旧金山病逝，终年63岁。

参考文献：

[美]约瑟夫·沃伦·史迪威：《史迪威日记》，黄加林等译，世界知识出版社，1992年。

瞿同祖编译：《史迪威资料》，中华书局，1978年。

（刘轶男）

史 俊 生

史俊生(1913—1981),天津静海人。1913年7月7日,史俊生出生在静海县杨官屯一个贫苦农民之家。15岁时他只身来到天津醉春园饭庄学徒,从此走上了一生为之奋斗的厨师生涯。

史俊生聪明好学,待人宽厚,深得师傅们的喜爱。从打杂到初通刀工切配,前后一年之余,史俊生了解和熟悉了厨房的各方面。他不满足于每天切切配配,立志要做一名掌勺厨师,于是来到天津朝阳饭庄学习炒菜。每天起早贪黑,为师傅们做好落桌的辅助工作,然后紧随师傅们的左右,随时听候支使,还善于捕捉师傅们的每个动作、每个眼神,半学艺半偷艺,谨慎小心,不敢出一点小错。师傅们看到他勤快利索,也愿意教他一些技术,从颠勺、翻勺练起,到简单的炒菜。寒来暑往,他苦练不辍,初步掌握了一些烹饪技法,为日后厨师生涯打下了坚实的基础。

1931年,为掌握更多技能,史俊生慕名来到慧罗春饭庄,拜在津门名厨牛宝山门下。牛宝山为"八大成"传人,身怀绝技,驰骋天津烹坛多年,满汉全席、南北大菜皆能,本帮津菜更是精道,厨艺享誉津门。史俊生仰慕牛宝山的厨艺,心慕手追,每天形影不离,尽弟子之礼,在师父的指导下技术猛进,练就了一身过硬的勺工。史俊生翻勺舒展大方,左右开弓;颠勺轻巧灵动,前后左右四面开花,尤其是带火彩的步步高,更是令人叹为观止。这些技巧并不是刻意卖弄,而是根据不同菜品的火候需要而采用不同的技巧,技巧要服务于菜品。这时的史俊生不论是对津菜的理解还是技法的掌握,都上升到了一个高度。

牛宝山看到史俊生孺子可教，日后必能传承自己的技艺，于是将平生所学传授给史俊生，每天有时间就向他传授新知识，从原料鉴别到发制，从原料属性到烹制，从简单的八大碗到参鸡席，从鸭翅席到满汉全席。师父每天传艺不倦，徒弟学习也如饥似渴。每当有重要客人，师父都会站在史俊生身边指导操作。如遇到老食客，师父还会前去向客人致意，把史俊生介绍给客人，请客人点评，请客人常来捧场。师父如此抬举爱徒，令史俊生深为感动，师徒间建立了深厚的友谊。师父的人品和厨德使史俊生受益终身，也为史俊生日后成为一代德艺双馨的烹饪大师树立了榜样。

在餐饮界崭露头角之后，史俊生从慧罗春辞职来到便宜坊饭庄，在此大展身手。便宜坊一时生意火爆，顾客盈门。史俊生是一个外表温顺、内心好强的人，他敏而好学，从不自满，深知艺不压身的道理，故在自己的技艺达到一个高度时都会回过头来看看走过的路，检查一下自己的不足。后来他又辞去了便宜坊的主厨，来到恩来顺回民饭馆，从头学起了清真菜的制作，在这里放下身段，拜人为师，很快就掌握了清真菜的烹饪技法和全羊大菜。

1938年，史俊生受同乡辛秀普之邀来到中立园饭庄，使名不见经传的小饭馆一下火爆起来。他推出独具津门特色的美食，如麻栗野鸭、软硬飞禽、坛子肉、油盖烧茄子、炒清虾仁等几十种菜式，菜品应时到节、味美价廉，一时中立园名扬津门，吸引了一批社会名流前来就餐，成为常客。

1956年公私合营后，史俊生奉调到地处天津鸟市的大众食堂工作。这里是天津最早的美食街，史俊生凭借高超的厨艺为这里的食客奉献出一道道传统美食，得到这里讲吃、懂吃的食客们的敬佩。1963年，为加强红旗饭庄的技术力量，扩大红旗饭庄知名度，史俊生被调入红旗饭庄，为饭庄增添了大量菜品，许多菜品成为红旗饭庄的看家菜，如烧肉、软熘鱼扇、罾蹦鱼、官烧鱼条、烹虾扁、炸熘飞禽、脱骨鸡、脱骨鱼等。史俊生在这里培养了许多弟子，其中多人后来成为津菜大师。

史俊生以手头麻利、动作潇洒为人称道，菜路宽广，精通津菜、清真菜，旁通鲁、湘、京菜，有"活菜谱"之称。南北大菜、陆海山珍无所不精，其脱骨鸡、脱骨鱼堪称一绝。其勺工无人比肩，精于爆、扒、熘、炒、烧等技法，代表菜有红扒鸭子、扒鱼翅、溜黄菜、玉带鱼、溜鱼扇、溜鱼腐、爆肚仁等；其烹调特色鲜明，突出原料本味，口味中正平和，回味无穷，菜品中规中矩，被誉为津菜圭臬。

1958年，史俊生加入中国共产党，曾任红旗饭庄党支部委员、红桥区饮食公司党委委员。从1958年至1965年，连年被评为天津市劳动模范，多次被评为河北省及天津市先进工作者。

1981年6月16日，史俊生逝世，终年68岁。

参考文献：

天津市政协文史委编：《近代天津名厨师》，天津人民出版社，2017年。

（吴玉书）

史 绍 熙

史绍熙(1916—2000)，本名史绍华，江苏宜兴人。1916年8月，史绍熙出生在宜兴县官林镇义庄的一个三世同堂的普通农家。1921年，史绍熙入私塾，受启蒙教育，7岁入浒溇庵初小，1927年上官林镇高小。1929年先考取宜兴中学，后又考入著名的无锡中学，更名绍熙。1932年初中毕业，考入常州中学，1935年高中毕业，考入北洋大学机械工程系。1937年暑假回乡探亲期间，七七事变爆发，无法返津回校上课，遂参加了家乡组织的青年抗日救亡宣传队，经安庆至武汉，后知母校内迁，急赴西安完成未竟学业。1939年以全班第一名的优异成绩从北洋大学机械工程系毕业，获学士学位并留校任教。

1939年至1945年，史绍熙先后在西北工学院、四川铭贤学院和武汉大学任教。1945年，史绍熙考取公费留英，入英国曼彻斯特大学研究生院深造。他不仅学习成绩优异，而且在研究中提出了一些新的论点和概念，经导师推荐直接攻读博士学位。1949年7月，史绍熙以《测量内燃机空气消耗量及其它脉动气流用层流流量计的研究》为题，通过了博士学位论文答辩，获英国曼彻斯特大学博士学位。文中首次推导出了在平行平面间周期性、脉动式层流运动的通用速度分布方程，从而解决了自20世纪30年代出现层流流量计之后一直悬而未决的理论问题和设计问题。这一成果受到伯明翰大学和吕卡图研究所著名内燃机教授、专家的高度评价，为英国内燃机界所重视。

1949年至1951年，史绍熙受聘为英国威尔士大学斯旺西学院研究员，继续从事内燃机的研究，并在英国《工程》杂志上发表了《稳定流及脉动流的临界雷诺数》论文，进一步引起了国际学术界的瞩目。斯旺西学院的教授劝他加入英国籍，曼彻斯特大学的教授也推荐他到美国麻省理工学院任教。1951年，史绍熙放弃了优越的物质生活和工作条件，谢绝各种挽留与劝阻，几经周折，返回祖国。他先到武汉大学任教，随即接受母校的邀请，到天津大学任教授。

1952年至2000年，史绍熙在天津大学历任教研室主任、系主任、副校长和校长。自1951年回国创立并领导天津大学内燃机专业开始，他还先后创建领导了天津内燃机研究所、天津大学热能研究所、内燃机领域及燃烧学领域中第一个国家重点实验室——内燃机燃烧学实验室，以及国内第一个内燃机学科方面的博士后科研流动站。

1956年，史绍熙加入中国共产党，曾当选党的十一大、十二大代表。

1979年至1986年，史绍熙在担任天津大学副校长、校长期间，承上启下、开拓创新，在改革开放中引领天津大学进入一个全面发展的新时期。在他任职期间，天津大学不仅取得了长足的进步，并且他所提出的把学校办成一所多科性、综合性大学的办学思想，为后来学校的建设与发展奠定了十分重要的基础。在他任职期间，天津大学成立了研究生院、管理学院、石油化工学院、石油化工技术开发中心，成立了材料科学与工程系、物理系、化学系、数学系、力学系、外语系、人文与社会科学系。天津大学由一所多科性工科大学，发展成为初具规模的以工科为主，理、工、文、管相结合的综合性大学。他对科研工作的领导与重视，推进了学校向"教学、科研两个中心"发展的进程。他倡导"严谨治学""从严治校"精神，提出发扬北洋大学的光荣传统和优良作风，对树立良好的教风与学风起到积极作用。后被聘为一级教授，并当选为中国科学院学部委员。

史绍熙还在国内外担任着许多重要职务。他曾担任中国工程热物理学会副理事长、代用燃料分会理事长，中国内燃机学会理事长、名誉理事长,国际内燃机学会领导小组成员、常务理事和学术委员会委员,国际燃烧学会中国分会主席,中国科学技术协会全国委员会委员,天津市科协主席、名誉主席,中国高等学校工程热物理研究会理事长,中国大学内燃机学科组主席,中国汽车工程学会名誉理事,等等。

史绍熙还是国务院学位委员会工程热物理学科评议组组长,中国自然科学基金委员会工程热物理与能源利用学科组组长,中国自然科学奖励委员会委员,国家科学技术委员会工程热物理学科组常务副组长与机械学科组成员,国家教育委员会科学技术委员会委员兼机械工程及工程热物理学科组组长。同时,史绍熙还受聘兼任江苏工学院、安徽工学院和山东工业大学名誉教授,华中理工大学和华南理工大学兼职教授,北方交通大学和洛阳工学院顾问教授,以及美国世界开放大学研究生指导教授。

1959年,史绍熙获天津市及河北省先进工作者称号;1960年获全国先进工作者称号;1961、1980年两次荣获天津市劳动模范称号;1978年获全国科学大会先进工作者称号,并获天津市科学技术一等奖;1982年获国家发明二等奖;1986年获国家教委科技进步二等奖;1987年获英国威尔士大学斯旺西学院荣誉院士称号;1988年获世界文化协会"爱因斯坦"科学奖;1990年获国家教委和国家科委联合授予的全国高等学校先进工作者称号,以及国家计委、国家教委与中国科学院联合授予的先进工作者称号,同年又获中国科学院荣誉证章。

自20世纪80年代以来,史绍熙被英国剑桥国际传记中心、美国传记研究院及其他国内外多家传记出版单位,列入世界名人录和名人传记。

2000年9月16日,史绍熙在天津病逝,终年84岁。

参考文献:

史连佑、王仁仲、尹明丽:《中国科学院学部委员、内燃机及燃烧学专家史绍熙教授》,载左森主编:《天津大学人物志》,天津大学出版社,1993年。

王仁仲:《史绍熙传略》,载左森、胡如光编:《北洋大学人物志》,天津教育出版社,1990年。

王杰:《著名内燃机及燃烧学专家史绍熙》,载天津市政协文史委编:《近代天津十二大自然科学家》,天津人民出版社,2011年。

（张绍祖）

宋德珠

宋德珠（1918—1984），本名宝禄，字颖之，祖籍天津，1918年12月3日生于北京。

宋德珠幼年曾在天津日租界某戏班学唱京剧，后被其父接回北京。1930年，焦菊隐在北平创办中华戏曲专科学校①，12岁的宋德珠进入该校学习，成为第一期"德"字班的学生。

戏专有别于传统的京剧科班，它仿效法国巴黎歌剧院的教育教学体系，在办学上力求除旧布新，借鉴西方艺术教育方式方法，兼授中西戏曲音乐。

宋德珠在这种优越的学习环境中如鱼得水，如饥似渴地汲取艺术养分，在完成了毯子功和把子功等基础课程后，宋德珠被分到生行组学老生，又改学小生，最终专工武旦。

学校重点培养宋德珠，为他多方聘请名师。最初由武旦名宿十阵风（张善亭）开蒙，以后陆续得到余玉琴（余庄儿，内廷供奉）、郭际湘（老水仙花，久与谭鑫培合作的著名花旦兼刀马）、阎岚秋（九阵风，阎派武旦的创始人）、朱桂芳（久与梅兰芳合作的著名武旦）、朱玉康（熟谙武旦下手技术）的传授。加之宋德珠练习刻苦，技艺大增，打下了坚如磐石的武旦基础，尤以跷功出众。为了练习跷功，宋德珠常常早晨起床后就绑上跷，一直练到晚上才取下来，跷里的汗水、血水与跷带子

①中华戏曲专科学校，民国时期文献称其为"戏曲学校""中华戏专"等，为行文简便，下文统称"戏专"。

沾在一起,扒不下来,同学们帮助他用茄叶煮水浸泡,才慢慢地撕下来。在戏专实习演出时宋德珠已负盛名,天津《北洋画报》曾刊登多幅宋德珠在校期间演出及日常照片。

1935年,程砚秋着手筹办旅行剧团,准备到法国演出,他把宋德珠列为剧团演员之一。于是,宋德珠经常到程砚秋家排戏,得到了程砚秋的悉心指点,唱、念、做、打、舞都更上层楼。1937年七七事变爆发后,程砚秋法国之行夭折。

1938年,宋德珠得到王瑶卿的赏识,离校侧身于古瑁轩弟子行列。后宋德珠自己成立了颖光社剧团,便成为四小名旦中第一个挑大梁的演员。王瑶卿、陈墨香和翁偶虹为其编排了《杨排风》全剧,首演于北京新新戏院,宋德珠成功演绎"青龙棍""天波府打孟良""火棍打焦赞""夺宗保打韩昌""小扫北打耶律",合称"五打",倾倒北京观众,宋德珠被誉为"剧坛红珠"。

1939年,上海黄金大戏院约聘宋德珠携颖光社到上海演出。宋德珠领衔主演,同行的有老生杨宝森、武生吴彦衡、铜锤花脸裘盛戎、架子花脸袁世海。第一天打炮《金山寺》,之后陆续演出了《杨排风》《取金陵》《夺太仓》《扈家庄》《虹桥赠珠》《忠烈鸳鸯》。最受欢迎的《金山寺》,演出达十几场之多。剧中宋德珠"五杆枪"的出手功夫出神入化,特别是他绣刀下场,在使出撒花盖顶、盘臂缠腰的解数之后,抽出腰巾子脆率地亮相,两只绑着硬跷的脚尖纹丝不动地站在台上长达四五分钟,令观众看得如痴如醉,喝彩不断。京剧界前辈对宋德珠也是极为推崇。在一次堂会演出中,林树森、周信芳、袁世海合演《战长沙》,竟将大轴让于宋德珠的《金山寺》。

从上海回北平后,宋德珠邀请翁偶虹为他编排新剧。1941年秋先后演出了翁偶虹编剧的《蝶恋花》《碧血桃花》等。1942年7月再赴上海,在更新舞台演出了打炮戏《金山寺》及代表作《杨排风·五打》《虹桥赠珠》(即《泗洲城》)《湘江会》《扈家庄》《碧血桃花》《青石山》和《蝶恋花》。更新舞台见宋德珠的演出场场满座,便希望他能留沪再演半月。当时黄金戏院已约请叶盛章、吴素秋和盖叫天"三大头牌"合作演出。宋德珠在"三大头牌"首演的当晚,在更新舞台对垒演出了翁偶虹编剧的《百鸟朝凤》。该剧以新奇取胜,充分显示了宋德珠全面的武旦技巧,连演了12场,载誉回平。当年春节,更新舞台又邀请宋德珠赴沪演出,宋德珠演出了翁偶虹的新编剧目《紫塞香云》。此后宋德珠又在南京、天津、青岛、济南、东北等地巡回演出。

新中国成立后,宋德珠先后加入沈阳京剧院、长春京剧院、福建京剧院等院团。1960年任河北省京昆剧团艺术委员会主任,同时担任演员和教师工作,宋德珠只身从北京来到保定,以极大的热情投入京昆剧团的艺术建设工作。他一边演出一边教学,将《扈家庄》《泗洲城》等剧目传授给青年演员。1961年冬,河北省京昆剧团《扈家庄》《玉堂春》《金山寺》《墙头马上》等剧目在天津首次亮相,一炮打红。1964年,宋德珠到河北省戏曲学校任教。1970年,河北省戏剧学校更名河北省艺术学校,宋德珠担任京剧科女生身段课的教学。1974年,宋德珠正式调入河北省艺术学校任教。

1978年7月17日,宋德珠退休回京。1983年暑期,河北省艺校举办"宋派艺术学习班",参加学习的有全国十省市五个剧种的29名学生,宋德珠亲授了《扈家庄》一剧。

1984年7月18日,宋德珠在北京病逝,终年66岁。

参考文献:

王金璐:《我和宋德珠》,《戏剧报》,1985年第2期。

翁偶虹:《翁偶虹编剧生涯》,中国戏剧出版社,1986年。

宋德珠口述,汪效倚记录整理:《一支雄厚的力量——我在中华戏曲专科学校学艺的日子(节选)》,《戏曲艺术》,2002年第2期。

窦国启:《宋德珠先生在河北》,《大舞台》,2009年第1期。

(王兴昀)

宋棐卿

宋棐卿(1898—1956)，本名显忱，字棐卿，山东益都县人，生于基督教商人家庭，从小受洗加入基督教。其父宋传典原是英籍牧师库林的门房，后成为基督徒。在教会的资助下，宋传典完成学业并成为青州学堂教员。后宋传典经营出口发网生意，规模不断扩大，宋传典不仅成为当地巨贾，而且当上了山东省国民议会议长。宋棐卿是其长子。

宋棐卿在益都教会学校读完小学、中学，1916年春考入齐鲁大学，半年后从齐鲁大学肄业转入燕京大学。1920年，宋棐卿留学美国西北大学商学院，学习商业和企业管理，并遵父命考察美国企业。1925年毕业后，在其父创立的济南德昌公司任职，专门办理地毯、发网、帽子及各种土产出口，并附带做长途汽车、呢绒进口等事业。1928年春，国民党军队北伐进入山东，张宗昌率部撤出济南，宋传典担心自己长期依附北洋军阀，不能见容于国民党，也逃往天津。国民党山东省政府以"附逆"的罪名，下令通缉宋传典。宋传典因此避祸上海，宋棐卿则带着全家来到天津。

当时天津是华北水陆交通中心和最大商埠，经济繁荣，适合企业发展。1932年4月15日，宋棐卿在天津创办东亚毛呢纺织有限公司，自任董事长兼经理，生产"抵羊牌"毛线。东亚毛纺厂成立之初资金仅为23万元，全厂职工50多人。1935年，东亚在全国毛纺市场中占到将近24%的份额。1936年资本达到100万元，职工约250人。宋棐卿之所以能够用不到5年的时间完成其百万资本的目标，主要是其始终坚持生产爱国产品,以替代进口产品。在全国抗日爱国情绪高涨、各地抵制日货运动蓬勃发展的背景下,宋棐卿以双羊抵角为商标,取名"抵羊牌",寓意"抵制洋货",顺应举国抗日的群众心理,因而备受欢迎。同时,也获得了实业部的认可:"天津东亚毛呢纺织公司所纺抵羊毛线,既属特别优良足以抵制外货。"[1]甚至在日租界,宋棐卿也以每月每字千元的高价,立有"抵羊毛线"6尺广告牌,表明东亚与洋货抗衡的决心。同时,宋棐卿考虑到华北一带民性保守,以丝棉为衣服要素,而将毛织物忽略为一种附属品或含有奢侈的东西。所以他认为,提倡国货必须"一半要打破守旧成见,使人人知道为何利用毛织品,一半要提倡国货,使大众对于国产毛织品都有了相当认识,知道毛线品在衣的部分,是占有重要部分的"[2]。为此,宋棐卿专门在东亚公司设服务部,推广现代科学穿衣理念。同时,宋棐卿还创办妇女杂志《方舟月刊》,定期向民众介绍并赞助毛线编织课程。

宋棐卿一方面通过广设销售网点累积资本,另一方面设立专门市场信息收集部门拓展市场。宋棐卿制定了"全国都有东亚股东"的计划。在考虑到地区间差异的基础上,他根据全国省市的实际状况将销售份额划分为4个等级,同时还细化每个省乃至每个主要城镇的销售份额。为了及时了解各地毛线市场的变化,并灵活做出反应,宋棐卿专门设立福隆商行,作为市场调研机构。1939年二战爆发后,英国限制澳洲羊毛出口,东亚毛纺厂面临停工闭厂的困境。宋棐卿当即赴云南、四川进行市场调查,发现麻袋很紧俏,便从上海买来英国人弃之不用的织袋机,从乡村购来青麻,组织生产麻袋,命名为"东亚大绿线"。不久,各国因军需对麻袋需求甚巨,再加上印度麻袋进口受阻,东亚毛纺厂因此捷足先登,抢占了市场份额。后来,在麻袋生意受挫时,宋棐

---

①②《天津东亚毛呢纺织股份有限公司年刊》,天津东亚毛呢纺织股份有限公司,1934年内部印行。

卿又及时将目光转移到医药生产领域。他以"改进西药、提炼中药"为口号,设立东亚化学厂,开工生产脑得康、克蛔宁、止痛片、咳嗽糖浆等药,年销量达到15万盒,成为东亚公司在日本占领期间资金周转的重要途径。

宋棐卿曾说:"多数人共同工作,必须要有组织。"他对东亚公司的人员管理规定等级、划分部分、指明关系。他说:"现今一般的组织,都是采取上面两项原则的混合,一方面规定等级,一方面划分部分,……若是关系不明白,应该合作的不合作,不该越权的任意侵犯,虽然是有组织,亦不能收到组织的效果。"按照上述管理思路,宋棐卿制定了严格的人员管理制度,要求各部管理人员赏罚公平。对于工人,则制定了若干管理规则,涉及业务管理、日常生活、思想品德等方面。如有违反,视情节轻重分别给予记过、解雇等处分。

为协调劳资关系,宋棐卿不仅对员工进行定期培训,而且也为其提供优厚的工作和生活条件。他根据员工不同的层次制定不同的培养方式,从而使得厂内外工友皆可得到学习机会。同时,宋棐卿在厂内设有图书游艺室、子弟小学校、中学及大学奖学金;设立职工医院,职工免费诊病和住院;为单身职工提供住宿和食堂;每逢年节还为职工开办各种游艺会,并给予勤奋工作者奖金,等等。对于高级人才,比如在化学厂,专门聘请了6位留洋化学和医学博士,一位硕士和二十几位专家,宋棐卿为他们建筑博士楼,给予优厚待遇。

宋棐卿经营管理的原则是"以诚待人,以德兴业"。他对产品质量管理异常严格,并投巨资建立了一套较先进的质量监测系统。羊毛含磷量不符合标准,一律不准使用"抵羊"商标。毛号不够国际标准的,一律不准纺100号毛线。每新染一种颜色,必须经过日晒、肥皂水浸洗、耐磨、耐汗等几种测试,合乎标准后,方可正式投产。纺出的毛线又必须经过捻度、拉力、弹力等指标的测试,最终才能打包出厂。宋棐卿强调的"诚"与"德"不仅是对产品质量的严格要求,而且也是对人格的严格要求。宋棐卿在其著名的"东亚铭"中曾反复强调:"公而忘私者我们要师法,先公后私者我们要征集,先私后公者我们要规劝,有私无公者我们要力戒。"

宋棐卿的"以德兴业"也体现在有礼有节的商战中。当时,天津的祥和毛纺厂为了击败东亚毛纺厂,不惜重金挖走了一批东亚技术人员和职员,几乎置东亚于绝境。为了反击并打败祥和的"飞艇"牌毛线,东亚毛纺厂向市场推出一种名为"高射炮"的毛线,价格低廉且能赊购。同时,宋棐卿特意通过商会各董事和当地有名的推销人士,大力宣传"抵羊"毛线。一时间,祥和公司产品积压、资金周转困难,股东纷纷撤资。在走投无路的情况下,祥和毛纺厂迫不得已找到南开大学校长张伯苓居中调和,在张伯苓的见证下,祥和毛纺厂将全部机器设备作价入股东亚毛纺厂。但宋棐卿并没有赶尽杀绝,在与祥和毛纺厂经理袁绍周的长谈中,宋棐卿将商战中的每一个细节明明白白地告诉了袁绍周,让其心服口服。后宋棐卿鉴于袁绍周的才能,聘任其为东亚毛纺厂营业部主任。此后,袁绍周一直主管分公司(华光织染公司)的经营。

宋棐卿也是一位慈善活动家。捐资助学是工商业者回报社会的最好方式。宋棐卿不仅为本厂职工子弟开设奖学金,而且还为成绩优秀的大学生提供奖学金。作为山东会馆董事,宋棐卿与其他董事每人捐助2万元,以救济金的方式对私立南开大学36名山东籍同学进行助学。不仅如此,东亚公司还专门为各院校设立奖学金,其中包括天津工商学院、南开大学、圣功学院、清华大学、辅仁大学、中国大学等。宋棐卿也热心社会慈善救济。1939年8月20日,天津遭受水灾,宋棐卿指挥和组织东亚公司职工抗洪救灾,救济了天津市区和郊县灾民五千多户一万多人。帮助灾民搭盖窝棚,同时还设立了三个服务处:施水处、施饼处、施医处。

宋棐卿生活俭朴,严于律己。他从来不娇惯子女,他的三个儿子先后都在公司当过茶房;假期派到公司做工,甚至被安排在最脏最累的拣毛和洗毛车间。在日常生活中,宋棐卿在厂里经常穿一套旧的蓝色毛哔叽西装,他还要求家里男孩子平时只穿学校统一制作的校服,女孩子不许佩戴任何贵重的饰品,不许打扮得花枝招展,只许穿一般的蓝布大褂,以致同学们都不相信他们是大名鼎鼎的东亚公司总经理的子女。

新中国成立后,宋棐卿任全国政协委员、国务院财政经济委员会委员。1950年,宋棐卿赴香港增购设备,准备扩大天津东亚公司生产,后滞留香港。1951年7月,他辗转去了阿根廷。

1956年7月17日,宋棐卿在阿根廷布宜诺斯艾利斯因病去世,终年58岁。

参考文献:

卞瑞明主编:《天津老字号》,中国商业出版社,2007年。

宋允璋:《他的梦》,台湾明文出版社,2006年。

天津市政协文史委编:《津门老字号》,百花文艺出版社,1992年。

(王　静)

宋 则 久

宋则久(1867—1956),又名寿恒,字则久,以字行,天津人,出生于天津西北角双庙街一户小商人家庭。宋则久幼年读私塾启蒙,15岁进入天津义德泰绸缎庄学徒,学满三年出师后,在庆祥、聚隆、德生锦等布店做店员,后入估衣街敦庆隆绸缎庄。起初,宋则久常驻上海负责采买,他创造了津沪核对账册和通讯暗码,以此可及时了解上海采买情况及天津的货物需求,使得敦庆隆常年保持货物充足,又未泄露商业机密,既不缺货,又不压货。1899年,宋则久被敦庆隆绸缎庄聘为经理。

1902年,为提高敦庆隆店员素质,宋则久创办"商业半夜学堂",撰写《商务修身浅说》《买卖法》《白话珠算讲义》《中国新簿记法》等教材,亲自为店员讲授商业经营的基本知识。此举得到教育家严修的赞誉。在宋则久的主持下,敦庆隆生意兴旺,每年营业额达300多万元。

庚子事变后,洋货充斥天津市场,宋则久经深思熟虑,提出"救国必先救穷,救穷必提倡实业,提倡实业非维持国货不可",并参加了直隶工艺总局的工商研究会。

1903年到1912年,宋则久先后与人投资创办天津造胰股份有限公司、北洋火柴公司、天津北洋保险公司和天津报国公司(制造牙粉)等企业,还兼任上海华通保险公司董事、天津工商研究总会会长等职。1912年,宋则久发起并创设直隶国货维持会,推顾琅为会长,自任副会长。他亲自为该会起草章程,规定该会以合群爱国为宗旨,不分性别均可参加,入会后必须购买和使用国货,只有中国没有而又非用不可的东西才准买洋货。为了宣传该会宗旨,宋则久专门聘请宣传员和调查员,多次举办提倡国货演讲会,编辑出版《白话报》,宣传国货的销售与改良,并计划设立国货介绍所。不久,宋则久改任直隶国货维持会会长,会员多时达3000多人。

国货维持会的创建,使宋则久产生了兴办国货介绍所的愿望。此时,官办的天津工业售品总所正招商承办。该所是周学熙任直隶工艺总局总办时创办的产销联营企业,内设实习工厂,主要展销工厂生产的产品。1913年5月,宋则久辞去敦庆隆经理的职务,斥资2万银元收购原直隶工艺总局的实习工厂和天津工业售品总所,创办了天津工业售品所,自任经理。当他接手濒临破产的工业售品总所时,人们都认为他疯了,只有敦庆隆的董事长纪锦斋在与宋则久一番长谈后,明白了其良苦用心,不但准其辞职,还让他带走了22名业务骨干。

工业售品所重新开张后,十分醒目地打出"凡为国货,不拘优劣,皆列肆而售,洋货概不售卖"的招牌。在宋则久勤勉经营和主持下,经过三年的励精图治,使该所经营扭亏为盈。其间,为增辟货源,宋则久采取两项措施:第一,先后独资或合资创办一些规模不大的织染公司、卷烟厂、板纸厂等新企业,织布厂多达13个,专织爱国布与仿洋漂白布和染色布,还织长毛巾、绒衣、毛巾和袜子。他还为一些制造国货的工厂垫付资金,扶植工厂扩大生产。他与人合办牙刷、肥皂等小型工厂,基本保证了日用货源。第二,派出有经验的采购人员,不断扩大商品的采购地区和范围,尤其是注意采购特色商品。他在上海设立采购各种物品的机构,把购货范围扩大到南方各省,从而形成全国性的采购网,从此货源源不断,1918年增加到3100余种。1915年至1916年,该所举办了34个展览会,140余家厂商携近400种产品参展,他们衡量优劣,比较粗精,互相观摩,共学共进。同时售品所宣传"国货不改良,实业不能兴,中国永无弃弱图强之日"的主张。

1915年2月,宋则久创办《售品所半月报》及《白话报》,宣传振兴实业、强国富民的道理,曾以顺口溜的形式编写了不少维持国货的歌诀,并出动宣传车向民众介绍国货产品。在售品所内组织音乐会,建立新剧团、魔术团,将振兴实业、倡用国货的道理融入民众的娱乐之中。1915年,宋则久创办"救国储金会"以吸收资金。正是通过这些社会活动,售品所的营业额得到很大增长,从而推动了国货运动的开展。

宋则久在经营管理上制定了一整套行之有效的规章制度。他严格按规章制度办事,工作井井有条,效率很高。随着售品所业务的发展,宋则久除在天津设总所外,还在全国许多省市设立分所或分庄。这些分支机构虽遍布全国各地,但人事管理制度和整个系统的会计制度却是统一的。经商之余,宋则久著有《售品所授徒讲义》《十年商业进行策》《实用经济学》等专著,宣传自己的经营思想。

1915年,为抗议日本提出的"二十一条",宋则久支持全体员工参加游行,售品所停业一天,并在随后出售的货物上打上"为国雪耻"印记。1918年,他被聘为直隶实业厅咨议,成为当时天津提倡国货运动的著名商业资本家。

1919年五四运动期间,宋则久积极参加抵制日货斗争,担任天津救国十人团总联合会副会长、天津各界联合会干事及天津国民大会副主席,与马千里、邓颖超等学界领袖共同主持大会。同年11月,他在第一次国民大会上慷慨演讲,号召民众共同起来抵制日货。1920年1月,他组织5000多人参加第二次国民大会,并在会后示威游行,宣传抵制日货、劝用国货,并将天津工业售品所改名为"天津国货售品所"。宋则久坚决支持周恩来等学生领袖领导的反日运动,抗议当局拘捕马千里等爱国人士,发动和组织各界爱国群众游行,并提供资金和物质上的支持。

五四运动后,北洋政府镇压爱国运动,取缔抵制日货斗争,并宣布救国十人团和国民大会等爱国团体为非法组织。1920年1月,宋则久将救国十人团等组织迁入英、法租界,坚持斗争。天津警察当局曾以暗杀相威胁,但宋则久并未屈服。宋则久在法租界的住宅也受到日本浪人和当地流氓的寻衅、砸毁,被诬为"抗日机构"。同时,售品所也收到不少恐吓信,甚至以"三日内必然暗杀"相威胁。在这些威逼、谣诼、诬蔑、恫吓面前,宋则久始终坚持其一贯提倡国货的爱国主张,毫不气馁。1921年,宋则久担任天津各团体代表会干事,并加入天津国会联合会,借民众抵制日货的热情,进一步拓展了售品所的业务。据统计,从利润增加的幅度看,1920年比1918年增加7倍多,1920年比1918年增加了1000多个经营品种。宋则久的活跃表现和巧妙的经商之道,给日本在津经贸以沉重打击,使得在津的日本官商陷入恐慌之中。

1920年,宋则久创办商业半夜学堂(业余学校)3处,以供商业人员学习。1921年,他在天津和武清两地设立通俗学校12处,这些学校的经费由售品所负担。另外,他出资在缺少学校的地区兴办私立宋氏小学6处,既为扫除文盲,也附带宣传提倡国货。

1923年,宋则久聘请刘清扬、邓颖超为临时顾问,培训女子练习生,为天津商界雇用女职工的第一人。1924年,宋则久任天津总商会董事,参与欢迎和拜访孙中山的活动。1925年,宋则久任天津国民大会促成会主席。当冯玉祥率国民军到天津时,宋则久与其相识,过从甚密,还帮助冯玉祥的国民军提供部分物资。此时的宋则久社会声望日高,天津国货售品所的营业更加发达,货品增达8000余种,职工增到100多人,商场建筑也翻修一新。1926年3月,奉系军阀李景林入天津,以"赤化"罪名封闭售品所,并逮捕10多名职员,提出需4万元罚金方可赎出,宋则久因此而负债累累,被迫辞去总经理职务。

1927年,南京国民政府建立后,宋则久加入国民党。次年,他到河南拜见冯玉祥,冯玉祥出资10万元设立开封国货商店,宋则久任总经理。1929年3月,宋则久任河南省政府委员兼工商厅厅长、河南省赈务会顾问,积极提倡国货。

由于冯玉祥在中原大战中失败,宋则久离开河南回到天津,1931

年出任国货售品所监察人,次年担任董事长。九一八事变后,华北形势危急,宋则久又一次利用群众的抗日热情来开展国货运动,他除在天津新设两个分所外,还在北平前门外和王府井大街增设批发分所和零售分所。1933年后,日军不断入侵华北,宋则久将营业重点逐渐向内地转移。到1937年,宋则久已在北平、济南、青岛、上海、郑州、太原、西安等地设立售品分所或分庄,大力扩展售品所的营业。

1937年七七事变后,日军占领天津,对坚决抵制日货的宋则久和他的国货售品所极为仇视,不断恐吓和勒索,致使国货售品所的营业日趋萎缩。在日本人的压迫下,宋则久放弃推销国货的旗号而被迫改营中外百货。

1939年,宋则久将天津国货售品所改名为天津百货售品所股份有限公司。日本人并未因他将"国货"改为"百货"而停止对他的迫害。1941年,日伪当局逮捕北平零售分所主任及10多名职员,1943年又将天津售品所经理和会计逮捕。宋则久被迫离开天津避居北平香山。

1940年,在资金周转困难的情况下,宋则久联合6名副理将各自应得的红利捐出,接办河东小王庄养正小学,转年又增设中学班。1941年由售品所出资,设立结核病专科诊所,转年迁至马场道。1947年,售品所与东亚、仁立等6家企业共同出资,资助郭德隆及结核病医师朱宗尧接办英租界董事会的传染病院,创立了天津市第一所结核病院。

1945年抗战胜利后,天津售品所一度打出"专售国货"的招牌。1947年改名为中华百货售品所,但美货大量涌入,国货仍难推销,宋则久又一次放弃"专售国货"的招牌,添设国外贸易部经营进出口业务,勉强支撑局面。1948年8月,国民政府发行金圆券,售品所再遭横祸,数日之内,总店及各分店存货被抢购一空,损失严重。

1949年天津解放后,已82岁高龄的宋则久退居北京香山养老。周恩来委托刘清扬去香山看望他,还邀他到北京市内观光。宋则久观光后召集售品所副理到香山,说共产党所说的、所办的都合我们的心意,我们应当拥护共产党,跟共产党走。不久他回到天津整顿售品所,使其获得了新生。1956年公私合营时,该所经营的商品达到1万多种。

1956年1月,宋则久在北京香山病逝,终年89岁。

参考文献:

宋则久:《宋则久论著》,天津国货售品所,1933年。

刘凤舞编著:《民国春秋》四卷本,团结出版社,1996年。

李新等主编:《中华民国史·人物传》,中华书局,2011年。

(张金声)

宋 哲 元

宋哲元(1885—1940)，字明轩，山东省乐陵县人，生于1885年10月30日(清光绪十一年九月二十三日)。父亲宋釜是清末廪生出身，在村中教私塾为生。宋哲元幼时生活贫穷，但是他用功读书。1907年考入北洋陆军第六镇武备随营学堂，后在冯玉祥部当兵，历任哨长、连长、营长、团长，参加过1922年第一次直奉战争，因军功升任第二十五混成旅旅长，成为冯玉祥西北军五虎上将之一。1924年10月参加冯玉祥发动的北京政变，冯玉祥部改编为国民军，宋哲元任第一军第一师(后改为第四师)师长。1925年秋兼任热河都统，在承德避暑山庄成立蚕蜂学校，推广种桑养蜂，振兴热河农业，还兴办军械厂，小批量仿制德国毛瑟二十响驳壳枪。

1926年，国民革命军北伐时，宋哲元作为国民军第一军将领，先后在南口、多伦等地指挥对直奉鲁联军和晋军作战。1926年9月17日五原誓师后，冯玉祥部改编为国民革命军第二集团军，宋哲元任第二集团军北路军总司令兼暂编第一师师长，1927年11月兼任陕西省政府主席。

1930年蒋冯阎中原大战中，宋哲元任冯玉祥军第四路军总指挥。战败后退居晋南地区，后张学良将其整编。1931年6月，宋哲元部改编为国民革命军陆军第二十九军。

九一八事变爆发后的第三天，宋哲元即率第二十九军全体官兵，向全国发出抗日通电，坚决表示："哲元等分属军人，责在保国。谨率所部枕戈待命，宁为战死鬼，不作亡国奴，奋斗牺牲，誓雪国耻。"1932

年8月,宋哲元任军事委员会北平分会委员兼察哈尔省政府主席。对于日本的侵略野心,他在给张学良的信中写道:日本"为贯彻其满蒙政策,巩固其攫取权益,定必先发制人,袭取热河,进扰平津,以颠覆我华北之策源地,而达其侵略之目的……惟目下时机紧迫,瞬息万变,先期预防方免临时失措,多集中兵力速行准备"①。

1933年元旦之夜,日军悍然制造"山海关事件",占领了山海关和临榆县城。10日,宋哲元奉命率领二十九军从山西阳泉到北平以东的三河、宝坻、蓟县、玉田和香河一带驻防。2月22日,日本关东军调集4个师团,并伪满洲国军队10万余人,兵分三路向热河进攻。热河省主席汤玉麟临阵脱逃,宋哲元接防长城防线喜峰口到宽城附近阵地。此后,宋哲元指挥二十九军将士在长城要隘喜峰口、罗文峪与日军展开激战,二十九军大刀队与日军展开搏斗,消灭日军6000余人,获得喜峰口大捷。以喜峰口血战为背景创作的《大刀进行曲》后来唱遍中国。5月3日,国民政府中央政治会议决定设立行政院驻北平政务整理委员会,以黄郛为委员长,宋哲元等22人为委员。5月20日,日军攻陷三河,宋哲元军退至运河沿岸。5月30日,中日双方签订《塘沽协定》,长城抗战结束,二十九军撤出长城阵地。

1934年,热河日伪军一部侵入察东独石口,被二十九军刘自珍部当即击溃。1935年,宋哲元被南京国民政府授予二级上将军衔。日军对宋哲元在察哈尔省的所作所为不满,不断制造各种事件,企图将宋哲元驱逐出去。1934年及1935年先后制造"察东案件"和两次"张北事件",并借机向国民政府抗议。1935年6月19日,宋哲元被免去察哈尔省主席一职,国民政府派秦德纯兼代察哈尔省主席,20日,宋哲元离开察哈尔到天津。28日,察哈尔省代理主席秦德纯与日本关东军特务

① 宋哲元:《宋哲元自纪》,载天津市政协文史委编:《天津文史资料选辑》第65辑,天津人民出版社,1995年,第92页。

机关长土肥原贤二签订《秦土协定》，割让察东6县，第二十九军撤到张家口以南。8月28日，国民政府任命宋哲元为平津卫戍司令兼北平市长，不久宋哲元任冀察绥靖主任兼河北省主席，成为冀察平津的主要负责人。

此时，日本开始在华北地区策动"华北自治运动"。据关东军参谋部田中隆吉回忆："自治运动的主张，是由关东军司令官南次郎和华北日本派遣军司令梅津美治郎这个时候决定的。这个运动的目的，是在内蒙和内蒙以外的华北地区制造自治政权。"[1]1935年7月22日，多田骏接替梅津美治郎担任中国驻屯军司令官，华北自治进入实施阶段。多田骏认为，宋哲元、阎锡山、韩复榘、商震手握兵权，如果他们4人能够与日合作，就可以建立一个强有力的华北政权，但是宋哲元等人不置可否。关东军又派遣土肥原贤二前来华北进行阴谋活动，他首先选中了宋哲元。11月11日向宋哲元递交《华北高度自治方案》，限11月20日前宣布华北"自治"。宋哲元向国民政府请示应对方针，蒋介石指示他"只听命中央，诿责中央为唯一之法"[2]。于是，宋哲元在19日下午离开北平来到天津躲避。土肥原又赶到天津，继续胁迫，但是宋哲元予以拒绝。

11月25日，日本扶植的殷汝耕在通州宣布成立"冀东防共自治委员会"，宣布脱离中央。26日，国民政府下令通缉殷汝耕。同时，天津驻屯军在天津制造"自治"的请愿与暴动，天津市市长程克要求多田骏予以制止，宋哲元也下令天津宪警，宣布戒严，并公开声明："一切均听命中央，在其辖境内如有扰乱治安之举动，不惜以武力解决。"此后，日方继续推动"华北工作"，企图造成既成事实的局面。日本中国驻屯军

　　①［日］粟物宪太郎等编：《东京审判资料：田中隆吉询问调查》，大月书店，1994年，第250—251页。
　　②秦孝仪主编：《中华民国重要史料初编——对日抗战时期绪编》（1），台湾"中央文物供应社"，1981年，第708页。

和关东军按照军部要求，继续推行"宋哲元工作"，限11月30日宣布"自治"，何应钦来北平与宋哲元商讨应付时局的办法。最后蒋介石指示："1.设立冀察政务委员会；2.任宋哲元为委员长，委员人选由中央决定，以适宜于北方环境为标准；3.冀察一切军事、外交、政治、经济应保持正常状态；4.绝对避免自治名目和独立状态。"①12月11日，宋哲元被任命为冀察政务委员会委员长，18日，冀察政务委员会成立，土肥原贤二担任最高顾问。12月25日，宋哲元在天津发表谈话，希望"中日亲善"，保全领土，内政不受干涉。29日，在天津宴请日本将领多田骏等20余人，继续与日本华北驻屯军周旋，处理华北问题。

1936年1月3日，蒋介石电告宋哲元："本维护领土完整原则，妥慎处理察事。"6日，宋哲元复电上海各团体，谓"洁身爱国，未敢后人"。8日，宋哲元在保定就任河北省政府主席，声言今后枪口不对内。宋哲元多次到天津，与日本华北驻屯军司令多田骏及特务机关长松室孝良会晤，商谈华北防共及撤消冀东伪政权问题。5月30日，宋哲元发表谈话称："华北外交刻所争者，为保全我国主权问题。凡不损我国主权者，方可本平等互惠原则向前做去。余对交涉事，非所经手者，不愿过问，个人所能负责所应负责者，绝对负责。"

1936年8月19日，日本驻华大使川越茂访问宋哲元，商谈中日协力防共、华北经济开发和中日外交调整问题。9月18日，日军在丰台演习，与第三十七师冯治安部发生冲突，双方增援，相持竟夜，北平戒严。19日，宋哲元与天津日本华北驻屯军司令田代皖一郎商妥，双方停止冲突，第三十七师官兵撤退。20日宋哲元发表告冀察同胞书，郑重声明"决不丧权辱国"。23日，日军司令田代向宋哲元发出最后通牒，要求华北五省自治，各机关聘用日本顾问，宋哲元予以抵制。10月

---

①秦孝仪主编：《中华民国重要史料初编——对日抗战时期绪编》(1)，台湾"中央文物供应社"，1981年，第739—740页。

1日,宋哲元与日军司令田代订立《中日经济开发协定》。17日,与天津日本总领事崛内干城在北平签订《中日华北通航协定》。27日,宋哲元召齐燮元、贾德耀、章士钊、陈觉生、陈中孚等会商华北各问题,并向中央报告。11月3日,宋哲元自北平到天津,再次与日军司令田代会晤,9日,田代与宋哲元、张自忠等商谈冀察问题,宋哲元声明决不甘为亡国奴。

1936年10月底至11月,华北日军连续八天举行秋季大演习,向第二十九军示威。11月11日,第二十九军冯治安、赵登禹两师举行演习,宋任总监。25日,宋哲元召集所部师长张自忠、刘汝明、冯治安、赵登禹,协商察省防务。

1937年初,宋哲元多次到天津,与华北驻屯军司令田代交换对时局的意见,商谈华北经济开发问题。田代逼迫宋哲元成立华北自治政府,遭到拒绝。5月11日,宋哲元为摆脱日军纠缠,以回原籍扫墓为名躲避两月之久,临行前将军事交给冯治安,将外交交给秦德纯,嘱其代为处理。

1937年7月7日七七事变爆发。9日中日双方达成临时停战协议,两军暂行退回原驻地。11日,宋哲元自乐陵赶回天津,接受了"停战协定"。13日,蒋介石致电宋哲元:"卢案不能和平解决,中正已决心运用全力抗战。宁为玉碎,不为瓦全。"[①]17日,蒋介石发表庐山讲话道:"如果战端一开,那就是地无分南北,年无分老幼,无论何人,皆有守土抗战之责,皆应抱定牺牲一切之决心。"[②]

面对日军挑衅,宋哲元采取了退让政策,基本同意了日本驻屯军司令官香月清司提出的"停战细目协定",并到天津日军将校俱乐部拜

①秦孝仪主编:《中华民国重要史料初编——对日抗战时期绪编》(2),台湾"中央文物供应社",1981年,第43页。
②张其昀主编:《先总统蒋公全集》,台湾中国文化大学出版社,1984年,第1064页。

会香月清司,表示道歉。19日,宋哲元从天津返回北平,下令撤除城内一切防御设施,并将冯治安部调离北平。但是,日军的增援部队却从关东和朝鲜源源不断向京津地区集结,还制造了"廊坊事件"和"广安门事件"。24日,孙连仲、庞炳勋、商震、李默庵部增援华北,宋哲元决心抵抗。26日,香月清司向宋哲元发出最后通牒,限期第二十九军撤离北平。宋哲元当即予以坚决拒绝,并于27日发出"自卫守土"的通电。宋哲元在通电中说:"哲元奉命负冀察军政之责,两年以来,以爱护和平为宗旨。在国土主权不受损失之原则下,本中央意旨,以谋华北之安宁,此国人所共谅,亦中日国民所深切认识者也。不幸于本月七日,日军突向卢沟桥驻军袭击,我军守土有责不得不正当抵御。十一日,双方协议,恢复和平。不料二十一日,炮击宛平县城及长辛店驻军。二十五日晚,突向廊坊驻军猛烈攻击,飞机大炮,肆行轰炸。二十六、七两日,袭击广安门及通县驻军,紧逼北平南北苑,日日增兵,处处挑衅。我军以自卫计,除尽力防卫,听候中央解决外,谨掬诚奉告,俾全国周知。"①

同一天,日本内阁会议决定向华北增兵3个师团。7月28日,日军对第二十九军发动总攻击,分三路向北平南苑、西苑、北苑发动进攻。第二十九军措手不及,损失惨重,伤亡5000余人,副军长佟麟阁、第一三二师师长赵登禹,于南苑壮烈殉国。宋哲元召开紧急会议,决定奉蒋介石之命放弃北平,退守保定,将平津防务、政务交由张自忠负责处理。宋哲元、秦德纯、冯治安等人遂离开北平前往保定,并请求中央军北援。7月29日北平失守,30日天津失守,宋哲元军退至静海、马厂,宋哲元致电南京,请求处分。

1937年8月3日,宋哲元通电辞职,委任冯治安代理第二十九军军

---

①贾恩绂:《宋哲元生平述略》,载天津市政协文史委编:《天津文史资料选辑》第29辑,天津人民出版社,1984年,第157页。

长。6日，蒋介石任命宋哲元为第一集团军总司令，命其反攻平津，辖第五十九军、第六十八军、第七十七军，担任平汉线防卫。9月24日，沧州失守，宋哲元、庞炳勋部全线撤退。日军为了策应忻口会战，将石家庄一带的部队调进娘子关，河北腹地空虚，宋哲元提出急攻邢台北取石家庄的战略部署，企图挽回局面。土肥原师团采取"围魏救赵"之计，派精锐27旅团，从邯郸直扑成安、魏县，意在乘虚夺取大名。11月6日，宋哲元部克河北成安，11日大名失守，宋哲元急令各部撤出阵地。

1938年春，宋哲元改任第一战区副司令，不久染上肝病，于1940年3月辞职，改任军事委员会委员，并回到其夫人常淑青的故乡四川绵阳疗养。4月5日病逝，终年55岁。国民政府颁令追赠其为陆军一级上将。

参考文献：

沈予：《日本大陆政策史（1868—1945）》，社会科学文献出版社，2005年。

乐陵市政协文史委编：《宋哲元》，山东大学出版社，1989年。

（万鲁建）

苏锡麟

苏锡麟(1876—1967),字玉书,天津宁河县人。苏锡麟父母去世较早,他从小由祖父抚养。少年时代,他曾在丰台粮店学生意。他的祖父在驻芦台的一位代理提督杨玉书家中做私塾先生,苏锡麟在此与军旅生活接触后,有了投军的想法。祖父本想将其推荐给杨提督,但苏锡麟更想去投新军。

1894年,通过姑父许怀璧的引荐,苏锡麟加入了开平的新军统领夏马海部下的骑兵部队。入伍不久,苏锡麟被选拔进骑兵随营学堂,学骑兵的旗语、灯语。后来,苏锡麟被分配到队上去任骑兵教练。当时的新军共分五军,即武卫前军、后军、左军、右军、中军,而苏锡麟入伍的部队恰好是聂士成统领的武卫前军。

1900年4月,直隶涞水县农民开始练义和拳。聂士成奉旨率部开赴涞水县弹压,苏锡麟随骑兵前往,随后驻扎在保定。不久,八国联军入侵中国,在天津大沽口登陆,直取北京。守将聂士成率领武卫前军担任作战任务,苏锡麟随骑兵驻扎在天津西沽军械库。聂士成殉国后,苏锡麟随后跟着队伍西行护驾,在娘子关一带阻击德军。两宫回銮时,苏锡麟随骑兵左营奉命到磁州接驾。

民国建立后,苏锡麟到张勋部下当差,积功累迁至统领,驻扎灌云、连水一带。1917年4月底,苏锡麟率部随同张勋由徐州出发,到津后驻扎在天津河北车站附近。3天后,苏锡麟随张勋带着队伍进入北京,坚决支持其复辟帝制的活动,和李辅廷带着队伍驻扎在天坛。张勋复辟后,段祺瑞很快便在天津马厂誓师讨逆。这时李辅廷倒戈,不听张勋调遣。张勋命令苏锡麟率部保护自己的南河沿公馆。7月8日,讨逆军占领丰台。段祺瑞提出解散定武军等条件,张勋拒不接受。12日拂晓,讨逆军向苏锡麟防区发起进攻。苏凭借东华门及景山等处的大炮俯射,压住了讨逆军的攻势。讨逆军先后派三批人劝降苏锡麟,苏提出保证张勋安全的条件。时任京师警察总监的吴炳湘遂派人通过苏锡麟防线,驾车准备将张勋送到荷兰使馆。张勋当场拒绝,意与讨逆军决一死战。苏锡麟和几个外国人硬是把张勋架上了汽车。

张勋复辟失败后,苏锡麟在北京租了房子陪着张勋。1918年,他赴安徽投倪嗣冲新安武军任第四路统领。后来经张勋推荐,苏锡麟投奔张作霖。1922年第一次直奉战争失败后,张作霖以旅为单位整编辽吉黑军队,苏锡麟任东三省陆军骑兵第三旅旅长,驻防奉天。1925年冬,苏锡麟任蓟榆镇守使,驻扎山海关。1926年初,苏锡麟任第十军军长,与直鲁联军一起攻入天津。

1927年,苏锡麟脱离军队,在张学良帮助下,经营裕蓟盐业公司。早在1924年,苏锡麟就在张学良的帮助下,获准承办河北省永平府所属卢龙、滦县等7县的盐务,组织成立裕蓟盐业公司,在天津设办事机构。苏锡麟的这家公司办理报盐、纳税手续,并按盐包收取手续费,在各县城及主要乡镇设立100多个盐店。1927年,组成了全面经营的裕蓟盐业公司,鲍贵卿任董事长,苏锡麟为总经理,并在唐山、滦县、昌黎、秦皇岛设四个盐场,负责办理发往各县盐店盐包的收发、保管等事宜。此外在汉沽设置筑运所,负责为所属盐场联系装盐打包、托运分发等事务。1928年,裕蓟盐业公司因军阀侵扰而一度停业。北伐后,何成濬为公司董事长,增加陈调元为董事。1936年复经国民政府批准续办,苏锡麟任总经理。1929年至1940年是该公司的鼎盛时期,由于市场垄断,专卖专销,利润可观。抗战胜利后,国民政府开放引岸专卖制,实行自由营运,裕蓟盐务公司业务逐渐萎缩。但该公司为长芦包商三公司中存在年限最长的。

1925年，苏锡麟还在天津集股开设思勤植物油厂，投资福兴面粉公司。1926年起，任世界红十会济南总会会长及天津分会会长。苏锡麟曾为家乡宁河中学捐款，并任该校董事。新中国成立后，任天津市新华区政协常委。

1967年，苏锡麟去世，终年91岁。

参考文献：

苏锡麟：《谈谈我在庚子年的一段经历》，载全国政协文史委编：《文史资料存稿选编》(1)，中国文史出版社，2002年。

苏锡麟：《我在复辟之役中的亲身经历》，载全国政协文史委编：《文史资料选辑(合订本)》第14卷，中国文史出版社，2011年。

苏锡麟：《我在张、吴合作中的亲身经历》，载全国政协文史委编：《文史资料选辑(合订本)》第18卷，中国文史出版社，2011年。

（王社庄）

孙 冰 如

孙冰如(1896—1966),字明鉴,天津人。1896年,孙冰如生于河东贾家沽道村的一个商人家庭。孙家是粮业世家,到孙冰如这一辈已经是第七代。其祖父孙治创立了"增兴厚"米面铺,后来又创立了"增记"米面铺。清同治年间,只剩下"增兴厚"维持经营,并从东郊迁到市内,先在东浮桥西,后来搬到西大湾子。"增兴厚"的第二代传人是孙冰如的叔父孙俊卿。孙俊卿非常具有商业天赋,很快就成为天津粮食销售行业中的领军人物。事业有成的孙俊卿没有子嗣,于是由孙治做主将第七子的两个儿子明鉴和明哲过继给他,叔侄变成了父子,孙俊卿毫无保留地把自己的财产和人生经验传授给了孙冰如。

1916年,孙冰如在南开中学肄业,考入北京大学预科。1919年入北京大学经济系。他毕业后到上海交通银行当练习生。1925年孙冰如回天津,任金城银行助理。1926年,孙冰如应倪幼丹之聘,任大丰面粉公司总稽核。倪幼丹决定对大丰面粉公司管理层进行调整,除仍由他本人任董事长外,总理及经理、副理分别由三津寿丰公司的总经理、经理、副理孙俊卿、佟德夫、杨西园三人担任,孙冰如任总稽核,接管后业务即好转。1929年,大丰公司改组为三津永年公司,孙冰如任公司襄理。1933年,寿丰、三津永年两厂合并,几位董事和几个大米面铺集资收买了民丰天记面粉公司,改组为天津寿丰面粉股份有限公司。以原来三津寿丰公司为第一厂,三津永年公司为第二厂,民丰天记公司为第三厂,总经理处设在第一厂,共有资本170万元,磨粉机66部半,成为华北最大的面粉厂。

寿丰公司开业时,董事长、总经理及经理由倪幼丹、孙俊卿、杨西园分任,并以孙冰如和王慧生为襄理。1939年倪幼丹逝世,孙俊卿兼任董事长,倪叔平被选为副董事长,同时孙冰如升为副理。1946年孙俊卿辞去总经理专任董事长,杨西园辞去经理,与倪叔平同为常务董事,孙冰如升为经理。1952年,董事长改由倪叔平继任,常务董事改由孙冰如和杨耀廷继任。

同治年间,增兴厚米面铺的创办人、孙冰如的祖父孙治和立成米面铺的创办人杨立成,为了保护同业的利益,把各米面铺组织起来,成立了三津磨房公所。1903年,天津成立了商务公所,旋即改为商务总会。各行业商人鉴于商会维护商界切身利益,经常接近官府,办事方便,于是就纷纷组织起行业公会,作为商会的团体会员。三津磨房公所改组为三津磨房同业公会,孙俊卿为公会的董事,后又任天津商会的董事。20世纪30年代初,孙冰如亦被选为三津磨房公会的董事,后来又做了总商会的常务董事和执行委员。1936年,公会改为委员制,孙冰如被推选为主席。1945年,市公署训令商会,对各行业公会进行改组,三津磨房公会改名为零售粮业公会,并改为理监事制,仍选孙冰如为理事长。1946年,孙冰如因担任寿丰面粉公司的经理,辞去公会理事长的职务,改选张紫宸为理事长,直到解放。

孙冰如热心慈善事业。1939年天津水灾,贾家沽道村被淹,百姓苦不堪言,孙冰如派人给村里送去救济粮和馒头,按人口每天分给各家各户,乡亲们无不感激。天津沦陷后,日军占了贾家沽道村民的耕地,用铁丝网围了起来。孙冰如得知后非常气愤,四处奔波,花了许多钱,把那片地为百姓争了回来。

孙冰如一家世代有着“兴学”的家风,他幼年时就读的贾家沽道村小学,就是孙家出资兴办的。1937年,孙冰如又捐出了自家的菜地7顷,修建了拥有8间教室的新校舍。1939年天津发大水,新校舍被冲毁,孙冰如立即捐出自家的一套旧宅院作为校舍,让学生们及时复课。

有些学生小学毕业后渴望升学,但家境特别困难,孙冰如得知后,不仅负担学生们上学所需的一切费用,而且还负担全部伙食费。孙冰如认为,"唤起女同胞的觉悟,必须有赖于教育!"[1]1943年,在孙冰如的支持下,贾家沽道村小学特设了妇女识字班,学生达到100多人。著名教育家卢木斋之弟卢慎之晚年生活窘困,想把一生珍藏的万余册古籍变卖,以贴补家用和治疗疾病。孙冰如得知后,认为古籍应该留在读书人身边,立即派人送上2万元钱,给卢慎之治病,但坚持把古籍留在卢宅。

孙冰如在天津工商界享有较高声望,曾任天津三津磨房同业公会会长、天津市商会常务理事、天津市场股份有限公司理事等职务。新中国成立后,曾任粮谷工业公司副理兼寿丰面粉公司经理、大丰面粉厂经理、天津市人大代表、天津市人民政府委员、天津市工商联副主委。

1966年,孙冰如去世,终年70岁。

参考文献:

孙冰如:《解放前天津的面粉工业》,载天津市政协文史委编:《天津文史资料选辑》第42辑,天津人民出版社,1987年。

杨子文:《孙冰如先生二三事》,载天津市河东区政协文史委编:《天津市河东区文史资料》第10辑,1998年内部印行。

孙冰如、张紫宸:《三津磨房同业公会》,载天津市政协文史委编:《天津文史资料选辑》第42辑,天津人民出版社,1987年。

(高　鹏)

---

[1]牛一兵、王宏主编:《天津小洋楼:名人故居完全档案》第2卷,天津教育出版社,2011年,第195页。

孙传芳

孙传芳(1885—1935),字馨远,山东泰安人,1885年4月15日(清光绪十一年三月初一日)生于一个农民家庭。孙家祖居山东,历代务农,父亲孙育典为清末秀才,仍以农耕为业。①

童年的孙传芳历尽坎坷,六七岁时父亲因病去世,他自幼跟随母亲张莲芳过着颠沛流离的生活,直到三姐嫁给袁世凯部下武卫右军总部执法营务处总办王英楷当二房太太,孙传芳母子的生活才发生了一些改变,逐渐稳定下来,母子二人寄居在王家,孙传芳到王家私塾附读。孙母将孙传芳的原籍改为山东历城县,并以现名行世,直到1931年孙传芳下野寓居天津时才正式恢复泰安原籍。

1902年,在王英楷的推荐下,孙传芳进入保定北洋陆军练官营当学兵,后来又转到北洋陆军速成武备学堂就读。1904年,孙传芳以优异的成绩被清政府保送到日本官费留学。1907年11月入东京陆军士官学校步兵科学习,为第六期学生,日本步兵中尉冈村宁次担任中国留学生的区队长。1909年3月回国,经清政府陆军部考核,孙传芳被授予步兵科举人,并准以步兵协军校任用,派到北洋陆军第二镇第三协第五标充任教官。1912年民国建立后,陆军军制改变,原来的镇改为师,孙传芳任第二师第三旅第五团第二辎重营营长。②

---

① 何德骞:《息影津门的孙传芳》,载天津市政协文史委编:《近代天津十大寓公》,天津人民出版社,1999年,第177页。

② 何德骞:《孙传芳在天津的生活》,载天津市和平区政协文史委编:《近代天津名人故居》,天津人民出版社,2009年,第45页。

1913年,北洋军阀的势力向长江流域伸延,在湖北督军王占元的提携下,孙传芳的才干得以施展,他颇受王占元的赏识,倚若智囊,连连升职,历任第五团团长、第三旅旅长、第二十一混成旅少将旅长,1917年升任湖北暂编第一师师长。孙传芳还时常充当湖北的代表对外接洽公务,有时甚至代表督军检阅师旅。直皖战争中,孙传芳率军狙击皖系的吴光新,连获大捷,一度出任中将衔的长江上游警备总司令。1921年,孙传芳接任第二师师长,成为直系军阀吴佩孚的爱将。1922年,曹锟与吴佩孚准备以直系的力量重组北洋政府,力主"恢复法统",孙传芳率鄂中全体军官发表通电积极响应,在社会上引起极大反响,一些军政界人士纷纷发表通电表示赞同。孙传芳此举不仅为直系军阀控制中央政权摇旗呐喊,而且也使自己声名远扬。

1923年,孙传芳出任福建军务督理。1924年的江浙战争中,孙传芳受命率军援助江苏督军齐燮元,他乘机向邻省扩张势力,占领浙江后,被大总统曹锟任命为闽浙巡阅使兼任浙江军务督理,同年授恪威上将军衔。

1925年,奉系军阀挥兵南下,直逼长江流域。孙传芳为保全既得利益,以太湖秋操为名,把他的3个师集中到太湖一带,10月10日,突然向毫无防备的奉军发动袭击,很快就占领了上海,把奉军赶出苏皖一带。1925年11月,孙传芳在南京宣布成立浙闽苏皖赣五省联军,自任联军总司令兼江苏总司令,总兵力达20多万人,从而成为直系中最有实力的军阀之一。

1926年夏,国民革命军从广东誓师北伐,在北伐军锐不可当的攻势下,孙传芳部在江西、福建连遭败绩,乱作一团,溃不成军。同年11月,孙传芳微服简从,秘赴天津,拜访奉系军阀张作霖,表示自己决不会与国民革命军妥协,并通电拥戴张作霖为安国军总司令。张作霖任命孙传芳为安国军副总司令兼五省联军总司令,令其率部对抗北伐军。1927年2月,国民革命军向孙传芳部发动进攻,占领杭州,逼近上海。8月,孙传芳率五六万人分三路抢渡长江,进攻宁沪,经过5昼夜鏖战,孙传芳部损失约5万人,从此元气大伤。1928年,孙传芳率残部撤到直隶境内休整。同年6月,孙传芳向安国军总统帅部辞职,退至关外,先后寓居沈阳、大连。

1931年九一八事变后,孙传芳感到东北终非长久栖身之地,遂举家迁往天津租界,在天津做起寓公,过着深居简出的生活。

日本侵占东三省后,进而把侵略的目标指向华北,阴谋策动华北五省自治,以使这五省逐步脱离南京中央政府,成为日本控制下的与伪满洲国保持密切关系的自治区域。按照日本的计划,华北五省自治政府由北洋旧政客王揖唐主持,孙传芳、曹汝霖为其副手。华北的局势一时变得异常复杂,一方面,日本极力拉拢寓居天津的旧军阀、下野政客,大特务头子土肥原贤二和冈村宁次都想把孙传芳拉入亲日势力,他们多次派人游说孙传芳,冈村宁次更是利用同窗关系多次登门造访,极力动员他出任伪职;另一方面,南京国民政府的特务机关加紧对这些寓居天津的旧军阀、下野政客的监控,防备他们为日本人所利用,对一些可能为日本人所拉拢和利用的军阀、政客,毫不留情地采取暗杀的手段。孙传芳因而发表声明,公开表示不被任何政权利用,在天津租界内过着闭门谢客的生活。

曾任北洋政府国务总理的靳云鹏下野后也居住在天津,寓居天津的相同遭遇,使孙传芳与靳云鹏走动起来,两人不仅同病相怜,又是山东老乡,日子一久,两人成为形影不离的朋友。靳云鹏极力劝导孙传芳皈依佛门,借以超脱凡念。孙传芳为了摆脱冈村宁次等日本人的纠缠,毅然选择皈依佛门,取法名为"智园"。天津佛教居士林成立以后,靳云鹏任林长,孙传芳任副林长并自封为"首席居士"。[1]每星期日居士们都要来林念经,由富明法师主讲,靳云鹏与孙传芳亲自领拜,一

①周俊旗主编:《建筑 名人 城市》,天津社会科学院出版社,2012年,第135页。

时,居士林在佛教居士中有很大的号召力,陆续参加活动的信徒达三千余人。

1935年11月13日,孙传芳起床后,一上午都在书房里练习书法,吃过午饭,他准备出发到居士林,他的夫人劝他今天下雨就不要去了,但他还是出了门,却不知这一去再也没能回来。当天下午在居士林佛堂,孙传芳被施从滨之女施剑翘从背后开枪刺杀,当场毙命,终年50岁。

参考文献:

施剑翘:《我为报父仇手刃孙传芳》,载武汉市政协文史委编:《武汉文史资料》,2009年第2期。

施羽尧、李菁:《我的母亲刺杀了孙传芳》,《文史博览》,2008年第1期。

王艳梭、刘志方:《档案记载:施剑翘刺杀孙传芳被特赦一案》,《档案天地》,2011年第12期。

王金静:《"佛门刺孙案"的社会参与剖析》,《岱宗学刊:泰安教育学院学报》,2009年第2期。

(郭登浩)

孙 东 园

孙东园(1877—1939),名占先,河北丰润人。1895年,因家境贫寒,孙东园来天津谋生,在大昌兴货栈学徒,后升为管账。1906年,孙东园与同乡赵斌、张俊峰等集资3万元,合伙开设同和兴货栈,时有职工30余人。

货栈初创时以代销唐山一带的白条猪肉和代客办理转运为主要业务。1912年以后,孙东园改进经营方法,代客买卖各种货物,免去客商因购置若干种货物往来不同货栈的烦琐。孙东园货栈向华北腹地输出的货物有大米、棉布、棉纱、面粉、五金、颜料、杂货、纸张、中药材、西药等,输入天津的货物有各种粮食、棉花、皮毛、山干鲜货、油料、油脂、猪鬃等农副产品。

孙东园还向客商提供代客托运业务。除了铁路代客托运外,还添加了水路托运业务,在河北西窑洼河沿设立了同和兴分牙行,即北栈,代客雇船装卸各种货物。牙行业的商业习惯是,将托运客商的货物装车后,由客商派人押运,一旦运送过程中发生事故,由客户自己负责。民国时期,军阀混战、兵匪横行,客户托运各种货物时常发生被抢、被盗和火灾等事故,因此总是提心吊胆。孙东园看到客商这一心理,便在天津牙行业中首次承揽了客货包运的生意。客商与同和兴货栈签订货物包运合同,货物如在运送途中因事故受损,由孙按价赔偿。孙的包运收费虽略高于客商自己押运所需的费用,但客商为了货物安全起见,纷纷将货物交给同和兴包运。孙东园则与各保险公司周旋,确保货物出现状况时免受损失。

1913年春节后,孙东园召开股东会议,决定将同和兴货栈改为同和兴股份有限公司,股东所分红利全部增资,资本由3万元增到10万元,并拿出部分资金在意、奥租界交界处的二马路建筑公司新址。同和兴股份有限公司除了代客买卖货物外,还向各地客商提供价格优惠的食宿,成为集代客买卖货物、提供仓储及食宿交易场所等服务为一体的新型股份公司。天津牙行业各家纷纷效仿孙东园的经营模式。

孙东园拓展业务范围,增加对客商的存放款业务。孙东园的公司规定客商存款无息,垫款则收利息,公司每年都有可观的利息收入。1916年后,由于各地客商增多,客商收付汇兑款项也逐渐增多,孙东园便承揽代客办理外地客商汇票收付业务,收取手续费。由于同和兴股份有限公司的业务多、交往面广、信誉颇佳,因此,由该公司负责汇兑的业务也日渐增多,公司不仅能得到汇兑业务的手续费,而且还可得到不付息钱的短期存款。

1920年,孙东园与莫荫轩等合资,在天津估衣街开设了同升和帽庄,并在北京开设了分店。孙东园还在河北省胥各庄车站开设华兴同货栈,该牙行占地40多亩,并有自用的铁路道岔,在胥各庄是首屈一指的大货栈。华兴同货栈效仿天津的同和兴股份有限公司的经营模式,除代客买卖、代客托运和包运各种货物外,还代销开滦煤矿的煤和英商德士古的煤油。此外,孙东园担任裕津银行董事一职多年。

1930年以后,孙东园开设的同和兴股份有限公司已发展成为拥有职工150多人、代客买卖各种商品的综合性大牙行,公司客商遍及全国,营业范围之广、利润之丰厚,占天津牙行业之首。其粮业部招揽东南郊产稻区的稻谷加工和代销大米的业务,建立机米厂专门加工稻谷,收加工费,然后代为销售大米,收取佣金。其棉业部专门负责代客买卖华北腹地运来的棉花,收取佣金、栈租费。其山货部专门代客买卖各种山货,如瓜子、核桃、黑红枣、花生、核桃仁、杏仁等,并修建了一座大仓库,专门代客存储各种山货。其皮张部专门代客买卖各种皮货,收取佣金、栈租和租费。同和兴股份有限公司利润已高达100万元之巨,资本总额增加到30万元。

1933年,日本侵略冀东,各商号惶恐不安,资金大量流入天津,存在同和兴公司的就有近30万元。当时正值五六月,是粮、棉、山货的淡季,客户多不用款,同和兴公司的资金不能贷出,只好将多余资金存在各大银号,但所得利息不多,又兼铁路不通、政局不稳,同和兴公司在天津本地报纸登出拒绝各地汇款的声明。同年秋铁路恢复通车,同和兴的业务又迅速发展起来,直到七七事变爆发,这一阶段是同和兴公司的黄金时代。

1936年12月,孙东园出任天津干鲜果品业同业公会主席。1939年初,孙东园病故,终年62岁。

参考文献:

天津市地方志编修委员会编著:《天津通志·金融志》,天津社会科学院出版社,1995年。

天津市档案馆等编:《天津商会档案汇编(1937—1945)》,天津人民出版社,1997年。

孔令仁、李德征主编:《中国老字号》(6),高等教育出版社,1998年。

张彦台:《蜕变与重生:民国华北牙商的历史演进》,山西人民出版社,2013年。

(高　鹏)

孙多森

孙多森(1867—1919),字荫庭,安徽寿州人。1885年孙多森中秀才,继为贡生,后捐得候补同知官衔。1898年2月,孙多森与其兄孙多鑫在上海创办了国内第一家华商面粉厂——阜丰面粉公司,孙多森任总经理,孙多鑫任协理。1901年,孙多森升任候补道,任上海电报局帮办。阜丰开办后经营状况良好,1904年扩建厂房,增置机器。1905年,国内发生抵制美货爱国运动,又因日俄战争后东北三省面粉销路很好,阜丰厂日产量增至7000多包,获利颇丰。不久,孙多鑫投到直隶总督袁世凯幕下任职,阜丰厂的经营事务全部由孙多森管理。

1905年,孙多森与聂云台等人共同筹建上海商务总会,任议董兼副会长。1906年,孙多鑫因病在天津去世,袁世凯电召孙多森接替其兄,继续参与主持北洋实业。孙多森抵津后,协助周学熙创办北洋实业。因英方借庚子之乱骗占开平煤矿,袁世凯、周学熙、孙多森等人决定投资兴建滦州煤矿,实行"以滦抵开",意图达到"以滦收开"。孙多森任滦州矿务局协理,直接参与创办和经营,由于经营有方,争取到政府政治、经济上的支持,又有袁世凯为后盾,滦州煤矿的业务迅速开展,不久即受到开平英方的压制,他们要求清政府"停开滦矿"。周学熙、孙多森等人设法与英人周旋。孙多森还是唐山启新洋灰公司协理,该公司产品远销上海等地。

1908年,周学熙在北京创办自来水公司,孙多森任该公司协理。1909年,直隶全省工艺总局成立,孙多森任总办,并兼南洋劝业协赞会会董。后任直隶总督的杨士骧指派孙多森会同周学熙组织直隶出品协会,并任协理,在天津劝工陈列所举办劝业会。1909年袁世凯下野,英方意欲一举吞并滦矿,孙多森等人抓紧时间增强滦矿设备,完善生产系统,全国上下掀起了保护滦矿、收回开平矿权的运动。1910年4月,孙多森任直隶劝业道,启新洋灰公司和滦州矿务公司协理职改由其叔父孙传樾接任。不久,孙多森因遭到直隶咨议局的弹劾,辞去劝业道的职务,仍任启新洋灰公司和直隶滦州矿务公司协理。1911年,滦州煤矿与开平煤矿在市场上展开倾价竞争,此时因辛亥革命爆发,清政府已无暇顾及滦州煤矿事务,滦州煤矿最终走上了与英国开平公司联合的道路。开、滦联合后,孙多森离开了开滦公司。

1911年12月,孙多森任清廷内阁和议代表,随唐绍仪赴上海议和。1912年1月,南京临时政府成立后,唐绍仪辞职,孙多森回到了天津。同年5月孙多森被派往安徽任实业司司长,不到一个月被免职。9月,周学熙在北洋政府财政部内设国家银行事务所,金邦平任总办,孙多森任会办。12月,孙多森接受周学熙的邀请筹办中国银行。中国银行因袭大清银行陈旧的管理方式,他提出很多改革意见:一、增设19处分行;二、派人前往日本考察银行业务;三、主张以在政界有声望的官僚任各省分行负责人,以熟悉银行业务的留学生任副职;四、派员在各省调查商情;五、设置金库及高等银行学堂;等等。

1913年4月,孙多森被任命为中国银行总裁,他主持修订中国银行条例30条,经参议院通过,由财政部公布施行。这是民国财政部公布的第一个中国银行条例,这些措施从法律上维护了银行的发展。为防止工作人员营私舞弊和工作差错,孙多森聘请了两位外国人担任稽核员和司账员,直接向总裁负责。孙多森任职期间制定的稽核员等制度和措施,对中国银行的建设发展产生了深远影响。1913年5月财政总长周学熙下台,6月孙多森被解除总裁职务。6月30日,袁世凯下令解除革命党人柏文蔚安徽都督兼民政长的职务,改派孙多森为安徽都督兼民政长。孙多森上任伊始,即遭到安徽省议会很多议员的反对。

不久,安徽驻军胡万泰部响应国民党人的反袁斗争,发动安徽民众及议会,要求孙多森辞去都督职。1913年7月17日安徽宣告独立,孙多森被软禁,后被释放。袁世凯随后派孙多森为实业调查专使赴日考察。回国后的1914年5月,孙多森与王克敏、陆宗舆、曹汝霖、杨士琦、李士伟及日本人中岛久万吉、仓知铁吉、尾琦敬义等人,在北京组织中日实业股份有限公司。同年6月经农商部批准开业,资本500万日元,中日资本各半,于东京设本店,北京设总营业所,上海设分所,孙多森任总裁。

1914年5月,袁世凯停止政治会议,另组参政院,黎元洪兼参政院院长,孙多森任参政。同年,周学熙再任财政总长,厘定农工银行条例,设立全国农工银行筹备处,孙多森任筹备员。同年10月,袁世凯拨款在北京创办通惠实业公司,以孙多森和周学熙、袁克文、张镇芳等人为筹办人,由孙多森任临时总裁,财政部委派林保恒为官股代表,任协理。通惠实业公司于1914年10月15日正式开业,在北京设总公司,上海、汉口设分公司,经办银行、仓库、保险及其他农工实业。不久,该公司创办天津通孚堆栈及上海沪丰堆栈、协孚地产公司等企业。

1916年4月,孙多森筹办中孚银行作为其企业的金融机关,设总行于天津,孙多森任总经理,聂其炜任协理,资本定额200万元,实收102万元,于11月开业,经营信托、储蓄、汇兑、押汇、贴现及金银买卖等业务。1917年3月,中孚银行在北京、汉口、上海设分行,不久与广东银行、中国银行商定,在镇江、扬州等11个城市设立特约通汇处。1918年,中孚银行开办国外汇兑,通过美国花旗银行、运通银行和日本帝国银行代办国外汇兑,成为当时我国第一家特许经营外汇的商业银行。

第一次世界大战期间,中国民族工业获得了良好的发展机会,上海阜丰面粉厂的经营也得到进一步的发展,获利巨大。1919年,阜丰面粉公司增资至银70万两,改组为股份有限公司,在五四运动抵制洋货时期又得到了发展,在竞争激烈的机制面粉业取得了稳固的地位。同年,孙多森派通惠实业公司人员,前往东北筹办通森采木公司。

1919年7月6日,孙多森病故于天津,终年52岁。孙多森在直隶劝业道任内,编著有《直隶实业汇编》一书。

参考文献:

中国社会科学院近代史研究所中华民国史研究室编:《中华民国史资料丛稿·人物传记》第15辑,中华书局,1982年。

陈真、姚洛编:《中国近代工业史资料》第1辑,生活·读书·新知三联书店,1957年。

张连红、严海建主编:《民国财经巨擘百人传》,南京出版社,2013年。

李志龙主编:《开滦史鉴撷萃》,河北人民出版社,2011年。

寿充一等编:《近代中国工商人物志》第1册,中国文史出版社,1996年。

(高　鹏)

孙多鑫

孙多鑫（1865—1906），字荔轩，安徽寿州人。孙多鑫的叔祖父孙家鼐是晚清重臣，1859年中状元，官至大学士。父亲孙传樾是李鸿章的侄婿，共生有六子，孙多鑫是长子。

孙多鑫于清光绪中叶中举，深得外祖父李瀚章的喜爱。早年在李瀚章两广总督府中做幕僚。李瀚章卸任后，孙多鑫即北返扬州经营盐务，后感到盐业生意风险太大，遂改行。

孙多鑫调查了海关各种进出口货物的数量、价格及在国内销售的情况，发现外国机制面粉的进口数量日渐增多，销路非常广。国产土法磨制面粉价格仅为洋面粉的四分之一，但由于洋面粉质量好，销路仍比国产土法面粉好。于是他先后派人到芜湖、天津、上海调查了机制面粉厂和作坊，发现利润空间非常大，于是决定集中孙氏家族的资本，创办机制面粉工厂。[1]

1897年9月，孙多鑫与弟孙多森及亲友集资17万两白银，在上海苏州河畔莫干山路筹建阜丰机器面粉有限公司。凭借叔祖孙家鼐的影响，很快获得"概免税厘，通行全国"的特权。[2]

为了在同行业中保持领先地位，1898年，孙多鑫亲自赴美国考察面粉工业，并花2.2万美金从美国订购了一套先进的机器设备，工厂于1900年6月正式投产。1904年增建新厂，添置机器，日产能力达到

①张怀安、成卫东主编：《大户人家·实业家卷》，上海社会科学院出版社，2007年，第76页。

②上海市粮食局等编：《中国近代面粉工业史》，中华书局，1987年，第103页。

5000包①，这是上海开办最早的民族机制面粉工厂。该厂面粉有"自车""炮台"等注册商标。由于阜丰厂生产的面粉在色泽和质量上都与洋面粉不相上下，每包售价又较洋面粉便宜很多，因此畅销于上海及江南一带，获利颇厚，孙多鑫也成为当时全国著名的实业家。

1901年，袁世凯出任直隶总督、北洋大臣，周学熙任天津道。当时天津缺少规模较大的实业，而孙多鑫在上海创办阜丰面粉厂卓有成效，闻名全国。周学熙建议邀请孙多鑫来津，孙遂于1904年离沪赴津。孙多鑫与袁世凯见面后，深受袁世凯的赏识，成为袁世凯的重要幕僚，袁世凯所上重要奏折，很多出自孙多鑫之手。不久，袁世凯委任周学熙任天津官银号督办，孙多鑫为总办。官银号是官府经营各项事业的金融机构，周、孙通力合作，掌控着天津官银号积聚的资金，支持了天津工商业的发展。不久，启新洋灰公司、滦州矿务公司、滦州矿地公司、北京自来水公司等规模较大的北洋早期实业相继建立，大多以官督商办名义由官银号拨借低息资金。孙多鑫为实际上掌握北洋财政实权的人物之一。

孙多鑫的资金和心血主要投入到启新洋灰公司中。该公司原名"唐山细绵土厂"，由直隶总督李鸿章命开平矿务局总办唐廷枢筹资兴建。该厂投产后先是亏损，后被英国商人骗占。在清政府的支持下，经过几年的交涉，周学熙于1906年7月将该厂收回，并改名为启新洋灰公司。新公司组建后，周学熙任总理，孙多鑫任协理。孙多鑫积极协助周学熙清产核资、筹集资金、招募商股、制定章程、组织生产。该公司所需资金主要依靠天津官银号承借100万元，孙氏家族也进行了积极投资。公司投产后，效益极佳，仅8个月就还清了全部官款。②

孙多鑫对于清末北洋实业多有参与，"北洋早期出现的大规模实

---

① 当时国产面粉每包180斤。
② 李良玉等主编：《安徽三大家族与近代中国实业研究》，合肥工业大学出版社，2010年，第5页。

业,是以袁世凯为后台,在孙多鑫的策划之下,由周学熙出面,三人进行合作的结果"①。

孙多鑫于1906年12月29日因病去世,终年41岁。

参考文献：

寿充一等编:《近代中国工商人物志》第1册,中国文史出版社,1996年。

苏希圣编:《文史辑存》,安徽人民出版社,2009年。

（张慕洋）

①包培之:《寿州孙家与中孚银行》,载天津市政协文史委编:《天津文史资料选辑》第35辑,天津人民出版社,1986年,第141页。

孙 多 钰

　　孙多钰（1882—1951），字章甫，安徽寿州人。孙多钰 6 岁入家塾，12 岁学习英语。1899 年随胞兄孙多堃（字厚甫）赴美留学，1905 年入美国康奈尔大学土木工程系学习，获工程师文凭。

　　1909 年，孙多钰回国，经清政府考试，得工科进士。1910 年，经其舅父邮传部右侍郎李经楚举荐，任吉长铁路工程局工程师。1911 年春，清政府授予他翰林院检讨，吉长铁路工程局升他为工程局总办兼总工程师。1913 年，袁世凯撤掉了与国民党关系较深的沪宁、沪杭甬两铁路管理局总办钟文耀之职，由孙多钰赴上海接任。1915 年，孙多钰调任湘宁铁路工程局总办。1918 年，美国停止湘宁铁路借款，该路工程计划被取消，孙多钰改任株钦、湘鄂两铁路总办。

　　为解决大批新办企业资金短缺的困难，1916 年，孙多森、孙多钰、孙景西叔侄创办中孚银行。孙家把绝大多数商股陆续回购，股权几乎全部掌握在孙氏家族手中。1919 年夏，因孙多森突然去世，孙多钰辞去铁路总办职，移居天津，接任北京通惠实业公司总裁、中孚银行总经理和阜丰面粉公司总经理，开始推动中孚银行第二轮大发展。孙多钰励精图治，在各地开办分行的同时，又在上海开设了阜丰面粉公司等企业，还在上海和汉口分别建设了中孚大厦。[①]

　　1920 年 10 月，孙多钰任浦口商埠管理局局长。1922 年后，结束一战后的欧洲国家恢复了元气，又开始向中国大量输入面粉，一些小的

---

①冬月编著：《五大道名门世家》，天津人民出版社，2013 年，第 180 页。

面粉厂经受不住冲击,破产倒闭。阜丰面粉公司凭借稳固的基础、强大的实力、优良的产品、成功的管理,不仅渡过了难关,还一直稳步发展。孙多钰主持阜丰公司时,国内机制面粉的黄金时期已经过去,面粉进出口贸易由出超变为入超,国产面粉销量锐减。孙多钰与胞兄孙多焱采取改进面粉质量,直接从美洲、澳大利亚采购原材料和改进机器设备等措施,使阜丰面粉公司所产面粉在市场上一直保持着竞争优势。孙多钰凭借其雄厚的实力和银行资本,1916年在山东济宁创建济丰面粉公司,1919年在河南新乡创建通丰面粉公司,1923年投资5万两白银租办上海长丰面粉厂,1924年租办无锡泰隆面粉厂,后又相继租办了上海裕通面粉厂、祥新面粉厂、信大面粉厂等。阜丰厂不仅生产得到维持,而且获得了较好的盈利,企业进一步发展。1929年、1932年,阜丰厂两次扩建,到1932年,日生产能力已经达到2.6万包,为建厂时的10倍。至1936年,加上吞并的厂家,阜丰的日生产能力已经达到5.15万包。1937年,阜丰厂全自动麦仓落成,其规模已经超出当时民族资本中号称最大的面粉厂——福新八厂,被誉为“远东第一面粉厂”。[①]

　　1923年1月,北洋政府交通总长吴毓麟推荐孙多钰任交通部次长,于是他将通惠实业公司总裁一职让给孙多森的长子孙震方,自己仍兼任中孚分行总经理。1924年11月,孙多钰辞去交通部次长职务,专任中孚银行总经理。1929年,孙多钰接任阜丰面粉公司董事长,同时兼任启新洋灰公司常务董事、滦州矿务公司副董事长,后来还参与投资江南水泥公司,任董事职务。

　　阜丰厂虽然经营状况良好,但是中孚银行的情况却不容乐观。1925年,上海中孚银行副经理谢芝庭做外汇投机生意,亏损达200万之巨,使中孚银行面临破产危机。事发后,孙多钰赶往上海,决定从天

---

①上海市粮食局等编:《中国近代面粉工业史》,中华书局,1987年,第147、201页。

津中孚总行拨款到沪100万元，孙家各行凑款60万元，上海中孚分行赔偿40万元，才渡过了难关。此后，类似问题不断出现，上海中孚银行副经理顾季高进行外汇投机，亏损100万元，上海中孚分行副经理张佩绅、北平中孚分行副经理孙晋方、天津中孚银行保管股等，先后盗卖有价证券，使中孚银行几次面临危机。依靠阜丰面粉厂的贴补，中孚银行一次次渡过危机。1930年6月，孙多钰将中孚银行总管理处迁往上海，在上海、北平、天津、苏州、南京等地添设支行，在定县、郑州设立办事处。除汉口分行因受战争影响营业不振外，其他分支机构营业状况良好。①孙多森去世后，孙多钰也参与了开平、滦州煤矿的工作，1937年起任开滦矿务局天津局华方经理。

1946年2月，由于上海中孚银行总经理孙豫方在沦陷时期出任伪职，南京国民政府财政部依据《收复区敌伪钞票及金融机关处理办法》，训令中孚银行停业清理。经孙多钰叔侄多方奔走，11月16日蒋介石批准中孚银行复业，但为官僚资本所控制，吴忠信任总董事长，孙多钰仅挂名副董事长，并无实权。抗战胜利后，国民党发动内战，各种原材料价格暴涨、税收倍增，阜丰面粉厂生产越来越不景气。1946年到1949年，是阜丰厂历史上利润最少甚至出现亏损的4年。

上海解放后，1950年7月，中孚银行加入上海市私营金融业第一联营集团，1951年10月1日改组为上海市金融业第一联营总管理处。②1952年下半年，阜丰公司参加联营处后，业务渐有起色，收支得以平衡。联营处结束后，该公司生产业务全部是为政府加工粮食。1955年10月，阜丰公司实现公私合营，结束了由孙氏家族主导的历史。

1951年4月26日，孙多钰病逝于天津，终年69岁。

---

① 李良玉等主编：《安徽三大家族与近代中国实业研究》，合肥工业大学出版社，2010年，第4页。

② 中孚商业银行：《中孚商业银行简史》，上海市档案馆藏档案，Q289-1-16。

参考文献：

中国社会科学院近代史研究所中华民国史研究室编：《中华民国史资料丛稿·人物传记》第15辑,中华书局,1982年。

合肥市政协文史委、阜阳市政协文史委编：《皖系北洋人物》,安徽人民出版社,1993年。

李盛平主编：《中国近现代人名大辞典》,中国国际广播出版社,1989年。

（张慕洋）

孙 恩 吉

孙恩吉（1860—1927），天津人。1875年，孙恩吉进入天津机器局东局当工人，在此他接触到很多外国技师和先进的机器设备，学会了机械制造技术，为其日后事业的发展奠定了基础。

1900年八国联军劫掠天津后，天津机器局等官办企业遭到严重破坏，孙恩吉不得不离开东局，迁居东马路。不久，他和同为机器局技工的陆宾被三条石规模最大的金聚成铸铁厂聘用，他们帮助厂家改进了翻砂和化铁技术。孙恩吉还将东局采用的手摇葫芦代替这里的大风箱，提高了生产效率。工作之余，孙恩吉经常为人修理机器和零件，在家中摆弄一些机器零件。不久，孙恩吉在南斜街开办了恩兴和机械厂，主要制作压把水泵，因技术高超，营业日渐红火。

1905年前后，孙恩吉逐步增加设备，扩建厂房，并开始使用蒸汽机（当时称为水火机）为动力。1906年2月，孙恩吉在东马路正式创办了民立第四铁工厂，但人们仍称其为孙恩吉铁工厂，厂址设在小洋货街的胡同里。工厂刚开办时只有一台床子旋活，完全是手工操作。经过近10年的发展，逐步扩展为拥有车、铣、刨床10余台机器，拥有5名技师的工厂，工人也增加到约50人，成为当时天津较有名气的机器厂。

孙恩吉的制造技术比较全面，其工厂生产的产品种类也比较齐全，有河北、山西等地小煤窑用的水泵、卷扬机、锅炉，磨房、油坊用的电磨、榨油设备，建筑用的铁门窗、水暖设备，各种车床，还试做过运煤挂斗的大铁轮、地雷等。除制造和生产工业机械，孙恩吉还将很大的精力放在了技术发明上。

孙恩吉铁工厂发明制造的汽机机器有多种,这些机器以"行球"为商标,远近闻名。1915年,孙恩吉又发明了引磨汽机机器,它可以同时带动4副磨盘,每天能磨面粉30余石。如果用牲口拉4副磨,须用牲口12匹,每天只能出面10余石。1915年11月,孙恩吉利用自己的发明在南马路开办恩兴和机器磨房,有机器磨4架,一昼夜能磨面粉48石。随着机器磨房的运营,孙恩吉的盈利越来越丰厚。每天磨房里人满为患,许多磨房也纷纷前来订购机器。

这时候,电力机器在直隶开始为人们所接受,煤油灯照明逐步被电灯取代。1916年,孙恩吉得知山海关要建榆关城内外电灯公司的消息,立即通过天津商会向管辖山海关的临榆县发去信函,声称电灯公司所需设备正好与机器磨面设备配套,建议同时成立附属临榆机器磨面有限公司。发电设备既可以向百姓提供电力,又可提供磨面服务,一举两得。

1918年5月,孙恩吉针对人工、煤炭价格上涨的情况,研究发明了水冲飞轮磨面机器。机器试验当天,孙恩吉在天津海河金汤桥下,驾着一艘木船,船的两侧安装有两个巨大的飞轮,船上安放有两只磨盘。在水流的推动下,飞轮快速旋转,将动力传送到磨盘,带动磨盘转动。孙恩吉将小麦加入磨盘内,面粉便从下面流到口袋中。

1919年,享有"机器发明家"之称的孙恩吉,在其62岁时又推出一项新发明——榨棉机。当时,天津棉纺织企业林立,棉花的运输很成问题,即使用外国的榨棉机,棉花包还是臃肿不堪,核载20吨的火车车皮,装载10吨棉包便无处再行容纳。孙恩吉经过多次试制后,研制出了新式的榨棉机,比外国机器所榨棉花缩小了一半体积。每小时可装车八九包棉花,较之其他机器榨制的棉花节省了两三倍时间,且包裹坚实,不易引发火患,运输、存放十分方便。当时,专利制度已经引入中国,在报送天津商会的呈文中,孙恩吉明确要求实业厅严禁其他厂仿造,以保护发明者的权利。

孙恩吉铁工厂生产的机械产品,主要有车床、刨床、钻床、铣床、车活木床、大小锅炉顶水机器、起重高车、手动起重省力车、筛芝麻子机器、凿钻井机器,各种铜铁具,海陆军应用钢铁军械器具,等等。

直隶总督袁世凯曾颁赠孙恩吉"覃思熔铸,挽回利权"对联,以示褒奖。孙恩吉自1905年后陆续收徒,五年出师,不留本厂,于产品外销时随同机器一并派赴买家雇佣,这样不仅推广了产品销路,而且也扩充了各地技术工人力量。其徒弟出师后自行设厂的也不少,这对民族机器工业的发展,起到了一定作用。

1927年孙恩吉病逝于天津,终年67岁。

参考文献:

黄卫:《天津技师孙恩吉,磨面榨油攒机器》,载天津日报报业集团编,张建星主编:《城市细节与言行——天津600年》卷4,天津古籍出版社,2004年。

(王社庄)

孙 凤 藻

孙凤藻(1884—1932),字子文,天津人,祖籍浙江。孙凤藻先后毕业于天津育才馆及北洋大学,后任直隶工艺局参议兼直隶高等工业学堂庶务长。

1909年11月,直隶劝业道孙多森禀准直隶总督兼北洋大臣陈夔龙,委派孙凤藻赴日本调查水产讲习所、试验场及制造厂诸事宜。翌年1月,农工商部奏准于沿江沿海各省筹建渔业公司及水产学校。2月,孙凤藻赴日调查水产教育事告竣回国,采集搜罗的水产教育资料颇为宏富。6月,孙多森又禀准陈夔龙,派孙凤藻假天津河北公园旧译学馆为事务所,并由劝业公所拨筹备经费银280余两,筹办水产讲习所。9月就绪,招收录取学生96名,借黄纬路天津长芦中学堂①之一角为校舍,直隶水产讲习所随即开学。

此时孙凤藻再次被派赴东瀛考察,并聘毕业于东京水产讲习所的王文泰充任教员。水产讲习所开学后,孙多森报请陈夔龙,于1911年3月20日将其改为直隶水产学堂,孙凤藻为首任监督(校长),设渔捞、制造两科,学制4年。1912年,经陈夔龙批准,由河北种植园②内划出50余亩,建筑校舍。3月,直隶水产学校(民国后"学堂"改为"学校")迁入新校。③1913年5月,该校后院工厂落成,开始制造实习。

---

①天津长芦中学堂,1905年由长芦盐运使陆嘉谷创立,1911年合并于南开中学堂。
②河北种植园系袁世凯委托周学熙选址筹办,1907年开湖建园,名曰"鉴水轩"。
③直隶水产学校曾坐落于河北区北站东水产前街41号,1952年停办。据老校友王玉琪先生实地考察,今水产前街珍园里是其旧址。

孙凤藻任职期间,该校生产的9种食品罐头及渔具模型,在1915年于美国旧金山举办的巴拿马太平洋万国博览会上获银牌奖。1916年,他积极参加天津人民反抗法国侵占老西开斗争,当选为维护国权国土会副会长,组织召开公民大会并进京请愿。1917年5月,水产学校选派渔捞、制造两科毕业生10人,由孙凤藻率领东渡日本留学,并调查日本及菲律宾的水产教育。留学生中有后来成为天津"水产三杰"的张元第、郑恩绶、刘纶,有新中罐头食品有限公司创办人、经理杨扶青①,副经理兼技师张国经等。

1921年5月,孙凤藻升任直隶省教育厅厅长,水产学校校长继任人选未定,仍由其暂兼,6月第五班渔捞科6人考试毕业。1922年4月,新购日本渔轮到津。5月,水产学校学生第一次乘渔轮去渤海实习,6月第六班渔捞、制造两科学生24人考试毕业,8月留日学生张元第毕业回国,聘为渔捞制造教员,10月奉教育厅令,委张仲元为水产学校校长。

1923年,孙凤藻出任津浦铁路管理局局长兼津浦铁路督办。是年5月6日凌晨2点,土匪武装"山东建国自治军"的首领孙美瑶制造了临城劫车案。接连几天,孙凤藻与上下级不断联系,指派津浦铁路局车务处、警务处、机务处的几位处长与总工程师先到临城,令津浦铁路局随后运去粮食、衣物、药品,并协调由多名医生组建临时医院,治疗被释放的人质,并主导了与土匪首领的多轮谈判,6月12日,官方代表和土匪代表在总统府顾问安迪生及地方绅士的见证下,签订协议。该劫案除一名英国人在逃跑时丧命外,其他外国人质全部脱险。

1924年冬,孙凤藻以政局变化辞职休养,投资天津的仁立毛呢厂、东亚毛织厂和唐山的启新水泥厂、秦皇岛的耀华玻璃厂等,并积极参与社会慈善事业,如1926年京津保教育经费无着,孙凤藻提议以纸烟

---

① 1960年,杨扶青被国务院任命为水产部副部长。

吸户捐每月提出 10 万元移作教育基金。1928 年秋,因水产学校发生问题,奉令停办,幸经孙凤藻"以水产事业,不可中断,建议教育当局,继续办理。经省府会议议决,重新改组,升格专门,遂得中兴,厥功甚伟"。至 1930 年冬,开滦矿务局迭起风潮,孙凤藻经该矿总理那森力邀出山维持,任该矿局协理,"终日案牍劳形,公私鞅掌,所有纠纷,完全解决,矿工欢庆,局务亦得顺利进行。公曾得脑充血症,以调治得法,遂复原状"[①]。

1931 年 8 月 5 日,河北省立水产专科学校创办了我国最早的水产学术刊物《水产学报》。此时孙凤藻"虽离校多载,而未尝一日去诸怀",他为创刊号写序言道:"水产学报,乃研究渔业学术之先导,可以交换世界上之新学问,灌输渔民之新智识。"[②]

1932 年 8 月 9 日,孙凤藻因公赴北平,旧病复发,逝世于协和医院,终年 48 岁。

参考文献:

张绍祖:《孙凤藻创建直隶水产讲习所》,《今晚报》,2010 年 8 月 22 日。

孙凤藻外孙戴继东于 2010 年 5 月向笔者提供的有关孙凤藻及其子女孙家玉等人的书面资料。

苏莉鹏:《常德道 6 号孙凤藻旧居》,《城市快报》,2010 年 9 月 9 日。

(张绍祖)

[①]河北省立水产专科学校出版委员会编辑:《水产学报》第 2 期,1932 年 7 月,河北省立水产专科学校出版。

[②]河北省立水产专科学校出版委员会编辑:《水产学报》第 1 期,1931 年 7 月,河北省立水产专科学校出版。

孙奂仑

孙奂仑(1885—1956)，字药墀，号庸斋，直隶玉田人。孙奂仑生于1885年2月14日(清光绪十年十二月三十日)，祖父孙维泽，贡生，候选训导。父孙毓桂，邑庠生，候选州同。孙奂仑幼年好学，博览群书，曾到宁河县拜清室太傅高文通为师，高文通对其十分赏识，但又觉得他锋芒太露，便为其起号为"要痴"。为牢记老师的教诲，孙奂仑以此为字，并谐音改为"药痴"或"药墀"，并一度以字行。

1902年，孙奂仑应县试入泮，就学于广平书院。成年后，孙奂仑只身到山西平遥县衙游幕。1909年乡试开考后，孙奂仑参加考试，考中宣统己酉科拔贡。又经朝考，分发到学部供职，任主事衔。1911年，各省咨议局在北京开联合会，孙奂仑以学部主事身份参与其事。

1912年，孙奂仑由谭延闿推荐，应直隶省政府之聘，出任北洋铁工厂总办①。孙奂仑到任后，整顿厂务，恢复生产。孙奂仑于12月上报实业司司长，要求实业司知会直隶、鲁、豫、秦、晋等地各实业公司、农商会，今后矿界需用机器应来北洋铁工厂采购。此举不仅为铁工厂扩大了产品销路，同时也有益于推行国货，收回利权，为该厂日后发展奠定了基础。

1913年，孙奂仑调任乐亭县知事。当时乐亭皮影戏的演出活动十分红火，引起了孙奂仑的关注。他认为皮影戏蕴含着教化的功能，因此提出："按其曲本删旧撰新，以期化俗移风，借以辅助社会教育之不

---

①亦有记载为坐办、厂长或管理员。

足"，着手在县劝学所内组织改良社，聘请当地知名的文化人张廷荫任社长，对乐亭皮影戏的剧本和唱腔都做出一定的改革，促进了乐亭皮影戏的发展。

1914年3月，孙奂仑调任山西，署洪洞县知事。在任期间，孙奂仑主持续修《洪洞县志》十八卷，并为之作序，地方志中开始用经纬度、图例、比例尺等要素编制地图由此志始。[①]北京政府内务部赞其"考据尚属精详，体例亦称完善足征"。1916年冬，孙奂仑编修《洪洞县水利志补》二卷。长期以来，由于浇灌不均，民众常起争讼之事，历任知县均未能妥善解决。孙奂仑到任后，详细询问历史沿革，考证利弊，征求图册，搜索碑碣，亲自率下属勘查全县41条灌溉渠道，绘制了全县河渠总图和37条河渠平面图，每条渠道都附有沿革叙说，将每渠所经村落、灌溉土地数目、水程期限、渠规渠例、惩罚条款等一一写清，编辑完成后付印分发。此水利志成为当地民众公平使用渠水，避免水利纠纷而人人必须遵守的一部地方法规，为当时全国唯一的一部县级水利专著，山西之水利志亦仅此一种。在洪洞任职5年，孙奂仑为当地民众办了不少实事。其间，孙奂仑为其家乡也做了贡献，他曾与孙子声共同出资，在玉田县创办一所小学，并委托村中孙钊、孙柏山等人"共任督建之役"。为了节约资金，孙钊等人从青沟庄孙氏祖茔砍伐树木，"择其成材者取以充梁柱之用"，在孙氏宗祠之西建正房五间，作为教室和教员卧室，又建围墙数十丈，门楼一间，还有夫役室、厕所等。当年秋天学校开学，"子弟入学者三十余人"。1917年5月8日，孙奂仑被授予五等嘉禾章。

1919年1月13日，山西督军阎锡山将其调任阳曲县（即太原旧治）任县知事。孙奂仑在任内整饬吏治，积极推行阎锡山提出的"山西新

---

①吴传钧主编：《20世纪中国学术大典·地理学》，福建教育出版社，2002年，第192—196页。

政"。1919年,在孙奂仑的组织领导下,举行了山西省有史以来第一次学生运动会。五四运动后,在孙奂仑的倡导下,北京大学、山西大学山西籍的学生和山西大学教授,募集资金,先后办起新民中学、并州中学、平民中学、三晋中学等多所中学,几年间阳曲境内创办的中学达到11所。1921年,孙奂仑支持商人刘宗法创办商营公记汽车行,在阳曲县城桥东街(即现在太原汽车站处)建起汽车站,首条运营线路由阳曲县城至太谷,客运、货运兼营,为后来太原市汽运交通的发展打下了扎实的基础。孙奂仑在洪洞、阳曲两县的政绩得到了阎锡山的认可,由此让孙奂仑出任冀宁道尹,负责监督财政、司法、行政。

1928年7月,河北省政府成立,在中央特派员周震麟的监督下,省政府各委员宣誓就职,孙奂仑任委员兼民政厅厅长。孙奂仑就任厅长后在河北省力主施行清乡编村、调查户口、考试官吏、厉行禁烟、剪发放足、筹办救济等政策。孙奂仑依照"山西六政"筹办各县村政,制定村制总纲,实行区、村、里、闾、邻组织制度,即所谓"施行政治必以村为基"。在清乡编村的基础上,孙奂仑有效地查清了全省普通户口。孙奂仑积极整顿吏治。他提议成立了河北省县长考试委员会,对每位县长都进行了严格的考核,还按照《县长任用条例》,将所有考取的县长一律送到河北省训政学院接受训练,然后再注册委用。同时,孙奂仑还充分利用奖惩手段对各级官吏进行管理,派员视察各县,把全省划为14个区,委任视察主任1人、临时视察员14人。经过孙奂仑的努力,河北的吏治大为改观。根据《禁止男子蓄发、女子缠足条例》,孙奂仑派出男女检查员,对各地实行检查,并把蓄发缠足的利害编成白话文布告,以期唤醒民众自行革除陋习。在孙奂仑任职的两年多时间里,河北省共剪发114万人,放足349万人,基本革除了这两项陋习。

1928年至1929年,河北省与北平、天津两特别市开始划界,孙奂仑等人负责与两市府接洽。1928年底,孙奂仑将平津划界图说呈交行政院,经审议案准。至此,天津市县并立的行政区划一直延续到1949

年,而北平、天津、河北的界线一部分沿用至今。

孙奂仑对各县警察机构加以改造,将全省所有警察厅、局、处,一律改称公安局,同时设置直辖于民政厅的公安局和水上公安局。孙奂仑提出,全省警察、警备队、保卫团必须统一建制、统一指挥,所有警察轮流训练,警察长官必须经考试合格方可任命。1928年,孙奂仑为了加强海上门户的防御和治安,提议创设塘(塘沽)大(大沽)公安局,强调塘大是中国领土,不容外人染指,塘大是天津对外通商口岸,必须保障正当贸易。

1930年5月至10月,蒋介石与阎锡山、冯玉祥、李宗仁等之间进行了一场新军阀混战,史称"中原大战",蒋介石取得胜利。10月15日,阎锡山宣布下野,他所任命的晋系官员也随之纷纷下台,孙奂仑等亦于11月4日被免去本兼各职。1932年,蒋介石与阎锡山的紧张关系渐趋缓和,蒋介石乃授意国民政府于2月20日任命阎锡山为太原绥靖公署主任,孙奂仑被任命为太原绥靖公署参议官。同年9月1日,孙奂仑出任山西省政府委员兼山西省民政厅厅长,主持山西民政。孙奂仑到任后,对山西全省各县的吏治进行了改革,有功必奖、有过必罚,使山西省政界一片肃然。

1936年6月,孙奂仑被免去其兼任民政厅厅长职,专任省政府委员。1938年2月,孙奂仑被免去山西省政府委员职。1939年12月,任国民政府行政院秘书。1942年3月,任考试院法规委员会委员;5月任行政院铨叙部简任秘书。1948年7月29日,免去其铨叙部秘书职。1949年,孙奂仑出任考试院秘书处主任秘书。1月19日,孙奂仑请假送家眷至台湾,派傅文绮代理主任秘书之职。国民党政府迁往台湾,孙奂仑随之赴台,并出任考试院台北办事处主任。在1950年至1955年举行的考试院历届职员考绩中,孙奂仑均担任考绩委员会委员。

1956年3月29日,孙奂仑病逝于台北,终年71岁。

参考文献:

陈天锡:《迟庄回忆录》,台湾文海出版社,1974年。

孙奂仑辑:《山西省民政刊要》,1933年铅印本。

民国时期文献保护中心、中国社会科学院近代史研究所编,韩永进、王建朗主编:《民国文献类编·政治卷》,国家图书馆出版社,2015年。

何德骞、李作仁:《阎锡山幕府官员孙奂仑》,《文史月刊》,2014年第5期。

（王　冬）

孙 家 玉

　　孙家玉(1905—1991),字琢才,天津人,民国时期直隶省教育厅厅长孙凤藻长女。孙家玉信奉天主教,从南开大学毕业后赴美国哥伦比亚大学家政学系留学,获家政学硕士学位。

　　1929年秋,河北省立女子师范学院创办家政学系,应该院齐璧亭院长聘请,1930年孙家玉来院主持家政学系,任系主任。她贯彻齐璧亭院长的家政教育思想,将家政学系教育宗旨定为:以造就女子师范及中学校家政教师,并以改善我国家庭生活。培养目标为:指导学生认识家庭为社会发展之基础;授以家政学识技能,俾能充任家庭指导师之职任,并采择中外新旧家庭之优点,诱导社会,改良家庭生活;养成师范及中学校家政学科之教师。

　　家政学系聘请在美国哥伦比亚大学获家政学或教育学硕士学位的程之淑、王非曼,以及有教学经验的人才任教。建系初期在校生29人。孙家玉参照国外标准,结合国内教学实践经验制定教学规划,安排课程,凡有助于家政方面研究的课程无所不备。除了理论外,孙家玉还注重实际操作,进行各种实习,学院在科学馆内建起了化学、食物学、生物学、营养学、霉菌学、染织等6个实验室,还专门辟有为烹调实习使用的中、西餐大厨房,以及家庭管理实习用的模范家庭实习院,即"家宅"。在孙家玉的主持下,开设的主要专业课程有家政学概要、高等化学、社会学及社会问题、生物学、生理学、经济学、簿记学、营养学、家庭卫生及看护、家庭布置及管理、食物选择及调制、食物霉菌学、织品与衣服、衣服洗染及调色、实用服饰设计、儿童保育、园艺、家政学等。同时开设公共必修课和副系必修课(音乐、美术)及专业选修课。

为了避免所学理论脱离实际生活,教师除上课讲授外,还指导学生做各种必要的参观、实验和实习,以增长经验。学生毕业前必须撰写论文,完成家事实习和教育实习等。孙家玉任职期间,在齐璧亭院长的倡导下,在市区设立妇女民众学校,对市区妇女进行家事教育。同时该院家政学系与河北省立实验乡村民众教育馆合作,在天津杨村下朱庄设立家事教育试验区,聘多位专家担任委员,组织委员会,对妇女进行义务家事教育指导。该系作为我国最早建立的家政系之一,还与各省市中等女子学校交流,介绍家事教育师资和教材。该系成为国内培养家政师资的重要基地,毕业生服务于各地。

1930年,河北省立第一女子师范学校并入学院,1937年七七事变后,天津沦陷,该院被炸,学院部迁移后方。孙家玉留津转入天津私立工商学院工作,任该院妇女部训导主任。1943年9月,天津工商学院创建女院——女子文学系,招收新生90名,初设于今睦南道20号,孙家玉任女院主任,后迁回天津工商学院。1945年4月,孙家玉组建女子文学院,主任由天津工商学院院长刘迺仁兼任。1945年秋又添设家政系及史地系。家政系由孙家玉创办,任系主任,兼有机化学、营养学教授。1946年8月,女子文学院改为文学院,男女兼收,聘请李奎耀、侯仁之等一批教授学者执教。另增设西语系,原女子文学系改为中国文学系。

抗战胜利后,孙家玉参加天津妇女会、新生活运动促进会的活动,曾任冬令救济委员会委员。1947年,参与筹建中华妇女文化教育协进会天津分会。1948年当选"国大代表"。

新中国成立后,孙家玉曾在天津津沽大学工作。

1991年,孙家玉病逝,终年86岁。

参考文献：

邱士刚:《家政学系——河北女师学院的一颗教育明珠》,《河北师范大学校报(电子版)》第229期,2008年12月30日。

孙凤藻外孙戴继东先生于2010年5月向笔者提供的有关孙凤藻及其子女孙家玉等人的书面资料。

邱士刚:《河北省立女子师范学院建院初期(1929—1931)基本状况》,《河北师范大学校报(电子版)》第380期,2014年12月20日。

（张绍祖）

孙 菊 仙

孙菊仙(1841—1931),名濂,字菊仙,号宝臣,艺名老乡亲,祖籍辽宁奉天,1841年1月23日(清道光二十一年正月初一日)出生于天津。

孙菊仙幼时,皮黄(即后来的京剧)在天津深入人心。他十三四岁时,常到南门洞票房或北门外竹记票房里看人们票戏,偶尔也像模像样地唱上几段,在这里结识的一些专业艺人和学有所长的票友,后来给予他许多指教。他十六七岁时,在宜兴埠随温姓武举人习武,练武之余仍不放弃对戏曲的爱好,经常引吭高歌。几年后他考中了武秀才,嗓音也喊得又高又亮,为他后来做戏曲演员奠定了基础。

孙菊仙获取功名后,一面继续自习武术,一面向张子久、王德胜、佟骡子等专业演员学唱京戏。张子久艺宗程长庚,他对孙菊仙格外器重,认为他声高嗓阔,适合学习程长庚。他把自己所会的剧目和演技,毫无保留地传授给孙菊仙。

在北京,孙菊仙千方百计地托人介绍,终于得识梨园界颇有影响的程长庚。程长庚听完孙菊仙试唱,对他的天赋很满意,同意收他作徒弟。孙菊仙在师父的教导下,无论是对戏路还是唱和念,都有了深刻的领悟,学出了门道。程常于人前背后夸奖说:"三年必出一位状元,却未必能出一位名伶。像菊仙这样嗓音、扮相都好,而且好戏不倦者,称得上仅有绝无。"他劝孙下海做职业艺人,孙菊仙并不想以唱戏为业。他自恃有一身武功,想去投军,将来做一名武将。不久,他向程长庚辞行。临别时,程长庚再次恳切地对他说:"日后历尽宦途坎坷,倦飞而还,你要赶快来找我,继承我的衣钵,千万千万。"

孙菊仙回到天津之后,曾在温举人帮助下参加武举应试,因挽弓伤了臂膀,落第而归。1865年,清室亲王僧格林沁死于山东平捻之役。天津的一些人士组织义勇团为亲王雪仇,孙菊仙入伍其中。在一次与捻军作战时,他身负重伤,忍痛逃离百余里才得以生还。后投奔陈国瑞统帅的清军当兵,在一次镇压捻军的战斗中,孙菊仙被大石块击中胸部,虽然伤势很重,他依然忍痛冲杀,因此得到统帅陈国瑞的赏识,提升他为管理右路军械所的差官。

孙菊仙27岁那年转入安徽的英宫宝部,因军功授三品衔候补都司。翌年,英宫宝调任两广总督,孙菊仙随行,改任缉私营委员,负责办理海运差事。1870年前后,英宫宝被免职,孙因此而心灰意冷,无心仕途,遂挂冠离去,结束了他的军旅生涯。

1870年,孙菊仙来到上海,自己经营升平轩茶园,并以孙处之名①登台演唱,名声鹊起。但他不善于经营茶园业,且又喜好交游,仅半年的工夫,茶园的资金便亏损殆尽,他把升平轩转让给别人,仍不足以偿还欠债。丹桂茶园的主人刘维忠,见孙的技艺非凡,情愿代他清还欠债,条件是留孙菊仙在丹桂茶园演唱两年,孙菊仙别无办法,只好应允。

1877年,孙菊仙回到天津。在家赋闲百无聊赖,忽然忆起程长庚那番热诚的嘱咐。他思来想去,决定再赴北京投奔师父。他先经友人介绍加入嵩祝班,正式"下海"做专业演员,未久,执掌北京四大名班之一三庆班的程长庚,把孙菊仙从嵩祝班接到三庆班应工老生。孙菊仙一面出台演戏,一面登堂入室向程师父问艺。这期间,谭鑫培曾陪他登台表演,如《四进士》,孙饰宋士杰,谭饰毛朋;《群英会》,孙饰鲁肃,谭饰孔明。不久,他便誉满京城。1883年,清宫升平署选定一批外班著名艺人担任教习,并不定期进宫演出,亦即通常所说内廷供奉。孙

---

①旧时代,票友登台唱戏多不用实名,在姓氏后面加一"处"字,标志为票友客串。

菊仙名列其中,经常进宫承值,很得慈禧太后和光绪皇帝的赏识。

孙菊仙能戏极多,单是程长庚亲传剧目就有70多出,加上自己融会贯通者,总计百余出。其中除《鼎盛春秋》《辕门斩子》《伍子胥》等剧目是一字一腔完全按照程长庚所授外,其余各剧搬上舞台都要经过他逐字逐句地加工改造。他还首演三国题材的名剧《逍遥津》,饰汉献帝,王鸿寿(三麻子)饰穆顺,演出后轰动京津沪。

孙菊仙的声腔,在师承程长庚的基础上多有出新。演唱起来"又新奇又熟悉,又好听又好学",在京剧舞台上逐渐形成自己的风格流派,世称孙派,与谭鑫培、汪桂芬鼎足而三,被时人誉为京戏第二代"老生三杰"。在留声技术从西方传入中国之初,胜利公司(VICTOR)于1904年,首先将孙菊仙所唱《举鼎观画》《捉放曹》《桑园寄子》等剧中唱段灌制成唱片,在各地发行。

孙菊仙身材颀长,表演以简约为原则,不大拘于规范,他的代表性剧目有《完璧归赵》《舌辩封侯》《逍遥津》《胭粉计》《骂杨广》《骂王朗》《捉放曹》《李陵碑》《回笼鸽》《法门寺》《七星灯》《雍凉关》《双狮图》《桑园寄子》《乌盆记》《辕门斩子》《战樊城》《文昭关》《鱼肠剑》《朱砂痣》《雪杯圆》《善宝庄》《二进宫》《四进士》《戏迷传》《三娘教子》《火烧葫芦峪》《四郎探母》,等等,靠把戏有《南阳关》《镇潭州》《战太平》《定军山》等,他在中年时期也经常露演。他还兼能昆曲,以《弹词》《伏虎》等最擅,但从不轻易露演。

京胡名家陈彦衡用"天马行空,奇峰突起"八个字,概括孙菊仙的演唱风格。周信芳评价他的演唱:"调高声宽,粗犷豪放,注重气势,运用天赋条件,恰当地表达人物感情。"马连良说:"孙菊仙的五音俱全,嘎调、边音,在当时无人能比。他的唱,吞吐擒纵有举重若轻之妙,时而如刀斩斧切,时而又像一泻千里,兴之所至,妙不可言。"许姬传在《孙菊仙其人其艺》一文中,回忆起在天津的一次堂会上,听孙菊仙唱《桑园寄子》二黄慢板"叹兄弟遭不幸一旦丧命",腔简味厚,与众不同。

再唱《完璧归赵》西皮导板"适才奉命到西秦",硕大声洪,气势雄伟,唱到末句"学一个奇男子万古留名",有如石破天惊,震动全场。

孙菊仙系票友出身,自执掌四喜班后,尽自己所能填平伶、票两界的鸿沟。他广泛团结伶界的大多数艺人,同时对本班票友下海的艺人如龚云甫、金秀山、双阔亭、德珺如、刘景然等人格外关照,帮助他们提高艺术水平,为他们安排剧目演出。这些票友出身的艺人之所以能很快在社会上享有声望,与孙菊仙鼎力提携分不开。

孙菊仙一生指教过多位专业戏曲演员,1930年,马连良自组扶风社,为了重排《四进士》,专程到天津向擅演此剧的孙菊仙求教,并正式拜自己久仰的孙菊仙为师。尚小云、荀慧生少年时代,都曾得到过他的提携。孙菊仙与尚小云一起在天津参加私立大同学校的募捐义演,两场演出的大轴戏,孙菊仙全部让给尚小云的《玉堂春》和《青石山》,他自己则以《渑池会》等为尚小云做开场铺垫。孙菊仙对众多票友也倾注了不少心血。学孙菊仙最像者,以天津的窦砚峰、王竹生,上海的书画家陈刚叔(天罡侍者)最为有名。

孙菊仙一生热心于梨园界的公益事业,早年在上海组织艺人创立伶工联合会,为维护戏曲艺人的利益而四处奔走。他个人出资,聘请专家向戏曲演员教授四声,鼓励戏曲艺人要通文墨,告诫后学在戏剧演出时,剧中人物要如见其人,如闻其声,如胸无点墨,对剧中人的情致缺乏体会,即使勉强演出,却不能出神入化,不能把戏演活。

孙菊仙特别关心国家大事。1916年袁世凯企图称帝,拥袁的政客编了《新安天会》一剧,以孙悟空影射民主革命的先行者孙中山,取悦袁世凯。他们以武力胁迫孙菊仙主演,他坚拒不从。1923年,曹锟贿选当上北洋政府大总统,引起全国上下一致反对。一些戏曲艺人故意贴演《击鼓骂曹》,影射曹锟行为不端,很快,京津各戏院中的《击鼓骂曹》和《徐母骂曹》被禁演。有一天,孙菊仙在天津丹桂茶园演《骂王朗》,演到半截他停止演唱,摘下髯口,站在舞台中央对台下群众说:

"总统姓曹就不准演跟曹字沾边儿的戏？要是总统姓牛姓马姓朱姓杨，还不得把世上的马、牛、猪、羊全都宰了！那也好，国人都改吃素吧。"

孙菊仙慷慨仗义，乐善好施，他经常参加水旱赈灾义演。1909年12月到1910年1月，他自办赈捐活动达八次之多，用所筹之款捐助了天津的两所学堂。1917年天津发生严重水灾，孙菊仙独立募捐巨款，购买大米数千袋，以无名氏名义捐赠灾民。直到孙菊仙晚年，每有赈灾、兴学等义务戏演出，他仍乐此不疲。鲁迅曾被孙菊仙养老恤孤的事迹感动，并把孙菊仙的名字写进他的著作里。

民国初年，在天津文化界流传着这样一句顺口溜："天津卫，三宗宝，范公幼梅孙菊老。"这里所谓的三宗宝，是指当时天津文化界公认的三位名人，他们是教育家严范孙，书法家赵元礼(字幼梅)和这位京剧演员孙菊仙，时人尊称他为孙菊老。严范孙曾对人说："我不光欣赏孙菊仙的剧艺，更器重他的人品。"1920年孙菊仙八十诞辰，严范孙寿之以诗："少年仗剑去从戎，晚岁赓歌帝眷隆；烂熟五朝闻见录，光绪而上道咸同。"概述了孙菊仙经历了晚清五朝的一生。

孙菊仙从年轻时候就喜欢结交佛门弟子，有空闲便念佛诵经，每天清晨洗手焚香，面对佛像顶礼膜拜。他喜好乐器小三弦，晚年常在家中自弹自唱，度曲为乐，并且自号"学年"，意在学习唐朝音乐家李龟年。他喜欢读书，唱本或说部每天在手，兴之所至，或念或唱，消遣时日。

1930年，孙菊仙以90岁高龄应邀赴上海，参加当地伶界组织的义演，演唱了《逍遥津》《朱砂痣》《浣纱记》《七星灯》等剧中的唱段。他自觉年迈体衰，可能是最后一次到上海献艺，特意嘱咐上海同人在戏单上写上告别的话。

1931年春季，孙菊仙在北平参加为龙泉孤儿院义演后，回到天津在春和戏院参加为大同学校的募捐义演。后不慎跌伤，终成不治，于7

月29日在天津逝世,终年90岁。

参考文献:

罗瘿公:《鞠部丛谈》,载张次溪辑:《清代燕都梨园史料》上册,中国戏剧出版社,1988年。

周信芳:《周信芳文集》,中国戏剧出版社,1982年。

程砚秋:《程砚秋文集》,中国戏剧出版社,1959年。

(甄光俊)

孙连仲

孙连仲(1893—1990),字仿鲁,直隶雄县人。1893年2月2日(清光绪十八年十二月十六日),孙连仲出生于直隶雄县龙湾村一个富裕农民家庭,从小受"从军报国"思想的影响很大。

1912年2月,北洋军第二镇到雄县招兵,孙连仲报名参军。其母闻讯,命他的哥哥孙连喜赶至招兵处婉劝,孙连仲表示:"男儿应立志报效国家,岂能终老田园与草木同腐?从军之志,不可更改!"其兄为之感动,放弃劝说而归。入伍后,孙连仲被编入第二镇第八标第二营第八连为学兵。清帝退位后,北洋陆军各镇改为师,孙连仲隶王占元的第二师之下。此时孙已调入炮兵营,并由学兵升为正兵。

1914年,袁世凯亲信陆建章的京卫军被派往陕西镇压白朗起义军,行军前在各旅成立炮兵营,孙连仲入陆建章军左翼第一旅(后改为冯玉祥第十四旅、第十六混成旅)炮兵营任班长。有一次,冯玉祥下连检查,适逢孙连仲所在连的连长正在考问士兵"五十二条精神训条"(此为冯玉祥治军规定)的内容,就悄悄站在后面听。不料长时间无人主动回答,最后孙连仲站了起来,不仅流利地背诵了一遍,还头头是道地讲解了一番。孙连仲从此为冯玉祥所赏识。①

1917年,第十六混成旅回驻京津之间的廊坊。在讨伐张勋复辟的战争中,孙连仲在万庄附近阻截张勋军,并追击到永定门,孙连仲因功

①湖北省宜昌县政协文史委编:《宜昌县文史资料》第9辑,1995年内部印行,第57页。

被提升为营长。1922年，第一次直奉战争后，冯玉祥任命孙连仲为炮兵团长。当年10月底，冯玉祥以陆军检阅使兼第十一师师长，移驻北京南苑，集训练兵，孙连仲随其前后，颇为冯所倚重。随着军事力量的发展，出现了一批冯玉祥所亲信的少壮将领，孙连仲、石友三、孙良诚、刘汝明等下属被称为冯玉祥的"十三太保"。

1924年10月，冯玉祥联合胡景翼、孙岳发动"北京政变"，囚禁直系军阀曹锟。政变前夕，冯玉祥提升孙连仲为卫队旅旅长，管辖手枪团、学兵团、炮兵营。孙亲自率手枪团化装成接运粮饷的部队，由古北口潜回北京。事变后，冯玉祥将所部改编为国民军第一军，孙连仲调任国民军第一军炮兵旅旅长。不久，冯部再度扩军，孙连仲升任骑兵第二师师长。孙连仲严格训练队伍，与士兵一起操练，同甘共苦，并要求官兵恪守国民军"不扰民、真爱民、誓死救国"的宗旨。1925年，孙连仲部随同国民军第一军在京津地区活动，曾参加国民军会战天津之役。

1926年初，孙连仲师驻山海关。时奉直已达成谅解，不久奉系张作霖与直系吴佩孚以50万兵力联合进攻国民军。1926年4月，国民军撤至位于居庸关与昌平之间的要隘——南口，以劣势兵力抵抗奉直精锐达4个月之久。南口战役失败后，孙连仲率部随同绥远都统兼第十二师师长蒋鸿遇，经包头、五原撤退到宁夏。后接冯玉祥电令，火速赶赴西安，参加11月解围西安的战事。

1926年9月，冯玉祥从苏联返国，举行"五原誓师"，响应南方国民革命军北伐。孙连仲接替蒋鸿遇任第十二师师长，冯玉祥又加委他为"全军总执法"，对旅长、道尹以下，均有权处置。11月28日，孙连仲与孙良诚、刘汝明等人协同作战，击败围困西安的刘镇华主力，西安之围乃解。1927年5月1日，冯玉祥将所部改称国民革命军第二集团军，出潼关参加北伐战事。孙连仲率部在豫西南一带作战，先后进击奉系于学忠，改编了阎德胜部队，追击过向四川流窜的吴佩孚。嗣后移驻唐河、确山，解决了直系旧部靳云鹗的部队，占据了平汉线。1927年6月冯玉祥与蒋介石徐州会议后，孙连仲被任命为第九方面军总指挥兼第十四军军长，进驻新乡。不久，他与鹿钟麟对调，任第二方面军总指挥兼京汉前线总司令，率秦德纯、冯治安、庞炳勋军，在漳河沿岸与奉军作战，对稳定京汉、陇海两线战局起了很好的作用。

1928年5月，北伐战争后，孙连仲部赴陕西绥靖地方。此时，甘肃发生了马仲英领导的"河州事变"，动乱日益扩大。孙连仲移师入甘，击败了自武威进攻永登的叛军。同年9月，国民政府决定设立青海省，任命孙连仲为省政府主席。1929年2月，孙连仲到青海就任青海省主席。孙连仲驻青后，积极修筑公路、提倡栽树、修渠引灌，力图振兴青海经济，同时镇压了马子乾旅的叛乱。1929年8月，孙连仲接任甘肃省主席。

蒋介石召开所谓"编遣会议"后，冯玉祥和蒋介石的矛盾更加尖锐。1930年4月，东调的孙连仲被任命为冯部第八路军总指挥，随后与蒋军在河南等地作战。9月18日，张学良通电拥蒋，并派大军入关参战，冯军失败已成定局，孙连仲率部退驻豫北新乡。在冯玉祥通电下野后，西北军拥鹿钟麟为总司令，孙连仲为副总司令。10月18日，孙连仲在新乡发出通电，声明今后"拥护中央，和平统一建国，绝不参加内战"。随后接受蒋介石改编，被委为第二十六路军总指挥，开往山东济宁一带整编。

1931年初，孙连仲奉命率部开往江西，以"江西清乡督办"的头衔参加对中央苏区的第二次"围剿"。红军采取诱敌深入的战术，歼灭了孙连仲部一个旅。同年7月，蒋介石指挥30万大军向中央苏区进犯，孙连仲的第二十六路军改名为第二军团，从右翼进攻。在这次"围剿"中，孙连仲部接连被红军击败，损失惨重。孙连仲部队交由参谋长赵博生指挥。1931年12月，第二十六路军总指挥部参谋长赵博生，师长董振堂，旅长季振同、黄中岳等，率领1.7万名官兵举行了著名的宁都起义。蒋介石由于打内战的需要,拨款重建了孙的部队,并恢复第二十六路军番号,但编制缩小。

1932年3月,孙连仲在金溪县浒湾驻防,迎战红军林彪部。孙亲临前线指挥,与红军展开拉锯战。孙部进驻永丰。蒋介石旋提升他为第四十二军军长,仍兼任第二十七师师长。1933年7月,蒋在庐山设训练团,自兼团长,委孙为团副,教育长为陈诚。训练团结束,孙连仲返防后率部攻占宁都、赣县。

1934年初,孙连仲率第三十军再到江西,驻永丰,蒋又将第二十七军、第四十二军归其指挥。是年,孙连仲参与了对中央苏区的第五次"围剿"。第二年初,又奉命率部到湖北追击红军贺龙、萧克部。10月,孙部调往苏北地区,修筑国防工事及导淮工程。在同年11月举行的中国国民党"五大"上,孙连仲当选为中央监察委员。

1936年西安事变后,孙连仲率部驻防河南信阳、确山一带。1937年全民族抗战爆发后,蒋介石任命孙连仲为第二集团军副总司令兼第一军团司令,北上抗日。8月10日,孙部与日军河边旅团在良乡西南之窦店对峙。15日起,战斗日趋激烈,孙将全部兵力投入,屡次重创日军。8月下旬,日军攻占南口,孙连仲在琉璃河、涿县等地逐次抵抗。10月,日军川岸师团直扑山西娘子关,直接威胁太原。孙连仲部撤到娘子关附近,奉命参加娘子关战役,阻击日军。

1938年台儿庄战役中,孙连仲在第五战区的李宗仁指挥下,与板垣征四郎率领的第五师团、矶谷廉介率领的第十师团作战。孙连仲的勇猛战斗扩大了战果,受到蒋介石的赞赏。其后,因与日军不断作战取胜,孙连仲于1945年7月升任第十一战区司令长官。抗日战争结束后,孙连仲负责北平、天津地区日军的受降事宜。

抗日战争结束后,因孙连仲的部队非中央军,待遇较中央军差距很大,孙连仲对此十分不满。1947年3月,蒋介石将第十一战区改为保定绥靖公署,孙仍任主任。11月,孙连仲提出辞职,随即调往南京转任首都卫戍司令。1948年6月,孙连仲任总统府参军长。1949年1月,蒋介石引退,孙连仲辞职。

1949年3月,孙连仲前往台湾。后历任"总统府"战略顾问、"总统府""国策"顾问、中国国民党中央评议委员、中国国民党中央监察委员会委员。

1990年8月4日,孙连仲在台北病逝,终年97岁。

参考文献:

郭大钧主编:《中华民国史》第七册传二,四川人民出版社,2006年。

王成斌等:《民国高级将领列传》(4),解放军出版社,1999年。

(欧阳康)

孙 润 生

孙润生(1885—1977)，名玉琦，字润生，以字行，直隶献县人。1885年，孙润生生于献县的一户贫寒人家，幼年随父亲逃荒到天津。孙润生的父亲在美国基督教公理会谋得一份杂役差事，受其影响，孙润生皈依了基督教。

孙润生在通州教会学校协和书院读书时，十分爱好体育，经常参加球类运动。当时篮球、足球、排球全部从外国进口，售价十分昂贵。孙润生萌发了制造篮球和其他球类的想法。毕业后，孙润生到南开中学教授音乐兼教英文。因为校长张伯苓很重视体育运动，对学生的体育和德育、智育同等看待。孙润生不仅经常参加篮球运动，而且有了制造篮球的机会。他用自己的收入买来各种新球、旧球和破球，在课余时间拆线分解，研究皮球缝制方法，在反复缝制的基础上，他终于试制成功中国最早的篮球。

1921年，孙润生辞去南开教职，拿出母亲变卖首饰后支援给他的几百元资金，与亲戚孙庆有合作，在家中办起了手工作坊式的生产篮球的小工厂。他自拟了一副对联挂在房间中，联曰："利应社会需要，制造体育用品；生为人身健康，畅销运动器具。"[1]他取上下联的第一个字，将工厂取名为"利生工厂"。南开学校张伯苓校长认为孙润生的行为对社会有意义，在他辞职离开学校时，特别多支付他几个月工资，以支持他的事业。工厂运营初期，制造的篮球质量虽然很一般，但由于

---

[1]吴广义、范新宇：《中国民族资本家列传》，广东人民出版社，1999年，第289页。

售价低廉,仍然很畅销。孙润生请来两位亲戚做帮工缝球,自己专门研究如何提高篮球质量。

提高篮球质量的关键在于球革,难点在于利生工厂最初使用的球革厚薄不匀,制成的篮球弹跳高低不稳;有的皮革伸张力未饱和,制成的篮球使用不久便会走形。他请来直隶工业学校制革科毕业生王学敏做技术员,在利生工厂建立了制革部,按照篮球的要求生产皮革。又请来留美专攻制革的齐守愚任副厂长兼制革工程师。孙润生、齐守愚、王学敏三人密切合作,改进了球革的质量。他们自己设计制造了轧皮机、捚皮机,并购进挤水机、速干机、大转鼓等制革机器,代替了手工操作,篮球的质量从此有了显著提高,以致天津、北京、保定、唐山等地的学校和篮球爱好者争相购用,利生工厂名声大震。

1932年,孙润生决心扩大营业规模,将独资企业改组为股份公司,职工均可入股。总公司设在东马路,孙润生自任董事长,聘宁绍清担任厂长。1928年至1936年,是利生工厂的极盛时期,除篮、足、排、羽毛球外,还增添铁饼、标枪、双杠、木马、吊环等运动器械,承制各种运动鞋、袜和运动服装,还承包各校体育场馆工程,如北站外的河北省体育场、耀华中学体育馆、水产学校的游泳池、培才小学的儿童游戏场等,都是利生设计或修造的。利生已经逐步发展成为综合性的体育用品工厂。

为满足发展需要,孙润生先后两次扩大厂房并迁址,在北京开设分厂,在顺德设制革车间,在天津市内东马路、法租界天增里设两个营业处。利生经营的体育用品有九大类,以球类为主,占总产值的60%~70%,日产量160~170个。产品远销东北、西南、两广、福建、香港及新加坡,在大城市和南洋各地设代销点,在北平开设志同体育用品公司和同来商行两个分号。

孙润生先是把利生工厂生产的各种球类送到各大、中学校免费试用,后来推广成为全国运动会和地区运动会所用球类和体育器械。利生工厂还根据各种自然环境、不同的体力和经济条件的不同需求，制造多种型号、档次的球类，供用户选择，得到体育界知名人士的好评。1931年，出席世界运动会的中国篮球队指导董守义曾在文章中评价："中国球类被西人认为合格采用者，利生工厂实开最先纪录也。"[①]由于经营得法，利润优厚。同年，时任国民党军事委员会副委员长的冯玉祥为利生工厂题词："用国货方能救国"，时任山西省政府主席邵力子题词："品优用宏"，时任监察院院长于右任题词："强种健生"。

1937年七七事变以后，日军占领天津，民族工商业遭到了严重的摧残，利生体育用品工厂也不能幸免。日本侵略者指使日商出面，要求"合作"经营利生体育用品工厂，遭到孙润生的断然拒绝。日军强占了利生的厂地，孙润生只好把工厂迁回河北五马路旧址。由于厂地狭小，皮革亦被日军强行征作军用，制球业务停止，利生体育用品工厂只能维持木工部开工，生产一些网球拍和羽毛球拍，向南洋一带出口。孙润生于1938年将家搬到北平，他奔走于平津两地，经营照料两地的工厂和门市部。1941年太平洋战争爆发后，南洋的销路也断绝了，只好全部停产。

1945年日本投降以后，利生体育用品工厂收回了昆纬路的厂房。孙润生把职工陆续招回工厂，逐渐恢复了生产。不久，蒋介石发动内战，百业萧条，利生体育用品工厂也被迫压缩产品，裁减人员。新中国成立前夕，利生全厂只有制革、制球、木工3个车间开工，职工不到90人，勉强维持。

新中国成立后，利生体育用品工厂在政府的扶植下，获得了新生，逐渐恢复了原有的生产规模。随着国家对体育工作的重视和人民体育运动的广泛展开，利生体育用品的产量逐年增加。1952年，67岁的孙润生退休。

---

①吴广义、范新宇：《中国民族资本家列传》，广东人民出版社，1999年，第291页。

1955年,利生体育用品工厂实行公私合营,同时对利生、春和两家体育用品厂的产品进行了整合,从此利生体育用品工厂发挥自己的优势,专门生产各种球类。从1958年开始,利生体育用品工厂生产的各种球类开始出口,陆续在东南亚、非洲、欧洲的许多国家打开了销路,受到各国体育运动人士的欢迎。

1977年孙润生病逝,终年92岁。

参考文献:

傅立民、贺名仑主编:《中国商业文化大辞典》,中国发展出版社,1994年。

孔令仁、李德征主编:《中国老字号》(肆),高等教育出版社,1998年。

(高　鹏)

孙 岳

　　孙岳(1878—1928),字禹行,河北高阳人。1878年生于高阳县西庄村,为明末兵部尚书孙承宗之后。童年时他被送到外祖父家中受启蒙教育,1902年考中秀才,但因祖上被清军所杀,他便无心科举仕途。孙岳秉性慷慨豪爽、侠胆刚烈,曾因一乞丐受到欺侮,拔刀相助,手刃地痞,受到官府通缉,孙岳遂入易州王母岫,削发为僧。

　　1904年,孙岳投考保定武备学堂,被录入一期炮兵科。读书期间,经挚友王法勤、张继介绍,孙岳加入反清社团组织。1905年自武备学堂毕业,出任曹锟第三镇哨官,与吴樾、吴禄贞等中下级军官志趣相投,参与组织"刺杀出洋五大臣"。随后入保定军官学堂第二期,读书期间与何遂、吕公望等人在保定火神庙秘密组织同盟会河北支部,还与天津革命党人、法政学堂教师白雅雨等人建立联系。1908年12月毕业,孙岳返回曹锟第三镇任中校参谋、将校研究所教官等职。其间,他与中下级军官、革命党人冯玉祥、王金铭、施从云等人往来密切,成立了武学研究会,并秘密准备发动推翻清王朝的武装起义。

　　1911年10月,武昌爆发新军起义。新军二十镇统制张绍曾于11月发动滦州兵谏,不久失败。清政府抓捕革命党人,一时风声鹤唳。冯玉祥、王金铭、施从云等革命党人决定绝地反击,发动滦州新军起义。此时曹锟患病疾,由孙岳代理第三镇统制,奉命担任天津至保定一线的京畿外围防务,司令部设于保定。他一方面与南方革命党暗通消息,另一方面与滦州驻军王金铭、施从云等秘密商议,一旦滦州起事进入预定地点,他即率领第二镇响应,进袭山西。不料滦州起义失败,白雅雨、王金铭、施从云遇害,冯玉祥被革职查办,孙岳被副官告发,在军中无法立足,遂只身南下。不久他被南京临时政府陆军总长黄兴委任为江北军总参谋,并奉孙中山先生之命担任苏、松、宁、扬、镇五路军总司令,率部北伐,还曾任京津保调查特派员、陆军第九师师长。后遭袁世凯嫉恨被免职,遂投奔江西都督李烈钧,出任庐山垦牧督办,创办军马场。

1913年,宋教仁被杀,孙中山、黄兴发动二次革命,邀孙岳到上海商讨军事,黄兴任讨袁军总司令,孙岳任北伐一路军司令。二次革命失败后,孙岳遭缉拿,出走海外,流亡于日本、朝鲜等国。

1914年,孙岳回国,在陕西华山杨家花园兴办"共学园",结识了西北革命志士于右任、岳维峻、郭希仁、胡景翼、杨虎城,以及续范亭、邓宝珊等人,史称"华山聚义"。1916年,袁世凯称帝,孙岳会同"华山聚义"成员组织护国部队夜袭山西,攻下荣河、猗氏、万泉等县。

1916年9月,曹锟担任直隶督军,以旧属之谊召孙岳担任顾问,还委以军官教导团团长之职。1917年7月,张勋复辟,冯玉祥与段祺瑞组成讨逆军,在马厂誓师。孙岳率教导团抵长辛店、丰台,配合冯玉祥第十六混成旅讨伐"辫子军",后参加了直皖战争和第一次直奉战争。1922年被任命为陆军第十五混成旅旅长兼冀南镇守使,移驻直隶大名。1923年9月,曹锟贿选当上总统,授予孙岳为"端威将军"。

1924年9月10日,孙岳在北京南苑昭忠祠与冯玉祥秘密商议,决定利用第二次直奉战争之机,联络孙中山、张作霖等,推翻贿选总统曹锟。9月18日,第二次直奉战争爆发,孙岳被委任为京畿警备副司令兼北京戒严司令,率第十五混成旅入京警备。10月22日,冯军鹿钟麟部回师北京,孙岳为内应。当晚,冯军包围总统府,孙岳派兵解除卫队武装,曹锟被软禁,冯玉祥、孙岳、胡景翼等领衔发表主和通电,史称"北京政变"。冯玉祥、孙岳、胡景翼三人议决成立国民军,冯玉祥任总司令掌第一军,胡景翼任副总司令兼掌第二军,孙岳任副总司令兼掌第三军。11月1日、4日,孙岳与冯玉祥、胡景翼、王承斌等两次致电孙中山,促其北上,表示:"盼早日莅都,指示一切,共策进行。"[①]与此同时,孙岳率国民军第三军包围保定,将驻防的直军部队缴械,生擒曹士杰,并释放关押在保定的领导二七大罢工的工人领袖。11月底,孙岳率部与第二军在河南新乡一带与吴佩孚部队激战。

1925年3月,国民军第三军被逼让出直隶保定、大名地区,转入河南,与刘镇华镇嵩军激战。尔后,孙岳率同叶荃师、徐永昌师等向关中发展,占领陕西,出任陕西军务督办。5月,北京政府授予孙岳陆军中将加上将衔。此时杨虎城来投,被任命为第三师师长。11月下旬,直奉联军逼近国民军,孙岳令杨虎城部留守西安,自己率部入直隶,配合第二军夺取保定。12月初,李景林反水,放掉郭松龄拘押在天津的奉军人质,下令讨伐国民军,与第二军邓宝珊部激战于马厂、汉沟一带。第一军张之江率部协助攻打杨村,孙岳第三军与第二军邓宝珊部转守为攻,兵指津门,击败李景林,占领天津。

12月24日,经冯玉祥推荐,北京政府任命孙岳为直隶军务督办兼省长。29日,孙岳在天津就职,还电表示:"亟宜民权听民行使,首先完成正式国民会议,立根本之大法,树民治之先声。"[②]发布《请直隶各机关职员各安职守函》,起用国民党中央执行委员王法勤担任政治参议,主张调解和平。天津国民党直隶党部、直隶平民教育促进会、天津总工会等25家团体在南开学校操场召开欢迎国民军大会。第三军在津驻有1个步兵师、5个混成旅、2个后备旅、1个警卫旅、1个特务旅和1个骑兵旅,总计2.5万多人,多数高级将领是国民党员,还聘请苏联军事人员弗拉基米尔·尼古拉耶维奇·利沃夫担任驻军顾问,接受苏联武器装备部队。不久第二军邓宝珊部奉命调往河南,国民军第一军、第

---

①《冯玉祥选集》编辑委员会编:《冯玉祥选集》中卷,人民出版社,1998年,第207页。
②刘敬忠、田伯伏:《国民军史纲》,人民出版社,2004年,第224页。

三军暂时控制了天津。

1926年1月,冯玉祥在各方的压力下通电下野,孙岳一度代理国民军总司令。在英国和日本的撮合下,直奉首领联合讨伐国民军。2月,孙岳会同鹿钟麟、李烈钧等组织联合司令部,指挥徐永昌师、庞炳勋旅、门致中师扼守大沽口。3月,张作霖、吴佩孚等相继发布攻击国民军的命令,出逃的李景林也率部卷土重来,攻打天津与北京。12日,日本两艘驱逐舰掩护张作霖部进攻大沽口,孙岳部制止不听,遂下令守卫炮兵自卫还击。这次大沽口事件在国内产生极大影响。北京学生云集段祺瑞执政府门前游行,抗议列强干涉中国内政,遭到卫队屠杀,死40多人、伤200多人,史称三一八惨案。孙岳怒斥段祺瑞的罪行,通电自解各项职务,以示抗议。21日,孙岳被迫下令部队撤出天津,退守南口。4月以后,在直鲁军围攻下,孙岳兵败,率部移驻包头。9月,冯玉祥自苏联归国,重整国民军。孙岳抱病参加五原誓师,本想参加北伐,但因病情加重,不得不赴上海就医,国民军第三军交由徐永昌接掌。1927年6月,孙岳任河南省政府委员,8月兼任南京国民政府军事委员会委员,被授予陆军上将衔。

1928年5月27日,孙岳在上海病逝,终年50岁。

参考文献:

冯玉祥:《我的生活》(上下),黑龙江人民出版社,1981年。

杨保森、任方明主编:《西北军将领录》,中国广播电视出版社,2004年。

李新等主编:《中华民国史·人物传》第5卷,中华书局,2011年。

(井振武)

孙 仲 凯

孙仲凯(1893—1966)，名祥琪，字仲凯，以字行，天津人。孙仲凯是天津元隆绸布庄创办人孙烺轩的次子，他幼读私塾，曾在天津洽源银号学徒，协助其父管理家业与对外联系。1921年元隆绸布庄大股东孙烺轩逝世后，由孙仲凯接任经理职务。1927年，孙仲凯对元隆进行全面改组，派大哥孙梦麟为东理(即东家掌柜)，元隆绸布店另一大股东胡树屏的次子胡翼轩为东理，并提升顾慰忱、马少臣为经理，撤销经营批发业务的后柜，集中精力经营门市零售业务。由于该店历史悠久，经营作风规矩，深得广大顾客称赞，业务蒸蒸日上，销货额每天达8000余元，直至1937年全民族抗战爆发前夕，业务始终保持不衰。

1925年，孙仲凯独资创办庆生纱布庄(亦称庆生棉纱庄)，资本额为10万元。庆生经营棉布、棉纱批发业务，孙仲凯聘请的经理为李子滨、王子波，地址设在北门外竹竿巷内。庆生纱布庄开业后，与天津各大纱厂建立了良好关系，掌握了纱布货源的主动权。庆生在不足三年的时间里，盈利即达100余万元，声名大振，成为纱布业中的后起之秀，为后来的发展奠定了坚实的基础。庆生的经营思想及其方式方法，不同于其他纱布庄，其特点是经营业务路子宽，不局限在实销业务上，既有当地的买卖业务，又有异地套购业务；既有现货交易，又有期货买卖；既有包销纱厂的货源，又有在市场的垄断产品，例如裕元纱厂生产的纱布，完全由庆生独家经销。庆生在业务周转中的库存棉纱，经常保持在1万包以上。

1923年至1925年是孙家最兴盛的时期，资财估值达四五百万元。

20世纪30年代初,孙仲凯在劝业场和小白楼又增设元隆新店。孙家被称为天津新八大家之一,人称"元隆孙"。"元隆孙"成为巨富后,于1933年1月以庆修堂孙仲凯的名义,购得原法租界樊主教路土地一块,同年由中国工程司阎子亨设计建造楼房一所。

1937年七七事变后,孙仲凯将庆生纱布庄从竹竿巷迁至法租界四号路,进行全面改组,更名为和昌纱布庄,孙仲凯将独资的股本让与李子滨45%,让与王子波10%,其余45%为孙所有,即改为孙、李、王三人合资经营。后李子滨将女儿嫁给孙仲凯做儿媳,结为儿女亲家,孙、李由东伙关系,发展为合伙关系。1940年,和昌纱布庄又从法租界四号路迁至五号路,进行二次改组,更名为孚丰纱布庄。这一时期,孙仲凯的财产未受多大损失,为安全计,他大买不动产,在天津法租界樊主教路永安饭店、沙大夫路吉祥里、恒和西里等处,购置了大片住宅门面房屋,在上海也购置房产多处。

竹竿巷是棉纱厂商和银号的聚集之地,除庆生纱布庄等4家大的棉纱庄外,竹竿巷内尚有纱布庄20余家和多家银号。孙仲凯曾先后经营和投资元聚、元裕、通成兴、隆生等棉纱庄,其中元聚和元裕纱布庄均由孙烺轩于1915年与人合资开办,他去世后由孙仲凯接办。另外,孙仲凯还投资经营了晋丰、祥生、庆益等银号。晋丰银号位于竹竿巷中间,坐北向南,开办于1915年,由"棉布业八大家"的金桂山、潘耀庭、孙烺轩、胡树屏四家合资经营,资本银10万两。该银号专营存款、放款、申汇、买卖银元业务。孙仲凯接办银号后,该号对庆生纱布庄的发展给予了大力支持。祥生银号为孙仲凯大哥孙梦麟与棉纱商共同投资10万元创办,合伙经营。1947年9月,按照国民政府统一规定,改称祥生钱庄,资本1亿元法币,由孙仲凯出任董事长兼总经理。庆益银号为孙梦麟、李子滨联合钱商朱余斋投资10万元所建,孙仲凯亦参与其投资经营。另外,孙仲凯还参与投资庆义米面庄等。

1956年,元隆绸布庄等陆续参加公私合营,孙仲凯也迁往北京居住。

1966年,孙仲恺在北京去世,终年73岁。

参考文献：

谢鹤声、刘家琛:《记早年的天津竹竿巷》,载天津市政协文史委编:《天津文史资料选辑》第41辑,天津人民出版社,1987年。

万亚萍:《天津新八大家的元隆孙家》,载周俊旗主编:《建筑·名人·城市》,天津社会科学院出版社,2012年。

牛一兵、王宏主编:《天津小洋楼:名人故居完全档案》第3卷,天津教育出版社,2011年。

李焕章、刘家琛:《解放前天津大纱布庄概述》,载天津市政协文史委编:《天津文史资料选辑》第49辑,天津人民出版社,1990年。

（王社庄）

谈荔孙

谈荔孙(1880—1933),字丹崖,祖籍江苏无锡,1880年12月13日(清光绪六年十一月十二日)生于江苏淮安府内城隍庙巷寓中,为无锡谈氏家族二十三世。

谈荔孙6岁入私塾学习,12岁入谈氏东文学堂读书,18岁考入南京官立江南高等学堂,1904年以优才生派赴日本,入东京高等商业学校学习银行经济专科,毕业后在日本银行实习。1908年4月谈荔孙回国,应张謇之聘,任江南高、中两等商业学堂教务长兼教习,于高等部设银行、税关、保险、师范等科,为培养学生实际工作能力,还创设银行实践室,培育了一批我国早期的银行、会计人才。1912年奉命筹备中国银行,成立后任中国银行总行计算局局长。1913年,谈荔孙建议组织国库,由中国银行代理,后被任为中国银行国库局长。1914年,谈荔孙调任南京中国银行行长。1916年秋,北洋政府困于财政困难,下令停止兑现中、交两行钞票,谈荔孙认为事关国家信用和老百姓的生活,因此联合中国银行上海分行的宋汉章、张嘉敖等,拒不执行总行"停兑"命令,维持了货币市场的稳定。1918年,谈荔孙由于工作成绩卓著调任北京中国银行行长。

1918年秋,已积累了丰富金融经验的谈荔孙,决定创建自己的银行。他集资38万元,于1919年3月16日在天津注册创办大陆银行,设总行于天津,分行于北京,谈荔孙被推选为董事长。1920年,因有人指摘谈荔孙身为中国银行行长,又兼任商业银行董事长,有公私不分之嫌。谈遂辞去中国银行职务,专任大陆银行董事长兼总经理职。

谈荔孙在任近15年（1919—1933），历经大陆银行开创、建设、发扬光大、守成、复兴的各个时期。

大陆银行在筹备之初，谈荔孙利用与冯国璋、黎元洪等人的关系，吸收军阀和官僚的大量存款，还争取了中国银行经理吴荣鬯、京剧演员梅兰芳等人入股。成立之初，大陆银行资本定额通用银元200万元，1922年扩充到500万元，1944年增资到1000万元。业务经营范围主要有存款、放款、各种汇兑、商业期票之贴现、有价证券及生金银之买卖、代理收付各种款项、贵重物品之保管并兼理信托事务。后来又增加办理货栈及其押款，储蓄存款则另设专部，并确定了"总行设于天津，先从京津入手，次及沪汉，再逐渐推至各大商埠"[①]的经营策略。

为扩大银行规模，1920年3月至1923年1月先后成立上海、汉口、南京、济南支分行。1921年8月首从南京支行起添加储蓄，并逐步在津、沪等四行添设储蓄部，[②]设计多种名目的储蓄，其中如"特种定期存款"，一次存入170.51元，定期15年，到期可得本息1000元，颇能吸引一些储户。开办当年，仅天津一地，储户即达1100多户，至1932年增至6300多户。此外，为厚集资力加强银行信用与实力，大陆银行又于1922年7月与盐业、中南、金城银行共同组成"四行联合营业事务所"，合办"四行准备库"和"四行储蓄会"。

在各分支行会计、存放贷等具体业务经营上，谈荔孙始终秉持稳健方针，针对分支行账，其管辖行与支行间银元往来户分别记账，存欠可一目了然；对个人融通贷借，一概谢绝。如有相当抵押品者，亦应照章办理。1922年行务会议决议："于各行专任一人为调查主任，其调查成绩，总处于每年中考察一次。"[③]与业务扩展相适应，谈荔孙就《大陆

①②③黑广菊、刘茜主编：《大陆银行档案史料选编》，天津人民出版社，2010年，第2、132—135、101页。

银行细则》《大陆银行内部规程》等也做了进一步修订。大陆银行历经开创、建设时代,其经营方针与理念、各项规章制度基本确立。鉴于银行放款多需以实物做抵押,以库存的商品栈单为凭证,因此,谈荔孙以经营仓库业务作为开展大陆银行投放的重要环节。1925年,在现天津张自忠路与吉林路交口、解放桥边建立大陆货栈,大量吸收存放商品货物。其栈租按同业中规定收费,并规定以仓库所出的栈单做抵押借款时,贷款利息予以优待,押款放宽以八折办理,深受商人的欢迎,因此每年押款在1000万元以上,抢占了英商和记洋行的货栈生意,后来该洋行的四大仓库逐渐租赁给大陆银行仓库经营。

在拓展大陆银行业务方面,谈荔孙一面开源一面节流。1928年,谈荔孙提议为附属业务开辟利源,在天津设立大陆商业公司,主要从事进出口贸易。同时,在全体行务会议上,谈荔孙一再强调,全体行员应该同舟共济、厉行节约,反对奢靡浪费。谈荔孙50岁生日时,同事知道后给他庆祝,他婉言谢绝。

1928年,大陆银行明确发展重心在南方的战略,在上海行设信托、储蓄两部,增设长沙、蚌埠、南昌、郑州四支行,沟通浙赣、浙鄂及京、汉、津、浦一带之业务,营业突飞猛进。

1929年世界经济危机爆发,国内外政治经济环境异常复杂,谈荔孙为加强企业凝聚力,在谨慎投资放款的同时,加强人事上的管理教育。"无论购买政府公债或其他确实有价证券,其总价额应与储款总额常有一适当比例。……余款可酌做可靠之抵押放款及存放殷实同业……"[1]其中抵押放款"尤尚谨严"。谈荔孙在董事会上倡导人事上吸收具有新文化的人才以增强企业活力,但因遭到老派董事的反对而搁浅。于是谈荔孙另辟蹊径,在原有基础上加强人事教育管理。谈荔

---

①黑广菊、刘茜主编:《大陆银行档案史料选编》,天津人民出版社,2010年,第101、283页。

孙特别强调,行员要具备勤、俭、忠、诚、谦的品质,其次注重能力培养,再次注重行员考核奖惩。

1930年,大陆银行在北平、天津、上海、汉口、青岛、哈尔滨等地相继成立储信部并且实行独立营业、会计公开的办法。1931年,在谈荔孙的支持下,上海大陆银行储信部在繁华的南京路附近,投资建设大陆商场作为出租招商之用,以扩大大陆银行的声誉与影响。同时,与金城、盐业等银行共同创立太平保险公司。1932年,谈荔孙资助时任绥远主席傅作义建设毛纺织厂。

作为银行家的谈荔孙,在创建银行之初,就秉持"服务社会、辅助实业"的宗旨,其在任期间,始终以此作为银行行为规范的依据。与此同时,谈荔孙不忘人民疾苦,在自己的能力范围之内,积极兴办慈善事业,资助社会教育。1921年,谈荔孙被选为北京银行公会常务董事。他兴办公益,赞襄财政,开办难民妇孺救济会、粥厂等,市民曾制匾额以颂之。1925年,谈荔孙倡导并纠合志同道合之银行界与社会界人士,在家乡淮安创办江北慈幼院,救济孤儿数百人。谈荔孙还救济镇江粥厂、北平育婴堂、京地密云慈善救济会等。

谈荔孙热心教育事业,曾为多所学校捐款,并受聘为多所中学及大学的校董。他是国立东南大学校务委员,曾为该校募集资金修建了一座图书馆。他先后资助了燕京大学、北京中医院、北京大学、北洋平民学校、上海商科大学等校舍建设。谈荔孙与多所大学打交道,也就与学者们有了许多交往。一次胡适到谈荔孙家中拜访,讲述了他与几个学者想办一个名为《独立评论》的杂志,需要经费,谈荔孙当即签了3000元支票给他。胡适在谈荔孙去世后题挽词:"鞠躬尽瘁而死,肝胆照人如生",以此赞誉之。

谈荔孙担任教育、医疗、救济、财政等20个社会兼职,日夜奔忙,积劳已久,体质渐衰。1933年2月25日,谈荔孙去世,终年53岁。

参考文献：

天津市档案馆藏《大陆银行档案全宗·锡金谈丹崖先生纪念册》。

黑广菊、刘茜主编：《大陆银行档案史料选编》，天津人民出版社，2010年。

李新等主编：《中华民国史·人物传》第6卷，中华书局，2011年。

（黑映月）

谭　真

谭真（1899—1976），字全甫，广东珠海人，生于 1899 年 9 月 26 日（清光绪二十五年八月二十二日）。父亲是铁路工人，谭真从小随父亲在外生活。

1911 年，谭真入读天津南开中学，1913 年考入交通部唐山工业专门学校，1917 年毕业后考入清华学校专科。入清华后不久赴美国麻省理工学院土木系水利卫生工程专业学习，1919 年获硕士学位。回国后，谭真先后任天津运河工程局副工程师、天津允元实业公司经理兼总工程师、北洋大学教授兼秘书长，并在唐山交通大学、河北工学院、天津工商学院等兼任过教授。

1937 年全民族抗战爆发后，谭真变卖部分家产，开设"谭真工程师事务所"，事务所开业后受到天津各界爱国人士的支持，天津的公路、工业及民用建筑都纷纷交由事务所承建。但谭真概不承接日租界的任何工程，以示对日本侵略者的抗议。1941 年 12 月太平洋战争爆发后，日军封锁了英法租界，谭真关闭了事务所，过起隐姓埋名的生活。直到抗日战争胜利后，事务所才恢复营业。

1946 年，谭真应聘为新港工程局总工程师，后被提升为副局长兼总工程师，主管塘沽新港的建设。1948 年底，国民政府拟将新港的工程技术人员撤往台湾，电令谭真率队撤离塘沽，并已准备好了飞机等候。但谭真目睹了国民党政治的腐败，毅然拒绝电令，留在新港。在他的影响下，一大批工程技术人员也都留了下来，迎接天津解放。

新中国成立后，谭真继续担任塘沽新港扩建和改建工程的总工程师。新港码头改建工程进行时,几乎没有专业的筑港队伍,施工机械和设备也非常简陋。尽管困难重重,但在谭真的主持下,工程技术人员顺利地完成了工程任务。谭真采用先进技术指导设计和施工了3座大跨径钢桁架仓库。

在万吨级深水码头扩建工程中,谭真经过多次与施工人员周密研究,决定采用"穿针引线"法,即在码头前沿水下穿入新的拉杆,采用导向措施穿进后方钿锭处,结果达到预期要求,大大缩短了工期。1952年码头竣工启用。"穿针引线"法施工新工艺轰动了中国筑港界。在修补新港防波堤的工程中,谭真又提出采用混凝土圆筒代替方块,节约了大量水泥。他还对混凝土冻溶和耐海水侵蚀等方面做了很多研究,在提高混凝土质量上取得可喜成果。

1954年,国家在广东湛江投资兴建新中国第一座现代化深水大港,该港完全由中国自行设计和施工,谭真被交通部任命为湛江港副局长兼总工程师。在施工过程中,他提出了"钢桩冲捣法"等先进施工方法,为国家节约了大量资金,并迅速推广到其他筑港工程。1955年,湛江港正式开工,1956年底建成投产。

1957年,谭真改任交通部航务工程局总工程师。1959年9月,任交通部副部长。

1965年,上海张华滨码头发生大面积位移,面临停用危险。谭真作为交通部主管工程的副部长和筑港专家亲自到上海张华滨码头现场蹲点,与同济大学的教授、专家和工程技术人员共同研究对策。他采用在码头的关键部位加打斜桩的施工方法,仅用两个多月的时间就取得了码头修复工作的成功,不仅码头作业未受影响,而且为国家节省了大笔资金。

谭真十分重视科学研究工作。他先后组织完成了国家重点项目长江口航道治理和塘沽新港回淤研究,他对软土地基采用压桩的方法,被城建部门广泛采用。在青岛二码头、广州黄埔和海南八所、秀英等港口的改建和扩建工程中,从码头结构形式到施工工艺,经他组织研究提出的新技术、新工艺数以千计,取得了巨大的经济效益。

新中国成立后,谭真曾任天津市政协委员,1954年被选为天津市人大代表,连续当选第一至第三届全国人大代表。他还曾任中国水利学会、中国土木工程学会、中国建筑工程学会副理事长,曾受到毛泽东、周恩来、刘少奇等党和国家领导人的接见,在我国科技界有较大的影响。1962年初,他参加了广州科学技术工作会议,聆听了周恩来总理关于党对知识分子政策的重要讲话,受到莫大鼓舞,亲自主持制定了交通部科技发展规划。

1976年5月,谭真在北京病逝,终年77岁。

参考文献:

珠海市地方志办公室编:《珠海市人物志》,广东人民出版社,1993年。

中国科学技术协会编:《中国科学技术专家传略·工程技术编·交通卷》,中国铁道出版社,1995年。

刘居上编著:《学海之光》,广东人民出版社,2009年。

周川主编:《中国近现代高等教育人物辞典》,福建教育出版社,2012年。

(王社庄)

汤 玉 麟

　　汤玉麟(1871—1949),字阁臣,辽宁阜新人,1871年生于阜新马吉沟村的一户贫苦人家。汤玉麟少年时给富家扛活,因赶车拉脚遭抢劫,遂铤而走险,落草为寇。早年跟随辽西巨匪海沙子做土匪,号称汤二虎[①]。海沙子跟张作霖决斗身亡之后,他归顺张作霖。汤玉麟称霸辽西时,曾救过张作霖一命,二人由此结为生死之交,张作霖称其为"二哥"。汤玉麟成为新民、辽中一带有名的大帮"胡子"(土匪)。后来张作霖邀汤玉麟入伙合办保险队。

　　1902年,汤玉麟随张景惠、张作霖接受清朝新民府知府的招安,被改编为奉天前路巡防营,张作霖任管带,汤玉麟任左哨哨官,后升任马队管带。

　　1911年辛亥革命爆发后,汤玉麟奉张作霖之命,首先率马队1500人进驻奉天省城,劫掠金银财宝,捕杀革命党人。1912年中华民国临时政府在南京成立,张作霖任陆军第二十七师师长,汤玉麟出任第二十七师骑兵团团长。袁世凯出任中华民国大总统后,极力拉拢东北军诸将领,1914年2月,汤玉麟升任陆军第五十三旅旅长。

　　1916年4月,张作霖主政奉天省,汤玉麟任第五十三旅旅长兼省城密探队司令,但他依然不改绿林习气,开设赌场,从中抽头,与整肃军纪的奉天省警务处处长王永江发生矛盾,并因此事与张作霖反目。

　　[①]另有一说为"大虎",在张学良和王化一的相关回忆史料中,均称其绰号为"汤大虎"。

1917年5月,张作霖下令免去汤玉麟第五十三旅旅长职务,汤玉麟逃往徐州投奔张勋。

1917年,汤玉麟参与张勋复辟失败后逃回原籍隐居。后在张作相、张景惠和汤母的请求下,张作霖同意汤玉麟回奉天省城,以宽容之心接纳了汤玉麟,并任命汤玉麟为东三省巡阅使署中将顾问。直皖战争发生后,汤玉麟任侦察队长,潜入北京活动。

1920年5月,汤玉麟任奉天东边道镇守使兼右路巡防营统领。1922年第一次直奉战争中,汤玉麟任奉天陆军第十一混成旅旅长,率一个团的兵力入关,负责保卫设在天津附近军粮城的奉军总司令部。奉军战败后退出关外,汤玉麟改任第七混成旅旅长兼奉天东边道镇守使。

1924年第二次直奉战争中,汤玉麟部作为总预备队驻守绥中待命。战后汤玉麟被提升为第十一师师长。1925年11月郭松龄反奉,汤玉麟率部大败郭松龄,擢升第十二军军长,不久任热河都统。

1927年5月,蒋介石任命阎锡山为国民革命军北方总司令。9月下旬,阎锡山率领13万晋军向奉军发起进攻。张作霖令汤玉麟、张作相、万福麟率部迎战晋军左路军,汤玉麟率部由京绥线反攻,晋军被打得丢盔弃甲,溃不成军,败退到山西天镇、大同。汤玉麟在“晋奉之战”中勇敢善战、指挥有方,为全局胜利发挥了决定性作用。

1928年7月19日,汤玉麟以热河省主席名义率先响应国民政府号召,通电宣布热河省易帜,归附南京国民政府。国民政府任命汤玉麟为热河省保安司令。12月29日,张学良、张作相、万福麟、汤玉麟、翟文选、常荫槐等6人联衔发表易帜通电。12月31日,国民政府任命汤玉麟为热河省省长、国民党热河省党部常委兼第三十六师师长,驻节省会承德。1929年1月,汤玉麟当选国民政府首都建设委员会委员,出任东北政务委员会副主席。

汤玉麟主政热河8年,使热河成为他的独立王国。他任人唯亲,举凡重要职位,非其亲属莫属。他极力扩充军队,肆意建造离宫别馆,巧立名目大肆搜刮民财。他还成立禁烟局,名为禁烟,实则强迫热河农民种植鸦片,从中牟取暴利。1930年春,汤玉麟不顾社会舆论,盗掘今内蒙古巴林左旗辽圣宗、辽光宗、辽道宗三个皇帝的陵墓,并将盗掘出的全部文物运往沈阳私宅收藏。同年,汤玉麟投入巨资在天津兴建私宅,是为天津最为显著的豪宅之一。

1933年2月,国民政府任命汤玉麟兼任第五十五军军长,继又宣布他为第五军团总指挥、热河省驻防军上将总司令,统率20万守军负责建平至赤峰一线防御和作战任务。1933年3月1日,日军照会国民政府要求撤退热河驻军遭到拒绝。3月2日,日本关东军司令亲率3个日本师团和大批伪军,举兵10万大举进攻热河省。汤玉麟留下孙殿英部抵御日军,自己逃往丰宁。3月8日,国民政府宣布对汤玉麟褫职查办。伪满洲国趁机派代表约见汤玉麟的儿子汤佐荣,再次饵劝汤玉麟投降日满,国民政府以汤玉麟有叛国之意而通缉他。

1933年5月,为了表示自己抗日的决心,汤玉麟亲至河北赤城县独石栅子,与抗日同盟军北路前线总指挥吉鸿昌及抗日救国军总司令方振武密商抗日大计,被任命为抗日同盟军察东游击司令。7月,汤玉麟率部配合吉鸿昌发动了收复沽源、多伦等战役,给日军以沉重打击。10月,汤玉麟接受宋哲元的改编,出任第二十九军总参议。

1934年1月9日,国民政府撤消了对汤玉麟的通缉令,5月任命他为军委会北平军分会高级顾问,但遭到国人的反对。同年底汤玉麟被迫宣布辞职,携家眷回天津闲居。抗战期间他多次拒绝出任伪职。

1949年2月,汤玉麟病死于天津,终年78岁。

参考文献:

苏莉鹏、王建一:《他与张作霖的一生恩仇》,《城市快报》,2011年1月13日。

李新等主编:《中华民国史·人物传》,中华书局,2011年。

韩婧:《档案背后的故事:民国热河省最后一位都统汤玉麟》,《档案天地》,2013第3期。

孟悦:《从汤玉麟私宅到公共博物馆》,《文史》,2013年第5期。

（柏艺莹）

唐 宝 锷

　　唐宝锷(1878—1953),族名宗鎏,字秀峰,又作秀丰,祖籍广东省香山县唐家村(今珠海市唐家湾镇),1878年出生于上海,是近代名人唐绍仪的族侄。唐宝锷的父亲名唐昭航,字芝耘,早年迫于生计外出到洋行打工,不久成为买办,长期在上海经营茶叶和地产生意。

　　唐宝锷幼时在沪延师就读,1896年初返乡考中秀才。时值中日甲午之役,清廷惨败,朝野有识之士痛感必须学习日本明治维新,图强求存,遂有向日本派遣留学生之议。1896年,清政府总理衙门选派留日学生,唐宝锷回乡考中秀才后,即匆匆返沪,应试入选。同年4月被派往日本,同行者共13人,为中国近代官费赴日的第一批留学生。

　　当时的驻日公使裕庚把这批留学生的教育事务委托给日本内阁外务大臣兼文部大臣西园寺公望,西园寺又委托给东京高等师范学校校长嘉纳治五郎,嘉纳为这些学生办了一个特别班,取名"亦乐书院",以教授日语为主,兼学数理化。

　　1899年,21岁的唐宝锷从亦乐书院毕业,被清廷任命为驻日本长崎领事馆代理副领事。1901年,唐宝锷调清廷驻日公使馆任职。因其日语极好,故每逢清廷官员访日,均由他出任翻译。

　　唐宝锷在驻日公使馆任职期间,还因曾与戢翼翚合著专门供中国人学习日语使用的《东语正规》一书,被嘉纳延聘兼任弘文学院(原亦乐书院)讲师。除此之外,唐宝锷还在东京早稻田专门学校学习国际法。1903年毕业后,又升入由专门学校升格而成立的早稻田大学,在政治经济部学习法律,1905年取得学士学位。这是中国最早在日本取得学士学位的留学生。

唐宝锷从日本早稻田大学毕业后回国。1905年6月参加清廷对留学生的第一次殿试考核,唐宝锷等8人以优异成绩获一等进士,赏翰林院检讨衔。同年,清廷为实行"预备立宪",派五大臣出洋考察政治。唐宝锷以参赞衔随镇国公载泽赴日考察。此后,唐宝锷历任北洋司法官养成学校监督(校长),洋务局会办,民政部、法律馆和川粤汉铁路督办咨议官,陆军部首席参事官等职。

1911年辛亥革命时,唐宝锷参加南北议和,任北方总代表唐绍仪的参赞(机要秘书)。在辛亥革命后的北洋政府里,唐宝锷在仕途上并无进展,多任一些虚职,如国会众议院议员、大总统顾问、直隶都督府顾问、绥远将军署高等顾问、荣旗垦务督办署秘书长、归绥警务处处长等职。1925年国会解散后,唐宝锷退出政界。

唐宝锷退出政界后,在天津购置房产定居于此,并在天津、北平两地开办法律事务所,开始了他长达20余年的职业律师生涯。其间,唐宝锷作为平津律师代表,多次出席全国律师协会代表大会,并被大会选为执行委员、会长,在法律界享有较高声望,并被北平铁路局聘为法律顾问。

因唐宝锷曾留学日本并多次赴日考察,精通日语,被认为是中日之间的法律问题专家。唐宝锷曾与日本法学士大木干一律师合办中日法律联合事务所,解决了中日之间的一些法律事件。1937年全民族抗战爆发,大木干一返回日本,联合事务所停办。1948年,唐宝锷由于年事已高、体力不济,也停止了律师业务。

唐宝锷一生著述颇丰,大多是介绍日本法律的著作,主要包括《东语正规》《日本明治维新概要》《日本警察法令提要》《日本刑法注释》《宪法访问录》《汉译铁道制度汇编》《日、英、美、德、法、比六国司法制度》《中华民国党派沿革考》等20余种,为民国初期的法制建设做出了重要贡献。

1953年,唐宝锷病逝于天津,终年75岁。

参考文献:

珠海市地方志办公室编:《珠海市人物志》,广东人民出版社,1993年。

中山市人民政府地方志办公室编:《中山市人物志》,广东人民出版社,2012年。

（郭以正）

唐绍仪

　　唐绍仪(1862—1938),字少川,1862年1月2日(清咸丰十一年十二月初三日)生于广东香山县。1874年,唐绍仪作为第三批留美幼童赴美留学,后进入哥伦比亚大学学习。1881年被召回国,入天津水师附设的洋务学堂读书。次年,唐绍仪作为德国人穆麟德的随员前往朝鲜襄助海关事务。1884年遭遇甲申政变,唐临危不惧,持枪坚守穆麟德宅,给时在朝鲜平定政变的袁世凯留下深刻印象。1885年,唐绍仪到天津税务衙门任职,随后被派往朝鲜办理税务,成为清政府驻朝鲜大臣袁世凯的书记官和得力助手。1889年底被委任为驻龙山商务委员,在任上表现出干练的外交才能。1894年7月,袁世凯内调,委唐代理驻朝鲜商务专员。

　　1895年,唐绍仪随袁世凯至天津小站训练新建陆军,与徐世昌一起经管营务处。其后,袁世凯任山东巡抚,唐以道员随往山东,办理外交和商务。1901年,袁世凯被擢升为直隶总督兼北洋大臣,他任用唐绍仪为天津海关道。唐绍仪在任期间,办理接收八国联军分占的天津城区、收回秦皇岛口岸管理权等事务,成绩斐然,令同僚们刮目相看。袁世凯亦上奏朝廷,称赞唐绍仪出色的表现和能力。

　　1904年,清政府任唐绍仪为全权议约大臣,赴印度与英国代表谈判有关西藏问题。唐绍仪坚持民族立场,运用灵活的外交手段,力主推翻英国与西藏地方政府签订的所谓《拉萨条约》。1906年4月,中英签订《续订藏印条约》,虽然英国取得从印度架设电线通往西藏已开商埠的特权,但也不得不承认中国对西藏的领土主权。唐绍仪在西藏问题谈判中的成就,使他晋升为外务部右侍郎。此后,唐绍仪参与主持中日、中俄关于东北问题的谈判。

1906年起,唐绍仪先后被委任为沪宁、京汉铁路督办、邮传部左侍郎。他主持路政后,着力扩大中国在外资铁路中的行政管理权,挽回铁路借款方面的损失,沪宁铁路的续借款由原定的9折改为9.55折,总管理处由原来华员2人、洋员3人组成,改为只设华员总办1人,洋员在总办主管下分理部门职能。在广九铁路合约的谈判中,唐绍仪把用人用款之权从英国人手中争回,由两广总督一手经理。

1907年,唐绍仪任奉天巡抚,并负责东北地区的对外交涉。他企图引进英美资本,修筑一条贯穿东北全境的铁路,以制约日本,但英商在日本的抗议下退缩了。之后唐绍仪又打算联美制日,计划依赖美国资本开发东北来遏制日本。翌年,美国将部分庚子赔款退还中国政府,唐被派为专使赴美活动。在美期间,他鼓动美国财团到东北投资,并以考察财政为名,访问欧洲、日本等八国。但日本拉拢美国抢先签订日美协议,使唐绍仪的计划落空。

1908年10月,唐绍仪从上海经日本到美国,后从美国到欧洲,第二年7月回到北京,此行他作为清政府特使秘密访问美国,推动中德美联盟和裁厘加税事,虽获美国总统接见,但未取得进展。1910年,唐绍仪一度被任命为邮传部尚书,但不久即辞职。

1911年武昌起义后,唐绍仪充当袁世凯内阁全权代表,于1911年底开始与南方民军全权代表伍廷芳举行议和谈判,达成在湖北、陕西、安徽、江苏、奉天等地停战的协定。后继续与伍廷芳秘密磋商关于清帝退位的优待办法,以及孙中山的辞职和由袁世凯继任的各项问题,终于达成了确定共和体制、优待清室、推举袁世凯为大总统的协议。由黄兴、蔡元培介绍,由孙中山监誓,唐绍仪加入了同盟会。

1912年袁世凯就任临时大总统后,唐绍仪被任命为国务总理,成为中华民国第一任国务总理。唐绍仪出任总理之初,本怀有极大的政治抱负,他挑选宋教仁、蔡元培、陈其美等同盟会骨干成员入阁担任农林、教育、工商总长,使同盟会会员在政府中占据多数,被称为同盟会中心内阁。唐绍仪勤于公务,注重办事效率,使政府呈现一派新气象。

但是袁世凯大权独揽,对唐绍仪推行责任内阁制,事事恪遵约法甚为不满,在用人、财政、遵守《临时约法》规定的总理附署权等问题上,两人的裂痕加深。在筹款方面,唐绍仪拒绝英、美、德、法四国银行团提出监督中国财政的无理要求,引起了袁世凯和财政总长及四国银行团的合伙攻击。1912年6月初,直隶省议会选举王芝祥(时已加入同盟会)为直隶都督,袁世凯不予承认,并抛开总理附署权,公布另任命令。唐绍仪见《临时约法》已遭到破坏,彻悟袁之种种行为,存心欺骗国民党,乃于1912年6月15日愤而提出辞呈。

此后,唐绍仪寓居上海数年,与人集资创办金星人寿保险有限公司,自任董事长,但他仍密切关注着政治动向。1913年袁世凯派人刺杀宋教仁,唐绍仪予以强烈谴责,并拒绝了袁世凯拉拢其复任政府总理。1915年,袁世凯复辟,唐绍仪与蔡元培、汪精卫联名致电,要求袁取消帝制。护国军兴起后,唐绍仪再次致电袁世凯劝其退位。1916年6月,袁世凯死后,黎元洪继任大总统,但皖系军阀段祺瑞大权在握,任命唐绍仪为外交总长。9月17日唐绍仪抵达北京就任,9月25日遭到督军团的通电反对,于9月29日辞职。唐绍仪力主恢复旧约法和国会,站在孙中山革命派的立场上,多次拒绝北洋军阀的拉拢及利诱。

1917年8月,唐绍仪南下参加护法运动,9月17日孙中山就任军政府大元帅,并任命唐绍仪为财政部长。1918年5月,军政府改为总裁制,唐绍仪被国会推为七总裁之一。1919年初,南北和谈,北京政府与护法军政府谈判议和,唐绍仪担任南方总代表。他维护孙中山的护法旗帜,但其主张被北方代表拒绝,同时也为把持南方军政府的桂系军阀所不容,被撤掉总代表之职。南北和谈历时年余,终未达成协议。

1919年五四运动爆发后,唐绍仪通电表示支持爱国学生。他致电要求出席巴黎和会的中国代表、他的女婿顾维钧拒绝在和约上签字。

1920年6月,唐绍仪与孙中山等在上海通电反对桂系军阀,正式脱离军政府,赴上海坚持斗争。11月,桂系军阀势力被驱逐出广东,唐随孙中山回到广州,重建军政府,任财政部长。但此时唐绍仪与孙中山的政治主张已发生分歧,在政治上表现消沉,寓居上海闭门不出。南京国民政府成立后,唐绍仪挂名为中国国民党中央监察委员和国府委员。1925年孙中山去世后,唐绍仪鼓吹联省自治。

1931年5月,汪精卫、孙科等在广州成立国民政府,与蒋介石南京政府相对峙,唐绍仪应邀担任常务委员。九一八事变后,宁粤合流。1932年1月,广州设立"西南政务委员会",唐绍仪出任常务委员。3月,唐绍仪兼任中山县县长,但遭到广东军阀陈济棠的排挤。1934年10月,陈济棠通过亲信在中山唆使县兵以索饷为名发动哗变,包围唐绍仪的寓所,迫使他离开中山县,重返上海。

1936年,陈济棠发动"六一事变",公开与南京国民政府对抗,唐绍仪站在蒋介石一边。国民党五届二中全会撤消了国民党中执委西南执行部和国民政府西南政务委员会等机关,从而促使陈济棠兵败下台。事后,唐绍仪举家寓居上海。

1937年12月日本占领上海、南京后,企图拼凑一个统率南北的伪政权,把南方的唐绍仪、北方的吴佩孚作为重要争取对象。日方多次派人与唐绍仪接触,但唐并未答应日方请他出任伪职的要求。同时,国民政府也在笼络唐绍仪,派人劝说唐保全晚节,为国民党效力。后来,唐绍仪曾与日本特务头子土肥原接触,社会上对此有所传言并产生了重重疑云。

1938年9月30日,唐绍仪被国民党军统特务刺杀身亡,终年76岁。

参考文献：

李新等主编:《中华民国史·人物传》第6卷,中华书局,2011年。

李永胜:《清末中外修订商约交涉研究》,南开大学出版社,2005年。

谢彬:《民国政党史》,商务印书馆,1924年。

刘寿林、万仁元、王玉文等编:《民国职官年表》,中华书局,1995年。

（王　进）

陶　湘

　　陶湘(1870—1940),字兰泉,号涉园,江苏武进人,生于1870年8月13日(清同治九年七月十七日)。幼年随父陶恩泽宦游,在浙江德清读书,颖悟过人,过目成诵。后入嗣于二伯父陶锡祺,10岁时随陶锡祺至山东恩县任所读书,又师从寄食于此的族兄陶钧考览六经,探综群纬,剖谬判疑,打下扎实的文献学功底。

　　1889年,陶湘补大兴籍博士弟子员生,次年以大兴县学生员资格保送至鸿胪寺序班,并保准咨寺到官,从此走上仕途。1892年,改官同知并捐五品职衔,投效山东黄河河工,因治河成绩卓著为山东巡抚福润保奏,谕准分发浙江候补知府,荐升道员并加三品衔,在浙江、直隶两省候补。其后历任京汉铁路北路养路处、机器处总办,京汉铁路行车副监督,查办江西、安徽铁路委员等职。1905年京汉铁路全线告成,盛宣怀、袁世凯、张之洞联合奏保奖励二品衔。1906年邮传部成立,陶湘因与同乡、邮传部尚书盛宣怀为"忘年交"故,调任京汉铁路全路副监督。1909年诰封资政大夫。鉴于国事窳败,陶湘欲退出官场,旋经盛宣怀转圜,委以上海三新纱厂总办,自此由政界转入商界。

　　民国肇基以来,实业和金融渐为世重,陶湘先后被公推为上海轮船招商局董事兼天津分局经理、汉冶萍煤铁厂矿公司董事、上海中国银行监理官、山东中兴煤矿公司董事、天津裕元纱厂经理、山东鲁丰纱厂常务董事等。接着他又投身金融界,先后任上海中国银行监理官,天津、重庆中国银行经理,上海交通银行经理,交通银行总行代总经理等职。

1912年，陶湘将家属安顿在北京，1922年迁寓天津，1934年移居上海。其间，他应故宫图书馆馆长傅增湘之聘，任故宫博物院图书馆专门委员，从1926年起担当图书编订之任，前后历时七年之久。1939年抗战期间，他得知儿辈拟为其庆贺古稀诞辰，乃以国难未纾为由极力劝止，并将寿筵之资捐与上海灾童教养所。

陶湘平生逐利于实业和金融，然养家之余，收入都用到图书收藏和校刻方面，被推誉为商界之雅人。陶湘藏书之嗜，发蒙于其兄陶珙。珙积书数万卷，湘受其熏陶，对书亦发生兴趣。清光绪、宣统间，陶湘即开始广泛搜罗图籍，初以明人集部及清代野史为主，其后旁及抄本、校本、稿本，上溢至宋椠元刊，遇有孤本秘籍，往往不计其值。他先入缪荃孙门下，后又结交傅增湘等，受这些藏书大家的指导和熏陶，陶氏藏书的品位更加精进。陶湘嗜书非附庸风雅，其是少数得三昧之人。他特爱开花纸本，故得"陶开花"之雅誉。书籍入藏之前，要亲自检查整理并重付装潢，因有"陶装"之称。书籍稍有破损，即觅良工修补，护以月牙式四合书套，由他亲自设计，做工缝棱不苟，号为"陶氏书套"。

陶湘40岁时藏书已相当丰富。他将藏书室取名为"涉园"。据傅增湘《故宫殿本书库现存目题词》记，陶湘涉园藏书盛时达30万卷，跻身于近代藏书大家之列。主要精品有：明毛晋汲古阁刻书600余种，陶氏百计搜求，收得500余种。闵刻、凌刻之书，其藏目有137种，其中带图之戏曲《红梨记》《西厢记》《琵琶记》《绣襦记》《幽闺记》等，均为传世稀品。所藏明万历程君房刻本《程氏墨苑》8卷本（另有14卷本），系初次刷印，五色套版，精美绝伦。陶湘还大量购求清武英殿刻本书，总量达500余种，超过内府所储之同类书。台湾学者苏精论陶湘藏书特色时指出："他为人乐道的书癖：第一不重宋元古本，而以明本及清初精刊本为搜求大宗；第二嗜好毛氏汲古阁刊本、闵氏套印本、武英殿本、开花纸本等，所藏都是海内之冠；第三藏书讲究完美无缺，尤其重视装潢的美观。"①陶湘嗜藏的版本,很多当时不为世重,而今则无一例外进入善本行列,让人不能不佩服其超前眼光。为了广泛搜藏图书,陶湘甚至与傅增湘、董康等人,在北京开了一家书店,初设北海蟠青室,不久迁至琉璃厂。

陶湘在清宣统年间,即开始刻书印书,但成就最著者,则是在迁居天津后的十年间,无论是校勘质量还是刻书数量,均远超同时校家和刻家。伦明在《辛亥以来藏书纪事诗》中咏其藏书刻书云:"以类求书书不同,巧于弃取绍陶公。藏书岂若传书久,欲散家资养刻工。"②

陶湘校勘、刻印的著名典籍如下:1922年刻印《续刻双照楼宋元本词》,与吴昌绶刻印之《双照楼宋元本词》一并行世;1922年刊印缪荃孙藏明抄本《儒学警悟》,其书1892年由贾人从山西搜得,后为缪重金购藏;1924年至1928年影刻《托跋廛丛刻》10种;1925年校刊重刻宋李明仲《营造法式》,1929年用殿本补齐各本皆缺的文字;1926年至1927年影印《涉园影印六种传奇》;1926年至1931年影刻《喜咏轩丛书》;1927年影刻宋咸淳本《百川学海》,缺卷后据明弘治华氏覆宋本摹补;1929年刊印《涉园墨萃》12种;1930年至1931年影印《百川书屋丛书》。③此外,他还印有《陶氏书目丛刊》15种,主要包括《陶氏书目丛刊》《涉园所见宋板书影》《清代殿板书目》《武英殿聚珍板书目》《武英殿袖珍板书目》《明吴兴闵板书目》《明毛氏汲古阁刻书目录》《明代内府经厂本书目》《昭仁殿天禄琳琅书目前编》及《续编》《摛藻堂四库全书荟要目录》等,大都是他在故宫博物院图书馆任职时的成果。据研究者统计,陶湘一生刊刻书籍总约250种,其中绝大部分完成于寓津期间,给天津文化史增添了光华。陶湘刊刻图书皆纸幅阔大疏朗,纸张洁白如玉,用墨犹如点漆,字体清秀悦目,装订整齐端方,令人爱不

①苏精:《近代藏书三十家(增订本)》,中华书局,2009年,第92页。
②伦明:《辛亥以来藏书纪事诗》,上海古籍出版社,1990年,第43页。
③翦安:《陶湘和他的涉园藏书》,《图书馆工作与研究》,1997年第4期。

释手,阅之则气爽神清。因为工艺讲究,多有人委陶氏代刻图书,如代张宗昌刻印《唐开成石壁十二经》,代潘复刻印许鸿磐遗著《方舆考证》等,均堪称民国印本中之佳椠。

陶湘晚年境况不佳,1931年起,涉园藏书已陆续售与他人。据雷梦辰《近代天津私人藏书述略》[①]等记载,其大宗藏书售出有:殿版开花纸本100余种,1933年以4万元售与北平文友堂书店;丛书574种2.7万册,以10万元售归日本京都文化研究所;殿版书中的平定各省方略20种,售与广东中山大学图书馆等;又100余种殿版开花纸书,汲古阁和闵刻、凌刻之书,转给溥仪。溥仪所藏现多归辽宁省图书馆。

陶湘迁居沪上之后,继续售书解困,郑振铎购得明万历彩印本《程氏墨苑》、明万历刊本李卓吾评传奇5种。所藏艺术珍籍如《方氏墨谱》《墨海》《十竹斋笺谱》等,抗战初期亦转手他人。抵押于盐业银行的明刊本明人文集80种,后转归南京中央图书馆,现藏台湾图书馆。

1940年2月7日,陶湘因病辞世,终年70岁。新中国成立后,陶湘之子陶祖椿遵照父亲的遗愿,将家藏剩余图书通过陈叔通捐给北京图书馆,天津交通银行所存书版也捐献国家。

参考文献:

苏精:《近代藏书三十家(增订本)》,中华书局,2009年。

郑伟章:《陶氏涉园藏书、刻书纪略》,《文献》,1990年第1期。

翦安:《陶湘和他的涉园藏书》,《图书馆工作与研究》,1997年第4期。

（杜　鱼）

---

①载天津市政协文史委编:《天津文史资料选辑》第69辑,天津人民出版社,1996年。

田 文 烈

田文烈（1858—1924），字焕庭，一字姚堂，湖北汉阳人。其父田维翰，游幕于湖北，治盐政。田文烈幼濡庭训，且聪慧好学，年未及冠，考取县学，为廪生。复肄业江汉、经心两书院。工辞章，兼治朴学，每试辄冠。后屡试乡试不第，乃弃文从武。1885年北上，以第一名考入天津北洋武备学堂，毕业后归籍。1889年选授广济县训导，后因母去世，丁忧去官。

1882年，田文烈与袁世凯随淮军吴长庆赴朝鲜平定内乱，时吴长庆部军纪败坏，田文烈建议严加整顿。吴长庆任命袁世凯为营务处总办，田文烈为书记，组织执法稽查队，凡滋事扰民者，就地正法，枭首示众，各营纪律始严。后袁世凯为"驻扎朝鲜总理交涉通商事宜"的全权代表，田文烈以书记职充当翻译官。从此袁、田二人相交甚深，并成为袁的心腹。1894年，袁世凯向朝廷上"团结朝鲜，抗御日本"条陈，受到李鸿章的重视。此条陈出自田文烈的策划，且出自其手笔。甲午战争爆发前，田文烈随袁世凯归国，被聘为北洋水师学堂教习。

1895年12月，袁世凯受命在小站编练新建陆军，田文烈职司督练处总文牍，出力居多。当时天津小站云集了徐世昌、王士珍、段祺瑞、冯国璋等众多日后的北洋宿将，田文烈与他们一一纳交，以谋议相往复，以气谊相孚合，而段祺瑞、王士珍、冯国璋更成为其"三益之友"。

时武卫右军统制姜桂题向袁世凯请求，谋一幕僚辅佐。袁世凯忍痛割爱，将田文烈推荐给姜桂题。姜桂题非常重视田文烈，依仗其为左膀右臂，军政事务经常向其咨询。1904年田文烈总理北洋常备军左翼营务,1905年调充北洋督练公所正参议,兼兵备处总办,积劳累荐至道员,署通永镇总兵。此前,防营截旷,官者多中饱私囊,田文烈不隐不欺,一一归公。由于田文烈尤勤于捕盗,使民安居,旋署天津巡警道。

1909年,袁世凯被迫回彰德"养病"。田文烈作为袁的心腹,为袁联络北洋暗通消息。1911年,陆军大臣荫昌向摄政王载沣保荐田文烈出任陆军副大臣。武昌起义爆发后,清廷急派荫昌南下镇压,田文烈推荐其同乡——陆军部司长易迺谦为参谋长,并面授机宜,嘱其相机应付。同时,在袁世凯授意下,田文烈以陆军部代理大臣身份与冯国璋、段祺瑞等紧密配合,迫使清廷起用袁世凯为内阁总理大臣。随后田文烈参与袁世凯策划挟制清帝退位和南北议和的活动。

1912年3月,袁世凯继任中华民国临时大总统后,田文烈任总统府高等顾问。1913年8月,田文烈任山东省民政长兼会办山东军务。其到任后与都督靳云鹏划清权责界限,军民分治。山东所辖曹、单两县,匪患猖獗,老百姓畏匪不敢不提供食宿,仇家就以此为借口告其窝藏匪徒,涉案案牍累累。田文烈了解情况后,分别良莠,凡被诬告牵连者撤销案件,并严查告密之人。山东有两座工厂耗费公款未有成就,田文烈毅然将其关停,所有生徒、机器归入省垣模范工厂用于教授练习。田文烈还将劝业道息借商民款项百余万两饬令偿还,并请部借外债时改名省欠为部欠,以苏民困。由此山东吏治为之一振。1919年12月24日,田文烈奉令实任山东民政长,并获二等文虎勋章。

袁世凯鉴于田文烈的政绩,于1914年2月11日任命其为河南民政长。当时正值白朗起义军讨袁势盛之时,田文烈秉承袁氏旨意,镇压河南境内白朗军。4月3日,段祺瑞卸任河南都督回京供职,田文烈兼护河南都督,随后袁世凯任命田文烈兼署河南都督,并加陆军上将衔。

1915年,田文烈在河南全省视察,在得知贾鲁河河决横流,良田被淹,航运不通,昔日繁荣不现,流离失所者二十多年不能归家时,专门成立了全省水利委员会,以修复贾鲁河为当务之急。自1915年始至1916年8月,河道修复如初,商舶往来,田亩丰茂。所属各县闻风,修河一事大兴,新开河道,新修堤坝,申报竣工者有50多个县。河南全省年谷滋丰,课赋增加。田文烈尤重视实业,乃出私资辅助各县工厂;设森林局,购百余亩植树造林;教民植桑养蚕。田文烈认为小学为培育人才的基础,于是大力扩充小学建设,于荥阳、滑县、安阳、遂平、临漳、武安、巩汲诸县,设高、初等小学校及女学、农校百数十处,对已设立小学之地,再各增设10余校,使河南文风大盛。

1915年1月2日,袁世凯授田文烈为中卿,为加快称帝步伐,指使心腹爪牙制造民意改变国体。9月5日,田文烈与河南省督军周偲致电袁世凯,表示反对共和,支持君主立宪。他还在9月21日各省巡按使寄京兆尹的联名致袁电文中署名,以表竭诚拥护之意。袁世凯称帝后,田文烈被封为一等伯。同年12月25日,蔡锷等首先在云南举起讨袁护国大旗,各省纷起响应。其后,冯国璋、段祺瑞等亦敦请袁世凯取消帝制。袁世凯慑于国人压力于1916年3月22日宣布取消帝制,4月17日田文烈在冯国璋领衔的电报中,委婉劝袁表明态度,是进是退不能含糊其辞。袁世凯死后,田文烈感于袁世凯昔日的知遇之恩,为袁世凯营葬彰德而颇费周章。

黎元洪继任大总统后,田文烈因与黎元洪同为湖北同乡,中间又有时任黎元洪秘书侍从的汉阳同乡殷学璜从中活动,田文烈仍留任河南,并受到黎元洪的器重。1916年7月6日,黎元洪申令改巡按使为省长,田文烈任河南省省长。

1917年5月,府院矛盾加剧,黎元洪下令免去段祺瑞国务总理职务,田文烈、周偲宣布河南独立与中央脱离关系,以此支持段祺瑞。7月1日,张勋复辟,田文烈虽未参与此事,但仍被加封为陆军部左侍郎。同年11月26日,代大总统冯国璋传见田文烈,磋商改组内阁事宜,田文烈力推王士珍任国务总理,以期南北战事早日息止,冯国璋对田的主张极为赞许。

1917年11月30日,王士珍以参谋总长兼国务总理,田文烈出任农商总长,后虽然内阁变化不断,但田文烈仍为农商总长。此时正值第一次世界大战告终,各国皆全力于经济上的竞争。田文烈在部内设经济调查会,下发部令,对国内经济状况必须做切实全面调查,务将调查结果详编造册,迅速报部以凭核办。第一次世界大战给中国民众带来深重灾难,经济损失严重。田文烈主持部务,会同参事、会计、工商司长等编制欧战损失表,确定损失确切数额为2370余万元。田文烈在任期间,曾协同财政总长等与日商签订了吉黑两省金矿及森林资源借款3000万日元合同,设立中华贸易股份有限公司,与日本安川制铁公司交涉300万日元借款等事,并且组织专家修订矿业条例、华商注册公司审批办法等。

1919年五四运动爆发,钱能训内阁倒台,总理人选尚未确定,田文烈是徐世昌提出的三人选之一,但田文烈因不愿受制于安福派而坚拒避谢。1920年直皖战争前夕,靳云鹏内阁出现危机,阁员提出辞呈,北京政府改组,特任田文烈兼署交通总长,不久田文烈力辞本兼两职,得总统徐世昌令准,仅任经济调查局总裁、政府高等政治顾问等虚职。以后,田文烈在多次举荐中仍力辞未就。

1923年,田文烈离职后闲居平津。目击时局,痛心疾首,整日杜门扫迹,时与二三遗老饮酒赋诗,达官要人皆谢绝不见。田曾言道:"处今之世,行古之道,不循俗,不变节,守分安命,以终天年,如斯而已。"著有《拙安堂诗集》传于世,并曾审定《夏口县志》。

1924年12月11日,田文烈在北京病逝,终年66岁。

参考文献:

贾逸君:《中华民国名人传》,北平文化学社,1932年。

郑继成:《袁世凯的亲信田文烈》,载武汉市政协文史委编:《武汉文史资料:晴川近代名人小传》第34辑,1988年内部印行。

武汉地方志编纂委员会主编:《武汉市志·人物志》,武汉大学出版社,1999年。

罗幼娟、邵桂花:《田文烈》,载李新等主编:《中华民国史·人物传》第6卷,中华书局,2011年。

《勋三位内务总长田公墓志铭》,国家图书馆藏墓志,4278。

（郭　辉）

田　野

　　田野(1915—1942),本名赵观民,曾化名赵耕田、陈华、张健翼等。1915年出生于河北保定一个贫苦家庭。田野幼年时勤奋好学,1930年考入保定第二职业学校,在校期间他积极组织学生开展反帝反封建斗争,成为保定市学生抗日救亡运动的重要组织者和领导者。

　　1931年九一八事变爆发后,田野参加了保定二师等学校发起的以抗日救国为中心的学潮活动,誓言"宁可站着生活一秒,也不能跪着生活一生"。田野的革命行动,引起中共地下组织的注意,经过组织的培养,田野确立了共产主义信仰和为之奋斗的人生观。1934年夏,田野加入中国共产党。从保定二师毕业后,他以化学分析室管理员的身份为掩护,从事党的地下革命活动。

　　1935年夏,田野受党组织的派遣来到天津,担任河北工学院地下党支部书记,公开身份是学院助理。在中共天津市委的领导下,田野积极组织学生开展抗日救亡运动,参与领导天津工人救国会、天津各界救国会的有关工作,参与组织"海风社",用诗歌和文艺的形式开展抗日宣传,推动天津抗日救亡斗争不断形成高潮。

　　1937年全民族抗战爆发后,根据中共中央北方局的指示,河北省委决定将平津大批党员转移至敌后开展抗日游击战争,改组华北各界救国会为华北人民抗日自卫委员会。田野化名赵耕田参与自卫委员会的工作。他多次深入冀东,调查了解情况,宣传党的抗日救国主张,为开展冀东抗日暴动,创建冀东抗日根据地做准备。

　　冀东抗日暴动胜利后,北方局根据形势需要,决定撤销河北省委,成立平津唐点线工作委员会,以加强对城市秘密工作的领导。田野与葛琛共同负责委员会工作,田野任委员,具体负责天津和北宁路党委工作。在他的领导下,平津唐点线工作委员会积极恢复和发展党的组织,秘密开展抗日救亡运动,为配合根据地的抗日斗争做出了重要贡献。

为坚持冀东抗日斗争,创建冀东抗日根据地,1939年5月,田野赴冀东开展恢复和重建地方党组织的工作。他化名张健翼、陈华,到丰润、玉田、遵化一带发动群众。7月,田野任中共冀热察区党委冀东分委委员,后又调往冀中,任文(安)霸(县)新(镇)武(清)联合县县委书记,开展抗日游击战争,后又赴蓟县、平谷、密云、三河领导群众开展抗日斗争,曾任冀东西部地委书记兼蓟(县)宝(坻)三(河)联合县县委书记。在担任县委书记期间,田野关心爱护群众,注重加强干部的革命理论和科学知识学习,严格执行党的政策,壮大抗日力量,有力地推动了各项工作和斗争的开展。在田野的领导下,经过两年左右的时间,冀东西部地区的抗日斗争形势发生了重大变化,党的组织陆续建立,抗日武装力量不断发展壮大。为提高干部的政治素质,1940年至1941年,田野在蓟宝三联合县先后举办了多期干部训练班,培养了一大批革命干部和抗日骨干,为冀东抗日根据地的坚持、发展和壮大做出了重要贡献。

在主持冀东西部地委工作期间,田野始终将工作重心放在军事斗争上。他深入了解实际情况并制定战略战术,粉碎了日伪军对根据地的多次"扫荡",展现出高超的军事指挥才能。1942年9月,敌人进行"第五次治安强化运动"。为保存抗日力量,避免更大的伤亡,田野按照冀东地委的部署,率领干部和游击队转移至兴隆一带山区,坚持反"扫荡"斗争。由于长期战斗和过度疲劳,田野身患重病,组织决定将田野转移至石门台村小沙峪沟窑洞治疗休养。这一消息很快被敌人获悉。19日,300多名日伪军包围沙峪沟,由于敌众我寡,田野将敌人火力引向自己,掩护同志们突围,不幸壮烈牺牲,年仅27岁。

田野牺牲后,冀东西部地区干部群众将烈士遗体埋葬在他最后战斗过的沙峪沟山坡上,1957年迁葬于盘山烈士陵园。

参考文献:

中共天津市委党史资料征集委员会编:《天津抗日英烈》,天津古籍出版社,1995年。

(孟　罡)

田 中 玉

　　田中玉(1869—1935),字蕴山,直隶临榆高建庄人。田中玉家境
贫寒,7岁时在本村私塾读书,接受启蒙教育。两年后父亲突然病故,
田中玉被迫中断学习,寡居的祖母与母亲含辛茹苦,依靠家中仅有的
二亩半地抚养他和三个妹妹。年幼的田中玉深感生活的艰辛与家境
的贫困,年纪稍长便与他人合伙,在山海关开了一个小店铺,卖烧饼、
油条等食品,以微薄的收入补贴家用,有时还要走街串巷叫卖。小店
铺的收入只能勉强维持生计。

　　1885年,天津北洋武备学堂招生,学员每人每月有三两四钱银子
的膏火费。作为家中长子的田中玉,上有祖母和母亲,下有妹妹,需要
银子来养活全家,所以考进了武备学堂,[①]入炮科学习。毕业后,他先
后担任北洋第一镇队第一标统带、兖州镇总长等职。1907年随徐世昌
赴东北,任东北三省督练总所总参议。[②]1912年民国成立后,他先后
任代理山东民政长、曹州镇总兵、兖州镇守使、陆军第五师师长等职。
1915年任陆军部次长。袁世凯称帝时田被封为一等男爵,第二年任察
哈尔都统。1919年任山东督军,一度兼任山东省省长。1923年10月,
因山东临城劫车案,田中玉被免去山东督军职务,从此淡出政界,在天
津、大连两地过着寓公的生活。

　　田中玉是天津恒源纺织有限公司的发起者与投资人之一。恒源

---

①朱正编选:《胡适文集》第4卷,花城出版社,2013年,第92页。
②任宝祯:《山东封疆大吏》,济南出版社,2010年,第125页。

纺织有限公司的总经理曹锐死后,田中玉接任曹锐成为总经理。①

田中玉遵从祖母与母亲的意愿,不忘造福乡里。1919年,他出巨资在家乡山海关筹建"河北省田氏私立中学校",1921年秋学校建成开学,田中玉自任校董。学校占地面积4.5万平方米,建筑面积3500平方米,坐落在山海关城墙的西北角下,校名牌匾系时任大总统黎元洪手书。学校颇具规模,校舍为灰砖灰瓦、起脊瓦房,除办公室、教室、住校师生宿舍外,还有一间物理仪器室,三间化学实验室(内含有生物标本),三间阶梯教室,一间图书馆,三间阅览室,图书5000册。为解决办学经费,田中玉出资陆续购置大量学田,还领取125亩荒山造林,以每年的地租收入作为办学经费。

1935年7月,田中玉病逝于大连,终年66岁。

参考文献:

李正中主编:《近代天津名人故居》,天津人民出版社,2009年。

章慕荣:《震惊中外的山东临城劫车案》,《文史春秋》,2009年第9期。

张杰:《北戴河章瑞庭别墅及其主人》,《文史精华》,2013年第5期。

黄雪垠:《20世纪20年代土匪与政府、洋人、军阀的博弈——以临城劫车案为中心的考察》,《军事历史》,2012年第5期。

(郭登浩)

---

① 张杰:《北戴河章瑞庭别墅及其主人》,《文史精华》,2013年第5期。

童芷苓

童芷苓(1922—1995),祖籍江西南昌,出生于天津。其父童汉侠为中学国文教员;其母是广东人,毕业于直隶女子师范学校,在圣功学校教外语兼音乐和体育。夫妻二人均酷爱京剧艺术,经常利用教学余暇到永兴国剧社练唱,有时还票演一出。童芷苓受家庭环境的熏陶,经常跟随父母出入票房,对演戏非常痴迷。

童汉侠夫妇见女儿痴迷京剧,又具备一定的学戏天赋,在童芷苓10岁那年把她送入北平戏曲专科学校学戏,但因为她年纪尚小,身边无人照料,不久后又回到天津,童汉侠聘请专业演员在家里教她唱戏,不到一年,童芷苓便学会《贵妃醉酒》《穆柯寨》《马上缘》等几出戏。永兴国剧社在天津春和戏院组织票友会演,特意安排童芷苓登台献艺,她与名丑金鹤年合演了一出《女起解》,大获观众好评。童芷苓后又在北洋戏院与其兄童寿苓合演《武家坡》《虹霓关》,童芷苓的艺术潜质得以显现。童汉侠夫妇决定让童氏兄妹弃学"下海",做了专业演员,他们很快便在京剧界小有名气。

1937年,以演时装新戏闻名平津的坤班奎德社,预告在天津北洋戏院演新戏《啼笑因缘》,班中头牌主演李桂云因故不能如期出演,15岁的童芷苓被邀请临时救急,接替李桂云在剧中一人扮演沈凤喜、何丽娜两个角色,戏演得很圆满。

随后童芷苓又同夏佩珍合演了《茶花女》,还在《雷雨》里扮演繁漪,从此声名鹊起。1938年,童芷苓拜名票近云馆主杨慕兰为师,当年10月在北洋戏院上演《十三妹》《玉堂春》等戏,使她成为天津剧坛令人瞩目的京剧新星。

1939年4月，童汉侠得友人帮助，在天津新中央戏院组成以童氏兄弟姐妹为骨干、童汉侠任社长的专业戏班，人称"童家班"。班内主要演员虽然都很年轻，但行当齐全、戏码过硬，在天津、北平乃至江苏等地都备受观众青睐。同年5月，童芷苓成为荀慧生的入室弟子，得以窥见"荀派"艺术真谛。荀慧生还亲自带领童芷苓遍访北平的名师，把她引荐给梨园前辈王瑶卿，童芷苓称他为太老师。这位太老师对童芷苓格外器重，悉心栽培，为她加工了《霍小玉》等几出戏，传授了旦角的表演技巧。童芷苓在北平还向程派名票高华学会程派名剧《锁麟囊》。这些学艺经历使年轻的童芷苓眼界大开，很快便大红大紫，不仅享名于天津、北平，济南、徐州等地戏园业主也常来邀她前去献艺。

1940年，童芷苓与李盛藻、高盛麟合作，第一次闯上海，在皇后大戏院任头牌主演，给上海观众留下了深刻印象。1946年，童芷苓再次赴上海天蟾舞台献艺。她的演技在继承荀派的同时，兼擅梅派、程派、尚派之长。前四天的打炮戏是《凤还巢》《汉明妃》《锁麟囊》《红娘》，她一个人把梅、尚、程、荀四大名旦的四出代表作展示得淋漓尽致，在上海引起轰动。童芷苓在艺术上从不自满自足，1947年，她在上海又拜在梅兰芳门下，潜心钻研"梅派"艺术。梅兰芳对她演出的《宇宙锋》《贵妃醉酒》热心地进行了加工、修改。

童芷苓不囿于师承，一些名剧经她演来多有创新，较之传统更注重演人物、演生活，在艺术上形成梅神、荀韵、程腔、尚骨的个人特色。20世纪40年代后期，童芷苓在上海相继担任皇后大戏院、天蟾舞台的头牌主演，被上海观众捧为中国京剧"八大坤伶"之一。

新中国成立后，童芷苓正式加入周信芳领导的上海京剧团（后改为上海京剧院）。她扮相妩媚，嗓音甜润，唱腔声情并茂，唱法以"荀派"的爽朗俏丽为基调，适当糅入"梅派"的典雅华贵和"程派"的含蓄委婉，豪放中有细腻、柔媚中见端庄，令人感到清新别致。她的念白功力深厚、情绪充沛、节奏鲜明、感人肺腑。她的戏路极宽,表演不拘成规,善于将传统技巧运用于人物性格的刻画,长于塑造性格迥异的女性形象。童芷苓的艺术才华一直为世人所称颂。

1958年,童芷苓参加天津第一工人文化宫举办的荀派艺术专场演出,出演《金玉奴》《红楼二尤》《红娘》《樊江关》4个剧目。这个时期的童芷苓已经在荀派剧目的基础上又进行了形神兼备的艺术创造,她不仅对《红娘》《金玉奴》《勘玉钏》《姑嫂英雄》《铁弓缘》《钗头凤》等荀派传统剧目有所丰富,还演出了《王熙凤大闹宁国府》《武则天》《尤三姐》等新编剧目。戏剧家田汉专为她重写唱词的荀派名剧《尤三姐》,她的表演动作与演唱风格更是独具特色,成为她的又一代表作,60年代被摄制成舞台艺术影片,在海内外公映。她参加拍摄的戏曲舞台艺术片还有《宋士杰》《十八扯》等。

50年代,上海京剧院二团排演大型现代戏《赵一曼》,童芷苓领衔,从上海一直演到赵一曼故事的发源地哈尔滨,唱红大江南北。此后童芷苓在现代京剧《送肥记》中扮演钱二嫂,也曾轰动一时。

童芷苓不仅活跃于京剧舞台,40年代后还涉足电影领域。她曾与吕玉堃、梅熹、关宏达合演《歌衫情丝》,与张伐、石挥、周璇合演《夜店》,与魏鹤龄合演《粉墨筝琶》,以及《婚姻大事》《太太问题》《姐妹冤家》《女大亨》等影片。"文化大革命"结束后,她在《傲蕾·一兰》中扮演傲蕾·一兰的母亲。

1987年5月,童芷苓应旅美华人社团邀请赴美,后来定居美国。1995年,童芷苓病故于纽约,终年73岁。

参考文献:

北京市艺术研究所、上海艺术研究所组织编著:《中国京剧史》中卷,中国戏剧出版社,2005年。

朱继彭:《坤伶皇座:童芷苓》,上海人民出版社,2015年。

(甄光俊)

万 德 尊

万德尊(1873—1929),字宗石,湖北潜江人。1888年,万德尊中秀才,就读于两湖书院。1904年留日学习军事,先入日本振武学校完成预备学业,又在日本陆军联队步兵大队实习。1907年12月考入日本陆军士官学校第六期步兵科,同学有孙传芳、阎锡山等人。[1]

万德尊毕业后,先是在日担任见习士官约半年,后于1909年回国。清廷对学成回国人员进行考核,万德尊考列上等,为86名陆军步兵科举人第一名。[2]万德尊开始跻身军界,任直隶总督府军事顾问官、陆军部练兵处军学司编译官,为候补道员。1910年,生子万家宝(曹禺)。民国建立后不久,万德尊即获擢升,1912年12月30日被任命为陆军步兵上校并加陆军少将衔。

万德尊一度在冯国璋麾下,并随其赴江苏任职。1913年9月12日,万德尊到苏州办理军务。同年11月6日,万德尊被授陆军少将衔(同日给予四等文虎章)。1914年6月9日,江苏都督冯国璋创办的陆军警察学校在南京成立,任命万德尊为校长。因办学有功,万德尊于1915年2月1日加陆军中将衔。

1915年至1916年,万德尊是袁世凯复辟帝制的积极鼓噪者之一。1915年9月,屈映光从杭州致电北京的筹安会,派万德尊等人赴会共

---

① 李根源:《雪生年录》,载沈云龙主编:《近代中国史料丛刊》第2辑第15册,台北文海出版社,1966年,第28页。

② 中国第一历史档案馆编:《光绪宣统两朝上谕档》第35册(宣统元年),广西师范大学出版社,1996年,第428—429页。

同商讨"大计"。①1915年12月7日,万德尊被选为试图决定国体的国民大会代表,为袁世凯复辟奔走。袁世凯还派万德尊代其南下游说,拉拢郑汝成、朱瑞等将领。但郑汝成却不吃这一套,当面予以驳斥,万德尊闻听赧然,唯唯而退。

1916年初,万德尊仍在南北之间斡旋。4月8日,万德尊任将军府参军。后又攀上了大总统黎元洪这位湖北同乡。1917年3月,万德尊继任直隶第五路巡防统领。张勋复辟后,万德尊率宣化巡防三营参与讨逆。万德尊讨逆积功,被授予三等文虎章。1919年5月,万德尊任高等军法会审判官,参与军事审判。7月27日,国务院顾问屈映光特任署理山东省长,设立山东全省警务处。万德尊追随其赴鲁任职,1919年至1920年任山东省长公署警务主任秘书。万德尊为山东防治霍乱出力人员之一,被授予二等宝光嘉禾章。

1922年8月29日,万德尊任将军府将军,被授予二等文虎章,成为高级闲散军人。1922年至1923年,万德尊任黎元洪秘书。1923年4月12日,万德尊被授予陆军中将衔。

1923年6月,黎元洪被直系军阀逼迫下野后,万德尊也卸职回津。万德尊学武出身,但颇具文采。万德尊留日期间和回国初期,经常在《南洋兵事》杂志上刊载诗文。相继刊载的军事类文章不少于40篇,散见于15期中,包括军事理论、军事动态评论、战史、军事名人传记和德文、日文军事文章译文等。其中涉及军事题材的诗词达60首之多。万德尊也对军歌感兴趣,并对清末军歌创作有所贡献。

万德尊晚年寓居天津意租界,时常招饮酬友,寄情于衔觞吟咏。这样的生活背景和生活模式,为其子曹禺日后的戏剧创作积累了丰富而独特的素材。

1929年2月9日,万德尊病逝于天津,终年56岁。

---

①《筹安会之进行谈·各地方之电函》,《申报》,1915年9月7日。

参考文献:

《政府公报》,1913年1月至1923年4月,北洋政府印铸局发行。

上海图书馆编:《中国近代期刊篇目汇录》第2卷中册,上海人民出版社,1981年。

《曹禺全集》第1—7卷,花山文艺出版社,1996年。

张黎辉等编:《北洋军阀史料·黎元洪卷》第9、10卷,天津古籍出版社,1996年。

（王勇则）

汪 士 元

　　汪士元(1877—?),曾用名汪祐孙,字向叔,斋号麓云楼,安徽盱眙县人。祖父汪祖绥为咸丰丙辰科进士,翰林院庶吉士,历任吴县、无锡、常熟等地知县。父亲汪瑞高为同治辛丑科拔贡,历任户部山东司行走、长芦盐运使司兼办北洋支应局,授二品顶戴。

　　汪士元于1900年由监生报捐同知,在江苏省选用。后来因劝办陕西、直隶等省赈捐出力,得到和硕亲王的保奏,屡经升迁,到1904年参加甲辰科会试时,他已经是拥有二品顶戴的江苏补用道。光绪甲辰科是中国历史上最后一次科举考试,汪士元考中二甲第66名进士,回江苏任职。[①]后追随同乡杨士骧。1907年,杨士骧任直隶总督兼北洋大臣,汪士元来津入幕,与寿阳祁师曾分掌文案机要。[②]1909年,那桐接替杨士骧署理直隶总督,汪士元继续留在总督府任文案总办。

　　汪士元在任总督府文案总办的同时,还身兼三职。1906年,清政府宣布预备立宪,为编订新法律,在各省成立调查局。直隶调查局于1908年1月设立,汪士元任总办。[③]在汪士元主持下,直隶调查局对辖区的民情风俗、地方绅士办事习惯、民事习惯、商事习惯及诉讼事习惯等进行了调查,上报宪政编查馆作为宪政依据。同年,清廷下诏划一度量权衡,令各省建立度量权衡局,作为地方度量衡行政主管部门。

---

①秦国经主编:《清代官员履历档案全编》卷7,华东师范大学出版社,1997年,第379—380页。

②陈甘簃:《悼祁敬怡先生》,《青鹤》4卷12期,1936年5月1日。

③《政治官报》第13册第359号,台湾文海出版社,1965年,第37页。

直隶省度量权衡局于1909年1月11日成立,汪士元任首任局长。①其间,他主持完成了直隶度量权衡制度的初步改革。同时,汪士元还兼任直隶清理财政局会办。这是清政府为整理财政而设立的地方机构,汪士元任职至1910年10月,这段经历为其此后从事财政管理打下了基础,他也由此为清末新政的实际参与者。1911年,汪士元短暂署理天津兵备道、长芦盐运使,并出任直隶赈抚总局会办。

民国成立后,汪士元继续在直隶都督府内任职,担任直隶都督秘书。1913年1月10日,袁世凯批准《成立国税厅筹备处章程》,并任命了各省国税厅筹备处处长,以监督及执行关于国税的事务,把财权收归中央。汪士元于1913年3月25日被任命为署河南省国税厅筹备处处长。1914年4月,汪士元被财政总长周自齐任命为直隶国税厅筹备处处长兼署直隶财政厅厅长,后任直隶财政厅厅长至1920年。

1915年,袁世凯策划复辟帝制,汪士元和直隶其他部门长官一起,在拥戴书上签名,公开支持袁世凯实行帝制。1916年,安徽遭受严重水灾,汪士元作为安徽人,积极出资助赈,并以个人名义向天津商会致函劝募赈灾。②

1917年7月1日,张勋在北京拥清废帝溥仪复辟。时段祺瑞坐镇天津,宣布就任国务总理,将直隶公署改作国务院办公处,并组织讨逆军,天津成为讨逆行动的指挥中心。7月7日,代理大总统冯国璋任命曹锟为直隶省长,因曹锟出师讨逆,饬汪士元暂行兼护省长职务。汪士元和天津地方戒严司令杨以德联名发布维护社会秩序的告示。讨逆军成立后,军饷告急,国务院责成汪士元筹借100万元给中国银行听候拨用。汪士元接到指令后,即商托驻津北京中国银行总管理处及

---

①《杨士骧为派汪士元任度量权衡局长等事致天津商会札》,天津市档案馆藏档案,J128-2-2671。

②《汪士元为安徽灾区捐赈事致天津商务总会函》,天津市档案馆藏档案,J128-3-4375。

天津分行,以补助直隶金融费为名,向日本三菱公司借款日币100万元,以滦矿股票13.4万股连同矿地股票、公积存款折全份一并抵押,并由汪士元以"护理直隶省长"的名义与三菱公司签订了合同。这笔军费为迅速平息逆军发挥了重要作用。①

因善于理财,汪士元在任期中屡受嘉奖。他上任后,直隶财政厅官产收入大幅增长,至1915年底,解送财政部官产收入已达30万元。财政部因此授予他三等金质单鹤奖章及奖金4800元。因督征得力,他被授予四等嘉禾章、三等嘉禾章。1920年后,汪士元历任北洋政府财政部次长、全国烟酒事务署督办、财政善后委员会委员等职。

1922年,曹锟以恢复法统为名,将大总统徐世昌赶下台,拥戴黎元洪再次组阁。在天津的新内阁成员有三位,其中田文烈坚决请辞,高凌霨、张绍曾未明确表态。8月,曹锟派汪士元来津,劝高凌霨入阁视事。9月,高凌霨到京署理农商部总长之职。1924年,汪士元出任税务处会办,不久去职。1927年7月,汪士元任国务院参议,之后寓居天津。

汪士元对天津教育的发展多有支持。1908年,袁世凯拨款在天津筹建了北洋女医学堂(又称天津长芦女医学堂),由长芦盐运使主管。1916年袁世凯死后,天津海关停止拨付经费,学堂陷入困境。严修等人慨然出面接办,成立了首届董事会,汪士元为董事长。1943年,汪士元担任天津工商学院董事,与曹汝霖、徐世章、龚仙洲等人,为工商学院筹措了不少经费。

汪士元还是一位收藏家、书画家。他精于书画鉴赏,曾先后斥巨资从琉璃厂古玩铺买进大批明清字画。他所藏书画多为精品,包括宋徽宗《晴麓横云图》、倪瓒《静寄轩诗文》轴、沈周《仿黄公望富春山居

①财政科学研究所、中国第二历史档案馆编:《民国外债档案史料》第6卷,档案出版社,1991年,第39—40页。

图》和《湖山春晓图》、董其昌《绿溪青嶂图》、王原祁《仿高克恭山水卷》,以及戴熙、卞文瑜、华嵒、改琦、吴斌、吴睿等名家的山水、人物、书法作品,其中最精者为宋徽宗《晴麓横云图》,汪士元也因此取斋名为"麓云楼",并著有《麓云楼书画记略》。

汪士元卒年不详。

参考文献:

天津市档案馆藏天津商会、中国银行天津分行档案。

河北大学综合档案馆藏津沽大学档案。

（吉朋辉）

汪笑侬

　　汪笑侬(1858—1918),原名德克金,字润田,号仰天;又名僎,字舜人,号孝农,别号竹天农人,艺名笑侬。满族,北京人。1858年5月15日(清咸丰八年四月初三日)出生于一个官宦家庭。1874年入八旗官学,1879年中举人。其无意追求功名,但父亲却希望他走仕途之路,翌年给他捐河南太康知县。但他唱戏的瘾比做官的瘾大,白天升堂理事,晚上就召集一些戏迷,聚到后衙,连拉带唱。知府知道后,想勒索敲诈汪笑侬,被汪拒绝。知府敲诈落空,恼羞成怒,参汪不思政务,1881年汪笑侬被罢职知县。罢职反促成他决心以伶为业,"下海"演戏。他经常参加北京著名票房"翠峰庵"的演出,喜好老生行当。

　　汪笑侬师承多门,不宗一脉,程长庚、汪桂芬、孙菊仙、王九龄都是他学习的对象。他尤其对京剧老生汪桂芬的唱腔情有独钟,汪桂芬苍凉劲健的金石之音深深吸引着汪笑侬。他"下海"后第一个拜访的,就是当时最负盛名的老生三杰之一的汪桂芬。汪桂芬性情有些古怪,看他是满族官家子弟,觉得玩玩票还可以,正式"下海"唱戏,恐怕受不了那种辛苦和屈辱,就笑着淡淡道出一句"唱戏谈何容易!"给他泼了一盆冷水。面对心中偶像的嘲讽和不理解,汪笑侬内心受到伤害,回到家,提笔在纸上写下三个大字"汪笑侬"。"侬"在上海方言中是"你"的意思,并以汪笑侬作为自己的艺名,发誓这辈子一定要唱戏,不仅要学汪桂芬,而且要超过汪桂芬。

　　汪笑侬主要在上海演出。最初他献演于丹桂茶园,后又入春仙茶园。1908年10月26日,上海新舞台在上海南市开幕,它是中国第一座参照西式表演舞台所建造的新型剧场。新舞台开业后,潘月樵、汪笑侬、夏月珊等人积极编演改良新戏,以此为戏曲改良的实验场所。

20世纪初叶,梁启超、陈独秀、柳亚子、陈去病等社会政治活动家,看到了戏曲对民众的影响力,而又不满于旧戏的陈腐和绮靡,呼吁梨园优伶编演具有革命思想的新剧,受其影响,汪笑侬等人排演了一批新戏。汪笑侬是最早编演新剧的人,他本着警世醒时的宗旨,创作改编、整理了许多揭露清政府腐败、屈辱媚外,具有教育作用的剧目。他排演的新戏有《新茶花》《宦海潮》《黑籍冤魂》《波兰亡国惨》《潘烈子投海》《瓜种兰田》《哭祖庙》《长乐老》《煤山恨》等,这些作品或是抒发内心对祖国山河破碎的沉重痛楚,号召民众自救自强;或是酣畅淋漓地赞扬英雄,抨击卖国贼,催人奋进;或是将视野瞄准平凡俗世的叛逆者、反击者,展现他们郁闷、愤怒与自尊之情。1900年八国联军入侵北京,清廷被迫签订《辛丑条约》,更使汪笑侬悲痛欲绝。他创作演出了六场京剧《哭祖庙》,该戏以三国时期刘禅投降后,其子刘谌杀妻斩子又殉国的故事,抨击当权者的卖国行径。剧中的一句台词"国破家亡,死了干净",一时竟成了观众们议论时局的口头禅。辛亥革命后袁世凯窃位复辟,他又由昆曲原作改编演出了京剧《博浪锥》,借剧中人张良之口唱出:"我想把专制君一脚踢倒,我想把秦嬴政万剐千刀,我想把好乾坤重新构造,我想把秦苛政一律勾销。本是我祖国仇理当应报,恨不能学专诸刺杀王僚!"这些新戏,不仅具有一定的进步思想,还具有相当的文学价值。这一时期,汪笑侬在上海演出颇受欢迎,以至他后来长期驻足于上海舞台。

虽然当年汪桂芬小瞧于他,不肯收他为徒,但他对汪桂芬的唱腔热爱有加,并在其唱腔基础上另创新调,风格更加独特,世称"小汪派"。汪笑侬的演唱风格高亢激昂、苍老遒劲。他喜欢演悲愤慷慨的角色,喜欢唱悲郁而能爆发的唱段,所以他的唱,"西皮多于二黄,二六多于原板、摇板"。唱"西皮"时慷慨悲壮、高亢雄浑,唱"二六"时淋漓痛快,如长江之水,一泻千里。当时观众把汪笑侬的演唱结尾称为"炸弹",实是因他的演唱有一种强大的爆发力,撼人心魄。

汪笑侬不仅是一位表演艺术家,还是一位剧作家。汪笑侬思想开化,擅长创作新戏,唱做尤佳。他一生究竟创作了多少新剧目,没人能够统计清楚。一方面当时编演新戏常追求时效性,很多新戏并没有完整的剧本,而是在演出中修改完成的;另一方面京剧传统不注重剧本流传与传播,有些演出虽轰动一时,剧本却没有及时保留下来。1901年,他编演的《党人碑》一剧,源自《六如亭说部》中的东坡逸事。该剧诙谐有趣,针砭时弊。如"题诗"一段,他高声唱道:"连天烽火太仓皇,几个男儿死战场。北望故乡看不见,低声私唱小秦王。长安归去已无家,瑟瑟西风吹黯沙。竖子安知亡国痛,喃喃犹唱后庭花。"腔调抑扬顿挫,尤其是"花"字,由低而高,延长至二十余音,婉转自如。该戏为他在京剧界赢得崇高声誉,在当时社会背景下,汪笑侬能排演革命戏值得钦佩。汪笑侬所演的京剧,大多为自己创编,即使演传统戏,其中的串场唱白,也与一般京剧演员不同。比如他演《斩马谡》一剧,诸葛亮城楼一段"正板""西皮""二六",一字一句,都独出心裁,且不违背《出师表》之宗旨。后来听说马谡失守街亭,他的念白如下:"当年先帝在白帝城托孤之时,曾对山人言讲,马谡为人言过其实,不可重用。山人以平南之役,马谡有攻心为上之论,颇晓兵机,故每畀以重任,不想今日失了街亭。如此看来,知人之明,不如先帝多矣。"此念白,不是一般伶人所能企及的。

汪笑侬还是一位推动旧戏改良的社会活动家。他积极倡导京剧应该成为有益民众、引领先进思想的社会利器,宣扬京剧应该成为有利于国家、民族健康发展的崇高艺术。同时他和旧戏改良主义者一起号召改变社会对戏曲演艺的偏见,尊重京剧演员,并推广教育,希望从内到外,实现京剧文化生态的一次质变。1904年10月,汪笑侬与陈去病、熊文通等人在上海创办了《二十世纪大舞台》杂志,是近代中国最早以戏剧为主的文艺期刊。撰稿人有柳亚子、欧阳巨无等。它以"改革恶俗,开通民智,提倡民族主义,唤起国家思想为唯一目的"。其刊载的主要文章、剧本《论戏剧之有益》《告女优》《南唐伶工杨花飞别传》《安乐窝》《金谷香》等,均带有反清革命色彩,为清朝统治者所不容。1905年初,正当汪笑侬、陈去病等积极筹备出版第3期的时候遭到当局的封禁。

汪笑侬还是一位诗词家,他的许多诗词体现了他的戏剧创作思想,更体现了他忧国忧民的爱国情怀。在他的《又论中国之现象并以诗答之》中曾写道:"暮气已深日将没,前途危险尚迟迟。分瓜谁肯留贝种,煮豆可怜燃豆萁。四百兆心容易死,五千余岁体难支。"面对国破家亡,他常以畸人之态,表达着胸中的痛苦与忧患。他写的剧本台词通俗流畅,明白如话,韵律严整,节奏铿锵。周信芳先生在《敬爱的汪笑侬先生》纪念文章中说:"他愤世嫉俗,满腹牢骚……平日在生活上落拓不羁,不拘形迹,用钱如粪土。耽溺诗酒,每饮必醉,醉必破口大骂,尽情一吐胸中之积郁。"汪笑侬的"大骂"不光是在饮酒时,还体现在他的作品中,他编演的历史剧,大都以"哭"和"骂"为主要内容,甚至作为剧名,比如以"骂"字为主要内容的戏,有《骂阎罗》《骂杨广》《骂王朗》《骂安禄山》《骂毛延寿》等等。可见,汪笑侬不是一个看重自身功名利禄的庸凡之辈,他对国家的未来充满忧患意识,在自身无力改变现实的困窘中,以佯狂、酒醉、唱戏来表达内心的痛苦与不安。

汪笑侬与天津颇具渊源,他常常往返于上海、北京、天津、济南等地,曾与欧阳予倩合演《桃花扇》《柳如是》。1912年,提学司蔡志庚在天津倡导成立了新戏改良社,他认为,改良戏曲为社会教育一大补助,若不极力提倡,无以维风化而正人心。为此他特意请来热心戏改运动的京剧名家汪笑侬来津主持这个社团的日常工作。在津期间,汪笑侬汇集了一些有识之士对旧剧进行鉴别与改良。他提出了"移风易俗,改良戏曲"的口号,并自编自导了反映社会现实的时装戏《代善侠》(即

《闭血针》),把电影技术引进到戏中,用以介绍剧情的转换。新戏改良社在汪笑侬的领导下,成为当时天津戏剧改良运动的中心。此外,为了培养符合新编剧目演出要求的新型演员,该社还专门成立了改良戏剧练习所,汪笑侬任所长,于1913年3月27日举行了开学典礼。他提出了戏曲教育必须和普通教育相结合,戏曲教育必须与社会同步的主张。他还主张招收童年、成年学员各一班,聘请刘喜奎、叶德风、崇高年等著名戏曲演员为兼职教师。这是北方各地最早以戏曲改良为办学宗旨的教育实体,所设课程较为全面,有喉音练习、词令、戏曲讲义、演说学、技术、状态、拍歌、说白、剧文、体操等科目,开拓了戏曲教育的新模式。汪笑侬还亲自执笔编写教材,亲自授课,这些讲义以《戏剧教科书》之名连载了不少天津艺人修改的剧本,其中有他与李琴湘合作重新编写的《三娘教子》。

1914年3月,新戏改良社停办,汪笑侬被天津戏曲艺人推举为天津正乐育化会副会长,他依然致力于戏曲的改良出新工作,经常在创作演出的余暇,从事公益事业。他凭仗自己的社会影响,带头组织"窝头会"义演,帮助生活困难的戏曲界同行渡过难关,由此赢得社会各界的敬重。

1918年,汪笑侬在上海逝世,终年60岁。

参考文献:

《大公报》,1912年10月22日。

北京市艺术研究所、上海艺术研究所组织编著:《中国京剧史》上卷,中国戏剧出版社,1990年。

颜全毅:《清代京剧文学史》,北京出版社,2005年。

吴同宾:《京剧怪杰汪笑侬》,《天津政协》,2012年第5期。

(杨秀玲)

王 崇 实

王崇实(1915—1938),1915年出生于蓟县门庄子一个教师家庭。父亲王秀冬,五四运动时期接受教育救国思想,一直在家乡从事教育工作。王崇实从小就受到良好的家庭教育,自幼颖异聪慧。他功课好,书法也好,尤其喜爱文学,爱看进步书刊。

王崇实在十四五岁时就开始写童话,后来写小说和诗歌。作品有《雕王的故事》《麦田里的风波》《一粒真的葡萄》《一个乡下的姑娘》《在花园门外》《转眼成人的孩子》和长诗《镜与炼》。

王崇实与蓟县中共党组织领导人李子光是表亲,他从小就特别喜欢听李子光讲"打土豪"的故事,在表哥的影响下,受到了革命的启蒙教育和熏陶。1931年九一八事变后,日本侵占了东北,并步步向南推进,冀东和华北岌岌可危。正在北平师范大学附中读书的王崇实毅然参加了中国共产党领导的反帝大同盟,积极组织学生参加校内外各种抗日活动,因此被学校开除学籍。他毫不气馁,回到家乡继续从事抗日救亡活动,不久遭到蓟县公署警察局通缉。为躲避反动政府追捕,王崇实投奔玉田县的亲戚,之后辗转来到唐山赵各庄煤矿中学求学,并暗中寻找党的组织。1933年,他终于找到唐山中共地下组织,并正式加入中国共产党。

入党后的王崇实一面上学,一面在党组织的指导下,更加积极地从事革命工作,后被反动当局发现,又被开除学籍。离开学校后,党组织派他到林西、古冶一带的煤矿矿区从事工人运动。当时,王崇实没有职业,生活无着,只能靠捡煤渣、打短工挣钱来维持生活。他同工人打成一片,向他们宣传革命思想,同他们一起组织罢工斗争。在罢工活动中,王崇实很快成为工人兄弟的知心朋友,活动范围也逐渐扩大。后来,王崇实还进入天津,在天津的书店、报馆谋到工作,积极参加天津文化战线的斗争,并秘密领导工运工作。

1936年,王崇实接受党组织的委派回到家乡,以教书为掩护开展抗日救亡工作。1937年七七事变后,蓟县被日军侵占。为了发动群众开展抗日救亡斗争,发展党的组织,王崇实从蓟县东部一区门庄子、瓦岔庄开始,向西向南发展,二区朱华山、太平庄、沿河,六区清池、别山,七区下仓,五区泃溜,四区新集、段甲岭,三区盘山塔院,以及蓟县城内,到处都有他的足迹,活动范围几乎遍及蓟县整个城乡。其间,为扩大和发展抗日队伍,他还积极贯彻党的抗日民族统一战线政策,与表兄李子光一起,通过登门拜访、开展深入细致的思想工作,争取团结了一区民团团总秦化南、旧军人商香阁、三区民团团总王景轩等接受党的领导,主动率部投入抗日救亡斗争。后来这些人不仅成为蓟县抗日大暴动的骨干,有的还成为抗日民族解放斗争重要领导人。

由于王崇实杰出的工作才能,1938年4月,中共河北省委任命其为蓟县县委书记。此后,王崇实领导全体党员在基本群众和上层士绅、伪职人员中发展救国会员,建立抗日救国会组织,准备抗日武装暴动。

1938年7月,冀东抗日武装暴动开始后,王崇实立即配合行动,组建了抗日联军第五总队,商香阁任总队长,王崇实任政治主任。随后,王崇实带领五总队一部,向别山六区、下仓七区一带发展,摧毁日伪区村政权,宣传抗日,收集枪支,筹备粮款,扩大队伍。不久,王崇实与六总队取得联系,共同组建了第五总队军事委员会,并担任军委会成员。7月底,王崇实带领五总队一部与十六总队、十八总队、三区队等抗日队伍,配合八路军四纵三十三大队攻克蓟县县城。战斗中,王崇实身先士卒,冲锋在前。王崇实经常说,共产党员应该吃苦在前,享受在后,要抗日就不能怕牺牲。

1938年8月16日,王崇实带领五总队一部、六总队、十六总队等抗日队伍,转战蓟县东部一带,攻克了彩亭桥伪警察分局。随后,又带领抗联队伍向玉田进军,配合洪麟阁部攻克了玉田县城。17日,抗联回师攻克了别山镇伪警察分局。当晚,抗联各个队伍都驻在了别山镇。次日凌晨,伪满洲军甘珠尔扎布支队骑兵第五团,日军石川部队、山炮小队前来"围剿"抗日联军。王崇实得到情报之后,立即下令抗日联军各部撤退。但是,因为抗日联军一部没有接到通知,被日伪军包围。王崇实撤出别山后,发现抗联还有一部没有撤出来,立即率领抗联队伍回头解救被围的部队。经过激烈战斗,被包围的抗联队伍终于被解救出来了,随后向西北的翠屏山一带撤退。但是,伪满洲军甘珠尔扎布支队却紧追不放,尾随其后。王崇实指挥抗日联军一边阻击,一边撤退。来到翠屏山东部的普陀山下,王崇实率领抗联战士抢登普陀山的制高点,准备居高临下阻击日伪军。伪满洲军见抗日联军登山据守,不明底细,不敢贸然进攻,远远地向山上的抗日联军开枪开炮。此时,王崇实布置好队伍之后,登上了一座小庙外边的高地,观察山下的敌情,不幸被敌人狙击手击中,光荣牺牲,时年23岁。

参考文献:

中共天津市委党史研究室:《中国共产党天津历史》第1卷,中共党史出版社,2005年。

中共天津市委党史资料征集委员会编:《天津抗日英烈》,天津古籍出版社,1995年。

(赵凤俊)

王 辅 臣

　　王辅臣(1885—1969)，名春煦，字辅臣，以字行，祖籍江苏镇江，
1885年10月29日(清光绪十一年九月二十二日)生于天津，以父亲王
兴德经营元兴斋鞋铺维持生活。

　　1900年，王辅臣进入聚兴钱庄学徒。1903年，经人引荐入晋益恒
盐店账房从业。店主杨承昭承办直隶定县、清苑、曲阳等11县及河南
的通许、尉氏、鄢陵、祥符等4县引岸，并租办成裕盐店望都的引岸，是
实力比较雄厚的盐商，还担任了长芦纲总。王辅臣意识到自己在知识
和经营方面的差距，所以在晋益恒盐店工作之余，还到商务夜校学习
商业经营管理。后被杨家委任为晋益恒经理。

　　1922年，北洋政府提出废除长芦盐区的专商引岸制。王辅臣认
为，此时废止引岸制，对盐业弊大于利。为此，他以晋益恒的名义联合
90家芦纲商人向盐务署呈文，详细阐述了目前废除引岸制的弊端，建
议缓期实行，得到允准。[①]此举使王辅臣不仅更受杨家信任，在长芦盐
商界也名声大震。

　　1924年第二次直奉战争期间，军阀混战造成交通断绝，晋益恒承
办的直隶11县的存盐售罄。王辅臣奔走于芦纲公所和天津商会，在
给天津商会的呈文中，陈述直隶各县缺盐的状况，认为若不能将盐及
时运到，将会带来恐慌，引发社会动荡，为此恳请军队和铁路局尽快拨

---

①南开大学经济研究所经济史研究室编：《中国近代盐务史资料选辑》第1册，南
开大学出版社，1985年，第283页。

60个车皮,将塘沽和汉沽的食盐运送到各地。他的呈请避免了社会动荡,也使晋益恒免受相应的损失。

1927年,直隶省银行因滥发钞票,省钞发生信用危机,出现挤兑风潮,引起金融市场恐慌。地方政府命令开征芦盐产捐,以此为抵押向各银行借款,维持省钞信用。这直接损害了盐商利益,为此,天津总商会筹划成立"维持省钞基金会",要求芦纲公所派代表加入基金会的筹办。芦纲商人公推王辅臣等5人参加筹备会,组建了基金会,代表盐商参与维持天津市面金融稳定,[①]维护了盐商利益。

1928年10月,南京政府企图没收修建津浦铁路的盐斤加价款,于是强行扣押芦纲公所杨承昭、王君直等5位纲总,由此发生了震惊全国的五纲总被扣案。杨家内外事务的处理落在王辅臣身上,他联络天津各盐商,上下奔走,向政府和商会等阐明缘由,并呼吁舆论界声援,《大公报》《益世报》进行了大量报道和评论,揭露事实真相。

1929年7月,天津盐商得知蒋介石前来北平,便联名推举王辅臣等4人前往面见蒋介石,恳请释放五纲总。1931年1月,被捕的五纲总之一王君直病逝于南京,引起社会舆论的关注。2月,国民政府被迫结案,释放其他四位纲总返津。此案持续长达两年四个月。杨承昭返回后,看到生意运转正常,账目清楚,财产未受丝毫损失,他对王辅臣的人品和处事能力更为赞赏。

五纲总被拘期间,1929年4月,经全体盐商推举,长芦盐运使批准,增加刘景泉为纲总,王辅臣为帮办纲总,负责组织和协调芦纲公所日常事务。[②]1931年,王辅臣被推举为天津商会的执行委员,即商会

①《芦纲公所为推选维持省钞筹备会致商会函》,载天津市档案馆等编:《天津商会档案汇编(1912—1928)》(1),天津人民出版社,1996年,第1098、1108—1116页。
②财政部盐务署盐务稽核总所编:《中国盐政实录》,财政部盐务署盐务稽核总所1933年印刷,台湾文海出版社,1971年,第2107页。

会董。①1936年8月，天津商会整理委员会成立，王辅臣被推举为整理委员会委员，1937年2月再次当选天津商会执行委员。②

20世纪30年代初，全国上下废除专商引岸制的呼声日烈，国民政府推行盐的自由贸易，从而剥夺了盐商的专营权，引起盐商的反对。同时查验盐商的引票以换发新票，方承认其合法性。长芦盐区的验票费多达380万元之巨。1933年2月，冀豫两省盐商召开全体大会商讨解决办法，170多位代表参加会议，王辅臣以芦纲公所纲总和襄汝公所董事的身份担任大会主席，并代表盐商与长芦盐运使署、财政部北平委员会、盐务稽核总分所等交涉，使验票费核减了十分之三，期限延长了两个星期。③

1934年1月20日，长芦盐运使通令长芦盐区改用新市秤，换秤后每包盐重量比以前多108斤，但税率没有减少，每包盐征税多了8元有余，遭到长芦盐商的激烈反对。1月21日，王辅臣即和前任纲总郭春麟等代表众盐商携呈文赴京，向财政部盐务署请愿，要求"加税即应加价"，经过两次请愿，并组织盐商进行罢运，导致长芦盐运使易人。④

王辅臣在芦纲公所任内忠于职守，为盐业的经销秉公办事，进而受到财政部和盐务署的重视，也更受到长芦盐业界同人的敬重。王辅臣担任天津商会执行委员期间，积极参与慈善救济与资助教育等活动，曾任职长芦育婴堂董事、天津市慈善委员会委员、天津地方协会劝募委员会委员、天津市救济水灾委员会委员、陈氏女学校等学堂的董

①天津市档案馆等编：《天津商会档案汇编(1929—1937)》(1)，天津人民出版社，1996年，第45页。
②天津市档案馆等编：《天津商会档案汇编(1929—1937)》(1)，天津人民出版社，1996年，第87页；《益世报》，1936年8月12日。
③天津市地方志编修委员会办公室、天津图书馆编：《〈益世报〉天津资料点校汇编》)(2)，天津社会科学院出版社，1999年，第568—569页。
④天津市地方志编修委员会办公室、天津图书馆编：《〈益世报〉天津资料点校汇编》)(2)，天津社会科学院出版社，1999年，第577—578、580页。

事。1936年10月,天津商会为表彰与感谢王辅臣勤于公务和慈孝之心,以商会和商会主席团名义送匾与对联,祝贺其母八十大寿。

1937年初,王辅臣离开了晋益恒,承租盐商利昌店的引岸和店名从事盐业经营,并继续担任芦纲纲总。七七事变后,日本加强了对长芦盐业的掠夺和统制,使中小盐商生意难以为继,王辅臣先后投资成立了仁记米庄、义兴永杂货庄、乾兴昌茶叶庄。抗战胜利后,王辅臣创办了宏盛源盐号、大孚绸布庄、万昌当铺。1949年天津解放后,王辅臣兴办了通源盐号。

新中国成立后,王辅臣积极响应政府号召,将积蓄的全部黄金购买了抗美援朝和国家建设债券,1956年其所营店铺实行公私合营。

1969年,王辅臣病逝于天津,终年84岁。

参考文献:

天津市档案馆等编:《天津商会档案汇编(1912—1928)》(1),天津人民出版社,1996年。

天津市档案馆等编:《天津商会档案汇编(1929—1937)》(1),天津人民出版社,1996年。

天津市地方志编修委员会办公室、天津图书馆编:《〈益世报〉天津资料点校汇编》(2),天津社会科学院出版社,1999年。

(张利民　吉朋辉)

王 翰 臣

王翰臣（1878—1959），本名锡纶，天津人。1912年，王翰臣在其叔父王益三经营的天津中益织染股份有限公司任经理。该厂位于天津北门外曲店街，以生产爱国布（土产棉布）闻名。1914年，张品题创办中华公司，由天津教育界知名人士严范孙、孙子文（天津直隶水产学校校长）等投资。中华公司拥有雄厚的资本，在当时天津织染业中首屈一指。张品题任公司总经理，孙子文任董事长，王翰臣任经理，闫子岚任副理。后又设立西厂、北厂、东厂，总公司在西厂内。

1922年，总公司移至北马路，成立中华实业售品处，与宋则久创办的国货售品所，均专售国货，两家互相竞争，结果中华公司经营不善，于1928年停业，总公司仍迁回西厂办公。当时中华公司所产爱国布，质低价高，而外国货如日本花布，物美价廉，难以竞争。王翰臣决定在上海、南京、汉口设外庄推销，又在广州、香港推销。后来王翰臣得知国产布匹在新加坡很有市场，便亲赴新加坡推销爱国布及各种国货商品，颇受华侨欢迎。1923年，王翰臣任天津织染业同业公会会长。

中华公司成立之时，正逢军阀连年混战，苛捐杂税名目繁多，同时洋货充斥市场，国货滞销，以致日渐亏损，到1930年亏损达3万元。按规定，股份有限公司资金亏损达十分之三时，须补足方可营业。公司原投资人大部分为教育界人士，自开业以来从未分过红利，不肯再行投资，于是由天津庆生纱布庄李子滨补足亏额3万元后，于1931年改组为天津大新织染股份有限公司，并公推李子滨为董事长，总经理仍由张品题担任，王翰臣任经理。

大新公司成立后，颇具规模，但在经营方面业绩平平。1931年九一八事变后，日本侵入华北，扶植成立冀东伪政府，日本浪人走私麻丝甚为猖獗，影响正常经营。1933年底，天津大新公司及上海、南京、汉口等分销处积压成品甚多。当时，华北的日本浪人走私甚为猖獗，国民政府不敢过问，但对民族工商业却百般刁难，凡无完税证明产品一律不准出境，由此造成大新公司严重积压，资金不能周转。

为了生存，由经理王翰臣会同织染业同业公会会长巴沧泉（庆华织布工厂经理）、边洁清（华新公司经理）、闫鑫舫（亚纶毛巾厂经理）赴南京向国民政府请愿，财政部部长孔祥熙接见了他们。国民政府深恐工厂停工，造成工人闹事，便批准一次登记免税放行，大新公司才得以暂时转危为安。此后，日本的麻丝走私仍甚猖獗，而国民政府对无税单产品又严加缉私，海关在车站、邮局、水陆码头设卡控制，致使大新公司难以为继。王翰臣决定通过收购走私原材料来降低生产成本，一度获利甚丰。半年以后，走私原料麻丝来源断绝，工厂只得改织其他品种。

1937年七七事变后天津沦陷，日军对中国的民族工商业加紧掠夺和摧残，对麻丝、棉纱原料严加控制，限制生产。王翰臣通过加工生产，逐步和三井、三菱、东棉、八木、三兴等日本洋行建立了关系，打通了购进麻丝、棉纱等原料的渠道，并以生产成品换取麻丝、棉纱，不但维持了本身生产，也支援了为大新公司加工的100多家小工厂的生产。

天津沦陷时期，由于南方交通断绝，无法销货，王翰臣只好将南京、汉口两外庄撤销，仅保留上海外庄1处，同时计划向东北、华北、西北发展，从绥远到宁夏、兰州、新疆等地开辟销路。

抗战胜利后，物价先降后涨，上下波动甚大。为了保持棉纱供应，大新公司向天津织染业同业公会申请，与天津中国纺织公司交涉，由公会统一购纱分配，同业使用，以维持生产。于是，天津织染业成立了购纱委员会。大新公司王翰臣作为购纱委员之一,掌握棉纱原料,并随市价涨落购料销货,代大新公司加工生产的100多个小厂近水楼台。因经营得法,大新公司得以在恶性通货膨胀的险恶环境中安然度过。

1949年1月天津解放。4月,刘少奇受党中央委派来津,召集工商界人士座谈,大新公司经理王翰臣参加座谈。新中国成立后,王翰臣曾任天津市财经委员会委员、市工商联常委、市政协常委等职。在党的过渡时期总路线的指引下,大新公司首先开工生产,投身于社会主义建设事业。到1955年6月1日,大新公司公私合营,正式改名为大新织布厂。

1959年,王翰臣在天津去世,终年81岁。

参考文献:

朱绍曾、朱继珊:《天津大新织染公司发展史》,载天津市政协文史委编:《天津文史资料选辑》第95辑,天津人民出版社,2002年。

天津市档案馆编:《天津老商标》,天津古籍出版社,2013年。

(王社庄)

王 怀 庆

王怀庆(1875—1953),字懋宣,河北宁晋人,出生在小官吏家庭,父亲酒赌成性,家道中落,他自幼年便从事放牛、牧羊、种地等农活。王怀庆12岁时生母去世,15岁时因不堪忍受父亲和继母的虐待离家出走,后在芦台恰逢淮军聂士成部招兵,遂应招入伍。他勤劳少言,聂士成很赏识他,不久保送他入北洋武备学堂第二期学习。王怀庆毕业后回聂士成部,被提拔为哨官,1893年升为千总。1894年随聂士成赴东北参加甲午战争。1900年,王怀庆任直隶提督聂士成帐下的中军兼马步卫队管带。7月9日,在天津城南八里台战役中,聂军与八国联军浴血奋战,在前线督战的聂士成中炮阵亡,王怀庆不顾生死,将聂士成遗体从战场上背回,并亲自护送聂士成的灵柩回安徽原籍安葬,获得了忠于主将的名声。1903年,在聂士成母亲的推荐下,王怀庆成功投到直隶总督袁世凯麾下,次年被破格提拔为北洋常备军第一镇马一标标统。

1905年,王怀庆任陆军第二镇马二标标统。此时直隶沧州东乡、献县、河间一带遭灾,百姓揭竿而起。受袁世凯指派,王怀庆很快平定民变,展露了其军事才能,升为协统。1907年,王怀庆随东三省总督徐世昌前往东北,任东三省总督署军务处会办兼奉天中路巡防营统领,成为徐世昌在东北倚重的军事助手之一。1909年2月,王怀庆改任淮军五路统领,同年升任直隶省通永镇总兵,驻防开平镇。

1911年10月武昌起义爆发后,王怀庆防区内滦州驻军第二十镇青年军官于12月30日召开会议决定起义,史称滦州起义。31日,王怀庆得到起义叛变者的告密,经请示袁世凯后,于1912年1月1日来到滦州镇安抚军心,软硬兼施,以求顺机消弭起义。但起义军军官反将其软禁,并对其进行劝说,王怀庆伺机逃脱了。回到开平后,他立即指挥谭庆林率部向滦州进攻,同时电邀第三镇曹锟部对起义军进行夹击。5日,王怀庆占领滦州,起义军退守昌黎。王怀庆以和谈为名骗杀了起义军首领,滦州起义遭到镇压。

1912年3月,王怀庆任天津镇总兵。6月,王怀庆被授予陆军中将衔,任蓟榆镇守使,驻开平。6月28日,王怀庆署多伦镇守使。此时,蒙古各亲王在前清肃亲王的游说下纷纷独立,反对共和,王怀庆奉令征讨。其部一路摧枯拉朽,彻底击溃外蒙叛军,迫使外蒙政权取消独立。8月28日,王怀庆被授予二等文虎章。但外蒙刚趋于安定,其部下无端杀害蒙古活佛,再度激起当地人复起战事。袁世凯为平息舆论,将王怀庆降调闲置,其部下被惩办。1914年9月,王怀庆调任冀南镇守使。

1915年袁世凯称帝后,王怀庆被册封为二等男爵。1918年2月,北洋政府任命王怀庆帮办直隶军务。9月,王怀庆被授予将军府"庆威将军"名号。10月,徐世昌继任大总统,王怀庆受到重用,调任总统府高等顾问。1919年5月,步兵统领李长泰以学潮去职,徐世昌令王怀庆署理步兵统领兼第十三师师长。1920年直皖战争结束后,徐世昌命王怀庆任京师步兵统领兼署京畿卫戍司令,督办京畿军队收束事宜,前后有四五万人的皖系士兵被王怀庆解除武装遣回原籍,此举得到直系首领曹锟、吴佩孚的赞赏。

1922年4月,第一次直奉战争爆发。5月,王怀庆率部对正在败退的奉军发起攻击,一举俘虏奉军3万余众,直系把持了北京政局。王怀庆实任京畿卫戍司令,兼任热察绥巡阅使、热河都统和第十三师师长。6月2日,大总统徐世昌被迫辞职,王怀庆以京畿卫戍司令名义护送徐至天津,然后迎黎元洪复任大总统。10月10日,他被北洋政府授予陆军上将衔。

1923年10月,曹锟组织贿选总统,王怀庆鼎力相助,在会场周围派出大批军警,布置森严,胁迫议员们选举曹锟为大总统。11月14日,王怀庆被曹锟晋授将军府"靖武上将军"名号。

1924年9月,第二次直奉战争爆发,17日,王怀庆任讨逆军第二路总司令。后王怀庆军大败,直军全部被奉军收编,北京政府免去王怀庆本兼各职,回天津赋闲。

1937年七七事变爆发,平津很快沦陷。王怀庆离开天津回原籍宁晋县居住。日军占领河北后,拟委任王怀庆担任伪平汉铁路治安军总司令。王怀庆借故推辞,重返天津,但珍藏于宁晋家中的大批古玩和名贵字画被日军洗劫一空。王怀庆受此打击,几乎神经失常,多年卧床不起。

1953年,王怀庆在天津病逝,终年78岁。

参考文献:

《王怀庆轶事》,《北洋画报》第1卷第19期,1926年。

李新等主编:《中华民国史·人物传》第6卷,中华书局,2011年。

（柏艺莹）

王 静 斋

王静斋(1880—1949),名文清,字静斋,以字行,回族,出生于天津红桥西北角的一个穆斯林世家。王静斋的父亲及外祖父都是阿訇,母亲也谙识教理。按照中国穆斯林的礼俗及教法规定,王静斋的经名为赛尔德。

1887年,王静斋开始随父母学习阿拉伯文。1894年,王静斋进入经堂学校,学习阿拉伯文"浅近教法学"等10多种课程,并初识了波斯语言文字。

从1895年到1899年,王静斋先后在天津北郊穆庄子、北京通县、北京笤帚胡同、北京宣武门外教子胡同、天津金家窑等地的清真寺学习,师从李长贵、马玉麟、于勉斋、金连荣、刘绪魁等阿訇。1902年,在王静斋的介绍下,于勉斋受聘于天津清真北寺。次年,王静斋投于河北沧州南丁庄海思福阿訇门下。两年的时间里他遍览了阿訇购置的200多种大部教法经,如《沙昧》(五巨册)、《斐特哈盖低勒》(八巨册)等经典。在阅读中,王静斋发现前辈阿訇的著述有不少错误之处,便有了订正的想法,但觉得自己人微言轻,没敢说出。1905年,王静斋从丁庄回到天津,不久后投京南安育清真寺教长于勉斋门下,在那里他蒙赐"锦幛穿衣",获得阿訇资格。

1906年至1921年底,王静斋历任河北、北京、哈尔滨、山东等地清真寺的教长一职。在此期间,他关心社会问题,开始订阅北京的《正宗爱国报》和天津的《民兴报》《大公报》。1913年他辞职赋闲在津时,开始撰写文章投稿天津《民兴报》,令他兴奋的是,稿件竟然公开发表了,这极大地鼓舞了他写作的信心。为扩充眼界和增广见闻，1922年他带着弟子马宏道从天津出发前往开罗，考入埃及爱资哈尔大学深造。1923年赴麦加朝觐后，在沙特阿拉伯各地及土耳其伊斯坦布尔、安卡拉等地游历，接触了近现代伊斯兰教改良主义思潮，还收集、抄录了阿文经典600余种，于年底带回国。

1924年，王静斋在天津创办《清真汇刊》。《清真汇刊》初为季刊，内容主要为搜集最新西洋书报上的素材并缀以通俗的标注，分为论坛、海外要闻、文学、教款、历史、传记、寓言、释疑、小说、答问、通信、著述等栏目。《清真汇刊》因刊阿拉伯文稿，只能供阿訇阶层或精通阿拉伯语的穆斯林研读，不久停刊。

1924年2月，天津回教联合会决定组织策划一种刊物。王静斋与刘铁、张希真、钱鹏九、张裕良为筹备委员。刊物取名为《明德月刊》，其创刊宗旨是："昌明正道，以养成人民高尚的道德；针砭陋俗，以匡正社会不良的风俗。"《明德月刊》前后共出11期，王静斋撰写了一些答问文章在月刊发表，如《玄石》《答马仲三先生问人类之始祖》《释疑黄纸本》及《妇女功课与男子相异之点》等。

1927年秋，王静斋离开天津回教联合会，并谢绝了其他社会活动的干扰，全身心投入创办《伊光》报。《伊光》报为月报，王静斋自任总经理兼编译。《伊光》月报内容以阐扬伊斯兰教文化为主，同时关注时政，报道所见所闻，先后开设有本报启事、论坛言论、教款撷萃、教礼释义、史屑、译件、特载、外论、选录、漫谈、小言、国内近闻、国外要闻、问答、谐谈、小说、附件、补白、辟谬、来函照登、漫评、教务常识等栏目，创办《伊光》是王静斋一生中最重要的活动之一。《伊光》月报为四开四版，每期刊有1万多字，其中大部分文章是王静斋自己翻译、编写的，对所译文章中涉及的问题，常常还亲写按语，并加以评论。《伊光》每期1000~2000份，全部免费赠阅，读者遍及全国各地，特别是一些知名阿訇和关心教门的乡老。经费开支由各地关心和支持者自愿捐助，金额无论多少,都在月报上公告鸣谢,其他的经费来源主要是刊登广告。1930年9月《伊光》创刊3周年,王静斋出了红色印刷的纪念专号,发了增刊,刊登了纪念文章和各地发来的贺文、祝词。《伊光》月报自1927年9月创刊,至20世纪40年代停刊,出版总期数不详,约印行130期。抗战期间,社址频繁变更,常常是王静斋走到哪里,就把社址设在哪里,把《伊光》出版在哪里。《伊光》社址随着王静斋的脚步辗转于天津、武汉、河南、重庆、甘肃、宁夏。

1932年,王静斋膺任天津三义庄清真寺教长一职。为修缮三义庄清真寺,王静斋两次赴北平募资,还到沧州、泊镇、沈阳等处劝募。在他的努力下,清真寺西侧建成了宏伟的大殿,两侧和对面则建为配套平房。1933年,王静斋在教务上积极倡行遵经革俗。

1936年,王静斋在北平西单牌楼回教俱进会总部,组织"中国回教典籍编译社",1937年在河南与时子周发起成立"中国回民抗日救国协会"。抗战期间,他先后在重庆、宁夏等地从事《古兰经》译解工作。王静斋一生译著颇丰,主要有《回耶雄辩录》(1914年)、《回耶辨真》(1922年)、《中亚字典》(1929年)、《古兰经译解》(1932年)、《中阿双解中阿新字典》(1934年)、《古兰经译解》(丙种,1946年)和《真境花园》(1947年)等,被誉为"现代中国伊斯兰教经学大师"。

1948年,68岁的王静斋出游西南各省,考察中国伊斯兰教文化教育及学术研究情况。下半年,应台湾穆斯林邀请,出任台北清真寺阿訇。因不适应当地生活习惯和环境,于1949年春返回大陆。在旅经贵阳时,因积劳成疾,一病不起,1949年5月25日去世,终年69岁。故后被安葬于贵阳郊外白桦山回民公墓。

参考文献：

王根明:《王静斋生辰和经名考释》,《中国穆斯林》,2015年第1期。

王静斋:《五十年求学自述》,《禹贡》第7卷第4期,1937年。

丁宏主编:《经学大师王静斋与近代穆斯林出版业》,载中国回族学会编:《回族对中阿经济文化交流的贡献——第二十次全国回族学研讨会论文集》,宁夏人民出版社,2013年。

穆白:《清真宗师王静斋》,《中国穆斯林》,1989年第3期。

冯今源:《王静斋阿訇传略》,《中国穆斯林》,2001年第1期。

(赵云利)

王 克 敏

王克敏(1873—1945),字叔鲁,浙江余杭人。1873年生于广东。1903年乡试中举后,被派往日本,任留日浙江学生监督,后改任驻日公使馆参赞。1906年12月,驻日公使杨枢兼任留日学生总监督,王克敏任副监督。1907年冬,王克敏回国,先后任职于清政府度支部、外务部。1908年入直隶总督杨士骧幕府,处理外交事务。1910年任直隶交涉使。

辛亥革命爆发后,王克敏于1913年赴法国游历,结识了不少法国银行界人士。同年回国后,供职于北洋政府财政部。1913年7月,中法实业银行创立,王克敏任中方总经理。1917年7月任中国银行总裁。王克敏善于经营,记忆力惊人,人称"活账本",因此他在金融界如鱼得水,很快在北洋政府中崭露头角。11月,王士珍临时组阁,任命王克敏为财政总长,兼中国银行总裁及盐务署督办。1918年3月,段祺瑞第四次组阁,曹汝霖接任王克敏为财政总长。代理大总统冯国璋特命王克敏为总统代表,南下安徽,与安徽督军倪嗣冲面商军事、财政等问题。1919年2月,王克敏作为北京政府代表参加南北和平善后会议。1920年起,王克敏先后任中法实业银行总裁、天津保商银行总理、中国银行总裁、教育减债基金委员会委员等职。

1923年10月,曹锟就任大总统,11月,王克敏任财政总长。1924年1月起,王克敏先后在孙宝琦、顾维钧、颜惠庆内阁任财政总长。

1924年10月,直系冯玉祥倒戈,发动北京政变,曹锟被囚。王克敏先逃到使馆区,后潜逃至天津。后任天津保商银行总理、海关附加税保管委员会委员、关税自主委员会委员等职。这期间王克敏一度逃往日本,结识不少日本军政要人。

1927年1月,王克敏出任张作霖安国军总司令部财政讨论会委员。1928年5月,南京国民政府以把持财政、结党营私、接济逆军、延长祸患的罪名,下令通缉王克敏,王克敏逃往大连。不久,王克敏任东北边防军司令长官公署参议兼财政处处长。1931年12月,张学良筹组北平财政整理委员会,张学良任委员长,王克敏任副委员长,并被授权处理该会事务。

1932年,王克敏任东北政务委员会委员。同年1月,北平政务委员会成立,王克敏任财政整理委员会财务处主任,掌握北平政务委员会财权。1933年5月,南京国民政府设立行政院驻北平政务整理委员会,黄郛为委员长,王克敏任委员兼财务处主任。同年7月,任华北战区救济委员会常委。

1935年6月4日至25日,国民政府任命王克敏为天津特别市市长,其未到职即改任代理行政院驻北平政务整理委员会委员长。12月18日,冀察政务委员会成立,宋哲元为委员长,王克敏为委员。1936年1月,冀察政务委员会经济委员会成立,萧振瀛为主任,王克敏为委员。7月接替萧振瀛为主任。9月,王克敏辞职居上海。

1937年12月14日,在日本人支持策划下,在北平成立伪中华民国临时政府,下设议政、行政、司法委员会,王克敏任行政委员会委员长,兼议政委员会常委和行政部总长。

伪临时政府的成立,为日军全面掠夺华北资源,建设华北"以战养战"基地创造了条件。1938年3月,日军华北方面军司令官寺内寿一与王克敏签订协议,成立"日华经济协会",由王克敏任伪会长,日本经济顾问平生钏三郎任伪副会长。通过该机构日军完全掌握了华北经济控制权。1938年3月28日,王克敏在北平煤渣胡同平汉铁路俱乐部门前,遭到了军统天津站特工的刺杀,王克敏受伤,同车的日本顾问山本荣治身亡。

1938年4月3日,南京伪维新政府行政院院长梁鸿志到北平,南北伪政权就"合流"问题达成了相关协议。王克敏为积极促成此事,专门赴日会见日本首相近卫文麿。在日军的操纵下,9月,伪中华民国政府联合委员会在北平成立,委员会设6名委员,南北伪政权各占一半,王克敏任伪主任委员。

1938年12月29日,汪精卫发表臭名昭著的"艳电",公开叛国投敌。1939年6月27日,为建立伪中央政权,汪精卫在北平日本华北方面军司令官杉山元的官邸与王克敏会谈。9月18日,王克敏、梁鸿志与汪精卫、周佛海等人在南京日军聚星俱乐部就成立汪伪"中央政府"等问题进行谈判。在日军的直接干预下,1940年1月,王克敏、梁鸿志、汪精卫三人在青岛就汪伪"中央政府"的成立进行会谈,讨论了《中央政府树立大纲》《华北政务委员会组织条例》等,就汪伪"中央政府"与伪临时政府、伪维新政府之间的利益分割达成了协议。

1940年3月30日,汪伪国民政府宣布"还都"南京,以王克敏为首的北平伪临时政府撤销,同时设立伪华北政务委员会,王克敏任委员长兼内政总署督办。王克敏以伪华北政务委员会委员长的名义,就汪伪国民政府成立发表布告。不久,王克敏的后台喜多诚一被调回国。6月,王克敏被迫辞职,由王揖唐接任伪华北政务委员会委员长。王克敏旋赴青岛休养。

1943年2月,王揖唐辞职,朱深继任。7月2日,朱深病亡。在日本公使崛内干城的授意下,3日,王克敏从青岛赴南京访晤周佛海,就"东山再起"问题进行讨论。4日,汪伪国民政府宣布特派王克敏继任伪华北政务委员会委员长,兼任华北"剿共"委员会委员长。

1944年4月,王克敏兼任伪华北税务委员会委员长。5月任汪伪全国经济委员会副委员长、物资调查委员会委员长。7月兼任伪华北政务委员会教育总署督办。1945年2月,王克敏再次去职。

抗战胜利后,1945年11月30日,国民政府发布在全国范围内缉捕汉奸的命令。12月6日,作为华北第一号汉奸的王克敏在北平被捕,以"树立临时政府颠覆国家民族""协助汪精卫之和平反共建国,与我中央分庭抗礼"等15条罪证,押于北平炮局胡同陆军监狱。12月25日,王克敏于狱中服毒自杀,终年72岁。

参考文献:

李新等主编:《中华民国史·人物传》第6卷,中华书局,2011年。

郭贵儒、张同乐、封汉章:《华北伪政权史稿——从"临时政府"到"华北政务委员会"》,社会科学文献出版社,2007年。

（夏秀丽）

王 铭 槐

　　王铭槐(1846—1915)，浙江鄞县人。青少年时代在家乡读过几年书。王铭槐最初在上海宁波商团领袖叶澄衷开办的老顺记五金行学生意，后来逐步升为高级职员，为叶澄衷所信任。1880年，王铭槐北上，担任天津老顺记分号经理。当时，李鸿章正在筹备创建海军，发展军事工业，急需从国外购买大量机器及军火。王铭槐通过同乡严信厚的关系，与李鸿章结识。经过生意往来，王铭槐得到了李鸿章的赏识，当上了专营进口机器和军火的德商泰来洋行的买办。

　　李鸿章在天津开设了鱼雷学堂等新式军事学校，从英国订购了一批小鱼雷艇。1896年，李鸿章参观了几家德国军工厂后，发现德国的军械非常精良，便通过泰来洋行购进了一批更先进的鱼雷艇。王铭槐还为李鸿章从德国购进了一批快枪，装备"常胜军"洋枪队，深得李鸿章信任。不久，王铭槐便作为李鸿章的心腹，被推荐到天津华俄道胜银行任买办。

　　华俄道胜银行是当时中国第一家中外合资银行，俄国认股600万卢布，清政府认股500万两白银，于1896年正式营业。该行总管理处设在上海，在天津、汉口、大连、哈尔滨、迪化等地设立分行。王铭槐利用道胜银行库存现金大做生意，开始起家。当时，天津道胜银行的银库由王铭槐亲自负责，俄方人员只在每星期六到银库清查一下现金。王铭槐利用银行管理中存在的漏洞，将库金挪到自己开设的银号内放款生息，清查之前再拉回银库备查。后来，他见俄方只是清查银库上层的银箱，便监守自盗，把其他库金一概运走。这使他经营银号、房地产和从事商业活动有了充足的流动资金。

王铭槐从北京、天津沿着铁路线直到沈阳、铁岭、牛庄等地,开设了20多家胜字号的银号。王铭槐开设的这些银号,专做汇兑生意。那时严筱舫开设的源丰润汇兑庄,其业务范围西至汉口,北至北京。王铭槐的胜字号银号从北京到关外地区,与严筱舫的汇兑庄相衔接,成为一个巨大的汇兑网。发迹后的王铭槐在日租界大量购置不动产,他在经营奥、意、俄租界地产生意的天津河东地产公司中占有80%的股份。在工商业方面,他陆续开设了河东的道胜货栈、法租界的久福源绸庄、北马路的回春大药房,以及北京分号、辽宁铁岭的一处金矿和牛庄的道胜金店。全盛时期,王铭槐的资产总值约250万两白银。

1904年,经王铭槐的翻译告发,道胜银行大班清查银库,发现了盗用库银之事。消息传出,王铭槐的社会信用动摇,他经营的二三十家银号因挤兑而倒闭,其他商号也受到拖累,亏空达一百数十万两。王铭槐是天津宁波帮的创始人之一,为了宁波帮买办的共同利益,挽回宁波帮的信誉,由王铭槐的儿女亲家、德商协信洋行买办陈协中,以及张伯龙、孙仲英等买办联名向道胜银行担保承诺,王铭槐所亏空的银两由他们负责归还。同时,由陈协中、张伯龙、孙仲英三人接管了道胜银行华账房,孙仲英接任道胜银行买办。陈协中、孙仲英补上了王铭槐所挪用的库银,使王铭槐渡过破产之劫。

在宁波帮的支持下,官方并没有追究王铭槐的责任,他本人又有买卖军火的专长,不久就当上了天津德商礼和洋行的买办,还兼任沈阳礼和洋行的买办。德商礼和洋行总管理处设于汉堡市,以经营机械、铁路器材和军火为主,是比泰来洋行规模更大、经营更活跃的军火商。礼和洋行1887年开办于上海,后在天津、青岛开设分行。天津礼和洋行位于北门外针市街,后迁入英租界中街汇丰银行对面。礼和洋行以经营成套兵工厂设备和枪、炮、弹药等军火著称,成为北洋军阀混战时期各系军阀的主要供货商。王铭槐出任天津礼和洋行买办时,正值各派军阀战火不断之际,段祺瑞、徐树铮、张勋等都是礼和洋行的大主顾,军火生意十分兴旺,王铭槐得以东山再起。

清末民初,来天津经商的宁波人日益增多,王铭槐为了维护宁波人在天津的共同利益,以买办商人的身份发起组织了天津宁波帮。参加者都是在天津外国银行或洋行工作及从事其他商业活动的宁波人。王铭槐在泰来洋行做买办发财后,对来津投奔他的宁波老乡都一一款待。想在洋行做事的,就由他做保人介绍到洋行工作,想自己经商的,他就出资帮助。

王铭槐和严筱舫、严蕉铭、张友堂、叶星海等人捐资,将原在北门里户部街的浙江乡贤祠扩建成浙江会馆。这里既是宁波帮的活动场所,也是浙江同乡的集会之地,组织同乡联谊,救助困难同乡。后王铭槐等又以浙江会馆的名义,在天津三义庄设立了浙江义园,占地50多亩,建房数十间,供在津同乡亡故后盛殓及停枢之用。王铭槐等宁波帮买办还捐资兴办浙江旅津公学,后改名为浙江中学,由林鸿集任校长,由洪鞠蒙主持校务。学生以浙江籍为主,是天津市一所小有名气的私立学校。

在李鸿章的倡议下,王铭槐联合浙江、江苏、安徽三省的旅津同乡,合办了慈善机构"广仁堂"。资金来源是天津县署历年没收的赃款及江、浙、皖三省在津绅商、官僚和买办的捐助。堂址建在天津城西南角,共购地6000多亩,并成立了董事会。王铭槐连任多年董事。王铭槐还开办了粥厂、善堂,不定期举办赈灾、抚恤等活动,同时冬舍棉衣、热粥,夏舍暑药、茶水等。

1914年第一次世界大战爆发,德国在华洋行、商号停业。礼和洋行歇业,王铭槐的一大笔佣金也被冻结,王铭槐陷入困境。

1915年,王铭槐病故,终年69岁。

参考文献：

天津市政协文史委编：《近代天津十大买办》，天津人民出版社，2001年。

天津市政协文史委编：《天津文史资料选辑》第25辑，天津人民出版社，1983年。

文昊编：《民国的买办富豪》，中国文史出版社，2013年。

（高　鹏）

王迺斌

王迺斌(1870—1943)，字恩溥，号颐园老人，辽宁新民人，清贡生。幼时家贫无法上学，但坚持自学，写得一手好字。

光绪末年，王迺斌任东三省总督衙门秘书，鸦片税收专卖局委员、局长，关税监督等职务。后因报效军营、剿匪有功，被授予五品顶戴，接着报捐双月府。1903年，王迺斌在征收奉天税厘时有功，被保奏等候补缺。王迺斌先以知县补用，接着报捐同知。1905年，王迺斌被分到直隶试用。但他捐免了赴直隶的任命，又报捐花翎，且又有征剿通海匪徒的功劳，遂直接留任原地优先候补知府。1906年，王迺斌被委任为管理朝阳府等处税务。

1907年，王迺斌出任朝阳府知府，他不时微服私访了解民情。是时，朝阳府地贫民穷，苛捐杂税很重，商户停业，百姓足不出户以抗捐。县员诬百姓为匪，向热河都统请兵"围剿"。王迺斌向热河都统力陈百姓状况，认为应该先行查访。王迺斌到当地查明状况，命县官戴罪立功，并晓谕肇事带头人安心回家生产，较为妥善地平息了这次抗捐风潮，避免了流血事件的发生。

在任四年，王迺斌治理有方且推行新政得力，受到百姓拥戴和上司举荐。王迺斌任朝阳知府时，王凤仪一家人在锦县、朝阳交界的高桥、根德营子等地办女义学。这几所学校开风气之先，既受到广泛好评，又饱受非议。王迺斌向王凤仪询问了女学的状况，并进行了视察，认为女学名副其实。女学在得到王迺斌肯定后得到发展。1909年，在国内掀起变法浪潮时，王迺斌召集全县士绅民众讲解新章，王迺斌专门把王凤仪请上台去,对他兴办女义学表示赞赏,并鼓励士绅向王凤仪学习。

1910年,王遒斌被热河都统诚勋举荐调补承德府知府。1911年末出任热河道尹。1912年,民国成立后,王遒斌辞官,举家搬到天津。

1916年,奉天的辽西、辽南、铁法一带有匪患,张作霖成立清乡总局,请王遒斌为清乡总局督办。1917至1919年,王遒斌领兵四处转战,剿灭土匪700余人。其间,他又被张作霖聘为奉天省署高等顾问。1918年,王遒斌被聘为大总统徐世昌的顾问。

1920年,奉直两系联合组阁,王遒斌被调往北京,聘为国务院经济调查局副总裁。同年8月出任靳云鹏内阁署理农商总长。上任之初就开设劝业场、成立农商部债券局,以发展工商业、繁荣市场。1921年5月正式出任农商总长。1921年9月,地质调查所图书馆落成,王遒斌为此专门撰写了《地质调查所图书馆记》的碑文。同年,奉系在与直系的斗争中失败,王遒斌告退。

1922年,王遒斌出任中东铁路督办。1924年,王遒斌出任黄郛摄政内阁农商总长,但未就职。翌年,内阁倒台,王遒斌辞职隐居天津。

1931年九一八事变后,东北沦陷,很多军政要人避居天津。日本人想利用这些宿老稳定局势、粉饰太平,遂强迫他们为日本人效力,王遒斌以年老多病拒不接受。

王遒斌的儿子王家瑞,曾任沈阳县县长、大帅府帮办,曾随国民政府外交总长施肇基出席美国华盛顿太平洋九国首脑会议。日本人曾逮捕王家瑞,以向王遒斌施压。经过各方人士一个多月的营救,王家瑞才被放归。王家瑞被日本人拉去当挂名的伪新民会会长。王遒斌得知后痛骂其子没有骨气,抓起墨盒欲打,被人拦住。

1943年,王遒斌病故,终年73岁。

参考文献:

《锡良遗稿·奏稿》,中华书局,1959年。

沈阳市政协文史委编:《沈阳文史资料》第13辑,1987年内部印行。

王碧蓉:《百年袁家:袁世凯及杨氏夫人后裔百年家族史》,广西师范大学出版社,2013年。

（魏淑赟）

王佩臣

　　王佩臣(1902—1964),本名车凤祥,祖籍京东潞河,1902年10月11日(清光绪二十八年九月初十日)生于通州西集镇车家屯。她出身贫寒,8岁开始随其父车汉文学唱平谷调,10岁以车小贵之名在北京东安市场、隆福寺、护国寺等地赶庙会撂地卖艺。她说大书,也说小段,风来雨去坚持演唱,锻练了坚实的嘴皮子功夫。后来拜著名艺人王宪章为师,改学铁片大鼓,师父给她改姓王名佩臣。

　　王佩臣从13岁开始,在通州、天津及河北省一些城市"跑码头"流动演艺。1923年,进入天津北马路的北洋茶社和侯家后的义顺茶园两处中型曲艺场所演唱铁片大鼓,从此落户天津。当年铁片大鼓在天津称乐亭大鼓,其唱腔是从河北民歌《初一十五庙门开》的曲调上发展而来,它的音乐属于板腔体,一板一眼,眼起板落,唱腔行进平稳,使用的音域接近两个八度音程,但同一句中很少有大幅度的音差出现。民国初年,京津的一些曲艺场所已有艺人演唱乐亭大鼓,但旋律单调,个性特征尚不明显,基本上处于起步阶段。

　　彼时的天津,不单是我国北方著名的工商业大都市,也是流派纷呈、名角荟萃的曲艺之乡。百家之多的大小书场、茶楼,荟萃了众多南来北往携琴负鼓的民间艺人。刘(宝全)、白(云鹏)、张(小轩)三派京韵大鼓创始人,梅花鼓王金万昌,梅花歌后花四宝,单弦大王荣剑尘,相声泰斗张寿臣,分别在各主要杂耍园子挑大梁。铁片大鼓艺人王瑞喜、蔡桂喜、赵宝玉、芮伯生等也都在盛时。天津民间曲艺演唱群星熠灿,盛极一时。天津为初出茅庐的铁片大鼓新秀王佩臣,提供了从多种演唱艺术吸取养分的外部环境。

王佩臣聪颖好学，不足20岁时就表现出多方面的演艺才能。她在天津既唱小段和有故事、有情节、有人物的中短篇大书（行内称"小八棍儿"），还能唱《秦英征西》《回杯记》《朱买臣》等长篇大书。所会曲目之多，为一般铁片大鼓艺人所不能及。她在不断提高个人演唱技艺的同时，认真吸收其他艺术的优长，与弦师卢成科密切配合，对自己所唱曲目锐意加工、规范，尝试铁片大鼓的新发展。卢成科帮她在传统特色的基础上，废弃一板一眼的板式，改用一板三眼的新板式，旋律比原来加长了周期，打破了节拍和字韵的框限，行腔多为下行音与不稳定音，曲调上糅进了"闪板""挂板"，唱法上也发生了变化，特别是第二、第四句的尾音，由下行改为上挑，出现了抢、掏、垛等"耍板"，唱出的声腔舒展、灵巧、婉转，较之老曲调韵味增强了明快、俏皮的成分，三弦在弹奏"过门"时，加入乐器模拟演唱声腔（行话称"学舌"）。这些音乐上的改变，不仅使王佩臣形成了巧、俏、媚、美的个人演唱风格，而且引导铁片大鼓由原始、粗犷迅速朝着精细方向发展，极大地丰富了铁片大鼓的表现力。

几年间，王佩臣在不断探索与实践中广收博采，个人的演唱艺术日益精进，声誉日隆。1926年，她进入天津新世界茶社，这是租界里的大型杂耍园。稍后又进入歌舞楼，与鼓王刘宝全、梅花鼓王金万昌、相声泰斗张寿臣同台演出，声价步步提升，由此引起评论界关注。1927年天津《大公报》刊载《新世界人物考》一文，称王佩臣"会书120余段，尚不包括成套大书在内。最长的鼓词，一句中有21个字之多，每一个字她都唱得平平整整，一丝不乱，清清楚楚送到听众的耳朵里"。

王佩臣演唱变革之后的铁片大鼓，观众最认可的特点是她说唱结合，演唱节目既保留了大书中的说白形式，还吸收了"蹦蹦儿"戏里唱中加白、半说半唱，听上去语气亲切，别有韵味儿。她的艺术功力达到较高程度之后，对板眼的处理，已达随心所欲之境。她可以在任意一处起唱和收音,节奏的灵活多变使唱腔更加开阔、绚丽。她善于用简洁、夸张的形体动作和丰富细腻的面部表情,烘托情节和刻画人物。如她演唱《太公卖面》,唱到"大风刮了三四阵,白面刮得个影无踪",她用手里的鼓键子向左、向右、向后轻轻地点了三下,就把曲中的情景自然而然地展示在观众面前。

王佩臣最精彩的大书是《西唐传》《书囊记》《铁冠图》等,小段以民间传说和反映市民生活内容为主,大书、小段无不脍炙人口。20年代末至40年代,她灌制过《独占花魁》《玉堂春》《情人顶嘴》《朱买臣休妻》《洪月娥》《拴娃娃》《王二姐思夫》《太公卖面》《刘伶醉酒》《高亮赶水》等几十张唱片。如今听王佩臣当年灌制的唱片,字的喷吐非常考究,她把吐字、气口、唱腔、韵味合为一体,喷口如断金破玉,吐字如板上钉钉。譬如她在《太公卖面》里唱"一言唱不尽太公卖面"的"太"字,《刘伶醉酒》里"杜康他造酒万古流传"的"康"字,使用丹田气,字头字尾、出音归韵,都在唱腔中自然地表现出来,以字带腔,以声传情,字重而不拙、字轻而不飘。每段唱,行腔婉转流畅,口齿伶俐,发音清脆,交待故事清清楚楚,描绘人物活灵活现,观众闻其声如见其人。王佩臣的嗓音天赋十分难得,宽阔的音域,唱高音毫不费力,唱低音照样清亮。演唱铁片大鼓,因为没有长腔和大的甩腔,不需要经过装饰的假嗓,似乎也不需要很强的气力,然而唱句连接紧密,句与句间的空隙很小,许多时候速度很快,而王佩臣唱得轻松、从容,绵、糯、酥、软,味道浓厚。

王佩臣尝试改革并取得成功后的铁片大鼓,在曲坛的影响迅速扩大,天津的各类杂耍园,甚至电影院、戏院加演曲艺节目,都离不开铁片大鼓。一时间铁片大鼓呈现蓬勃红火的局面,一跃而上升为北方的几大重要曲种之一,备受民众欢迎。从20年代末开始,在天津唱铁片大鼓的艺人除王佩臣之外,尚有杨莲琴、蔡桂喜、赵宝玉、芮伯生、高云舫、高桂云、富润卿等,大都在诸如天晴、燕乐、聚华等高中档杂耍园子登台演唱。王佩臣的养女小王佩臣也一度登台献艺。艺人队伍急剧增多,标志着铁片大鼓的繁荣。而铁片大鼓的勃兴,王佩臣功不可没。

30年代初,王佩臣的艺术已经达到炉火纯青的地步,她所创立的流派,深受世人推崇,流传广泛。1932年春,王佩臣在天津大中华报社举办的观众票选活动中,与享"梅花歌后"美誉的花四宝、天津时调翘楚赵小福并称"女鼓三杰"。几年后她又与京韵鼓王刘宝全、梅花鼓王金万昌并称"鼓界三绝"。此时王佩臣的艺术生涯进入巅峰时期,她演唱的铁片大鼓,深受平、津、沪、沈等地观众喜爱。

1939年,王佩臣应北平哈尔飞茶社之约,到那里演出。与其同台献艺的奉调大鼓演员魏喜奎,倾慕王佩臣的演唱技艺,虚心向她请教。王佩臣喜欢好学的年轻人,毫无保留地把演唱诀窍传授给魏喜奎。多年后已成长为曲艺名家的魏喜奎,念念不忘前辈艺术家的提携之恩,在其所著回忆录《曲海扬帆》中,对王佩臣早年向她传艺的情节做了详细的记述。

1937年全民族抗战爆发后,天津演出市场萧条,王佩臣为了维持生计,与白派京韵大鼓创始人白云鹏等人在天津燕乐杂耍园勉强演唱,同时,兼在电台进行商业广播演唱。进入40年代,王佩臣辗转于平津两地,在颠沛流离的日子里,她仍致力于铁片大鼓的唱腔改革,为同曲种的艺人开拓新路。

新中国成立之初,王佩臣参加了天津市曲艺工作团(天津市曲艺团前身),在新文艺工作者的帮助下,积极排演反映现实生活的《小姐俩拣棉花》《七个小英雄捉特务》《小俩口下地》《十女上寿》《包子诉苦》《申请补助金》《平安家信》等新曲目。其后,又陆续整理演出了《刘伶醉酒》《太公卖面》《王二姐思夫》《孔明招亲》《高亮赶水》等传统曲目。1953年,她随曲艺工作团慰问归国志愿军,深入营房为战士演唱,演出期间早出晚归,不辞辛苦,多次受到部队及天津市文化局的嘉奖。

1958年,王佩臣调入天津曲艺团少年训练队,专事培养曲艺接班人的工作。得她亲授的新韵霞、刘秀玲、姚雪芬等弟子,出师后都成为曲艺界的名家。1962年天津举办第一届"津门曲会",王佩臣应邀演唱《朱买臣休妻》,年届六句的她,台风亲切朴实,无论是慢板还是快唱,依然举重若轻,唱得字字珠玑,被新闻记者赞誉为"不老的宝刀"。

1964年1月21日,王佩臣病逝于天津,终年62岁。

参考文献:

上海艺术研究所、中国戏剧家协会上海分会编:《中国戏曲曲艺词典》,上海辞书出版社,1981年。

马献廷主编:《不落之星——天津已故文艺名人录》,中国华侨出版公司,1991年。

《北洋画报》《大公报》,20世纪二三十年代。

鲁学政、孙福海主编:《天津当代曲艺人物志》,百花文艺出版社,2003年。

魏喜奎:《曲海扬波——魏喜奎舞台生活》,中国戏剧出版社,1985年。

(甄光俊)

王 若 僖

王若僖(1896—1946)，字莫青，江苏溧阳人。王若僖早年毕业于上海同济医工学堂机械兼电工专科。1919年12月，王若僖在全国第二届文官高等考试中获机械科优等，应分发海军部实习。1920年3月，实际分发西北筹边使公署北京行署实习。7月，直皖战争爆发，西北筹边使公署被裁撤。9月，王若僖回到海军部。12月，交通部致函京汉铁路管理局局长俞人凤，以"能任各项机械事务"，推荐王若僖到京汉铁路管理局任职。后王若僖以京汉管理局帮工程司的身份留学德国，入汉诺威工科大学，获特许工程司学位，并在机车制造厂实习。旋赴法国学习，在学期间结识林森、邹海滨等人，加入德法国民党支部。

归国后，王若僖回到交通部工作，兼任外交部帮办秘书。1928年3月，王若僖辞去帮办秘书，出任张家口库伦汽车运输局指挥调度。后又任东北兵工厂技师，兼东北工兵学校教务长。1930年，王若僖任职于江苏省建设厅。①

1930年12月，陕西省公路局成立，王若僖出任局长，筹设总务、机务、车务、工务等4课，并设立护路队、汽车修理厂、汽车总站和测量队，主要负责公路工程、社会汽车管理和自有汽车营运。1931年初，王若僖在陕西省公路局内成立公路人员养成所，并兼任所长，为公路修

---

①铨叙部秘书处第三科编：《中华民国十九年度铨叙部年鉴》，铨叙部秘书处庶务部，1932年印行，第536页。

建和汽车运输培养专门人才。其中所设的工务系主要培养公路建设人才,开设课程涉及数学、材料学、桥梁学大意、道路学、施工及监督方法、简易力学等,在纪律和奖惩方面对学生要求严格。

其时,陕西省政府因常年战乱而无力修筑公路。王若僖招揽专门人才,鼓励商营,整饬站驿,组织护路队,使陕西公路东达灵宝、西达兰州,并辟西安、三原、大荔的渭北线。陕西省公路局还自购车辆开展运输业务,并开办修配厂。后王若僖又命人勘测西安至汉中、西安至同官(今陕西铜川)的南北干线。两年之间,王若僖将陕西省公路局经营得颇具规模。同时王若僖还兼任欧亚航空公司西安站长,负责开辟西安至新疆、成都及上海等多条航线。

1932年初,王若僖辞去陕西省公路局局长,8月正式入欧亚航空公司。为开辟西安至兰州的航线,王若僖亲率德国技师在新疆哈密、迪化(现乌鲁木齐)等处试航。

朱家骅出任交通部部长后,1933年1月聘请王若僖出任河南电政管理局局长。河南省电信事业衰微,各局亏损甚巨,王若僖上任后即着手整顿,从开支划一、禁止截款等几个方面进行改革,剔除积弊,数月之间,成绩斐然。

1933年4月,王若僖调任天津电报局局长。因战事频仍,天津电报局商务凋敝、收入大减,王若僖接任时,欠付国际电局及东北公司等借线费70万余元,拖欠职员薪金三四个月,且办事多不遵守当局规制。王若僖上任后积极倡导改革,整顿经费支出混乱的局面。他还临时调用河南电政管理局人员进行盘点、接收,使电报局业务逐渐步入正轨。1935年,国民政府令无线电台与电报局合并,但因系统不同,遂形成有线、无线之争。王若僖居间调停,通过轮岗交流的办法,使双方逐渐消除嫌隙。舆论称其有"收合作之功"。

1935年7月,日本人向王克敏提出华北通航、联航事宜,国民政府派王若僖为专员、李景枞为专家参会。会议上日方提出中满合办航空公司并百般威胁,但王若僖始终坚持航空线不得扩张至陇海沿线及太原、张家口等处,合办公司只能限于商业用途,且绝不能有"满洲国"字样,竭力维护主权,会议最终决裂。

1937年七七事变后,天津沦陷,王若僖继续留任天津电报局,命大部人员奔赴后方,只留几名工作人员。王若僖艰苦支撑电报局业务,与国民政府中央保持通信长达半年,而日本人认为在他们占领区域的租界内仍有国民政府的电报局和电话局,是日军的"奇耻大辱"。于是对英法租界当局强横施压,要求租界当局协助日军接管。而法国租界当局迫于威势,令电报局停止营业。电报局业务停止后,王若僖又派人与美国人合作,暗中设置电台,保持国际通信,后又设特别电台与国民政府各方联络,协助抗战,此电台是当时在华北沦陷区与国民政府中央通信的唯一机关。在天津沦陷初期,国民政府驻津各部门基本上都是通过王若僖在租界内的无线电台与中央进行联络。其间日本领事多次找到王若僖,对其威逼利诱,但王若僖始终不为所动。

1937年8月,华北人民抗日武装自卫委员会在天津成立,中共天津市委党组成员姚依林于1938年初引荐王若僖入会,并担任主任委员。河北省立工业学院的教职员、校友及其家属在该会组织下成立"工字团",参加抗日联合统一战线,王若僖与路秀三被推举为负责人,他们联系购买枪械、药品,利用运煤火车将物资运送到冀东地区,有力支援了津南、冀东、平西的抗日游击战。

为了填补国民政府退却之后留下的权力真空,增进华北沦陷区各党政军间的联系,免去各单位在华北各设办事处或联络点的冗繁及危险,1937年11月,由留驻天津英租界的天津电报局局长王若僖、潜伏于北平的国民党临时党务机构华北党务第三组主任许惠东发起,依托于平、津、冀及北宁路国民党的党务组织,在天津英租界组成临时党政联席会议。后又联合聚集于天津英法租界及平、冀日占区的国民政府军政机关人员,改组为华北党政军联合办事处,王若僖被推为主任,与参加"联办"的各单位负责人共同策划对敌斗争。

1938年,朱家骅出任国民党中央秘书长,他举荐王若僖出任天津市党部主任委员、三民主义青年团平津支团部筹备主任、华北宣抚委员会主任委员等职务,并接替时子周任华北党政军联合办事处主任。王若僖慨然受命,不避艰危,暗中联系华北国民党各单位,策动抗日工作。日本人对王若僖恨之入骨,为逮捕王若僖曾悬赏3万元。

1938年6月,时任冀中军区供给部部长兼技术研究社社长的熊大缜来到天津,经叶企孙等人介绍结识了王若僖。王若僖得知其需要无线电设备后,提供了不少装配无线电收发报机所需用的零件,积极协助熊大缜从事抗日活动。

1939年9月28日,日本宪兵队带领大批汉奸进入英法租界搜捕抗日人士,王若僖在法租界被捕。日本人认为他是"华北抗日渠魁",对其严刑审讯十余日,王若僖未供出任何人,也未泄露国民政府方面的机密。据报纸刊载,日本人称其为"中国人中之最倔强者"。后有法国人出面交涉,只准日本人提审,不准羁押别处,而日本人也认为王若僖还有利用价值,于是将王若僖软禁于法国工部局三年有余。虽身陷囹圄,但王若僖仍与国民党中央保持秘密通讯,为抗敌出谋划策,1943年初被营救出监,前往重庆。王若僖抵达重庆后,蒋介石多次召见他,对其在沦陷区的表现赞赏有加,颁授其景星勋章、胜利勋章。

1944年11月底,交通部将全国电信管理机构重新划分,其中浙、赣、闽、粤、皖等省各局合并为东南电政管理局,机构设于江西泰和,任命王若僖为局长。王若僖上任后,派人加紧建立通信机构,配合前方战场,联络东南地区作战部队。1945年5月,王若僖被选为国民党第六届中央候补执行委员。

抗战胜利后,王若僖被任命为交通部东北区电信交通接收委员,参与电信接收工作。1946年4月中旬,国民党北平市党部为利用日本人所掌握的华北地区的资源、技术、物资、资金和人员,成立了北平综合技术研究所,王若僖出任理事,但该所未进行正常活动即终止。

1946年7月,王若僖到南京述职。12日下午,王若僖乘坐中央航空公司客机北归,飞机由上海经南京、青岛、济南飞往北平,飞机在济南机场起飞后因发生故障失事,王若僖遇难,终年50岁。

参考文献:

中国第二历史档案馆编:《中华民国史档案资料汇编》,凤凰出版社,1998年。

天津市地方志编修委员会办公室、天津图书馆编:《〈益世报〉天津资料点校汇编》(二),天津社会科学院出版社,1999年。

全国政协文史委编:《文史资料选辑》(合订本)第24卷(总第122—124辑),中国文史出版社,2011年。

王勇则:《碧血英魂——天津市忠烈祠抗日烈士研究》,天津古籍出版社,2016年。

(王　冬)

王 少 奇

王少奇(1912—1944),本名王季如,化名王瑛、黄忠、李广。1912
年出生于河北省香河县一个农民家庭。他自幼勤奋读书,1926年考入
河北省通县师范学校。在学校中共地下组织的教育影响下,他树立了
革命思想,积极投入反帝反封建斗争。

1931年,王少奇参加了反帝大同盟,积极投入抗日救亡斗争。
1931年秋和1932年春,他两次带领卜荣久等6人,回到家乡开展抗日
救亡宣传活动,号召群众抵制日货、抗日救国,在当地产生一定的积极
影响。

1933年,他考入北平医大,一面认真学习医学专业,一面积极参加
校内爱国活动,成为学生爱国运动的骨干分子。1935年底,王少奇积
极参加了党领导的一二·九运动,被推选为北平西城学生示威游行队
伍领导人之一。12月9日,他率领学生游行队伍从学校出发,高呼"反
对华北自治""打倒日本帝国主义""停止内战、一致抗日"等口号上街
游行。游行队伍行至地安门时,遇到国民党第二十九军军长宋哲元乘
汽车迎面驶来,后面跟着一队荷枪实弹的武装军警。王少奇不顾个人
安危,率游行队伍冲上前去,拦住汽车,要求宋哲元取消华北自治,停
止内战,一致抗日。他带领学生徒手与军警的血腥镇压展开激烈搏
斗,不幸被捕。在扣押期间,他同反动当局进行了英勇的斗争,随后越
狱,继续开展抗日斗争。1936年3月,王少奇加入了中国共产党。

1936年春,王少奇受党的派遣离开学校到蓟县参加革命工作,与
卜荣久来到县城大同医院。他们一面工作,一面向周围群众开展抗日

救亡宣传,发展抗日救国会组织。在他们的影响下,医院院长张顾三、医生周华庭等许多人参加了抗日救国会,成为抗日救亡活动积极分子。

为便于开展革命活动,1937年2月,王少奇同卜荣久二人在板桥村卜荣久家西厢房开设了一个诊所。他们以医生职业为掩护,每天背着药箱深入各地农村,一边给群众看病,一边进行抗日救亡宣传。由于他们待人热情,医术高明,穷人看病尽量少收或不收药费,迅速得到广大劳苦群众的信任和爱戴。在半年多时间里,发展了大批抗日救国会会员,在邻近20多个村庄建立了抗日救国会的组织。

1937年七七事变后,蓟县沦陷。王少奇积极组织群众开展抗日救国活动。1938年4月,王少奇当选蓟县抗日救国会总会宣传部部长。他深入龙山完小、太平庄中学和州河南岸五百户等地,向学生、教师和群众广泛宣传抗日救国思想,号召人们参加抗日救国会,组织起来,拿起武器,开展武装斗争,为举行抗日大暴动做了重要的思想和组织准备。

1938年7月,王少奇按时完成蓟县抗日暴动前的准备工作。暴动队伍配合八路军第四纵队,一举攻占蓟县县城,摧毁敌人的伪政权组织,建立了党领导的抗日政权。蓟县抗日大暴动胜利后,王少奇随军西撤,到达平西根据地,担任宣(化)涿(鹿)怀(来)联合县县委宣传部部长,后又调任平西专署民政科科长。1939年9月,党组织又派他同夏德元一起,率领整训后的蓟(县)遵(化)兴(隆)和蓟(县)平(谷)三(河)抗日游击支队返回盘山,扩大抗日武装,开创盘山抗日根据地。随后与刘向道的游击队合编,组建冀热察挺进军蓟遵兴游击支队,王少奇担任游击支队政委。

王少奇了解到伪警防区队队长董雄飞原为东北军张学良旧部,对中国共产党的抗日救国主张表示赞同,于是一面组织力量打击伪警防队,一面争取董雄飞参加抗日。为此,王少奇同包森一起化装到塔院与董雄飞会面,向他详细阐述了党的《抗日救国十大纲领》,劝诫他不要与中国共产党抗日活动为敌。董雄飞受到很大触动,表示今后绝不再打八路军,并答应如有敌伪军事行动一定设法通报。此后,伪警防队每次出城,董雄飞都通报抗日军民,使其做好准备免遭损失,支持了根据地的抗日斗争。

1940年10月,王少奇担任了蓟(县)宝(坻)三(河)联合县县长。从1942年8月开始,日军向抗日根据地发动第五次"治安强化运动",以蓟县为重点,实行"三光"政策。在极端残酷的环境下,王少奇沉着冷静地组织群众,采取出奇制胜的战术,率领民兵配合主力部队打击敌人,粉碎了敌人"扫荡"。1943年2月,王少奇等被日伪军包围,在盘山民兵班的掩护下,他和几名干部钻进一个石洞隐藏起来。坚持15天后,他率领大家寻机冲出敌人包围圈,安全转移。

1944年,王少奇担任冀东军区卫生部政委。10月17日,在杨家铺遭到5000多名日伪军包围。撤退时,卜荣久腹部中弹,王少奇冲上前去为他包扎,被敌人子弹射穿胸腔。为了保守党的机密,他忍着伤口剧痛,撑起身子把随身携带的文件点燃销毁。火光吸引几十名敌人向他冲来,他顽强地朝着扑上来的敌人射击,痛骂前来劝降的汉奸,最后从容地将最后一颗子弹射向自己的头颅,为抗战献出宝贵的生命,年仅32岁。

参考文献:

中共天津市委党史资料征集委员会编:《天津抗日英烈》,天津古籍出版社,1995年。

(朱漓江)

王劭廉

王劭廉（1866—1936），字少泉，一说字少荃，[①]天津人，祖居天津河东。1886年王劭廉于天津北洋水师学堂第一期毕业，即被派赴英国深造，在格林威治海军士官学校学习造船工程，并在海舰上实习。毕业后又攻读法律、政治，归国后先后任威海水师学堂教习、天津北洋水师学堂正教习，教授数学、英文等课程，对学生要求甚严。1900年八国联军入侵天津，北洋水师学堂停办。王劭廉应邀赴北京，先后任五城学堂、顺天学堂洋文总教习。1906年，北洋大学堂总教习、美籍教育家丁家立辞职，王劭廉接任总教习之职，后改称教务提调，接掌北洋教务。

王劭廉主持北洋大学校务九年期间，正值清末民初的动荡年代。北洋工学院院长李书田评价王劭廉道："王氏学问渊博，治校严明，校章所定，贯彻始终，不惟学生敬畏如神明，外籍教授莫不心悦诚服，不稍迟误。北洋功课以森严闻世，望门墙者愈多，良风所播，直迄今兹。"[②]王劭廉主持校务阶段为北洋大学的第一个兴盛期。

王劭廉矢志于教育事业，主张"无论治何事，作何业，均须首重实际，事之利于众者为之，否则不屑为，不贪名，不骛远"，"教育为吾所

---

①天津市政协文史委编：天津史志丛刊（二）《天津近代人物录》，天津市地方史志编修委员会总编辑室，1987年内部印行，第25页。

②李书田：《北洋大学之过去五十三年》，载左森等主编：《回忆北洋大学》，天津大学出版社，1989年，第147页。

好,当政、理财平生不愿尝试也"。①清政府拟请王接掌直隶学政,王推辞不就,全身心致力于北洋大学的教育。

王劭廉治学严谨,治事持之以恒,处理校务尤能掌握分寸,措施得当。当时学堂假期按外国习惯而定,他上任后改为按中国风俗习惯规定,深得中国师生赞同。他不苟言笑,态度郑重,气度宏伟,人皆由敬而畏。

王劭廉对校务严格管理。他以身作则,对中外教员一视同仁,这使中国教员对他更为敬服,外国教员亦能认真工作。王劭廉治校严格的口碑,流传于天津社会各界。

王劭廉深知大学必有大师,因此在延聘教师时必择学行优长者,不徇私情。他严格管理教师,对未经告假随意旷课者,对有意违反规则者,对不能胜任者,均据实查明,予以辞退。他延聘的汉文教习吴稚晖、徐德源,教育学教习、日籍学者渡边龙胜,化学教习、美籍学者福拉尔博士等人,任教兢兢业业,诲人不倦,而讲习尽属新学,教学方法先进,形成了"北洋"严谨的教学风格。

王劭廉重视选派优秀学生出国深造。1906年,第三班全班派出留学,赵天麟、刘瑞恒、蔡远泽等34名学生除3人赴法外,余皆赴美,入哈佛、耶鲁、布朗、康奈尔、麻省理工等著名大学学习,其中哈佛、耶鲁、布朗3所大学的免费生达19名。1907年,选派第四班的马寅初、冯熙运等14人到国外留学,其中13人赴美,1人赴德。1908年,为造就中等师范师资,在师范班第二班中选出7人,其中4人赴日本留学,2人赴比利时留学,1人赴英国留学。1914年,又选派2人赴日留学。王劭廉任期内共派出留学生4批57人(包括自费5人)。在资送出国的留学生中,他依据每人资质选择学科,许多人学有所成,后来成为顶尖的

---

① 赵天麟:《王劭廉先生之生平及其治校之往绩与办学之精神》,载北洋大学-天津大学校史编辑室编:《北洋大学-天津大学校史资料选编》(1),天津大学出版社,1991年,第39页。

人才。

王劭廉善于吸收国外先进的教育经验。他重视学生个人专业兴趣，学生入本科一两年内可转专业，以发挥学生之所长，培养高质量的专门人才。他主张办学要面向社会需要，为满足社会对中等学校师资的需要，从1907年、1908年，他先后开办了两期师范班，将保定直隶高等学堂及五城学堂中年龄稍长且国文较优、西学程度亦高者，拨入师范班肄业。1907年开始，他将北洋大学堂按正科每年排一班的建制方式，改为正科新生班次按甲、乙、丙、丁顺序排列，并于1908年春重行厘定功课，将高等普通科目作为预科功课，提高了课程难度。他严把入学关，保证生源质量。1907年招考本科生时，在天津、上海、汉口、广州等地报纸登广告招生，花费甚巨，结果各科考生只有法科一人合格，但他决不因此降低标准，这一年除预科转升本科者外，外考新生只取了这一名。①

20世纪初，民主革命思想勃兴的同时，君主立宪思想蔚然兴起。清政府于1906年9月1日颁布了预备仿行宪政的上谕，王劭廉积极投入立宪请愿运动。

1906年，天津先于各省筹办地方自治，成立了天津府自治局。1907年，天津县议事会产生，天津大盐商李士铭为议长，身为北洋大学堂教务提调的王劭廉为副议长。当时各省绅商、学界代表纷纷进京，要求速开国会。直隶省代表团以状元刘春霖领衔递送了请愿书，代表团中有王劭廉、温世霖和胡家祺等人。1908年8月，清政府颁布《钦定宪法大纲》，核准宪政编查馆拟定的9年的预备立宪期，各省成立咨议局，制定筹备宪政和召开国会的方案。

1909年，各省咨议局陆续成立。10月，顺直咨议局在天津设立，

---

①北洋大学-天津大学校史编辑室：《北洋大学-天津大学校史》(1)，天津大学出版社，1990年，第55页。

共选出议员168名,王劭廉当选为咨议局局长,议员有李士铭、孙洪伊、胡家祺等人。1910年2月,王劭廉召集各县推举议事代表会议,各县拥护国会请愿签名人数,据统计有两千余人。3月,他又主持成立了天津国会请愿同志分会,推举了第二次上京请愿代表。6月16日,各省请开国会代表发动第二次请愿。天津的立宪请愿运动持续到1911年初。

1914年,教育部拟令北洋大学专办工科,王劭廉于是年3月请辞北洋大学教务提调之职。

王劭廉离开北洋大学后,应周学熙之邀担任开滦矿务局协理10年。1936年11月19日,王劭廉病逝于天津,终年70岁。

参考文献:

王杰:《矢志教育和严谨治校的王劭廉》,载杨慧兰编:《世纪记往》,天津大学出版社,2000年。

王杰:《王劭廉(1866—1936)》,载潘强主编:《天津近现代著名教育家传略》,天津教育史研究会,1995年内部印行。

（张绍祖）

王 守 恂

王守恂（1864—1936），原名守恬，后改名守恂，字仁安，又字纫庵，别号阮南。天津人，祖籍山西。王守恂4岁丧父，由其母抚养成人。他自幼聪颖过人，成人后博学多才，不仅擅长诗赋，其笔记、文稿也独步当时。曾与严范孙同时受教于天津辅仁学院。1887年，王守恂跟随天津著名诗人梅小树学习诗词歌赋。南通名士范肯堂十分欣赏其真诚典雅的写作风格，便收王守恂为门生。

1898年，王守恂考中进士，开始了长达20年的从政生涯，先后任刑部山西司主事，巡警部警政司员外郎、郎中等职，辛亥革命后任钱塘道道尹。1918年，王守恂返津，应徐世昌和严范孙的邀请，与高凌雯共同主持天津修志局《天津县新志》的编写工作，二人对所收集的内容进行考证，使新志内容较天津县旧志增加了一倍以上。由于王守恂和高凌雯在编修体例上产生分歧，最后二人各自所编部分，分别用两个名称刊印出版，王守恂编写的卷一至卷十六名为《天津政俗沿革记》，于1936年发行面世。《天津政俗沿革记》分舆地、河渠、水利、邮驿、户籍、田赋、货殖、盐业、工艺、文化、礼俗、善举、讼谳、防御、兵事、外事等，共16卷，以反映近代天津发展变化为特色。

1921年，王守恂参加了严范孙组织的城南诗社，"神交无故新"，以诗会友。1927年，王守恂和天津绅士、文化名流发起创立了研讲国学的"崇化学会"，并与其他15人被推举为常务董事。另外王守恂还参加了"国学观摩社"。

王守恂一生结交甚广，青年时期与严范孙来往密切，积极参加严范孙组织的宣扬儒学的社会团体，二人志趣相投，时常一起吟诗作赋，结下终生的友谊。1888年，王守恂与赵幼梅相识，二人谈诗交往一生，多次为赵诗题跋作序。王守恂还是当时了解李叔同出家动向的少数知情人之一，李叔同十六七岁时就开始与他交往，谊在师友之间。王守恂在《仁安笔记》中记录了与李叔同会面的感受："晤天津李叔同，清癯绝俗，饱尝世味，已在剥肤存液之时，自愧不如。吾乡静士刘竺生之外，又得叔同，喜慰万状。"

王守恂一生门生众多，喜欢与有学识的年轻人交往，尤其器重他的弟子、中国现代金石学家、甲骨学家王襄。王襄是最早收集和研究甲骨的学者之一。他师从王守恂学习多年，受益良多，常常拜访老师寻求帮助。

王守恂博学多才，年方弱冠，即喜作诗，迄老成为著名诗人，对于各种文体的运用，都有自己独特的见解。他认为"诗妙在真"，这也是他作诗的宗旨；他认为作文须有真理，诗和文是以载道传情的；他对史书和地方志的编纂及其体例也提出自己的见解。晚年，王守恂致力于中国传统文化的传播。他一生著述颇多，著有《王仁安诗集》《王仁安集》及续集、三集、四集，《王仁安文稿》《天津政俗沿革记》《天津崇祀乡贤祠诸先生事略》等。

王守恂有一子二女，其子年幼夭折，二女也在年轻时相继故去。他在晚年曾经作诗一首："儿女成行哭有声，一心如火两关情。谁能似我无牵挂，含笑长眠了此生。"此诗表达了其对人生的豁达洒脱之情，但是儿女的去世却给王守恂造成了无法愈合的心灵创伤。其妻于1930年故去，只剩下王守恂孑然一身。王守恂病危时，弟子王襄衣不解带，侍奉于病榻左右。

1936年，王守恂去世，终年72岁。

参考文献：

邵红：《天津近代文化名人王守恂事略》，《团结与民主》，2002年第8期。

王勇则：《王守恂生平职官考异》，《天津文史》，2008年第1期，内部印行。

章用秀：《赵元礼与王守恂》，《天津日报》，2014年3月10日。

（郝秀聪）

王 树 常

王树常(1885—1960),字霆午,辽宁辽中人。父亲王锡珠思想开明,送其入村塾童馆启蒙。后王树常考入奉天大学堂。在校期间,王树常得到了时任盛京将军徐世昌的赏识,1908年春获官费赴日本留学资格,先入日本陆军振武学校完成预备学业,继入日本陆军联队步兵大队实习。1908年6月,王树常考入日本陆军士官学校第八期学习。王与当时在日本留学的蒋介石、张群等均有交往。

1911年,王树常毕业回国。时值武昌首义告捷,遂先赴上海参加革命,未几,去南京参谋本部第二局充任一等科员。1913年5月,被授予陆军步兵中校军衔。1917年,北洋政府陆军部再次选派王树常赴日本陆军大学深造,于1919年毕业回国,任北洋政府参谋本部第四局第四科上校科长。后调任张作霖第二十七师参谋长,奉天"镇威军"司令部参谋处长,参加第一次直奉战争。该战结束后,赴黑龙江省任督军公署少将参谋长,兼任步兵第二十二旅旅长。

1924年9月,第二次直奉战争爆发,奉军大败直系曹锟、吴佩孚军,实力猛增,占有8省地盘,此时王树常调任奉天上将军公署总参议。但张作霖的胜利并不稳固。不久,吴佩孚、冯玉祥、孙传芳联合讨伐张作霖,原奉军的郭松龄也发动兵变,率军一直打到新民附近,直逼奉天,王树常始终与张作霖共患难,深得张作霖赏识。兵变平息后,王树常任东三省保安司令参议。

1926年6月28日,王树常被调到吴俊升部任参谋长,兼任第十六军军长,随吴进兵热河,攻打国民军宋哲元部。同年12月1日,张作霖在天津就任安国军总司令,王树常出任顾维钧内阁陆军部中将次长。翌年2月,改任第十军军长,参加了对抗北伐军的战事。在河南战役中,他因率部重创阎锡山部,受到了张学良的亲笔传谕嘉奖。9月获二等宝光嘉禾章,10月获一等大绶嘉禾章,授勋五位。1928年6月皇姑屯事件后,张学良主政东北,王树常任东北临时保安委员会委员,协助张学良处理复杂公务。东北易帜后,任东北边防司令长官公署军令厅厅长。1929年,王树常任第一军军长。

1930年9月,张学良率东北军入关,对中原大战进行武装调停,王树常为第二军军长。9月27日,国民政府任命王树常为河北省政府主席,10月3日,王树常在天津就任河北省政府主席职。1931年11月,日本特务机关收买汉奸、地痞,在天津策动"便衣队"暴乱事件。王树常对此坚决地予以镇压,因此得罪了日本人和妥协的国民党政府。1932年,王树常改任平津卫戍司令。其间,他赞同中国共产党关于停止内战、一致抗日的主张,同情学生的抗日救亡运动,释放过一些被捕的爱国学生和中共地下党员。1933年,热河失守,张学良被迫"下野"。1935年7月6日,"何梅协定"签订后,王树常被解除平津卫戍司令一职,调任南京国民政府军事参议院副院长。西安事变发生后,南京政府请王树常去西安接替张学良职务,被王拒绝。东北军整编后,王被任命为豫皖绥靖副主任和豫皖苏军事整理委员会委员。1937年7月全民族抗战爆发后,其调任甘肃绥靖主任,仍未就。11月,沪、宁相继沦陷,王树常随军避往华南,后辞去军事参议院副院长职,赋闲。不久举家迁往香港。香港沦陷后,王又举家迁往北平隐居,始终不为日伪汉奸的高官厚禄所诱。

北平和平解放前夕,王树常拒绝随国民党南逃而留居北平。后来还为北平和平解放积极奔走斡旋,做了许多有益的工作。北平和平解放后,王树常作为国民党起义人员,得到人民政府妥善安排。新中国成立后,曾任政务院水电部参事室参事,第二、第三届全国政协委员,民革中央团结委员会第三届委员。

1960年4月8日,王树常病逝于北京,终年75岁。

参考文献:

雅心:《王树常的一生》,载辽中县政协文史委编:《辽中文史资料》第6辑,1987年内部印行。

直心:《王树常传略》,载保定市政协文史委编:《保定文史资料选辑》第6辑,1989年内部印行。

陈志新:《王树常的一生》,载天津市政协文史委编:《天津文史资料选辑》第52辑,天津人民出版社,1990年。

罗承光:《奉军将领王树常事略》,载全国政协文史委编:《文史资料存稿选编》第19辑《军政人物》(上),中国文史出版社,2002年。

(欧阳康)

王 汰 甄

王汰甄（1897—1963），江苏武进人。王汰甄毕业于上海同济大学电机系，先在上海德商禅臣洋行任职，后调至该行天津分行任首席工程师。20世纪20年代后期，国内电信通信事业方兴未艾，对电话机的需求日益增多，但当时使用的电话机及电话交换机和零部件均依赖德、英、日及瑞典等国进口。国内上海、天津、武汉三地虽已有小规模民族企业制造磁石式电话设备，但质量不高，未产生大的影响。因目睹中国电机工业落后，国家财源外流，王汰甄萌生了创办电机工厂以挽回利权的想法。

1932年4月，王汰甄与同济大学校友周仁斋、蒋方逸等人，在天津特一区三义庄创办电机厂，王汰甄建议取名为中天电机厂。王汰甄任经理负责经营管理，周仁斋为工程师负责生产、技术。开业当年，中天电机厂拥有车床、刨床、铣床、冲床等8台机床设备，厂房面积84平方米，第一批雇用了8名技术工人。主要业务是修理及制造磁石式电话机。因受进口电话机的排挤，且有国内同行的竞争，电机厂发展十分困难。

中天厂主要面临两大难题，首先是资金短缺，经常周转不灵，难以扩大生产，有时甚至危及生存；其次是技术力量薄弱。当时中天厂生产的电话机已得到河北省各县电话局的盛赞，均乐于采用。1936年，武汉电话局购置自动式电话桌机1000部，王汰甄的中天厂中标。中天厂当时尚无自动式电话机产品，还不能生产拨号盘这样重要的部件，全年也只有生产200部电话机的能力。国内市场已初步打开，但电话机的重要元件仍需依靠进口,因而所需资金甚巨。

1936年,王汰甄向同济校友李勉之求助,得到他的慷慨资助。李勉之经常在开支工资或购进原材料需用款项时,给以垫付,甚至有时为给中天垫款而低价出售启新股票,还以坐落在英租界海光寺大道一块4亩多的地产作价入股中天厂。从此中天厂有了自己的地盘,逐步增加国外先进设备,贮备原材料,扩大组织机构,增加职工人数,使企业逐渐得到发展。

电话机生产在当时属于高科技行业,王汰甄等为充实技术力量,努力从各方面延揽人才。王汰甄聘请了同济校友张星海和陈心元,以及留美的金奎等为工程师;聘请电信专家陈益寿为总技师,担任生产技术方面的实际领导工作。1937年七七事变后,聘请三条石孙恩吉铁工厂孙恩吉之子孙介清为工程师,他从直隶高等工业学校机械系毕业,以精于制作模具而著称。聘通晓五国文字的王越颐专门负责进口材料,又聘请毕业于北京大学工学院电机工程系的陈宝实为工程师,进一步加强了工务部的技术领导力量。王汰甄还着眼于技术人才的培训,开办技术训练班,招收初高中以上优秀学生进修电工业务、电器制造业务和生产管理等方面的专业,后来这些学生都成为中天厂的骨干力量。

七七事变后天津沦陷,日伪当局表示要向中天厂投资,王汰甄、李勉之等拒绝了日方的要求,日军便进厂封闭仓库。经过多方周旋,始获启封。1938年,中天厂迁入英租界后,业务很难开展。王汰甄亲自去香港并转赴内地,最后到达重庆,寻求产品的出路,决定在香港、昆明、重庆等地设立办事处,派袁士琦、范泗川主持香港办事处,负责中天厂产品运往内地时,沿途进行照料和储存、分发、保管等工作。并将制成的零部件利用英商太古洋行、怡和洋行的轮船,由英租界海河码头装船运往香港,并派技工去香港进行组装。当时中天厂的产品已发展出携带式磁石话机,这是一种军用通信设备,在香港装箱后,海运经越南海防运至昆明,最后运达重庆,作为支援大后方抗战之用。1940

年6月以后法国投降,中天厂产品运往西南的越南通道被切断,中天厂被迫撤去香港和昆明两个办事处,剩下重庆办事处,继续保存电话器材。这是中天厂历史上最困难的阶段。

1941年12月,太平洋战争爆发,日军进驻英租界,中天电机厂生产所需原材料和产品市场都被日军控制起来,日军占领香港及南洋各地后,通往内地的路线也被切断,中天厂陷入半停工状态。在最困难的时期,经理王汰甄在董事长李勉之的支持下,四处奔走,在中天电机厂后院兴办了明月铅笔厂,用来掩护和维持中天厂的生存。抗战胜利后,明月铅笔厂迁到北平海淀,改建为三星铅笔厂。1946年,中天厂产品在华中打开销路,设立了汉口办事处。当时解放战争进展迅速,国内交通中断,产品无法运出。1948年5月,中华民国电工器材工业同业公会全国联合会在上海成立,王汰甄被推举为常务理事。天津解放前夕,原料来源断绝,中天厂陷于停工,李勉之卖出大量启新股票,勉强维持工厂,使其免于破产。

新中国成立后,王汰甄前往北京经营三星铅笔厂,李勉之作为中天的董事长接管了厂务。1951年,王汰甄当选天津市第三届各界人民代表会议代表。1954年10月,中天电机厂实现公私合营。

1963年,王汰甄去世,终年66岁。

参考文献:

王克强:《王汰甄与中天电机厂》,载寿乐英主编:《近代中国工商人物志》第3册,中国文史出版社,2006年。

孔令仁、李德征主编:《中国老字号》(贰),高等教育出版社,1998年。

天津市档案馆等编:《天津商会档案汇编(1945—1950)》,天津人民出版社,1998年。

(高　鹏)

王 廷 桢

　　王廷桢(1876—1940),字子铭、子明,天津人,生于一个木工家庭。早年入北洋水师学堂学习测量,1898年转入北洋武备学堂幼年班,同年被选派赴日留学,成为日本陆军士官学校第一期中国毕业生。毕业后,王廷桢先后进入成城学校、日本陆军士官学校中华队第一期骑兵科,任日本近卫骑兵联队见习士官。1902年3月,王廷桢毕业回国,同年任直隶军政司教练处练官营马队队官。1903年任北洋常备军左镇马队第一标帮统。1905年任陆军第五镇马队第五标统带官、都司衔直隶补用守备,同年参加新军会操,为评判处总办之一。1906年,王廷桢任陆军第一镇正参谋官,旋以都司升用。1909年,王廷桢组建禁卫军,暂充步队第一标统带官兼马一营管带官,旋任马队第一标统带官,曾去法国考察军事。1910年12月30日,王廷桢升任禁卫军第二协统领官,并赏陆军协都统衔。1911年调任第一协统领官。1912年9月7日任禁卫军统制官,并加陆军中将衔,成为北洋政府首批授衔将领。

　　1913年7月17日,王廷桢任天津镇守使。1914年1月调任江宁镇守使、长江沿岸要塞司令官。1915年特授勋五位。袁世凯称帝时,册封王廷桢为一等男爵。1916年10月9日,王廷桢特授勋四位。1917年9月,王廷桢任禁卫军改编的陆军第十六师师长,兼任长江巡阅副使。1918年10月16日,王廷桢特任将军府镇威将军,翌年加陆军上将衔,兼任察哈尔都统。

　　1920年,随着直皖矛盾的不断恶化,军阀战争不可避免。对于即将来临的内战,王廷桢虽属于直系,但不打算参加。王廷桢认为,战争对民众的伤害是最大的,尤其是内战,大都是军阀们为了争权夺利而打,民众除了受难,得不到任何好处,军阀当政没有本质的区别。王廷桢对参战的消极态度令曹锟和吴佩孚大为着急。在开战前夕,曹锟急派其七弟曹锳到察哈尔,哀求王廷桢出兵参战。王廷桢从国家利益出发,认为外蒙古形势紧迫,察哈尔第十六师不宜入关参战,为此与曹锟发生了激烈矛盾,使曹记恨在心,为日后曹锟和吴佩孚利用奉系排挤王廷桢埋下了伏笔。直到直皖战争后期,皖系徐树铮不顾国家根本利益,调中国驻外蒙西北边防军回国参加作战。王廷桢在劝说徐树铮无效的情况下,不得已领兵在居庸关击败了徐树铮主力段芝贵的部队。

1921年直皖战争结束后,奉系张作霖急于扩大势力范围,利用曹锟与王廷桢的矛盾,欲武力霸占察哈尔。同时曹锟又给徐世昌施压,调王廷桢赴北京述职,实际就是将察哈尔送给张作霖,以换取奉系支持曹锟当上大总统。当时很多人包括不同地方的同僚将军及部下,都怂恿王廷桢像其他军阀那样宣布独立自治,包括与察哈尔相邻的绥远都统蔡成勋也表示大力支持,幕僚和部下也为王廷桢出谋划策。但王廷桢认为,外蒙正在分裂,在这种特殊的敏感时期,若察哈尔再独立,势必会造成内蒙古局势随之动荡。王廷桢最终决定放弃个人权力,解甲归田,使张家口人民免除了一场战火灾难,同时避免了内蒙古局势的动荡。不久奉系将领张景惠来到察哈尔接任陆军第十六师师长和察哈尔都统之职,王廷桢只身一人回到了故乡天津。

1931年九一八事变后,日本华北驻屯军司令官香月清司(王廷桢留日时同学)三次来访,想请王廷桢出面掌管伪华北政权,均被严词拒绝。1937年天津沦陷后,日本人远山猛雄(溥仪的老师,与王廷桢交情甚深)曾劝王为日本人效力。裕仁天皇的叔叔访华期间,也曾专门约见王廷桢,同时旧部多人也多次游说。为了躲避这些纠缠,王廷桢以治疗皮肤病为由,住进了天津法租界马大夫医院,不久全家又躲到了英租界蔡成勋家。日本人恼羞成怒,强行查封和霸占了王廷桢在日租界的寓所及其他房产,使其财产损失惨重。即使这样,王廷桢依然不为所动,表现出了国难当头中国军人的民族气节。

1940年春,王廷桢赴宴时遭日本特务下毒,回家途中即感不适,住院医治无效,于1940年3月6日逝世,终年64岁。

参考文献:

陈长河:《从档案看1920年直皖战争》,《军事历史研究》,2000年第2期。

刘敬忠:《苏联占领外蒙古及对华外交活动》,《史学月刊》,2004年第2期。

赵富民、韩小泉:《民初镇守使研究》,《沧桑》,2011年第6期。

袁灿兴:《枪口下的北洋》,人民日报出版社,2013年。

来新夏等:《北洋军阀史》,东方出版中心,2016年。

（王　进）

王 文 典

王文典（1882—1950），又名维清、扬清，浙江遂安芹川人。王文典出生于书香门第，其父王启俦是浙西名士，曾于杭州开设王恒升、泰亨商行等商号，专营茶叶、山货。王文典毕业于杭州东文（即日语）学堂，精通日语。后研究丝绸机械，发明过新式织机，并采用德国染法，此为其经营工商业的发端。

王文典积极投身资产阶级民主革命，致力于维护国家独立和主权完整，维护民族工商业的正当权益，维护民族尊严和海外华侨的利益。1910年，王文典在杭州组织浙路拒款公会，发起反对列强在浙江、四川等地修建铁路的运动，形成席卷全国的保路风潮，为清王朝的崩溃敲响了丧钟，成为辛亥革命的导火线。从此，王文典在政界名声大噪。

1911年辛亥革命爆发。浙江"光复"之后，王文典应沪杭路督办兼浙江都督汤寿潜之邀，组织商家义务敢死队，亲任第一队队长，参与"光复"南京。之后他又赶回上海，与伍廷芳等组织议和会议。1912年，招商局打算加入外航公司，增加租栈水脚，这有损于国家独立与商业自主权。为此，他提倡改组招商局，力谋挽救，并发起和组织商业联合会，主张加税裁厘，关税自主。这一年，孙中山两次巡视浙江，均邀王文典同行。

1915年，袁世凯复辟帝制，王文典在上海通电反对，并组织发行了《人权报》《女权月报》和《共和新报》，为共和政体大声疾呼。1917年7月，张勋复辟，王文典愤然南下，以示抗议。

1918年，王文典反对北京政府筹办中日军事借款，指斥"此种借款,实是紊乱内政",并走访各国大使,提出严正声明。1919年,与伍廷芳发起组织人类永久和平联谊会。时值第一次世界大战结束,巴黎和会召开,他以和平联盟代表身份赴法与会。会上,他反对列强强加给中国的种种无理要求。归国后,获二等嘉禾章。

1922年,华盛顿会议召开,王文典以中国商业联合会名义,用中文、英文编印《太平洋丛刊》,刊载关税自主、修改不平等条约、人类平等和退还庚款等内容,分赠给各国与会代表。同年,王文典奉黎元洪之命,以商务专员身份赴泰国、菲律宾等国考察。1925年,王文典任中苏交涉专门委员会委员长,力争使苏联用卢布赔偿旅俄华侨债务及华侨生命财产的损失,主张收回中东铁路。同年,上海发生"五卅惨案",王文典积极投入反帝爱国运动,参加北京天安门前举行的国民大会和示威游行,并被公推为游行示威副指挥。1926年,《中比条约》期满,王文典主张旧约无效,并提出中国和其他国家签订的不平等条约,一经沟通,均属无效,应另订双方平等互惠之新约。

王文典主张实业救国,终生致力于振兴民族工商业。1912年,王文典与伍廷芳等一同在上海发起组织中华国货维持会,并且先后担任国货维持会副会长、会长。与此同时,他还发行《国货调查》杂志,大力提倡国货。在上海期间,先后创办物华铁机织绸厂、苏州电气厂、海外贸易隆泉公司等。物华铁机织绸厂所产的丝绸远销南洋诸国,获利颇丰。1916年,王文典奉令改革税则,创三联单制,使国货免受苛捐杂税的侵扰,其中,红茶、瓷器、棉织品等大宗国货产品均获得免税。1917年,全国商业联合会公推王文典为裁厘加税会议代表兼全国国货陈列室主任。他与伍廷芳在新加坡组建了国货陈列所,因筹办有功,被时任大总统黎元洪颁授三等嘉禾章。1924年,中菲暹贸易公司成立,王文典被推举为总理。1925年4月,全国商会联合会举行第五次代表大会。会上,新任副会长王文典提出《请将本会加入国际商会联合会案》,把中国商会走向世界的问题推到商界面前。同年,全国商业联合会在北京举行大会,他又被推举为副会长及全国国货提倡总会会长。由于种种原因,王文典提出的加入国际商会的主张,直到1931年才有结果,国际商会中国分会正式成立。同年5月,获得国际商会理事会的承认,成为国际商会一员。

1926年,王文典任南洋兄弟烟草公司北方总经理、秀亚公司北方总理。南洋兄弟烟草公司天津公司最初坐落在奥租界,后设在法租界马家口。1927年,王文典被推举为京师总商会会长。此时,王文典建议商界组织商团,建立平民工厂,创办京师商界体育会、北京女子家庭工艺传习所等机构。1928年10月,天津特别市举办首次国货展览会,检阅天津工商业成绩,在38种特等国货中,南洋兄弟公司生产的HY牌成为唯一香烟类入选品牌。这一年,中美合资兴办的中华懋业银行在天津成立,王文典被任命为总理。

王文典对于教育科学文化事业的发展和社会风气的改造非常关注。1912年,蔡元培在上海发起开办世界语学校,发行《社会世界》杂志,一半文章用世界语撰写。王文典遂建议教育部,凡是大学均应设世界语课。他还创办了南洋女子学校,以罗织人才,并借以联络南洋侨胞,开拓祖国商业之需。虽然他在经济上、政治上有较高地位,但个人生活俭朴,并提倡国人生活节俭。他曾组织戒吸纸烟会,反对吸烟。还针对当时社会上崇尚豪华的风气,主张"宴会免用鱼翅及各种奢侈品","节省之款,移作善举"。

王文典长期活跃于津沪等地。1922年,出席浙江省议会,当选省参事会候补参事。他对家乡慈善事业鼎力支持,多次捐款。王文典曾任京师纸烟公所所长、天津市商会常务董事。1930年,经天津商会会长张品题介绍,由天津市社会局批准备案,成立了天津市卷烟业同业公会,推举王文典为主席。1931年九一八事变后,王文典于10月组织了封存日货的活动。1932年,天津商会成立救国集金委员会,王文典被推举为保管委员。1936年11月27日,天津市卷烟业同业公会改选时,王文典仍当选主席。王文典还担任过天津国货展览会审查长,以及大新织染、东亚毛呢纺织、华北第一搪瓷等公司董事。1937年七七事变爆发后,王文典避居天津。1945年至1948年,王文典曾任天津浙江会馆董事长,1948年购买营口道中学原租房屋,作为天津浙江中学校舍的补充,扩大了该校的规模。

1950年,王文典病逝于天津,终年68岁。

参考文献:

孙平、蒋岭:《记王文典》,载杭州市政协文史委编:《杭州文史丛编(政治军事卷)》(下),杭州出版社,2002年。

孙平、蒋岭:《王文典》,载淳安县政协文史资料组编:《淳安文史资料》第4辑,1988年内部印行。

张连红、严海建主编:《民国财经巨擘百人传》,南京出版社,2013年。

王勇则:《天津卷烟业同业公会的爱国行动》,载郭长久主编:《烟草百年》,百花文艺出版社,2001年。

(高　鹏)